Dieses Schöner-Wohnen-Buch erscheint in einer Sonderauflage für die Freunde des Ci. Es entstand in einer freundschaftlichen Zusammenarbeit zwischen den creativen Inneneinrichtern, dem Ci e.V., und der Zeitschrift Schöner Wohnen.

Geschäftsstelle Ci e.V.
Färbergasse 10, 6802 Ladenburg
Telefon (0 62 03) 25 60

Vorsitzender: Heinz Loeser
Geschäftsführer: Dr. Dubberke

Mitglieder im Verband
Creative Inneneinrichter e.V.
Geschäftsstelle: Färbergasse 10
6802 Ladenburg
Telefon (0 62 03) 25 60
(Dr. Roland Dubberke)

Modus Möbel
Wielandstraße 27–28, 1000 Berlin 15
Telefon (0 30) 8 82 73 81
(Inez Franksen)

Beckmann Internationale Möbel
Klosterstern 4, 2000 Hamburg 13
Telefon (0 40) 46 40 25-27
(Rudolf Beckmann)

Enno Becker Einrichtungen
Grapengießerstraße 46
2120 Lüneburg
Telefon (0 41 31) 4 33 63
(Enno Becker)

Wohnstudio Kiel
Sophienblatt 12, 2300 Kiel
Telefon (04 31) 67 22 00
(Wolfgang Luft)

Ladendorf Einrichtungen
Fleischhauerstraße 62
2400 Lübeck 1
Telefon (04 51) 7 54 28 und 7 51 00
(Peter Ladendorf)

Planen und Einrichten Elfers
Ostertorsteinweg 50, 2800 Bremen
Telefon (04 21) 32 46 87
(Bernd Elfers)

Loeser
Friedrichswall/Osterstraße
3000 Hannover
Telefon (05 11) 46 20 46
(Henning Loeser)

Loeser
Gördelinger Straße
3300 Braunschweig
Telefon (05 31) 4 31 23
(Henning Loeser)

Helten Einrichtungen
Düstere Straße 15, 3400 Göttingen
Telefon (05 51) 4 70 32-4
(Fritz Helten)

Eicker Einrichtungen
Frankfurter Straße 12, 3500 Kassel
Telefon (05 61) 10 46 96
(Hermann J. Eicker)

Tecta Einrichtungshaus
Kreuzstraße 20, 4000 Düsseldorf
Telefon (02 11) 35 90 73
(Karl Schneider)

made in ...
Heinrich-Heine-Allee 19
4000 Düsseldorf
Telefon (02 11) 32 60 37
(Paul-Bernd Berger)

Schellhorn
Planung, Innenarchitektur
Sonnenwall 50, 4100 Duisburg 1
Telefon (02 03) 2 28 03
(Helga Schellhorn-Bertram,
Karl-Heinz Schellhorn)

Die Einrichtung schröer
Alte Linner Straße 135
4150 Krefeld
Telefon (0 21 51) 6 39 10
(Lothar Schröer)

Krüger KG
Krögerweg 33, 4400 Münster
Telefon (02 51) 61 60 25
(Werner Krüger)

Raum und Form
Alter Steinweg 37, 4400 Münster
Telefon (02 51) 5 66 77
(Reinhold Krüger)

Interstil
Klepping-, Ecke Viktoriastraße
4600 Dortmund
Telefon (02 31) 52 81 86
(Lothar Endres)

Thiemann Wohnbedarf
Dortmunder Straße 261
4700 Hamm 3
Telefon (0 23 81) 46 26 16
(Lothar Thiemann)

Tick Internationale Möbel
Gadderbaumer Straße 16
4800 Bielefeld 1
Telefon (05 21) 6 22 01
(Heinz Tick)

Stoll Wohnbedarf
Mauritiussteinweg 60, 5000 Köln 1
Telefon (02 21) 23 18 99
(Jörg Stoll)

Mathes
Wohnen, Büro, Objekt, Praxis
Büchel 29–31, 5100 Aachen
Telefon (02 41) 2 04 35
(Margret Mathes, Dietrich Mathes)

Designforum Monz KG
Ostallee 33, 5500 Trier
Telefon (06 51) 4 30 48-9
(Hans Monz, Antje Monz)

Assmann Einrichtung
Ostenstraße 17
5840 Schwerte
Telefon (0 23 04) 1 71 54
(Ursula Assmann, Wolf Assmann)

Wohnform
Inneneinrichtungen
Berliner Straße 40, 5900 Siegen
Telefon (02 71) 33 66 26
(Jürgen Meckl)

Frick Inneneinrichtungen
Goethestraße 19, 6000 Frankfurt/M.
Telefon (0 69) 28 51 31
(Hansgeorg Frick)

Funktion Möbel und Galerie
Friedensplatz, 6100 Darmstadt
Telefon (0 61 51) 2 21 66
(Gerhard Wolf)

Inforum Inneneinrichtungen
Taunusstraße 45, 6200 Wiesbaden
Telefon (0 61 21) 52 40 78
(Eberhard Oppermann)

Freisberg Wohnbedarf
Edigheimer Straße 7
6700 Ludwigshafen
Telefon (06 21) 65 10 81
(Wolfgang Freisberg)

Pro Domo
Münchstraße 4
6750 Kaiserslautern
Telefon (06 31) 6 53 72
(Christa Klaska, Harry Frey)

Freisberg Wohnbedarf
R 6, 1, 6800 Mannheim 1
Telefon (06 21) 2 54 69
(Dieter Beutler)

Romer
Wohnbedarf
Grabengasse 7, 6900 Heidelberg
Telefon (0 62 21) 2 57 57
(Gerhard Romer)

Fleiner
Einrichtungshaus
Rosenbergstraße 106
7000 Stuttgart-West
Telefon (07 11) 63 85 21
(Winfried Torner)

Wohnbedarf Sommer
Alleenstraße 5, 7140 Ludwigsburg
Telefon (0 71 41) 2 37 22
(Gerhard Sommer)

Burger Einrichtungen
Waldstraße 89–91, 7500 Karlsruhe
Telefon (07 21) 2 37 51 und 2 37 57
(Bernhard Burger)

Novum Inneneinrichtungen
Gerberau 5, 7800 Freiburg
Telefon (07 61) 2 69 89
(Wolfgang Flößner)

Heimkunst-Pfaehler
Frauenstraße 9–11, 7900 Ulm/Donau
Telefon (07 31) 6 50 27
(Georg Rohrmann)

Casamöbel
Leopoldstraße 121
8000 München 40
Telefon (0 89) 36 20 41
(Horst Franke)

Mobilia Wohnbedarf
Hauptmarkt 2, 8500 Nürnberg
Telefon (09 11) 2 20 33
(Joachim Warm)

Moderne Klassiker

MÖBEL, DIE GESCHICHTE MACHEN

INHALT

7. Auflage

Dieses Buch ist eine Publikation der Zeitschrift

SCHÖNER WOHNEN

Verlag Gruner + Jahr AG & Co
Verlag und Redaktion
Postfach 30 20 40
2000 Hamburg 36

Chefredakteur: Holger Schnitgerhans
Layout: Grafisches Atelier SCHÖNER WOHNEN
Redaktion: Ursula Dietz, Gudrun Mahler, Dr. Ingrid Pellens, Klaus-Jürgen Sembach, Maleen Thyriot
Chef vom Dienst: Henry Klindtwort
Verlagsleitung: Klaus Resch
Vertriebsleitung: Hartwig Ruthke
Herstellung: Wolfgang Bruchmann
Nachdruckdienst: Renate Littmann

Druck: Wienand, Köln

ISBN 3 - 570 - 01367 - 7

VORWORT

Die neue Liebe zu Möbeln, die vor dreißig, fünfzig oder gar hundert Jahren entworfen wurden, diese neue Liebe, die sich in einer nicht endenden Reihe von Ausstellungen und Veröffentlichungen ausdrückt, gab SCHÖNER WOHNEN den Anstoß zu der Serie »Moderne Klassiker«, die diesem Buch vorausging. Die Idee war, eine Auswahl solcher Möbel (dazu Lampen, Geschirre, Bestecke und Gläser) mit einem sachlichen Steckbrief vorzustellen und ihre und ihrer Designer Geschichte zu erzählen. Die Modelle, die der Jury (Redaktionsmitglieder und von Kapitel zu Kapitel wechselnde sachkundige Außenseiter) präsentiert wurden, mußten drei Bedingungen erfüllen: daß sie vor 1971 entstanden sind, daß sie noch oder wieder hergestellt werden. Und daß der Designer bekannt ist – denn wer so einen Klassiker besitzt oder kauft, besitzt oder kauft nicht ein Möbel der Firma XY. Sondern einen Mies, einen Wegner, einen Eames oder Castiglioni. Zu Dingen dieser Art haben ihre Besitzer eine besondere Beziehung. Nicht nur, weil sie einen hohen materiellen Wert darstellen, sondern weil sie ihre eigene Geschichte haben. Man kann was über sie erzählen

Moderne Klassiker
MÖBEL, DIE GESCHICHTE MACHEN
1. Teil: Stühle

Gut zu sitzen ist für den Menschen kaum weniger wichtig, als gut zu schlafen. Dennoch hat es lang gedauert, bis eigens fürs Sitzen gemachte Möbel jedermanns Besitz werden durften. Bei allen frühen Kulturen und später auch noch bei denen, die wir die Primitiven zu nennen pflegen, gab es Sitzgelegenheiten nur für die Großen, für die Würdenträger.

Die kleinen Leute kauerten, knieten oder hockten im Schneidersitz. Erst etwa im 16. Jahrhundert durften auch sie Platz nehmen, wenn auch viel bescheidener. Ob einer Herr war oder Knecht, Adliger oder Bauer, Kardinal oder Mönch, das konnte man auch dann noch an ihren Sitzmöbeln erkennen. Die feinen Unterschiede sind bis heute geblieben: Auch im 20. Jahrhundert sitzt der Chef (zumindest am Arbeitsplatz) nobler als der Angestellte. Hocker, Brett- und Sprossenstuhl, Faltstuhl, Scherenstuhl, Kastensitz – **kein anderes Möbel tritt in so vielerlei Formen auf wie der Stuhl.** Bis zur Mitte des 19. Jahrhunderts sind sie stets Einzelstücke aus der Schreinerwerkstatt gewesen. Erst das Industriezeitalter brachte den anonymen Serienstuhl. Aber auch dann hat es immer noch das vom Meister entworfene, vom Handwerker gemachte Einzelstück gegeben – bis in die zwanziger Jahre hinein.

Einen guten Stuhl zu machen, bequem und ästhetisch makellos, ist eine Kunst. Kaum ein großer Architekt unserer Zeit, kaum ein Designer, der sich nicht an ihr versucht hat. Dem Zug ihrer Zeit folgend, haben sie mit Stahl oder Kunststoff gearbeitet und immer wieder mit dem klassischen Stuhlbaustoff Holz. Viele sind so gut gelungen, daß sie sich seit dreißig, vierzig und mehr Jahren bewähren. 31 solcher Klassiker und fünf aus jüngster Zeit, die es noch werden können, stellen wir mit ihren Designern auf den nächsten Seiten vor. Eine SCHÖNER WOHNEN-Jury hat sie, mit verschiedenen Fachleuten von »draußen«, ausgewählt.

1

1

Jahr: 1859
Designer: Michael Thonet
Modell: 214/P/B/M
Material: Gestell Buchenholz, dampfgebogen, Sitz aus Rohrgeflecht
Maße: B 43. H 84. T 52. SH 46
Preis: auf Anfrage
Hersteller: Gebrüder Thonet, Frankenberg

Als »billige Consumsorte« hatte Michael Thonet das Modell Nummer 14 (nach seinem damaligen Katalog) vorgesehen, den Stuhl schlechthin, der als Wiener Kaffeehausstuhl in aller Welt berühmt wurde. Seit 1859 wurde er (original mit rundem Sitz) in Thonets mährischem Zweigwerk Koritschan hergestellt – bis 1930 waren es 30 Millionen. Damals kostete er übrigens 8,50 Mark. Ihrer 36 paßten in eine Versandkiste mit den Maßen 110x75x97 cm: zerlegt in sechs Einzelteile (Hinterbeine mit Lehne, innerer Lehnenbogen, zwei Vorderbeine, Sitzring und Versteifungsring). Eine historische Stunde erlebte der billige Jedermannsstuhl am 9. November 1918: Auf Exemplaren von Nummer 14 saßen die Unterhändler, die den Waffenstillstand im Wald von Compiegne schlossen.

Das Lob der Architekten faßte der Däne Poul Henningsen zusammen: Wenn ein Architekt einen solchen Stuhl fünfmal so teuer, halb so bequem und ein Viertel so schön macht, kann er sich einen Namen machen.

Der Designer

Er war als Bau- und Möbeltischler ausgebildet, der Erfinder der Bugholzmöbel und der erste, der Möbel in Serienproduktion herstellte: ein Handwerker mit schöpferischer Phantasie, ein Unternehmer mit Ideen und Courage. 1830 machte er die ersten Versuche, Möbel aus gebogenem Buchenholz zu bauen, und entwickelte in den nächsten Jahren sein Bugholzverfahren zu immer größerer Vollkommenheit. Seine Sternstunde schlägt 1841, als seine Möbel auf einer Ausstellung in Koblenz dem Fürsten Metternich auffallen. Der lädt ihn nach Wien ein, und Wien wird zum Ort seiner großen Erfolge. Die österreichische Allgemeine Hofkammer verleiht Thonet das Privileg, »jede Gattung Holz auf chemisch-mechanischem Wege in beliebigen Formen und Schweifungen zu biegen«. Davon macht er, zunächst bei den Firmen List und Leistler, dann als Selbständiger, eifrig Gebrauch. Und er beginnt, seine Arbeit zu industrialisieren. Der Stuhl Nr. 4 (der mit den zwei großen geschnörkelten S in der Rückenlehne) mit dem das damals berühmte Kaffeehaus Daum in Wien ausgestattet wurde, wird zum ersten Serienmöbel. Nach Erfolgen auf der Londoner Weltausstellung 1851 baut Thonet in den folgenden Jahren die Firma aus, stellt Maschinen auf. Obwohl

Michael Thonet
* Boppard, 2. Juli 1796
† Wien, 3. März 1862

er, um sich vor alten Gläubigern zu schützen, das Geschäft seinen fünf Söhnen überträgt, behält er, solange er lebt, die Leitung in der Hand. Für wichtige Entscheidungen holt er die Zustimmung seiner Söhne und seiner Arbeiter ein. Als die Firma vergrößert werden muß, um der wachsenden Produktion Herr zu werden, wendet Thonet – zu jener Zeit etwas ganz Besonderes – rationelle Organisationsmethoden an. Und um nah am Rohmaterial zu sein, gründet er Zweigwerke bei den mährischen Buchenwäldern um Koritschan und Bistritz. 1860 beschäftigt die Firma Thonet 300 Arbeiter und produziert täglich 200 Möbelstükke. Sechs Fabriken hat er schließlich, die nach dem Prinzip der Arbeitsteilung arbeiten. Thonet stirbt 1862 als berühmter Mann. Seinen Ruhm begründeten neben dem Daum-Stuhl der Stuhl Nr. 14 und Nummer 1, der Vater der gebogenen Schaukelstühle. Für die Nachwelt bleibt Thonet ein Vorbild, einer, der Kunst und Technik zu verbinden wußte, der Quantität produzierte, ohne auf die Qualität, die er vom Handwerk kannte, zu verzichten. Le Corbusier, der wie andere in den zwanziger Jahren unseres Jahrhunderts auf Thonets Prinzipien aufbaute, sagte über die Bugholzmöbel: »Noch nie ist Besseres an Eleganz der Konzeption, Exaktheit der Ausführung und Zweckmäßigkeit geschaffen worden.«

2

2

Jahr: 1867
Designer: Thonets Söhne
Modell: Nummer 18
Material: Buchenholz, dampfgebogen. Sitz Rohrgeflecht
Maße: B 41. H 89. T 54. SH 46
Preis: auf Anfrage
Hersteller: Selection Norm b. v. Tilburg, Niederlande

Dieser Stuhl stammt nicht mehr aus Michael Thonets eigener Hand. Er ist eine Gemeinschaftsarbeit der Söhne. Nr. 18 wurde als Exportmodell kreiert und in aller Welt bekannt. Seine charakteristischen Elemente wurden für eine Reihe weiterer Modelle verwendet: Armlehnstuhl und Drehstuhl, Stuhl, Armlehn- und Schaukelstuhl für Kinder. Sogar die Puppen werden bedient: Für sie gibt's die gleichen Möbel wie für Kinder, dazu eine Bank mit zwei Innenbögen. Heute wird Nr. 18 in den Niederlanden hergestellt, wo man auch Nr. 14 in der originalen Form fertigt: mit rundem Sitz. Sie werden dort übrigens noch mit der Hand gebogen und montiert. ●

3

3

Jahr: 1903
Designer: Charles Rennie Mackintosh
Modell: Hillhouse 1
Material: Esche. Polstersitz mit Spezialbezug
Maße: B 40,5. H 140. T 39. SH 46
Preis: auf Anfrage
Hersteller: Cassina, Mailand

Den Stuhl »Hillhouse 1« entwarf Mackintosh 1903 für »The Hillhouse« des Verlegers Walter W. Blackie in Helensburgh, einem Städtchen nah bei Glasgow. Mackintosh hat das Haus gebaut und eingerichtet, wie es seiner idealen Vorstellung von Architekten- und Designerarbeit entsprach. Den Stuhl mit dem hohen Leiterrücken hat er fürs Schlafzimmer entworfen. Ihrer zwei (zusammen mit dem Hocker vorm Frisiertisch die einzigen schwarzen Gegenstände im weißen Raum) standen als ausdrücklich dekorative Gegenstände bewußt plaziert: vor einem Mauervorsprung und zwischen zwei Schränken.

Der Designer

Der Schotte – Architekt, Möbeldesigner, Innenarchitekt und Maler – und seine Glasgower »Spook School« (Schule der Gespenster) werden gemeinhin dem Jugendstil zugerechnet. Er hat aber eine durchaus eigene Linie verfolgt, der Wiener Schule um Josef Hoffmann und Koloman Moser näher verwandt als der französischen und belgischen Art noveau, deren Schlingen- und Kurvenexzesse er nicht mochte. Organische Motive, streng stilisiert, verwendete er nur in seinen frühen Arbeiten. Das Holz behandelte er dabei wie einen geschmeidigen, formbaren Werkstoff und umhüllte die Möbel mit Lack, so daß nur endgültige Formen, nicht aber Ansätze und Verbindungen erkennbar waren. Später entwirft er streng geometrische Möbel, mit Vorliebe schwarz, immer mit stark dekorativem Effekt. Mackintosh und seine Freunde wollten von Stilmischmasch und Mittelmäßigkeit der viktorianischen Zeit weg. Bestärkt wurden die Architekten, Maler und Designer der »Spook School« durch die englische »Art and Crafts«-Bewegung. Über Glasgow hinaus, das ihm den kühnen und sinnreichen Bau der School of Arts verdankt, war Mackintosh zu seiner Zeit auf der Insel kaum bekannt. Wohl aber auf dem Kontinent. Er zeigt Arbeiten in der Ausstellung der Wiener Sezession im Herbst 1901 und in der Internationalen Ausstellung Moderner Dekorativer Kunst in Turin 1902, lernt die Designer Hoffmann, Moser, Olbrich und den Maler Klimt kennen. Mit seinen Entwürfen für das »Haus eines Kunstfreundes« gewinnt er einen Preis im Wettbewerb der »Zeitschrift für Innendekoration«, und für Fritz Wärndorfer, den Mäzen der Sezession, richtet er einen Musiksalon ein. Dieser fruchtbaren Zeit zwischen 1897 und 1905 folgt nach Jahren der Stagnation noch eine zweite erfolgreiche Periode: 1916 bis 1918. Danach wird es still um Mackintosh. Er bekommt keine Aufträge mehr, geht mit seiner Frau und Mitarbeiterin Margaret nach Frankreich, um nur noch zu malen. Er lebt äußerst bescheiden von seinen Ersparnissen und stirbt als armer Mann.

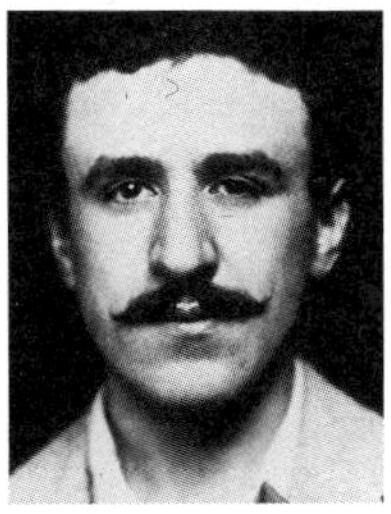

Charles Rennie Mackintosh
* Glasgow, 7. Juni 1868
† London, 10. Dez. 1928

4

4

Jahr: 1918
Designer: Charles Rennie Mackintosh
Modell: D. S. 3
Material: Gestell Esche, ebenholzfarben gebeizt, mit Perlmutt-Intarsien. Sitz aus Strohgeflecht
Maße: B 49. H 75. T 45. SH 45
Preis: auf Anfrage
Hersteller: Cassina, Mailand

Die Ausführung dieses Stuhls hat Mackintosh nie erlebt. Er wird, ebenso wie andere Teile eines Eßzimmers, seit 1974 nach seinen Originalzeichnungen gebaut. Mackintosh hat ihn 1918 für den Waagenfabrikanten W. J. Bassett-Lowke entworfen, für den er zwei Jahre vorher schon ein Haus umgebaut und eingerichtet hatte. Bassett-Lowke, den ein Freund auf den »artist-architect« aufmerksam gemacht hatte, war Mackintoshs schwierigster und anspruchsvollster Kunde. Denn er war eines der ersten Mitglieder der Design & Industries Association, entwarf selber Möbel und hatte sehr genaue Vorstellungen von dem Haus, in dem er wohnen wollte. Er schrieb Anmerkungen in Mackintoshs Zeichnungen, machte Gegenvorschläge. Warum er das Eßzimmer mit dem D. S. Stuhl abgelehnt hat, ist nicht geklärt. Es gibt da Unstimmigkeiten in der Datierung eines Briefwechsels, in dem von mehreren Entwürfen die Rede ist. Roger Billcliffe, der ein Buch über Mackintosh geschrieben hat, vermutet, daß Bassett-Lowke das Eßzimmer zu elegant fand für ein Landhaus. Aus den peniblen Skizzen schließt Bilcliffe, daß Mackintosh auf die Entwürfe besonders stolz war. ●

5

5

Jahr: 1926

Designer: Mart Stam

Modell: S 33

Material: Gestell Stahlrohr. Sitz und Rückenlehne Kernleder

Maße: B 50. H 86. T 64. SH 46

Preis: auf Anfrage

Hersteller: Gebrüder Thonet, Frankenberg

Er ist – sagen Mart Stams Freunde, sagt auch der Schweizer Kunsthistoriker Siegfried Giedion, einer der besten Kenner der frühen Moderne – er ist der erste freischwingende Stahlrohrstuhl. Den Rang macht ihm ein Freischwinger von Marcel Breuer streitig, und die Gelehrten sind sich bis heute nicht völlig einig, welcher wirklich der erste war. Immerhin scheint sicher, daß Mart Stam als erster an der Idee gearbeitet hat, Stahlrohr mit dem Durchmesser der üblichen Gasrohre zu einem endlosen Rohr zu biegen und aus diesem wiederum ein Stuhlgestell zu biegen, das nicht auf vier Beinen steht, sondern auf einem am Boden liegenden U ruht. Aufs Rohr gekommen war er durch sein neu erworbenes Fahrrad: Dessen elegant geschwungener Lenker entzückte ihn. Der Gedanke, Thonets Erfindung des gebogenen Holzes auf den Werkstoff Stahl zu übertragen, lag damals in der Luft: In kurzen Abständen stellen außer Stam und Breuer auch Le Corbusier, Mies van der Rohe und Designer in Frankreich Stahlrohrmöbel vor. Stam zeigte sein Modell 1927 auf der Werkbundausstellung in der Stuttgarter Weißenhof-Siedlung. Ein Exemplar steht im Victoria and Albert Museum in London.

Der Designer

Stam ist (bis 1981 mit Marcel Breuer, der zurückgezogen in New York wohnte,) der letzte der mit dem Bauhaus verbundenen Meister, der noch lebt. Er hat in Amsterdam an einer Schule für Zeichenlehrer gelernt und war danach Praktikant bei mehreren niederländischen Architekten. Schon als junger Mann hat er Verbindungen im Ausland angeknüpft, überall, wo sich die wesentlichen Entwicklungen jener Jahre zutrugen. 1922 ging er, angezogen von Bruno Tauts Zeitschrift »Frühlicht«, nach Berlin und wurde Mitarbeiter der Architekten Max Taut und Hans Poelzig. Damals hatte er auch Kontakt mit dem russischen Maler und Architekten El Lissitzky, der 1930 für einen Armlehnstuhl aus Acrylglas ein deutsches Patent bekam. Es folgen Jahre in der Schweiz, wo er in Architektenbüros mitarbeitete und die Zeitschrift »ABC« mit herausgab. Ende der zwanziger Jahre beteiligte er sich an der Werkbundausstellung in Stuttgart, war Gründungsmitglied des CIAM (Congrès International d'Architecture Moderne) in dem Schweizer Ort La Sarraz, war Gastdozent am Bauhaus in Dessau. Von 1930 an lebte er vier Jahre in Rußland, wo er im Team von Ernst May an Stadtplanungen für mehrere Städte mitarbeitete. 1934 kehrte er nach Holland zurück, arbeitete als freier Architekt zusammen mit seiner Frau Lotte Beese und hatte eine Reihe von Ämtern inne. So als Direktor des Instituts für Angewandte Kunst in Amsterdam, als Herausgeber der Zeitschrift für visuelle Formgebung »Open Oog«, Mitbegründer des Instituts »Goed Wonen«. Nach vier Jahren in der DDR und in Ostberlin (Direktor der Staatlichen Hochschulen für bildende und angewandte Kunst in Dresden und Weißensee) kehrte er endgültig in die Niederlande zurück. 1966 gab er alle öffentliche Tätigkeit auf und lebt seitdem zurückgezogen in der Schweiz und wünscht, nicht gestört zu werden.

Mart (Martinus Adrianus) Stam
* Purmerend (Holland)
5. August 1899

6

6

Jahr: 1927

Designer: Mart Stam

Modell: S 32

Material: Gestell Stahlrohr. Rahmen Buche, mit Rohrgeflecht bespannt

Maße: B 45. H 80. T 57. SH 44

Preis: auf Anfrage

Hersteller: Gebrüder Thonet, Frankenberg

Für diesen Stahlrohr-Freischwinger wurde Mart Stam im Jahr 1962 vom Bundesgerichtshof das künstlerische Urheberrecht zugesprochen – ein ungewöhnlicher Vorgang bei einem Gebrauchsgegenstand. Stam zeigte ihn als Prototyp in der Weißenhof-Siedlung. Der Stuhl wird auch mit Armlehnen, mit Polstersitz und -rücken und als Sessel angeboten. ●

7+8

Jahr: 1927

Designer: Ludwig Mies van der Rohe

Modelle: S 533; 256

Material: Gestell Stahlrohr. Sitz, Lehne Kernleder oder (einteilig) Peddigrohrgeflecht

Maße: (533) B 50. H 82. T 75. SH 44 - (256) B 49. H 79. T 69. SH 44

Preis: auf Anfrage

Hersteller: (S 533) Gebrüder Thonet, Frankenberg – (256) Knoll International, Murr

Den Triumph, den ersten hinterbeinlosen Stahlrohrstuhl gemacht zu haben, läßt Ludwig Mies van der Rohe dem Niederländer Mart Stam (Nr. 5, 6). Für sich aber beansprucht er den Ruhm, die Federkraft des Stahlrohrs entdeckt und an seinem Freischwinger zum

erstenmal angewendet zu haben. Die Rohre, die Stam verwendete, waren feuergeschmiedet und durch eingezogene massive Stahlstäbe verstärkt – der Stuhl wippte nicht. Mies, der am 24. August 1927 seine federnden Stahlrohre zum Patent anmeldete, hatte im Frühjahr dieses Jahres mit Versuchen begonnen, bei denen er eine Methode von Mannesmann aus dem Jahr 1886 nutzte: Dabei werden nahtlose, dünnwandige Rohre aus Präzisionsstahl kalt gezogen und gebogen. Mies' Stuhlgestelle (24 mm Durchmesser, 2 mm Wandstärke) waren extrem leicht und außerdem elastisch. Die Massenproduktion übernahmen 1927–30 die Firma Berliner Metallgewerbe Joseph Müller, 1931 die Bamberger Metallwerkstätten Berlin. Damals kostete der Stuhl 68 Mark. Wie populär er war, zeigt ein Cartoon des Simplizissimus-Zeichners Karl Arnold aus dem Jahre 1929: ein Raum mit Mies-Stühlen. Auf dem Stahlrohrtisch ein einfältig gebauchtes Väschen mit struppigen Blumen. Sie (Bubikopf, Hosenanzug, Stromlinie) fragt ihn (Glatze, Brille, Schnurrbärtchen, Fliege): Edgar, wie kommt diese Vase in unser Milieu? Seit 1932 wird der Stuhl von Thonet hergestellt (beide Versionen, beide auch mit Armlehnen), seit 1964 auch von Knoll International (nur die Leder-Version).

Der Designer

Mies kommt vom Handwerk. Er ist Steinmetz-Sohn, hat beim Vater gelernt, ist dann technischer Zeichner geworden. In Berlin arbeitet er bei dem Möbeldesigner Bruno Paul und bei Peter Behrens, der vom Jugendstil gekommen und als Hausarchitekt der AEG einer der Pioniere des Industriedesigns war. Seit 1919 hatte Mies in Berlin ein eigenes Architekturbüro, war Mitglied der »Novembergruppe«, einer revolutionären Künstlervereinigung, und entwarf eine Reihe von Projekten, die zwar nicht gebaut wurden, ihn aber weithin berühmt machten, darunter die ersten Wolkenkratzer mit Glaswänden. 1926 lud der Deutsche Werkbund unter Leitung von Mies die besten europäischen Architekten zur Gestaltung eines Gebäudekomplexes ein. Le Corbusier, Gropius, der Niederländer J. J. P. Oud machten mit: Die Weißenhof-Siedlung in Stuttgart wurde zum Inbegriff moderner Architektur in den zwanziger Jahren. In jener Zeit begann Mies

Ludwig Mies van der Rohe
* Aachen, 27. März 1886
† Chicago, 17. August 1969

van der Rohe auch Möbel zu entwerfen, die bis heute nichts an Gültigkeit verloren haben. 1930 wurde Mies Direktor des Bauhauses in Dessau. Der letzte. 1933, als die Nazi-Herrschaft begann, schloß er das Bauhaus und ging nach Amerika. Dort war er Leiter der Architekturabteilung des Armour-Instituts (später Illinois Institut of Technology, IIT) in Chicago. Später, als freier Architekt, entwarf er viele bedeutende Bauten, so das Seagram-Gebäude in New York und das Cullinan-Museum in Houston. Und für Berlin die Neue Nationalgalerie. Für sie alle wie auch für seine Möbel gilt, was ein Kritiker über sein Haus Tugendhat in Brünn erklärt: Sie haben Eleganz, einfache Schönheit und Perfektion im Detail. ●

9

Jahr: 1930
Designer: René Herbst
Modell: Vernickelter Stuhl
Material: Vernickeltes Stahlrohr. Sitz, Lehne: Gummizüge in Schwarz, Weiß, Blau, Rot, Gelb
Maße: B 43. H 81. T 40. SH 47
Preis: auf Anfrage
Hersteller: Ecart International, Paris

Die späten zwanziger Jahre waren die Zeit der elastischen Stahlrohrmöbel. Während zum Beispiel Le Corbusier einen Sessel mit Hilfe der beweglichen Rückenlehne flexibel machte, gab Herbst seinem vernickelten Stahlrohrstuhl eine elastische Schnurbespannung. Der Stuhl wurde für Herbsts eigene Innenausstattungsfirma, die Etablissements René Herbst in Paris, hergestellt.

Der Designer

Man nannte René Herbst in jenen aufregenden zwanziger Jahren »l'homme d'acier«, den Mann von Stahl. Was einmal bedeutete, daß er Stahlmöbel machte, und im an-

René Herbst
* Paris, 1891

deren, wortspielerischen Sinn, daß er ein Mann mit stählernen Nerven war. Er gehörte in Frankreich zu den ersten, die mit dem neuen Möbel-Material Stahlrohr experimentierten. Herbst ist Innenarchitekt, er hat in London studiert. Auf Reisen in Rußland und Italien informierte er sich über das, was dort auf seinem Gebiet vorging. Als 1930 in Frankreich die Union des Artistes Modernes (UAM) gegründet wurde, war Herbst eines der ersten Mitglieder. Die UAM richtete in den folgenden Jahren regelmäßig Ausstellungen aus, die in den vierziger Jahren den Titel »Formes Utiles« (Nützliche Formen) trugen, ihr Stichwort war »Neue Sachlichkeit«. Zu Herbsts bedeutendsten Arbeiten gehört das Mobiliar für die Fürstin Aga Khan. Bei dieser Auftragsarbeit konnte er, ohne Zugeständnisse zu machen, verwirklichen, was er unter Qualität verstand. Herbst lebt heute, über neunzig Jahre alt, zurückgezogen in Paris und ist nur noch für seine engsten Freunde zu sprechen. ●

10

10

Jahr: 1930

Designer: ?

Material: Buche (natur, schwarz, matt oder glänzend), Nußbaum

Maße: B 42. H 82. T 45. SH 47

Preis: auf Anfrage

Hersteller: Sautto & Liberale, San Giorgio di Cremona/Napoli – Selection Norm, Tilburg/Niederlande

Dieser Stuhl hat viele Väter oder gar keinen. Die Urheberschaft ist nicht geklärt. Die Gebrüder Thonet, die ein Exemplar in Privatbesitz haben, führten ihn unter der Nummer 392 und nannten Marcel Breuer (siehe Kapitel »Sessel«) als Entwerfer. Ein anderer Illustrer, dem er zugeschrieben wird, ist Josef Hoffmann (siehe Kapitel »Armlehnstühle«), einer der Großen der Wiener Schule. Auch Josef Frank (1885–1968), der wie andere Wiener für das Einrichtungshaus »Haus und Garten« arbeitete, später nach Stockholm ging und mit einer schwedischen Firma zusammenarbeitete, wird als Entwerfer des Vaterlosen genannt. Schließlich taucht auch noch der Name Fritz Meister auf. Bei ungeklärter Vaterschaft gibt es kein Urheberrecht: Heute wird der Stuhl von einer italienischen Firma und von einer niederländischen Firma hergestellt. Beide sind stolz, handwerkliche Qualitäten wie zu Michael Thonets Zeiten zu liefern. Bei ihnen wird Geflecht mit der Hand eingezogen, nicht fertig eingespannt. ●

11+12

Jahr: 1933–1935

Designer: Alvar Aalto

Modelle: 66, 69

Material: Gestell und Sitz Birke natur

Maße: (66) ∅ 38. H 78. T 45. SH 44 (Variante 65: nur 66 cm hoch) (68) ∅ 38. H 70 (Variante 69: B 38. H 72. T 44. SH 44, höhere Lehne!)

Preis: auf Anfrage

Hersteller: Artek, Helsinki

»Eine Lampe und ein Stuhl sind immer Teil einer Umgebung«, sagte Alvar Aalto. Deshalb hat er, wenn er beim Bau eines öffentlichen Gebäudes merkte, daß die richtigen Einrichtungsgegenstände fehlten, diese selber gezeichnet. Er sagt dazu: »Daß sie später auch in eine andere Umgebung passen können, ist eine andere Sache«. Die Stuhl-Serien mit gebogenen Schichtholzbeinen hat er für die Bibliothek in Viipuri entworfen (Der Hocker, der auch dazu gehört, erscheint in einem späteren Kapitel). Aalto hatte seit 1929 Versuche mit Holzverformung gemacht und dafür eine eigene Holzverarbeitungswerkstatt gegründet. Um der Phantasie Spielraum zu geben, hat er zunächst ohne bestimmtes Ziel spielerische Formen aus schmalen, dünnen Holzstreifen gebildet, die er in verschiedenen Längen bündelte und nur so weit verleimte, daß sie sich wie Fächer entfalten konnten. Anders als Thonet wollte er Holz nicht über Dampf biegen, sondern die natürliche Feuchtigkeit der finnischen Birke nutzen. Für die Viipuri-Stühle wurde das Massivholz der Beine in

11

12

der für die Biegung vorgesehenen Stelle eingeschnitten, so daß es wie Schichtholz formbar wurde. Die Sitzfläche und die Lehne mit Knick sind angeschraubt.

Der Designer

Aalto lernte, wie er in dem Aufsatz »Der weiße Tisch« niederschrieb, die Philosophie von Papier und Bleistift als Vierjähriger kennen. Der weiße Tisch stand im größten Zimmer des Hauses Aalto. An ihm arbeiteten die zwölf Mitarbeiter des Vaters, der Vermessungsingenieur war. Der Knabe Alvar wohnte auf der unteren Platte des zweistöckigen Tischriesen, beobachtete alles und bekam, als er zeichnen konnte, ein Plätzchen an der oberen Platte. Aalto hat nach dem Abitur in Helsinki Architektur studiert und als Vierundzwanzigjähriger seine erste unabhängige Arbeit gemacht, das Gebäude für die Industrieausstellung in Tampere. Obwohl er später in aller Welt gebaut hat und weltberühmt wurde, hat er zeitlebens, wenn nicht am liebsten, so doch beson-

Alvar Aalto
* Kuortane/Finnland,
3. Februar 1898
† Helsinki,
11. Mai 1976

ders gern, in seiner Heimat gebaut. Aus Zuneigung natürlich, aber auch, weil er die finnischen Bauprobleme am besten kannte. Internationalität war für ihn »nur dummes Geschwätz, wenn man nicht etwas hat, was dahinter steht: die Verankerung im Lokalen«. Als Spezialist für Industrie- und öffentliche Bauten hat er das Bild des modernen Finnland entscheidend beeinflußt. Ehrendoktorhüte, Medaillen und andere Auszeichnungen bestätigen seinen Rang in der internationalen Architektur. Seine Möbel entstanden alle im Zusammenhang mit Gebäudeentwürfen. 1935 hat er zusammen mit seiner ersten Frau Aino Aalto-Marsio die Firma Artek gegründet als »Zentrum für zeitgenössische Möbel, Einrichtung, Kunst und industrielle Kunst«. Artek ist von Anbeginn bis heute Hersteller der Aalto-Möbel. ●

13

13

Jahr: 1936

Designer: Kaare Klint

Modell: 4133 (Kirchenstuhl)

Material: Buche, Papiergeflecht

Maße: B 52. H 84. T 50. SH 43

Preis: auf Anfrage

Hersteller: Fritz Hansens Eft. A/S. Allerød/ Dänemark

Kirchenstuhl heißt er, weil Kaare Klint ihn für die Grundtvig-Kirche in Kopenhagen entworfen hat.

Vorbild dabei war ihm ein traditioneller Stuhl aus dem Mittelmeerraum, den er für seine Zwecke abwandelte. Der Rückgriff auf überlieferte Möbelformen ist charakteristisch für Klints Arbeit: Er war der Meinung, daß man von den Vorfahren lernen müsse, und daß Möbel, die sich über Generationen bewährt und weiterentwickelt haben, es wert seien, erhalten zu bleiben. Klints besondere Vorliebe galt den Möbeln des englischen 18. Jahrhunderts. Der Kirchenstuhl wurde auch mit Armlehnen gemacht. Er wird heute auch aus Eichenholz hergestellt.

Der Designer

Klint, Sohn eines Architekten, war zunächst Maler und hat sich 1922 als Architekt selbständig gemacht. Seine wesentliche Domäne war der Möbelbau, er kann der Vater

Kaare Klint
* Kopenhagen,
15. Dez. 1888
† Kopenhagen,
28. März 1954

des dänischen Möbeldesigns unserer Tage genannt werden. Er hat dazu nicht nur mit seinen Modellen beigetragen, sondern hat auch Theorien entwickelt, die für die nachfolgenden dänischen Möbelbauer wichtig waren. So hat er als Fünfundzwanzigjähriger eine Serie von Studien über die Proportionen des menschlichen Körpers erarbeitet und, davon ausgehend, Standardmaße für Möbel festgelegt. Die Sitzhöhe des Stuhls sollte, so fand Klint, dem menschlichen Unterschenkel angepaßt, der Schrank nur so hoch sein, daß ein durchschnittlich großer Mensch alle Fächer bequem erreichen könne. Als er 1924 Leiter der neu eingerichteten Möbelschule an der Kopenhagener Kunstakademie wurde, standen die Funktionsstudien im Mittelpunkt seines Unterrichts. Unter dem Einfluß der Ideen des Bauhaus untersuchte er mit seinen Schülern auch allgemeine Wohn- und Einrichtungsansprüche. Die Ergebnisse dieser Analysen waren Grundlage für den neuen skandinavischen Stil, der in den vierziger Jahren bestimmend in ganz Europa wurde. Kenner der dänischen Möbelszene sagen, daß Klint vor allem ein unübertrefflicher Lehrer war. ●

14

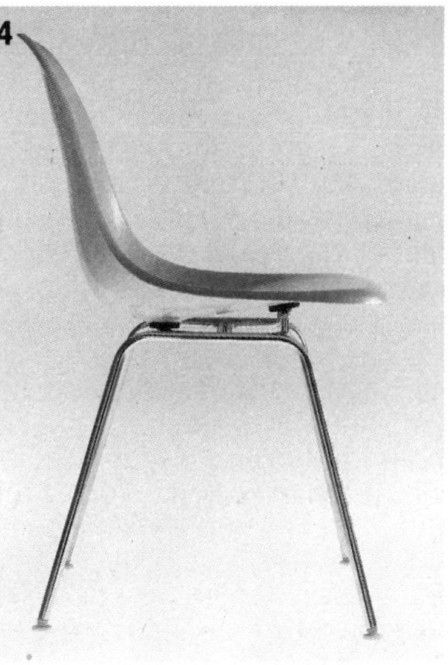

14

Jahr: 1949/1951

Designer: Charles + Ray Eames

Modell: DSX

Material: Untergestell Aluminium. Schale Fiberglas. Mit Sitz- oder Vollpolster

Maße: B 47. H 81. T 55. SH 45

Preis: auf Anfrage

Hersteller: Herman Miller Collection/Vitra, Weil am Rhein

Über den Fiberglasstuhl, für den Eames 1951 den »First National Industrial Designers Institute Award« bekam, hat er einen Film gedreht: In etwas mehr als acht Minuten zeigt er den Weg von der Zeichnung über das Modellieren der Tonform, das Gießen, Trocknen und Schneiden des Kunststoffs bis zu einer Versammlung fertiger Stühle. Eames war der erste, der Versuche mit Kunststoff für den Möbelbau machte. 1948 bekam er einen Forschungsauftrag des Museum of Modern Art, neue Möbelformen zu entwickeln, baute eine Holzschalenform aus dem Jahr 1940 in Metall und überspritzte sie mit Neopren. Das Modell bekam zwar einen Preis des Museums, erwies sich aber wegen zu hoher Werkzeugkosten als untauglich für Massenproduktion. Versuche mit Polyester, mit Glasfaser verstärkt, führten dann zu dem Modell, das in Produktion ging – bei Herman Miller, dessen großzügigem Unternehmensgeist mit zu verdanken ist, daß Amerika in jenen Jahren binnen kurzer Zeit Nummer 1 auf dem Gebiet der modernen Möbel wurde. Aus dem Glasfiber-Stuhl hat Eames, wie aus all seinen Modellen, eine Familie von Stühlen gemacht, darunter auch Dreh- und Barstühle.

Der Designer

Charles Eames ist eine der großen schöpferischen Persönlichkeiten dieses Jahrhunderts. Er hat Architektur studiert und in den siebzig Jahren seines Lebens auf vielen Gebieten gearbeitet – immer mit größter Intensität und immer erfolgreich. Er hat zwar auch gebaut (sein eigenes Haus in Santa Monica/Kalifornien aus Industriebauteilen) und ein Haus für seinen Freund, den Regisseur Billy Wilder, entworfen. Aber die Arbeit des Hochbauarchitekten befriedigte ihn nicht, weil er lieber eine Sache von Anfang bis Ende allein verantwortlich in der Hand hatte. So war er Möbeldesigner, Fotograf, Pädagoge, Filmemacher, hat Spielzeug entworfen (köstliche Tiere aus Schichtholz, das weltberühmte Kartenhaus). Eames zählte sich selber zu den Glücklichen, die nur das getan haben, was ihnen Freude macht. Seine große pädagogische Begabung äußerte sich nicht nur in Vorlesungen und Vorträgen. Auch in Ausstellungen (über Kopernikus, über Mathematik, amerikanische Geschichte,

Charles Eames
* St. Louis/ Missouri, 17. Juni 1907
† St. Louis, 21. Aug. 1978

den Inder Nehru), die er so gestaltete, daß sie auf unterhaltsame Weise ein Höchstmaß an Wissen vermittelten. Und auch in kurzen Filmen (über Brot, Spielzeug, Indien, Barock-Baukunst), mit denen er erreichen wollte, daß Kinder ebenso wie Spezialisten Spaß dran hätten. An allen seinen Arbeiten hat Ray Eames, die er 1941 heiratete, großen Anteil. Mehr über sie und ihre Arbeit wird im Kapitel »Hocker« stehen. ●

15
Jahr: 1937/38
Designer: Carl Hansen
Modell: CH 18 S
Material: Eiche massiv, wachsbehandelt, gebeizt, laugenbehandelt
Maße: B 44. H 87. T 51. SH 42
Preise: auf Anfrage
Hersteller: Carl Hansen & Sohn, Odense/Dänemark

15

Tischlermeister Carl Hansen wollte einen Stuhl haben, der dem traditionellen Windsor-Armlehnstuhl ähnlich sieht. Und da kein Designer zur Hand war, hat er ihn selber gezeichnet. Das Problem bei der Herstellung ist, Holz in der richtigen Qualität zu bekommen, das dann sorgfältig gelagert werden muß, mindestens anderthalb Jahre. Denn die Sitze mit den anatomisch geformten Mulden werden aus fünf Zentimeter starken Platten gefräst, und das Holz darf bei diesem Vorgang nicht reißen. Weniger Probleme macht die Lehne, die nach Art Michael Thonets über Dampf gebogen wird.

Der Designer

Carl Hansen war Tischler, einer jener Handwerksmeister, die mit hervorragender Arbeit dazu beigetragen haben, den guten Ruf dänischer Möbel zu begründen. Carl Hansens Sohn und jetzt sein Enkel Jørgen führen den Betrieb in der bewährten Tradition weiter. Ein Foto vom Großvater existiert in der Familie nicht mehr. ●

16
Jahr: 1952
Designer: Arne Jacobsen
Modell: 3100 »Die Ameise«
Material: Sitz Buche Schichtholz, Gestell Stahl verchromt
Maße: B 48. H 77. T 48. SH 44
Preise: auf Anfrage
Hersteller: Fritz Hansen, Allerød, Dänemark

»Die Ameise«, so genannt wegen der stark taillierten Form der Sitzschale und der dünnen Beine, war der erste dänische Stuhl, der sich für Massenproduktion eignete. Da

16

der Stuhl leicht und stapelbar ist, wurde er schnell populär als Kantinenstuhl. Wer dem Dreibein mißtraut, kann ihn vierbeinig ordern.

17

17
Jahr: 1955
Designer: Arne Jacobsen
Modell: 3107
Material: Sitz Teak, Eiche, Buche, lackiert oder gebeizt. Gestell: Stahlrohr verchromt
Maße: B 50. H 78. T 52. SH 44
Preise: auf Anfrage
Hersteller: Fritz Hansen, Allerød, Dänemark

Für diesen Stuhl bekam Arne Jacobsen im Jahr 1969 den deutschen Bundespreis »Gute Form«. Zur Begründung sagte die Jury: »Der Stuhl überzeugt durch seine klare Konzeption: Sitz und federnde Rückenlehne aus einem verformten Holzteil und elastische Verbindung mit dem Stahlrohrfußgestell. Der leichte vielseitig verwendbare Stapelstuhl eignet sich für Besprechungen und Vortragsveranstaltungen«. Ein leicht anstößiges Foto mit dem Stuhl ging 1963 um die Welt: das englische Callgirl Christine Keeler saß darauf, verkehrt herum, natürlich.

Der Designer

Arne Jacobsen ist unter den dänischen Architekten und Designern der, der in aller Welt am meisten bekannt wurde. Und der zu dem Begriff »Dänisches Design« nicht nur als Architekt und Möbelmacher, sondern auch als Designer noblen Kunstgewerbes (Cylindaline, eine Serie von Kannen aus rostfreiem Stahl) beigetragen hat. Jacobsen hat eine Maurerlehre abgeschlossen und danach auf der Schule der Technischen Gesellschaft und auf der Kunstakademie in Kopenhagen studiert.

Arne Jacobsen
* Kopenhagen, 11. Januar 1902
† Kopenhagen, 24. März 1971

1925 wurde er mit der silbernen Medaille der Pariser Weltausstellung ausgezeichnet, 1928 mit der goldenen Medaille der Kopenhagener Akademie, an der er später selber als Professor unterrichtete. Zu seinen Bauwerken gehören das Rathaus in Aarhus, das SAS-Gebäude in Kopenhagen, die Dänische Nationalbank und das Verwaltungsgebäude der Hamburgischen Electricitäts-Werke. Für sein unermüdliches Suchen nach souveränen Lösungen wurde Jacobsen in aller Welt mit Preisen und Doktorhüten ausgezeichnet. ●

18

Jahr: 1952

Designer: Harry Bertoia

Modell: Stuhl 420

Material: Gestell, Sitzkorb Rundstahl, rilsanbeschicht oder hochglanzverchromt

Maße: B 55. H 76. T 50. SH 45

Preis: auf Anfrage

Hersteller: Knoll International, Murr

»Der Raum geht einfach durch sie hindurch«, schreibt Harry Bertoia von seinen Drahtstühlen. »Wenn man sie betrachtet, wird man feststellen, daß sie in der Hauptsache aus Luft gemacht sind, wie eine Skulptur.« Bertoia war von Haus

18

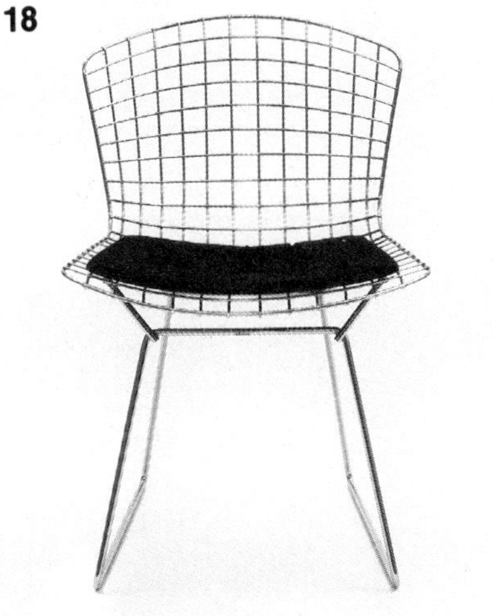

aus Maler und Metallbildbauer. Als er 1950 die Zusammenarbeit mit Hans und Florence Knoll begann, gaben ihm die beiden freie Hand, zu tun, wozu er Lust habe. Er wußte zwar, daß er für einen Stuhl zunächst funktionelle Probleme zu lösen hatte (und er hat es getan – auf den Drahtstühlen sitzt man gut), aber er hat ihn auch gesehen wie eine Skulptur, bei der es ihm »hauptsächlich um Raum, Farbe und die charakteristischen Eigenschaften von Metall« ging. Die Drahtstühle, von denen es eine Reihe verschiedener Versionen gibt, gehören bis heute zu den in aller Welt bekannten.

Der Designer

Seine italienische Heimat verließ Bertoia schon als Fünfzehnjähriger. In Detroit studierte er Bildhauerei und Malerei an der Technischen Hochschule, wurde 1937 Lehrer an der Detroit School of Arts und Crafts und an der Cranbrook Academy of Arts. Er hat vie-

Harry Bertoia
* San Lorenzo, Italien, 23. Mai 1915
† Barto, Pennsylvania/USA, 6. Nov. 1978

lerlei gemacht, für die verschiedensten Firmen gearbeitet, zeitweilig auch Schmuck entworfen. Mitte der vierziger Jahre begann er mit Möbelentwürfen zu experimentieren. Für Bertoia war es ein Glücksfall, daß er zu Knoll International kam. Denn in dieser damals noch kleinen Firma hatten die Besitzer selbst das Sagen, und Design, sofern es gut war, wurde hoch geachtet als wesentlicher Bestandteil des Geschäfts. ●

19

19

Jahr: 1952

Designer: Egon Eiermann

Modell: SE 18

Material: Gestell Vollholz Buche, natur oder schwarz lackiert. Sitz, Lehne Sperrholz gebogen, schwarz lackiert oder edelholzfurniert

Maße: B 53,8. H 76,8. T 47. SH 47

Preis: auf Anfrage

Hersteller: Wilde + Spieth, Eßlingen/Neckar

Als er auf den Markt kam, war er ein Volltreffer, wurde schnell weithin bekannt. Denn er traf in eine Marktlücke: Es gab keinen Stuhl für Stadthallen und Gemeinschaftshäuser, die in den fünfziger Jahren überall in Deutschland gebaut wurden. Eiermanns »Klipp-Klapp«, der in vielen kommunalen Gebäuden steht (so in der Karlsruher Schwarzwaldhalle, in der Pforzheimer Stadthalle) erfüllt genau die Wünsche, die man an ein solches Möbel stellt: Er ist wegstellbar und trotzdem wohnlich anzusehen. Klappt man die Beine zusammen, geht zugleich der Sitz hoch, und das ganz leicht und leise. Zusammengeklappt verlangt er ein Minimum an Stauraum. Eiermann hat beim Entwurf Sitz und Lehne mit Makoré-Furnier vorgesehen, das im Lauf der Zeit immer schöner wird. Aus Preisgründen wurde er aber anfangs ganz aus Buche gearbeitet. Heute gibt es viele Varianten, so den Kirchenstuhl mit Buchablage, den Reihenstuhl und den Kinderstuhl. Der Klappstuhl war erst ein Jahr auf dem Markt, als er mit der »Good Design«-Auszeichnung des Museums of Modern Art geehrt wurde. 1954 bekam er die Silbermedaille auf der Mailänder Triennale.

Der Designer

Der Name Egon Eiermann verbindet sich für viele mit einem einzigen Bauwerk: der wiederaufgebauten Kaiser-Wilhelm-Gedächtniskirche in Berlin. Das kränkt seine Anhänger, und das soll anders werden, wenn das Buch über ihn erschienen ist, das an der Technischen Hochschule Karlsruhe vorbereitet wird. An dieser Hochschule hat Eiermann 23 Jahre lang, von 1947 bis 1970, gelehrt. Studiert hatte er an der TH Berlin-Charlottenburg bei Hans Poelzig. In Berlin hat er sich auch, nach Mitarbeit in zwei Baubüros, als selbständiger Architekt niedergelassen. Anders als manche Kollegen konnte Eiermann viele Entwürfe verwirklichen. Sie alle zeugen von seinem hochentwickelten Gefühl für elegante Proportionen und zeigen, auch wenn sie gewaltige Dimensionen haben, Sinn für menschliches Maß. In den dreißiger Jahren baute er Industriehallen und Wohnhäuser in Berlin, in den Fünfzigern die Taschentuchweberei Blumberg und die Matthäuskirche in Pforzheim, eine der ersten Kirchen, bei denen Glasbeton verwendet wurde. Streng und schlicht wie der deutsche Beitrag zur Mailänder Triennale und der deutsche Pavillon für die Brüsseler Weltausstellung, den Eiermann mit Sepp Ruf gestaltete, ist auch sein Gebäude der Deut-

Egon Eiermann
* Neuendorf
bei Berlin
29. Sept. 1904
† Baden-Baden
19. Juli 1970

schen Botschaft in Washington. Ein interessanter Versuch: das Fertighaus in Atriumform, das ein Versandhaus 1965 herausbrachte. Ebenfalls ein Eiermann-Bau: der Büroturm für den Bundestag in Bonn. Um den Entwurf, mit dem Eiermann 1957 den Wettbewerb um den Wiederaufbau der Berliner Gedächtniskirche gewann, gab es heftige Diskussionen. Sein zweiter Entwurf, den er im Herbst des selben Jahres vorlegte, wurde auch von der Öffentlichkeit angenommen. Er brachte das Achteck mit doppelten Glaswänden, die nachts beleuchtet werden: bläulicher Schimmer, unübersehbar im Getriebe der Stadt. ●

20

20

Jahr: 1956
Designer: Eero Saarinen
Modell: Stuhl Nr. 151 (Tulpe)
Material: Gestell Leichtmetallguß, rilsanbeschichtet. Sitz formgepreßte Polsterschale, weiß. Loses Sitzkissen mit Schaumstoff-Füllung
Maße: B 51. H 81. T 54. SH 47
Pre auf Anfrage
Hersteller: Knoll International, Murr

»Ich wollte«, sagte Eero Saarinen, »mit dem Wirrwarr der Beine aufräumen. Ich wollte aus einem Sessel wieder eine Einheit machen.« Er fand, daß der übliche Unterbau von Tischen und Stühlen ein unansehnliches, verwirrendes Durcheinander sei. Darum entwickelte er das Einbein, die Familie der Tulpenstühle mit Kunststoffschale und angesetztem Trompetenfuß aus Aluminiumguß. Die Idee dazu hatte er schon 1953. Die ersten Prototypen, maßstabgerechte Möbelmodelle, hatten Puppenhausgröße und wurden in einem entsprechend kleinen Modellzimmer aufgestellt. Den Tulpenstuhl gibt es auch voll gepolstert und als Armlehnstuhl.

Der Designer

Sein Vater, Eliel Saarinen, war Architekt, wanderte 1922 nach Amerika aus und lehrte an der Cranbrook Universität in Birmingham/Mich. In seinem Büro hat der Sohn zeitweilig mitgearbeitet. Eero Saarinen hatte zunächst in Paris Bildhauerei studiert, später an der Yale University Architektur. Seinen ersten spektakulären Erfolg erlebte er zusammen mit Charles Eames (Nr. 14): als Möbeldesigner. Die beiden gewannen 1941 einen Wettbewerb, den das Museum of Modern Art ausgeschrieben hatte: mit einem Kastenmöbelsystem und einem Stuhl mit einer dreidimensional gebogenen Schichtholzschale. Seit 1943 arbeitet Saarinen mit Hans und Florence Knoll zusammen, die in ihrer Firma Knoll International jun-

Eero Saarinen
* Kirkkonummi,
20. August 1910
† Ann Arbor/
Mich. USA,
1. Juli 1961

gen Designern großzügige Möglichkeiten für ihre Arbeit boten. Zu den Entwürfen, die Saarinen berühmt gemacht haben, gehören der John F. Kennedy Flughafen, das Terminalgebäude von TWA, das Lincoln Centre in New York. ●

21

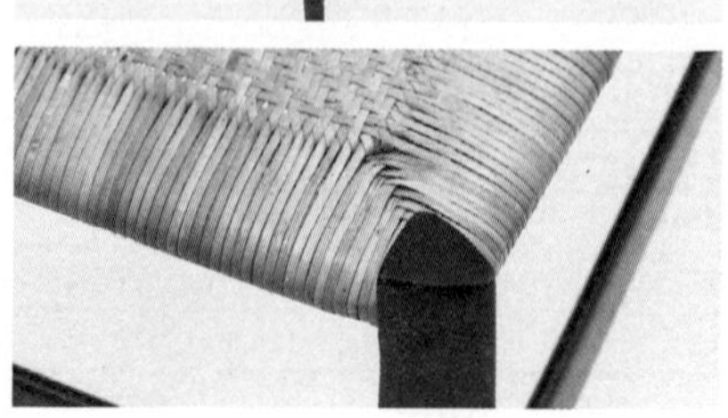

21

Jahr: 1957
Designer: Gio Ponti
Modell: Superleggera
Material: Gestell Esche natur oder schwarz oder weiß lackiert, Sitz Spanisches Rohr
Maße: B 41. H 83. T 47. SH 45
Preis: auf Anfrage
Hersteller: Cassina, Mailand

Der Stuhl wurde vom vierten Stock auf die Straße geworfen, kam heil unten an und federte wie ein Ball. Damit bewies Ponti, wie stabil der »Superleggera« (Superleicht) ist. Und um zu zeigen, daß er wirklich ein Fliegengewicht ist, balancierte der alte Herr Cassina ihn nach Jongleursart auf einem Finger. Den Superleggera sieht Ponti als den »Stuhl-Stuhl«, den Inbegriff des Stuhls. Es ist, sagt er, ein normaler und bescheidener Stuhl. Kein Stuhl mit Eigenschaften wie rational, modern, organisch, vorfabriziert. Nein, ein Stuhl und basta: leicht, fein, bequem. Wenn man so was macht, geht man vom Schwergewichtigen zum Leichten (siehe den Dreiecksgrundriß der Beine), vom Undurchsichtigen zum Transparenten, vom Kostspieligen zum Wohlfeilen. Sagt Ponti.

Der Designer

Er ist einer jener universellen Geister, die sich auf vielen Gebieten der Kunst versucht haben. Er hat Wolkenkratzer gebaut und Eßbestecke entworfen. Gio Ponti hat 1921 am Polytechnikum seiner Heimatstadt Mailand sein Staatsexamen gemacht. Von seiner Kunst zeugen Gebäude in aller

Gio Ponti
* Mailand,
18. Nov. 1891
† Mailand,
15. Sept. 1979

Welt, Bürohäuser, Universitätsinstitute, Kirchen, ein Kloster, Wohnhäuser. Sein spektakulärster Bau ist der Pirelli-Wolkenkratzer in Mailand, zu seinen liebsten gehört das Karmeliterkloster Sant Elia in San Remo. Als Designer hat Ponti neben Möbeln auch Lampen entworfen, außerdem Geschirr, Bestecke, eine Nähmaschine, einen Espresso-Automaten, Sanitärarmaturen, Bühnenbilder und Kostüme für die Mailänder Scala. Ponti hat sein Wissen und Können auch weitergegeben: in Vorlesungen und in den Zeitschriften »Domus« und »Stile«, die er gründete und leitete. Als Perfektionist, allem Unnötigen abhold, hatte er immer einen Zollstock in der Tasche: Er wollte alles auf der Stelle nachmessen können. In seinen Bauten gibt es keine Tür, die breiter ist als 60 Zentimeter. ●

22

22

Jahr: ca. 1958
Designer: Hans J. Wegner
Modell: CH 47
Material: Gestell Buche (auch farbig lackiert), Eiche. Sitz Papierkordel
Maße: B 55. H 77. T 51. SH 42
Preis: auf Anfrage
Hersteller: Carl Hansen, Odense/Dänemark

Die neumodische Art, mehr zu liegen als zu sitzen, den Schwerpunkt fast an der Stuhlkante, gefällt Hans Wegner überhaupt nicht. Er gibt seinen Stühlen großzügig bemessene Sitzflächen und wünscht, daß der Sitzende sie auch ausnutzt, das heißt: das Hinterteil so weit wie möglich zurückschiebt und aufrecht sitzt. Wegner hat mit dem Arzt Dr. Snorrason Stuhlformen für Polio-Kranke entwickelt. All seine Stühle sind so konstruiert, daß die natürliche Krümmung der Wirbelsäule berücksichtigt, die Lendenpartie gestützt wird. Bei diesem tut's die Biegung der Hinterbeine.

Der Designer

Hans J. Wegner wird im Kapitel 2 (Armlehnstühle) vorgestellt. ●

23

23

Jahr: 1960
Designer: Poul Kjaerholm
Modell: Stuhl Nr. 9
Material: Gestell Stahl matt verchromt. Schale Polyester-Glasfaser. Bezug Ochsenleder
Maße: B 56. H 74. T 60. SH 41
Preis: auf Anfrage
Hersteller: E. Kold Christensen ApS, Hellerup/Dänemark

Möbel von Kjaerholm sind oftmals exklusiv genannt worden: Sie gehören nicht zu den billigen. Wichtiger als der Preis waren für Kjaerholm aber Redlichkeit und Konsequenz: Er wollte erstklassige Materialien und erstklassige Verarbeitung – aus Respekt vor den künftigen Benutzern. Obwohl er an der Kunsthandwerkschule in Kopenhagen Tischler gelernt hat, arbeitete er in den sechziger Jahren viel mit Stahl, Marmor, Glas, Schiefer und Leder und half damit im Verein mit Arne Jacobsen (Nr. 16, 17), die dänische Möbelkunst vom Teak-Image zu befreien. Ein nobles Beispiel für seinen intelligenten und geistvollen Stil ist dieser Stuhl: sparsam die Linienführung, elegant das Material. Die Verbindungen der schlanken Stahlbänder, die zum Gestell gebogen sind, werden bewußt als Stilelement eingesetzt.

Der Designer

Er ist früh gestorben, hat aber eine lange Reihe von Möbeln hinterlassen, die alle zu den Glanzpunkten nicht nur dänischen Designs gehören. Kenner sehen Poul Kjaerholm als den größten dänischen Möbelkünstler der jüngeren Generation. Durch ihn, der sich vom Bauhaus inspirieren ließ, aber zu einem durchaus eigenen Stil fand, wurde die Entwicklung in Dänemark mit der internationalen ver-

Poul Kjaerholm
* Kopenhagen,
8. Januar 1929
† Kopenhagen,
18. April 1980

bunden. Kjaerholm war nach seiner Tischlerlehre zunächst Lehrer an der Kunsthandwerkschule Kopenhagen, an der er gelernt hatte, später an der Kunstakademie. Von 1976 bis zu seinem Tod war er Professor und Leiter der Akademie. Bestätigt wird Kjaerholms Bedeutung durch viele Auszeichnungen (Grand Prix auf der Triennale 1957 in Mailand, Jahrespreise vom Verband dänischen Kunsthandwerks und Kunstgewerbes)und durch seine Präsenz in Sammlungen und Museen. ●

24

24

Jahr: 1962

Designer: Ole Wanscher

Modell: PJ 34

Material: Gestell Teak, Palisander, Mahagoni lackiert. Sitz mit Roßhaarbezug

Maße: B 47. H 77. T 50. SH 44

Preis: auf Anfrage

Hersteller: P. Jeppesen, Store Heddinge/Dänemark

Ein Stuhlentwurf von Ole Wanscher wird in fünf, sechs Ausführungen gebaut, jede Einzelheit wird durchgearbeitet, bis die endgültige Version feststeht, die der Professor anerkennt. Dieses Modell hat er für das Haus Rungstedtlund der dänischen Schriftstellerin Karen Blixen entworfen, die, auch unter den Decknamen Isak Dinesen und Tania Blixen, Natur-, Tier- und Menschenleben in Afrika schildert (»Afrika, dunkel lockende Welt«). Da sie 1962 starb, konnte sie die Stühle nicht mehr benutzen. Sie stehen aber auch jetzt noch in Rungstedtlund – und in vielen Häusern in der ganzen Welt. Ole Wanscher sagt vom Rungstedt-Stuhl, daß er Ausdruck eines Stils sei, der nicht innerhalb von Jahren veraltet. Er bejaht moderne Fertigungsmethoden, aber er ist stolz darauf, daß die Feinarbeit, die seine Möbel erfordern, Handwerk von höchster Qualität ist: die Holzverbindungen, das Verleimen, fünfmaliges Lackieren (und Schleifen zwischendurch).

Der Designer

Ole Wanscher ist ein Schüler von Kaare Klint (siehe Nr. 13), dessen Mitarbeiter er von 1925 an war. 1927 macht er sich als Möbelarchitekt selbständig. Klints Einfluß äußert sich in Wanschers lebhaftem Interesse für englische Möbel des 18. Jahrhunderts, deren von China inspiriertes Formenrepertoire er gern variierte. 1955 wurde Ole Wanscher Professor an der Möbelschule der Kopenhagener Kunstakademie. Sein Beitrag zur dänischen Möbelszene sind außer Möbeln, die er entwarf, gründliche Studien über alte Möbel und die Geschichte der Möbel. Sein Hersteller P. J. Jeppesen, mit dem er mehr als zwanzig Jahre zusammenarbeitet, sagt: »Wanscher hat ein wahres Gefühl für die einfache Form ... Viele von den Modellen, die 20 Jahre alt sind, werden in steigender Zahl hergestellt.« ●

Ole Wanscher
* Kopenhagen, 16. Sept. 1903

25

Jahr: 1965

Designer: Achille Castiglioni

Modell: Tric

Material: Buche natur oder lackiert (schwarz, weiß, hell-, mittel- und dunkelbraun)

Maße: B 44. H 93. T 53. SH 45-42 (geneigte Sitzfläche)

Preis: auf Anfrage

Hersteller: BBB, Meda/Italien

Meister des Re-Design, also der Wiederaufnahme von Modellen, die einstmals erfolgreich waren, nennt man Achille Castiglioni und seine Brüder Piergiacomo und Livio, mit denen er viele Modelle gemeinsam erarbeitet hat (die Brüder leben nicht mehr). Auch den »Tric« hat es schon früher gegeben: Er wurde zwischen 1928 und 1930 von dem Franzosen Guillot

25

entworfen und von den Gebrüdern Thonet hergestellt, verschwand dann aber von der Bildfläche. Die Neigung der Castiglionis zum Re-Design erklärt sich mit ihrer Auffassung von Design überhaupt: Für sie ist Design kein ästhetisches, sondern ein technisches Phänomen, und was technisch gut ist, wollen sie erhalten wissen. Sie wollen Gebrauchsgegenstände als gut funtionierende Dinge ohne schmückendes Beiwerk. Beim »Tric« drückt sich technische Perfektion aus in der Einbettung von Sitz und Hinterbeinen in den aus Lehne und Vorderbeinen gebildeten Rahmen. Dadurch ist es möglich, daß der Stuhl sich auf ganze vier Zentimeter Stärke zusammenklappen läßt. Für einen Klappstuhl ist der »Tric« ungewöhnlich bequem.

Der Designer

In früheren Jahren nannte man den Namen Castiglioni nur im Plural: Livio (geboren 1911, gestorben 1979), Piergiacomo (geboren 1913, gestorben 1968) und Achille waren ein Team im wahren Sinn des Wortes, einander ähnlich in der Erscheinung, im Einfallsreichtum und in der Art zu arbeiten. Untrennbar ist ihr Name verbunden mit der Geschichte der modernen Beleuchtung: Sie haben – in den Kapiteln über Lampen wird das zu sehen sein – eine große Anzahl von geistreichen, technisch ausgereiften und ästhetisch untadeligen Lampen entworfen. Beim Entwurf von technischen Geräten zeigten die Castiglionis sich als Avantgardisten. Ihr Kombi-Radio Phonola aus dem Jahr 1939 nimmt Typisches aus den fünfziger Jahren vorweg: zierliche gerundete Form in hellen Pastellfarben. Schon vor dem zweiten Weltkrieg experimentierten sie mit Kunststoff. Achille Castiglioni hat 1944 am Polytechnikum Mailand zum Doktor der Architektur promoviert. Zunächst mit beiden Brüdern, dann allein hat er bis heute auf den verschiedensten Gebieten der Architektur und des De-

Achille Castiglioni
* Mailand,
16. Februar 1918

signs gearbeitet. Hat gebaut (Kirchen, Privathäuser, den »Permanente«-Turm in Mailand), hat Ausstellungsgebäude und -stände gestaltet, Möbel, Lampen und techniche Geräte entworfen. Auch Castiglioni ist im Museum of Modern Art vertreten. Er ist Dozent für künstlerische Planung für die Industrie am Polytechnikum Turin und nimmt aktiv Anteil am Kulturleben: als Mitglied in der ADI (Associazione per il disegno industriale), in Jurys und Komitees. ●

26

26

Jahr: 1966
Designer: Helmut Bätzner
Modell: BA 1171
Material: Polyester, glasfiberverstärkt
Maße: B 53. H 75. T 40. SH 44
Preis: auf Anfrage
Hersteller: Ittracon, Künzelsau

Als Handmuster erregte er – damals noch (nach seinem ersten Hersteller »Bofinger-Stuhl« genannt) – auf einem Stand der Kölner Möbelmesse die Gemüter. Amerikaner und Dänen stürzten sich drauf, die Deutschen sagten »Idioten!« Er war der erste aus einem Stück gefertigte Kunststoffstuhl der Welt. Zwar hat ein Mitarbeiter eines amerikanischen Gummiwerks schon 1928 einen solchen Stuhl entworfen. Aber der wurde nie produziert, und Helmut Bätzner hat den Entwurf erst gesehen, als sein Modell schon erschienen war. Bätzner arbeitete damals am Entwurf für einen Theaterneubau und wollte zugleich Möglichkeiten der Bestuhlung von Experimentierbühnen, Foyers, Cafés, Kantinen und Terrassen untersuchen. Als Stuhl für drinnen und draußen sollte das, was er entwickelte, möglichst leicht, leicht beweglich, stapelbar, koppelbar und wetterunempfindlich sein. Bätzner machte nach den Vorstellungsskizzen erst Gipsmodelle, dann Polyestermodelle, bis schließlich nach endgültiger Festlegung der Maße von einer Polyesterform der Prototyp abgenommen wurde. Das Produkt, das Erinnerungen an den menschlichen Oberschenkel weckt, wird ohne jede Handarbeit gemacht.

Der Designer

Bevor Helmut Bätzner sein Praktikum als Schreiner und Maurer machen konnte, mußte er Kriegsdienst und Gefangenschaft überstehen. Er hat an der Staatsbauschule Stuttgart und an der Technischen Hochschule Stuttgart Architektur studiert und befaßt sich, wie er sagt, mit Bauten, »in denen wir zusammenkommen zum gegenseitigen Austausch von Gedanken, zu Arbeit und Spiel:

Helmut Bätzner
* Nagold,
2. Januar 1928

Wohnraum, Spielraum, Werkstatt, Büro, Saal, Platz ... Raum ist die Voraussetzung der Kreativität. Räumliche Gestalt in ihrer Auswirkung überprüfen und immer wieder neu fassen, ist der Versuch, humanere Bedingungen für das Leben zu schaffen.« Bätzner baut Sporthallen, Schulen, Universitätsgebäude, Gemeindezentren, Kommunalgebäude und Theater. In Hörfunk und Fernsehen gibt er Kommentare über Theaterbau. ●

27

27

Jahr: 1968
Designer: Giancarlo Piretti
Modell: Plia
Material: Gestell Metall, verchromt, lackiert oder beschichtet. Sitz, Lehne Kunststoff Cellidor
Maße: B 46,5. H 75. T 50. SH 45
Preis: auf Anfrage
Hersteller: Anomima Castelli, Bologna/Italien

»Ein Produkt, das dazu bestimmt ist, als Abbild einer Periode zu stehen«, sagt die italienische Journalistin Isa Vercelloni über den »Plia«. Giancarlo Piretti hat nicht einfach einen Klappstuhl entworfen. Er hat einen perfekten Mechanismus erdacht, der es möglich macht, Sitz, Lehne und Gestell zu einer kompakten, geschlossenen Form zusammenzuklappen, die nur knapp fünf Zentimeter dick ist. Ein Gelenk aus drei Metallscheiben – das ist alles. Daß der Stuhl von Anfang an ein Erfolg war, verdankt er nicht nur dieser Schlankheit: Er ist leicht und transparent und elegant, kann draußen wie drinnen stehen und kostet nicht viel. Unter den Preisen, die ihm zuerkannt wurden, ist der Preis Gute Form (1973). Plia steht im Museum für Modern Art.

Der Designer

Man kennt Piretti als den Erfinder des Plia, der einmal »der Thonet des 20. Jahrhunderts« genannt wurde. Aber er hat während seiner vierzehnjährigen Tätigkeit für die Firma Castelli noch viel mehr Möbel entworfen und das Gesicht des Programms dieser Firma wesentlich mitbestimmt. Außerdem ist er erfolgreich als Industrie-Designer. Viele seiner Entwürfe wur-

Giancarlo Piretti
* Bologna,
8. Juni 1940

den mit Preisen bedacht. Seit 1975 ist Piretti Mitglied des wissenschaftlichen und didaktischen Komitees des Instituto Superiore per le Attivita Artistiche in Florenz. ●

28

28

Jahr: 1966

Designer: Aldo Jacober

Modell: Fiera di Trieste

Material: Gestell Buche (natur, palisander-oder nußfarbig gebeizt; schwarz, weiß, rot, grün lackiert). Sitz Wiener Geflecht

Maße: B 54. H 71. T 39. SH 40

Preis: auf Anfrage

Hersteller: Bazzani, Bovisio/ Italien

»Taufpatin« des Stuhls ist die Messe in Triest, auf der Aldo Jacober unbedingt den Wettbewerbspreis gewinnen wollte. Vorm Entwerfen hat er eingehend Nachforschungen angestellt: ob es solch einen Klappstuhl, wie er ihn im Sinn hatte, schon gebe. Er ist deswegen sogar in Ulm bei der Hochschule für Gestaltung gewesen. Da es keinen Stuhl dieser Art gab, war freie Bahn für Jacobers Entwurf. Er liebt Stühle mit geschlossenem Rahmen – der seine wurde von Anfang an nur aus Holz hergestellt, obwohl Jacober auch die Version aus Metall und Kunststoff hat patentieren lassen. Aber sein Hersteller Alberto Bazzani wollte keine anderen Materialien. »Fiera di Trieste« hat, wie gewünscht, den ersten Preis der Fiera di Trieste 1966 gewonnen und steht im Museum of Modern Art.

Der Designer

Jacober hat am Polytechnikum Mailand studiert. Er hat Büros in Mailand und Lugano. Als Architekt und Stadtplaner hat er nicht nur viele Privathäuser, Boutiquen, Diskotheken, Geschäfte und Cafés gebaut, sondern sich besonders eingehend mit der Planung und Realisierung von Sport- und Ferienzentren beschäftigt, so auf Sardinien, in Monte Carlo, in Tunesien, Bahrein und auf den Seychellen. Als Innenarchitekt und

Aldo Jacober
* Mailand,
9. Juni 1939

Designer arbeitete er seit 1963. Da er, sagt Jacober, wie die meisten italienischen Architekten politisch nach links neigt, befaßt er sich mit den Wohnproblemen aller Leute und macht keine Klassenunterschiede. Über seine Design-Arbeit sagt er: »Als Kind hab ich gern mit kleinen hölzernen Figuren gespielt, die meine Mutter mir aus ihrer Schweizer Heimat mitgebracht hatte. Vielleicht hat damit alles angefangen.« ●

29

Jahr: 1967

Designer: Gerd Lange

Modell: SM 400 K

Material: Gestell Rundrohr, Schale Polyamid, weiß, grün, orange, hell- und dunkelbraun

Maße: B 50. H 78. T 57. SH 46

Preis: auf Anfrage

Hersteller: Drabert, Minden

Anders als bei seinen Vorbildern wird bei Gerd Langes Kunststoffstuhl die Schale nicht mehr angeschraubt, sondern aufgesteckt. Die erste Serie gab damals der Architekt der Universität Regensburg in Auftrag, der ursprünglich

29

selber ein Modell für die Bestuhlung hatte entwerfen wollen. Dann sah er Langes Stuhl und fand: »Den nehmen wir.« Den Wunsch des Herstellers, der Stuhl möge nicht die oft beobachteten Nachteile von Kunststoffstühlen haben, erfüllte Lange mit der körperangepaßten Form und mit dem muldenförmig ausgebildeten Übergang von der Lehne zur Sitzfläche: Man »klebt« nicht auf diesem Stuhl, und die Jacke wird nicht gestaucht, sondern kann ungehindert runterhängen. Der Stuhl steht u. a. in der Cafeteria des Guggenheim-Museums und im Rockefeller Centre in New York. Er läßt sich stapeln und reihen, es gibt ihn mit Polster, als Kollegstuhl mit Schreibplatte, als Reihenstuhl mit Taschenkorb.

Der Designer

Lange hat in Offenbach an der Hochschule für Gestaltung studiert. Danach arbeitete er als Innenarchitekt und Designer und eröffnete 1961 sein eigenes Design-Studio in Kapsweyer in der

Gerd Lange
* 4. Nov. 1931
in Wuppertal

Pfalz. Seine Arbeiten wurden und werden in Einzel- und Sammelausstellungen in aller Welt gezeigt, so in Berlin, London, Kopenhagen, Mailand, Prag, Warschau, Moskau, Rio de Janeiro. Für den SM 400 bekam er den Bundespreis für Arbeitsstühle, den Industrieform-Sonderpreis der Hannover-Messe und den Design-Award USA. ●

30

30

Jahr: 1968

Designer: Joe Cesare Colombo

Modell: 4867

Material: Polyamid, weiß, schwarz, rot, grün, braun

Maße: B 42. H 71. T 50. SH 41,5

Preis: auf Anfrage

Hersteller: Kartell, Noviglio Mailand/Italien

Joe Colombo war das strikte Gegenteil eines Handwerkers: Er wird als Futurist geschildert, als einer, den Vergangenes nicht interessierte, der alles, was er machte, auf die Zukunft projizierte. So ein Mann mußte natürlich, als das Material Kunststoff kam, diese Herausforderung annehmen – er hat als einer der ersten damit experimentiert. Sein Kunststoff-Stuhl sollte reihbar sein, deshalb hat er die Seiten vollkommen flach und eben gemacht. Einbuchtungen ermöglichen, daß man drei Stühle zu einem Stapel aufeinandersetzen kann, der wie eine Skulptur wirkt. Mit diesem und anderen Möbeln machte Colombo auch in den USA Furore. Eine Zeitungsschlagzeile meldete: »Amerika entdeckt Colombo« – als Umkehr der 1492 denkbaren Meldung: Colombo (Kolumbus in seiner Muttersprache) entdeckt Amerika.

Der Designer

Colombo muß gefühlt haben, daß er nicht lange leben werde: Er war, erzählt Signor Castelli von der Firma Kartell, die den Kunststoff-Stuhl herstellt, rastlos. Immer darauf aus, zu arbeiten, zu entwerfen. Für ihn war Castelli der ideale Hersteller, weil er ihm mit großem Verständnis begegnete und mit ihm an der Lösung von Problemen tüftelte (so beim Kunststoff-Stuhl an der Bewältigung des neuen Materials). Colombo hat an der Akademie der Schönen Künste Brera und am Polytechnikum in Mailand studiert. Zeitweilig hat er als Maler und Bildhauer gearbeitet. 1962 eröffnete er ein eigenes Studio in Mailand und hat in den folgenden Jahren Möbel, Lampen, Gläser, ein Küchensystem und vieles andere entworfen. Auch Pfeifen, die nicht kippen, wie man sie auch abstellt (weil er als Raucher sich über die ewig umfallenden Dinger geärgert hatte). Auch ein Kunststoff-Besteck für die Fluggesellschaft Alitalia, das heute noch von Colombo-Verehrern gesammelt wird. Colombo war Jazz-Fan – nicht nur passiv: Er hat selber Klarinette gespielt – und ein Freund schneller Autos. ●

Joe Cesare Colombo
* Mailand, 30. Juli 1930
† Mailand, 30. Juli 1971

31

31

Jahr: 1967

Designer: Vico Magistretti

Modell: Selene

Material: Kunststoff Reglar, rot, weiß, braun, grün

Maße: B 47. H 75. T 50. SH 45

Preis: auf Anfrage

Hersteller: Artemide/Rosenthal, München

»Man muß ein Robinson sein«, sagt Magistretti, einer, der Dinge erfindet, sobald er sie braucht. Den ersten Stuhl brauchte er für ein von ihm gebautes Haus mit Restaurant. Damals überwogen im Markt skandinavische Möbel, und Magistretti war dieser, wie er sie nennt, »höflichen« Möbel müde. Mit »Selene« war es anders: Signor Gismondi von Artemide erzählte ihm etwa 1964 von dem neuen Material Polyester. Was könnte man daraus machen? Fotoschalen aus Kunststoff inspirierten Magistretti zu einem Tisch. Danach war er vertraut mit dem Kunststoff. Für einen Stuhl aus diesem Material machte er zuerst ein Papiermodell. Wie steht das? »Man muß das glatte Bein falten, falten, falten, dann bekommt es Halt.« Ein sehr geschickter Schreiner arbeitete aus Holz eine Skulptur des geplanten Stuhls: Sie wurde mit Kunststoff überzogen, aus der Hülle herausgelöst – und der Stuhl war geboren. Was aber hat er mit der Mondgöttin Selene zu tun, deren Namen er trägt? Nichts. Als es darum ging, das Werk zu taufen, blätterte Signor Gismondi in einem Sagenbuch: Selene, fand er, sei ein hübscher Name, auch für einen Stuhl.

Der Designer

Magistretti ist in seiner Heimatstadt Mailand zur Schule gegangen, hat dort auch am Polytechnikum studiert und 1945 Examen gemacht. Mailand, Zentrum italienischen Möbeldesigns, ist seine Wirkungsstätte geblieben, er hat dort sein Architekturbüro. Zu seinen Arbeiten gehören Wohn- und Bürohäuser, Kinos, Hotels, Kirchen, Erholungszentren überall in Italien und auch im Ausland. Als Städteplaner hat er die Ortszentren von Pineta di Arenzano in Italien und von Dalmine-Campana in Argentinien entworfen. Als Designer hat er für viele wichtige italienische Firmen gearbeitet. Besonders erfolgreich ist sein Modell »Maralunga« (später zu sehen im Kapitel »Sofas«): Es wurde in die ständige Sammlung des Museum of Modern Art in New York aufgenommen und 1977 von der amerikanischen Zeitschrift »Fortune« unter die 25 besten Design-Produkte der letzten acht Jahre eingeordnet – als einziges Produkt aus dem Gebiet Einrichtung. ●

Vico Magistretti
* Mailand, 6. Oktober 1920

Und hier kommen Klassiker von morgen

Diese fünf sind zwar auch schon lange auf dem Markt, aber noch nicht lange genug, um den strengen Maßstäben der Klassiker-Serie zu genügen: Sie alle sind nach 1970 entstanden. Trotzdem sollen sie nicht ohne Chance bleiben. Sie haben bei der Auswahl so gut abgeschnitten, daß die SCHÖNER WOHNEN-Jury die Vorhersage wagt: Auch die werden in ein paar Jahren richtige Klassiker sein. Fürs erste sind sie nur an ihrer Jugend gescheitert.

1
Jahr: 1977
Designer: Niels Jørgen Haugesen
Modell: XSK
Material: Gestell Stahlrohr, verchromt. Sitz Baumwollstoff
Maße: B 49. H 76. T 45. SH 45
Preis: auf Anfrage
Hersteller: Hybodan, Glostrup/Dänemark

2
Jahr: 1974
Designer: Enzo Mari
Modell: Delfina
Material: Gestell Rundeisen, verchromt. Sitz, Lehne Baumwollstoff
Maße: B 46. H 79. T 56,2. SH 47
Preis: auf Anfrage
Hersteller: Driade, Mailand/Italien

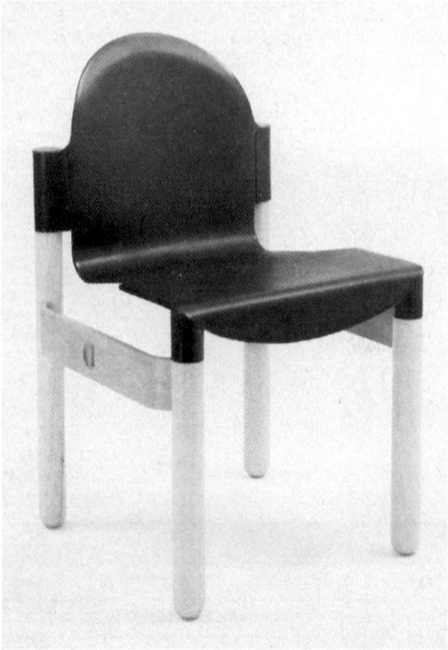

3
Jahr: 1973/74
Designer: Gerd Lange
Modell: Stuhl 2200
Material: Buche massiv. Seitenteile Sperrholz. Sitz Kunststoff
Maße: B 50. H 80. T 49. SH 45/46
Preis: auf Anfrage
Hersteller: Gebrüder Thonet, Frankenberg

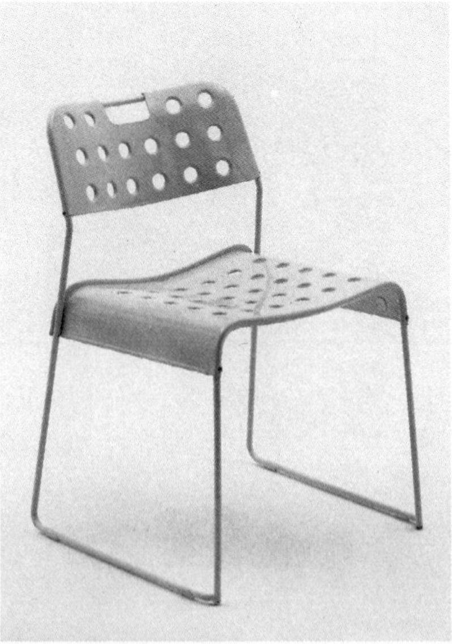

4
Jahr: 1974
Designer: Rodney Kinsman
Modell: omkstack
Material: Stahlrohr, verchromt oder thermolackiert. Sitz Metallblech, verchromt oder lackiert
Maße: B 53. H 73. T 50. SH 42
Preis: auf Anfrage
Hersteller: bieffeplast, Padua

5
Jahr: 1973
Designer: Gigi Sabadin
Modell: Sedia Arca
Material: Esche (natur, schwarz, weiß, rot, braun). Sitz Rattan
Maße: B 49. H 79. T 50. SH 44
Preis: auf Anfrage
Hersteller: Crassevig, Udine/Italien

Möbelfotos: Werkfotos (2, 3, 5, 6, 9, 13, 14). Winfried Nörenberg (11, 29, 30). Hajo Willig (15, 22, 24). Alle übrigen: Hansjörg Dettling – Porträt-Fotos: Thonet-Archiv (1, 2, 5, 6). Cassina (3, 4, 21, 30). iittala (11, 12). Vitra/Miller-Coll. (14). Knoll-International (18, 20). Zanotta (31). Danish Design Council (13, 16, 17, 23, 24) Alle übrigen: privat. S. 98: Werkfotos (1, 2, 3). Hansjörg Dettling.

Moderne Klassiker
MÖBEL, DIE GESCHICHTE MACHEN
Teil 2: Armlehnstühle

Verwandte von einigen Stükken in diesem Kapitel sind schon im ersten Teil aufgetreten. Wie das so ist mit Stühlen: Der eine oder andere ist mit Armlehnen so gut wie ohne denkbar. Und manch ein Designer macht aus einem Entwurf eine ganze Stuhl-Familie. So kann, wer Wert auf Einheitlichkeit legt, an jeden Platz in seinem Haus den für diesen Zweck richtigen Vertreter der Sippe stellen. Armlehnstühle taugen für vielerlei. Man kann sie als Luxusausgabe des Eßtischstuhls nehmen, kann sie an Schreib- und andere Arbeitstische stellen, und manche sind so komfortabel, daß sie sogar die Rolle des Sessels übernehmen dürfen. Einer, der als Einzelwesen bestehen will, muß ganz anders aussehen als einer, der in größerer Schar auftreten soll. Solche Unterscheidung zwischen den stolzen Charaktervollen und den zurückhaltend Bescheidenen, deren Schönheit sich erst auf den zweiten Blick offenbart, ist ein Aspekt, auf den der große dänische Stühlemacher Hans J. Wegner stärksten Wert legt. Daß die Hersteller, die wir nennen, bei vielen Möbeln, besonders denen der älteren Jahrgänge, andere sind als zur Entstehungszeit, hängt mit der Geschichte der Möbel zusammen: Noch bis in die zwanziger Jahre hinein waren die Werke berühmter Entwerfer nicht für Serienproduktion gedacht. Sie wurden für einen bestimmten Kunden, ein bestimmtes Haus gezeichnet. Ob für ein Privathaus, ein Café, eine Kirche, eine Sparkasse – es wurde zunächst nur die für diese eine Gelegenheit benötigte Anzahl gebaut: in kleinen Werkstätten. Beispiele dafür finden sich bei Mackintosh, Hoffmann, Aalto, Mies und manchen anderen. In Serie gingen viele erst in unserer Zeit. Nur in Dänemark ist man bei den Werkstätten geblieben. Alle Entwerfer der älteren Generation haben dort ihren Tischlermeister, mit dem sie seit vielen Jahren vertrauensvoll und als Freunde arbeiten.

1

2

3

1

Jahr: um 1900

Designer: Gebrüder Thonet

Modell: Nr. 234 R

Material: Gestell Buche, dampfgebogen. Sitz Rohrgeflecht

Maße: B 54. H 75-86. T 53. SH 44–55

Preis: auf Anfrage

Hersteller: Gebrüder Thonet, Frankenberg

Er ist einer der Großväter des Büro-Drehstuhls. In den Thonet-Katalogen fürs In- und Ausland erscheint er mit den verschiedensten Fußgestellen, auch als vierbeiniger Armlehnstuhl. Man sah ihn als Barhocker mit Fußring und als hohen »Frisörstuhl« für Kinder. Dieser hatte einen ledergepolsterten Sitz mit Ziernägeln, andere einen Sperrholzsitz mit Brandmuster oder den klassischen Geflechtsitz. Variationen auch im Rücken: Er trug im Mittelfeld mal drei, mal fünf Zierstäbe oder ein fächerartiges Schild nach Art des englischen Meister-Cabinetmakers Hepplewhite.

2

Jahr: um 1900

Designer: Gebrüder Thonet

Modell: 209

Material: Gestell Buche, dampfgebogen. Sitz Rohrgeflecht

Maße: B 54. H 75. T 57. SH 46

Preis: auf Anfrage

Hersteller: Gebrüder Thonet, Frankenberg

Für viele ist er der klassische Wiener Stuhl. In Frankreich nennt man ihn »Fauteuil le Corbusier« nach seinem berühmtesten Anhänger. Le Corbusier verwendete ihn bei vielen Einrichtungen, am spektakulärsten für einen Wohnraum im Pavillon der Zeitschrift »L'Esprit Nouveau« auf der Internationalen Ausstellung »Exposition International des Arts Décoratifs« in Paris 1925. Auch in einer Ausstellung der Württembergischen Arbeitsgemeinschaft in der städtischen Siedlung Stuttgart-Wangen war er neben Entwürfen des Architekten Walter Gropius zu sehen (1929). Auch diesen Stuhl, der meistens Thonets Sohn August zugeschrieben wird, gab es in Variationen, so mit Sperrholzsitz mit Brandmuster. Heute wird er auch mit Polstersitz und -rücken und mit geflochtenem Spiegeleinsatz im Rücken hergestellt.

Der Designer

Über Michael Thonet und sein Werk siehe Kapitel 1 (Stühle), Nummer 1 und 2. ●

3

Jahr: 1908

Designer: Josef Hoffmann

Modell: Armlöffel

Material: Esche, gekalkt und schwarz gebeizt. Lose Sitzpolster

Maße: B 66. H 96. T 51. SH 45

Preis: auf Anfrage

Hersteller: Wittmann, Etsdorf am Kamp/Österreich

Daß dem Meister der Spitzname »Quadratl-Hoffmann« angehängt wurde, macht der »Armlöffel«-Stuhl verständlich. Das Quadrat und die strenge, gerade Linie gehören zu den Stilelementen, die Hoffmann bevorzugte – sie sind auch typisch für die anderen Meister der Wiener Spielart des Jugendstils. Vorgänger dieses Eßtischstuhls, den Hoffmann für mehrere Wohnungen variierte, war ein Modell aus dem Jahr 1904, von dem es heißt, daß Hoffmann es für den Wiener Maler Gustav Klimt entworfen habe: raffinierter als der schlichte »Armlöffel«, mit einer an Mackintosh gemahnenden schmalen und hohen Rückenlehne und gepolstert.

Der Designer

Der große Architekt Otto Wagner war Hoffmanns Lehrer an der Wiener Akademie. Dem Studium folgte ein Italien-Aufenthalt: Hoffmann hatte mit seiner Abschlußarbeit den Rom-Preis gewonnen. Das weißgetünchte italienische Landhaus, kubisch, mit unregelmäßig gesetzten Fenstern, bestimmte den Stil seiner frühen architektonischen Arbeiten. Wie viele Architekten seiner Zeit wollte

Josef Hoffmann
* Pirnitz (Mähren) 15. Dez. 1870
† Wien, 7. Mai 1956

auch Hoffmann das Gesamtkunstwerk: »Ich glaube, daß ein Haus wie aus einem Guß dastehen sollte und daß uns sein Äußeres auch schon sein Inneres verraten müßte.« Immer »nach besserem Material und vollendeter Ausführung zu trachten«, war sein Ziel, Einfachheit, Ehrlichkeit und Gediegenheit seine Maßstäbe. Beim Möbelentwurf zeigte er Vorliebe für geradlinige, kubische Formen mit Ornamenten aus der geometrischen Formenwelt. Häuser gebaut hat Hoffmann u. a. für seinen Designer-Kollegen Kolo Moser, für den Brüsseler Bankier Adolphe Stoclet (das berühmte Palais Stoclet), für den Schriftsteller Beer-Hoffmann in Wien, für den Maler Ferdinand Hodler in Genf. Für die meisten, auch für das Sanatorium Purkersdorf, hat er zu dem Gebäude die Inneneinrichtung geplant und Möbel gezeichnet. In der langen Reihe seiner Werke finden sich auch Pavillons für Ausstellungen in Venedig und Rom, das Café Graben in Wien und eine Reihe von Grabmälern.

4

Jahr: 1909

Designer: Josef Hoffmann

Modell: Fledermaus-Stuhl

Material: Buche, dampfgebogen. Sitz und Rückenlehne gepolstert

Maße: B 53. H 74. T 46. SH 47

Preis: auf Anfrage

Hersteller: Wittmann, Etsdorf am Kamp/Österreich

Auch der Fledermaus-Stuhl trägt ein typisches Hoffmann-Merkmal: Die Kugeln, die die Verbindungen vom Gestell mit Sitz und Lehne versteifen, kommen auch an anderen Modellen vor. Auch an solchen, die nicht von Hoffmann entworfen wurden, sondern ihm nur zugeschrieben werden. Das vorsichtige »Zugeschrieben« erscheint im Zusammenhang mit Hoffmann oft. Den Namen »Fledermaus« trägt der Stuhl nach dem Kabarett-Café in der Kärntner Straße 33 in Wien, für das er gemacht worden ist. Hoffmann hat es mit anderen Künstlern der Wiener Werkstätten eingerichtet: mit Fliesenboden im Schachbrettmuster und einer bunten Patchwork-Wand aus Majolika, die von den Künstlern Löffler und Powolny gestaltet worden ist. Obwohl so illustre literarische Mitarbeiter wie Peter Altenberg, Hermann Bahr, Max Mell und Roda Roda für das Kabarett gewonnen werden konnten, erregte es erst mal wegen seiner Ausstattung Aufsehen. Wie sich's bei einem Gesamtkunstwerk gehört, war alles »designed« bis hin zu Geschirr, Programmheften und den Anstecknadeln der Platzanweiserinnen. Und »tout Wien« lästerte, das müsse schon ein ganz großes Programm sein, das mit diesem Meister-Interieur Schritt halten wolle. ●

5

Jahr: 1910

Designer: Walter Gropius

Modell: D 51

Material: Esche, schwarz gebeizt. Lose Sitz- und Rückenkissen

Maße: B 61. H 79. T 56. SH 46

Preis: auf Anfrage

Hersteller: Tecta, Lauenförde

Den Stuhl und eine dazu passende Bank zeichnete Gropius für seinen ersten großen Bau, die Schuhleistenfabrik Fagus in Alfeld an der Leine. Die Möbel stehen dort im Vestibül. Obwohl sie fast zehn Jahre vor der Gründung des Bauhauses entstanden, drücken sie doch viel von den Prinzipien dieser Institution aus: schmucklose Strenge, geradlinige, funktionsgerechte Form, handwerklich makellose Verarbeitung. Gropius war nicht nur Gründer und erster Leiter des Bauhauses, er hat auch einige Jahre die Bauhaus-Tischlerei geleitet. Für ihn gab es nicht die Grenze zwischen reiner und angewandter oder hoher und niederer Kunst. Er hat nicht sehr viele Möbel gemacht. In seinem eigenen Haus und in den Häusern, die er für andere gebaut hat, verwendete er gern die Möbel seiner Bauhaus-Kollegen.

Der Designer

Untrennbar mit dem Namen Gropius ist der Begriff »Bauhaus« verbunden. Walter Gropius war es, der 1919 Direktor der Kunstgewerbeschule in Weimar (als Nachfolger des Jugendstil-Architekten Henry van de Velde) und zugleich der Kunsthochschule wurde und beide unter dem Namen »Staatliches Bauhaus« vereinte. Sieben Jahr leitete Gropius das Bauhaus, das 1923 nach Dessau umzog, als politische Auseinandersetzungen zur Schließung des Weimarer Instituts geführt hatten. Er zog Mitarbeiter wie Kandinsky, Klee und Moholy-Nagy, Schlemmer, Scheper, Muche an. Unter seinen Bauwerken aus dieser Zeit sind auch die Doppelhäuser für die Bauhaus-Meister in Dessau. An ihnen verwirklichte er zum erstenmal eine Idee, die ihn zeitlebens beschäftigt hat, die aber nie bis zur Serienreife gedieh: Häuser aus gleichen Bauteilen den Bedürfnissen der Bewohner gemäß individuell zu gestalten. Der Gedanke, mit vorgefertigten Teilen zu arbeiten, war für ihn deshalb wichtig, weil er auch für Nichtbetuchte gute und humane Häuser bauen wollte.

Walter Gropius
* Berlin,
18. Mai 1883
† Boston/Mass., USA,
5. Juli 1969

Gropius stammt aus einer großen Berliner Familie, in der es vor ihm schon etliche Architekten gegeben hat. Er hat in Berlin und München studiert, war drei Jahre lang Assistent von Peter Behrens, dem Haus-Architekten und Designer der AEG, hatte dann sein eigenes Büro in Berlin. Auch nach der Zeit als Bauhaus-Direktor hat er im eigenen Berliner Büro als Architekt gearbeitet und Ausstellungen gestaltet. 1934 verließ Gropius Deutschland, ging zunächst nach England, wo er mit dem englischen Architekten Maxwell Fry zusammenarbeitete, dann in die USA. Dort hat er an der Harvard Universität gelehrt, dann einige

Jahre mit seinem Bauhaus-Kollegen Marcel Breuer in Partnerschaft gearbeitet, schließlich 1946 das TAC gegründet, das Büro »The Architects Collaborative«, mit dem er sein Ideal von Teamwork verwirklichen konnte. Dieses Team baute u. a. den Komplex Gropiusstadt für die Berliner Bezirke Buckow und Rudow, das PanAm-Hochhaus in New York, die amerikanische Botschaft in Athen, die Universität in Bagdad. Daß auch Gropius wie viele seiner Zeitgenossen in vielen Sätteln gerecht war, zeigt ein Blick auf die Fülle dessen, was er gezeichnet hat: eine komfortable Schlafwagen-Einrichtung, ein Adler-Cabriolet, das mehrfach prämiert, aber nicht in Serie hergestellt wurde, eine Lokomotive und ein Denkmal. Ein Denkmal eigener Art für den Architekten Gropius und die Institution, die ihn berühmt gemacht hat, steht in Berlin: der von ihm fürs Bauhaus-Archiv entworfene Bau. ●

6

6

Jahr: 1914

Designer: Kaare Klint

Modell: Faaborg-Stuhl

Material: Mahagoni. Lehne Geflecht. Sitzpolster Ochsenlederbezug

Maße: B 69. H 72. T 64. SH 46

Preise: auf Anfrage

Hersteller: Rud. Rasmussens Snedkerier, Kopenhagen

Seinen Namen trägt der Stuhl nach der Stadt Faaborg auf der Insel Fünen. Dort steht eines der schönsten neoklassizistischen Bauwerke Dänemarks, das Faaborg Museum, in den Jahren 1912–1915 von dem Architekten Carl Petersen gezeichnet für den Kunstsammler Mads Rasmussen. In dem Museum gibt es ein schön ausgestattetes Archivzimmer, für das Kaare Klint in Zusammenarbeit mit dem Architekten die Möbel entworfen hat. Mit seiner fein geschweiften Form und seiner Eleganz ist der Faaborg-Stuhl ein typischer Klint: Anklänge an vergangene Stile und dennoch Eigenständigkeit, sorgsamste handwerkliche Verarbeitung.

Der Designer

Über Kaare Klint siehe Kapitel Stühle, Nummer 13. ●

7

7

Jahr: 1929

Designer: Le Corbusier, Charlotte Perriand, Pierre Jeanneret

Modell: Drehstuhl LC 7

Material: Gestell Stahl, verchromt oder lackiert. Lehne, Sitzkissen gepolstert, Stoff- oder Lederbezug

Maße: B 60. H 73. T 58. SH 50

Preis: auf Anfrage

Hersteller: Cassina, Mailand

Das LC in der Modellbezeichnung weist darauf hin, daß er als Werk Le Corbusiers gilt. Er wird aber in einigen Publikationen Charlotte Perriand zugeschrieben. Sicher ist, daß alle Corbusier-Möbel Gemeinschaftsarbeit des Teams LC, Charlotte Perriand und Pierre Jeanneret sind. Jeanneret, Vetter von LC, war vor allem für die Produktion zuständig. Charlotte Perriand arbeitete die Entwürfe des Meisters aus. Diese Innenarchitektin, 1903 geboren, war Le Corbusier 1927 mit ihren Arbeiten für den Pariser »Salon d'Automne« (Herbstmesse) aufgefallen. Sie schildert die Zusammenarbeit als sehr eng, jeder habe die Qualitäten des anderen anerkannt. Für sie bedeutete die Arbeit mit Stahlrohr im Möbelbau eine Revolution. Le Corbusier ging es – so der Zürcher LC-Kenner Arthur Rüegg im Katalog zur großen Ausstellung in Lugano 1980 – bei der Verwendung von Stahlrohr nicht um die Analyse neuer technischer Möglichkeiten oder physikalischer Eigenschaften des Materials. Vielmehr habe er das Material mit der Fertigkeit des geborenen Bastlers (bricoleur) verwendet – »in vollem Bewußtsein des Images, das diesem anhaftete«.

Der Designer

Das Pseudonym (nach einem seiner Vorfahren) hat Charles-Edouard Jeanneret sich 1920 zugelegt, als er mit dem Maler Amédé Ozenfant in Paris die Revue de l'Esprit Nouveau gründete. LC, der in der Kunstschule seiner Heimatstadt und bei dem Pariser Architekten Perret gelernt hat, baute als Achtzehnjähriger sein erstes Haus. Er war ein höchst selbstbewußter Mensch mit präzisen, seiner Zeit vorauseilenden Vorstellungen von Architektur und Städteplanung. Zentrum der Ideen, die er mit Ozenfant entwickelte, ist ein gleichsam stapelbares, vielfältig veränderbares Haus für den Massenwohnungsbau. Er beschreibt es als »ein Gerippe, völlig unabhängig von der Aufgabe des Hausgrundrisses«. Dieses Gerippe, das aus Standardelementen hergestellt wird, die beliebig miteinander kombinierbar sind, trägt Deckenplatten und Treppe. Besondere Kennzeichen der Häuser aus Le Corbusiers früher Zeit sind

Le Corbusier (Ch.-Edouard Jeanneret)
* La Chaux-de-Fonds, 6. Oktober 1887
† Cap Martin, 27. August 1965

Pfeiler, die ihnen die Erdenschwere nehmen und gleichzeitig als Rahmen für die Konstruktionselemente dienen, ein dadurch ermöglichter freier Grundriß, Fensterbänder, die für gleichmäßiges Licht und für Ausblick sorgen, Dachgärten und frei gestaltete Fassaden. Beispiele aus dieser Periode: sein Beitrag zur Stuttgarter Weißenhof-Siedlung und die Villa Savoye in Poissy. Ganz anders die Bauten seiner »organischen Periode«, die in den vierziger Jahren begann: Häuser mit »katalanischen« flachen Gewölben, mit gewellten Dächern, mit

Terrassen, aus Naturmaterialien wie Back- und Bruchsteinen, Ziegeln, gebranntem Ton. Als Maß für diese Häuser hatte LC den Modulor entwickelt, ein Längen- und Breitensystem, das vom menschlichen Körper abgeleitet ist. Beispiele aus dieser Periode: die Jaoul-Häuser in Neuilly-sur-Seine und das Haus Sarabhai in Indien. Le Corbusier hat mit all seinen Arbeiten Aufsehen erregt, viel Widerspruch, aber auch Begeisterung (man denke nur an die Kapelle von Ronchamps). Er ist 1965 an der französischen Mittelmeerküste ertrunken. ●

8

8

Jahr: 1929

Designer: Ludwig Mies v.d. Rohe

Modell: Brno (Nr. 255)

Material: Spezialfederstahl, hochglanzverchromt. Polster mit Stoff- oder Lederbezug

Maße: B 58. H 79. T 57. SH 42

Preis: auf Anfrage

Hersteller: Knoll International, Murr

Unter den Hinterbeinlosen ist der mit dem unaussprechlichen Namen einer der extravagantesten und elegantesten. »Brno« heißt die Stadt Brünn in der Landessprache, und in Brünn steht das Haus Tugendhat, das zu den ganz großen Würfen von Mies van der Rohe gehört. Für dieses Haus – am Hang gelegen, flaches Dach auf Chromstahlstützen, die in Travertinsockeln verankert sind, lange Glasfronten – hat Mies den Brno entworfen. Ihrer 24 stehen im Speisezimmer. Sie entsprechen der noblen Eleganz des Hauses, das mit so kostbaren Materialien wie Onyx, Ebenholz und Shantungseide ausgestattet worden war: Diese ersten 24 Stühle sind mit weißem Pergament bezogen. Der Brno, von dem es Versionen mit Flachstahl und mit Rundstahl gibt, wurde zunächst in den Berliner Metallwerkstätten Joseph Müller, später bei den Bamberg Metallwerkstätten, ebenfalls in Berlin, hergestellt.

Der Designer

Über Mies an der Rohe siehe Kapitel Stühle, Nummer 7 und 8. ●

9

9

Jahr: 1932

Designer: Mogens Koch

Modell: MK Klappsessel

Material: Gestell Buche. Sitz, Rückenlehne Leinen. Armlehnen Lederriemen. Beschläge Messing

Maße: B 54. H 88. T 54. SH 47

Preis: auf Anfrage

Hersteller: Rud. Rasmussens Snedkerier, Kopenhagen

Er hat, sagt Mogens Koch, immer in einer kleinen Wohnung in einem Reihenhaus gewohnt. Um dort genug Platz zu haben, braucht man Möbel, die sich zusammenstellen oder an die Wand hängen lassen. Diesen Gedanken fand Koch auch gut, als er sich 1932 an einem Wettbewerb beteiligte, den die Dänische Gesellschaft für Kirchenkunst ausgeschrieben hatte: In der Kirche könnte man auch solche wegstellbaren Stühle brauchen – für Hochzeitsgäste oder bei anderen Familienfeiern, an denen mal viele, mal weniger Personen teilnehmen. So hat er den Faltstuhl gezeichnet und dazu auch einen kleineren für Kinder. Die ungewöhnliche Lösung mit den Messingringen fiel ihm ein, als er nach einer zugleich starken und schönen Verbindung suchte. 1938 hat der Schreinermeister Jensen Kjær vier Exemplare von dem Stuhl gemacht, die auf der Ausstellung der Innung gezeigt wurden. Erst 1959 wurde er von der Firma Interna in Serienproduktion genommen, später von Cado hergestellt, heute von Rasmussen.

Der Designer

Wie andere dänische Möbelbauer und Architekten ist auch Mogens Koch Schüler von Kaare Klint. Er hat an der Architektenschule der Kopenhagener Kunstakademie studiert und wurde danach gleich von Klint angestellt, bei dem er fünf Jahre lang arbeitete. Von ihm hat er den Sinn für menschliches

Mogens Koch
* Kopenhagen,
2. März 1898

Maß, für eine humane Form von Funktionalismus gelernt. Von 1940 an war Koch Dozent, von 1950 bis 1968 Professor für Architektur an der Akademie. Er hat Kirchen restauriert und eingerichtet und die Bauten der Landwirtschaftlichen Hochschule Kopenhagen entworfen. Auch Orgeln, Teppiche und anderes Kunstgewerbe hat er gezeichnet. ●

10

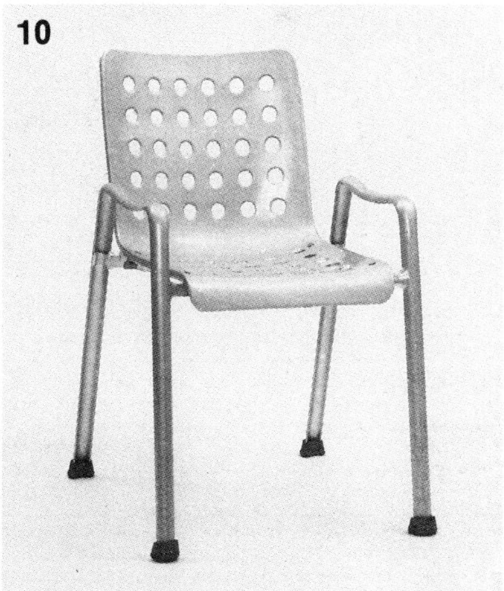

10

Jahr: 1938

Designer: Hans Coray

Modell: Landi-Stuhl

Material: Leichtmetall-Legierung

Maße: B 51. H 76. T 62. SH 44

Preis: auf Anfrage

Hersteller: Blattmann AG, Wädenswil/Schweiz

Er war die Sensation auf der Schweizerischen Landesausstellung 1939, nach der er benannt ist.

Denn er besteht aus einem Material, das zu jener Zeit in Europa noch unbekannt war: einer in Kanada entwickelten Leichtmetall-Legierung, die nach dem Verformen gehärtet und in einem Spezialverfahren »gealtert« wird. Der Designer Coray hatte dem Ausstellungsarchitekten Fischli Entwürfe unterbreitet. Fischli empfahl einen zur Weiterentwicklung und vermittelte den Hersteller. Der »Landi« ist leicht und dabei standfest und stabil in der Form, körpergerecht und leicht federnd. Er läßt sich stapeln, und ein kleines Mädchen trägt (wie ein Prospektblatt zeigt) ihrer vier ohne Anstrengung. Dazu kommen weitere Vorzüge: Das Material reflektiert Wärme, es wird nicht heiß, und da es nicht rostet und weder Feuchtigkeit noch andere Wetterunbilden scheut, kann der Stuhl im Freien so gut stehen wie im Haus.

Der Designer

Außer dem »Landi« hat Coray einen Holzschalenstuhl, einen aus Drahtgitter und einen Ledersessel mit Stahlgestell entworfen. Von

Hans Coray
* Wald
9. Juni 1907

Haus aus ist er Doktor der Philosophie. Als Industrie-Designer beschäftigt er sich heute mit mathematisch-stereometrischen Problemen. Er arbeitet mit Metall und Acrylglas – das heißt, mit Materialien, die interessante Spiegelungen ergeben. ●

11+12

Jahr: 1944–1950
Designer: Hans J. Wegner
Modell: China-Stuhl
Material (11): Gestell Esche natur. Sitz Papierkordelgeflecht
Maße: B 58. H 79. T 56. SH 45
Preis: 1485 Mark
Hersteller: PP Møbler, Allerød/Dänemark
Material (12): Kirsche natur. Kissen mit Lederbezug
Maße: B 55. H 82. T 55. SH 45
Preis: auf Anfrage
Hersteller: Fritz Hansen, Allerød/Dänemark

11

12

China-Stuhl wird er zwar genannt, aber Hans Wegner sagt: »Das einzige chinesische Stück ist das schmale gewölbte Brett in der Rückenlehne. Es ist kein chinesischer Stuhl, sondern ein Stuhl mit Thonet-Technik.« Wegner hatte das probiert, weil Fritz Hansen, sein Tischlermeister, ihn gefragt hatte, ob er nicht mal etwas in der Art der Thonet-Stühle machen könne. Anders als Thonet, der bei vielen Stühlen Hinterbeine und Rückenlehne aus einem Zwei-Meter-Stück formte, hat Wegner nur Arm- und Rückenlehne aus einem Stück Bugholz vorgesehen. Er hat den China-Stuhl ursprünglich in mehreren Versionen gezeichnet und sagt von der schlichten mit Geflecht-Sitz (11): »Das ist der, den ich leiden kann.« Weil Fritz Hansen aber die elegantere Version vorzog, hat Wegner die andere zur Herstellung an PP-Møbler gegeben. Von der eleganten Version gab es einmal eine besonders kostbare Partie, von der darum auch jedes Exemplar auf einer kleinen Silberplatte auf der Unterseite numeriert und signiert war: aus dem raren Kuba-Mahagoni, das sehr stark ist und im Lauf der Zeit eine besonders schöne rötlich-braune Farbe bekommt.

Der Designer

Aufgewachsen ist Wegner, Sohn eines Schuhmachermeisters, in Tondern, einer kleinen Stadt mit vielen Handwerkern. So hat er von seiner Kinderzeit an die Lebens- und Arbeitsform gekannt, die für ihn bestimmend wurde. Er sagt, heute, wenn er noch einmal zu entscheiden hätte, was er werden will, er würde Handwerker werden. Beim Nachbarn Tischlermeister Stahlberg in Tondern ist er in die Lehre gegangen und hat nach einem Kursus für Möbeltischler am Technologischen Institut an

Hans J. Wegner
* Tondern,
2. April 1914

der Kunsthandwerkerschule in Kopenhagen studiert. Einige Jahre war er dann als Bauführer, später als Mitarbeiter im Architektenbüro von Arne Jacobsen und Erik Moeller angestellt, ehe er sein eigenes Architekturbüro eröffnete. Von 1946 an war er auch Lehrer an der Kopenhagener Kunsthandwerkerschule. Seine Möbel macht er in enger, vertrauensvoller Zusammenarbeit mit mehreren Tischlerwerkstätten wie Carl Hansen, Johannes Hansen, PP Møbler. Fragt man Wegner, wieviele Stühle er entworfen hat, sagt er: »Ich weiß es nicht.« 200? 300? Man muß das nicht so wichtig nehmen. Neben den großen Würfen waren auch viele Varianten dabei und Prototypen, die nur für Ausstellungen gemacht und nie produziert wurden. Wegner hat auch Silber, Tapeten und Lampen (darunter eine höchst eigenwillige Straßenlampe) gezeichnet. Aber sein ureigenes Gebiet sind die Stühle. Von ihnen stehen Exemplare in allen wichtigen Museen der Welt (Kunstgewerbemuseum Kopenhagen, Victoria und Albert in London, Nationalmuseum Stockholm, Nationalgalerie Melbourne und natürlich Museum of Modern Art und Metropolitan Museum of Art in New York). Beim Fernsehduell vor der amerikanischen Präsidentenwahl 1960 saßen die Kandidaten Kennedy und Nixon auf Exemplaren von »Der Stuhl«. Die Fernsehgesellschaft CBS hat die Stühle später, mit Silberplättchen gezeichnet, dem Museum »Smithsonian Institute« in Washington geschenkt. Eine Geschichte über den Stuhl PP Nr. 62 (siehe Seite 32), den es außer mit Flechtsitz auch mit Polstersitz gibt, erzählt Wegner mit Vergnügen. Ein Mann fragte bei PP Møbler, ob er einen Polstersitz für dieses Modell kaufen könne. Warum denn nur einen Sitz? fragten die PP-Leute. Er habe an der dänischen Westküste ein Gestell als Strandgut gefunden, und das sei noch tadellos. Er bekam seinen Sitz und brauchte als Gegengabe nur ein Foto von dem Strandgut zu liefern. Wegner und PP Møbler nehmen an, daß der Stuhl von einem »Dana-Anglia«-Schiff, das mit Nr. 62 ausgestattet ist, über Bord gegangen ist (siehe auch Kapitel Stühle, Nr. 22).

13

Jahr: 1949

Designer: Hans J. Wegner

Modell: Der Stuhl (JH 501)

Material: Gestell Teak, geölt; Eiche, lackiert. Geflechtsitz

Maße: B 63. H 76. T 52. SH 43

Preis: auf Anfrage

Hersteller: Johannes Hansen, Kopenhagen

»Für mich ist er der runde Stuhl oder JH 501. Viele denken, er ist ein Kunstwerk. Für mich ist er ein Stuhl, sonst nichts.« Wegner hat es nicht so gern, daß man diesen Stuhl »Der Stuhl« nennt. Seiner Erinnerung nach war es Oscar Fischer, damals Direktor der Perma-

13

nente-Ausstellung in Kopenhagen, der etwa 1950 diese Bezeichnung erfand. Für Wegner gibt's das nicht: Der Stuhl, der dann das absolut Vollkommene sein müßte. »Das ist ein Ziel – man erreicht immer nur Zwischenstufen.« Immerhin wäre der runde Stuhl einer von dreien, die Wegner kaufen würde, wenn er sich entscheiden müßte. Er ist sein »erster persönlicher, nicht billig, aber vernünftig«. Ein schlichter Stuhl, mit so wenig Werkzeug wie möglich zu bauen. Die charakteristische Zackenverbindung zwischen Rücken- und Armlehne ist, das betont Wegner bei diesem wie bei anderen Modellen, nicht Dekoration, sondern ein wesentliches Konstruktionselement, das schön aussieht.

14

Jahr: 1951

Designer: Hans J. Wegner

Modell: Ypsilon (CH 24)

Material: Gestell Buche, Esche, Eiche. Sitz Papierkordelgeflecht

Maße: B 55. H 72,5. T 52. SH 42

Preis: auf Anfrage

Hersteller: Carl Hansen, Kopenhagen

Warum der Ypsilonstuhl der populärste von seinen Stühlen ist, weiß Wegner selber nicht zu sagen. Er vermutet: Weil er ein bißchen Thonet-ähnlich und weil er sehr

14

leicht ist. Wegner sieht den Stuhl eher kritisch. Weil das Ypsilon verhindert, was Wegner in intensiven Studien als Bedingung für gutes Sitzen ermittelt hat: daß man das Hinterteil so weit wie möglich nach hinten schiebt und die Sitzfläche richtig ausnutzt. Bei allen späteren Modellen hat Wegner diese Forderung erfüllt. Beim Y-Stuhl hat er mit Verwunderung schon mehr als einmal erfahren, daß auch Fachleute den Hinweis des Meisters auf das störende Ypsilon wegwischen mit einem unwiderleglichen: Ja, aber er gefällt mir!

15

15

Jahr: 1970

Designer: Hans J. Wegner

Modell: JH 701

Material: Gestell Stahlrohr. Sitz, Lehne Esche natur

Maße: B 63. H 68. T 46. SH 45

Preis: auf Anfrage

Hersteller: Johannes Hansen, Kopenhagen

Dieser ist Frau Wegners Favorit, weil er ihrem Rücken genau den richtigen Halt gibt. Ein Kranz solcher Stühle steht in Wegners Eßecke um den großen runden Tisch: Wenn sie angeschoben sind, sehen sie aus, als seien sie eine Borte am Tischrand. Wegner hat den Stuhl bewußt so grazil und eher unscheinbar gemacht, damit er in großer Schar auftreten kann: Ein solcher Stuhl muß, sagt Wegner, bescheidener sein, darf nicht so beherrschend wirken wie einer, der als Einzelstück gedacht ist. Und noch etwas: Die kurze Armlehne ist gerade so hoch, daß man sie unter die Tischplatte schieben und zugleich die Arme auflegen kann. So hat man's beim Essen am bequemsten. Das schwarze Kreuz in der Lehne ist wieder so ein Ding, das viele für eine Verzierung halten, mit dem Wegner aber zeigen will, »wie ich es gemacht habe«. Es ist die sichtbar gemachte Verbindung, mit der die verschiedenfarbigen Teile der Lehne aneinandergefügt werden. Wegner nennt diesen Stuhl seinen »abgeklärtesten«. ●

16

16+16A

Jahr: 1949/1953

Designer: Charles Eames

Modell: DAX Armstuhl

Material: Gestell Metall, verchromt oder beschichtet. Sitz Polyester, glasfaserverstärkt

Maße: B 65. H 82. T 62. SH 45

Preis: auf Anfrage

Hersteller: Miller Collection/Vitra, Weil/Rhein

Mindestens drei der wichtigsten Stühle, die je entworfen wurden, stammen – so wird allgemein gesagt – von Charles Eames. Zu den dreien gehört ganz sicher der Polyester- oder Fiberglasstuhl, den es in einer langen Reihe von Varianten gibt. Eames hatte 1948

16 A

für einen Wettbewerb des Museums of Modern Art, bei dem es um billige Möbelentwürfe ging, Versuche mit gegossenem Aluminium gemacht. Das betrachtete er als geeignetes Material für Massenproduktion – man müsse nur Formen finden, die die positiven Seiten der Metallverarbeitung betonen, und eine Oberflächenbeschichtung, die die Wärmeübetragung mildert, Geräusche dämpft und die sich angenehm anfühlt. Eames gewann mit den Entwürfen einen zweiten Preis. Als jedoch die Ergebnisse des Wettbewerbs veröffentlicht und hergestellt wurden, war da ein neues Material, das die Gemüter viel mehr aufregte als Metall: Kunststoff. So wurden zwar Metallmodelle in den Ausstellungen gezeigt, hergestellt aber wurden Kunststoffstühle. Für das Umschwenken von Metall auf Kunststoff brauchte der Designer nur geringfügige Änderungen zu machen. Den DAX-Stuhl gab es mit dem unterschiedlichsten Beinwerk: mit vier Stahlrohrbeinen (Nr. 16), mit einer Metalldrahtkonstruktion, die an die Fadenspiele der Kinder oder an Überlandleitungen erinnert, mit Metalldrahtkonstruktion auf Holzkufen. Heute wird neben dem Vierbeiner der Einbeiner angeboten (16 A) mit Vier-Stern-Fuß und dem eleganten aus mehreren Strahlen gebildeten Stamm. Außerdem ein Drehsessel mit Viersternfuß und ein höhenverstellbarer mit Fünfsternfuß. Und neben der bloßen Kunststoffschale, in die einst der Karikaturist Saul Steinberg mit breitem Stift eine hübsche Nackte gesetzt hatte, gibt es die Schale auch mit eingelegtem Sitzpolster oder mit Vollpolster. Der DAX gehört zu den Stühlen, die jedermann in aller Welt kennt.

17

17

Jahr: 1958

Designer: Charles Eames

Modell: EA 107

Material: Rahmenkonstruktion, Armlehnen, Fuß Hochglanz-Aluminium. Standrohr schwarz. Polsterbezüge Stoff oder Vinyl

Maße: B 53. H 84. T 60. SH 47

Preis: auf Anfrage

Hersteller: Miller Collection/Vitra, Weil/Rhein

Auch wieder eine Familie: die Aluminium-Gruppe, die genügend verschiedene Typen enthält, daß man Passendes für Wohnungen ebenso findet wie für Büros und Hotelhallen, Restaurants. Den charakteristischen Viererstern mit abgeknickten kegelförmigen Füßen hat Eames noch öfter verwendet. Exemplare der Aluminium-Gruppe stehen im Museum of Modern Art als Beispiel hervorragenden funktionellen Designs. Die Vielseitigkeit ihres Schöpfers zeigt eine Auswahl seiner Arbeiten im Entwurfsjahr 1958: Er hat eine Reise nach Indien gemacht, wo er als Berater der Regierung beim Aufbau des Nationalen Design Instituts Ahmedabad wirkte, und hat fünf Filme gedreht. Zwei davon, darunter einer für IBM, der auf der Brüsseler Weltausstellung gezeigt wurde, bekamen Preise.

Der Designer

Über Charles Eames, siehe Kapitel Stühle, Nummer 14. ●

18

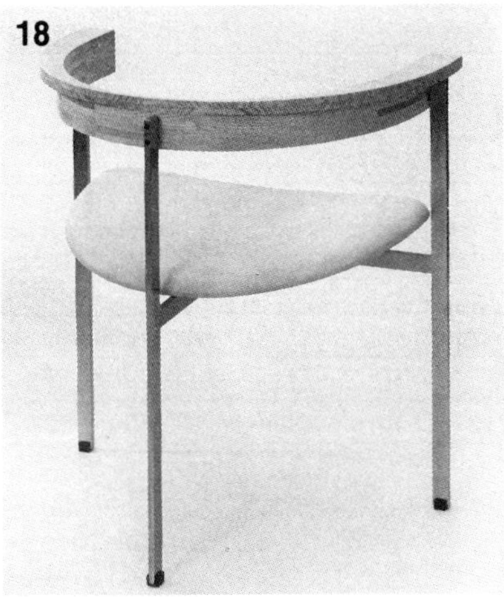

18

Jahr: 1957

Designer: Poul Kjærholm

Modell: Armlehnstuhl Nr. 11

Material: Gestell Stahl, matt verchromt. Lehne Esche, matt lackiert. Sitz Ochsenlederbezug

Maße: B 64. H 65. T 45. SH 41

Preis: auf Anfrage

Hersteller: E. Kold Christensen, Hellerup/Dänemark

Wie Mies van der Rohe hat auch Kjærholm gern Bandstahl an Stelle von Rundrohr verwendet. So auch bei diesem zierlichen Dreibein, das seinen Sinn für höchst sparsame Linienführung und nobles Material zeigt. Kjærholm ist unter den jüngeren Designern der, der am entschiedensten von dem Begriff »dänisches Design« wegstrebt. Wie alle seine Kollegen hat auch er enge Zusammenarbeit mit seiner Werkstatt gepflegt.

Der Designer

Über Poul Kjærholm siehe Kapitel Stühle, Nr. 23. ●

19

19

Jahr: 1960

Designer: Ole Wanscher

Modell: Schreibtischstuhl

Material: Gestell Mahagoni, Palisander, Polsterssitz Lederbezug

Maße: .B 61. H 74. T 50. SH 44

Preis: auf Anfrage

Hersteller: A. J. Iversen, Kopenhagen

Er ist ein Verwandter eines Eßtischstuhls ohne Armlehne, den Ole Wanscher vier Jahre früher gezeichnet hat. Ihr gemeinsames Charakteristikum sind die eng zusammenstehenden Hinterbeine und die schön modellierte Rükkenlehne. Sie ist aus zwei Stükken so zusammengesetzt, daß die Form genau der Maserung des Holzes folgt. Den Tischlermeister Iversen, in dessen Werkstatt diese Stühle gemacht werden, kennt Wanscher seit seiner Jugendzeit. Bei Iversen praktiziert man keine Arbeitsteilung: Ein Mann baut einen Stuhl, vom ersten bis zum letzten Handgriff, fühlt sich also für jedes Detail verantwortlich.

20

20

Jahr: 1961/62

Designer: Ole Wanscher

Modell: PJ 301

Material: Mahagoni, Kirsche. Lederkissen. Lehne Rohrgeflecht

Maße: B 85. H 58. T 44

Preis: auf Anfrage

Hersteller: P. Jeppesen, Store Heddinge/Dänemark

»Er ist typisch für meine konservative Linie«, sagt Ole Wanscher. Das heißt: Besinnung auf traditionelle Formen, besonders der englischen Möbelkunst. Wanschers Beschäftigung mit der Historie der Möbel hat sich in zwei bedeutenden Büchern niedergeschlagen. 1966 erschien das Buch »Möbelkunst«. Ein Kapitel darin ist dem Faltstuhl gewidmet, dem Thema des großen Buches »Sellas curulis«, das 1980 herausgekommen ist. Mit diesem Stoff war Wanscher seit 1935, 45 Jahre lang also, umgegangen. »Es war wie bei Goethe der Weg vom ›Urfaust‹ zum ›Faust‹«, sagt Wanscher, um die gewaltige Arbeit zu beschreiben. 1935 hatte er ein bei Ausgrabungen gefundenes Fragment eines Faltstuhls aus der dänischen Bronzezeit (1400 v. Chr.) ausgemessen und dabei festgestellt, daß es große Ähnlichkeit mit antiken ägyptischen Faltstühlen habe. Seit 1967 ist Wanscher korrespondierendes Mitglied der Bayerischen Akademie der Künste.

Der Designer

Mehr über Ole Wanscher siehe Kapitel »Stühle«, Nummer 24. ●

21

21

Jahr: 1961

Designer: Børge Mogensen

Modell: Asserbo 504

Material: Gestell Kiefer natur. Sitz Schnur, Seegras oder Polster

Maße: B 63. H 75. T 50. SH 44

Preis: auf Anfrage

Hersteller: Karl Andersson, Huskvarna/Schweden

Meistens tragen Børge Mogensens Möbel wie fast alle dänischen nur Nummern als Erkennungszeichen. Da er diesen ländlichen Armlehnstuhl aber für eine schwedische Firma gezeichnet hat und in Schweden die Möbel Namen bekommen, nannte er ihn nach einem Sommerhaus »Asserbo«. Der Stuhl ist Teil einer Serie, zu der auch Tisch und Regale gehören. Er wird auch ohne Armlehnen angeboten und mit einem Spezialbeschlag, mit dem man mehrere davon zusammenkoppeln kann. So wird er in öffentlichen Gebäuden wie Kirchen, Bibliotheken, Gemeindehäusern und Filmsälen verwendet.

22

22
Jahr: 1964
Designer: Børge Mogensen
Modell: Nr. 3239
Material: Gestell Eiche, unbehandelt. Sitz und Lehne gepolstert
Maße: B 66. H 75. T 59. SH 44
Preis: auf Anfrage
Hersteller: Fredericia Stolefabrik, Fredericia/Dänemark

Einen »zivilen« Schreibtisch- und Arbeitsstuhl wollten sie haben. So erklärt Herr Grabersen von Fredericia Stolefabrik einen Auftrag an Bøge Mogensen. Mogensen zeichnete dieses Modell, einfach, bequem, mit vorbildlicher Rückunterstützung und schön. Da er die richtige Höhe für dänische Eßtische hat, wird er gern zu dem »Shaker«-Tisch gestellt, zu dem Mogensen von den Möbeln dieser amerikanischen Religionsgemeinschaft angeregt worden ist. Schlichte Möbel zu machen, ohne Schnörkel, aber makellos gearbeitet – dieses Prinzip der Shaker gilt auch für Mogensen. Ein Wegweiser war für ihn Kaare Klints Kirchenstuhl (Stühle, Nr. 13), der als einer der ersten in größerer Zahl hergestellt wurde. Auch Mogensen wollte weg vom Einzelmöbel, hin zum guten Serienmöbel.

Der Designer

All seinen Möbeln ist anzusehen, daß der Entwerfer vom Handwerk herkommt. Børge Mogensen wurde als Möbeltischler ausgebildet, ging dann an die Schule für Kunsthandwerk und wurde schließlich Student in Kaare Klints Abteilung an der Kunstakademie in Kopenhagen. Klint blieb sein großer Mentor und Anreger: Mehrere Jahre war Mogensen in dessen privatem Entwurfsbüro und als Lehrer in seiner Abteilung an der Kunstakademie angestellt. Mogensen hat Klints Maßsystem für Möbel weiterentwickelt und bei den Arbeiten angewendet, die ihn weithin bekannt gemacht haben: 1942 wurde Mogensen vom Spitzenverband der Konsumvereine Dänemarks (FDB) zum Leiter von dessen Möbelfabrik berufen und hat dort eine große Zahl von Anbau- und Einzelmöbeln für die dänische Durchschnittsfamilie entworfen: solide, funktionsgerechte Möbel, einfach, aber ästhetisch ansprechend und sehr gut verarbeitet. Die bekanntesten sind »Boligens Byggeskabe« (wörtlich: Anbauschrank für die Wohnung), eines der ersten Anbausysteme überhaupt, das er zusammen mit der Architektin Grethe Meyer entworfen hat, und das Anbausystem »Øresund«. Mogensen beteiligte sich seit 1939 jedes Jahr an den Ausstellungen der Kopenhagener Schreinerinnung und hat viele Auszeichnungen erhalten. Mogensen Frau und Sohn führen sein Entwurfsbüro weiter. Alice Mogensen ist Modedesignerin. Ihr Favorit unter ihres Mannes Möbeln ist ein ganz einfacher Stuhl aus seinen ersten Jahren beim Verband der Konsumvereine. ●

Børge Mogensen
* Aalborg, 13. April 1914
† Kopenhagen, 5. Oktober 1972

23

23
Jahr: 1960/64
Designer: Comi/Magistretti
Modell: 892 Carimate
Material: Gestell Buche, anilinrot, -blau, -natur, nußbaumfarbig. Sitz Binsengeflecht
Maße: B 58. H 75. T 52. SH 45
Preis: auf Anfrage
Hersteller: Comi, Meda/Cassina

Dieser Stuhl ist das erste Stück Design, das der Architekt Magistretti gemacht hat. Er baute damals in Carimate auf dem Land in Italien ein Club-Restaurant, und die Möbel, die er dafür brauchte, gab es nicht. Sie sollten einfach und ländlich sein, aber auf keinen Fall an die skandinavischen Stühle erinnern. Es sollte etwas Farbiges werden, so schön klarfarbig und leuchtend wie die Bauklötze der Kinder. Rot war die erste Farbe, dazu kamen Blau, Grün, die ersten Möbel mit Anilinfarben. Charakteristika der Konstruktion: die körpergerechte Einbuchtung in der Rückenlehne, die elegante Armlehne, die Verdickungen in den Beinen, da, wo sie mit den Sitzzargen verbunden sind.

Der Designer

Über Vico Magistretti siehe Kapitel Stühle, Nummer 31. ●

24

24
Jahr: 1963
Designer: Arne Jacobsen
Modell: 4235
Material: Gestell Buche (formgespanntes Furnier) – Polster mit Stoff-, Leder-, Kunstlederbezug
Maße: B 50. H 75. T 50. SH 44
Preis: auf Anfrage
Hersteller: Fritz Hansen, Allerød: Dänemark

Daß dieser Stuhl und das Gebäude, in dem er steht, seinerzeit heftigste Diskussionen entfachten, hängt mit der Nationalität des Entwerfers und Architekten zusammen: Er war Däne und nicht Engländer. Das Haus, das zu bauen und einzurichten war, war das St. Catherine's College an der traditionsreichen, von vielen Engländern als Nationalheiligtum betrachteten Oxford University. Daß da Arne Jacobsen bauen sollte, ein Ausländer, noch dazu einer, der der modernen Architektur verpflichtet war, empfanden viele Briten als ungeheuerlich. Die Wogen glätteten sich, als das Projekt Form annahm, und die Entrüstung wich allgemeiner Zustimmung, als das College 1964 eingeweiht wurde. Man sah, daß es zu den großen Werken Jacobsens gehört, ein Meisterstück moderner Architektur, durchgeformt bis ins Detail. Dazu gehören nicht zuletzt die Möbel der Oxford-Serie. Die Armlehnstühle wurden für den Speisesaal gezeichnet, ein dazu passender Stuhl für die Studentenzimmer. Alle aus schichtverleimtem, formgespanntem Buchenfurnier: Gestell und Armlehnen aus neunzehn Schichten (siehe Detailaufnahme), Sitz und Rücken aus neun Schichten. Genau richtig für ihren Zweck: robust, dabei zeitlos und charaktervoll

Der Designer

Über Arne Jacobsen siehe Kapitel Stühle, Nummer 16 und 17. ●

25

25

Jahr: 1964

Designer: Gae Aulenti

Modell: Solus 220

Material: Gestell rostfreier Stahl. Sitzpolster mit Lederbezug

Maße: B 56. H 67. T 56. SH 47

Preis: auf Anfrage

Hersteller: Zanotta, Mailand

Dieser Armlehnstuhl ist Teil einer ganzen Serie, zu der außerdem ein Sofa, eine Chaiselongue, zwei Tische und eine Lampe gehören. Eigentlich sollte es ein Ensemble für den Garten sein – deshalb wurde anfangs lackiertes Stahlrohr verwendet. Für die Innenraum-Version kam dann verchromtes Stahlrohr – in jedem Fall mit drei Zentimeter Durchmesser – dazu. Beim Entwerfen gefiel es ihr, sagt Gae Aulenti, mit den Rohren Linien zu finden, die einander nicht unterbrechen. Seinen Namen trägt der Stuhl nach dem Roman »Solus« von Raymond Roussell, den die Aulenti gern gelesen hat. Der Entwurf hat bedeutende Ehrungen erfahren (Preis der Mailänder Triennale). Er steht im Museum of Modern Art und wurde schon auf vielen Ausstellungen gezeigt, zuletzt in Köln im November 1980, wo italienisches Design aus den letzten dreißig Jahren präsentiert wurde. Seit seinem ersten Auftreten wird der »Solus« ununterbrochen hergestellt, zuerst von Poltronova, jetzt von Zanotta.

26

Jahr: 1964

Designer: Gae Aulenti

Modell: April 212

Material: Gestell rostfreies Stahlrohr. Sitz, Lehne Leder oder Hanfgewebe

Maße: B 52. H 80. T 52,5. SH 42

Preis: auf Anfrage

Hersteller: Zanotta, Mailand

Das Stahlrohr für diesen Stuhl ist eigens für diesen Entwurf entwikkelt worden: Es ist im Querschnitt nicht rund, sondern ein plattgedrücktes Oval. Dieses abgeflachte Ovalrohr wirkt aus der Perspektive leicht und grazil (und in der Tat ist der »April« sehr leicht), aber es hat die Stabilität eines Rundrohrs. Noch ein Vorzug: auf Ovalrohr lassen sich flache Verbindungen wie beim »April« leichter und eleganter anschließen als bei Rundrohr. Ovalrohr wird auch für den 1968 entworfenen berühmten »Plia«-Stuhl (Stühle, Nummer 27) verwendet. Vorbild des »April« sind anonyme alte Klappstühle. Gae Aulenti hat dieses Modell für die Mailänder Firma Centrofly gezeichnet, die damals die ersten amerikanischen Küchenmöbel für Italien herstellte. Als Centrofly geschlossen wurde, verschwand der »April« von der Bildfläche, bis

26

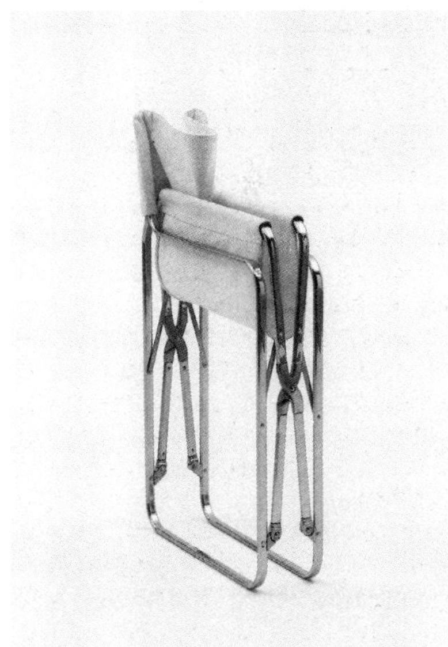

1972 Zanotta die Zeichnungen übernahm. Mit Zanotta zusammen hat Gae Aulenti den Klappmechanismus geringfügig geändert – den Unterschied können nur Kenner ausmachen. Ursprünglich gab es den Stuhl in einer hohen und einer niedrigen Version und als »Tripolina«, das ist ein nach der Stadt Tripolis benannter besonders breiter Klappstuhl. Zum »April« gehört ein ebenfalls hochklappbarer Hocker, der, wenn's nötig ist, auch als Beistelltisch benutzt werden kann: Man stellt das dazugehörige Tablett mit zehn Zentimeter hohem Rand drauf.

Der Designer

»Sie ist der erste Architekt, der« – so steht es in einer Veröffentlichung über Gae Aulenti – »mit aller Deutlichkeit demonstriert, daß Architektur ein weibliches Substantiv ist. Sie vereint in sich den Zauber der Naturnähe mit der Zuverlässigkeit des Ingenieurs.« Gae (von Gaetana) Aulenti hat an der Architekturfakultät des Polytechnikums Mailand zum Dr. arch. promoviert. Sie baut Wohnhäuser und Schulen, plant auch Gärten und hat eine ganze Reihe von Möbeln und Lampen entworfen. Immer legt sie Wert darauf, daß Material und Konstruktion sichtbar sind. So verwendet sie gern Holzbalken und Ziegel. Da Gae Aulenti Möbel und Gebrauchsgegenstände in der gleichen Art zeichnet wie Häuser, findet sie es nur natürlich, daß sie auch Designerin ist. Sie hat sich auf Reisen nach Deutschland, Frankreich, England und in die USA auch mit der Möbelpro-

Gae Aulenti
* Palazzolo
4. Dezember 1927

duktion in anderen Ländern beschäftigt. Die Ergebnisse dieser Recherchen hat sie als Art-director einer großen Möbelfirma in Mailand ausgewertet. Nach einer Rußlandreise hat sie eine Monografie über sowjetische Architektur verfaßt. Ihre Möbel werden in vielen Ausstellungen gezeigt. Sie plant auch Ausstellungen für andere, so für Olivetti eine Wanderausstellung, die in Paris, Barcelona, Madrid, London, Edinburgh und Tokio zu sehen war. Da Gae Aulenti auch über Architektur- und Design-Theorie etwas zu sagen hat, wird sie häufig zu Vorträgen aufgefordert. Sie liest viel, hört gern Musik und geht oft ins Theater. Ihr Interesse fürs Theater hat zur Zusammenarbeit mit dem Regisseur Luca Ronconi geführt, der bei der internationalen Kritik höher eingeschätzt wird als der berühmte Giorgio Strehler. Für Inszenierungen Ronconis am Theaterlaboratorium Prato (Euripides, Calderón, Hofmannsthal, Büchner) hat Gae Aulenti den Bühnenraum gestaltet – ebenso weiträumig und großzügig wie ihre Häuser. ●

27

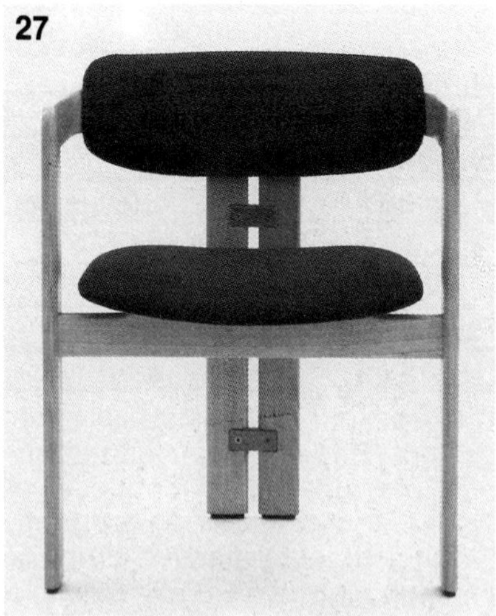

27

Jahr: 1964/65
Designer: Augusto Savini
Modell: Pamplona
Material: Gestell Buche, Esche Polster Stoffbezug
Maße: B 75. H 72. T 52. SH 45
Preis: auf Anfrage
Hersteller: Pozzi, Mariano Comense/Italien

Pamplona in der baskischen Provinz Navarra, Schauplatz eines Festes für St. Firmin und Schauplatz von Hemingways »Fiesta«, gab diesem Stuhl den Namen. Aus gutem Grund: Im Museum von Pamplona stehen ein paar Exemplare eines Stuhls namens »pozzetto«, eines traditionellen spanischen und italienischen Stuhls aus dem 14. Jahrhundert. Diesen Stuhl hatte Augusto Savini im Sinn, als er den »Pamplona« zu zeichnen begann. Er baute damals das Hotel d'Este in Mailand, das er auch einrichten sollte, und fand auf dem Markt nicht den passenden Stuhl. Ein ganz ähnliches Modell von Tobia Scarpa war ihm in den Maßen nicht recht: zu niedrig. Also entwarf er selber den Gewünschten. Die Vorstellung war dabei, wie beim alten »pozzetto« Sitz und Arm- und Rückenlehne als Halbkreis zu formen und das Bogenmotiv in der Zarge zwischen Vorder- und Hinterbeinen gegenläufig zu wiederholen. Die Verbindungen zwischen den eng aneinander gerückten Vorder- und Hinterbeinen werden als Konstruktionselement nicht versteckt, sondern betont.

Der Designer

Wie die meisten seiner italienischen Kollegen ist auch Augusto Savini Hochbau-Architekt und hat mit dem Entwerfen von Möbeln begonnen, weil ihm die richtigen Stücke für die Einrichtung seiner Bauten fehlten. Er hat am Mailänder Polytechnikum studiert und 1958 Examen gemacht. Zwar hat er noch andere Stühle außer dem »Pamplona« entworfen (darunter, ebenfalls für Pozzi, den Stuhl »Europa«, der in Finnland mit einem Preis ausgezeichnet wurde), aber sein Hauptinteresse gilt dem Bauen. Meistens baut er Hotels und

Augusto Savini
* Busto Arsizio, Italien
2. Oktober 1930

Eigentumswohnanlagen, die man in Italien Residenzen nennt. Alle Gebäude plant er von A bis Z, also auch die Einrichtung. Wenn er Möbel entwirft, hat er den künftigen Gegenstand vorm geistigen Auge, die endgültige Form aber entwickelt er allmählich während des Zeichnens, durch Immerwiederneuzeichnen. ●

28

28

Jahr: 1968
Designer: Achille Castiglioni
Modell: Castiglia
Material: Gestell Inox-Stahlrohr, Sitz, Lehne Leder oder Stoff
Maße: B 56. H 78. T 67. SH 45
Preis: auf Anfrage
Hersteller: Zanotta, Mailand

Ein Katalogfoto zeigt einen lachenden Mann, thronend auf einem Stapel von zehn »Castiglia«-Stühlen: Daß man Armlehnstühle stapeln kann, kommt nicht alle Tage vor. Castiglioni wollte einen Stuhl für Versammlungsräume

zeichnen, der aus praktischen Gründen stapelbar sein mußte, aber auch bequem sein sollte. Die Lösung, die er fand, ist scheinbar ganz einfach: Er schob zwei gekrümmte U aus Stahlrohr ineinander. Das längere bildet Vorderbeine, Sitz und Rückenlehne, das kürzerer Hinterbeine, Armlehne und Vorder»zarge«. Weil dieses kürzere breiter ist und sozusagen den Rahmen für das andere bildet, läßt sich der Stuhl elegant stapeln. »Castiglia« heißt er, um sogleich an seinen Entwerfer zu erinnern. Castiglioni, der Teamworker, der in früheren Jahren meist mit seinen (inzwischen gestorbenen) Brüdern Livio und Piergiacomo zusammenarbeitete, hatte auch bei diesem Stuhl einen Mitarbeiter: Marcello Minale, Inhaber des Studio Minale Tattersfield Creative in London, das auf Produktentwicklung spezialisiert ist. Minale wurde vom Designer und Art Director Club London mit einer Silbermedaille ausgezeichnet.

Der Designer

Über Achille Castiglioni siehe Kapitel Stühle, Nummer 25 ●

29

Jahr: 1969

Designer: Kazuhide Takahama

Modell: Kazuki

Material: Sperrholz mit Lack- oder glänzendem Pigment-Polyesteranstrich. Auf Wunsch: Filzkissen

Maße: B 46. H 106. T 46. SH 41

Preis: auf Anfrage

Hersteller: Simon International, Bologna

Der Stuhl wiegt ganze zehn Kilogramm, und nimmt man ihn auseinander, hat man einen kleinen

29

Stapel von vier verschieden langen Brettern. Als sähe er den Stuhl als eines seiner Kinder, hat der Japaner Takahama dieses Modell nach seinem Sohn Kazuki genannt. Als höflicher Mann will er dem Benutzer nicht vorschreiben, wie er ihn gebrauchen soll. Als Eßtischstuhl vielleicht? Ja, aber Takahama hätte auch nichts dagegen, wenn jemand den »Kazuki« ins Schlafzimmer stellt, um seine Kleider darauf abzulegen.

Der Designer

Der Geburtsort von Takahama liegt auf Kiuschiu, einer der vier japanischen Hauptinseln. Takahama hat an der Kogyo-Daigaku-Universität Architektur studiert und war nach seinem Examen 1953 dort auch Assistent. Den ersten Kontakt mit dem Ausland hatte er 1957: Er kam nach Italien, um die Einrichtung des japanischen Pavillons für die 11. Triennale in Mailand zu leiten. Bei dieser Gelegenheit lernte er den Möbelhersteller Dino Gavina kennen. Danach kehrte Takahama fürs erste nach Japan zurück und arbeitete fünf Jahre lang an der Architekturfakultät der Universität Kumamoto auf seiner Heimatinsel. Auf Einladung von Gavina zog Takahama mit Frau und Familie 1963 endgültig nach Italien um, ließ sich in Bologna nieder und arbeitete fortan zusammen mit Gavina für dessen Firma. In fast jedem der folgenden Jahre hat er neue Möbel entworfen, seit 1970 auch für Simon und B&B. Takahama ist selber nicht Handwerker, er gibt seine Zeichnungen zum Tischler und verfolgt ihre Verwirklichung, um zu klären oder zu ändern, falls das nötig ist. Takahama hat übrigens auch eine Reihe von Lampen entworfen. ●

Kazuhide Takahama
* Mijasaki,
1. April 1930

30

30

Jahr: 1970

Designer: Rud Thygesen und Johnny Sørensen

Modell: Karmstuhl MO 4551

Material: Gestell laminierte Buche, lackiert und laborgebeizt. Sitz Leder

Maße: B 62. H 70. T 47. SH 46

Preis: auf Anfrage

Hersteller: Magnus Olesen, Durup/Dänemark

Karmstol ist der alte dänische Name für die Sorte Armlehnstuhl, bei der Rücken- und Armlehne eine Höhe haben. Und weil das Modell von Rud Thygesen und Johnny Sørensen genau diesen Typ darstellen, haben sie ihm auch den Namen gegeben. Beim Entwurf ging es ihnen darum, die technischen Möglichkeiten des Schichtholzes auszunutzen und eine Beziehung zu dem Tisch- und Schreibtischprogramm herzustellen, dem die Stühle zugedacht sind: Von vorn gesehen, entspricht die Biegung der Armlehne genau der Biegung der Tischbeine. Die Rückenlehne ist laborgebeizt. Das heißt: Die Beize dringt so ins Holz ein, daß alle Feinheiten der Maserung sichtbar bleiben. Die zweimalige Lackierung der

Beine mit säurehärtendem Lack erfüllt die höchsten Stärkeansprüche der »Dansk Møbelkontroll«. Bei diesem Test werden Möbel nach einer Liste strenger Bedingungen untersucht und bekommen, wenn sie diese erfüllen, einen sehr begehrten Aufkleber, den in Dänemark jeder kennt.

Die Designer

Als Entwerfer-Team sind Thygesen-Sørensen so miteinander verwachsen, daß es für beide zusammen nur eine berufliche Biographie gibt. Sie haben sich auf der Kunsthandwerkerschule kennengelernt, 1966 ihr Diplom gemacht und im selben Jahr ihr eigenes Entwurfsbüro eröffnet. Dort entwerfen sie außer Möbeln aller Art auch einfache und schöne Gebrauchsgegenstände wie Salatschüsseln, Pfeffer- und Salzmühlen, Porzellanflaschen für Gewürzliköre und Extrakte. Sie verwenden beim Möbelbau am liebsten Naturmaterialien wie Holz, Wolle, Baumwolle und Linoleum: »Stoffe, die dem Menschen angenehm sind und die mit größerer Würde altern als Kunststoffe.« Wie etwa Klint und Mogensen, die Meister der älteren Generation, stehen Thygesen und Sørensen in der Tradition der Kunsttischler, für die handwerkliche Qualität oberstes Gesetz ist. Als Entwerfer einer neuen Generation sind sie mit den Forderungen von Maschinenproduktion und modernem Marketig vertraut und suchen

Rud Thygesen
* Hobro,
15. Juli 1932

Johnny Sørensen
* Helsingør,
3. Februar 1944

nach Lösungen, die diese mit ihren handwerklichen Qualitätsansprüchen in Einklang bringen. Holz ist das Material, das sie bevorzugen, aber sie haben auch schon erfolgreich mit Stahlrohr gearbeitet. 1970 ermöglichte ihnen die Jubiläumsstiftung der Nationalbank eine Studienreise in die USA. Sie haben sich dort besonders für Kunststoffproduktion interessiert und sind zu dem Ergebnis gekommen, daß sie das Arbeiten mit Kunststoff lieber den darin erfahrenen Amerikanern überlassen wollen, weil sie im Kunststoff nicht das Medium sehen, in dem sie ihre Vorstellungen verwirklichen können. Positive Impulse empfingen sie im Museum of Modern Art: Sie sahen eine große Ausstellung von Möbeln der dreißiger Jahre und waren fasziniert von frühen Schichtholztechniken. So bekamen sie wichtige Anregungen für ihre Arbeit. Modelle von Thygesen und Sørensen wurden schon oft in Ausstellungen gezeigt und mit Preisen ausgezeichnet. Große Ehre widerfuhr den beiden 1969: In einem Architekturwettbewerb zum 70. Geburtstag König Frederiks IX. wurde ihrem »Königsstuhl« der 1. Preis zugesprochen. Der Stuhl wurde dem König geschenkt. Es ist ein armlehnenloser Zweisitzer, dessen Lehne aus Wiener Geflecht sich dem Rücken freundlich entgegenwölbt. Menschenfreundlichkeit ist eine Spezialität der beiden: Sie machen viele Möbel für Krankenhäuser, Pflegeheime und alte Menschen. ●

Und hier kommen Klassiker von morgen

Die Armlehnstühle auf diesen beiden Seiten sind zwar auch schon geraume Zeit auf dem Markt, aber noch nicht lange genug, um den strengen Maßstäben der Klassiker-Serie zu genügen: Sie sind alle nach 1970 oder kurz vorher entstanden. Trotzdem sollen sie nicht ohne Chance bleiben. Sie haben bei der Auswahl so gut abgeschnitten, daß die SCHÖNER WOHNEN-Jury die Vorhersage wagt: Auch die werden in ein paar Jahren richtige Klassiker sein. Fürs erste sind sie nur an ihrer Jugend gescheitert.

1

1

Jahr: 1974

Designer: Jørgen Lund und Ole Larsen

Modell: BO 810

Material: Gestell Stahl, matt ververchromt. Sitz- und Rücken. Polster mit Leder- oder Stoffbezug

Maße: B 62. H 74. T 55. SH 42

Preis: auf Anfrage

Hersteller: BO-EX, Brønshoj/Dänemark

2

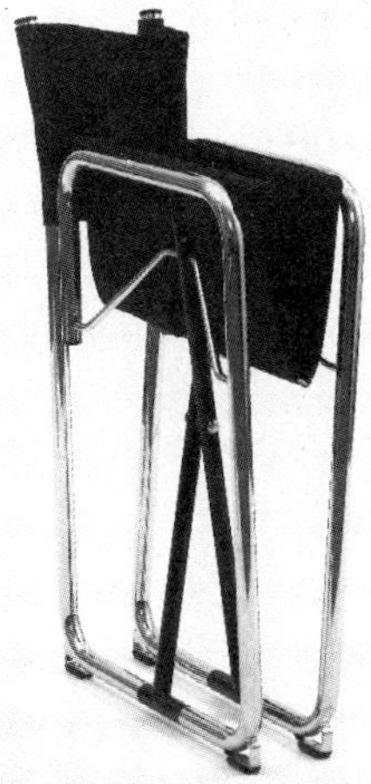

2

Jahr: 1972

Designer: Lindau & Lindekrantz

Modell: X 75-2

Material: Gestell Stahlrohr. Sitz Canvas oder Hanfgewebe

Maße: B 53. H 80. T 51. SH 46

Preis: auf Anfrage

Hersteller: Lammhults Mekaniska, Lammhults/Schweden

3

3

Jahr: 1973

Designer: Tito Agnoli

Modell: Nr. 842

Material: Esche, natur oder gebeizt

Maße: B 44. H 73. T 48. SH 44

Preis: auf Anfrage

Hersteller: Montina, Udine/Italien

4

4

Jahr: 1974

Designer: Bernt

Modell: Flossenstuhl

Material: Eiche, Esche, Buche. Sitz. Lehne farbig lackiert

Maße: B 55. H 72. T 50. SH 42

Preis: auf Anfrage

Hersteller: CH/RY/SW, Kopenhagen

5

5

Jahr: 1975

Designer: Hans J. Wegner

Modell: Nr. 62

Material: Gestell Buche natur oder lackiert, Eiche. Sitz Papierkordelgeflecht

Maße: B 58. H 71. T 48. SH . .

Preis: auf Anfrage

Hersteller: PP Møbler, Allerød/Dänemark

6

6

Jahr: 1980

Designer: A. Citterio, P. Nava

Modell: Ialea

Material: Gestell Chromstahl, mit Ahorn oder Ebenholz. Rücken, Sitz Metall mit Lederbezug

Maße: B 57. H 70. T 47. SH 47

Preis: auf Anfrage

Hersteller: B&B, Novedrate (Como) Italien

7

7

Jahr: 1976

Designer: Mario Bellini

Modell: Break

Material: Bezug (abziehbar) Stoff oder Leder mit Lederkeder

Maße: B 50. H 85. T 51. SH 45

Preis: auf Anfrage

Hersteller: Cassina, Mailand

8

8

Jahr: 1979

Designer: Masayuki Matsukaze und Centrokappa

Modell: Klappsessel 5/4820

Material: Gestell Stahlrohr, polypropylenbeschichtet. Sitz, Lehne Leinen oder Segeltuch

Maße: B 54. H 72. T 50. SH 40

Preis: auf Anfrage

Hersteller: Kartell, Noviglio/Italien

Möbelfotos: Werkfotos (1, 3, 6, 7). Danish Design Council (6). Hajo Willig (11–15, 23,). Alle übrigen: Hansjörg Dettling – Porträt-Fotos: Wittmann (3/4). Bauhaus-Archiv (5). Cassina (7). Danish Design Council (9, 21/22). Maria Mulas (25/26). Alle übrigen: privat. – S. 31 und 32: Werkfotos (1, 3, 6, 7). Hansjörg Dettling (2, 8). Hajo Willig (5)

Moderne Klassiker
MÖBEL, DIE GESCHICHTE MACHEN
3. Teil: Eßtische

Daß ein Tisch für einen Menschen symbolhafte Bedeutung haben kann, hat Alvar Aalto sehr schön gesagt. Den großen weißen Tisch in seines Vaters Büro vor Augen, nennt er den Tisch »das Aufnahme-Instrument, das den schaffenden Menschen für das, was kommen soll, lockt und inspiriert« (siehe auch Kapitel »Stühle«, Nummer 11 und 12).

Auch wenn man den Tisch nüchtern betrachtet: Er ist Mittelpunkt häuslichen und familiären Lebens, der Ort, an dem alle sich zusammenfinden. Man setzt sich miteinander an einen Tisch, um Wichtiges zu besprechen und Probleme zu lösen. Und umgekehrt: Wenn einer im sprichwörtlichen Sinne das Tischtuch zwischen sich und seinem Gegenüber zerschneidet, gibt er zu erkennen, daß er mit dem nichts mehr zu schaffen haben will. Von Eheleuten, die auseinandergehen wollen, sagt die juristische Formel, sie leben getrennt von Tisch und Bett. Nicht der Schrank mit dem häuslichen Besitz ist neben dem Bett Symbol der Gemeinsamkeit, sondern der Tisch. Der Tisch, an dem man ißt, aber auch arbeitet, liest, diskutiert und spielt.

Holz und Stein (wie Marmor oder Travertin), Metall, Glas und neuerdings auch Kunststoff sind die Materialien, aus denen man Tische baut. Das schlichte Vierbein, das kaum Chancen für Formenvielfalt zu bieten scheint, hat von jeher Erfindungsgeist herausgefordert. Man hat ihm quadratische, rechteckige, runde, ovale Platten geschnitten, hat die Beine geschnitzt und gedrechselt, von der äußersten Kante nach innen gerückt und schließlich in der Mitte gebündelt zum Einbein. Und man ist nicht müde geworden, sinnreiche Konstruktionen zum Vergrößern und Verkleinern zu erfinden. Damit der Gastfreundliche, wenn er allein speisen muß, sich nicht an einer Riesenplatte einsam und verloren fühlt. Und damit der Einzelgänger, wann immer er will, Gäste zu Tisch bitten kann.

1

1

Jahr: ca. 1880

Designer: Thonet (Werksentwurf)

Modell: 1053

Material: Buchenholz, dampfgebogen, Beiztöne nach Wunsch

Maße: ∅ 70, 80, 90. Höhe 75

Preis: auf Anfrage

Hersteller: Gebrüder Thonet, Frankenberg

Seinen ersten Tisch hatte Michael Thonet auf der Londoner Weltausstellung 1851 vorgestellt. In den Katalogen des Hauses Thonet waren 1859 zwei, 1873 bereits sieben Tische aufgeführt. Die meisten Modelle traten in allen möglichen Versionen auf: als Eßzimmertisch, oft auch ausziehbar, als Trumeau-(Spiegel-)Tisch fürs Wohnzimmer, als Spiel-, Servier- und Satztisch. Auch Konsoltische, halbrund oder halboval, waren dabei. Die meisten mit vier Beinen, andere mit gedrechselter Achse und drei oder vier Füßen. Alle reich bis ausschweifend geschnörkelt. Nummer 1053 mit vier geschwungenen Beinen und dem stabilisierenden Bogenkreuz ist der schlichteste. Ihn gibt es auch quadratisch, rechteckig und oval in mehreren Größen; die langen Versionen haben zwei Dreibein-Gruppen mit Verbindungssteg.

Während dieser schlichte zeitlos wirkt und man ihn auch heute zu vielen Möbeln stellen kann, sind die geschnörkelten typische Geschöpfe der Gründerzeit, in der sie entstanden. Kein Thonet-Tisch wurde ausdrücklich zu einem Stuhlmodell entworfen, um mit dem zusammen ein Ensemble zu bilden. Ein Thonet-Tisch, den jeder kennt, ist das Einbein mit Marmorplatte, wie man es in »klassischen Cafés« findet.

Der Designer

Über Michael Thonet und sein Werk siehe die Kapitel »Stühle« (Nr. 1+2) und »Armlehnstühle« (Nr. 1+2). ●

2

2

Jahr: 1918

Designer: Charles Rennie Mackintosh

Modell: D. S. 1, 322

Material: Esche, schwarz gebeizt

Maße: L 177–57. B 125. H 75

Preis: auf Anfrage

Hersteller: Cassina, Mailand

Fünfzehn Jahre bevor Mackintosh diesen Tisch zeichnete, hat er schon einmal solch ein Gitterwerk wie für den Tischsockel verwendet: bei einem Stuhl für die Willow Tea Rooms in Glasgow. Der Tisch D. S. 1 (ein Gateleg- oder Torbein-Tisch, den man klein zusammenklappen kann) gehört zu dem Eßzimmer-Ensemble für ein Landhaus des Waagenfabrikanten Bassett-Lowkes (siehe Stühle, Nummer 4). Das Eßzimmer wurde zu Mackintoshs Lebzeiten nicht angefertigt, weil es offenbar nicht den Wünschen des Auftraggebers entsprach. Nach den Nachforschungen von Makkintoshs Biographen Bilcliffe überschneiden sich einige Briefe, die Auftraggeber und Designer wechselten, und es existieren mehrere detaillierte Bleistift- und Wasserfarbenzeichnungen. Auf einer davon ist auch das Grammophon-Schränkchen zu sehen, das Bassett-Lowkes ausdrücklich angefordert hatte. Die Zeichnung, nach der Cassina seit 1973 das Eßzimmer-Ensemble baut, zeigt außer dem Tisch einen Armlehnstuhl, einen Stuhl, einen Beistelltisch, eine Kredenz und einen Sessel (der nicht nachgearbeitet wird). Die Zeichnung ist besonders fein ausgeführt und enthält viele Maßangaben und Notizen. Bilcliffe, der aus der Akkuratesse der Zeichnung schließt, daß Makkintosh sehr stolz auf die Entwürfe war, zählt sie zu den geistreichsten Arbeiten aus Mackintoshs späten Jahren.

Der Designer

Über Mackintosh siehe Kapitel 1 »Stühle« (Nummer 3 und 4) ●

3

3

Jahr: 1928

Designer: Le Corbusier mit Charlotte Perriand

Modell: LC 6

Material: Gestell Stahl, mattlackiert. Platte Glas oder Esche (natur oder schwarz)

Maße: L 225. B 85. H 69

Preis: auf Anfrage

Hersteller: Cassina, Mailand

Auf seinen Dachgärten stehen die lieben alten Gartenklappstühle oder geschnörkelte Metallstühle; in den Innenräumen Korbmöbel und immer wieder Thonets: Während seine Kollegen wie Mies van der Rohe und Aalto (um nur zwei berühmte Beispiele zu nennen) zu ihren Bauten auch das passende Mobiliar entwarfen, hat Le Corbusier, jedenfalls für seine frühen Entwürfe, genommen, was der Markt bot. Erst 1925 hat er für den Pariser Pavillon d'Esprit Nouveau ein Schranksystem gezeichnet, das aus Metall, Glas oder Wellblech herzustellen war und Elemente für alle Arten von Haushaltsgegenständen (wie Kleidung, Leib- und Hauswäsche, Geschirr, Bücher) umfaßte. Und als er zusammen mit Charlotte Perriand, seiner Mitarbeiterin, für den Salon d'Automne 1929 eine Wohnung ausstatten sollte, entwarf er zu den Schränken auch Tische (heute LC 6 genannt) und Sitzmöbel (siehe »Armlehnstühle«, Nr. 7, »Sessel« und »Liegesessel«). Als Material für das Tischgestell sah er Flugzeugmetall mit ovalem Querschnitt vor. Das entsprach seiner Auffassung, daß die Ausrüstung (»equipment«) der Wohnung am besten von der Großindustrie hergestellt würde, weil man von ihr funktionelle, praktische Dinge ohne unnötige Verzierungen erwarten könne. Das Wort »Mobiliar« hatte LC aus seinem Vokabular gestrichen: »Genauso, wie der Begriff Mobiliar für mich etwas Vages, Schlampiges und eine Menge sinnlosen Krams enthält, genauso deutet der Begriff Ausrüstung im Gegenteil auf Nutzeffekt und wirkliche und genaue Funktionen hin. Man spart Zeit, Mühe und Geld. Mit einem Wort: Schluß mit dem sinnlosen Aufwand!« Der Tisch LC 6 wurde 1976 von der American Society of Interior Designers (Amerikanische Gesellschaft der Innenarchitekten) mit dem International Residential Product Award ausgezeichnet.

Der Designer

Über Le Corbusier siehe Kapitel »Armlehnstühle«, Nummer 7. ●

4

4

Jahr: 1930–33
Designer: Alvar Aalto
Modell: 904, 91
Material: Gestell, Umleimer Birke. Platte mit Linoleum, Laminat oder Furnier Birke
Maße: Runder Tisch ∅ 100 oder 125. Höhe 71, 60 oder 56
Preis: auf Anfrage
Hersteller: Artek, Helsinki

Welche Bedeutung ein besonderer Tisch für ihn hatte, erzählt Alvar Aalto in der Skizze »Der weiße Tisch« (siehe »Stühle«, Nr. 11, 12): An diesem Tisch im Büro seines Vaters, eines Geodäten, hat das Kind Alvar gelernt, was Zeichnen heißt. Jener Tisch war ein Riese, an dem zwölf Menschen zugleich arbeiten konnten. Auf der Platte, die drei Zoll (etwa 7 Zentimeter) dick war, lagen bis zu drei Meter lange Stahllineale. »Der weiße Tisch war groß, später ist er noch gewachsen«, sagt Aalto, »aber nicht in der Größe, nur in der Anzahl.« Die Tische Nummer 905, die Aalto seinen Stühlen für die Bibliothek in Viipuri zugesellte, können auch in der Größe variieren: Zwei Halbrunde mit drei Beinen und ein 75x120-Viereck oder zwei 100x60-Vierecke mit je vier Beinen können für sich oder zusammen verwendet werden. Die Tischbeine sind wie die Beine der Viipuri-Stühle aus Birkenschichtholz: erste Erfolge von Aaltos Experimenten, Schichtholz zu biegen. Mit diesen Versuchen hat er noch einige höchst interessante Ergebnisse erzielt.

Der Designer

Über Alvar Aalto siehe Kapitel »Stühle«, Nummer 11 und 12. ●

5

5

Jahr: 1935
Designer: Bruno Mathsson
Modell: Maria Flap
Material: Masurbirke, Buche natur
Maße: L 240. B 110. H 63 oder L 280. B 110. H 72
Preis: auf Anfrage
Hersteller: Dux, Trelleborg und Mathsson, Värnamo, beide Schweden

Zwei oder zwanzig Menschen können bequem daran sitzen: So klein und so groß kann man den Tisch machen. Ursprünglich hieß er nur schlicht Klapptisch MI (für Mathsson International) und war auch nur 90 Zentimeter breit. Mathsson hatte ihn in der väterlichen Fabrik entwickelt und die Arbeit am Prototyp von Anfang an verfolgt. Klapp- und Falttische hat es in Schweden, wo man gern in großer Runde beisammensitzt, schon lange gegeben, meistens mit zwei Vergrößerungsplatten. Mathssons Exemplar ist das Extrem: mit vier Platten, dem Zickzackgestell und schmalen Verbindungsleisten, die es möglich machen, daß man den Tisch auf 23 Zentimeter Breite zusammenfalten kann. Der Tisch wird meist in Privathäusern, nur selten im Objektbereich verwendet.

Der Designer

Von seinem 16. Lebensjahr an hat Bruno Mathsson zehn Jahre lang in der Werkstatt seines Vaters gearbeitet und sich dabei die Grundlagen für das Entwerfen von Möbeln geholt. 1928 hat er damit angefangen. Er war einer der ersten, die Versuche mit schichtgeleimtem gebogenem Holz gemacht haben, ähnlich wie in Finnland Aalto. Besonders erfolgreiche Ergebnisse dieser Versuche sind die Sessel »Eva« und »Pernilla« (siehe Kapitel »Liegen«). Auch mit Stahlrohr hat Mathsson schon ziemlich früh gearbeitet: Das offizielle Foto, nach dem auch unser

Bruno Mathsson
* Värnamo/Schweden,
13. Januar 1907

Porträt gemacht wurde, zeigt Mathsson lässig hingestreckt in seinem Modell »Jetson«, das er 1966 entworfen hat – der Sitz ist aus Stahlrohr mit Polster, das Drehgestell verchromt. Als einer der führenden skandinavischen Möbeldesigner hat Mathsson manche Ehrungen erfahren. 1974 gewann er »The Scandinavian Design Trophy«, 1978 wurde er Ehrenmitglied der »Royal Society of Arts« in England. Einige seiner Möbel stehen im Museum of Modern Art in New York. Mathsson lebt heute meist in Portugal. ●

6

6

Jahr: 1945

Designer: Børge Mogensen

Modell: 4500

Material: Buche

Maße: L 90/120. B 60/90. H 60

Preise: auf Anfrage

Hersteller: Fritz Hansen, Allerød/ Dänemark

Für die alljährlich stattfindende Ausstellung der dänischen Kunsttischler hatte Børge Mogensen 1945 ein anmutiges Zweisitzer-Sofa gemacht, das später im Kapitel »Sofas« zu sehen sein wird. Tischlermeister Fritz Hansen interessierte sich dafür. Er wolle es gern herstellen, aber ohne Tisch, so meinte er, tauge ein Sofa nichts. Da müsse sich Mogensen schon noch was einfallen lassen. So kam dieser Tisch zustande, dessen Platte man drehen und zur doppelten Größe aufklappen kann. Wer meint, daß das Modell an die klassichen Spieltische erinnere, hat recht: Genauso einen hatte Mogensen im Sinn. Sofa und Tisch werden von der Familie des Entwerfers gern benutzt: Sie stehen in Mogensens Landhaus.

7+8

Jahr: 1965

Designer: Børge Mogensen

Modell: 6288, 6286

Material: Eiche

Maße: 6288: L+B 97,5. H 70. 6286: L 195. B 97,5. H 70

Preise: auf Anfrage

Hersteller: Fredericia Stolefabrik, Fredericia/Dänemark

Mit diesen Tischen, die »Shaker«-Tische genannt werden, wird eine andere Komponente des Entwerfers Mogensen deutlich: Er hat

7

8

nicht nur feinste Tischlerarbeit für kleine Werkstätten (wie den Tisch Nummer 6) gezeichnet, sondern sich immer bemüht, Möbel von bester Qualität auch für Durchschnittsbürger zu entwerfen. Vor allem in der Zeit, in der er die Möbelfabrik der dänischen Verbrauchergenossenschaften leitete. Die Shaker, religiöse Gemeinschaft in den USA, konnten ihm fürwahr als Vorbild dienen. Sie praktizierten in ihren Kommunen christlichen Kommunismus und hatten entschiedene Grundsätze, auch wenn es um so profane Dinge wie Möbelbau ging. Schönheit beruhte für sie auf Zweckmäßigkeit, und vollkommen nannten sie einen Gegenstand, der genau seinen Zweck erfüllte. Beim Möbelbau strebten sie technische Vereinfachung an und fanden so die charakteristischen schlichten und ehrlichen Formen. Mogensens Shaker-Möbel könnten auch in einem Shaker-Haus stehen.

9

9

Jahr: 1970

Designer: Børge Mogensen

Modell: 6300, 6310

Material: Eiche, Mahagoni

Maße: 6300: L 150. B 75. H 70. 6310: Ø 150 oder 160. H 70

Preise: auf Anfrage 6310: 2228 Mark

Hersteller: Fredericia Stolefabrik, Fredericia/Dänemark

Wie jeder ordentliche skandinavische Entwerfer hat auch Mogensen einen Tisch, der sich nach Wunsch groß und klein machen kann, gezeichnet. Bei seinem funktioniert das so, daß man die beiden Hälften des Runden auseinanderschiebt und ein Rechteck (oder mehr, wenn man's hat und braucht) dazwischenstellt. Mogensen hatte beim Entwurf die Tischplatte mit grünem Linoleum bezogen – das wird jetzt nicht mehr gemacht. Ein raffiniertes Detail ist später dazugekommen: Scharniere, mit denen man die Gestelle zusammenklappen kann, nachdem man die Platten herausgehoben hat. Zur besseren Stabilität für den Riesen haben die Gestelle wechselseitig Bolzen und Löcher, die sich ineinanderschieben, sobald man die Beine aneinanderrückt. Auch dieser Tisch wird von der Familie Mogensens selber gern und oft benutzt: In ihrem Landhaus in Jütland stehen das Rechteck als Arbeitstisch in Alice Mogensens Zimmer und der Runde im Wohnraum. Kommen viele Gäste, wird Alice Mogensens Tisch heruntergeholt.

Der Designer

Über Børge Mogensen siehe Kapitel »Armlehnstühle«, Nr. 21 und 22. ●

10

Jahr: 1956

Designer: Eero Saarinen

Modell: 173

Material: Gestell Leichtmetallguß, rilsanbeschichtet. Platte Kunststoff oder Marmor

Maße: Ø 91, 107, 120, 137. H 72

Preis: auf Anfrage

Hersteller: Knoll International, Murr

Mit seiner Absicht, mit dem Beinwirrwarr unter der Tischplatte aufzuräumen (siehe »Stühle«, Nr. 20) war Eero Saarinen konse-

10

quent: Wie den Stühlen gönnte er auch dem dazugehörigen Tisch nur ein Bein. Wer einen Saarinen-Tisch mit vier Stühlen aufstellt, muß mit fünf Beinen rechnen, nicht mit zwanzig. Der Tisch, der sich wie die Stühle gut mit anderen Partnern kombinieren läßt, kommt in vielerlei Variationen vor, auch als Couch- und Beistelltisch in verschiedenen Höhen. Und alle Arten in Rund und Oval. Das größte Oval hat eine Länge von 240 Zentimeter. 1962 vom Design Center Stuttgart ausgezeichnet.

Der Designer

Über Eero Saarinen siehe Kapitel »Stühle«, Nummer 20 ●

11

11

Jahr: 1956

Designer: Karl-Erik Ekselius

Modell: MB 199

Material: Eiche, Nußbaum, Mahagoni

Maße: ∅ 120–140 (2 Einlegeplatten à 60x120). H 72

Preis: auf Anfrage

Hersteller: J. O. Carlson (JOC), Vetlanda/Schweden

Karl-Erik Ekselius hat diesen Tisch für die väterliche Fabrik in Stalvägen entworfen, die 1980 ihr 50jähriges Jubiläum gefeiert hat. In dieser Fabrik wird nach alter Handwerkertradition gearbeitet, Holz wird wie beim Tischler behandelt. Der Ausziehtisch sollte »ganz normale Formen« haben, sollte ein Gebrauchsgegenstand sein, nichts Spektakuläres. Ekselius empfindet ihn als typisch skandinavisch. Er hat dazu auch einen Armlehnstuhl gezeichnet. Eigentlich ist der Tisch für Privathäuser gedacht, er wird aber oft auch als Konferenztisch verwendet. Dank seinem viersternigen Kulissengestell steht er auch ausgezogen auf 240 cm sehr solide.

Der Designer

Wie die meisten skandinavischen Designer hat auch der Schwede Ekselius zunächst ein Handwerk gelernt: Er wurde in der väterlichen Fabrik zum Tischler ausgebildet. Er war dann Schüler von Carl Malmsten, dem »Vater des modernen schwedischen Möbels«. Malmsten, der seine Maßstäbe aus der heimischen Tradition und aus der englischen Arts-

Karl-Erik Ekselius. * Alheim, 28. Dezember 1914

and-Crafts-Bewegung bezog, war bestrebt, Funktionalität und Schönheit zu vereinbaren. Ekselius, ebenfalls auf diese Linie eingeschworen, ist aber auch modernen Fertigungsmethoden aufgeschlossen. Er war in seiner Ausbildungszeit auch in Deutschland, um sich über die Arbeit des Bauhauses zu informieren. Ungewöhnlich für einen Schweden, der ganz dem Handwerk verpflichtet ist. Ekselius' einfache Erklärung: »Ich war neugierig.« ●

12

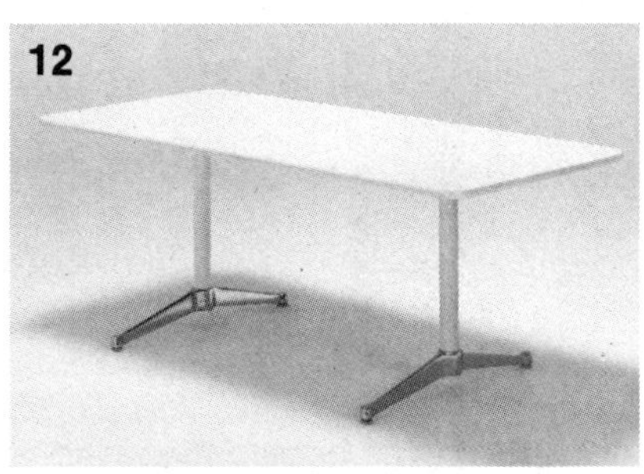

12

Jahr: 1964

Designer: Charles Eames

Modell: Säulenfußtisch

Material: Füße Hochglanz-Aluminium. Säulen weiß oder schwarzbraun. Platte: Hartbeläge, Wenge, Nußbaum

Maße: L 120, 180, 200. B 80, 100. H 71

Preis: auf Anfrage

Hersteller: Miller Collection/Vitra

Die Fußgestelle kennt man von Eames' Stühlen (siehe Armlehnstühle, 16, 17): Als praktischer Mensch hat er auch die passenden Tische dazu gezeichnet. Säulenfußtische wie auch die ganz ähnlichen Segmenttische gibt es in einer Fülle verschiedener Versionen und Größen. Sie sind Vielzweckdinge, von vielen zu gebrauchen. Das ist charakteristisch für Eames: Er war zwar als Entwerfer so ungebunden wie wenige andere, hat aber nie seiner Phantasie ungezügelt Lauf gelassen. Jeder Entwurf war das Ergebnis harter und disziplinierter Arbeit. Oft – und nicht immer im freundlichen Sinn – ist gesagt worden, daß Eames für sich selber gezeichnet habe. Er bestritt das nicht. Aber er sagt dazu: »Wir denken gern, daß wir was Besonderes sind. O. k. – in gewisser Hinsicht sind wir das auch. Und wir machen Design für uns. Aber in den wichtigsten Punkten sind wir genau wie andere Leute.« Deshalb sei es wichtig, daß das, was einer für sich selber entwirft, seinem innersten Wesen entspreche. Nur wenn man seinen Überspanntheiten nachgebe, sei das Ergebnis so persönlich, daß andere es kaum brauchen können.

Der Designer

Über Charles Eames siehe Kapitel »Stühle«, Nr. 14, und »Armlehnstühle«, Nr. 16 und 17. ●

13

13

Jahr: 1961/62

Designer: Ole Wanscher

Modell: PJ 24

Modell: Mahagoni

Maße: L 145. B 105. H 73. 2 Einlegeplatten: L 65. B 105

Preis: auf Anfrage

Hersteller: P. Jeppesen, Store Heddinge/Dänemark

Der Tisch gehört wie der Stuhl, der als Nummer 24 im Kapitel »Stühle« zu sehen ist, zu dem Eßzimmer-Ensemble, das Ole Wanscher für das Haus Rungstedtlund der Schriftstellerin Karen Blixen gezeichnet hat. Diese Möbel vertreten, meint Wanscher, einen Stil, der nicht innerhalb von Jahren veraltet: Weil beim Entwurf klassische Handwerkstradition und fortschrittliche Technik gleichermaßen berücksichtigt wurden. Wanscher hatte die Rungstedtlund-Möbel zunächst als reine Handwerksstücke entworfen – er bejaht es aber, daß moderne Fertigungsmethoden es ermöglichen, sie in größerer Zahl herzustellen und einem größeren Kreis zugänglich zu machen. Wanschers Hersteller P. Jeppesen verkennt nicht, daß des Professors hoher Qualitätsanspruch auch Nachteile hat: Es sind Modelle entwickelt worden, die nie in Serie gingen (ein Stuhl, den Wanscher bis heute nicht anerkannt hat, wurde von mehreren Museen gekauft). Aber Jeppesen ist eine kleine Zahl bewährter Modelle, die in steigender Zahl gekauft werden, lieber als zu viele, unter denen dann auch welche sind, zu denen er nicht guten Gewissens ja sagt.

Der Designer

Über Ole Wanscher siehe »Stühle«, Nr. 24, und »Armlehnstühle«, Nr. 19 und 20 ●

14

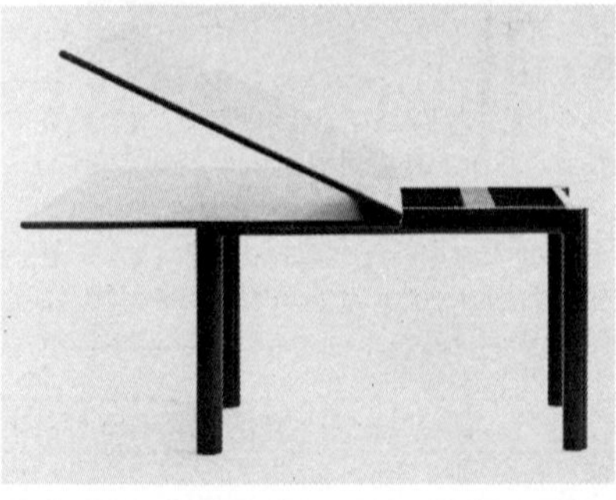

14

Jahr: 1963
Designer: Tobia Scarpa
Modell: Nibay
Material: Eiche, Nußbaum, Palisander
Maße: L 146. B 100. H 72. Aufgeklappt: L 200. B 146
Preis: auf Anfrage
Hersteller: Knoll International, Murr

Eigentlich ist Tobia Scarpa nicht bereit, Geschichten über seine Entwürfe zu erzählen. Nach dem Warum eines Entwurfs zu fragen, ist für ihn das gleiche, wie einen Bettler zu fragen, warum er die Hand aufhält. Die Idee ist da – basta. So gibt es über den Tisch nur sachliche Aussagen: Scarpa wollte ein Modell entwerfen, das zu vergrößern ist. Er erreichte das mit der Doppelplatte, die mit Scharnieren aneinandergefügt ist und zum Vergrößern aufgeklappt und um 90 Grad gedreht wird. Dank schöner Details wie den abgerundeten Kanten und den aus zwei abgeflachten Säulen bestehenden Beinen kann er auf die Tischdecke verzichten und sieht entfaltet genauso gut aus wie klein. Der Name Nibay ist ein Phantasiegebilde: Der japanische Designer Takahama (siehe Armlehnstühle, Nr. 29) hat ihn so getauft.

Der Designer

Der Italiener Tobia Scarpa ist mit Architektur und Design großgeworden. Sein Vater war der berühmte Architekt und Möbeldesigner Carlo Scarpa. Der Sohn hat an der Universität seiner Heimatstadt studiert und sein Staatsexamen gemacht. Für eine venezianische Firma mit einem großem Namen, die Glasbläserei Venini, hat er schon als Zweiundzwanzigjähriger seine ersten Designarbeiten entworfen: Lampen und Gläser, einige davon für die Weltausstel-

Tobia Scarpa. * Venedig, 1. Januar 1935

lung in Brüssel im Jahre 1958. Lampen und Objekte von Tobia Scarpa wurden auch auf der Biennale von Venedig und auf der Triennale von Mailand 1960 präsentiert. Eine Reihe von Möbelentwürfen sind mit dem Namen Scarpa verbunden, unter anderem das Sofa »Bastiano«, das im Kapitel »Sofas« zu sehen sein wird. Einen Tisch hat Scarpa zusammen mit seinem Vater gezeichnet. Meistens aber arbeitet er eng mit seiner Frau Afra zusammen, die auch an der Universität Venedig studiert und ebenfalls Examen gemacht hat. Die Scarpas wohnen auf dem Land in einem von ihnen selbst entworfenen Haus. Im Augenblick gilt ihr besonderes Interesse dem Restaurieren alter Häuser, in ihrer Heimatstadt Venedig und an verschiedenen anderen Orten. ●

15

15

Jahr: 1963
Designer: Edlef Bandixen
Modell: 5307 oder 2000
Material: Beine Stahlrohr verchromt. Platte Eiche, Teak, Palisander, Schichtpreßstoff
Maße: 60x60 – 79x200
Preis: auf Anfrage
Hersteller: Dietiker, Stein am Rhein/Schweiz. Kusch, Hallenberg

Der dazugehörige Stuhl war zuerst da – der Tisch wurde nach dem gleichen Prinzip konstruiert. Er hat nicht wie üblich vier Zargen zur Verbindung zwischen Beinen und Platte, sondern die Beine aus Stahlrohr werden direkt an die Platte geschraubt. Durch diese Art der Konstruktion ergibt sich ein dekoratives Detail: die sichtbaren runden Oberflächen der Stahlrohrbeine. Das wußte man zunächst gar nicht zu schätzen – erst Ende der sechziger Jahre, als Tischdecken aus der Mode kamen, kamen auch die Metallpunkte zur Geltung. Den Tisch bekommt man in vielen verschiedenen Größen und Höhen und auch mit verschiedenen Oberflächen. Und in der Schweiz stellt man ihn auch als Ausziehtisch her.

Der Designer

Ein Schleswig-Holsteiner in der Schweiz: Edlef Bandixen hat, nach der Ausbildung zum Schreiner und anschließendem Studium der Innenarchitektur seine erste Anstellung 1954 in der Schweiz

Edlef Bandixen.
* Bredstedt,
Kreis Husum,
24. August 1924

gefunden und ist »dort hängengeblieben«. Seine Frau stammt wie er aus Bredstedt, die Kinder sind – wie mittlerweile auch die Eltern – Schweizer Bürger. Seit 1958 entwirft Bandixen Möbel – alle für die Schweizer Firma Dietiker. Seit 1962 werden sie auch bei Kusch in Lizenz fabriziert. ●

16

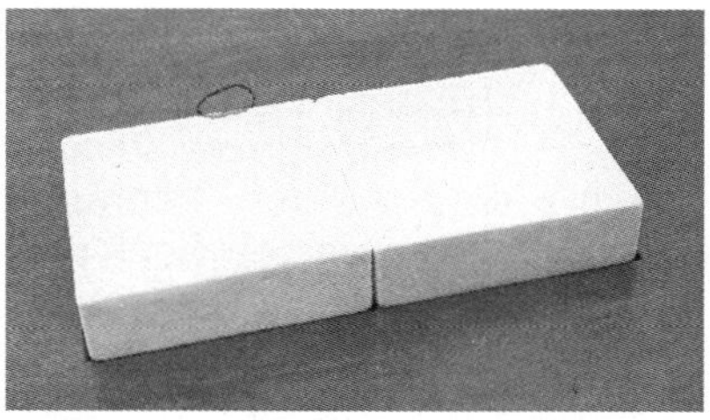

16

Jahr: 1964
Designer: Silvio Coppola
Modell: 612
Material: Nußbaum, Ulme
Maße: L 115–210. B 115. H 73
Preis: auf Anfrage
Hersteller: Bernini, Carate Brianza/Italien

Das klassische italienische Speisezimmer hatte Coppola im Sinn, als er diesen ungewöhnlichen, handfesten Tisch zeichnete. Dazu gehört noch eine Kredenz, die die gleichen breiten abgerundeten Beine hat – sie erscheint im Kapitel »Einzelmöbel«. Beide Möbel sind Re-Design in dem Sinne, daß sie traditionelle italienische Möbel zum Vorbild haben. Die Region Brianza (zwischen den Eckpunkten Como, Lecco, Monza), in der diese Möbel gebaut werden, ist das italienische Gebiet für Holzverarbeitung in höchster Qualität. Besonders Nußbaum wird dort, obwohl er nicht da wächst, oft verwendet. Der Coppola-Tisch war damals einer der ersten, der wieder mit majestätischeren Maßen aufwartete – er mißt immerhin 115x115 cm im Quadrat, Platz also für acht Personen. Und wenn man die Vergrößerungsplatten herauszieht, lassen sich sogar zwölf Personen unterbringen. Der Tisch ist raffiniert konstruiert. Die Platte ruht nicht auf dem Untergestell mit Kreuzzargen, sondern auf dazwischengesetzten Böcken; das erleichtert das Herausziehen der Vergrößerungsplatten. Eine weitere Raffinesse zeichnet den Tisch aus: Unter dem mitten in der Platte eingelassenen Deckel verbirgt sich eine Vertiefung, genau passend für zwei mitgelieferte Majolikaschalen – ein hübsches Kompliment an die feinen Antipasti, die man darin servieren kann.

Der Designer

Silvio Coppola ist Hochbau-Architekt. Er hat am Polytechnikum Mailand studiert und dort auch seinen Doktor gemacht. Nicht nur in seiner Heimat, sondern in vielen Ländern der Welt hat er gebaut. So im Irak, wo er große Kaufhäuser, öffentliche und private Bauten plante, in Zaire, wo er vier ganze Städte projektierte. Er baut Hotels

Silvio Coppola.
* Mailand,
12. Mai 1920

ebenso wie Mehrfamilien- und Einfamilienhäuser für Privatleute. Neben der Architektur haben ihn immer auch Industrie- und Möbeldesign interessiert. Möbel hat er für viele bedeutende italienische Firmen gezeichnet. Ein anderes Gebiet, auf dem Coppola sich erfolgreich betätigt, ist die Grafik. Darüber hat er auch als Dozent an der Akademie der Schönen Künste in Carrara und an der Gesamthochschule Essen gelehrt. 1967 hat er mit Kollegen wie Munari und Bellini die Forschungsgruppe »Aussstellungsdesign« gegründet, mit der er an mehreren Ausstellungen teilgenommen hat. Entwürfe von Coppola sind in bedeutenden Museen ausgestellt, so im Museum of Modern Art und im Centre Pompidou in Paris. ●

17

17

Jahr: 1965
Designer: Ettore Sottsass
Modell: Lotorosso
Material: Fuß, Platte Marmor »Rosso Verona«. Säule Metall, lackiert
Maße: ∅ 130. H 72
Preis: auf Anfrage
Hersteller: Poltronova, Agliana (Pistoia/Italien)

»Roter Lotos« nannte Ettore Sottsass diesen Tisch, um in Erinnerung an Lotosfrüchte das schöne charakteristische Rot des veronesischen Steins zu umschreiben. Farbe ist für Sottsass ein bedeutendes Element seiner Entwürfe. Er erlebt sie sinnlich, wie er auch Struktur und Form nie abstrakt sieht. Alessandro Mendini, der wie Sottsass in der avantgardistischen »Mailänder Designer-Gruppe Alchymia« arbeitet, hat die Vorstellungswelt seines Freundes sehr instruktiv beschrieben: »Für Sottsass wird ein Kreis nicht mit dem Zirkel gezeichnet. Er ist höchstens eine aufgeschnittene Wassermelone mit Fruchtfleisch, Saft, Samenkörnern und verwischten Farben. Eine Kugel ist keine geometrische Abstraktion, sie ist eine Apfelsine oder ein Stein, ein konkreter Gegenstand der Natur... Das konsequente Fortführen der materiellen und chromatischen Einheit im künstlerischen Objekt, die im natürlichen Gegenstand vorhanden ist, ergibt sich aus der Erinnerung an die Kindheit in den österreichischen Bergen, an die bäuerliche Kindheit: Objekte, die wie die Umwandlungen von rosafarbenen Bergen und von heiteren Wäldern sind, von kleinen Räumen aus Holz, die wie Brot geformt sind, die den Geruch von Brot in der Wärme der blitzblanken Stube haben, von Arbeiten im Haus, mit Stein, mit Erde.« Sottsass selber sagt, daß es für ihn nicht wichtig ist, was er entwirft. Er macht keinen Unterschied »zwischen kleinen und großen Dingen, zwischen handgeschriebenen Dingen und Dingen, die mit subtilen Technologien hergestellt werden«.

Der Designer

»Es sah so aus«, erzählt Ettore Sottsass, »als seien alle Karten bereits ausgespielt, und ich müßte Architekt werden: Die Freunde meines Vaters waren Architekten, und ich hatte mich auf der Hochschule für Architektur immatrikuliert und dachte, daß ich Architekt werden würde.« Nicht nur des Vaters Freunde, auch der Vater selber war Architekt, Schüler des berühmten Wieners Otto Wagner, zuerst in Turin, dann in Mailand tätig. Der Vater eröffnete dem jungen Sottsass den Zugang zum Jugendstil und zu der rationalistischen Architektur der späten zwanziger Jahre. Die dritte Komponente, die für Sottsass' eigene Arbeit bestimmend war, ist die Volksarchitektur von Südtirol. Zu-

Ettore Sottsass
* Innsbruck
14. September
1917

nächst hatte sich der Student Sottsass nicht der oben beschriebenen Vorbestimmung gefügt. Er fand die Hochschule für Architektur langweilig. Er hat viel gelesen und sich von einem antifaschistischen Maler über Kubismus, Dada und Expressionismus informieren lassen, zu denen er während der faschistischen Jahre sonst nichts erfahren hätte. Er hat dann aber 1939 doch sein Architektur-Diplom gemacht und nach sieben Jahren Kriegsdienst begonnen, als Architekt zu arbeiten – von Anfang an sehr erfolgreich: Er gewann Wettbewerbe, und all seine Entwürfe dieser Jahre wurden auch gebaut. Zu jener Zeit hat er schon Möbel, Inneneinrichtungen und Gebrauchsgegenstände entworfen und Bilder gemalt. Obwohl Sottsass nie, wie er sagt, »Monumente für das öffentliche Schauspiel« gemacht hat, sondern immer »nur vergängliche Szenen für das private Theater entwarf, für private Meditationen und Einsamkeiten«, hat er sich an Mailänder Triennalen und anderen Ausstellungen beteiligt. Seit 1958 ist er Berater für die Erzeugnisse der Elektronikabteilung von Olivetti. Aus dieser Zusammenarbeit, die Sottsass friedlich und glücklich nennt, ging eine Reihe höchst erfolgreicher Rechner und Schreibmaschinen hervor, die dem Entwerfer Sottsass mehrmals einen Goldenen Zirkel (Compasso d'Oro), den begehrten italienischen Design-Preis, eintrugen. Drei Schreibmaschinen, darunter die bekannte rote »Valentina«, stehen im Museum of Modern Art.

Begriffe, die mit dem Namen Sottsass verbunden sind, heißen »Radical Design«, ein mit Zeichnungen und Entwürfen belegter Protest gegen Einengung und Mißbrauch durch den Produktionsapparat der Industrie, »Global Tools«, eine Theorie, mit deren Hilfe Designer zum Gebrauch natürlicher Materialien und Techniken und entsprechendem Verhalten geführt werden sollen, und »Der Planet als Fest«, eine Zukunftsvision. Tiefes Mißtrauen in die Entwicklung der Gesellschaft und die Erkenntnis der Probleme modernen Designs haben Sottsass 1970 mit einer Gruppe von Freunden zusammengeführt. Sie nennen sich »Alchymia« und arbeiten daran, »die Überheblichkeit, die normalerweise den Beruf des Designers umgibt, zu entmythologisieren und Widersprüche zu zeigen, die zwischen dem vorherrschenden Formalismus und den erklärten Moralismen bestehen, die in der Realität nicht übereinstimmen können«. ●

18

18

Jahr: 1967

Designer: Otto Zapf

Modell: Kunststoff-Eßtisch

Material: Fiberglas

Maße: ∅ 126. H 72

Preis: auf Anfrage

Hersteller: C. Ringshausen, Nidda

Von den Vorstufen zu diesem Tisch existieren nicht mal mehr Fotos. Otto Zapf experimentierte damals mit Fiberglas. Er wollte die Möglichkeiten dieses Materials, auch in statischer Hinsicht, ausloten. Die Schwierigkeiten dabei: Man beherrschte noch nicht die Technologien, um dieses im Bootsbau bewährte Material für den Möbelbau mit seinen völlig anderen Anforderungen zu nutzen. Bei seinen ersten Versuchen versteifte Zapf die Tischplatte auf der Unterseite mit einem (im Querschnitt) gestreckten Bogen. Da sie damit nicht fest genug wurde, kam er auf die Idee mit den zwei Schüsseln, die sich gegenseitig versteifen. Tischplatte und Unterseite werden einzeln laminiert und dann miteinander verharzt. In das Oberteil der Tischplatte ist zur Geräuschdämpfung eine Spanplatte mit einlaminiert. Zum Bau der Form für die Unterseite mußte eine spezielle Vorrichtung konstruiert werden, da eine Holzdrehbank für diesen Durchmesser nicht aufzutreiben war. Was die Form des Tischs angeht: Otto Zapf schwebte ein bäuerlich-handfestes Gegenstück zum Saarinen-Tisch (Nr. 10) vor. »Man sollte auch mal mit der Faust auf den Tisch hauen können« – was bei dem grazilen Saarinen-Tisch, auch wenn er's verträgt, so schnell keiner tut. Damit sich auch mal ein Kind an den Tischrand hängen kann, ohne den Tisch umzureißen, ist der Trompetenfuß mit Sand gefüllt. Der hält!

Der Designer

Vater, Großvater, Urgroßvater – alle Tischler, steht obenan in Otto Zapfs Lebenslauf. Mit diesem Handwerker-Erbe erklärt er sein Interesse am Möbelentwurf und am Entwickeln neuer Formen und Technologien. Zunächst hatte der junge Zapf, nachdem die Familie 1945 aus dem Sudetenland in den Taunus übersiedelt war, in Königstein sein Abitur gebaut und dann an der Johann-Wolfgang-Goethe-Universität in Frankfurt Mathematik und Physik studiert. Seine ersten Möbel entwickelte er als Fünfundzwanzigjähriger zusammen mit Rolf Schmidt, Dieter Rams und Günther Kieser. Bald darauf hatte er eigene Ausstellungsräume in Eschborn/Taunus. Den Anfang bei der Produktion eigener Entwürfe machte eine Serie von Fiberglasmöbeln, zu der auch der Tisch gehört. Zunächst in der eigenen Fabrik in Obbornhofen, später als Designer für die Möbelindustrie hat Zapf in den siebziger Jahren

Otto Zapf
* Ober-Roßbach (Sudetenland) 10. August 1931

eine Reihe von Möbeln und Möbelsystemen entwickelt, die auf neuen Ideen beruhen und im In- und Ausland Erfolg hatten. Zum Beispiel die Kissenlandschaft »Pillorama« oder »Softline« (Schränke, Regale, Messestände und Ladeneinrichtungen mit abnehmbarer Oberfläche), aus dem später das »Zapf Office System« hervorging. Dafür gab es in den USA die Goldmedaille vom Institute of Business Designers. Auszeichnungen wurden Zapf außerdem vom Design Center Stuttgart (für mehrere Sesselprogramme und für das Regalsystem »Wingset«) und von der Ausstellung »die gute Industrieform« in Hannover für das Sitzmöbelprogramm »Lobby-Top« verliehen. ●

19

19

Jahr: 1967

Designer: Vico Magistretti

Modell: 781

Material: Nußbaum

Maße: L 180. B 90 oder 160x160. H 73

Preise: auf Anfrage

Hersteller: Cassina, Mailand

»Ich liebe Holz«, sagt Vico Magistretti. Und so versteht es sich von selbst, daß er mit Vorliebe Modelle zeichnet, bei denen er die besonderen Eigenschaften des Holzes gut zur Geltung bringen kann. Bei diesem stolzen und mächtigen Tisch reizte es ihn vor allem, eine ungewöhnliche Verbindung zwischen Beinen und Platte zu schaffen. Den Beinen, es sind stämmige Säulen, wurde auf der Innenseite auf die volle Länge ein Viertel ausgekerbt. Nur das Viertel der Säule, das auf Gehrung in den Umleimer der Plattte eingepaßt ist und die Tischecke bildet, erreicht die volle Höhe. Innen ist die Säule so abgeschnitten und abgerundet, daß sie organisch mit den Zargen zusammenwächst. Da Magistretti die Säulen auch unten abrunden wollte, hat er in die Kerben kleine Metallzylinder eingelassen, auf denen der Tisch steht. Magistretti hat dieses Modell für das Privathaus des alten Herrn Cesare Cassina entworfen, der – wie bei Gio Ponti (Kapitel »Stühle«, Nr. 21) nachzulesen ist – zu seinen Designern immer ein freundschaftliches Verhältnis unterhielt und auch großen Anteil an ihren Entwürfen nahm. Die Firma Cassina, ansässig in dem traditionellen italienischen Holzverarbeitungsgebiet Brianza, besteht seit 1927. Aber schon im Jahre 1795 taucht der Name Cassina im Zusammenhang mit Holz auf: Mitglieder der Familie haben an der Kanzel für die Kathedrale der Stadt Como gearbeitet. Die heutigen Cassinas, Cesare und sein Bruder Umberto, haben sich in vieler Hinsicht als Pioniere für das Design erwiesen: Von Anbeginn ließen sie sich von Architekten beim Design ihrer Kollektion beraten und beauftragten Architekten und Designer mit neuen Entwürfen.

20

20

Jahr: 1968

Designer: Vico Magistretti

Modell: Stadio

Material: Kunstharz Reglar weiß, braun, rot, grün

Maße: L 82, 96, 125, 145. B 82, 96. H 72

Preis: auf Anfrage

Hersteller: Artemide/Rosenthal, Mailand, München

Tisch zum Stuhl »Selene« (Kapitel »Stühle«, 31) ist auseinandernehmbar: Die Beine lassen sich abschrauben – eine winzige Naht ist zu sehen.

Der Designer

Über Vico Magistretti siehe Kapitel »Stühle«, Nr. 31, und »Armlehnstühle«, Nr. 23. ●

21

21

Jahr: 1968

Designer: Piet Hein

Modell: Superellipse B 4

Material: Gestell Stahl. Platte Perstorp (Plastiklaminat), Buche, Teak

Maße: L 150, 180, 240. B 100, 120,140. H 70,64 und 47

Preis: auf Anfrage

Hersteller: Fritz Hansen, Allerød/ Dänemark

Wer die Geschichte dieses Tischs erzählen will, muß zuerst die Geschichte des Sergelsmarkts in Stockholm erzählen. Er liegt mitten in der Stadt und sollte (um 1960) ein Zentrum werden, das den Verkehr von allen Zufahrtsstraßen aufnimmt und den Fußgängern eine unterhaltsame Mischung von Läden, Restaurants, Springbrunnen und Sitzplätzen bietet. Das Problem für die Städteplaner war die Rohform des Platzes, ein dem Quadrat ziemlich nah kommendes Rechteck. Mit Kreisverkehr war da nichts zu machen, und eine echte Ellipse hätte Platzverschwendung in den Ecken und zu scharfe Kurven bedeutet. Die Planer versuchten, die Ellipse abzuwandeln, kamen aber zu keinem harmonischen Ergebnis. Da griff der Leiter des Planungsteams zum Telefon. Nicht etwa einen ingeniösen Mann vom Fach – Architekt, Städteplaner oder Ingenieur – klingelte er an, sondern den Philosophen und Dichter Piet Hein. Von ihm wissen Kenner, daß er sehr gern an Problemen tüftelt, die auf der Grenze zwischen zwei Gebieten liegen. Etwa auf der Grenze zwischen Technik und Kunst. So eines war das Sergelsmarkt-Problem, und Piet Hein hatte schon am Telefon eine Antwort: »Was wir brauchen, ist ein Mittelding zwischen Kreis und Quadrat, Ellipse und Rechteck. Ich meine eine Kurve mit der gleichen Gleichung wie eine Ellipse, aber mit dem Exponenten von zweieinhalb.« Mathematiker wissen, was das bedeutet. Vereinfacht gesagt, heißt es: Kurven werden durch Formeln mit verschiedenen Graden oder Exponenten bestimmt. Eine Gerade ist eine Kurve ersten Grades, ihr Exponent ist eins. Die Formel für Kreis oder Ellipse hat den Exponenten zwei. »Wenn der Exponent ein wenig über zwei steigt, ist die Kurve auf dem Weg von Kreis oder Ellipse zu Quadrat oder Rechteck«, erklärt Piet Hein. Es vergingen nur ein paar Tage, bis er mit Hilfe eines Computers berechnet hatte, wie man eine Kurve mit dem Exponenten zweieinhalb für das besondere Rechteck von Stockholm zeichnen müsse. »Sie hat Harmonie wie ein Stück Musik«, sagt Piet Hein. Und er nannte diese brandneue Kurve, die es bis dahin nicht gegeben hatte, »Superellipse«. Die Superellipse war bald in Skandinavien so bekannt wie Piet Heins limerickähnliche Gedichte, die er »Gruks« nennt. Es kamen superelliptische Tische, die in Restaurants 15 Prozent Platz (gegenüber rechteckigen oder runden) sparen. Es kamen superelliptische Teller, Tischsets, Salatschüsseln und Lampenschirme. Und Teppiche und Gardinenstoffe mit Superellipse-Mustern. Und es kam als dreidimensionale Super-Ellipse das Super-Ei, das Kolumbus-Ei, das stehen kann: aus Halbedelsteinen als Sternzeichen-Glücksbringer, eine aus Silber als Drink-Kühler. Damit der Tisch leicht und graziös wirkt und ohne Zarge auskommt, hat Piet Hein für ihn das hochstabile Spannbein aus verchromtem Stahl entwikkelt, das einfach unter die Platte geschraubt wird.

Der Designer

Er steht auf Platz 12 in der Reihe berühmter Dänen: Diese Ehrung wurde Piet Hein 1971 zur Feier des 150. Jubiläums des Dänischen Studentenverbandes verliehen. Jeder zehnte Däne, so wird behauptet, hat ein Buch von Piet Hein im Schrank, und als perfekter Unterhalter gilt der, dem es gelingt, eine halbe Stunde smalltalk zu machen, ohne dabei Piet Hein zu zitieren. Der Mann, der auch Poet ist und mit 8000 Gruks gut 40 von ihm auch illustrierte Bände gefüllt hat, hat an der Universität Kopenhagen und an der Technischen Lehranstalt Philosophie und theoretische Physik studiert. Er ist, wie die Geschichte vom Stockholmer Sergelsmarkt zeigt, ein Erfinder und Formgeber, hat Möbel, Lampen, Besteck und Textilien, Spiele und Spielzeug für dänische und ausländische Firmen entworfen. Und das nicht nur, wie er betont, auf der Basis der Superellipse. Piet Hein veröffentlicht viel in Tageszeitungen und in den Organen der Fachpresse, ist Mitglied des PEN-Clubs und der Liga für Toleranz. 1968 wurde ihm

Piet Hein
* Kopenhagen,
16. Dez. 1905

die »Alexander-Graham-Bell-Silver-Bell«, die nach dem Erfinder des Telefons benannte silberne Glocke, zuerkannt. Seinen Namen hat Piet Hein von einem holländischen Vorfahren, einem Seehelden aus dem 17. Jahrhundert, der – »sozusagen der holländische Francis Drake« – davon lebte, daß er spanische Schiffe eroberte. Von Piet Heins Urgroßvater weiß die Familiensaga zu berichten, daß er eine Schiffsladung Erde von der Insel Guernsey holte, damit seine Frau, die von dort stammte, sich in Kopenhagen heimisch fühlen könne. Piet Hein tat's ihm nach: Er holte per Schiff aus Nordschweden, der Heimat seiner Frau, einer Schauspielerin, eine Ladung Feuerholz für den dänischen Kamin. ●

22

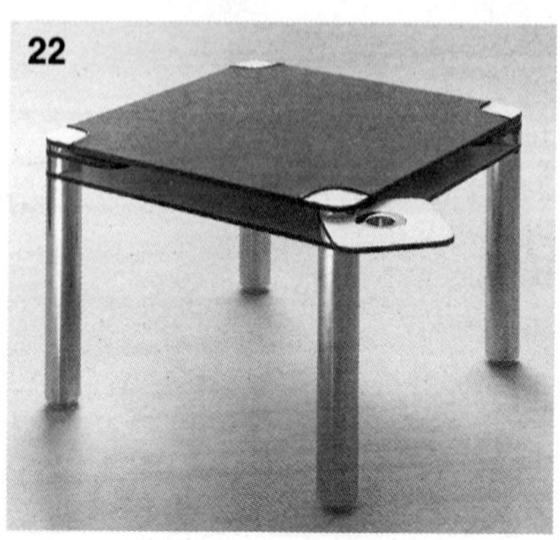

22
Jahr: 1968
Designer: Joe Colombo
Modell: Poker 251
Material: Beine Inox-Stahl, Platte Plastiklaminat, Filz
Maße: L 98. B 98. H 72
Preis: auf Anfrage
Hersteller: Zanotta, Mailand

Daß ein intensiv lebender Mensch wie Joe Colombo – er war ein rastloser Arbeiter, begeisterter Aufofahrer, Jazzfan, Pfeifenraucher – daß so ein Mann auch ein Herz für Spieler hatte, ist nicht verwunderlich. Der Spieltisch, den er entwarf, ist das Ergebnis einer Reihe von Studien und Experimenten für die erste »Eurodomus« 1966 in Genua. Es war eine Ausstellung von Möbeln und Lampen, die, von der Zeitschrift »Domus« ins Leben gerufen, alle zwei Jahre in verschiedenen italienischen Städten stattfand. Die Initiatoren waren bestrebt, neue Materialien und Technologien vorzustellen. Colombos Auftrag war, das Plastiklaminat (geschichtetes Plastikmaterial, ähnlich etwa dem Schichtholz) der Firma Abet Print zu erproben, besonders in der Kombination mit anderen Materialien. Colombo hat zwei je 14 Millimeter starke Plastiklaminat-Platten zwischen Säulenbeine aus rostfreiem Stahl geschoben. Die Beine, abnehmbar, haben 10 Zentimeter Durchmesser – der Tisch ist ungewöhnlich stark und standfest. Zur Freude der Spieler ist die obere Platte bezogen mit einer Decke aus grünem Filz, mit Leder gekäntelt und abnehmbar. Und an jedem Bein läßt sich ein Tablett mit Aschenbecher ausschwenken, auch ein Glas und das Rauchzeug haben darauf Platz. Der »Poker«-Tisch wurde in die Sammlung des New Yorker Museum of Modern Art aufgenommen und bekam 1973 einen Preis der Ausstellung BIO in Lubljana/Jugoslawien.

Der Designer

Über Joe Colombo siehe Kapitel »Stühle«, Nummer 30. ●

23

23

Jahr: 1969

Designer: Egidio di Rosa, Pier Alessandro Giusti

Modell: Colonnata 2

Material: Marmor, Travertin

Maße: ∅ 116 bis 140. H 71

Preis: auf Anfrage

Hersteller: Up & Up, Massa/Italien

Der ästhetische Wert eines Marmortisches ist für das Designer-Team di Rosa-Giusti unbestritten. Der Schönheit des Materials steht allerdings das Problem des Gewichts und folglich der Unhandlichkeit entgegen. Die beiden dachten also darüber nach, wie sie einen möglichst leichten Marmortisch machen könnten. Der erste Schritt war, das Säulenbein auszuhöhlen. Für die ursprüngliche Version haben sie das Bein quer in drei Teile geschnitten. Die Idee, daß dann ein Mensch allein den Tisch zusammensetzen und transportieren könnte, erkannten sie aber schnell als Denkfehler: Die Platte wird nur von zweien bewältigt. Also wird das Bein mit einer eigens dafür entwickelten Maschine in einem Stück gefertigt. Es sei denn, ein Kunde verlangt, was schon vorgekommen ist, ausdrücklich die dreigeteilte Säule. Dann bekommt er sie. Für den Kompromiß zwischen Ausmaßen und Gewicht sorgt nicht nur die ausgehöhlte Säule: Die abnehmbare Platte, zur Kante hin abgeflacht, ist so dünn wie möglich (25 Millimeter stark). In der Mitte, wo sie mit einem angearbeiteten Pfropfen in die Säule eingelassen wird, wird sie von einer zwischengeschobenen Platte verstärkt. Da die Platte mit höchster Präzision in die Säule eingepaßt ist, ist der Tisch so standfest, daß sich eine Person unbesorgt auf den Rand setzen kann – er kippt nicht. Der »Colonnata« verändert seine Wirkung durch die Verwendung findenden Materialien. In weißem oder grauem Marmor wirkt er härter und »kälter« als in Travertin.

Der Designer

Die beiden Italiener arbeiten als Design-Team in einem gemeinsamen Studio in Massa. Ihre Zusammenarbeit geht bis auf ihre Studienzeit in Florenz zurück, die sie 1965 mit dem Diplom in Architektur abschlossen. Von da an haben sie als Architekten eine Reihe von Studien- und Designprojekten in Italien und im Ausland aus-

Egidio di Rosa
* Tunis,
23. Juli 1942

Pier Alessandro Giusti
* Massa,
24. Nov. 1939

geführt. Ihre Erfahrungen mit der Realisierung von Entwürfen führte zur Gründung der Firma Up & Up, mit der sie das Ziel verfolgen, Marmor wieder in die Wohnungseinrichtung einzuführen. ●

24

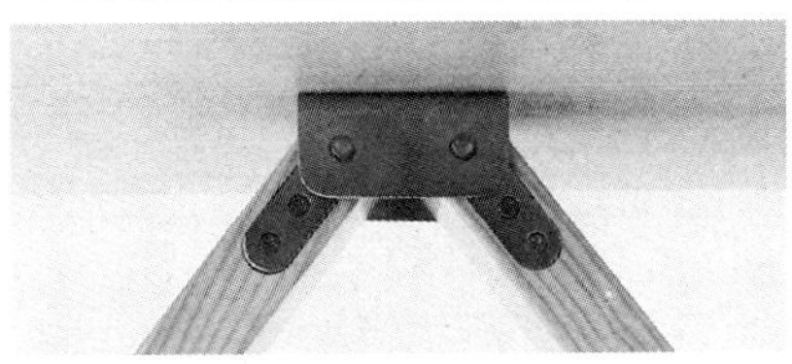

24

Jahr: 1970

Designer: Tito Agnoli

Modell: 843

Material: Esche. Platte laminiert, schwarz oder weiß

Maße: L 180. B 85. H 72

Preis: auf Anfrage

Hersteller: Montina, Udine/Italien

Das M seines Herstellers Montina hatte Tito Agnoli im Sinn, als er diesen Tisch zeichnete: Auf den Kopf gestellt, ergab es das sinnreiche Gestell. Mit diesem Gestell, das aus zweimal drei Brettern besteht, erreichte Agnoli, was er sich vorgenommen hatte: einen Tisch, der zwar bäuerlich handfest und standfest ist, zugleich aber faltbar und leicht zu transportieren. Von den sechs Brettern, die mit Scharnieren aneinandergefügt sind, hat er jeweils die mittleren schräggestellt und in der Plattenmitte festgeschraubt. Nimmt man die beiden Schrauben raus und klappt die Beine aus, legen sich auch die Mittelbretter flach, und man hat nur noch ein langes dünnes Paket. Der Tisch ist aus einfachen Elementen in industrieller Verarbeitung gemacht. Das Dreiermotiv kommt auch am Stuhl und am Armlehnstuhl vor, die Agnoli zum Tisch gezeichnet hat (siehe Armlehnstühle, Seite 32): Ihre Sitze bestehen aus drei körpergerecht gewölbten Brettern.

Der Designer

Agnoli hat am Polytechnikum Mailand studiert und 1959 Examen gemacht. Sein Hauptinteresse gilt dem Industrie-Design in jeglicher Form. Seine Arbeit als Dozent an der Berufsschule von Lissone hat ihn mit den Problemen der industriellen Herstellung von Möbeln vertraut gemacht. Er kennt sich aus mit Materialien, Konstruktionstechniken und den Ansprüchen an Funktionalität. Bedeutende Firmen nützen Agnolis Erfahrung und seine Fähigkeit, die An-

Tito Agnoli
* Lima/Peru,
16. Januar 1931

sprüche der Industrie in Projekte umzusetzen, die Design und Wohnkultur stark beeinflussen. Außer Möbeln hat Agnoli auch Lampen entworfen. Eine davon trägt sogar seinen Namen. Von den vielerlei Anerkennungen seiner Arbeit ist die Aufnahme einiger Arbeiten in das Museum of Modern Art am höchsten zu schätzen. Nationale und internationale Kritik, die Fachzeitschriften und die Design-Literatur widmen seiner Arbeit breiten Raum. ●

25

Jahr: 1970

Designer: Rud Thygesen, Johnny Sørensen

Modell: MO 4555

Material: Laminierte Buche mit Buchen- oder Eichenfurnier. Platte Furnier oder Linoleum, schwarz

Maße: ∅ 120. H 70

Preis: auf Anfrage

Hersteller: Magnus Olesen, Durup/Dänemark

25

»Es ist etwas sehr Dänisches an ihren besten Arbeiten«, sagt der Publizist Henrik Sten Møller, der ein Buch über das Designer-Paar Thygesen-Sørensen geschrieben hat. Er meint das nicht nur wegen der Vorliebe der beiden für die heimatliche Buche. Vielmehr, weil ihre Möbel von hoher handwerklicher und ästhetischer Qualität sind und Humanität ausstrahlen. Sie wollen, so scheint es, nicht interessantes Design machen, sondern Dinge, die dem Menschen nützlich und angenehm sind. Und so gut, daß sie nicht nur für eine Generation Bestand haben. Daß man so keine Bestseller produziert, nehmen Thygesen und Sørensen in Kauf – schließlich hatten sie ihre ersten Erfolge auf den alljährlichen Ausstellungen der Dänischen Tischlerinnung und stehen bewußt in der Nachfolge von Meistern wie Klint und Mogensen. Der Tisch ist ein typisches Beispiel für ihren Stil. Zwei Halbrunde, mit Auszug für zwei Einlegeplatten, stehen auf vier breiten U aus geformtem Schichtholz. Die Plattenkanten sind mit massiven Friesen und Kantenleisten verleimt. Damit die Platten fest aneinandergefügt stehen, sind an den Ecken auf der Unterseite herausziehbare Metall-Laschen angearbeitet, mit Löchern für die Zapfen an den Gegenstükken. Den Tisch gibt es mit drei verschiedenen Durchmessern, auch als halbrunden Konsoltisch. Zum Verlängern dienen Quadrate und Rechtecke in unterschiedlichen Abmessungen. Das Spiel mit dem Schichtholz-U haben die Designer noch weitergetrieben: Sie verwenden es auch als Gestell für rechteckige Anbautische und für einen Shakertisch. Dazu legen sie die U auf die Seite und fügen je zwei zum Einbein mit langen Füßen zusammen: An Mogensens langem Shakertisch (Nr. 7) kann man sehen, wie das gemeint ist.

Die Designer

Über Rud Thygesen und Johnny Sørensen siehe »Armlehnstühle«, Nr. 30 ●

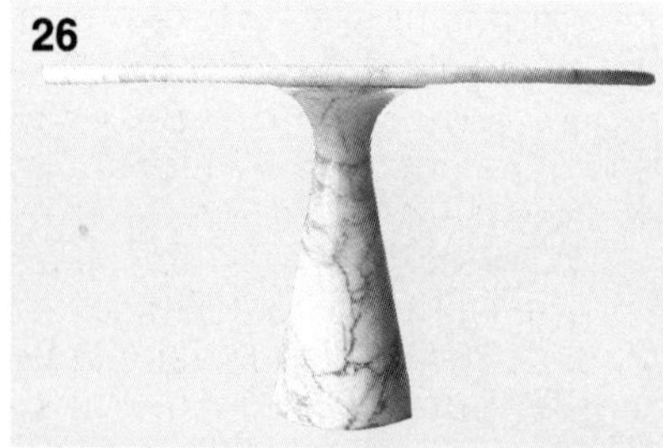
26

26

Jahr: 1970
Designer: Angelo Mangiarotti
Modell: m 1
Material: Marmor, mehrere Farben
Maße: ∅ 130. H 72
Preis: auf Anfrage
Hersteller: Tisettanta, Mailand

Aus Holz könnte dieser Tisch nicht sein, sagt Mangiarotti. Die Konstruktion funktioniert nur mit einem so schweren und steifen Material wie Marmor. Die runde, rundum abgerundete Platte ruht, fixiert durch einen unsichtbaren Einschnitt, auf dem gedrechselten Fuß, der wie ein auf den Kopf gestellter Kelch aussieht. Der schlanken »Taille« verdankt es der Tisch, daß er grazil wirkt, obwohl er so schwer ist. Er wird in verschiedenen Marmorarten hergestellt, in Weißgrau, Violett, Rot und Schwarz.

Der Designer

Wie die meisten seiner italienischen Kollegen hat auch Angelo Mangiarotti am Polytechnikum in Mailand studiert und seinen Doktor der Architektur gemacht. Seine Tätigkeit umspannt den ganzen Bogen des Designs, vom Objekt bis zum Städtebau. Seit 1955 hat er in seiner Heimatstadt ein Archi-

Angelo Mangiarotti
* Mailand,
26. Februar 1921

tektur- und Design-Büro. Über seine Arbeiten wird in Fachblättern, Tageszeitungen und Büchern überall in der Welt berichtet. Einen bedeutenden Teil seiner Zeit und Arbeitskraft widmet Mangiarotti der Forschung und Lehre. In den Jahren 1953/54 war er Gastprofessor am Design-Institut des Illinois Institut of Technology (IIT) in Chicago und hat während dieser Zeit auch in Ohio gearbeitet. Auch gegenwärtig hält Mangiarotti, der Mitglied in mehreren wichtigen italienischen und ausländischen Gesellschaften ist, Seminare, Vorlesungen und persönliche Ausstellungen in Universitäten und Akademien im In- und Ausland. Was ihn als Theoretiker und Lehrer beschäftigt, sind die Grundlagen des Konstruierens. Mangiarotti arbeitet streng wissenschaftlich, alles schwammig Irrationale ist ihm zuwider. Er ist auch ein Feind »kreativer Ausbrüche, die nicht den Trost und das Siegel der Ratio empfangen«. Mit seinen eigenen Arbeiten belegt er seine Theorien. Er entwirft zum Beispiel Büromöbel, aus denen man auch Arbeitsinseln in Großräumen bilden kann, und Schrankwände. Besonders charakteristisch für Mangiarotti ist ein Anbausystem aus Kunststoff mit Kunststoffverbindungen. Obwohl es aus wenigen einfachen Elementen besteht und sich einfach montieren läßt, ist es in privaten wie gewerblichen Räumen vielseitig zu verwenden: Man kann damit Kastenmöbel aller Art und Wände bauen, Räume teilen und verändern, Arbeitsplätze in allen möglichen Variationen und Ausmaßen gestalten. ●

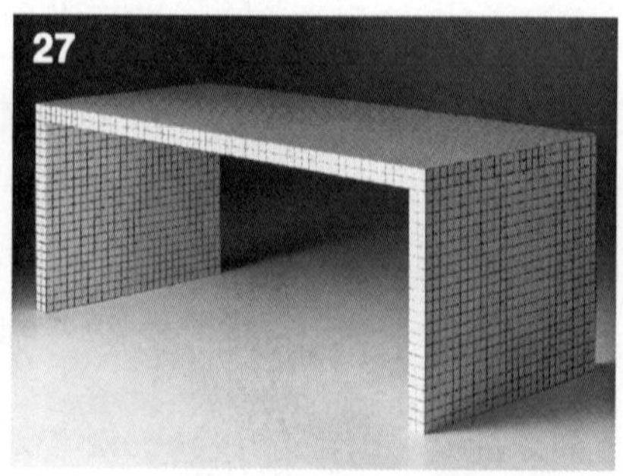
27

27+28

Jahr: 1970, 1971
Designer: Adolfo Natalini und Superstudio
Modell: Quaderna 283 (260)
Material: Vielschichtige Spanplatte mit Print, schwarz auf weiß
Maße: L 180, B 81, H 72
Preis: auf Anfrage
Modell: Quaderna (260)
Material: siehe oben
Maße: 111x111, 126x126, H 72
Preis: auf Anfrage
Hersteller: Zanotta, Mailand

Der Name Abet Print kam in diesem Kapitel schon einmal vor: Joe Colombos Tisch »Poker« (Nr. 21) ging aus einem Wettbewerb die-

28

ser Firma hervor. An demselben Wettbewerb (Mitte der sechziger Jahre) hat sich auch Adolfo Natalini mit seinem Superstudio beteiligt. In dem Wettbewerb sollte herausgefunden werden, wie das neue Plastiklaminat von Abet Print zu verwenden wäre. Superstudio entwickelte das Design der karierten Plastik-Oberfläche, die an eine Kladde oder ein Rechenheft erinnert (daher auch der Name: »Quaderna«.

Die Idee war, ein Oberflächenmuster zu finden, durch das Ecken und Kanten des Möbelstücks quasi verschwinden, weil die Linien des Musters mit den Formen des Möbels übereinstimmen. Das Karomuster ist eine Serigrafie, handgemacht. Seine erste Möbelserie mit dem neu gezeichneten Material hat das Superstudio selber produziert. Die Mitglieder hatten dazu die Firma »Misure« gegründet. Es zeigte sich aber bald, daß sie mit dem kommerziellen Teil der Sache nicht zurechtkamen. Deshalb waren sie froh, als ihnen die Firmen Cassina und Zanotta anboten, die Produktion zu übernehmen und sie mit Zanotta handelseins wurden. Beide Tische wurden 1971 auf der Mostra Internationale d'Arredamento (MIA, Internationale Einrichtungsausstellung) mit einer Goldmedaille ausgezeichnet. Beide werden in mehreren Versionen und Maßen hergestellt. Nummer 283 wird besonders gern als Schreib- und Arbeitstisch verwendet.

Die Designer

Die Gruppe Superstudio (außer Adolfo Natalini: Piero Frassinelli, Alessandro und Roberto Magris, Christiano Toraldo di Francia) leitet ihren Namen ab von dem ironisch gemeinten Titel »Superarchitettura«, einer Ausstellung in Pistoia und Modena im Jahr 1966, während der Hochblüte des Pop. Superstudio hat im Dezember 1966 in Florenz zu arbeiten begonnen. Neben theoretischen Studien über Planung und Entwurf beschäftigte man sich mit Architektur (Einrichtungen, Privat- und Industriebauten) und Design (Systeme, Objekte, Möbel, Beratungen). Die Gruppe Superstudio nahm an nationalen und internationalen Wettbewerben teil, präsentierte sich auf Ausstellungen in Italien und im Ausland, hielt Kurse und Vorlesungen an Schulen und Instituten, veröffentlichte Artikel, Essays und eine eigene Serie von Druckwerken. Seit 1970 führt sie zusammen mit der Gruppe 9999 eine didaktische Organisation zum Austausch von Informationen, eine Schule für Architektur. Zwischen 1971 und 1973 arbeitete sie auf dem Feld der »produktiven Kritik«: Sie drehte eine Serie populärwissenschaftlicher Filme und versuchte sich in einer Reihe von Veröffentlichungen an der »philosophischen und anthropologischen Wiedergründung der Architektur«. 1973 bis 1975 war sie (wie Ettore Sottsass, siehe Nr. 17) Mitgründer von »Global Tools«, einem System von Werkstätten für die Entwicklung kollektiver Kreativität. Noch eine Gemeinsamkeit mit Sottsass: Wie er beteiligte sich Superstudio 1973 mit einem Environment an der Ausstellung »Italy – a new domestic landscape« im Museum of Modern Art in New York und an anderen großen Ausstellungen wie der Mailänder Triennale. Auf der Biennale 1978 in Venedig mit dem Werk »Die Frau des Lot und das Gewissen des Zeno« in der Ausstellung »Utopie und Krise der Antinatur». Zusammen mit der Gruppe Archizoom, Sottsass und anderen gründete Superstudio die sogenannte Architettura Radicale, die man auch Antidesign, Gegendesign, Architettura Povera nennt. Wie all solche Aktivitäten nahelegen, ist Superstudio in allen Publikationen über die Avantgarde vertreten. Seit 1973 widmet die Gruppe sich vorwiegend der Forschung und Lehre: an der Architekturfakultät in Florenz und anderen Instituten. ●

29

29

Jahr: 1971

Designer: Marco Zanuso

Modell: Marcuso 254

Material: Gestell rostfreier Stahl. Platte Kristallglas

Maße: ∅ 115, 125, 135. H 70

Preise: auf Anfrage

Hersteller: Zanotta, Mailand

Der Name läßt keinen Zweifel, wer den Tisch entworfen hat. Er besteht zu vier Siebteln aus dem Vornamen und zu drei Siebteln aus dem Nachnamen von Marco Zanuso, der viele Möbel gemacht hat und noch macht und der für viele von ihnen Preise eingeheimst hat: viermal (1956, 1962, 1964, 1967) den höchst begehrten Compasso d'Oro, zweimal Gold bei der Industrie-Design-Biennale in Lubljana und das Goldene Siegel in Florenz 1965. Der Marcuso-Tisch war in der Auswahl für den Goldenen Kompaß 1979. Ein Jahr vor Zanuso hatte Sergio Asti einen ganz ähnlichen Tisch gezeichnet, mit einer dreiblättrigen Wolkenform als Fußplatte, also ein wenig verspielt und modisch. Zanuso hat für die Fußplatte ein schlichtes Rund (63,5 cm ∅) gewählt, das dem Begriff »klassisch« gerecht wird. Die stämmigen Beine (sie kommen bei Zanuso öfter vor) mit 10 cm ∅ sind abnehmbar. Die Tischplatte ist technisch raffiniert fest mit dem Untergestell verbunden.

Der Designer

»Zanuso oder das vollendete Projekt in Person«, so hat ein Kenner diesen Designer charakterisiert. Er wird dargestellt als der Inbegriff einer lebendigen Maschine, ganz und gar gemacht, um zu planen und entwerfen. Er könnte nichts

Marco Zanuso
* Mailand,
14. Mai 1916

anderes sein oder machen und widmet sich jedem Objekt, ob es ein Glas speziell für Bier oder ein Reiseauto ist, mit der gleichen Professionalität. »Er ist Designer, Architekt, Ingenieur, Technologe, wirkt wie eine Naturgewalt, die fortfahren muß zu produzieren bis zum Ende.« Zanuso hat an der Architekturfakultät des Mailänder Polytechnikums studiert und promoviert. Seit 1945 arbeitet er als freier Architekt, Städteplaner und Designer. Gebaut hat er vor allem Fabrikgebäude, zum Beispiel für die großen Firmen Olivetti und Necchi. In seinem Design-Werkverzeichnis stehen außer Möbeln Radio-, Fernseh- und Telefongeräte, Näh- und Kaffeemaschinen, Messerschleifer, ein Feuerzeug, ein Füllfederhalter. Zanusos Aufgeschlossenheit gegenüber neuen Materialien bezeugt als eines der ersten Kunststoffmöbel ein auseinandernehmbares Kinderstühlchen, das er 1964 gezeichnet hat, das aber leider nicht mehr hergestellt wird. Neben der Praxis steht für Zanuso immer die Theorie: Er liest als Professor in Mailand an der Fakultät, an der er einst studiert hat, über Struktur und Behandlung von Materialien und ist seit 1976 an derselben Hochschule außerordentlicher Professor für Industrie-Architektur. Ein Thema, das ihn neben der Untersuchung neuer Materialien und Technologien interessiert, ist die Einbeziehung der Architektur in die industrielle Produktion. Für dieses Interesse steht die Fabrik für Necchi in Pavia, die er als »Product Design« konzipiert hat: Die wesentlichen Bauelemente sind vorfabrizierte, industriell hergestellte Serienprodukte. Zanuso hat auch als Journalist gearbeitet: 1946/47 war er mit Ernesto Rogers Chefredakteur der Zeitschrift »Domus«, in den fünfziger Jahren Redakteur von »Casabella«. ●

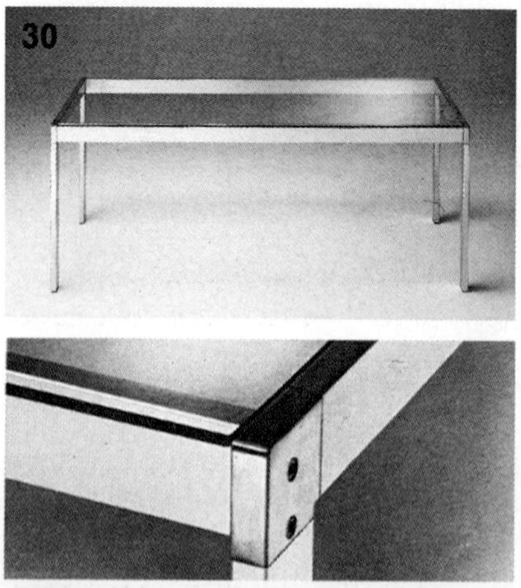

30

Jahr: 1971

Designer: Gae Aulenti

Modell: Festo

Material: Aluminiumlegierte Flachkantprofile natur oder eloxiert. Platten Kristallglas oder Plastiklaminat, schwarz und weiß

Maße: L 80–200. B 65–100

Preis: auf Anfrage

Hersteller: Zanotta, Mailand

Metall und Glas gehören zu den Lieblingsmaterialien der Architektin und Designerin Gae Aulenti. Ein gutes Beispiel dafür ist dieser Eßtisch, der darüber hinaus viele praktische Vorteile in sich vereint: Er ist wirklich kinderleicht zusammenzubauen und zu zerlegen; es gibt ihn in den verschiedensten Größen (sogar als Konsoltisch und natürlich auch als Sofatisch); schließlich zählt er zu den preiswerteren Vertretern seiner Gruppe. Der Tisch entstand in enger Zusammenarbeit mit dem Produzenten Zanotta, der von ihm als »festosa tavola imbandita«, zu deutsch: festlich hergerichtetem Tisch schwärmt, – er sieht ihn schon im Glanz von Kerzen und kostbarem Porzellan. Gae Aulenti, die schon früher Elemente, die eigentlich für den Hochbau bestimmt sind, zweckentfremdet oder für Einrichtungszwecke weiterentwickelt hat, ließ sich beim Entwurf dieses Tisches von dieser Vorliebe inspirieren. Profile und Konstruktion sind vielseitig verwendbar, und so ist es nur logisch, daß aus demselben System auch andere Möbel entwickelt werden können. Zum Beispiel, wie bei Zanotta geschehen, ein Bett.

Der Designer

Über Gae Aulenti siehe Kapitel »Armlehnstühle«, Nr. 26.

Und hier kommen Klassiker von morgen

Die Tische auf diesen Seiten sind zwar auch schon eine Zeitlang auf dem Markt, aber noch nicht lange genug, um den strengen Maßstäben der Klassiker-Serie zu genügen: Sie sind alle nach 1971 entstanden. Aber sie haben bei der Auswahl so gut abgeschnitten, daß die SCHÖNER WOHNEN-Jury die Vorhersage wagt: Auch die werden in ein paar Jahren Klassiker sein. Fürs erste sind sie nur an ihrer Jugend gescheitert.

1
Jahr: 1977
Designer: Enzo Mari
Modell: Capitello/Tondo E
Material: Birkenschichtholz. Verschiedene Plattenformen
Maße: L 180, B 120, H 72
Preis: auf Anfrage
Hersteller: Driade, Mailand

2
Jahr: 1974
Designer: Marco Zanuso
Modell: Forrestal
Material: Esche
Maße: 90x90. 110x110. 125x125. Auch Rechtecke. H 70
Preis: auf Anfrage
Hersteller: Zanotta, Mailand

3
Jahr: 1974
Designer: Studio Simon
Modell: Samo
Material: Marmor »Cristallino« oder »Nabrasina« (weiß oder grau)
Maße: L 177,5. B 125,5. H 73
Preis: auf Anfrage
Hersteller: Simon International, Bologna/Italien und Köln

4
Jahr: 1975
Designer: Carlo Bartoli
Modell: Altobasso (Hoch-Tief)
Material: Gestell Stahlrohr verchromt, verstellbar. Platte: Esche natur
Maße: 120x120. H 73–61–40
Preis: auf Anfrage
Hersteller: Tisettanta, Mailand

5
Jahr: 1974
Designer: Centro-studi Castelli
Modell: Plano
Material: Gestell Aluminium-Druckguß, poliert. Platten Polyurethan-Hartschaum, lackiert
Maße: ∅ 95. H 72
Preis: auf Anfrage
Hersteller: Castelli, Bologna

6
Jahr: 1972
Designer: Carlo Scarpa
Modell: Valmarana
Material: Esche. Gestell massiv. Platte furniert. Natur, schwarz
Maße: L 250. B 77. H 72,5
Preis: auf Anfrage
Hersteller: Simon International, Bologna/Italien und Köln

7
Jahr: 1972
Designer: Dieter Rams
Modell: Rundoval 720
Material: Beine nahtloses Kunststoffrohr, lackiert. Platte geschäumtes Polystyrol, lackiert
Maße: L 120–195. B 110. H 71
Preis: auf Anfrage
Hersteller: Vitsoe, Frankfurt

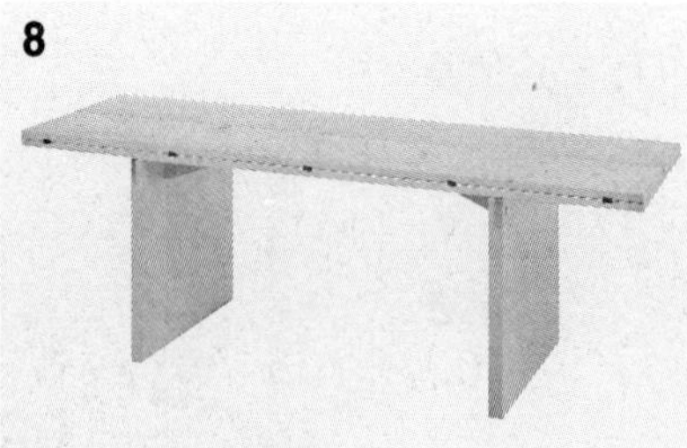

8
Jahr: 1975
Designer: Piero de Martini
Modell: La Barca
Material: Esche, Nußbaum
Maße: L 210–274. B 37–74. H 74, aufgeklappt 71
Preis: auf Anfrage
Hersteller: Cassina, Mailand

9
Jahr: 1975
Designer: Gigi Sabadin
Modell: Davide
Material: Esche. Platte zweifarbig, beidseitig verwendbar
Maße: ∅ 122. H 70
Preis: auf Anfrage
Hersteller: Crassevig, Udine

10
Jahr: 1975
Designer: Giovanni Offredi
Modell: Cavalletto
Material: Esche, natur, schwarz lackiert
Maße: L 180. B 75. H 70
Preis: auf Anfrage
Hersteller: Crassevig, Udine

11
Jahr: 1977
Designer: Mario Bellini
Modell: Il Colonnato 455
Material: Säulen Travertinmarmor, Travertin, Marmor. Platte aus gleichem Stein oder Kristallglas
Maße: 165x165. H 73. Auch rund
Preis: auf Anfrage
Hersteller: Cassina, Mailand

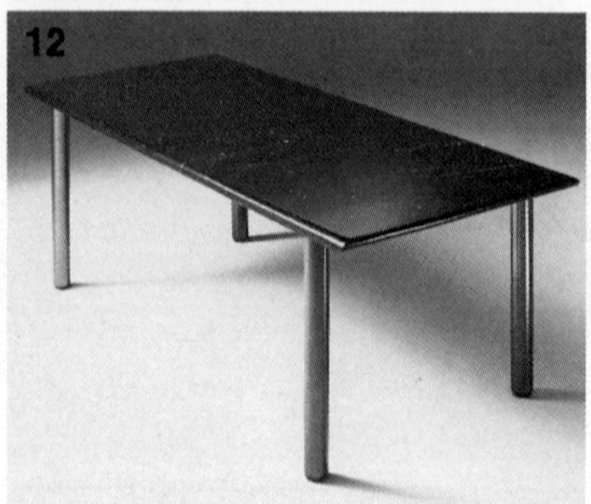

12
Jahr: 1979
Designer: Achille Castiglioni
Modell: Cena 249/298
Material: Beine Stahl brüniert oder Aluminium. Platte Marmor. Auch Nußbaum oder Linde/Ahorn
Maße: L 160, 180, 200. B 70, 80, 90. H 72
Preis: auf Anfrage
Hersteller: Zanotta, Mailand

13
Jahr: 1979
Designer: Afra und Tobia Scarpa
Modell: Piediferro
Material: Sockel Gußeisen, lackiert oder emailliert. Platte Marmor oder Holz mit Stoffbezug
Maße: ∅ 110, 120. H 72
Preis: auf Anfrage
Hersteller: B&B, Novedrate/Italien

14
Jahr: 1977
Designer: Kazuhide Takahama
Modell: Antella
Material: Holz, hochglänzend polyesterlackiert
Maße: L 169. B 63/121. H 72
Preis: auf Anfrage
Hersteller: Simon International, Bologna/Italien und Köln

Möbelfotos S. 33–46: Werkfotos (1, 2, 3, 11, 12, 17, 18, 19, 22, 27, 28, 29, 30). Hansjörg Dettling (4, 5, 7, 8, 9, 10, 14, 15, 16, 2o 23, 25). Rudolf Mayr (26). Gary Rogers (6, 21, 24). Hajo Willig (13). S. 47–48: Werkfotos (1, 2, 5, 7, 8, 10, 11, 12, 13,). Hansjörg Dettling (3, 4, 6, 14). Hajo Willig (9). Porträt-Fotos: Maria Mulas (S. 38+44). Luciana Mulas (S. 45). Alle übrigen: privat

Moderne Klassiker
MÖBEL, DIE GESCHICHTE MACHEN
4. Teil: Lampen (1)

Licht ist so alt wie die Welt. Deren Schöpfer hängte die Sonne in den Himmel, damit sie allen scheint. Und die ersten Menschen teilten ihre Zeit nach dem Himmelslicht ein: Wenn es verlosch, gingen sie schlafen. Aber schon aus allen frühen Kulturen wissen wir, daß der Mensch sich nicht mit den ihm zugeteilten Lichtzeiten zufriedengeben wollte. Er zündete Tran, Talg, Öl und Wachs an, um die Nacht zu erhellen. Die Kerze, der man aus Holz, Metall, Porzellan und Glas passende Halter schuf, war bis in die Neuzeit das Beleuchtungsmittel. Erst Ende des 18. Jahrhunderts erfand man Dinge zur Verbesserung der Leucht-Geräte: Flachdocht, Ring und Glaszylinder, der die Flamme schützt, und einen weiteren Fortschritt brachte 1855 die erste Petroleumlampe. Beleuchtung im modernen Sinne aber gibt es erst, seit Edison 1879 mit seiner Glühlampe vollendete, was einige andere schon seit Anfang des Jahrhunderts versucht hatten. Da die nackte Birne blendet und dem schönheitsbeflissenen Auge ein Ärgernis ist, hat man ihr Gewänder angemessen, Schirme aus Glas und emailliertem Blech, aus Seide und Pergament, flache oder steile Kegel und Kugeln. Im ersten Viertel dieses Jahrhunderts blieben die Lampendesigner anonym. In den zwanziger Jahren wurden die ersten Namen bekannt. Einer der bedeutendsten ist der des Dänen Poul Henningsen, der sich nicht damit bescheiden wollte, die nackte Birne nur mit einem schönen Schirm zu verhüllen. Henningsen zeichnete seine Lampen nach lichttechnischen Erkenntnissen. Von den fünfziger Jahren an wird die Geschichte des Lampendesigns in erster Linie von Italienern geschrieben. Alle namhaften italienischen Architekten und Möbelmacher haben auch Lampen entworfen, mit der für sie typischen Lust am Erproben neuer Materialien und Techniken. Diese Folge handelt von Hänge-, Wand- und Deckenlampen.

Hängelampen

1+2

1

Jahr: um 1920

Designer: Unbekannt

Modell: Hängelampe Opal 4119

Material: Opalglas, seidenmatt. Armatur verchromt. Kabel schwarz

Maße: ∅ 20, 25, 30, 35, 45

Preis: auf Anfrage

Hersteller: Glashütte Limburg

2

Jahr: um 1920

Designer: Unbekannt

Modell: Hängelampe mit Opalkugel

Material: Glaskugel opalüberfangen. Rohr, Baldachin, Kappe verchromtes Metall

Maße: H 120. ∅ 20. Auch 125/25 und 130/30

Preis: auf Anfrage

Hersteller: Tecnolumen W. Schnepel, Bremen

Die erste Vorfahrin der gläsernen Mondlampe gab es schon vor 1900: eine Opalkugel an einem verchromtem Rohr. Die Kugellampe, simpelste Art, elektrisches Licht zu zeigen und zugleich die Lichtquelle, die Glühbirne, zu verstecken, wurde von berühmten Architekten wie Peter Behrens, Adolf Loos und Josef Hoffmann in Innenräumen gebraucht. Die früheste Abbildung einer Kugellampe findet sich in einem Buch über den Wiener Architekten Otto Wagner (1841–1918). Auch die Bauhaus-Mitglieder haben Kugellampen verwendet. Wer aber die erste gezeichnet hat, ist nicht überliefert. Die Töchter treten in allen möglichen Varianten auf, mit starrem Rohr oder am Kabel aufgehängt, zunächst aus glänzendem Milchglas, nach dem Zweiten Weltkrieg aus satiniertem Glas, das sich etwas rauh anfühlt. Ein Indiz für Qualität ist der Baldachin, in dem der Deckenanschluß verborgen wird: Sorgsam arbeitende Designer zeichnen ihn als stilistisch passendes Detail – wie die verchromte Halbkugel bei Nummer 2. Die »Mönchskappe«, die die Kugel hält, ist doppelt: Die Kugel wird zwischen die beiden Teile geschoben, deren innerer einen Ausschnitt zum Eingreifen hat. Bei der Kugel Nummer 1 wird die Verbindung zum Kabel durch eine verchromte Armatur hergestellt. Die Kugellampe wird gern in Gasthäusern und Schulen verwendet. Auch der Worpsweder Bahnhof, der von Heinrich Vogeler gebaut und kürzlich renoviert wurde, wird mit Kugellampen beleuchtet. Bei einer dänischen Variante, die in vielen Waldorfschulen hängt, ist die Kugel unten offen und mündet oben in einen nahtlos angearbeiteten Befestigungsansatz. ●

3

3

Jahr: 1931

Designer: Gio Ponti

Modell: 0024, 0024 S

Material: Kristallglas, klar (0024) oder satiniert. Innenrohr Glas, seidenmatt. Fassung Messing, verchromt

Maße: ∅ 53. H 53

Preis: auf Anfrage

Hersteller: Fontana Arte, Mailand

Sie sieht aus wie eine Vorfahrin der lichttechnisch raffinierten Lampen des Dänen Henningsen (Nr. 7 bis 9). Ob aber Henningsen die Lampe von Ponti gekannt hat, weiß man nicht. Die Idee beider Entwerfer war, die Lichtquelle abzuschirmen und mit dem Schirm gleichzeitig das Licht zu streuen. Ponti macht das mit Hilfe von elf kreisrunden Glasscheiben, die er so um einen Glaszylinder gruppiert, daß ein kugelförmiges Gebilde entsteht, das leicht und elegant wirkt. Ponti, von dem man sagt, daß er so viel gearbeitet hat wie zehn Architekten zusammen, war Hochbau- und Innenarchitekt, Publizist und Designer von allen möglichen Dingen für den Hausgebrauch. Als Designer ließ Ponti sich von den späten Arbeiten der Wiener Werkstätten (1903–1932) beeinflussen. Ponti gehörte 1923 zu den Organisatoren der 1. Mailänder Triennale und war die beherrschende Erscheinung der nächsten Triennalen. Er hat auch Bücher geschrieben.

Der Designer

Über Gio Ponti siehe Kapitel »Stühle«, Nummer 21 ●

4

4

Jahr: 1943

Designer: Kaare Klint

Modell: 101 abc (Fruchtlampe)

Material: PVC

Maße: H 36, ∅ 27. H 44, ∅ 34. H 53, ∅ 42

Preis: auf Anfrage

Hersteller: Le Klint, Odense/Dänemark

Lange bevor Kaare Klint seine Fruchtlampe gezeichnet hat, nämlich Anfang dieses Jahrhunderts, haben gefaltete Schirme in der Familie Klint schon eine Rolle gespielt. Kaare Klints Vater, der Architekt P. V. Jensen Klint, hatte für die von ihm entworfene Grundtvigskirche in Kopenhagen eine Petroleumlampe aus Keramik gemacht und konnte keinen passenden Schirm dafür finden. Das hieß: selbermachen! Vater Klint meinte, es könnte ein aus Papier gefalteter Schirm sein, und die ganze Familie faltete wie besessen Papier. Das war nicht schwer – nur: wie immer sie falteten, der Schirm kam dem Zylinder zu nahe. Wie Kaare Klint später erzählte, fand ein Freund der Familie, der Schiffskapitän Jeppe Hagedorn, die Lösung: einen winkelgerechten Kragen, der für genügend Abstand vom Zylinder sorgte. Die Klintsche Methode des doppelten Faltens, durch die die ausgeprägte Struktur entsteht, wurde später überall in der Welt angewendet. Der Schirm von Kaare Klints Fruchtlampe ruht auf einem über der Birnenfassung ans Kabel geklemmten Ring. Ein anderer Metallring hält den Kragen zusammen. Vom Lampenschirmfalten war auch Kaare Klints Bruder Tage fasziniert: Er erfand den Schirmkragen, der ohne Gestell dank eigener Spannung festsitzt. Tage war es auch, der aus dem Familienhobby eine Fabrikation machte (die Fruchtlampe ist überall in der Welt verbreitet. 200 000 Exemplare wurden verkauft, und sie läuft immer noch). Und schließlich ist Tage Klint auch der Firmenname Le Klint (der französisch inspiriert scheint, es aber nicht ist) zu verdanken: Taufpatin war seine Tochter Le, die eine Zeitlang auch an der Fabrikation beteiligt war.

Der Designer

Über Kaare Klint siehe Kapital »Stühle«, Nummer 13, und »Armlehnstühle«, Nummer 6 ●

5

Jahr: 1952

Designer: Isamu Noguchi

Modell: Akari

Material: Papier vom Minobaum. Bambus

Maße: ∅ 40, 50, 60, 70, 95, 125. 5 A: H 175. ∅ 53.

Preise: auf Anfrage

Hersteller: awb Burgstetten (Importeur)

Von Haus aus ist Isamu Noguchi Bildhauer. Aber von 1952 an hatte er, der meist in Amerika lebt, nach einer Reise durch Japan »eine zweite Hauptbeschäftigung«: die Entwicklung der »Akari«. Es kam da, so fand er, einiges ganz logisch zusammen: sein schon lange bestehendes Interesse an Lichtskulpturen, sein Interesse für alles, was mit dem Mond zusammenhängt, und seine vorübergehende Anwesenheit in Japan. Papier und Bambus paßten zu seiner Vorstellung von der Qualität und Empfindlichkeit von Licht. Dessen körperliche Leichtigkeit verträgt nach Noguchis Meinung nur ein ebenso leichtes Material als Umhüllung. Der Name Akari, den Noguchi seinen Lampen gab, bedeutet in Japan Licht im Sinne von Erleuchtung. Er drückt außerdem Leichtigkeit aus, und das Begriffszeichen in der japanischen Schrift vereint die Zeichen für Sonne und Mond. Noguchi sagt: »Viel zerbrechlicher aussehend, als sie sind, scheinen die Akari zu fließen, ihr Licht quasi im Vorüberschweben zu verbreiten. Sie beschweren nicht besitzergreifend und als Masse unseren Raum. Wenn sie in Benutzung sind, scheinen sie kaum zu existieren. Werden sie nicht benutzt, werden sie zusammengefaltet in einen Umschlag gesteckt. Sie lassen sich nieder, leicht wie Federn, einige an die Wand gepinnt, andere an einer Schnur befestigt, und alle können sozusagen durch bloße Gedanken bewegt werden.« Um solche Qualitäten herzustellen, braucht man handgemachtes Papier und die traditionelle Geschicklichkeit des Laternenmachens. Noguchi sieht die Akari (nur die echten tragen das abgebildete Zeichen) als eine wahre Weiterentwicklung einer alten Tradition. »Die Formen können imitiert werden, nicht aber diese Qualität«, erklärt er.

Der Designer

Er weiß selber nicht genau, was er seine Heimat nennen soll: Japan oder Amerika? Beide? Oder die Welt? Noguchi kam als Zweijähriger nach Japan, wo er, von der Mutter erzogen, aufwuchs und in die Schule ging. Als Vierzehnjähriger wurde er in ein amerikanisches Internat geschickt. Vom Direktor befragt, was er werden wolle, sagte er in Erinnerung an den Vater, der Schriftsteller und Lehrer war: Künstler. Der Direktor fand zwar, daß der Arztberuf ihm mehr Sicherheit bieten würde, schickte ihn aber als Lehrling zu

Isamu Noguchi
* Los Angeles, 17. November, 1904

dem Bildhauer Borglum, dem Schöpfer der kolossalen Präsidenten-Portraits in den Bergen von Süddakota. Dort mußte er Kinder und Pferde hüten und lernte bei italienischen Gipsarbeitern deren Handwerk. Borglum sagte ihm schließlich, er würde nie ein Bildhauer, und so begann er, Medizin zu studieren. Aber die Bildhauerkunst war am Ende stärker. Über Alfred Stieglitz, den Bildpublizisten und Meister der Art-Photography, kam er zu dem in Paris lebenden rumänischen Bildhauer Constantin Brancusi. Von Brancusi lernte Noguchi, wie man den Meißel führt. Von Brancusi sind auch Noguchis frühe Arbeiten beeinflußt. Später hat er sich von ihm gelöst. Noguchi arbeitet mit vielen Materialien, Bronze, Granit, Travertin, Marmor und Holz: große und strenge abstrakte Formen. Außer Skulpturen umfaßt Noguchis Werkverzeichnis noch vieles andere: Er gestaltet Plätze, Gärten (sparsam und mit viel Stein, nach japanischer Art) und Skulpturengärten (wie den beim Nationalmuseum in Jerusalem), entwirft Springbrunnen, Monumente, Brücken und Spielplätze mit wunderschönen Geräten. Auch als Einrichter und Möbeldesigner hat er sich erfolgreich versucht. Eine ganz enge Beziehung hat er schließlich zum Theater, besonders zum Tanztheater. Ähnlich wie in Deutschland der Bauhaus-Maler Oskar Schlemmer hat er Bühnenräume, Requisiten und Figurinen für Ballette entworfen, in Zusammenarbeit mit Größen der Tanzkunst wie George Balanchine, Merce Cunningham und Martha Graham, der Avantgardistin des Modern Dance. ●

6

Jahr: 1952

Designer: Gino Sarfatti

Modell: 2097/30, 2097/50

Material: Metall, verchromt oder vermessingt

Maße: H 87. Ø 100; H 66. Ø 88

Preise: auf Anfrage

Hersteller: Arteluce-Contract/ Flos, Brescia/Italien, Euskirchen

Der klassische italienische Kronleuchter, auf neue und moderne Art interpretiert: In den stabilen senkrechten Träger lassen sich die grazilen Metall-Arme ganz leicht einschrauben. An diesen werden die Fassungen für die 50 oder 30 Minibirnchen befestigt, die ihrerseits fest mit den lose hängenden Kabeln verbunden sind. (Dieses Motiv der freihängenden Kabel hat Sarfatti noch häufig verwendet.) Vorstufe zu diesem Kronleuchter war eine Wandlampe, von der Sarfatti sich heute entschieden distanziert: ein unten U-förmig gebogener Wandarm, an dem die ebenfalls gebogenen Halter für die Glühlampen in Spiralen angebracht sind. Die Anregung zu dieser Lampe bekam Sarfatti durch ein Weihnachtsgeschenk von dem dänischen Designer Poul Kjærholm (siehe Kapitel »Stühle«, Nr. 23, und »Armlehnstühle«, Nr. 18): Es war ein »Jakobsleiter« genannter skandinavischer Kerzenleuchter, von dem Sarfatti die Spiral-Idee übernahm.

Der Designer

Sarfatti, der viele Jahre nur dem Entwerfen von Lampen gewidmet hat und mit dessen Namen viele bedeutende Schöpfungen auf diesem Gebiet verbunden sind, hat ein bewegtes Leben hinter sich. Er entstammt einer wohlhabenden jüdischen Kaufmannsfamilie, die zur guten Gesellschaft in Venedig gehörte. Mit 18 Jahren ging er an die Universität von Genua, um Ingenieur der Luftschifffahrt zu werden. Er mußte das Studium aber jäh abbrechen, als seine Familie in finanzielle Schwierigkeiten geriet. Gino Sarfatti mußte Arbeit suchen und fand sie in einer Lampenfabrik. Man mag das Zufall oder Schicksal nennen – mit dieser Anstellung hatte Sarfatti die Tätigkeit gefunden, zu der er wirklich berufen war: Von nun an zeichnete und produzierte er Lampen. Mit Hilfe der Mitgift seiner Frau konnte er 1939 eine kleine Werkstatt für Lampenproduktion eröffnen. Als der Krieg ausbrach, mußte Sarfatti die Werkstatt verlassen und in die Schweiz gehen, um den Rassegesetzen zu entkommen. Als Sarfatti aus dem Exil zurückkehrte, war die Werkstatt zerstört. Aber er wollte weiter Lampen produzieren. In einem alten Haus an der Peripherie von Mailand richtete er Wohnung und Werkstatt ein. Die Geschäfte gingen nicht schlecht – bald konnte Sarfatti ein Geschäft am Corso Matteotti eröffnen. Dort fand er Kontakte, die zu freundschaftlichen Verbindungen führten, mit Architekten und Designern wie Albini, Viganò, Parisi, Zanuso. Der Laden am Corso Matteotti wurde Treffpunkt und Ausgangspunkt der Konstrukteure der Moderne. Von diesen Freundschaften bestärkt, fuhr Sarfatti fort, Lampen zu entwerfen und zu produzieren. Er brachte in den vierziger und fünfziger Jahren die kongeniale Beleuchtung für die neue Architektur. Sarfatti sieht sich selber als Rationalisten, der nicht Kunstwerke schaffen, sondern die Glühlampe so umhüllen wollte, daß ihr Licht aufs beste genutzt wird. Sarfattis Firma Arteluce hat die Beleuchtung für die Flughäfen von Mailand und Rom, für das Rathaus von Genua, für Olivetti in Barcelona und für viele Hotels, Schiffe, Schulen und Ämter geliefert. Die Firma, die 1955 und 1956 den Compasso d'Oro gewann, vergrößerte sich. Trotzdem wollte Sarfatti keine Mitarbeiter, die mehr waren als Ausführende. Er wollte alles selber machen, vom Entwurf über die technische Entwicklung bis zur Ausführung. Auch um alle kommerziellen Angelegenheiten, Vertrieb, Ausstellungen und Export, hat er sich selber gekümmert. Sein Verhältnis zur Arbeit hatte etwas von Besessenheit. Deshalb hat Sarfatti, als die Firma für diese Art von Geschäftsführung zu groß wurde, sich lieber von ihr getrennt als Wichtiges zu delegieren: Arteluce wurde an Flos verkauft. Von dann an waren die Beziehungen zur Design-Szene beendet. Sarfatti zog sich von allem zurück, kam nicht mehr zur Triennale, auch wenn ihm Preise zuerkannt wurden. Er hat nur noch Lampen entworfen – mit unendlicher Sorgfalt wie eh und je. Der Handwerkscharakter seiner Produkte ist wohl das Geheimnis ihres Erfolgs. Heute führt Sarfatti, seit langem ein passsionierter Philatelist, einen Briefmarkenladen. ●

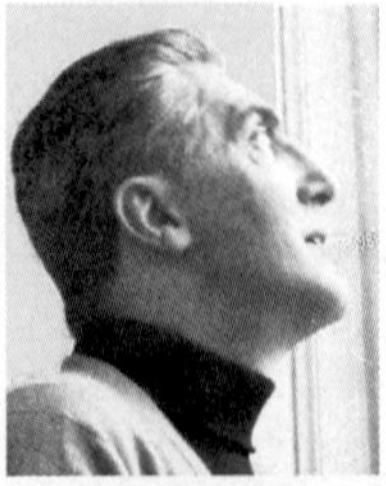

Gino Sarfatti
*Venedig, 16. September 1912
†Mailand, März 1985

7

Jahr: 1957

Designer: Poul Henningsen

Modell: PH 5

Material: Metall, weiß, rot, blau, lila. Zwischenschirme rot und blau

Maße: H 26. ∅ 50.

Preis: auf Anfrage

Hersteller: Louis Poulsen, Kopenhagen und Haan

Sie ist die populärste und am meisten verkaufte PH-Lampe, mit ihren kräftigen Farben ein typisch skandinavisches Produkt jener Jahre. Man soll sie, die abends eine perfekte Lichtquelle ist, tagsüber als schöne Skulptur sehen. Als Louis Poulsen die Lampe zu

produzieren begann, schrieb Henningsen im Firmenblatt »LP-Nyt« (Louis Poulsen-Neuigkeiten), man könne als Lichtquelle für die PH5 fast alles nehmen: Glühwürmchen, Weihnachtskerzen und Glühbirnen, nur keinesfalls Leuchtröhren. Der Designer wollte auf diese Art seine Unzufriedenheit mit den vorhandenen Birnen ausdrücken. »Mutter« der PH-Lampen mit indirektem Licht ist die PH 4/3 (kleines Foto), Ergebnis jahrelanger intensiver Beschäftigung mit Licht, schon in den zwanziger Jahren. Auf der Pariser Weltausstellung 1925 gewann sie die Goldmedaille.

8

Jahr: 1958

Designer: Poul Henningsen

Modell: PH Zapfen

Material: Kupfer, Chrom matt

Maße: H 47, 63, 69. ∅ 60, 72, 84

Preis: auf Anfrage

Hersteller: wie 7

»Artichoke«, der Name, den man dieser Lampe in englischsprachigen Ländern gibt, trifft fast noch besser als ihr offizieller Name »Zapfen«. Poul Henningsen hat hier seine Aufgabe, die Lichtquelle abzuschirmen und mit Hilfe der Schirme das Licht zu streuen, noch raffinierter gelöst. Der »Zapfen« wurde für das Langelinie Pavillon-Restaurant in Kopenhagen gezeichnet. Er hängt auch in der unter Denkmalschutz stehenden Kirche in Hornborg/Jütland. Bei deren Renovierung waren Architekt, Gemeinderat und Nationalmuseum einig: Für den historischen Kirchenraum ist der »Zapfen« die ideale Lampe.

9

Jahr: 1962

Designer: Poul Henningsen

Modell: PH Kontrast

Material: Metall. Äußere Schirme weiß und Aluminium-blank. Innere Schirme außen rot, innen blau

Maße: H 38. ∅ 45

Preis: auf Anfrage

Hersteller: wie 7

»Kontrast« – der Name sagt an, daß diese raffinierteste aller PH-Lampen noch mehr kann als die anderen: Man kann mit einem Griff die Glühbirne höher oder tiefer stellen und damit die Lichtfarbe verändern. Das geht so: Die Lampe ist aus zehn Sätzen von Schirmen konstruiert, von denen jeder aus drei konzentrischen Ringen besteht. Die inneren Ringe bilden die »Farbenlampe«. Deren untere Seite ist orange, die obere, die nicht zu sehen ist, blau. Zieht man die Glühbirne herunter, wird der Orange-Teil stärker beleuchtet, das Licht scheint wärmer. Schiebt man die Birne hinauf, so daß der blaue Teil mehr beleuchtet wird, wird das Licht kälter. Der Mittelteil der zehn Schirmsätze strahlt das Licht ab: Er ist auf beiden Seiten weiß und wird voll beleuchtet. Die äußeren Schirmteile, unten blank, oben weiß, dienen zur Abschirmung. Sie sorgen dafür, daß man die Birne nicht sieht und nicht geblendet wird. Die tragenden Drahtseile waren anfangs in das Kabel integriert – heute bekennt man sich zu ihnen und zeigt sie.

Der Designer

Wer wie Poul Henningsen vieles kann und mit allem, was er macht, Erfolg hat, ist mehr als andere der Kritik ausgesetzt. PH, wie man in Dänemark sagt, war Architekt (zwar hat er nur wenige Häuser gebaut, aber die waren voller guter Ideen), Gesellschaftskritiker (lange Zeit unverstanden, weil neue Gedanken Jahre brauchen, um sich durchzusetzen), Drachenbauer (wofür er kindisch und senil gescholten wurde, weil Erwachsene nicht spielen) und Beleuchtungswissenschafter und -designer. Dem Lampenmacher PH wurde vorgeworfen, daß er Dunkelheit statt Licht schaffe. Henningsen antwortete darauf in der Zeitschrift »mobilia«: »Es sind viele Kartoffeln nötig, um eine halbe Flasche Aalborg Aquavit zu produzieren, und viele Trauben, um eine Flasche Chambertin herzustellen. Es steht jedem frei, die Kartoffeln und die Trauben zu essen oder die nackte Glühbirne an die Decke zu hängen. Es gibt mehr Kalorien und mehr Licht – aber man muß ziemlich dickhäutig sein, um sich besser dabei zu befinden.« Schon seit Anfang der zwanziger Jahre hat Henningsen

Poul Henningsen
* Kopenhagen, 9. September 1894
† Kopenhagen 3. Januar 1967

sich mit der Lösung von Lichtproblemen beschäftigt. Er war Autodidakt. Was er über Licht wußte, hat er von seinem Freund, dem Theatermaler Svend Johannsen, gelernt. Die vier wichtigen Forderungen, die PH an eine Lampe stellt (und die er mit all seinen Lampen erfüllte): 1. Das Licht darf nicht blenden. 2. Der Übergang zwischen direkt und indirekt beleuchteten Bereichen muß fließen. 3. Die Lampe muß eine gute Schattenzeichnung geben. 4. Die Lampe muß die Farbe des Lichts korrigieren können. Um seine Gedanken zu verbreiten, hat Henningsen sich vieler Medien bedient: Als Herausgeber der »Kritisk Revy« (Kritische Revue) hat er sehr engagiert über dänische Architektur und dänisches Design geschrieben, er trat in Hörfunk und Fernsehen auf, hat Kabarettsongs und Lieder geschrieben und Filme gemacht. Bei allem Einfluß und Erfolg blieb PH immer einfach, klar und bescheiden. ●

10

Jahr: 1960

Designer: Arne Jacobsen

Modell: AJ Pendel

Material: Metall, schwarz, weiß, hellgrau, dunkelbraun lackiert

Maße: H 22,5. Ø 49,5; H 16,5. Ø 37

Preise: auf Anfrage

Hersteller: Louis Poulsen, Kopenhagen und Haan

Als die Fluggesellschaft SAS Ende der fünfziger Jahre dem dänischen Architekten Arne Jacobsen den knappen Auftrag gab: »Bauen Sie uns ein Hotel, Herr Professor!«, willigte er ein – unter der Bedingung, daß er bis hin zum Salzstreuer alles selber entwerfen dürfe. Das ist typisch Jacobsen: Jedes seiner Häuser sollte mit all den Dingen, die darin stehen, zu einer Einheit zusammengefügt sein. Für Jacobsen gab es nichts Schöneres, als einem Klienten, der Gefühl für Architektur und Design hatte, ein Ganzes zu geben, das zu dessen Wohlbefinden beitragen konnte. Beim SAS-Hotel sind Nutznießer dieser Idee Gäste aus aller Welt. Jacobsen hat für das Hotel, um nur ein paar Beispiele zu nennen, frei stehende Aschenbecher aus Aluminium und Stahl und Tischaschenbecher aus Porzellan, versilberte Salz- und Pfefferstreuer, Gläser, an Schienen gleitende Leselampen, versilberte Bestecke und Kerzenhalter entworfen. Außerdem handgewebten Vorhangstoff, den »Schwan« und das »Ei« (der »Schwan« wird im Kapitel »Sessel« vorgestellt). Und die Pendellampe, die 1972 mit dem Bundespreis Gute Form ausgezeichnet wurde. Zur Begründung sagt die Jury: »Hängeleuchte mit zwei ineinandergefügten Schirmen aus Metall. Die Außenfläche des größeren Schirmes ist grau mit ringförmigen Schlitzen im Oberteil. Der äußere Reflektor verteilt das Licht gleichmäßig im Raum, während der innere das Licht einer verspiegelten Glühlampe nach unten ausstrahlt. Die gestalterische Leistung besteht in der guten Einfügung der ringförmigen Schlitze im Oberteil des Schirms in dessen Halbkugelform.«

Der Designer

Über Arne Jacobsen siehe Kapitel »Stühle«, Nr. 16 und 17, »Armlehnstühle«, Nr. 24. ●

11

Jahr: 1959

Designer: Achille und Pier Giacomo Castiglioni

Modell: 4017 + 4177

Material: Kunststoff Metacryl, Messsing poliert

Maße: H 25. Ø 35 + 40

Preise: auf Anfrage

Hersteller: Kartell, Mailand

Diese Lampe hatten die Brüder Castiglioni ursprünglich mit einem Gegenzug gezeichnet, und zwar ganz raffiniert. Damit man beim Hantieren nicht mit der Lampe in Berührung käme (deren Fassung heiß wird und deren Schirm beweglich ist), wurde die Schnur an der Decke entlang und die Wand hinuntergeführt – sozusagen Höhenverstellung mit Fernbedienung. Das Material Kunststoff liebten die Castiglionis nicht – sie hatten etwas gegen Werkstoffe, die die Freiheiten des Designers einengen. Aber die Firma Kartell forderte sie auf, sich einmal an Kunststofflampen zu versuchen, und sie waren von jeher neugierig. Also probierten sie, und die Lampe war von Anfang an ein großer Erfolg, weil sie billig ist. Sie hängt oft in der Eßecke der Küche.

12

Jahr: 1961

Designer: Achille und Pier Giacomo Castiglioni

Modell: Splügenbräu

Material: Aluminium, poliert

Maße: H 20,5. Ø 36

Preis: auf Anfrage

Hersteller: Flos, Brescia/Italien und Euskirchen

Birra Splügen, das Bier aus dem Schweizer Paßdorf, wird in Italien trotz des für italienische Zungen unaussprechlichen Namens gern getrunken. Und es stand Pate für das »Splügenbräu« in Mailand, das bis hin zum Glas von den Brüdern Castiglioni eingerichtet worden ist. Die Lampe sollte kleine Tische beleuchten, nicht aber den ganzen Raum. Die Brüder nutzten die gerade neu herausgekommene verspiegelte Birne, gaben ihr eine gewellte Fassung, die das Licht reflektiert, verlängerten und verbreiterten diese und stülpten sie nach außen um – als Schirm. Da die Tische in dem Lokal auf verschiedenem Niveau stehen, die Lampen aber in gleicher Höhe über den Tischen hängen sollten, war der Gegenzug nötig. Das Gewicht wurde genau den traditionellen Keramikzylindern nachgearbeitet – aber aus Stahl, gefüllt mit Stahlkügelchen, und mit einer besser zugänglichen Füllöffnung als seine alten Vorbilder.

13

Jahr: 1961

Designer: A. und P. Castiglioni

Modell: 4005 + 4006

Material: Metacryl
Messing vernickelt

Maße: H 33. ∅ 62 – H 27. ∅ 50

Preise: auf Anfrage

Hersteller: Kartell, Mailand

Eine Spezialität der Brüder Castiglioni ist das Re-Design, die Wiederaufnahme bewährter traditioneller Formen, aber mit neuen Materialien. Die Lampe aus zwei Halbkugeln ist ein Beispiel dafür. Die kleinere Halbkugel verbirgt die Glühlampe, die größere wölbt sich als Schirm darüber. Früher gab es solche Lampen aus Milchglas, die Castiglionis verwendeten Kunststoff, weil der weniger empfindlich und darum für solche schlichten Lampen besser geeignet ist als Glas. Der vielen Menschen vertrauten Form verdankt sie ihren Riesenerfolg, der bis heute unvermindert anhält.

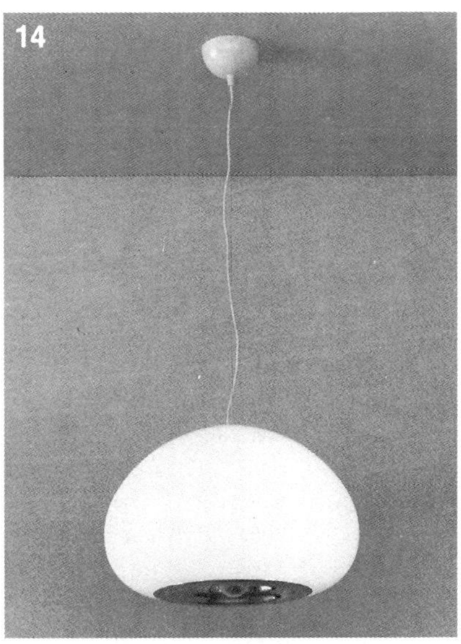

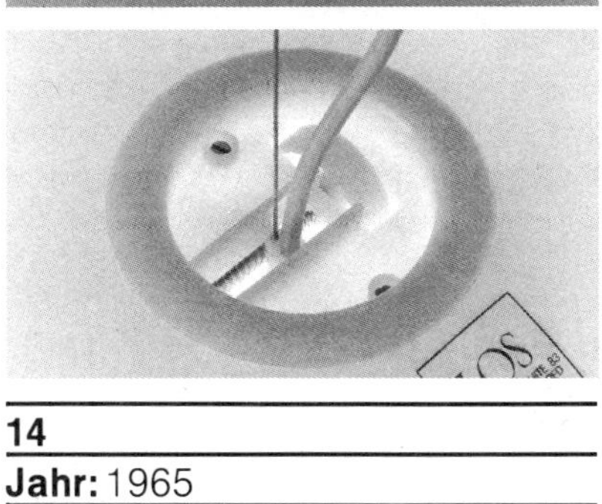

14

Jahr: 1965

Designer: A. und P. Castiglioni

Modell: Black & White

Material: Kuppel Milchglas.
Reflektor Aluminium

Maße: H 33. ∅ 50

Preis: auf Anfrage

Hersteller: wie 12

Das »Black« im Namen der Lampe hat nicht etwa mit dem winzigen schwarzen Käntchen zu tun. Wie Achille Castiglioni erklärt, trägt die Lampe diesen Namen, weil sie je nach Wunsch zweierlei Licht gibt: Die große Milchglaskuppel, ganz ähnlich konstruiert wie der Metallschirm der »Splügenbräu« (Nr. 12), ist eine unten eingedellte Kugel. In der Delle, die der besseren Reflexion wegen gewellt ist, sitzt eine kopfverspiegelte Birne. Schaltet man sie allein an, richtet die Lampe ihr Licht nur nach unten, das nennt Castiglioni »Black«. Schaltet man aber noch die drei Birnen in der Kugel an, wird die Lampe weiß und beleuchtet den ganzen Raum. Die »White«-Birnen sind auch separat schaltbar. Die Namen für seine Lampen denkt sich Castiglioni selber aus. Sie sind nie pure Phantasie. Ein nicht marketinggerechter Name könne, meint er, schuld sein am Mißerfolg einer Sache.

Die Designer:

Als zehn Jahre nach Pier Giacomo Castiglionis Tod grafische Arbeiten veröffentlicht wurden, war alle Welt erstaunt: Man hatte ihn immer nur als einen der Fratelli (Brüder) Castiglioni gekannt und nicht gewußt, daß er neben der Teamarbeit auch etwas gemacht hatte, das nur ihm zuzuschreiben ist. Pier Giacomo Castiglioni hatte sich, angespornt von der Arbeit

Pier Giacomo Castiglioni.
* Mailand, 22. April 1913.
† Mailand, 27. Nov. 1968

seines Vaters, eines Bildhauers, schon früh im Zeichnen und Modellieren geübt. Es schien, als sei er begabt, in der väterlichen Tradition weiterzuarbeiten. Aber als er (an der Architekturfakultät der Universität Mailand) studiert und seinen Doktor gemacht hatte, ging er, ganz der Innovation, der Moderne zugewandt, eigene Wege. Zuerst zusammen mit seinem älteren Bruder Livio, dann mit dem jüngeren Bruder Achille. Von Anfang an lieferten die drei bedeutende Beiträge zum italienischen Möbel- und Industriedesign und errangen internationale Aufmerksamkeit. Über Achille Castiglioni siehe »Stühle«, Nr. 25. ●

15

Jahr: 1964

Designer: Bruno Munari

Modell: Falkland 2040 A

Material: Elastisches Schlauchgewebe, weiß. Ringe, Fassung, Baldachin Leichtmetall

Maße: H 165. Ø 40

Preis: auf Anfrage

Hersteller: Danese, Mailand

Unter ihrem offiziellen Namen kennt sie kaum einer. Jeder nennt sie »Aalreuse« oder (in Italien) »Lampada tubolare« – Schlauchlampe, was beides die Form nahelegt. Sie ist ein typischer Munari: Ihr Designer liebt das Spiel mit Körpern verschiedenster Form und interessiert sich für Licht- und Schattenwirkungen. Munari erinnert die Lampe an Bambus, weil sie wie jener eine natürliche Form hat, die sich überall anpaßt. Er wollte, sagt er, eine dekorative Lampe entwerfen, die groß ist, aber sich einfach montieren läßt. Als er in einer Strumpffabrik ein Schlauchgewebe für die Lampe verlangte, sah man ihn an, als ob er verrückt wäre. Aber er bekam seinen Schlauch. Dieser wird auf einer Strumpfwirkmaschine hergestellt, hat bei rauher Behandlung auch schon Laufmaschen davongetragen. Man kann die Lampe auch waschen wie einen Strumpf: mit einem Feinwaschmittel. Danach wird sie in einem Frottiertuch ausgedrückt und feucht wieder aufgehängt.

Der Designer

Eine Berufsbezeichnung für Bruno Munari zu finden, hat schon manch einer vergebens versucht. In einem Buch über italienisches Design der fünfziger Jahre wird das Gegenteil versucht: zu sagen, was alles er nicht ist: »Nicht Designer oder Maler oder Grafiker, nicht Plakatmacher, Schaufensterdekorateur oder Stilist, nicht Essayist, Lehrer, Bildhauer, Fotograf, Regisseur oder Poet. Nicht Kind, nicht Erwachsener, nicht alt, nicht jung.« Eher schon könnte man ihn Zauberer oder Taschenspieler nennen. Er sagt: »Gib mir vier Steine und ein Stück Seidenpapier, und ich mach dir eine Wunderwelt.« Der Platz, an dem er das tut, ist ein über die Maßen ordentlicher Schreibtisch in einem kleinen Büro in der Via Vittorio Colonna in Mailand. Munari ist Autodidakt. Er hat bis zu seinem 19. Jahr in einem Dörfchen im Veneto gelebt. In Mailand spielte dieser Mensch mit der spielerischen und ironischen Phantasie bald eine bedeutende Rolle im Kulturleben. Er stellte seine ersten »unnützen Maschinen« vor, malte, veröffentlichte die »Fotochronik« im Do-

Bruno Munari
* Mailand,
24. Oktober
1907

mus-Verlag, schrieb während des Krieges für die Zeitschrift »Domus«. 1945 schuf er sein erstes kinetisches Kunstwerk, 1948 die ersten »unlesbaren Bücher« (mit transparenten und perforierten schwarzen Seiten, durch die man darunterliegende Zeichnungen betrachtet). Durch seine Studien über sinnliche Wahrnehmung kam er zu seinen Positiv-Negativ-Bildern, zur Direkt-Projektion und zur Projektion mit polarisiertem Licht, mit denen er wertvolle Beiträge zur Didaktik und zum Zeichentrickfilm leistete. Munari beschäftigt sich mit Design und Architektur und Grafik, er macht Springbrunnen mit Wasserspielen und Spielzeug für Intellektuelle. Dabei nimmt er niemals Notiz von den üblichen Grenzen zwischen den verschiedenen Künsten und zwischen reiner und angewandter Kunst. Munari ist Mitglied der ADI (Gesellschaft für Industrie-Design), war in der Jury für den Compasso d'Oro, hat Bücher über Kunst und Handwerk, Künstler und Designer geschrieben. Er lehrt am Mailänder Polytechnikum über Methoden des Entwurfs und gibt eine Schriftenreihe über Design heraus. ●

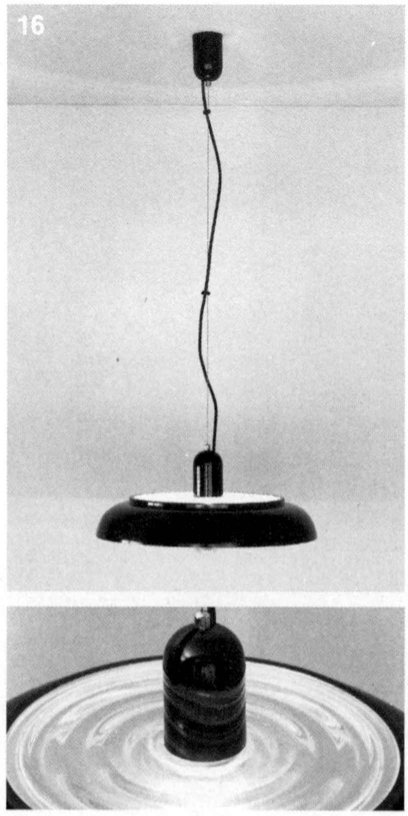

16

Jahr: 1965

Designer: Joe Colombo

Modell: Ra

Material: Glas. Reflektor Metall, lackiert in Schwarz, Weiß, Rot, Gelb

Maße: H 18. Ø 46

Preis: auf Anfrage

Hersteller: Forma e Funzione, Varese/Italien

Im Kapitel »Stühle« ist unter Nummer 30 nachzulesen, daß Joe Colombo bei allen Neuerungen zu den Avantgardisten gehörte, daß er nichts auf Vergangenheit gab, nur in die Zukunft dachte. Zu diesem Bild paßt es, daß Colombo auch schon ein frühes Beispiel für High Tech (die Kunst, Materialien und Gegenstände aus dem Industriebereich für Wohnzwecke zu entfremden) geliefert hat: die Lampe »Ra«. Ihm war »furchtbar häßliches gewelltes Glas« (vetro ondulato molto brutto) aufgefallen, das als Isolierglas für die Rollen dient, auf denen Elektrokabel aufgerollt werden. Eine runde Scheibe aus diesem Glas bildet den Oberteil der Lampe. Mit ihm ist die Kuppel fest verbunden, während der Reflektorring lose darübergestülpt wird. Durch das Wellenglas wird das Licht in Ringen an die Decke geworfen. Die ersten Modelle hat wie die meisten Colombo-Lampen der Meister Ostuni gebaut, der große alte Lampenmann, in dessen Werkstatt viele der italienischen Designer Experimente gemacht hatten und die allerbeste Beratung fanden. Der Name Ra bekundet nicht Colombos Vorliebe für ägyptische Götter – die Lampe trug anfangs nur eine Nummer und wurde erst später vom Hersteller, in dessen Katalog noch mehr Götternamen stehen, nach dem Sonnengott genannt.

Der Designer

Über Joe Colombo siehe Kapitel »Stühle«, Nr. 30 und »Tische«, Nr. 22. ●

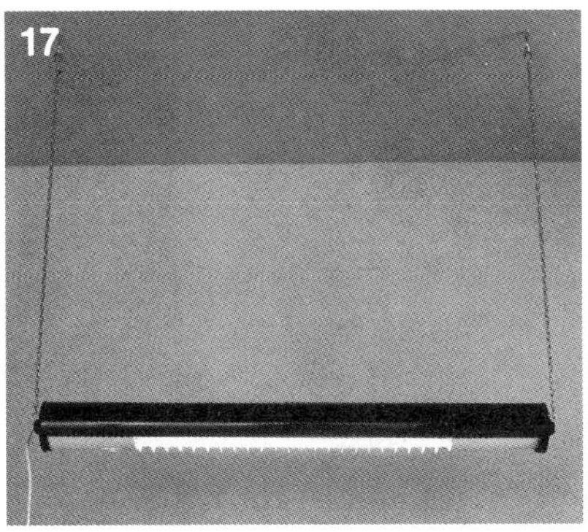

17

Jahr: 1967

Designer: Anders Pehrson

Modell: Supertube

Material: Stranggepreßtes Aluminium, blankverchromt lackiert oder vermessingt

Maße: L 96,8 bis 367. Ø 9,3

Preis: auf Anfrage

Hersteller: Atelje Lyktan, Ahus/Schweden und Hamburg

Sie ist, wie einer vom Fach sagt, die Urmutter aller »Leuchtwürmer«, vom Designer ursprünglich als blendfreie Schultafelbeleuchtung gedacht, die fest montiert war. Was den Tafeln recht ist, fand Pehrson dann, könnte Bilderwänden nur billig sein. Und der nächste Gedanke war dann, daß die Supertube auch überm Tisch sich gut ausnehmen müßte. Sie blendet nicht, und man kann die Lichtrichtung regulieren, da sich das ganze Ding 350 Grad um die eigene Achse drehen läßt. Und dank dem Schirm, der die Leuchtröhre einhüllt, sieht sie nicht technisch aus. Und: Man braucht nicht vom Tisch aufzustehen, um die Supertube an- und auszuschalten oder zu dimmen: Der Schalter sitzt an der Lampe. Mit Hilfe von zwei-, drei-, vier- und sechsarmigen Verbindungen ist die einfache Röhre zum System weiterentwickelt worden: Man kann die Beleuchtung um Ecken und Vorsprünge führen, Quadrate, Sterne und andere Figuren bilden.

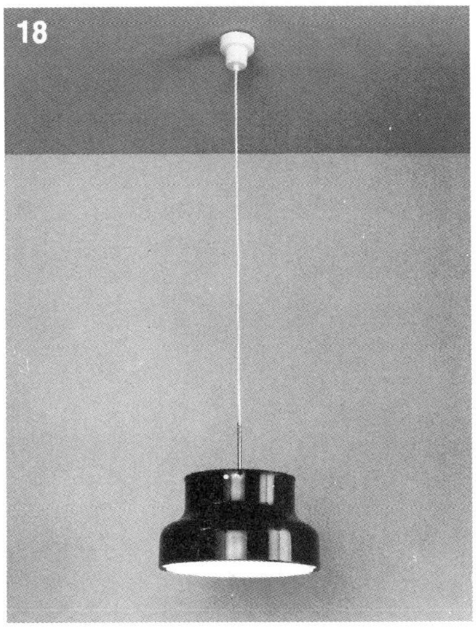

18

Jahr: 1968

Designer: Anders Pehrson

Modell: Bumling

Material: Schirm Aluminium, lackiert, verchromt, vermessingt Blendschutz-Ringraster aus Kunststoff

Maße: H 17. Ø 25; H 22,5. Ø 40; H 27,5. Ø 48,5; H 33,5. Ø 60

Preis: auf Anfrage

Hersteller: Atelje Lyktan, Ahus/Schweden und Hamburg

»Soll das ein Witz sein?« fragten die Leute auf der Beleuchtungsmesse 1968 in Göteborg. So eine Form, solche Farben hatte es für Lampen noch nicht gegeben. Damals stellte Pehrson die Riesin mit 60 Zentimeter Durchmesser vor. »Mein Gott, was für ein Brocken!« riefen die Messebesucher. Andere meinten, sie sähe aus wie ein Teddybär. Mitarbeiter auf dem Messestand notierten all die Bemerkungen, und da das Wort Bumling (schwedisch für Brokken) am häufigsten fiel, hatte die Lampe ihren Namen. Ungeachtet der spöttischen Urteile schlug Bumling gut ein, so daß man bald mehrere Versionen machte. Wie bekannt Bumling und ihr Designer in Schweden sind, belegt eine Anekdote: Ein Amerikaner adressierte einen Brief an Anders Pehrson an »Mr. Bumling, Schweden« – und der Brief kam richtig an.

Der Designer

Anders Pehrson ist von Haus aus Ingenieur, er hat in Göteborg studiert. Aber seit über vierzig Jahren befaßt er sich mit Design auf verschiedenen Gebieten. So war er viele Jahre lang Design-Chef der

Anders Pehrson
* Ahus,
19. September 1912

schwedischen Philips. Als er 1965 zum Atelje Lyktan kam, gab es dort nur Lampen in Schwarz und Weiß. Pehrson brachte Farbe auf die Lampen – damals etwas Ungewöhnliches. Die Farbskala umfaßte damals zehn Töne, von denen die vier Blau- und Grünschattierungen nicht gut gingen. Pehrson mischte Hell- und Dunkelnuancen und erzielte Eiskremfarben, die in Amerika so gut wie in Europa aufgenommen wurden. Heute beschäftigt Pehrson sich, ohne an eine Firma gebunden zu sein, mit der Entwicklung von Produkten verschiedenster Art, z. B. in der eigenen Glashütte in Ahus. ●

19

Jahr: 1968

Designer: Verner Panton

Modell: Flowerpot

Material: Metall, emailliert

Maße: H 15. Ø 21,5

Preis: auf Anfrage

Hersteller: Louis Poulsen, Kopenhagen und Haan

Eine Lampe, die jedermann sich leisten könnte und die in den Wohnraum so gut paßt wie in Flur oder Küche, hatte Verner Panton im Sinn. Das Ergebnis war der »Flowerpot«, den er ursprünglich nicht für Louis Poulsen entworfen hat. Poulsen aber, der den Entwurf sah, erklärte: »Die muß ich haben«, und als Panton verreisen mußte, ohne eine Entscheidung getroffen zu haben, verlangte Poulsen: »Gib mir die Schlüssel zu deinem Haus – ich warte, bis du zurück bist.« Solche Hartnäkkigkeit überzeugte den Designer, und so kam die Lampe zu Poulsen. Den Namen lasen Mitarbeiter von Poulsen in Amerika und fanden, der passe ideal zu dieser Lampe. Sie ist sehr erfolgreich: bis zu 240 000 in einem Jahr wurden verkauft. 1972 bekam sie den Bundespreis Gute Form.

Der Designer

Die dänische Zeitschrift »Mobilia« nennt Verner Panton den »Showmaster Nummer eins« des dänischen Designs, weil er international berühmt ist für seine »immer verschiedenen und niemals eintönigen« Möbel, Textilien und Lampen. Panton hat Furore gemacht mit seinen farblich kühnen »Visiona«-Ausstellungsschiffen zu den Kölner Möbelmessen 1968 und 1970, abermals mit kühnen Farben bei Interieurs für den »Spiegel« und für die Kantine von Gruner & Jahr in Hamburg. Er hat aber auch so praktische Dinge entworfen wie eine Lampe mit Visierblenden, einen »Bau«-Stuhl, den man zerlegen kann, und aufblasbare Kissenmöbel. Panton war immer dabei, wenn neue Materialien zu erproben waren: Er hat einen der ersten einteiligen Kunststoffstühle gemacht – dieser wird seit einiger Zeit nicht mehr hergestellt, soll aber wiederkommen. Panton hat am Technikum in Odense und an der Königlichen Akademie der Schönen Künste in Kopenhagen studiert und 1951 Examen gemacht. Zwei Jahre lang hat er im Büro von Arne Jacobsen gearbeitet, von dem er sagt, daß er seinen Mitarbeitern viel freie Hand ließ. Panton hat sich 1955 in der Schweiz als Architekt und Designer niedergelassen. Dreimal hat er einen Bundespreis Gute Form bekommen, außerdem den International Design Award in den USA und Preise von Eurodomus, vom Rosenthal-Studio und vom Österreichischen Bauzentrum. ●

Verner Panton
* Gamtofte/
Dänemark,
13. Februar 1926

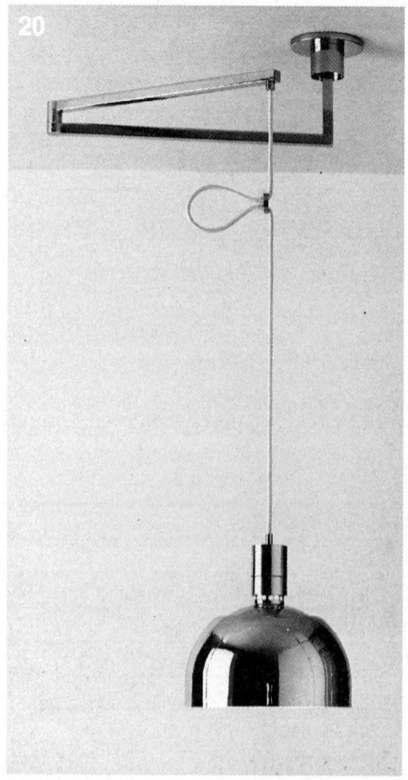

20

Jahr: 1970

Designer: Marco Albini, Franca Helg, Antonio Piva

Modell: AS 41

Material: Metall, verchromt oder vergoldet

Maße: Schirm ∅ 30. Gelenkarm L max. 120 Höhe mit Schnurhalter veränderbar

Preis: auf Anfrage

Hersteller: Sirrah, Imola/Italien

Neben Lampen, die als Einzelstücke erarbeitet und realisiert werden, und Speziallampen für Illumination von Gebäuden und Gebäudeteilen macht die Gruppe Albini-Helg-Piva Lampen für industrielle Herstellung in großem Umfang, zu denen das AS-System gehört. Das ist eine Reihe höchst ausgeklügelter Hänge- und Wandlampen, die sich elegant den verschiedensten Situationen anpassen. Es gibt selten so gescheite Lösungen: Der zweiteilige Gelenkarm läßt sich ausfahren, zusammenklappen und drehen (ideal überm Ausziehtisch!), und die Höhe kann man ganz einfach mit einem Schnurhalter regulieren. Es gibt mehrere Reflektoren dazu. Bei dem abgebildeten sitzt der breite untere Ring lose auf: Um das Licht in eine bestimmte Richtung zu lenken, legt man ihn mehr oder weniger schräg auf.

Die Designer

In dem Dreier-Studio für Architektur, Städtebau und Design ist schon die zweite Generation am Werk. Gegründet wurde es 1930 von Franco Albini, der am 1. November 1977 starb. Seitdem wird das Studio von seinem Sohn Marco geleitet, der am Mailänder Polytechnikum studiert und 1965 seinen Doktor gemacht hat. An dieser Hochschule ist er auch als Dozent in der Architektur-Falkultät tätig. Auch Franca Helg, die 1952 in das Studio eintrat, hat am Mailänder Polytechnikum promoviert und ist dort Professorin für Architektur. Antonio Piva, der in Venedig studiert und promoviert hat, ist seit 1962 am Mailänder Polytechnikum für die Restaurierung von Baudenkmälern zuständig. Die Gruppe richtet auch Ausstellungen aus, zum Beispiel über den berühmten Baumeister Palladio (1980, zum 400. Todesjahr des Künstlers). Eine Reihe von Preisen (mehrmals: Compasso d'Oro) bestätigt eindrucksvoll die Qualität der Arbeit der Gruppe. ●

Marco Albini
* Mailand,
9. August 1940

Franca Helg
* Mailand,
21. Februar 1920

Antonio Piva
* Padua,
13. Juni 1936

Wand- und Deckenlampen

1

Jahr: um 1930

Designer: Christian Dell

Modell: 15-1192-21-20

Material: Metall, schwarz, braun, elfenbein, rot, gelb lackiert

Maße: ∅ 21,5. Ausladung max. 90

Preis: auf Anfrage

Hersteller: Kaiser, Arnsberg

»Idell« heißt die Gruppe, zu der diese Lampe gehört: Das ist eine Zusammenziehung von »Idee Dell«. Christian Dell, der Bauhaus-Meister, hat mit dem Metallreflektor eine umwälzende Neuerung für Arbeitslampen gebracht: Bis dahin waren die Schirme aus Seladonglas, außen grün, innen opalweiß. Der Fabrikant Josef Kaiser hat Dells Entwürfe (es gibt noch andere) 1935/36 für seine Firma gekauft. Frau Horsch, seine Verkaufsleiterin zu jener Zeit, schildert Dell als einen Mann, »mit dem nicht gut Kirschen essen war« – weil er nämlich genau wußte, was er wollte, und nicht zuließ, daß an seinen Entwürfen ohne seine Zustimmung etwas geändert wurde. Obwohl Dell im Namen der Lampengruppe verewigt ist, wird er in den Katalogen von Kaiser nicht als Designer genannt. Anders hält es die Warenhandelsgesellschaft Magazin in Stuttgart, eine Gruppe von Architekten, die unter vielem anderen diese und noch mehr Lampen von Dell vertreibt: Sie widmet auch dem Designer eine Katalogzeile.

Der Designer

Christian Dell, geboren am 24. Februar 1893 in Hanau, gestorben am 18. Juli 1974, hat noch bei Henry van de Velde gelernt. Er war bis 1913 auf der Kunstgewerbeschule Weimar, die der berühmte Jugendstil-Künstler leitete. Aus ihr ging 1919 das Bauhaus hervor. Und am Bauhaus war der Silberschmied Dell vom Januar 1922 an handwerklicher Leiter der Metallwerkstatt, deren pädagogischer Leiter der Maler Laszlo Moholy Nagy war. Die Ausbildung an der Metallwerkstatt hatte zum Ziel, fachlich hochqualifizierte Handwerker heranzuziehen. Die Schüler mußten deshalb die Gesellenprüfung als Silberschmied bestehen. In der Werkstatt wurden zunächst die Arbeitsgrundlagen von allen zusammen erarbeitet. Jeder machte dann einen Entwurf, der neben Funktionsgerechtigkeit und Schönheit der Form auch Möglichkeiten der industriellen Fertigung zu niedrigen Preisen berücksichtigen sollte. Die Arbeiten, die jeder selber ausführte, wurden vom ganzen Team beurteilt. Christian Dell blieb bis 1926 am Bauhaus. Dann wurde er als Lehrer an die Kunstschule in Frankfurt berufen. Dort hat er bis zu deren Auflösung 1933 gearbeitet. Da seine Spuren sich später verlieren, ist ein Foto von Christian Dell nicht mehr aufzutreiben. ●

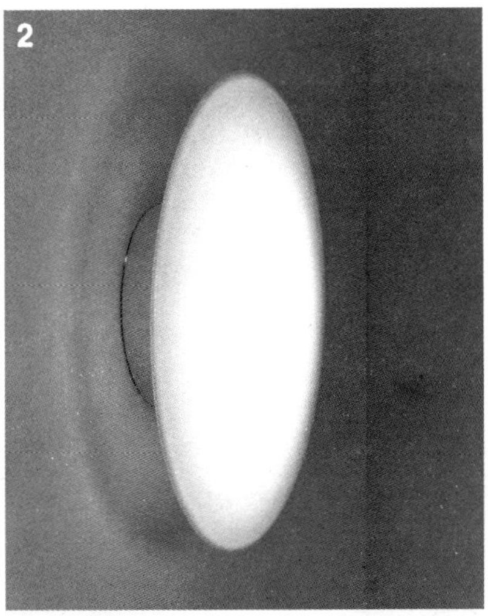

2

Jahr: 1956

Designer: Arne Jacobsen

Modell: AJ Diskus

Material: Opalglas. Sockel Metall

Maße: ∅ 22, Ausladung 11,5 – ∅ 35, Ausladung 10 – ∅ 45, Ausladung 13

Preise: auf Anfrage

Hersteller: Louis Poulsen, Kopenhagen und Haan

Was Arne Jacobsen da gezeichnet hatte, stellte seinen Hersteller vor schier unlösbare Probleme: ein Glasgehäuse wie ein Diskus, zum Rand hin extrem flach werdend, und aus zwei Glasschichten, damit es opalisiert. Poulsen suchte ein Jahr lang, bis er eine Glashütte gefunden hatte, die Erfahrungen genug hatte, solch eine schwierige Form zu machen: die deutsche Firma Peill & Putzler in Düren. Die Birnenfassung hat Jacobsen in dem metallenen Sockel untergebracht.

Der Designer

Über Arne Jacobsen siehe in den Kapiteln »Stühle«, Nr. 16 und 17, »Armlehnstühle«, Nr. 24, »Hängelampen«, Nr. 13. ●

3

Jahr: 1960

Designer: Gino Sarfatti

Modell: 237/3

Material: Glas, klar oder satiniert. Metall, lackiert

Maße: ∅ 14. B 47. T 21

Preis: auf Anfrage

Hersteller: Arteluce Contract/Flos, Brescia/Italien und Euskirchen

Bälle als Lichtquelle fand Sarfatti hübsch. Um daraus eine leger und witzig wirkende Lampe zu machen, hat er die Bälle lose in Metallringe gelegt und auch die Kabel lose und offen liegenlassen. Auch diese Lampe ist, wie andere Entwürfe Sarfattis, viele Male kopiert worden. Es gibt sie mit verschieden dicken Kugeln und auch mit einer, zwei oder mit fünf Kugeln.

4

Jahr: 1962

Designer: Gino Sarfatti

Modell: 3055

Material: Glas. Metall, lackiert

Maße: H 7, 9, 13, 15, ∅ 12, 25, 37, 50

Preis: auf Anfrage

Hersteller: wie 5

Das Schiffsbullauge hatte Sarfatti im Sinn, als er diese einfache Deckenlampe zeichnete. In seinem Entwurf ist das Glas nur ganz flach gewölbt wie eine Linse. Mit den derzeit hergestellten stark konvexen Gläsern ist Sarfatti nicht einverstanden – er hat dieserhalb beim Hersteller reklamiert. Der Sockel mit der Fassung wird direkt an die Decke geschraubt. Das Glas liegt lose in dem schlichten Ring, der sichtbar dagegengeschraubt wird.

Der Designer

Über Gino Sarfatti siehe »Hängelampen«, Nr. 6. ●

5

5

Jahr: 1964

Designer: Jens Møller-Jensen

Modell: Albertslund

Material: Glas. Sockel Bakelit. Abblendring Metall, lackiert

Maße: H 19,5. Ø 13,2 (Decke). Wandlampe: Ø 27. Trägerarm 56

Preise: auf Anfrage

Hersteller: wie 2

Urmutter der Lampenserie ist eine Straßenlaterne auf hohem Mast, die »Vandalensichere«, die nicht kaputtzukriegen ist. Møller-Jensen hat sie für den Kopenhagener Stadtteil Albertslund entworfen, den eine Gruppe von Architekten unter Leitung seines Vaters, des Architekten Viggo Møller-Jensen, gebaut hat: lauter Häuschen im Grünen, alles von humanem, kinderfreundlichem Zuschnitt. Der junge Møller-Jensen, der dagegen ist, immer neues Design hervorzubringen, hat ein altes Modell, die Slotsholmlampe, verbessert und zum billigen Standardprodukt gemacht. Die »Albertslund« besteht aus einem Bakelit-Sockel mit der Fassung, einem Glas zum Schutz der Birne und einem Ring, der den Glühfaden der Birne verdeckt. In den Sockel sind zwei Kabelöffnungen eingeschnitten.

Der Designer

Jens Møller-Jensen, ein Mensch voller Ideen, ist ausgebildet als Feinmechaniker und Instrumentenbauer (bei der weltbekannten Firma Brüel & Kjaer und beim Instrumentenmacher Ole Dich). Außerdem war er an der Kopenhagener Kunstakademie Schüler in Erik Herløws Designklasse – mit solchem Erfolg, daß er Leiter der Werkstatt der Akademie wurde. Daneben betreibt er eine eigene Werkstatt in Nyhavn. Die Albertslundlampe gehört zu den wenigen seiner Entwürfe, die industriell hergestellt werden. Er entwarf Geräte und einen Kutter für Meeresbiologie, ein Wasserfahrrad, einen tragbaren Zeichenkasten, der sich in ein Pult umwandeln läßt, einen zusammenklappbaren Vogelkäfig und (für Bang & Olufsen) ein Fernsehgerät, bei dem der wichtige Ausschaltknopf rot leuchtet. Auch die Schilder für die Dänischen Staatsbahnen und die Kopenhagener Verkehrsbetriebe hat er entworfen. Er macht nie Zeichnungen, sondern immer original große Werkstücke, damit der Auftraggeber gleich sieht, was er bekommen soll. ●

Jens Møller-Jensen
* Kopenhagen, 10. Januar 1938

6
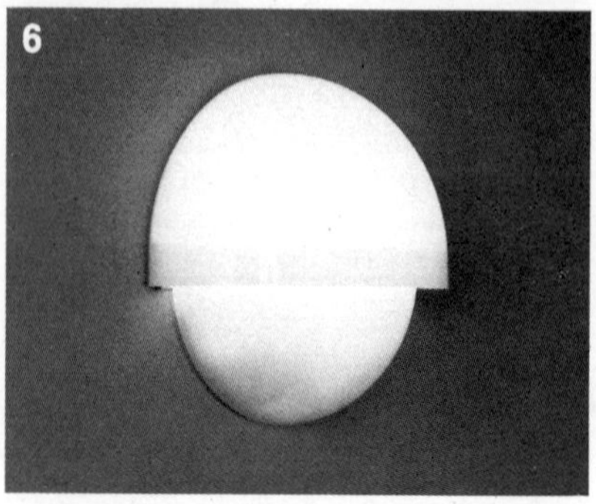

6

Jahr: 1964

Designer: Vico Magistretti

Modell: Mania

Material: Polykarbonat oder Opalglas

Maße: T 10. Ø 24 (14/28)

Preise: auf Anfrage

Hersteller: Artemide/Rosenthal, Mailand/München

Warum die Lampe »Wahnsinn« heißt, kann Magistretti nicht erklären. Er vermutet, daß Signor Gismondi, sein Hersteller mit dem Faible für effektvolle Namen, darauf gekommen ist. Magistretti findet die »Mania« gar nicht verrückt, sondern höchst patent: Man kann sie auch umgekehrt aufhängen, dann wirkt der große Schirm nicht wie ein Hut, sondern wie eine Schale, in der der kleinere ruht.

7

7

Jahr: 1966

Designer: Vico Magistretti

Modell: Eclisse

Material: Metall, lackiert (weiß, blau und rot)

Maße: T 17. Ø 12

Preis: auf Anfrage

Hersteller: wie 6

Im U-Bahn-Tunnel kam Magistretti die Idee: Er dachte an die Diebe, die ihre Lampe immer abdecken, und machte eine Skizze aufs U-Bahn-Ticket: »Das war der ganze Entwurf.« Die Lampe, die genau zutreffend »Sonnenfinsternis« (Eclisse) heißt, wurde ein Riesenerfolg: In den sechziger Jahren wurde sie, die auch als Tischlampe zu haben ist, von aller Welt gekauft (bis heute sind 360000 Stück verkauft worden). Sie bekam den Compasso d'Oro 1967 und steht im Museum of Modern Art in New York.

Der Designer

Über Vico Magistretti siehe »Stühle«, Nr. 31; »Armlehnstühle«, Nr. 24, »Tische«, Nr. 19, 20. ●

8
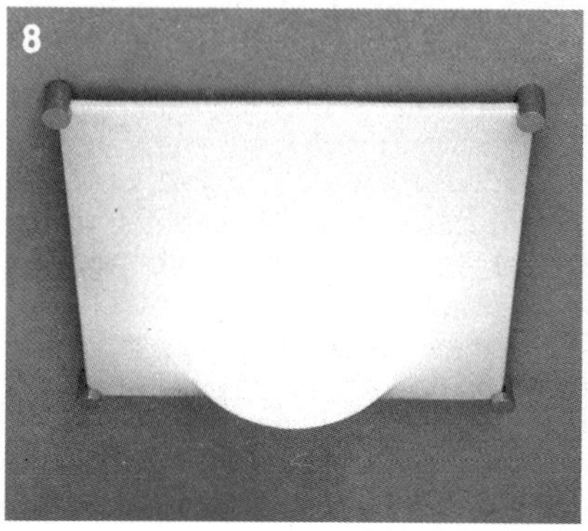

8

Jahr: 1965

Designer: Elio Martinelli

Modell: Bolle

Material: Schirm Metacrylat, opalweiß. Halterung Aluminium, eloxiert

Maße: 35x35, 50x50. 60x60

Preise: auf Anfrage

Hersteller: Martinelli Luce, Lucca/Italien

Elio Martinelli, der sein eigener Hersteller ist, hat eine große Zahl von patenten und ästhetisch makellosen Lampen entworfen. Dabei hat er sowohl bewährte traditionelle Formen mit neuen Ideen verfeinert als auch interessante Lösungen für neue Materialien gefunden. Zur letzteren Kategorie gehören die Blasen, die man ebensogut mit Leuchtröhren wie mit Glühbirnen bestücken kann. Sie sind gute Solisten, aber ihre wahren Reize entfalten sie erst im Ensemble, wenn man mit ihnen spielt: mehrere nebeneinander aufreiht, zu Quadraten oder Mäandern oder Phantasiefiguren arrangiert oder gar eine ganze Decke mit ihnen pflastert.

Der Designer

Schon 1942, während er noch an der Akademie der Schönen Künste in Florenz Bühnenmalerei studierte, hat Elio Martinelli angefangen, in der väterlichen Lampenfabrik mitzuarbeiten. Eine Zeitlang hat er auch in der Architektur-Fakultät gearbeitet, aber beendet hat er nur das Studium der Bühnenmalerei. In den fünfziger Jahren hat Martinelli sich mit Entwürfen für Wohnhäuser und Hotels und für Einrichtungen befaßt. Als die

Elio Martinelli
* Lucca,
19. November 1922

Fabrik des Vaters schrittweise umgestaltet wurde, hat Martinelli zum erstenmal einige Lampen entworfen und damit solchen Erfolg gehabt, daß er sich fortan nur noch dieser Arbeit widmete. Seitdem hat er eine große Zahl von Lampen gezeichnet, die in der eigenen Fabrik hergestellt werden. Siehe auch Seite 63, Nr. 6 ●

9

Jahr: 1965

Designer: Achille und Pier Giacomo Castiglioni

Modell: Lightball

Material: Metall und Glas

Maße: H 18. ∅ 24,5. H 23,5. ∅ 32,5. – H 30. ∅ 42

Preise: auf Anfrage

Hersteller: Flos, Brescia/Italien und Euskirchen

Die ganz gewöhnlichen gläsernen Kugellampen hatten die Brüder Castiglioni vor Augen, als sie diese Lampe zeichneten. Weil ihnen aber die einfache Schraubfassung der Kugeln, die von ungezählten Küchen- und Flurecken leuchteten, zu simpel war, zeichneten sie der ihren einen Hals und eine Deckenplatte aus Metall. Bei Castiglioni-Entwürfen ist, das betont Signor Achille, das Aussehen immer technisch begründet. Er macht nichts, was nur schön sein soll. Von der Idee zum Modell sind viele Schritte nötig, weil die Form nach den technischen Erfordernissen entwickelt wird.

Die Designer

Über Achille Castiglioni: »Stühle«, Nr. 25, »Armlehnstühle«, Nr. 28. Achille und Pier Giacomo Castiglioni: siehe »Hängelampen«, Nr. 11–14. ●

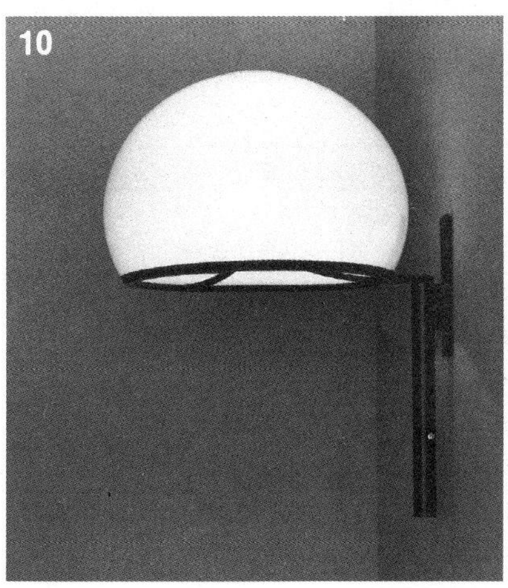

10

Jahr: 1966

Designer: Giotto Stoppino

Modell: 252

Material: Kuppeln Kunststoff Perspex, opal. Metallteile Messing, poliert, vernickelt oder lackiert

Maße: H 70. ∅ 50 – H 46. ∅ 30

Preise: auf Anfrage

Hersteller: Arteluce/Flos, Brescia/Italien und Euskirchen

Die Bauhaus-Lampen von Wagenfeld und Jucker (siehe späteres Kapitel »Tischlampen«), an die diese Lampe erinnert, haben noch gläserne Kuppeln. Stoppino, der die Bauhaus-Lampen kennt, nahm – mehr als dreißig Jahre später – lieber ein modernes Material. Stoppino arbeitet gern mit Kunststoff; durch ihn fühlt er sich gezwungen, Gegenstände mit klaren Formen zu entwerfen, die exakt der Funktion des Gegenstands entsprechen und ihre Ästhetik in sich tragen. Und weil das Material durchgefärbt ist, Farbe also nicht erst auf den fertigen Gegenstand aufgebracht wird. Die Kuppellampe hat er zusammen mit zwei Mitarbeitern in seinem Architekturbüro, Gregotti und Meneghetti, entworfen.

Der Designer

Sein Vater war Antiquitätenhändler, und daher kommt es, so meint Giotto Stoppino, daß er sich von Kindheit an für alle künstlerischen Dinge interessierte. Er hat in Mailand und Venedig Architektur studiert. Mit 25 Jahren trat er zum erstenmal öffentlich in Erscheinung: als Mitarbeiter von Ernesto N. Rogers bei einer Architekturausstellung für die IX. Triennale in Mai-

Giotto Stoppino
* Vigevano,
30. April 1926

land. Zuerst in Novara, später in Mailand hat er dann im Studio »Vereinigte Architekten« gearbeitet. Aus der Zeit dieser Zusammenarbeit erwähnt er als besonders bemerkenswert die Ausstellungskonzeption für die XIII. Triennale, weil sie die für ihn bedeutsamen Begriffe Technik, Illusion, Utopie zugleich ausdrückte. Seit er selbständig arbeitet, widmet er sich hauptsächlich dem Design und der Einrichtung von Wohnungen. Als ein entscheidendes Jahr sieht Stoppino 1968, nicht nur, weil er damals sein Büro eröffnete. Damals begannen die Arbeit mit der Firma Kartell und die Arbeit mit Kunststoff. Gleich sein erster Entwurf, stapelbare Tischchen, wurden auf dem Wettbewerb der Messe in Triest mit dem ersten Preis bedacht. Stoppino schätzt Kunststoff, weil man daraus Serienmöbel, die nicht teuer sind, machen kann. Er hat in den folgenden Jahren eine lange Reihe von erfolgreichen Möbeln und Lampen, auch für andere Firmen, gezeichnet und war auf vielen Ausstellungen vertreten. So auch auf der des Deutschen Werkbundes, »Design aus Italien«, die 1970 von Karlsruhe aus in andere Städte wanderte. Seit 1976 pflegt er eine vertrauensvolle Zusammenarbeit mit Lodovico Acerbis, für dessen Firma er eine Reihe eleganter Möbel entworfen hat. ●

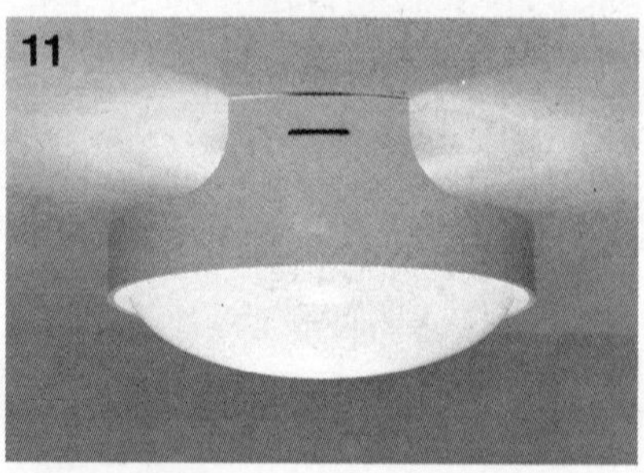

11

Jahr: 1966

Designer: Joe Colombo

Modell: 4335

Material: Schale Metacryl. Sockel Kunststoff ABS

Maße: H 15. Ø 25

Preis: auf Anfrage

Hersteller: Kartell, Mailand

Seit Colombo mit seinem reihbaren Stuhl (siehe »Stühle«, Nr. 30) die Arbeit mit Kunststoff begonnen hatte, hat er immer wieder neue Versuche mit diesem vielseitigen Material gemacht. Ergebnis einer Versuchsreihe, zwei Kunststoff-Arten miteinander zu kombinieren, ist diese Deckenlampe aus Metacryl und ABS. In der gebogenen Halterung hat er das C seines Namens verewigt.

Der Designer

Über Joe Colombo siehe »Stühle«, Nr. 30; »Tische«, Nr. 22, »Hängelampen«, Nr. 16. ●

Und hier kommen Klassiker von morgen

Die Hänge-, Wand- und Deckenlampen auf diesen und den nächsten beiden Seiten sind zwar auch schon geraume Zeit auf dem Markt, aber noch nicht lange genug, um den strengen Maßstäben der Klassiker-Serie zu genügen: Sie sind alle nach 1971 entstanden. Trotzdem sollen sie nicht ohne Chance bleiben. Sie haben bei der Auswahl so gut abgeschnitten, daß die SCHÖNER WOHNEN-Jury die Vorhersage wagt: Auch die werden in ein paar Jahren richtige Klassiker sein. Fürs erste sind sie nur an ihrer Jugend gescheitert.

1

Jahr: 1972

Designer: Centro Stilnovo

Modell: Campana

Material: Aluminium lackiert

Maße: H 35. Ø 65; H 25,5. Ø 43

Preise: auf Anfrage

Hersteller: Stilnovo, Mailand

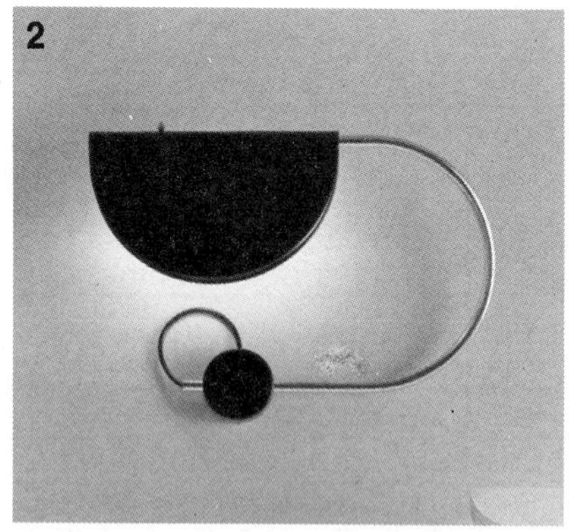

2

Jahr: 1974

Designer: Bruno Gecchelin

Modell: Mezzaluna P (Halogen)

Material: Metall, lackiert, verchromt. Mit Dimmer

Maße: 60x60. T 6

Preis: auf Anfrage

Hersteller: Skipper, Mailand/München

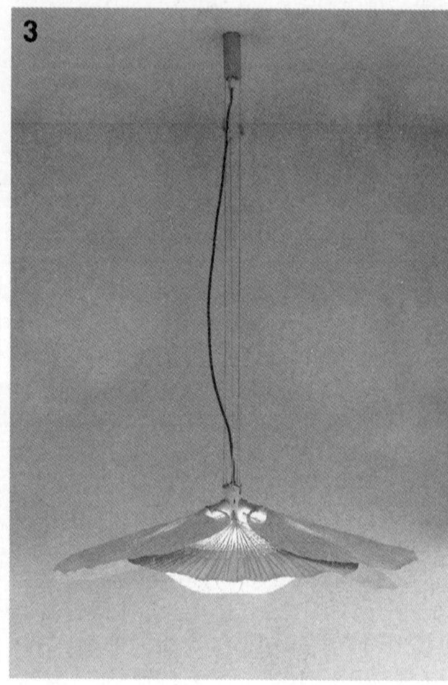

3

Jahr: 1974

Designer: Ingo Maurer

Modell: Hana I

Material: Bambus, Reispapierfächer

Maße: Ø 110

Preis: auf Anfrage

Hersteller: Design M, München

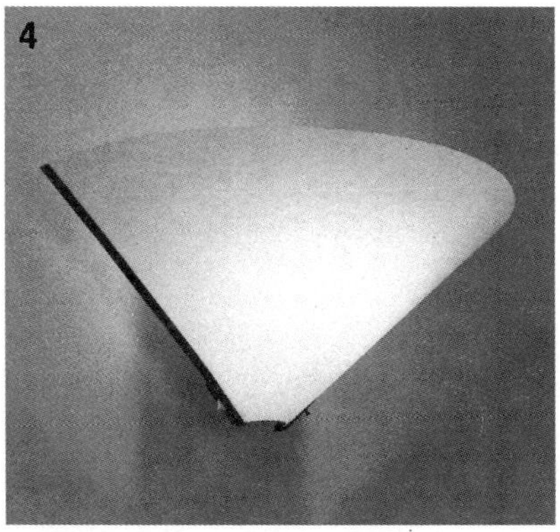

4
Jahr: 1977
Designer: Vico Magistretti
Modell: Porsenna
Material: Sockel Metall. Schirm synthetischer Stoff
Maße: H 25. T 29
Preis: auf Anfrage
Hersteller: Artemide/Rosenthal, Mailand/München

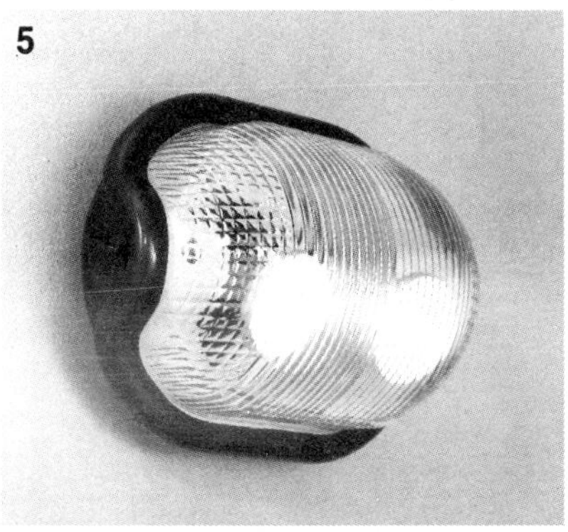

5
Jahr: 1972
Designer: Achille Castiglioni
Modell: Noce 2
Material: Sockel Aluminium, lackiert. Abdeckung Preßglas
Maße: L 36. B 25. H 18,5
Preis: auf Anfrage
Hersteller: Flos, Brescia/Italien, Euskirchen

6
Jahr: 1974
Designer: Elio Martinelli
Modell: 1849 Lampara
Material: Aluminium, lackiert
Maße: H 23. ∅ 60
Preis: auf Anfrage
Hersteller: Martinelli Luce, Lucca/Italien

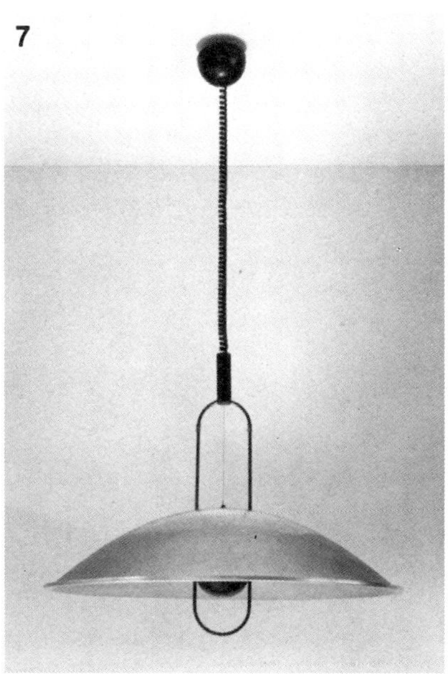

7
Jahr: 1974
Designer: Örni Halloween
Modell: Macumba 117 (Halogen)
Material: Metall, matt vernickelt
Maße: H 63. ∅ 80
Preis: auf Anfrage
Hersteller: Artemide/Rosenthal, Mailand/München

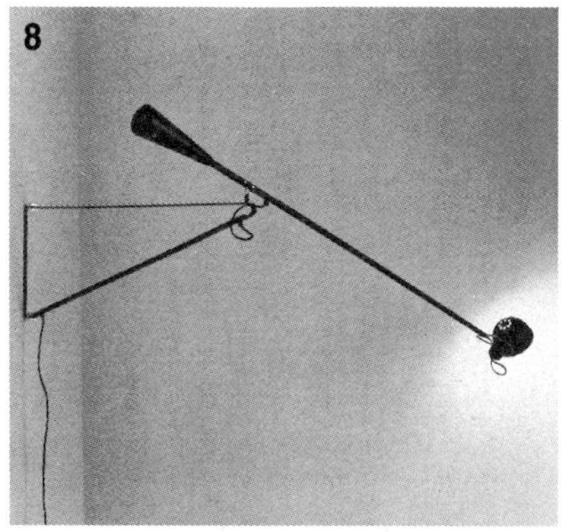

8
Jahr: 1973
Designer: Paolo Rizzatto
Modell: 265
Material: Metall, schwarz, weiß, rot
Maße: Arm L 205. Halter L 87. H 36
Preis: auf Anfrage
Hersteller: Arteluce/Flos, Brescia/Italien, Euskirchen

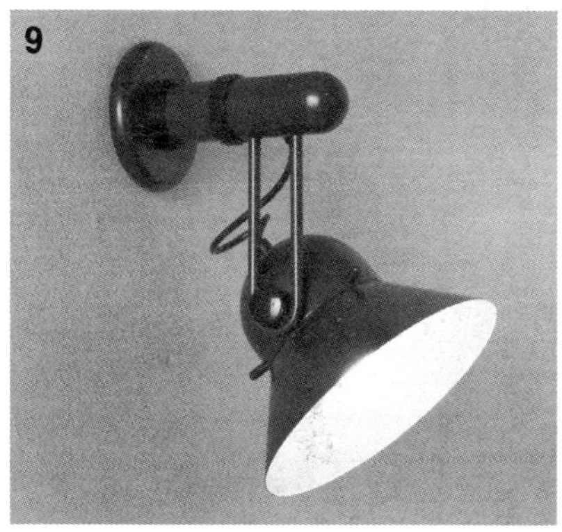

9
Jahr: 1978
Designer: Gae Aulenti
Modell: 6755
Material: Metall, lackiert
Maße: H 40. ∅ 25,4
Preis: auf Anfrage
Hersteller: Stilnovo, Mailand

10
Jahr: 1974
Designer: Bent Gantzel-Boysen
Modell: Cobra
Material: Schirm Metall, schwarz. Schlaucharm mit Kunststoffüberzug
Maße: ∅ 9,15. Ausladung 22
Preis: auf Anfrage
Hersteller: Louis Poulsen, Kopenhagen und Haan

11
Jahr: 1974
Designer: Vico Magistretti
Modell: Snow
Material: Kunststoff Perspex
Maße: H 29. ∅ 62
Preis: auf Anfrage
Hersteller: O-Luce, Mailand

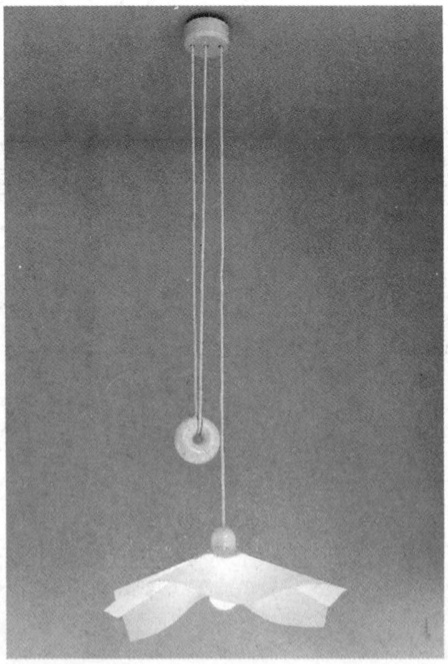

12
Jahr: 1974
Designer: Mario Bellini
Modell: Area 50 a
Material: Polycarbonat, Glasfasergewebe
Maße: ∅ 50, höhenverstellbar
Preis: auf Anfrage
Hersteller: Artemide/Rosenthal, Mailand/München

13
Jahr: 1978
Designer: Achille Castiglioni
Modell: Frisbi
Material: Reflektor Metall, hochglanzverchromt, innen lackiert. Diffusor Metacryl. Stahlfäden
Maße: H 73. ∅ 60
Preis: auf Anfrage
Hersteller: Flos, Brescia/Italien, Euskirchen

14
Jahr: 1973
Designer: Tobia Scarpa
Modell: Ariette 1, 2, 3
Material: Synthetisches Gewebe
Maße: H 20. 80x80. 100x100. 130x130
Preise: auf Anfrage
Hersteller: Flos, Brescia/Italien, Euskirchen

15
Jahr: 1976
Designer: Enzo Mari
Modell: Aggregato Braccio 110
Material: Schirm Metall, Opalglas Rosette ABS. Gelenke Metall, schwarz. Stab Aluminium
Maße: ∅ 38, 53. Länge max. 140
Preis: auf Anfrage
Hersteller: Artemide/Rosenthal, Mailand/München

Lampenfotos: Winfried Nörenberg. Werkfoto (Hängelampen 20). Porträtfotos: Galerie Maeght (Hängelampen 5). Studio Casali Hängelampen 11–14). Alle übrigen: privat.

Moderne Klassiker
MÖBEL, DIE GESCHICHTE MACHEN
Teil 5: Einzelmöbel

Solange der Mensch, als Jäger oder Hirte, ein Nomade ist, unbehaust also, trachtet er, seine Habe möglichst klein zu halten. Wird er aber seßhaft, wächst die Freude am Besitz. Er will nun statt des Fells, das er sich umhängt, Kleider zum Wechseln, stapelt Leinenes für Bett und Tisch, benutzt allerlei Gerät in der Küche und am Arbeitstisch und braucht Kamm und Geschmeide, um sich zu striegeln und zu schmücken. Um alle Dinge ordentlich aufzubewahren, muß er sich Behältnisse schaffen. Am Anfang waren das Kästen, geschnitzt und bemalt vielleicht. Als man den umständlichen und mühevollen Umgang mit der Truhe leid war, erfand man Gehäuse mit Schubladen und Fächern, die bequemer zu handhaben sind: Kommoden und Schränke. Erst mal waren das, wie sich's gehört, Einzelstücke. Unserem Jahrhundert war es vorbehalten, den totalen Schrank zu entwickeln, der ganze Wände einnimmt. Von dieser Spezialspezies handelt ein späteres Kapitel. Hier geht es um Solisten, die für sich allein bestehen, sich aber auch mit vielerlei anderem zusammentun lassen. An solchen Stücken kann der Entwerfer Phantasie, der Hersteller seine Kunstfertigkeit beweisen. Es sind Möbel mit raffinierten Details, Möbel, die die Schönheit kostbarer Hölzer zur Geltung bringen oder mit gleißenden Lackflächen prunken. Es sind Schränke aller Art und Größe dabei, manche mit Glastüren, hinter denen man Schätze zur Schau stellt; Kommoden mit breiten und schmalen, hohen und flachen Schubladen, Kredenzen und die besondere Gattung der Möbel für Schreibende: Pult, Schreibtisch, Sekretär. So vielfältig sie sich in Form und Größe darbieten – eines haben alle miteinander gemeinsam: Sie bieten, um es mit dem sachlichen Fachausdruck zu sagen, Stauraum. Sie sind Gehäuse für Besitztümer aller Art, große und kleine, kostbare und belanglose, nützliche und ergötzliche.

1

Jahr: 1918

Designer: Charles R. Mackintosh

Modell: Anrichte 327 D.S. 5

Material: Esche, schwarz gebeizt. Dekoration Perlmutt und bleigefaßte Glasstücke

Maße: H 151. B 163. T 57/25

Preis: auf Anfrage

Hersteller: Cassina, Mailand

Wie der Stuhl D. S. 3 und der Tisch D. S. 1 (siehe die Kapitel »Stühle« und »Tische«) gehört auch die schöne Anrichte zu dem Eßzimmer, das Mackintosh für den Fabrikanten Bassett-Lowke gezeichnet hat, das aber zu seiner Zeit nicht gebaut wurde. Nach den Originalzeichnungen machte der Italiener Filippo Alison für seine Mackintosh-Ausstellung auf der Mailänder Triennale 1973 eine Reihe von Zeichnungen, und nach diesen arbeitet die Firma Cassina in Mailand, ebenfalls seit 1973, die Faksimile-Möbel. Cassina suchte die Stücke, die nachgebaut werden sollten, zusammen mit den Besitzern der Originalzeichnungen aus und verglich die Reproduktionen peinlich genau mit Mackintoshs Skizzen. Diesen entsprechen genau die Formen und Maße. Abweichungen gibt es beim Material (Esche statt Eiche), bei den Beizfarben und bei den Polstern der Stühle (moderne Stoffe statt der von Mackintosh oft verwendeten Roßhaarbezüge). Trotz diesen Abweichungen werden, so urteilt, gestützt auf gründliche Kenntnis des Gesamtwerks, Mackintoshs Biograph Bilcliffe, die Reproduktionen den Entwürfen des Meisters vollauf gerecht.

Der Designer

Über Charles Rennie Mackintosh siehe »Stühle«, Nr. 3 und 4, »Tische«, Nr. 2 ●

2

Jahr: 1933

Designer: Mogens Koch

Modell: Kommode für Zeichnungen

Material: Kiefer, Mahagoni, Eiche, Ulme, Teak, Oregon Pine

Maße: H 81. B 76. T 54

Preis: auf Anfrage

Hersteller: Rudolf Rasmussens Snedkerier, Kopenhagen

Mogens Koch und seine Frau leben in einer Kopenhagener Reihenhaussiedlung, in einem kleinen Backsteinhaus. Eingerichtet sind sie mit Mogens-Koch-Möbeln, im Ensemble mit ein paar ausgesucht schönen antiken Stücken. Daß Koch inmitten eigener Entwürfe wohnt, hat gute Gründe: Die meisten seiner Modelle sind aus eigenen Bedürfnissen entstanden, er hat sie für sein kleines Haus nach Maß gezeichnet. Denn wenn man auf engem Raum sich nicht beengt fühlen will, muß man alle Dinge, die man braucht, ihrer Art gemäß unterbringen können. Mogens Koch zeichnet viel, nicht nur Werkszeichnungen, sondern – wie viele seiner Kollegen auch – Motive aller Art. Und was er davon nicht an die Wand hängt, bewahrt er in der Kommode auf: Sie hat große Schubladen, flache für Einzelblätter, höhere für Rollen, Blocks und Bildbände. Die feine handwerkliche Verarbeitung ist auf dem kleinen Foto zu erkennen. Die Kommode paßt im Raster genau zu den vielen Teilen seiner Schrankwand, die Koch nacheinander entworfen hat. Sie wird im Kapitel »Anbausysteme« zu sehen sein.

Der Designer

Über Mogens Koch siehe Kapitel »Armlehnstühle«, Nr. 9 ●

3

Jahr: 1945

Designer: Ole Wanscher

Modell: Damenschreibtisch

Material: Palisander, Mahagoni

Maße: H 92. B 105. T 80

Preise: auf Anfrage

Hersteller: A. J. Iversen, Kopenhagen

Solche zierlichen Schreibmöbel gehören zur guten dänischen Tischlertradition. Fast alle Designer der älteren Generation haben so etwas entworfen. So auch Ole Wanscher, der bekannt ist für besonders sorgsame Verarbeitung und liebevolle Details – in diesem Fall Rolladentüren, hinter denen Borde verborgen sind, und altmodische Messinggriffe. Den Schreibtisch gibt es mit zwei oder drei Schubladen. Bei der Version mit zwei Fächern sitzen die Schlösser mal an der Außenkante, mal in der Tischmitte. (Detail: ähnliches Modell für P. Jeppesen.) Mit der Werkstatt A. J. Iversen arbeitet Ole Wanscher seit über vierzig Jahren zusammen – er hat noch den Schreinermeister A. J. Iversen gekannt, der die Firma gegründet hat. Iversen war jahrelang Vorsitzender der Kopenhagener Tischlerinnung, auf deren Ausstellungen die Elite der dänischen Möbelkunst gezeigt wurde.

4

4

Jahr: 1950

Designer: Ole Wanscher

Modell: PJ 6046

Material: Mahagoni

Maße: H 140. B 120. T 40

Preis: auf Anfrage

Hersteller: P. Jeppesen, Store Heddinge/Dänemark

»Das ist halt 'ne Kiste auf einem tragenden Gestell«, erklärt Ole Wanscher zu diesem Modell. Eine sehr noble Kiste freilich, mit Böden und Schubladen im Innern und mit hochglänzender Oberfläche, die das Holz fast schwarz wirken läßt. Zu diesem gut zugänglichen hochbeinigen Stück gibt es auch ein Sideboard (180 breit, 80 hoch), beide Möbel mit vielen Vorbildern. Besonders im Bereich der englischen Möbel, die Ole Wanscher sehr hoch schätzt und die er gern variiert.

5

Jahr: 1960

Designer: Ole Wanscher

Modell: Schreibpult

Material: Palisander, Mahagoni

Maße: H 120/110. B 80. T 57

Preise: auf Anfrage

Hersteller: A. J. Iversen, Kopenhagen

Auch dieses kleine Stehpult gehört in die Reihe der traditionellen Möbel. Ole Wanscher sagt von der Kollektion von A. J. Iversen, daß diese Möbel viele Ahnen haben. Die Linie läßt sich, wie er sagt, bis ins 18. Jahrhundert verfolgen, in die Zeit des dänischen Klassizismus, der in der Architektur, bei

5

den Möbeln und bei anderen kunstgewerblichen Dingen Beziehungen nach Rom und Paris hatte. Um 1800 hat sich dann mit staatlicher Unterstützung ein Möbelhandwerk entwickelt, das auf dem französischen Empire und dem englischen Spätklassizismus aufbaute. Auf dieser Grundlage haben Kaare Klint als Leiter der Möbelschule an der Königlichen Akademie der Schönen Künste und Ole Wanscher als sein Nachfolger in diesem Amt gearbeitet. Wanschers kleines Stehpult hat eine Ablageplatte, die vorn eingebuchtet ist, damit man bequem davorsteht. Die Schreibfläche unter der Klappe ist mit Leder bezogen.

Der Designer

Über Ole Wanscher siehe Kapitel »Stühle«, Nr. 24, »Armlehnstühle«, Nr. 19 und 20, und »Eßtische«, Nr. 13. ●

6

6

Jahr: 1967

Designer: Franco Albini, Franca Helg

Modell: Credenza

Material: Nußbaum, Palisander

Maße: B 183. T 47. H 77.

Preis: auf Anfrage

Hersteller: Poggi, Pavia/Italien

»Typisch Albini«, sagt Franca Helg, die viele Jahre mit dem Architekten zusammengearbeitet hat, zur Charakterisierung dieses Möbels, zu dem sich später Varianten und Abkömmlinge gesellten. Urbild war die venezianische Kredenz, ein traditionelles Stück fürs Eßzimmer. Albini hat sich zwar zeitlebens für Kunst- und Kulturgeschichte interessiert und war sich der Vergangenheit und ihrer Traditionen immer bewußt, aber er hat sich nie damit begnügt, alte Formen zu wiederholen, sondern hat, das betont Franca Helg, für traditionelle Gegenstände absolut moderne Formen gefunden. So auch für die Kredenz, die – streng und schmucklos – nur durch ausgewogene Proportionen, nobles Holz und sehr feine Beschläge wirkt. Franca Helg mag sie am liebsten in blondem Nußholz. Ihre Zusammenarbeit mit Albini schildert sie als freundschaftlich: Er war »molto democratico, ma pigro da non aprir la bocca« – sehr demokratisch, aber mundfaul. Das hieß für seine Mitarbeiter, sehr einfühlsam zu sein. Er stellte sehr hohe Ansprüche an seine Mitarbeiter, um so höhere, je besser sie waren. Vergeßlichkeit, Ungenauigkeit, gar Fehler oder Irrtümer duldete er nicht. Was zu Papier gebracht wurde, mußte geprüft und abgesichert sein. Nachsicht, für ihn eine Art von Beleidigung, kannte er nur für die Bedauernswerten, deren Können begrenzt war. Während Franca Helg Farben liebt, gab es für Albini nur Schwarz, Weiß und Grau. »Er hatte einen Instinkt für Eleganz, er war selber ein sehr eleganter Mann – und das sieht man all seinen Arbeiten an.«

Der Designer

Beim ersten Auftreten der Gruppe Albini-Helg-Piva in dieser Serie (im Kapitel »Lampen 1«, Nr. 20) ist die Rede von Marco Albini. Er ist der Junior. Gründer und erster Leiter des Studios war sein Vater Franco, der zur ersten Generation der italienischen Designer zu zählen ist, zu den Funktionalisten und Realisten. Albini stammt aus der Region Brianza südlich vom Comer See, dem Gebiet Italiens, in dem seit eh und je Holzverarbeitung in allerbester handwerklicher Qualität gepflegt wurde. Von dort hat Albini eine lebenslang währende Beziehung zum Handwerk mitgebracht. Er hat an der Architekturfakultät des Mailänder Polytechnikums studiert, 1929 promoviert und seit 1930 als Architekt gearbeitet. Zunächst zusammen mit älteren Kollegen wie Gio Ponti (siehe »Stühle«, Nr. 21), Lancia, Palanti und Camus. Als Mitarbeiter Pontis hat er in Barcelona Mies van der Rohe kennengelernt, der für die Weltausstellung 1929 den deutschen Pavillon entwarf, und in Paris Le Corbusier in seinem Studio besucht. In der politisch und wirtschaftlich schwierigen Zeit um 1930 war den jungen Architekten das Feld der Architektur verschlossen: Albini arbeitete zunächst als Inneneinrichter und entwarf seine ersten Möbel, raffiniert elegante Stücke mit Anklängen an Art deco. Später stieß er in Mailand auf Architekten wie Persico und Pagano, die sich wie er zum Rationalismus bekannten

Franco Albini. Robbiate/Como, * 17. Oktober 1905. † Mailand 1. November 1977

und entschieden die Moderne vertraten. Zusammen mit verschiedenen Kollegen hat er Wohnsiedlungen in Mailand und städtebauliche Projekte entworfen, auch Ausstellungsgebäude und -pavillons. Nach dem Krieg hat Albini auch für den sozialen Wohnungsbau gearbeitet. Ganz anders als diese hochaufragenden großen Projekte, an denen stets die Vertikale betont wird, zeigt sich eine Reihe von Privathäusern aus den Jahren 1955 bis 1969: flach und so in die Umgebung eingeschmiegt, daß sie wie natürliche Bestandteile der Landschaft wirken. Zwei Arbeiten Albinis gehören für viele Italiener zum Alltag: das Kaufhaus Rinascente in Rom und die Stationen der Linie 1 der Metropolitana milanese, der Mailänder U-Bahn. In Genua hat er, wie oftmals zusammen mit Franca Helg, die Museumsbauten Palazzo Bianco und Palazzo Rosso restauriert. Für den Palazzo Rosso wie für viele andere Gebäude hat er besonders schöne Treppenlösungen gefunden: phantasievoll gespindelt, mit aufregenden Aussichten nach oben und unten. Die berühmtesten von Albinis Möbeln sind der Armlehnstuhl »Luisa«, ein typisches Fünfziger-Jahre-Kind, das dem Compasso d'Oro bekam (ein gutes Dutzend steht um den großen Besprechungstisch im Mailänder Studio Albini-Helg-Piva) und der Sessel »Margherita« aus Malakkarohr, das so raffiniert gebogen ist, daß der Sessel wie gepolstert wirkt. Albini war, sagt Franca Helg, eben »ein großer Erfinder, mit unerschöpflicher Phantasie«. ●

7

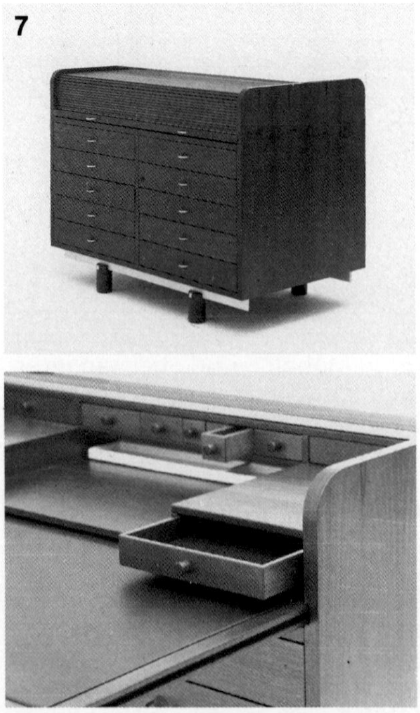

7

Jahr: 1957
Designer: Gianfranco Frattini
Modell: Sekretär 804
Material: Palisander, Esche. Schreibfläche Leder, schwarz oder naturfarben. Auflageplatte Temperglas. Basis Aluminium
Maße: B 100. T 65/105. H 79.
Preis: auf Anfrage
Hersteller: Bernini, Carate Brianza/Italien

Die wichtigste Eigenschaft eines Gegenstandes müsse »una bella funzionalità«, eine schöne Funktionalität, sein, fordert Gianfranco Frattini; »denn ein Ding, Frucht wahren Designs, das wirklich funktionell ist, muß notwendigerweise auch schön sein«. Für diese These könnte Frattinis Sekretär stehen, der, wie er sagt, zwei Gesichter hat. Er ist nämlich von beiden Seiten gleich ansehnlich: Auf der Rückseite hat er Fachböden, er kann also frei im Raum stehen. Spektakuläres Detail ist der Rollladenverschluß: Er öffnet sich, sobald man die Schreibplatte herauszieht. Noch ein Detail von erlesener Handwerksqualität: die Reihe winziger Schubladen für Stifte und kleinen Bürokram. Sie haben keine Zwischenwände zur Führung, können also in beliebiger Reihenfolge eingeschoben werden. Frattini hat den Sekretär für seine Frau entworfen, das erste Exemplar steht nach all den Jahren noch in seinem Haus (wie übrigens auch alle anderen Modelle, die er entworfen hat).

Der Designer

Frattini wird der zweiten Generation italienischer Designer zugerechnet. Er hat in Mailand am Polytechnikum studiert und Examen gemacht, lebt und arbeitet auch in dieser Stadt. Zwei Jahre, von 1952 bis 1954, hat er im Studio von Gio Ponti, dem großen alten Mann der Architektur und des Designs, gearbeitet (siehe »Stühle«, Nr. 21). Frattini sieht sich im wesentlichen als Innenarchitekt. Zum Design kam er über die Innenarchitektur: In den Jahren nach seinem Studium war die Situation auf dem Möbelmarkt wesentlich anders als heute, die Auswahl an guten Dingen viel geringer. Man mußte also, wenn man

Gianfranco Frattini * Padua, 15. Mai 1926

eine Einrichtungsidee hatte, die Möbel dafür selber entwerfen. Frattini sagt, daß er wenig von Design wußte, als er von der Hochschule kam, und daß er froh ist, an einen kleinen, am Handwerk orientierten Hersteller wie Bernini geraten zu sein. Bei Bernini hat er gelernt, wie man eine Entwurfsarbeit angeht und was man von einem Material verlangen kann. Das gleiche galt damals auch für die Firma Cassina, für die Frattini ebenfalls gearbeitet hat. Zum alten Herrn Cesare Cassina konnte man mit einem Kritzelzettelchen kommen, sagt er, und gemeinsam hat man dann den Entwurf weiterentwickelt. Zu manchen Entwürfen macht Frattini kleine Modelle, so zu dem einfacheren Vorgänger des Sekretärs. Frattini ist Mitglied der ADI (Gesellschaft der Industrie-Designer) seit ihrer Gründung, er hat an mehreren Mailänder Triennalen teilgenommen, auf der 9. die Goldmedaille, auf der 12. den Großen Preis gewonnen. Auch ein Compasso d'Oro ist unter seinen Auszeichnungen. ●

8

8

Jahr: 1959

Designer: Hans Eichenberger

Modell: HE 153 Schubladenstock

Material: Korpus Nußbaum. Fronten weiß, schwarz, rot, grün

Maße: B 86. T 43. H 100,5.

Preis: auf Anfrage

Hersteller: Kollektion Röthlisberger, Gümligen/Schweiz

Drei Grundrißmaße, angelehnt an den Modulor von Le Corbusier (siehe »Armlehnstühle«, Nr. 7) hatte Hans Eichenberger vorgesehen für eine Reihe von Kommoden (auf Schweizerisch: Schubladenstöcke) und Regalen, die als Einzelstücke bestehen können und sich kombinieren lassen: 43x43, 43x86 und 43x129 cm, dazu zwei Höhen. Sein Liebling in der Reihe ist der hohe schmale Schubladenstock, der ihn an Schubladenmöbel aus Stilzeiten erinnert: Sie wurden »semainière« oder Wochenmöbel genannt und hatten dementsprechend sieben Fächer, für jeden Tag eines. Darin konnte, so meint Eichenberger, in Patrizierfamilien die Dame des Hauses Briefe, Einladungen, Handarbeiten, die sie sich vorgenommen hatte, fein übersichtlich dem richtigen Tag zuordnen. Eichenberger hat die Möbel mit Nußbaumstollen und weiß beschichteten Fronten vorgesehen. Die Farben, die er nicht sonderlich ästimiert, kamen als Konzession an bessere Verkäuflichkeit dazu. Als eine Konzession sieht es Eichenberger auch an, wenn die Möbel auf Wunsch ganz aus Holz gemacht werden.

Der Designer

Hans Eichenberger gibt nicht viel auf Analysen und Prognosen. Nie würde er etwas »in Marktlücken« entwerfen. Die Entwicklungen, meint er, laufen nach eigenen Gesetzen, und Erfolge seien nicht vorausberechenbar. Zu dieser Auffassung paßt ein Charakteristikum des Designers Eichenberger: Er kann nicht gut auf Bestellung, auf einen bestimmten Termin hin arbeiten. »Wenn etwas in mir ist, animiert es mich eines Tages zur Ausführung.« Und das ist dann ein detaillierter Entwurf, eine Sache mit Hand und Fuß. Eichenberger ist als Möbelschreiner und -zeichner ausgebildet worden, in Bern und Paris. Seit 1951 unterhält er ein eigenes Atelier, im Berner Stadtteil Halen. Dort liegt auch die Siedlung von 79 Häusern am Hang, die um 1960 von einem Team junger Architekten, »Atelier 5« genannt, entworfen und unter erheblichen Schwierigkeiten und Risiken verwirklicht wurde. Die patenten, menschenfreundlichen Häuser, jedes auf einem handtuchschmalen Grundriß in Stufen aufgestockt, erregten seinerzeit weithin Aufsehen. Eichenberger hat als Innenarchitekt mitgearbeitet, er arbeitet auch heute ständig mit dem »Atelier 5« zusammen.

Hans Eichenberger
* Großhöchstetten/Bern
2. Juli 1926

1981 zum Beispiel an dem Restaurant »Galleria« in der Berner Altstadt. Für dieses Haus, das natürliches Licht von oben bekommt, hat Eichenberger indirekte Beleuchtung mit Halogenlampen entwickelt, die in die Decke eingelassen sind. Zu Eichenbergers innenarchitektonischen Arbeiten gehören auch die Einrichtungen von Direktionsräumen der Berner Nationalbank, von Modehäusern und einer Sparkasse. In Chicago hat er das Kloster »Poor Clares« eingerichtet. Als Designer hat er Stühle, ein Cubus-Programm, einen Rolladen-Sekretär auf stämmigen Säulenbeinen und Ski-Sicherheitsbindungen entworfen. Und für seinen Hersteller Ernst »Aschi« Röthlisberger einen Thron, eine höchst ausgefallene Sitzgelegenheit mit viel angebauter Ablagefläche. Er soll für den Besitzer ebenso ein Refugium sein, wie es der ständig getragene Veston (Sakko), der die Beulen am richtigen Platz hat, für den Entwerfer ist. Eichenberger errang Preise und Wettbewerbserfolge im In- und Ausland, beteiligte sich an Ausstellungen in der Schweiz und im Ausland und ist ständig im Museum of Modern Art in New York vertreten. ●

9

9

Jahr: 1961

Designer: Grete Jalk

Modell: Stehpult

Material: Palisander

Maße: B 104. T 54. H 112

Preis: auf Anfrage

Hersteller: Søren Horn, Kopenhagen

Obwohl Grete Jalk mit Vorliebe Stühle entwirft – sie gibt das sogar als eines ihrer Steckenpferde an –, findet sie, daß die Menschen zuviel sitzen. Gunnar Bradvold, Gründer der Zeitschrift mobilia, mit dem sie verheiratet war, machte da eine Ausnahme: Er arbeitete am liebsten im Stehen. Es gab damals zwar viele alte Stehpulte, aber sie wollte ein neues machen. So entstand das zierliche Modell, das auf der Jahresausstellung der dänischen Tischlermeister 1961 Premiere hatte. (Für Steher mit weniger Ausdauer gibt es dazu auch einen Drehstuhl mit vier kreuzförmig angeordneten Dreiecksfüßen und rundem Ledersitz.) Grete Jalk sagt, sie habe das Gefühl, daß viele Leute, die geistig arbeiten, zum Beispiel Schriftsteller oder Pfarrer, gern auf und ab gehen, weil sie dann besser nachdenken können. Ihr ist diese Vorstellung sehr sympathisch. Dauersitzen ist ungesund, sagt sie, und deshalb macht sie sich Gedanken darüber, wie man den modernen Menschen, der immer bequemer werde, lehren könne, sich mehr zu bewegen. Stehpults wären eine gute Lösung. Grete Jalk würde es begrüßen, wenn es auch Büros mit hohen Tischen gäbe, die die Menschen zum Stehen und Hin- und Hergehen verführen.

Der Designer

In der stattlichen Reihe dänischer Designerinnen ist Grete Jalk eine der ideenreichsten und rührigsten. Sie hat nach dem Abitur eine Möbelschreinerlehre gemacht und ging dann in die Möbelschule der Kopenhagener Kunsthandwerkerschule, wo sie Schülerin von Kaare Klint war. Nachdem sie einige Jahre als Angestellte in Entwurfsbüros gearbeitet hatte, eröffnete sie 1954 ihr eigenes Studio. Grete Jalk ist vielseitig: Sie entwirft Textilien, Tapeten, Bestecke. Aber ihr besonderes Interesse gilt den Möbeln und un-

Grete Jalk
* Kopenhagen, 18. Juni 1920

ter denen wiederum den Stühlen. Sie entwarf nach guter alter Handwerkertradition Stühle und Sessel für Tischler wie France & Søn und P. Jeppesen, und sie machte zugleich Experimente, um mit dem alten Material Holz zu neuen Formen zu kommen: Aus geleimtem Schichtholz, »das man formen kann, wie man will – oder beinahe, wie man will«, machte sie Stühle, die wie Skulpturen wirken, höchst bequem und nicht umzubringen. Mit einem davon, der keine Beine hat, sondern aus spiralig geformten breiten Schichtholzstreifen gebildet ist, machte Grete Jalk international Furore: Der Sessel »ER« (zu dem es ein zierlicheres weibliches Pendant »SIE« gibt) gewann 1963 den internationalen Möbelwettbewerb der englischen Zeitung »Daily Mirror«. Die Arbeit mit Schichtholz gefiel Grete Jalk deshalb so gut, weil dieses Material dem Entwerfer große Möglichkeiten gibt und zugleich den Forderungen industrieller Massenfertigung gerecht wird. Und daran liegt ihr, weil sie sozial denkt und »anständige Dinge« machen will, die gleichzeitig billig sind. Grete Jalks Möbel wurden auf Sammel- und Einzelausstellungen überall in der Welt gezeigt, sie haben ihr viele Preise eingetragen. Von 1950 an war sie zehn Jahre lang Lehrerin an der Kopenhagener Kunsthandwerkerschule, und seit Jahren ist sie feste Mitarbeiterin der Zeitschrift mobilia. In den letzten Jahren hat sie neue Aktivitäten entwickelt: Sie organisiert und gestaltet Ausstellungen. 1975 war es eine Wanderausstellung über dänisches Design, die in mehreren deutschen Städten gezeigt wurde. 1980, als sich Frauen aus aller Welt zu einem von den United Nations veranstalteten Treffen in Kopenhagen versammelten, brachte sie im Bella Center die Ausstellung »Design by Danish Women« mit vierzig Kolleginnen. Und 1981 hat sie sich daran gemacht, die Jahresausstellungen der Tischlermeister wieder ins Leben zu rufen. 25 Designer, alte, wohlbekannte wie Hans J. Wegner und junge, und 25 Hersteller zeigen im Oktober im Ausstellungshaus neben der Heiliggeist-Kirche in Kopenhagen Modelle, die noch nicht im Handel sind, und »vielleicht zeigen sie neue Entwicklungen, die die Industrie interessieren«. ●

10

10

Jahr: 1961
Designer: Florence Knoll
Modell: 2548 Sideboard
Material: Gestell Vierkant-Stahlrohr. Korpus Eiche, Nußbaum, Palisander, gebeizt oder lackiert. Platte Holz wie oben oder Marmor
Maße: B 190. T 45. H 65
Preis: auf Anfrage
Hersteller: Knoll International, Murr

Auch wenn Florence Knoll nie ein eigenes Stück entworfen hätte, hätte ihr Name seinen Platz in der Geschichte des modernen Designs: Zusammen mit ihrem Mann Hans Knoll hat sie in den fünfziger Jahren einige der besten Künstler für Knoll International herangezogen und durch sie wie durch ihre eigenen Enwürfe den Stil jener Jahre entscheidend beeinflußt. Der Knoll-Look, für den das Sideboard ein charakteristisches Beispiel ist, bedeutete: repräsentative Möbel, aus teuren Materialien höchst nobel verarbeitet, zurückhaltende Töne, kühle Eleganz, alles für höchste Ansprüche geschaffen. Das Sideboard, das in verschiedenen Versionen angeboten wird, ist auch mit Kommoden der gleichen Reihe kombinierbar. Ihre Fächer, darunter auch doppelt hohe Hängeregistraturen mit Kugellager-Vollauszug, haben die gleichen Griffmulden wie die Türen des Sideboards.

Der Designer

Florence Knoll hat an den am höchsten renommierten Instituten der alten und neuen Welt studiert: an der Cranbrook Academy in Bloomfield Hills, an der Architectural Association in London und am Illinois Institute of Technology in Chicago. Seit 1946 war sie mit Hans G. Knoll, dem Gründer der Firma Knoll International, verheiratet. Für ihre Firma gewannen sie Mitarbeiter wie Eero Saarinen,

Florence Knoll
* Michigan, 1917

dessen schlanke Einbein-Stühle und -Tische (siehe »Stühle«, Nr. 20, »Tische«, Nr. 10) das Bild der eleganten Wohnung in aller Welt bestimmten, und den Bildhauer Harry Bertoia. Bertoia, an den sie statt fester Aufträge die Aufforderung gerichtet hatte, zu tun, wozu er Lust habe, brachte in die Firma seine grazilen Drahtgeflechtstühle ein (siehe »Stühle«, Nr. 18), die in vielen Versionen auftreten. 1955 haben Knolls auch die Möbel von Mies van der Rohe aus der Vorkriegszeit in ihr Programm aufgenommen (siehe »Stühle«, Nr. 8 und »Armlehnstühle«, Nr. 8), und nach dem Kauf der italienischen Firma Gavina gehören auch so namhafte Italiener wie Magistretti (»Stühle«, Nr. 31, » Armlehnstühle«, Nr. 23, »Tische«, Nr. 19 und 20) und Tobia Scarpa (»Tische«, Nr. 14) dazu. Als Hans Knoll 1955 bei einem Autounfall ums Leben gekommen war, wurde Florence Knoll Präsidentin der Knoll Associates und leitete das Unternehmen bis 1959. Seit 1958 ist sie wieder verheiratet und lebt seitdem zurückgezogen in Florida. Für ihre Möbelentwürfe wurden ihr u. a. die Goldmedaille für Industrial Design vom American Institute of Architects und zwei erste Preise vom American Institute of Decorators zuerkannt. ●

11

Jahr: 1963

Designer: Yngve Ekström

Modell: Furubo Nr. 37-46

Material: Kiefer astfrei, natur

Maße: B 60. T 35. H 201

Preis: auf Anfrage

Hersteller: Swedese, Vaggeryd/Schweden

In schwedischen Möbelfabriken wird wie überall jedem Tischler die Arbeitsbank zur Verfügung gestellt – dazu brachte er in früheren Zeiten seinen eigenen kleinen Schrank mit. Von diesem schmalen, hohen Schränkchen übernahm Yngve Ekström die Abmessungen für ein Modell, das ihm vorschwebte: ein schlanker Schrank fürs kleine Eßzimmer. Er sollte aus zwei Teilen bestehen, die man nach Belieben aufeinanderstellt. Und: Er sollte wie Handwerksarbeit aussehen, sich aber für stark standardisierte Produktion eignen. Das Modell, das früher mit Geflechtfüllungen gemacht wurde, steht u. a. in der ständigen Ausstellung des Schwedischen Nationalmuseums in Stockholm. Gleichzeitig mit den ersten Exemplaren des Schranks hat die Firma Swedese neue Werkzeugschränke für die Arbeitsplätze im Betrieb in den gleichen Abmessungen angefertigt.

Der Designer

Yngve Ekström ist Autodidakt: Er hat, um zu lernen, praktisch als Tischler gearbeitet und sich das theoretische Wissen im Selbststudium angeeignet, indem er alle vorhandene Literatur las. Seiner Initiative ist es zu verdanken, daß 1944 die Firma Swedese Möbler AB gegründet wurde. An derer Produktentwicklung arbeitet Ekström seitdem. Gleichzeitig entwirft er auch Möbel für andere schwedische Fabriken. Zu den erfolgreichen Stücken, die er für Swedese gezeichnet hat, gehören Sessel aus laminiertem Eichen- oder Buchenholz mit Lammfell, sehr gemütlich und sehr skandinavisch. In Fachkreisen nennt man Ekström »Graue Eminenz« des Möbeldesigns und bewundert es, daß er noch nicht daran denkt, sich zur Ruhe zu setzen. Arbeiten von Ekström wurden nicht nur in Stockholm gezeigt, sondern auch in Ausstellungen im Amsterdamer Stedelijk Museum, im Wiener Kunstgewerbemuseum und im Victoria and Albert Museum in London. ●

Yngve Ekström
* Vaggeryd/
Schweden,
16. Juni 1913

12

Jahr: 1963

Designer: Rudolf Frank

Modell: Sammlerschrank

Material: Lack, grün, schwarz, weiß, sand, Mahagoni, Kirschbaum

Maße: B 107. T 40/31. H 237

Preise: auf Anfrage

Hersteller: Creata Wohnkultur, Gaildorf

Ein Bierdeckel diente als Zeichenblatt, und das Modell entstand an einem Wirtshaustisch: als »der Schrank«. So hieß er von Anbeginn, und dabei ist es bis heute geblieben. Auf der Kölner Möbelmesse wurde er zuerst in der Lackversion präsentiert, in Russisch-Grün. Er hatte großen Erfolg und wird immer noch unverändert hergestellt, jetzt auch in anderen Lackfarben. Eine Zeitlang gab es ihn auch in Zitronenholz. Da das aber schwer zu beschaffen ist, sind Mahagoni und Kirsche an seine Stelle getreten.

Der Designer

Rudolf Frank, Stuttgarter von Geburt, ist seiner süddeutschen Heimat zeitlebens treu geblieben. Und auch seinem Stil. Frank wollte keine kurzlebigen Sensationen, er machte nichts Modisches. Seine Entwürfe sind klar in den Linien, sicher proportioniert, Material und Farben wurden sorgfältig ausgewählt. Seine Vorstellung von Inneneinrichtung war, für Menschen seiner Zeit die Umgebung zu schaffen mit den Mitteln seiner Zeit – in gleich hoher Qualität wie alte Meister zu ihrer Zeit. Rudolf Frank hat Holzbildhauer gelernt – daraus hat er die Materialkenntnis fürs Möbelmachen gewonnen. Als Zeichner hat er nach der Lehre gearbeitet, drei Jahre in einem Architekturbüro, vier Jahre in einer Möbelfabrik. Von 1923 an war er Schüler des berühmten Professors A. G. Schneck in der Klasse Innenarchitektur und Möbelbau an der staatlichen Kunstgewerbeschule in Stuttgart und von 1924 bis 1933 Assistent und Lehrer an diesem Institut. Danach hat er sich selbständig gemacht und hat, weil er unabhängig bleiben wollte, einen Lehrauftrag in Norddeutschland abgelehnt. Frank hat Innenausbau-Aufgaben für Privatleute übernommen, war freier Mitarbeiter beim WK-Verband, hat den alten Rathaussaal in Stuttgart umgestaltet und neu möbliert, das

Rudolf Frank
* Untertürkheim, 8. September 1898
† Döffingen, 15. Juni 1974

städtische Katharinen-Hospital und die Stadtbücherei Feuerbach eingerichtet. Als Designer hat er für verschiedene Firmen Serienmöbel entworfen, außerdem Beschläge, Öfen und Lampen und auch die Inneneinrichtung eines Wohnwagens für Daimler-Benz. Von 1939 bis 1945 hat Frank Kriegsdienst geleistet. In den fünfziger Jahren hat er sich viel mit der Gestaltung von Ausstellungen befaßt. So hat er seit 1952 die Stände der Ausstellergruppe Baden-Württemberg auf der Internationalen Möbelmesse in Köln entworfen. Auf der 7. Mailänder Triennale gewann er eine Goldmedaille. Auch Ehrenämter hat Frank mehrmals übernommen, so im Stuttgarter Verband bildender Künstler (Freunde, die sein Haus kennen, kennen ihn auch als Grafiker, Maler und Bildhauer), in der Bundesleitung des Bundes deutscher Innenarchitekten. ●

13

13

Jahr: 1963
Designer: Joe Colombo
Modell: Combi Center
Material: Holz, Kunststoff, Perspex
Maße: ∅ 83. Höhe nach Wunsch, hier ca. 206.
Preis: auf Anfrage
Hersteller: Bernini, Carate Brianza/Italien

2. Dezember 1963 – so genau werden Entwurfsdaten nur selten angegeben. Im Büro der Mailänder Architektin Dr. Ignazia Favata, die in den letzten Jahren vor Colombos Tod seine Mitarbeiterin war und nun seine Arbeiten verwaltet, gibt es zu jedem Modell exakte Daten. Den eleganten und witzigen Turm hat er zusammen mit seinem Bruder entworfen. Gianni Colombo ist Künstler, er macht kinetische Objekte, interessiert sich auch für alles, was mit Licht zusammenhängt (eine Tischlampe, die er mit seinem Bruder zeichnete, wird im zweiten Lampen-Kapitel zu sehen sein). Der Turm wird nur auf Bestellung hergestellt, nicht in Serie. Alle sechs Etagen sind um eine Mittelachse beweglich. Ursprünglich war er ganz und gar aus Holz gedacht, jetzt werden die Schiebetüren aus dem Kunststoff Perspex gemacht. Der Turm ist für beide Brüder charakteristisch: für Gianni, weil er aufgedreht eher an eine Skulptur erinnert als an ein Möbel; für Joe, den Realisten und Praktiker, weil er kompakt und beweglich ist, auf einem Minimum an Raum ein Maximum von Unterbringungsmöglichkeiten bietet – ähnlich seiner »Mini-Kitchen«, einem Rollcontainer aus Holz, der alle wichtigen Küchenelemente enthält (1965): Er erregte damals, als er auf der Messe vorgestellt wurde, großes Aufsehen.

Der Designer

Über Joe Colombo siehe Kapitel »Stühle«, Nr. 30, »Tische«, Nr. 22, »Hängelampen«, Nr. 16, »Wand- und Deckenlampen«, Nr. 11. ●

14

14

Jahr: 1964
Designer: Silvio Coppola
Modell: Credenza 603 scantonata
Material: Nußbaum, Ulme
Maße: B 202. T 50. H 95
Preis: auf Anfrage
Hersteller: Bernini, Carate Brianza/Italien

Eine konsequent moderne Ausgabe der klassischen Kredenz ist in diesem Kapitel unter Nummer 6 zu sehen: die von Franco Albini und Franca Helg. Coppola bleibt näher an der traditionellen Form. Wie der dazugehörige Tisch (siehe »Eßtische«, Nr. 16) hat seine Kredenz breite, unten abgerundete Beine. Die Türen bestehen aus Rahmen mit Füllungen, eine gute Art, noble Holzverarbeitung zur Geltung zu bringen. Aus der Schrägung der Seiten (das Wort »scantonata« bedeutet »abgekantet«) ergibt sich ein interessantes Detail: die viertelkreisförmigen Schubladen sind ausschwenkbar. Die Kredenz ist auch mit Aufsatz zu haben, und außer dem Ausziehtisch (siehe oben) gibt es einen ganz großen dazu.

Der Designer

Über Silvio Coppola siehe Kapitel »Eßtische«, Nr. 16 ●

15

15

Jahr: 1965

Designer: Afra und Tobia Scarpa

Modell: Torcello Noce 12049

Material: Nußbaum, Glas

Maße: B 42. T 42. H 165

Preis: auf Anfrage

Hersteller: Stildomus, Pomezia (Rom)

»Diese Möbel sind zu normal«, sagt Tobia Scarpa zu dem Programm »Torcello«, »und deshalb schwer zu verkaufen.« Dabei bietet es mit einer begrenzten Anzahl von Kommoden und Schrankelementen in verschiedenen Abmessungen eine große Zahl von Anwendungsmöglichkeiten, in der Wohnung wie im Büro. Scarpas haben in ihrem Studio (auf dem Land nahe Venedig, auf dem selben Grundstück wie ihr interessantes, eigenwilliges Haus) eine Reihe aus Kommoden und halbhohen Schränken stehen – und den Würfel von 42 x 42 Zentimeter, der das Rastermaß vorgibt. Die Möbel, gleichermaßen bodenständig und elegant, sind typisch Scarpa: auf beiden Seiten furnierte Spanplatten mit massivem abgerundetem Umleimer, eigens dafür entwickelte Aluminiumprofile als Verbindung, stämmige Zylinder-Füße, die Armaturen mittels Kreisschnitt aus einem Profil gefräst (siehe Details). Scarpa, der sich angewöhnt hat, auch wirtschaftlich zu denken, und der sich nicht eine bestimmte Käuferschicht vorstellt, sondern nach seinen Erfahrungen und nach Statistiken richtet, betont, daß die Möbel ganz und gar für maschinelle Produktion gemacht sind. Anregungen zu Entwürfen kommen ihm aus vielen Richtungen: Er sieht etwas und speichert es in seinem Gedächtnis, und in einem bestimmten Moment formen sich mehrere solcher gespeicherter Informationen zu einer Idee. Nur ganz selten trifft, sagt Scarpa, ein Eindruck seine Phantasie so stark, daß spontan ein Entwurf daraus entsteht.

Die Designer

Afra Scarpa hat wie ihr Mann an der Universität von Venedig studiert und Examen gemacht. Sie kennen einander seit dem ersten Semester, das ist fünfundzwanzig Jahre her, und seitdem arbeiten sie miteinander. Ihre Übereinstimmung hat eine Qualität erreicht, bei der Worte gelegentlich überflüssig werden. Wenn sie etwas zusammen entwerfen – ob ein Haus oder ein Möbel –, läßt sich nicht festlegen, was wessen Anteil und Aufgabe ist. Sie diskutieren – nicht die Idee, sondern die Skizzen, die einen immer größeren Grad von Realität annehmen. Scarpas sind so organisiert, daß sie sich notfalls auch telefonisch über einen neuen Stand der Entwicklung verständigen können.

Afra Bianchin Scarpa
* Montebelluna, 28. März 1937

Ihre Arbeit wurzelt – darin unterscheiden sie sich, wie sie sagen, von den Milanesen – stark in den Traditionen des Veneto, aus dem beide stammen. Das bedeutet keinen, auch nicht den geringsten Anhauch von Provinzialität. Auch nicht ein Beharren auf alten Formen. Es bedeutet vielmehr, daß diese beiden ein ausgesprochenes Gefühl für Geschichte haben, daß Historie für sie etwas Lebendiges ist, ohne das die Moderne nicht bestehen könnte. Die Häuser, die sie bauen, sind vollkommen heutig, aber sie stehen in geschichtsträchtiger Landschaft nicht als Störenfriede. Als Möbeldesigner arbeiten Scarpas nur mit natürlichen Werkstoffen, Holz, Leder, Marmor. Sie wissen, wie man früher mit diesen umging, und sie nutzen die Errungenschaften des Maschinenzeitalters, um diesen Stoffen neue Qualitäten abzugewinnen. Das Studio Scarpa besteht nur aus Afra und Tobia Scarpa und einer Mitarbeiterin. Über Tobia Scarpa: »Eßtische«, Nr. 14. ●

16

16

Jahr: 1966

Designer: Achille Castiglioni

Modell: Rampa

Material: Nußbaum, Palisander

Maße: B 100. T 150/90. H 130

Preis: auf Anfrage

Hersteller: Bernini, Carate Brianza/Italien

Ein bewegliches Möbel wollte Castiglioni machen, das immer da zu Diensten sein kann, wo man es braucht. Es sollte auch von beiden Seiten benutzbar, also nicht an eine Stellwand gebunden sein, damit man es auch benutzen konnte »per dividere un ambiente«, wie Castiglioni sagt, als Raumtrenner also. Ihm fielen dazu die Stufengestelle der italienischen Blumenverkäufer ein – exakt das meinte er. Freilich aus noblem Holz mit Kristallplatten, mit Schubladen, Klapptür und Schreibplatte.

Der Designer

Über Achille Castiglioni: »Stühle«, Nr. 25, »Armlehnstühle«, Nr. 28, »Hängelampen«, Nr. 11 bis 14, »Deckenlampen«, Nr. 9 ●

17

Jahr: 1969

Designer: Klaus Vogt

Modell: Rolladenschrank 107-3

Material: Sperrholz. Rolladen Massivholz

Maße: B 36. T 55. H 200

Preis: auf Anfrage

Hersteller: Kurt Thut, Zürich

17

Wie kommt einer darauf, so ein witziges, ausgefallenes Möbel zu erfinden? Klaus Vogt erklärt das so: Ein Schrank mit vielen kleinen Türchen, den er früher gemacht hatte, wurde auf der Handwerksmesse in München gezeigt. Der Verein der Schweizer Innenarchitekten hatte dort einen Stand. Und als Vogt Standwache hatte, beobachtete er, daß kein Besucher an dem Schrank vorbeigehen konnte, ohne die Türchen auf- und zuzumachen. Genau so müßte, dachte sich Vogt, auch ein Rolladen die Menschen zum Probieren animieren. Außer diesen mehr spielerischen Gedanken gab es auch räumliche Gründe für den Entwurf: Vogt wollte ein Möbel, das nicht den Raum verändert wie herkömmliche Schränke, die Vorsprünge und Nischen bilden. »Dieses Figurmöbel erscheint hineingestellt«, sagt er. Das Ur-Modell ist aus Holz. Um es billiger zu machen, versuchte Vogt es auch mit Kunststoff-Wellplatten. Da damit aber die geschwungene Form nicht zu seiner Zufriedenheit ausfiel, zeichnete er für die Kunststoff-Version eine vorn und hinten gerade Form, einen schmalen Tablarschrank mit Fachböden und einen breiteren Kleiderschrank. Außerdem gibt es noch einen Rolladen-Sekretär aus Holz mit einem »Bauch« in Höhe der Schreibplatte und geradem Rücken.

Der Designer

Klaus Vogt hat eine Lehre als Bootbauer gemacht, bevor er in die Fachklasse für Innenausbau an der Kunstgewerbeschule in Zürich ging. Nach der Ausbildung hat er in Architekturbüros, u. a. bei Dolf Schnebli, gearbeitet und war sieben Jahre Assistent an der Architekturabteilung der Eidgenössischen technischen Hochschule in Zürich. Jetzt hat er sich in dem kleinen Ort Scherz niedergelassen und arbeitet vorwiegend als selbständiger Architekt. Außerdem ist er Dozent für Entwurf und

Klaus Vogt
* Winterthur,
17. Juni 1938

Gestaltung an der Architekturabteilung der »höheren technischen Lehranstalt für Ingenieure beider Basel«. Als Architekt entwirft er mit Vorliebe kleine Siedlungen. So hat er zusammen mit den Architekten Benno und Jacqueline Fosco-Oppenheim achtzehn Häuser für Leute gebaut, die aus der Isolation heraus und mehr Nachbarschaft wollen. Etwas Ähnliches ist auch, im Frühjahr 1981 begonnen, eine Siedlung mit Gemeinschaftsraum und Raumreserven, die später ausgebaut werden sollen. Vogts Frau, Rosmarie Vogt-Rippmann, ist Künstlerin: Sie macht schwimmende Skulpturen und Objekte, abstrahiert aus Gegenständen der Natur. ●

18

18

Jahr: 1970

Designer: Kazuhide Takahama

Modell: Olinto 12

Material: Schichtholz, polyesterlackiert, weiß, schwarz, rot, beige

Maße: B 3x67. T 33. H 232

Preis: auf Anfrage

Hersteller: B & B, Novedrate/Italien

Zuerst hat Kazuhide Takahama, der Japaner in Bologna, diese hohen Elemente entworfen, die ihm auch am besten gefallen. Später kamen zwei und ein Drittel hohe dazu, damit sich mehr Kombinationsmöglichkeiten ergeben. Die Möbel sollten im wahren Sinn des Wortes vielseitig sein: Deshalb sind sie rundum lackiert, können also frei im Raum stehen. Eine Besonderheit des Entwurfs: Rück- und Seitenwände bestehen – im gleichen Rastermaß wie die Türen – aus zwei Teilen. Die Lackoberflächen, das Chinarot und auch das Schwarz, legen die Vermutung nahe, daß der Designer an seine fernöstliche Heimat erinnern wollte. Aber Takahama sagt, das habe er nicht beabsichtigt. Wie ein Entwurfsprozeß bei ihm abläuft, hängt vom Gegenstand ab. Es kommt vor, daß er von Anfang an eine ganz feste Vorstellung von dem künftigen Objekt hat. Öfter aber, so auch beim Olinto-Programm, geht er von der Funktion aus: Er macht sich klar, was von dem zu entwerfenden Möbel erwartet wird, und entwickelt die Formen dementsprechend. Die Olinto-Möbel hat er für die Firma Gemini entworfen, die inzwischen von B & B übernommen worden ist.

Der Designer

Über Kazuhide Takahama siehe »Armlehnstühle«, Nr. 29 ●

19

Jahr: 1970

Designer: Studio Simon

Modell: Victori AP

Material: Schichtholz, polyesterlackiert

Maße: B 120. T 29. H 221

Preis: auf Anfrage

Hersteller: Simon International, Bologna/Italien und Köln

Vollkommen zerlegbar und mit luftigen (das heißt: aus drei und zwei Teilen bestehenden) Rück- und Seitenwänden: Das elegante lak-

19

kierte Regal erinnert an das Modell »Olinto«, Nr. 18. Nicht von ungefähr: Hinter dem Namen Studio Simon verbirgt sich eine große, öfter wechselnde Gruppe von Designern, zu denen auch Kazuhide Takahama, der Entwerfer von Olinto, gehört. Takahama wurde von Dino Gavina, dem Kopf der Firma Simon, entdeckt und nach Bologna geholt, wo er seitdem lebt und arbeitet.

Die Designer

Zum Studio Simon gehören außer Kazuhide Takahama noch mehr Japaner. Die Zusammensetzung wechselt, Kopf der Gruppe ist immer Dino Gavina, eine der auffallendsten Erscheinungen der italienischen Design-Szene. »Er ist der gefühlvollste und impulsivste Möbelhersteller der Welt«, sagt Marcel Breuer, der Bauhaus-Meister (er lebte zuletzt in den USA, Gavina nahm Möbel von ihm in seine Produktion auf). Gavina gründete seine Firma 1953 – nicht als ein Industrieller, der möglichst gute Geschäfte machen will, sondern als Kunstliebhaber mit dem leidenschaftlichen Wunsch, etwas Modernes zu machen und damit zu zeigen, daß Italien auf dem Gebiet der Einrichtung führend sei. Anstoß zu der Firmengründung gab ein Besuch einer Ausstellung der Triennale, bei dem er einige Designer kennenlernte. Die ersten, die für ihn arbeiteten, waren die Brüder Castiglioni, Franco Albini, Marco Zanuso, Tobia Scarpa. Dessen Vater Carlo Scarpa war sein Freund, den er den »Vater des Landes« nannte, »der immer alles etwas früher erkannte als die anderen«. Gavina sieht sich als Pionier des Anti-Rationalismus, seine Möbel sind für ihn Poesie. 1960 verkaufte Gavina seine Firma an Knoll International. Seine engste Mitarbeiterin Maria Simoncini und andere Mitarbeiter, die mit ihm das Wagnis geteilt hatten, moderne Möbel zu machen, überredeten ihn, eine neue Firma zu gründen: Simon International. Sie gleicht im Anspruch der Firma Gavina. Auch heute noch ist Gavina überzeugt, Möbel von einzigartiger Qualität zu machen, vergleichbar nur mit Poesie. Für diese Überzeugung ist er immer zur Polemik bereit. Die mit ihm arbeiten, sind Freunde für ihn. ●

20

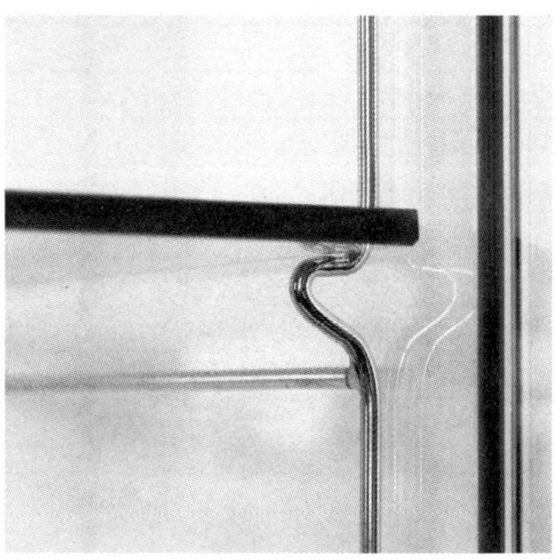

20

Jahr: 1971

Designer: Giuseppe Raimondi

Modell: Cristal System

Material: Stahl und Kristallglas, natur, grün, bronze, grau

Maße: 60x60. H 200 (150, 75)

Preis: auf Anfrage

Hersteller: Cristal Art, Turin/Italien

Ein Gehäuse für »preziosi«, die man vorzeigen, aber auch schützen möchte: kostbare Bücher, Medaillen, kleine Skulpturen – so ein Gehäuse hatte Raimondi vor Augen. Die Glascontainer, die er, mehrere nebeneinander, auch als Raumtrenner sieht, waren die ersten ihrer Art und gleich auf der Messe in Mailand ein großer Erfolg. »Damals war der Markt leer – es gab nichts Ähnliches«, sagt Raimondi. Daß das heute nicht mehr so ist, weiß er. Damit die ausgestellten Kostbarkeiten gut zu sehen sind, hat Raimondi eingebaute Beleuchtung vorgesehen. Der unterste Boden ist verspiegelt – dadurch ergeben sich interessante Effekte.

Der Designer

Giuseppe Raimondi hat an der Architekturfakultät des Polytechnikums Turin studiert und 1967 seinen Doktor gemacht. Er widmet sich hauptsächlich dem Möbeldesign. Seine Modelle sind von 1968 an von den Firmen, mit denen er regelmäßig zusammenarbeitet, auf allen wichtigen in- und ausländischen Messen präsentiert worden. Ebenso wurden und werden sie in Fachzeitschriften und Tageszeitungen vorgestellt. Raimondi ist selber auch Mitarbeiter von Zeitschriften wie Casa bella, Casa vogue und Abitare, für die er Kritiken und Artikel schreibt. Seit 1970 ist er Mitglied der ADI (Gesellschaft der Industrie-Designer) und arbeitet für einige Firmen als Art-director. Dabei erwirbt er neue Erfahrungen im grafischen und visuellen Design und erweitert seine Kenntnisse der Probleme, die mit Produktion und Verkauf der Produkte verbunden sind. ●

Giuseppe Raimondi
*Fiume,
16. November
1941

Und hier kommen Klassiker von morgen

Die Einzelmöbel auf diesen beiden Seiten sind zwar auch schon geraume Zeit auf dem Markt, aber noch nicht lange genug, um den strengen Maßstäben der Klassiker-Serie zu genügen: Sie sind alle nach 1971 entstanden. Trotzdem sollen sie nicht ohne Chance bleiben. Sie haben bei der Auswahl so gut abgeschnitten, daß die SCHÖNER WOHNEN-Jury die Vorhersage wagt: Auch die werden in ein paar Jahren richtige Klassiker sein. Vorerst sind sie nur an ihrer Jugend gescheitert.

1

1
Jahr: 1977
Designer: Marcello Morandini
Modell: 18 D
Material: Mahagoni, mattschwarz gebeizt. Esche, natur oder weiß
Maße: B 107. T 36. H 214
Preise: auf Anfrage
Hersteller: Creative Inneneinrichter, Ladenburg

2
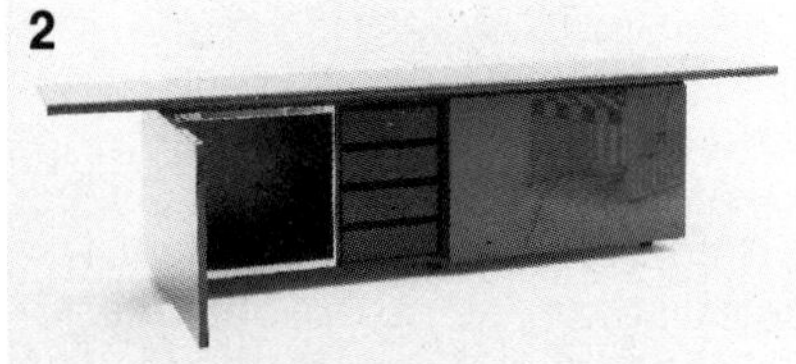

2
Jahr: 1977
Designer: Lodovico Acerbis, Giotto Stoppino
Modell: Sheraton SH-2
Material: Nußbaum, Palisander, Esche. Lackiert. Vier Farben.
Maße: B 180. T 49. H 70
Preise: auf Anfrage
Hersteller: Acerbis International, Seriate (Bergamo)/Italien

3

3
Jahr: 1977
Designer: Hans Eichenberger
Modell: Sekretär
Material: Sipo-Mahagoni
Maße: B 86. T 61. H 100
Preis: auf Anfrage
Hersteller: Röthlisberger (siehe 6)

4

4
Jahr: 1977
Designer: Giovanni Offredi
Modell: Bauletto (Koffer)
Material: Nußbaum, Palisander, Esche. Farbige Streifen
Maße: B 105. T 67. H 85
Preis: auf Anfrage
Hersteller: Saporiti, Besnate/Italien

5

5
Jahr: 1975
Designer: Kazuhide Takahama
Modell: Bramante
Material: Holz, polyesterlackiert, rot und schwarz
Maße: B 96. T 42. H 132,2
Preis: auf Anfrage
Hersteller: Simon International, Bologna/Italien und Köln

6

6
Jahr: 1977
Designer: Robert und Trix Haussmann
Modell: Rolladenschrank
Material: Mahagoni, gebeizt oder natur
Maße: B 112. T 60. H 146
Preis: auf Anfrage
Hersteller: Kollektion Röthlisberger, Gümligen/Schweiz

Möbelfotos: Hannsjörg Dettling (1, 3A, 4, 10, 14, 17). Winfried Nörenberg (7, 11, 12, 18, 19, 20). Gary Rogers (2, 9).
Werkfotos: (3, 5, 6, 8, 13, 15, 6). Seite 76: Dettling (1, 2, 5). Werkfotos – Porträtfotos: Maria Mulas (7). Knoll International (10). Aldo Ballo (15). Alle übrigen: Privat.

Moderne Klassiker
MÖBEL, DIE GESCHICHTE MACHEN
6. Teil: Sessel

Unzufriedenheit, das Bewußtsein, daß etwas Vorhandenes unzulänglich ist, macht den Menschen erfinderisch: Er hatte den Stuhl und als Polster sein eigenes Sitzfleisch – und mußte sich klarwerden darüber, daß das natürliche Polster bei längerem Sitzen auf blankem Holz zu schmerzen beginnt. Also sann er auf Abhilfe, flocht Sitze aus Stroh oder Binsen und legte – vom frühen 17. Jahrhundert an – aufs harte Holz ein künstliches Polster. Bald bekamen auch Rükken- und Armlehnen Polsterauflagen, und schließlich verschwand das Gestell ganz und gar im weichen Pfühl. Dem Tischler blieben nur noch Füße und Stege, seine Fertigkeiten zu demonstrieren. In der Kunst, es den Sitzenden bequem zu machen, taten sich besonders die Franzosen hervor, wie viele französische Namen erkennen lassen. Da gab's etwa die Bergère, bei der Arm- und Rückenlehne aus einem Stück bestehen. Oder die Marquise, besonders breit, besonders üppig gepolstert, mit einem losen Kissen noch weicher gemacht. Daß man auch die galanten Talente solcher Sitzgelegenheiten zu nutzen verstand, verraten Namen wie Confident, Tête-à-Tête und Causeuse. Bezogen waren die frühen Polstermöbel mit Leder, Gobelins, Leinen, Samt und Satin. Heute nimmt man auch synthetische Stoffe. Und manchmal reduziert man den Sessel wieder aufs Holz- oder Stahlskelett und setzt sich ungepolstert auf Leder, Gurte, Geflecht. Seit dem 18. Jahrhundert wippen Polster auf Sprungfedern. Andere lagern auf Sperrholzlatten, auf Rahmen mit Gurten und auf gefederten Stahlbändern. Weichmacher waren anfangs Roßhaar, Kapok und Daunen. Seit 1930 polstert man mit Schaumgummi, einem Material schier unbegrenzter Möglichkeiten, heute meist mit Schaumstoff. Das billigste aller Polstermaterialien wird nur ausnahmsweise verwendet: Luft. Sessel zum Aufblasen blieben Außenseiter.

1

1

Jahr: 1903

Designer: Josef Hoffmann (Koloman Moser)

Modell: Purkersdorf-Stuhl

Material: Gestell Holz mit weißem Schleiflack. Sitz Gurte, schwarz und weiß. Loses Rückenkissen

Maße: B 61. T 61. H 70. SH 42

Preis: auf Anfrage

Hersteller: Wittmann, Etsdorf am Kamp/Österreich

Mit dem Doppel in der Rubrik »Designer« beweist sich der Sessel als eine Wiener Spezialität der Jahre um die Jahrhundertwende: Oft genug wird mit dem Zusatz »zugeschrieben« hinterm Designernamen bekundet, daß man sich über die Urheberschaft nicht sicher ist. Das ist damit zu erklären, daß es sehr viele Entwürfe gab, daß oft zwei oder mehrere Künstler an einem Möbel arbeiteten, daß viele Modelle nicht oder nicht vom ursprünglichen Entwerfer signiert wurden. Bei den Wiener Werkstätten, die die Entwürfe von Hoffmann und Moser ausführten, sollte jedes Stück nicht nur das WW als Schutzmarke, sondern auch die Monogramme des Entwerfers und des ausführenden Handwerksmeisters tragen. Zuverlässig befolgt wurde diese Regel aber nur bei Silber, Schmuck und Textilien, bei den Möbeln meistens nicht. Und darum hat die Welt sich nun mit dem Dilemma des Purkersdorf-Stuhls abzufinden. Er trägt seinen Namen nach dem Sanatorium Purkersdorf, einem der bedeutendsten Werke des Archititekten Josef Hoffmann, der für Bau und Einrichtung zuständig war. Da alles sonstige Mobiliar tatsächlich von Hoffmann entworfen wurde, schreiben viele, so auch die heutige Herstellerfirma Wittmann, den Schachbrett-Sessel Hoffmann zu. Die Kunsthistorikerin Dorothee Müller dagegen schreibt in ihrem Buch über den Konstruktiven Jugendstil (»Klassiker des modernen Möbeldesign«): »Für die Eingangshalle verwendet Hoffmann einen von Koloman Moser entworfenen Sessel, den dieser bereits 1902 in der Sezession ausgestellt hatte.« Für Moser spräche das Schachbrett-Motiv, das er gern verwendet hat. So oft, daß manch einer ihn gar für den Erfinder des Schachbretts halten wollte. Aber eindeutige Beweise für Hoffmann oder Moser gibt es bis heute nicht.

2

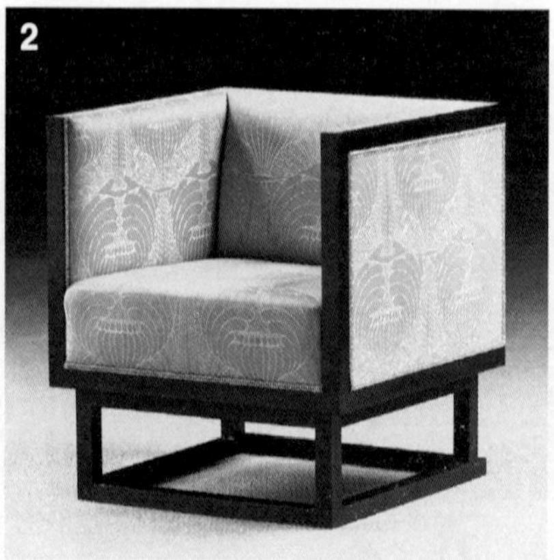

2

Jahr: um 1903

Designer: Josef Hoffmann

Modell: Cabinett

Material: Gestell Holz, dunkel gebeizt. Bezug Leinen, bedruckt

Maße: B 68. T 68. H 77. SH 45

Preis: auf Anfrage

Hersteller: wie 1

Einen ähnlichen Sessel hat Hoffmann für das Billardzimmer des Sanatoriums Purkersdorf entworfen: Würfelform, ein Holzgestell, innen gepolstert, außen mit Stoff »tapeziert«, wie man in Österreich sagt, alle Stoffpartien rundum mit Borten eingefaßt. In den Rahmen des Untergestells sind Füllungen eingelegt – der Sessel wirkt schwerer. Beide erscheinen wie die Erfüllung der Forderungen, die Hoffmann in dem Aufsatz »Einfache Möbel« aufgestellt hat: Ehrlichkeit gegenüber Material und Funktion, Stilreinheit, Sparsamkeit bei der Anwendung von Ornamenten. Der Aufsatz gipfelt in dem Satz: »Ohne dem großen Genie, das einst wieder alle unsere Erfahrungen umstoßen wird, vorzugreifen, sollten wir in allem der Prunksucht aus dem Wege gehen und immerzu nach besserem Material und vollendeter Ausführung trachten, da ja auch unser Leben, sofern es ernst zu nehmen ist, durch Einfachheit, Ehrlichkeit und Gediegenheit seine Würde erhält.« (Aus dem Jahre 1901.)

Der Designer

Über Josef Hoffmann siehe »Armlehnstühle«, Nr. 3 und 4. ●

3

3

Jahr: 1904

Designer: Charles R. Mackintosh

Modell: Willow 1

Material: Esche, schwarz gebeizt. Sitzkissenbezug Spezialstoff, grün oder beige

Maße: B 94. T 41. H 119. SH 39,5

Preis: auf Anfrage

Hersteller: Cassina, Mailand

Das Gittermuster im Lehnenrund bildet einen stilisierten Baum, Hommage an Miß Cranston's Willow Tea Rooms in Glasgow. Dort stand dieser außergewöhnliche Sessel im Erdgeschoß auf der Grenze zwischen vorderem und hinterem Salon. In Wirklichkeit war da nur ein Raum, aber Mackintosh hatte beide Hälften so gestaltet, daß der Gast das Gefühl hatte, von einem Salon in einen anderen zu gehen. Im vorderen Salon gab es Wandpaneele und einen Relief-Fries darüber: Sie wie auch Vorhänge, Kamin und Decke waren weiß, die Tische mit weißen Tüchern bedeckt, schwarz nur die Stühle mit Leiterrücken. Der hintere Salon hingegen war düster, schon deshalb, weil ihn die auf halber Höhe eingebaute Galerie beschattete: graue Wandbespannung zwischen dunkel gebeizten Pfosten, ein dunkel gestrichener Kamin und dazu drei Spiegelpaneele, die das Licht reflektierten. Auf dem Willow-Sessel zwischen den Salons thronte ein Aufseher.

Er nahm – so die Cranston-Legende, deren Wahrheitsgehalt nicht mehr nachzuprüfen ist – die Bestellungen entgegen und gab sie an die Küche im Untergeschoß weiter: Dafür hatte er Glaskugeln, für jedes Gericht in einer anderen Farbe, die er durch ein Rohr hinunterwarf. Der Stuhlsitz ist übrigens als Truhe zu nutzen: In die Platte unterm Sitzkissen ist ein Deckel eingelassen.

Der Designer

Über Mackintosh siehe »Stühle«, Nr. 3 und 4, »Eßtische«, Nr. 2 ●

4

4

Jahr: 1918
Designer: Gerrit T. Rietveld
Modell: Rood en Blauw (Rot u. Blau)
Material: Buche. Gestell, Armlehnen schwarz anilingebeizt. Sitz blau, Rückenlehne rot, Schnittkanten gelb lackiert
Maße: B 65,5. T 83. H 86,5. SH 33
Preis: auf Anfrage
Hersteller: Cassina, Mailand

Jeder, dem der Rot-Blaue als Sitzgelegenheit angeboten wird, schluckt, bevor er sich mißtrauisch niederläßt, und erklärt dann, er sitze überraschend gut. Das freilich hat Rietveld nicht unbedingt beabsichtigt: Seine Möbel sollten nicht einer Funktion gerecht werden, sondern Form-Raumprobleme lösen. »Aus zwei Brettern und einer Anzahl Latten bestehend, wurde dieser Stuhl zu dem Zweck entworfen, zu zeigen, daß sich etwas Schönes, ein räumliches Objekt, aus nichts mehr als geraden, rein maschinell vorgefertigten Teilen herstellen läßt«, schrieb er. Mit strenger Geometrie und den Primärfarben Schwarz, Blau, Rot, Gelb entspricht er dem Programm der Künstlervereinigung »De Stijl«. Was Maler wie Mondrian und Theo van Doesburg (der auch Architekt und Journalist war), auf der Leinwand zu lösen versuchten, übertrug Rietveld ins Dreidimensionale. Daß er Menschen fand, die seine Arbeit zu verstehen und zu würdigen wußten, beweist ein Brief von Frau Schröder, für die Rietveld in Utrecht 1924 das erste Haus mit einem wirklich wandelbaren Raum gebaut hatte: Das Obergeschoß, das rundum nur Fensterfronten hat und den Garten optisch einbezieht, läßt sich mit Schiebewänden in vier separate Zimmer teilen. Über den Rood en Blauw, der in diesem Haus steht, schreibt Frau Schröder: ». . . ein Stuhl als Möbel hat noch andere Aufgaben, als bequem oder ›nicht unbequem‹ auszusehen oder zu sein. Er wie andere Möbel sollen dazu beitragen, den Raum eines Zimmers spürbar zu machen, um Innenraum zu schaffen – Innenarchitektur als sinnliche Perzeption von Raum, Farbe etc. . . .«

Der Designer

Rietveld ist Sohn eines Schreiners und hat in dessen Werkstatt sein Handwerk gelernt. 1911 hat er seine eigene Werkstatt aufgemacht und sich zugleich in Abendkursen bei dem Architekten Klaarhamer zum Architekten ausbilden lassen. Schon 1908 hat er seine ersten Möbel entworfen. 1919 schloß er sich der Gruppe »De Stijl« an, einer Vereinigung von

Gerrit Thomas Rietveld
* Utrecht, 24. Juni 1888
† Utrecht, 25. Juni 1964

Malern, Architekten und Schriftstellern, deren Ziel eine radikale Erneuerung der Kunst war. Ihr Stil, entwickelt von dem Maler Piet Mondrian und dem Architekten und Maler Theo van Doesburg, baute auf dem Kubismus auf und war eingebunden in eine strenge geometrische Ordnung. »De Stijl« entsprach mit seinem Programm der internationalen Entwicklung. Vorläufer des Modernismus waren der Schotte Mackintosh, die Wiener Wagner, Loos, Hoffmann und Moser, in Amerika Frank Lloyd Wright, der in Hamburg geborene Peter Behrens, der in München, Darmstadt, Berlin und Wien arbeitete. Vorläufer waren auch der Deutsche Werkbund und die Weimarer Kunstgewerbeschule, aus der das Bauhaus hervorging. Die Zeit des Stijl war eine Zeit der großen Namen überall: Mies van der Rohe, Gropius, Breuer, Klee, Feininger, Schlemmer, die Bauhausmeister, in Frankreich Le Corbusier, in England Eileen Gray. Rietvelds Haus Schröder in Utrecht war konsequent nach den Grundsätzen des »Stijl« gebaut: die Grundform ein Kubus; Außenwände mit viel Glas, damit Innen- und Außenräume eine Einheit sind; variable Innenwände. Außer dem Haus Schröder baute Rietveld Reihenhäuser in Utrecht, den niederländischen Pavillon für die Biennale in Venedig, das Van-Gogh-Museum in Amsterdam. 1928 war er niederländisches Gründungsmitglied des CIAM (Congrès International d'Architecture Moderne). In den fünfziger Jahren wurde seine Bedeutung neu erkannt. Mit einer Retrospektive in Utrecht wird seine Arbeit gewürdigt, er bekommt viele Architekturaufträge und befaßt sich auch mit Städtebau. Kurz vor seinem Tode wird er Ehrendoktor der Technischen Hochschule in Delft. ●

5

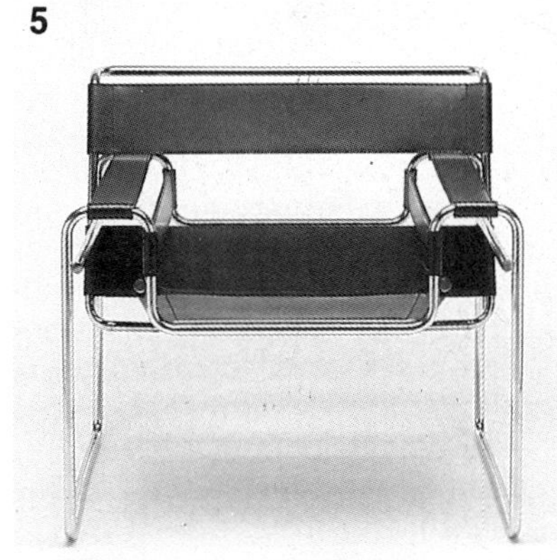

5

Jahr: 1925
Designer: Marcel Breuer
Modell: Wassily-Sessel 50-125
Material: Gestell Stahlrohr, verchromt. Sitz, Rücken, Armlehnen Rindkernleder oder Segeltuch
Maße: B 79. T 70. H 72. SH 42
Preis: auf Anfrage
Hersteller: Knoll Int., Murr

Er ist das erste Sitzmöbel aus Stahlrohr. Daß man seinem Schöpfer Marcel Breuer ebenso wie dem Niederländer Mart Stam (siehe »Stühle«, Nr. 5 und 6) nachsagt, er habe sich dazu vom Fahrrad inspirieren lassen, ist nicht verwunderlich. Fahrrad-Begeisterung lag in den zwanziger Jahren in der Luft. Jeder fuhr die schnelle Maschine, die nicht lärmt. Schriftsteller wie Jarry, Jules Romains, Tzara sangen das Lob des Velocipeds. Max Ernst, Marcel Duchamp und die Dadaisten trieben ihre tiefsinnigen Scherze mit ihm. Für Breuers Beziehung zum Fahrrad spricht, daß er seinen Stahlrohrstuhl zunächst den Adler-Werken anbot, einer Fahrrad-Fabrik. Hergestellt wurde er dann aber von Thonet, danach von dem Italiener Dino Gavina (siehe »Einzelmöbel«, Nr. 19), der seine Firma später jedoch an Knoll International verkauft hat. Das Modell von heute ist das Ergebnis einer langen Reihe von Versuchen, aus der mehrere Versionen hervorgingen. Als erste gilt eine, die Breuer mit Hilfe eines Schlossers gebaut hat: Sie hat zwar schon die charakteristischen Rükken- und Armlehnen, steht aber noch auf vier Beinen. Daraus entwickelte Breuer die Lösung mit dem endlosen Rohr, das Linien bildet, Linien, die einen Würfel umreißen. Breuer sagt in einem Aufsatz über »Metallmöbel und moderne Räumlichkeit« in der Zeitschrift »Das Neue Frankfurt«: »Die Möbel, sogar die Wände des Raumes sind . . . luftig durchbrochen, sozusagen in den Raum gezeichnet . . . Ich habe für diese Möbel speziell Metall gewählt, um die eben beschriebenen Eigenschaften moderner Raumelemente zu erreichen. Die schwere anspruchsvolle Polsterung eines bequemen Sessels ist durch eine straffgespannte Stofffläche und einige leicht dimensionierte federnde Rohrbügel ersetzt . . . Die Schlittenform erhöht die Beweglichkeit. Sämtliche Typen sind aus denselben normierten, elementar gehaltenen, jederzeit zerleg- und auswechselbaren Teilen konstruiert. Diese Metallmöbel sollen nichts anderes als notwendige Apparate heutigen Lebens sein.« Breuer hat den Stuhl für das Dessauer Haus seines Bauhaus-Kollegen, des Malers Wassily Kandinsky, entworfen. Darum heißt er »Wassily-Sessel«.

Der Designer

Daß Marcel Breuer zu den ganz großen schöpferischen Architekten dieses Jahrhunderts gehörte, wurde schon in den zwanziger Jahren deutlich, als er, 22 Jahre alt, in der Tischlerei des Bauhauses studierte. Hans M. Wingler, heute Leiter des Bauhaus-Archivs in Berlin, beschrieb 1975 im Vorwort zu einem Ausstellungskatalog, welchen Eindruck Bauhaus-Kollegen von dem jungen Breuer hatten: Handwerksmeister Hartwig erinnerte sich, daß Breuer mutig und beharrlich fast geheiligte Bauhaus-Regeln in Frage stellte und eigene Antworten fand. Er

Marcel Breuer
* Pecs (Ungarn), 21. Mai 1902
† New York, 2. Juli 1981

entwickelte den Prototyp eines Wohnhochhauses, das später von anderen überall in der Welt gebaut wurde. Breuer kam aus Ungarn. Während seiner Studienzeit am Bauhaus hat er Möbel für ein Muster-Wohnhaus entworfen und war Mit-Initiator einer Arbeitsgemeinschaft für Archtitektur. Von 1925 bis 1928 leitete er die Tischlerei. Aus dieser Zeit stammen seine ersten Stahlrohrstühle. In dieser Zeit hat er Häuser ausgestattet. Meisterhäuser für die Bauhäusler, die Wohnung des Regisseurs Erwin Piscator in Berlin. Drei Jahre lang, bis 1931, unterhielt er ein eigenes Büro in Berlin, dann ging er auf Reisen: nach Spanien, Nordafrika, Griechenland und dem Balkan, in die Schweiz und nach Italien. 1932 hat er noch erlebt, daß als erster seiner Architektur-Entwürfe das Haus Harnischmacher in Wiesbaden gebaut wurde (im Krieg fast völlig zerstört). Dann verließ er Deutschland, emigrierte erst nach England, wo er als Architekt arbeitete. Richtungweisende Arbeit aus der Londoner Zeit ist der Entwurf für ein »Stadtzentrum der Zukunft«. 1937 ging Breuer in die Vereinigten Staaten, wo er bis zu seinem Tod lebte. In Cambridge/Massachusetts hatte er zusammen mit Walter Gropius (siehe »Armlehnstühle«, Nr. 5) ein Architekturbüro und war neun Jahre lang Professor für Architektur an der Harvard University. 1946 eröffnete er sein Architekturbüro in New York, 1956 gründete er die Architekturfirma Marcel Breuer and Associates, zusammen mit den Kollegen Beckhardt, Gatje und Smith. Neben Wohnhäusern, darunter mehrere für sich selber, und Universitäts- und Bürobauten hat Breuer große, exemplarische Projekte verwirklicht: so das Unesco-Gebäude in Paris, das Kaufhaus »De Bijenkorf« in Rotterdam und das Botschaftsgebäude der USA in Den Haag, das Whitney Museum of American Art in New York, den Sportpark in Flushing Meadows (New York), in Frankreich das Wintersportzentrum Flaine und die Trabantenstadt bei Bayonne, in Venezuela Ferienwohnungen und ein Büro- und Einkaufszentrum. Möbel hat er seit den dreißiger Jahren nicht mehr entworfen, wohl aber Wandteppiche. Breuer wird den Funktionalisten zugerechnet, war aber nie einseitig rationalistisch orientiert. Er hat lange vor anderen Architekten Betonbauten wie Skulpturen durchgeformt, freilich immer auf der Basis funktionsgerechter Grundrisse. Daß Marcel Breuers Bauten zugleich von bildhafter Schönheit und höchst gebrauchstüchtig sind, macht ihre besondere Qualität aus. ●

6

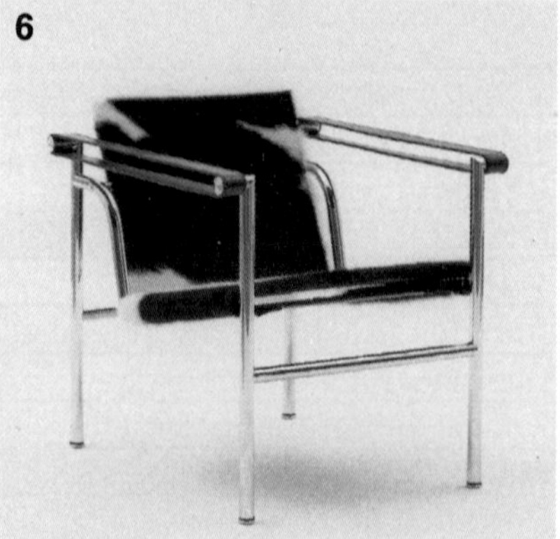

6

Jahr: 1928

Designer: Le Corbusier, Charlotte Perriand, Pierre Jeanneret

Modell: LC 1 Fauteuil à dossier basculant (mit Schaukellehne)

Material: Gestell Stahlrohr, verchromt oder schwarz mattlackiert. Sitz und Rückenlehne Fell, Leder oder Canvas. Armlehnen Leder

Maße: B 60. T 65. H 64. SH 40

Preis: auf Anfrage

Hersteller: Cassina, Mailand

Urvater dieses ebenso bequemen wie zierlichen Sessels ist der Kolonial- oder Safaristuhl. Das läßt sich nicht nur mit Zeichnungen von Charlotte Perriand belegen, die von Le Corbusier als Mitarbeiterin engagiert worden war: Im Schweizer Studentenhaus für die Pariser Universität, das er 1930 bis 1932 mit Jeanneret baute, stellte er marokkanische Kolonialsessel neben »Basculants«, und in seiner 1934 eingerichteten eigenen Wohnung stand neben dem »grand confort«-Sessel eine moderne Version des Kolonialsessels. Alle LC-Klassiker sind in einem Jahr entstanden. Sie wurden für die Bildergalerie der Villa La Roche und für die Bibliothek Church zum erstenmal verwendet und im Pariser Herbstsalon 1929 der Öffentlichkeit gezeigt. Die Rohre des »Basculant« sind auf Gehrung geschweißt, sein Gestell war damals immer verchromt. Auf der Expo in Brüssel 1935 wurde eine Version aus Holz und Strohgeflecht gezeigt, zu der Charlotte Perriand den Sessel umgearbeitet hatte. Diese ausgefallene Variante blieb ein Unikum.

7

7

Jahr: 1928

Designer: Le Corbusier, Charlotte Perriand, Pierre Jeanneret

Modell: LC 2 Fauteuil grand confort

Material: Gestell Stahlrohr, verchromt, schwarz matt oder glänzend. Farbig lackiert (sechs Farben). Lose Kissen, Bezug Leder oder Stoff

Maße: B 76. T 70. H 67. SH 43

Preis: auf Anfrage

Hersteller: Cassina, Mailand

Frühe Abbildungen des »grand confort« zeigen, daß dieser Sessel ursprünglich lässiger wirkte als die glatte, strenge heutige Version: das Gestell immer lackiert; die fünf eingelegten Kissen (zwei als Sitz, zwei Armlehnen, eins im Rücken), mit Federn gefüllt, waren weicher und sympathisch geknautscht. Der Schweizer Architekt Arthur Ruegg, der über LC gearbeitet hat, kritisiert das Stahlrohrgestell, das »mit engsten Rohrbogen zusammengefügt« wurde: »Das Einschweißen des Sitzrahmens aus L-Profilen . . . in den Rahmen aus Stahlrohren wirkt technisch gesehen naiv, es handelt sich denn auch in Wirklichkeit um eine Schwachstelle.« Heute wird vom »grand confort« außer der originalen schmalen Version, bei der die Armlehnkissen die Sitzfläche sehr einengen, auch eine niedrigere, breitere Form gemacht.

Der Designer

Über Le Corbusier siehe »Armlehnstühle«, Nr. 7, »Eßtische«, Nr. 3 ●

8

8

Jahr: 1929

Designer: Ludwig Mies van der Rohe

Modell: Barcelona-Sessel

Material: Gestell Spezialfederstahl, hochglanzverchromt. Sitz- und Rückenkissen Füllung Schaumgummi, Bezug Rindleder, 7 Farben

Maße: B 75. T 76. H 77. SH 43

Preis: auf Anfrage

Hersteller: Knoll Int., Murr

Der Anlaß, der dem Stuhl den Namen gab, ist längst vergessen, der Stuhl besteht in zeitloser Eleganz. Vor der Weltausstellung in Barcelona 1929 war Mies van der Rohe aufgefordert worden, den deutschen Pavillon zu entwerfen. Er sollte Schauplatz der Eröffnungszeremonie sein, die der spanische König Alfons XIII. hielt. Der Pavillon, den Mies entwarf, ist nicht sehr groß. Seine lichte, großzügige Wirkung verdankt er freistehenden Wänden und erlesenen Materialien. Als königliches Gestühl diente ein Paar Barcelona-Sessel. Dieser scheinbar schlichte, von fern an den klassischen Klappstuhl erinnernde Sessel ist typisch für Mies' anspruchsvolles exklusives Möbeldesign: Das X des Gestells aus Bandstahl muß mühsam mit der Hand geschweißt werden, auch die Oberflächenbehandlung erfordert Handarbeit. Sitz und Rücken bestehen aus neun aneinander geschweißten Stahlstreifen – der Sessel ist schwer und soll es sein. Im Gegensatz etwa zu Breuer (siehe Nr. 5), der Mobilität wünschte, hatte Mies für seine Möbel bestimmte Plätze im Raum bestimmt, von denen sie nicht verschoben werden sollten. Die Polster der frühen Exemplare wirken mit ihrer Roßhaarfüllung schmiegsamer als die heutigen. Mies wollte ausdrücklich Möbel, die sich nicht für Serienproduktion eigneten. Die ersten Stücke wurden vom »Berliner Metallgewerbe Joseph Müller« hergestellt. Seit 1948 ist der »Barcelona« in der Kollektion von Knoll International.

Der Designer

Über Ludwig Mies van der Rohe siehe »Stühle«, Nr. 7 und 8, »Armlehnstühle«, Nr. 8. ●

9

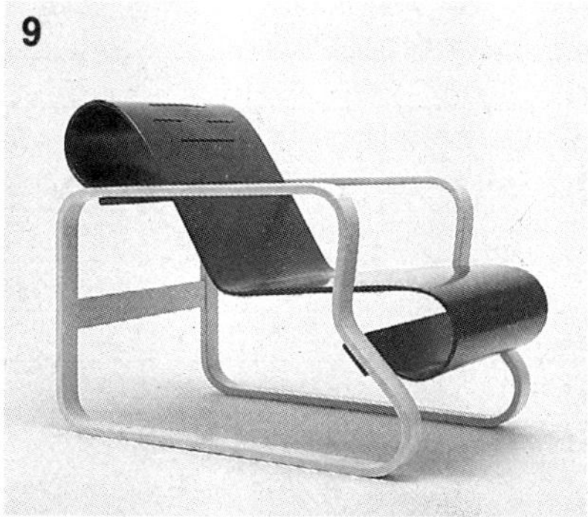

9

Jahr: 1929–1933

Designer: Alvar Aalto

Modell: Sessel 41 (Paimio)

Material: Gestell Birkenholz, laminiert und gebogen. Sitz und Lehne geformtes Schichtholz, weiß oder schwarz lackiert

Maße: B 60. T 85. H 64. SH 33

Preis: auf Anfrage

Hersteller: Artek, Helsinki

Weil Alvar Aalto der Meinung war, daß nur organische Materialien dem Menschen angemessen wären, war Holz sein Favorit. Und da er aus diesem Material skulpturenartige Formen »ohne Anwendung der Schnitztechnik« schaffen wollte, experimentierte er mit neuen Methoden der Holzverformung und mit Klebstoffen, die in der Möbelfarbik Korhonen für die

Luftfahrtindustrie entwickelt worden waren. Ein Ergebnis dieser Experimente ist der Sessel, dessen Seitenrahmen in einer Linie schwungvoll durchgezeichnet ist. Der Sessel, geeignet für unproblematische Serienproduktion, wurde für das Lungensanatorium in Paimio entworfen. Aalto und seine erste Frau Aino hatten den Wettbewerb für dieses Sanatorium gewonnen und entwarfen auch die Inneneinrichtung.

10
Jahr: 1935–1939
Designer: Alvar Aalto
Modell: Sessel 406
Material: Gestell Birkenholz, gebogen. Sitz, Rückenlehne Gurte oder Rohrgeflecht
Maße: B 60. T 72. H 84. SH 36
Preise: auf Anfrage
Hersteller: Artek, Helsinki

Mitte der dreißiger Jahre gelang Aalto zum erstenmal ein hinterbeinloser Freischwinger aus gebogenem Holz. Der Rahmen – Kufen und Armlehnen in einem schön gebogenen Stück – besteht aus sieben Birkenholzlamellen. Aalto hat den Sessel in verschiedenen Versionen gezeichnet, mit Gurten und Geflecht, auch mit Schichtholzsitz. Später hat er nach diesem Prinzip auch eine Chaiselongue entwickelt. Aaltos Möbel, in Skandinavien jedermann bekannt, haben es in anderen Ländern schwer: Man findet sie zu schlicht und zu teuer. Deshalb werden hier nur Teile der großen Kollektion angeboten, und auch das nur, weil ein paar unbeirrbar begeisterte Händler nicht davon abzubringen sind.

Der Designer

Über Alvar Aalto siehe »Stühle«, Nr. 11, 12, »Eßtische«, Nr. 4. ●

11
Jahr: 1933
Designer: Kaare Klint
Modell: Safari-Stuhl
Material: Gestell Esche, natur oder dunkelbraun geräuchert. Sitz, Rückenlehne Leder oder Kanvas
Maße: B 57. T 57. H 80. SH 33
Preise: auf Anfrage
Hersteller: Rud. Rasmussens Snedkerier, Kopenhagen

»Is that a Klint? – We have it in England, too!« (Ist das ein Klint? – Wir haben ihn auch in England.) Der Ausruf eines Engländers beim Anblick von Klints Safari-Stuhl ist bezeichnend: Den Safari-Stuhl, neuerdings auch Regiestuhl genannt, gibt's in x Versionen, bis hin zur Billigstausführung. Und wer den allerersten gemacht hat, ist nicht überliefert. Kaare Klint, der Vater des modernen dänischen Möbeldesigns, beansprucht keineswegs das Urheberrecht. Klints Schülerin und Mitarbeiterin Rigmor Andersen, die seine Arbeit bis ins Detail kennt und ein Buch über ihn geschrieben hat, erzählt, wie der Safari-Stuhl zustande kam: In einem Buch der Engländer Martin und Osa Johnson, die viel reisten und auch Safaris unternahmen, sah Klint einen Safari-Stuhl abgebildet. Der gefiel ihm. Und als dann kurz darauf einer seiner Studenten Studien von einem ähnlichen Stuhl aus Paris mitbrachte, machte Klint sich daran, seine eigene Fassung zu entwerfen: im Prinzip so bodenständig wie die namenlosen Stücke, aber in den Proportionen verfeinert, mit Ochsenhaut und schönen Messingbeschlägen. Bei den Prototypen war der Sitz verstellbar. Da sich aber herausstellte, daß die Lederriemen mit Schnallen, mit denen der Sitz hinten befestigt war, bei starker Belastung reißen könnten, entschied Klint sich für den festen Sitz. Eine an sich bequemere Version ohne Vorderstange, bei der der Sitz an den Seiten aufgehängt war, verwarf Klint, als er auf der Tischlerausstellung gesehen hatte, daß das Sitzleder dann durchhängt. Wenn man mit einer Lösung nicht vollauf zufrieden ist, soll man sie nicht anwenden: Das war, wie Rigmor Andersen sich erinnert, Klints Maxime, nach der er immer handelte. Rigmor Andersen wird übrigens zusammen mit Annelise Bjørner im Kapitel »Betten« mit einem eigenen Entwurf vorgestellt.

Der Designer

Über Kaare Klint siehe »Stühle«, Nr. 13, »Armlehnstühle«, Nr. 6, »Hängelampen«, Nr. 4. ●

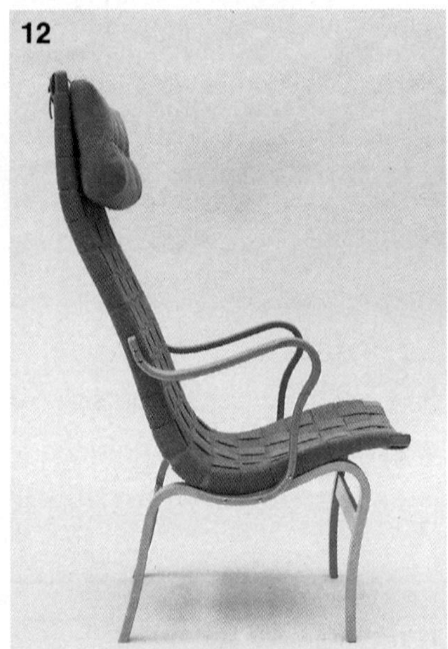

12
Jahr: 1933–1935
Designer: Bruno Mathsson
Modell: Pernilla
Material: Gestell Buche natur. Sitz, Rückenlehne Sattlergurt, handgeflochten; Lederriemen; Leder, quer abgesteppt; Lammfell
Maße: B 73. T 101. H 91. SH 39
Preis: auf Anfrage
Hersteller: Dux, Trelleborg/Schweden

Eine Reihe hübscher Mädchennamen wie Eva, Karin, Ingrid, Brigitta und Kerstin steht für die Sitzmöbel, die Bruno Mathsson gezeichnet hat. Keins aber ist so berühmt wie die Pernilla-Serie. Mit der Arbeit daran hat er 1933 angefangen. Ein Vorläufer war der simplere Armlehnstuhl aus Massivholz, mit Gurten bespannt, den er 1931 für ein Spital entworfen hatte. Für die Pernilla-Stühle wollte er gebogenes Schichtholz verwenden, und zwar so, daß es gewachsenen Formen möglichst ähnlich ist. Den Entwürfen gingen gründliche anatomische Studien voraus und Untersuchungen über die Relationen zwischen Sitz und Lehne. In einer Zeichnung Mathssons, die wie ein graziles Insekt aussieht, ist das Pernilla-Prinzip im Profil dargestellt: Die sechs Fliegenbeine zeigen die Höhen der Beine von Arbeitsstuhl, Sessel und Longchair im Verhältnis zu den fächerartig gestrichelten Möglichkeiten der Lehnenneigung. Mathsson macht sich viele Gedanken übers Sitzen. Zum Beispiel meint er, beim Telefonieren könne der Mensch zur Entspannung halb liegen. Dafür solle er aber, um nachzudenken, immer mal vom Schreibtisch aufstehen. Bei den meisten seiner Stühle hat Mathsson Beinkonstruktion und Sitzmulde getrennt. Die Ur-Pernilla war mit Gurten bespannt. Später kamen neben den oben angegebenen auch noch gepolsterte Versionen dazu. Einige Exemplare stehen auch in Mathssons Sommerhaus in Frösaskull.

Der Designer

Über Bruno Mathsson siehe »Eßtische«, Nr. 5. ●

13

13

Jahr: 1946

Designer: Charles + Ray Eames

Modell: LCM

Material: Metall, verchromt. Sitz, Rücken Esche, schwarz

Maße: B 57. T 67. H 70. SH 39

Preis: auf Anfrage

Hersteller: Herman Miller Collection/Vitra, Weil am Rhein

Mit den Stühlen aus gebogenem Schichtholz erregte Charles Eames zum erstenmal weithin Aufsehen. Der Architekt Benjamin Thompson, Gründer der Zeitschrift »Design Research«, der in Cambridge/Mass. einen Möbelladen betrieb, berichtet von der Reaktion des Publikums, als er die ersten Eames-Stühle ausgestellt hatte: Jedermann kam rein, studierte die geschweißten Gummiverbindungen und das gebogene Schichtholz und fragte: Wer ist Charles Eames? Verbindungen –

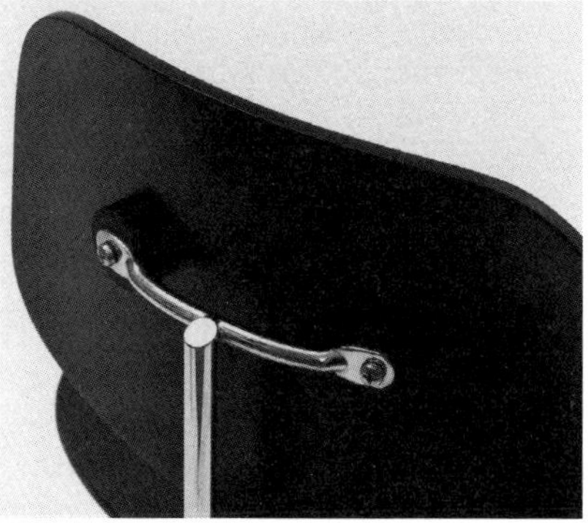

das ist ein wichtiger Begriff für Eames' und seiner Frau Designarbeit. Eames hat einmal gesagt: »Details sind nicht bloß Details – sie sind das Produkt selbst. Verbindungen, Verbindungen – die Verbindungen werden es am Ende sein, die dem Produkt zum Leben verhelfen.« Genau so war das beim Schichtholzstuhl. Die beiden Eames' hatten schon seit 1941 Versuche gemacht, Stühle aus gebogenem Schichtholz zu bauen. Sie machten dazu keine Zeichnungen, sondern arbeiteten mit originalgroßen Modellen. Das Holz wurde über Schablonen gebogen, die Eames selber entwickelt hatte. Nach diesen Schablonen wurden später Konstruktionszeichnungen für die Metallformen für Massenproduktion abgeleitet. Eine ganze Reihe von Modellen, die zunächst ganz aus Holz waren, wurde aussortiert: weil sie kippten, zu kompliziert waren, aus zu vielen Einzelteilen bestanden. Und als klar wurde, daß für das Gestell dickeres Schichtholz nötig war als für den Sitz, beschloß Eames, für die zwei Elemente, das tragende und das getragene, auch zwei Materialien zu nehmen: Metall und Holz. Bindeglied zwischen beiden sind Gummipuffer, die mit einer von Eames weiterentwickelten Schweißtechnik der Chrysler Corporation angebracht werden. »Connections« hieß übrigens eine Eames-Ausstellung, die auch in Deutschland zu sehen war.

14

14

Jahr: 1956

Designer: Charles + Ray Eames

Modell: Lounge Chair

Material: Untergestell Aluminium, Schalen Palisander oder schwarz mit Leder. Polster mit Lederbezug

Maße: B 83. T 83. H 85. SH 38. Hocker: B 66. T 53. H 38

Preise: auf Anfrage

Hersteller: Herman Miller Collection/Vitra, Weil am Rhein

Er ist der berühmteste unter Eames' Stühlen, ein Solitär in der Geschichte modernen Designs. Ralph Kaplan, der Verfasser des Vorworts für den Katalog der Ausstellung mit dem für die Eames' bezeichnenden Titel »Connections«, sagt zum Lounge Chair: »Es gibt kaum einen Entwurf, der charakteristischer für Eames ist, für Charles wie für Ray. Er ist reich und prächtig, kompliziert in der Herstellung, aber wie Handwerk wirkend, unzweifelhaft modern im Konzept, aber mit dem Parfum schönerer Zeiten. Seine Schönheit ist selbstverständlich und unwahrscheinlich. Dies ist das Außergewöhnlichste allen modernen Designs, ein Gegenstand, der eher Zuneigung zum Benutzer hervorruft als Respekt. Er ist ganz augenscheinlich das Produkt eines intensiv persönlichen schöpferischen Vergnügens.«
Der Lounge Chair ist ein Musterbeispiel für die ungewöhnlich enge Beziehung des Designerpaars Eames zu seinem Hersteller Herman Miller. Kaplan sagt, man habe in jenen Jahren ohne Übertreibung behaupten können, daß die Miller Company machen würde, was immer das Eames Office entwarf. Andererseits waren Charles und Ray Eames perfekt auf die Bedürfnisse und Probleme der Firma Miller eingestellt. Der Lounge Chair, zusammengesetzt aus mehr Einzelteilen als alle anderen Eames-Möbel, ist sozusagen das

Nonplusultra der Versuche mit gebogenem Schichtholz, die einmal mit Krankentragen und Bruchschienen angefangen hatten. Seine drei Palisanderschalen, gepolstert mit Lederkissen, bewirken zusammen mit den Armlehnen Ohrensessel-Behagen.

15

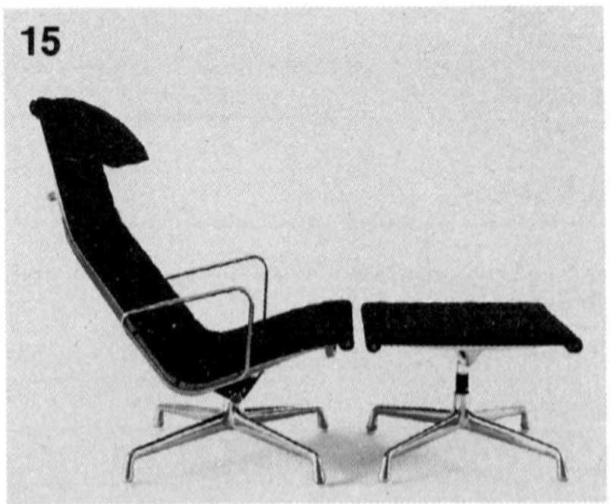

15
Jahr: 1958
Designer: Charles + Ray Eames
Modell: Aluminium Chair EA 124
Material: Gestell Aluminium, verchromt. Standrohr schwarz. Bezüge Naugahyde (PVC) oder Hopsak (Nylon), viele Farben
Maße: B 64. T 80. H 94. SH 38
Preis: auf Anfrage
Hersteller: Herman Miller Collection/Vitra, Weil am Rhein

Die große Familie der Alu-Chairs hat als Kennzeichen den vierstrahligen Stern mit dem Bügel, der die Sitzschale trägt. Auch bei diesen Stühlen war ein Problem der Verbindung zu lösen. Die dünnen Polster – zwei Lagen Stoff und dazwischen Kunststoffschaum, elektronisch verschweißt – sind um den Alu-Rahmen gespannt, der am Kopf- und am Knie-Ende als Rohr geformt ist. Der weiche Stoff und der elegante Metallrahmen kontrastieren miteinander – beide Qualitäten sind sichtbar und fühlbar. »Eames' Möbel«, sagt der englische Kritiker Peter Smithson, »sie sind die ersten Stühle, die in jeder Position in einen leeren Raum gestellt werden können – sie sehen aus, als hätten sie sich zufällig dort niedergelassen. Die Stühle gehören denen, die sie benutzen, nicht dem Raum.« Mit anderen Worten: Eames personalisiert nicht seine Möbel, sondern gibt dem Besitzer die Möglichkeit, ein persönliches Objekt daraus zu machen

Der Designer

Über Charles Eames siehe »Stühle«, Nr. 14, »Armlehnstühle«, Nr. 16 und 17, »Eßtische«, Nr. 12. ●

16

16
Jahr: 1947
Designer: Hans J. Wegner
Modell: Windsor- oder Pfauenstuhl
Material: Esche. Armlehnen Esche oder Teak
Maße: B 77. T 77. H 103. SH 36
Preis: auf Anfrage
Hersteller: Johannes Hansen, Kopenhagen

Das erste Exemplar dieses Modells stand auf einer Ausstellung in Holland und ist dort auf Nimmerwiedersehen verschwunden. Wegner hatte dieses Ausstellungsstück zusammen mit Johan-

nes Hansens Werkmeister Niels Thomsen selbergemacht. Abends und nachts, damit es rechtzeitig fertig würde. Wegner wollte eigentlich einen billigen Stuhl zeichnen – aber das wurde der große Windsorstuhl nicht, dazu verlangt er zuviel Handarbeit. Die damalige dänische Königin Ingrid wurde im Windsorstuhl fotografiert. Sie kam immer zu den Ausstellungen der Tischlermeister und zeigte großes Interesse für die Möbel. Wegner nennt ihn Windsorstuhl. Den Namen Pfauenstuhl bekam er von Wegners Designerkollegen Finn Juhl, und so wird er nun allenthalben im Volksmund genannt.

17

17
Jahr: 1949
Designer: Hans J. Wegner
Modell: JH 512
Material: Eiche, Papierkordelgefl.
Maße: B 61. T 75. H 77. SH 39
Preis: auf Anfrage
Hersteller: Johannes Hansen, Kopenhagen

Dieser Wegner-Stuhl gehört zu den am häufigsten kopierten. Er sagt einiges über Wegners Vorstellungen vom Sitzen aus. Wegner meint, daß ein Sessel ohne Armlehnen keine rechte Lösung sei. Wolle man keine Armlehnen, dann müsse das eine ganz andere Art Sitzmöbel sein. Eins, in dem man sich ungefähr so fühlt wie am Strand, wenn man zurückgelehnt im Sand der Dünen sitzt. Dieses Gefühl vermittelt der Klappstuhl, der so ausgeklügelt konstruiert ist, daß er sich ganz schmal zusammenfalten läßt. Wegner hat von jedem seiner Entwürfe ein Puppenmodell gemacht, maßstabgetreu und bis ins Detail genau. Nicht nur die Holzarbeit, auch das Geflecht. So wußte er immer, was er von den Handwerkern verlangte, und brauchte sich nie sagen zu lassen: Dies oder das geht nicht. Er hatte es probiert: Es geht. Der Stuhl gewann auf der Triennale 1951 in Mailand den Großen Preis.

18

18
Jahr: 1965
Designer: Hans J. Wegner
Modell: CH 44
Material: Eiche, Buche, gebeizt oder lackiert
Maße: B 63. T 60. H 79. SH 35
Preis: auf Anfrage
Hersteller: Carl Hansen (CH-RY-SW, Kopenhagen)

»Für die Leute sind gutes Aussehen und Schönheit bei einem Stuhl wichtig. Für mich ist es wichtig, daß man gut darin sitzt«, sagt Wegner. Deshalb macht er auch solche ganz normalen Stücke wie diesen Sessel mit geflochtenem Sitz, der nur für Laien unscheinbar wirkt. Er spricht für sich durch die große Sitzfläche, die man auch ganz und gar ausnützen kann, durch die geneigte, leicht gewölbte Rückenlehne und die fein ausgearbeiteten Armlehnen.
Wenn es nach Wegner ginge, würden Holzmöbel nie lackiert. Er kann Lack nicht leiden, weil abgegriffene Stellen schwarz werden. Sind die Möbel dagegen nur geölt – wie alle im Hause Wegner –, werden die abgenutzten Stellen immer schöner.

Der Designer:
Über Hans J. Wegner siehe »Stühle«, Nr. 22, »Armlehnstühle«, Nr. 11 bis 15. ●

19

19
Jahr: 1949
Designer: Ole Wanscher
Modell: PJ 149
Material: Palisander, Mahagoni, Kirsche, Esche. Bezug Leder
Maße: B 65. T 66. H 85. SH 40
Preis: auf Anfrage
Hersteller: P. Jeppesen. Store Heddinge/Dänemark

Als Vorbilder zu diesem Sessel, seinem berühmtesten Entwurf, nennt Wanscher Möbel im Kolonialstil und die Möbel der Shaker in Nordamerika. Eindeutig auf die Shaker führt Wanscher die geflochtenen Sitze zurück (siehe Detail). Bei diesen, deren Möbel sehr viel schlichter waren, wurden die Sitze aus Leinen geflochten, bei Wanschers Sessel ist es gespaltenes Rohr – leider verdeckt von den Lederkissen. Passend zum Sessel gibt es einen Hocker, ein zwei- oder dreisitziges Sofa und einen Tisch. Die Mahagoni-Version wird in vier Standard-Ausführungen gemacht: nach dänischer Art geölt (dann ist das Holz matt und unempfindlich), dunkel (geölt und dünn lackiert), hell (nur lackiert), cubafarben (etwas dunkler rötlich lackiert). Bei einem ähnlichen Modell, das Wanscher als Konferenzstuhl gezeichnet hat, läßt er die Armlehnen vorn überstehen, so daß sie als Handschmeichler benutzt werden können – bei langweiligen Sitzungen. Aber auch die Armlehnen aller anderen Wanscher-Stühle haben etwas Handschmeichlerisches, auch wenn sie nicht eigens so gearbeitet sind.

Der Designer
Über Ole Wanscher siehe »Stühle«, Nr. 24, »Armlehnstühle«, Nr. 19, 20, »Eßtische«, Nr. 13. ●

20

20
Jahr: 1952
Designer: Harry Bertoia
Modell: 421
Material: Rundstahl, hochglanzverchromt oder rilsanbeschichtet, schwarz, weiß, schwarz-weiß. Sitzkissen mit Stoffbezug
Maße: B 85. T 42. H 76. SH 42
Preise: auf Anfrage
Hersteller: Knoll International, Murr

Der kleine Bruder tritt im Kapitel »Stühle« auf (Nr. 18). Alle Mitglieder dieser interessanten Familie werden in einem hochkomplizierten Verfahren handgezogen und handgeschweißt. Für den Sessel hat Bertoia, der Bildhauer, der seine Stühle als »Studien in Raum, Form und Metall« sieht, ein Quadrat auf die Spitze gestellt und leicht verzogen – ein Formspiel mit angenehmem Ergebnis: Der Sessel ist leicht und bequem. Zu seiner Verwandschaft gehören ein breiteres Exemplar, eines mit wattiertem Formbezug und eines mit hohem Kopfteil. Und die Lattenbank auf Y-Gestell, ein Stück für Kenner. Es erscheint im Kapitel 9 bei den Sofatischen.

Der Designer
Über Harry Bertoia siehe »Stühle«, Nr. 18. ●

21

21
Jahr: 1954
Designer: Egon Eiermann
Modell: Korbsessel E 10
Material: Peddigrohr, natur lasiert oder dunkelbraun gebeizt; lackiert
Maße: ∅ 85. H 80. SH 28
Preis: auf Anfrage
Hersteller: Heinrich Murmann, Küps-Johannisthal

Seine Urform, damals noch aus Weide, ist um 1948 in Karlsruhe entstanden. Eiermann entwickelte ihn mit einem Korbflechter für die Ausstellung »Wie wohnen?«, die 1949 in Karlsruhe und im Landesgewerbeamt Stuttgart gezeigt wurde. Seit 1952 wird das Modell aus Peddigrohr, auch farbig lakkiert, hergestellt. Der Sessel hatte mehrere Brüder, die aber alle nicht überlebten. Das klassische Modell wurde in die Neue Sammlung München aufgenommen und steht seit 1956 unter Musterschutz. Eiermann hatte den Sessel für eine Musterwohnung im sozialen Wohnungsbau vorgesehen – damals kostete er 110 Mark! Heute haben die Herstellungskosten sich vervielfacht. Korbflechter sind schon lange rar, bei Murmann arbeitet heute noch einer. Der Sessel erfordert von einem geübten Flechter 25 Arbeitsstunden. Der Schaft wird über eine Metallform geflochten.

Der Designer

Über Egon Eiermann siehe »Stühle«, Nr. 19. ●

22

22

Jahr: 1956

Designer: Poul Kjærholm

Modell: Nr. 22

Material: Stahl, matt verchromt. Sitzschale Ochsenleder, Segeltuch, Peddigrohr

Maße: B 63. T 67. H 71. SH 35

Preise: auf Anfrage

Hersteller: E. Kold Christensen, Hellerup/Dänemark

1957, ein Jahr nach seinem Erscheinen, errang dieser Sessel den Grand Prix auf der Triennale in Mailand – ein Beweis dafür, daß das neue dänische Design in der Möbelwelt gebührende Aufmerksamkeit auf sich zog. Kjærholm, der Frühvollendete, war unter den Neuen der entschiedenste Purist. Der Sessel ist ein Beweis dafür: Er besteht aus nichts als zwei offenen Trapezen nebst zwei Zargen als Beinwerk und dem Rahmen für Sitz und Rücken. Dem kühlen, blanken Stahl ist zur Sänftigung Naturmaterial beigegeben: Leder, Segeltuch oder Peddigrohr. Die Peddigrohr-Version wird leider mit etwas anderen Maßen gemacht: der Rücken etwas höher, nicht so gut in den Proportionen wie beim Originalmodell.

23

23

Jahr: 1968

Designer: Poul Kjærholm

Modell: Sessel Nr. 20

Material: Gestell Stahl, matt verchromt. Sitzschale Leder, Peddigrohr

Maße: B 80. T 76. H 73, 89. SH 37

Preise: auf Anfrage

Hersteller: E. Kold Christensen, Hellerup/Dänemark

»Ich fasse meine Wohnung als eine große räumliche Komposition auf. Wäre es anders, und spiegelten meine Möbel nicht die konsequent genutzten Möglichkeiten des Materials wider, könnte ich damit nicht leben. Daß heute so viele Einrichtungen ›überquellen‹, hängt damit zusammen, daß die Kunst des Gesprächs vergessen ist . . . die Dekorationsüberfülle soll diese Unfähigkeit verdecken, vor uns selbst und vor anderen.« Das sagte Poul Kjærholm 1977 in einem Gespräch mit SCHÖNER WOHNEN, in dem für einfache, klare Wohnformen plädiert wurde. Bei diesem Sessel, der wie Nr. 22 jenes Statement illustriert, hat Kjærholm eine höchst ungewöhnliche Lösung für das Gestell gefunden: Kufen, die in kühnem Bogen enden, und ein Doppelbügel, auf dem der Rahmen der Sitzschale ruht. Der Rücken federt leicht. Vier Jahre lang leitete Kjærholm die Kopenhagener Möbelschule, ohne die dänisches Design nicht denkbar ist.

Der Designer

Über Poul Kjærholm siehe »Stühle«, Nr. 23 und »Armlehnstühle«, Nr. 18. ●

24

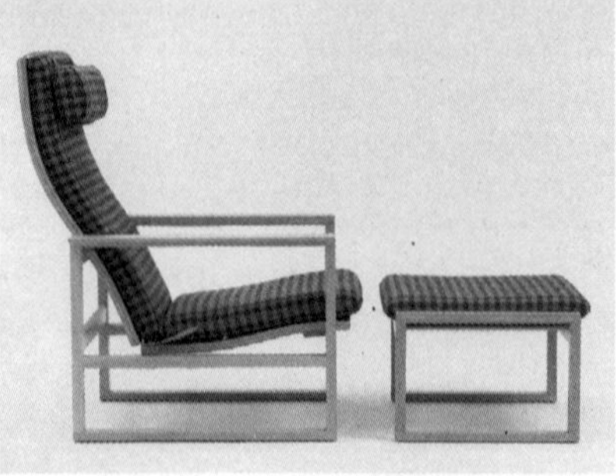

24

Jahr: 1956

Designer: Børge Mogensen

Modell: Sessel 2254

Material: Gestell Eiche, Mahagoni. Polster mit Stoffbezug

Maße: B 66. T 96. H 92. SH 36

Preise: auf Anfrage

Hersteller: Fredericia Stolefabrik, Fredericia/Dänemark

Einen simpleren Vorgänger dieses Stuhls hatte Mogensen im selben Jahr gemacht: niedriger der Rücken, Sitz- und Rückenpolster auf Gurten gelagert und nicht verstellbar, als Armlehnen Gurte aus Ochsenleder. Das Untergestell ist bei beiden gleich: Die Verbindung zwischen Vorder- und Hinterbeinen ganz nach unten verlegt, so daß sich ein geschlossener Rahmen und Kufenwirkung ergeben. Beim späteren Modell läßt sich die Sitzneigung ganz einfach durch Verschieben ändern – ein Lederriemen zwischen Polster und Rahmen dient als Stopper. Für einen hochlehnigen Sessel ist er auch heute noch nicht teuer. Herr Graversen von der Herstellerfirma sagt: »Mogensen wollte

Möbel für Arbeiter machen, gekauft werden sie aber von Akademikern.« Der Hocker paßt auch zu Sofa und niedrigerem Sessel der gleichen Serie.

25

25

Jahr: 1964

Designer: Børge Mogensen

Modell: Sessel 2204

Material: Gestell Eiche, Teak, Nußbaum, Mahagoni. Bezug Leder

Maße: B 70. T 89. H 106. SH 42

Preis: auf Anfrage

Hersteller: Fredericia Stolefabrik, Fredericia/Dänemark

Diesen einzigen auch heute noch zeitgemäßen Ohrensessel hat Mogensen passend zum Ledersofa für sein eigenes Haus gezeichnet. Das Sofa ähnelt einem Modell, das sein Lehrmeister Kaare Klint 1928 für die Weltausstellung in Barcelona entworfen hat. Mogensen, Nachfolger von Klint als Leiter der Möbelschule der Kopenhagener Akademie, hat sein Modell so konzipiert, daß es sich für moderne Herstellungsmethoden eignet. Neuerdings ist der Sessel sogar nichtbrennbar ausgerüstet, denn sonst dürfte er nach dänischer Vorschrift nicht auf Schiffen und in öffentlichen Gebäuden stehen (in Dänemark stehen diese Sessel und Sofas wirklich in Hotelhallen und anderen öffentlichen Räumen). Da er ein Sessel für den täglichen Gebrauch sein soll, gibt es ihn nur in Leder, das im Laufe der Jahre immer schöner wird (Ochse, Büffel, Wasserbüffel), in 17 Farben.

Der Designer

Über Børge Mogensen siehe »Armlehnstühle«, Nr. 21 und 22, »Eßtische«, Nr. 6 bis 9. ●

26

26

Jahr: 1958

Designer: Arne Jacobsen

Modell: Schwan 3320

Material: Fuß Aluminium. Säule Stahl. Sitzschale Kunststoff. Polsterbezug Stoff, Leder, Kunstleder

Maße: B 74. T 68. H 75. SH 38

Preis: auf Anfrage

Hersteller: Fritz Hansen, Kopenhagen

Wer in Kopenhagen im SAS-Hotel absteigt, kann von seinem Zimmer – je weiter oben, desto schöner – einen wundervollen Blick auf die Stadt genießen, während er bequem im »Schwan« sitzt. Diesen und das »Ei« hat Arne Jacobsen eigens für das Hotel entworfen (wie auch die ganze Ausstattung; mehr darüber steht unter Nr. 10 im Kapitel »Hängelampen«). Daß die Famlienähnlichkeit »Schwan« und »Ei« als Verwandte ausweist, ist typisch für Jacobsen-Möbel. Ebenso, daß sie nicht entworfen wurden, weil ein Fabrikant neue Modelle wünschte, sondern weil der Architekt Jacobsen für ein ganz bestimmtes Gebäude bestimmte Möbel brauchte, die sich dem Stil unverkennbar einfügen. Jacobsen hat von seinen Entwürfen Gipsmodelle gemacht – das schien ihm die einzige Möglichkeit, die drei Dimensionen deutlich zu machen. Bei »Schwan« und »Ei«, die wie Skulpturen wirken, ist diese Arbeitsweise besonders einleuchtend. Die Möglichkeiten eines Materials zu erproben und voll auszunutzen, war immer Jacobsens Bestreben. Auch: mit neuen Materialien zu experimentieren, zum Beispiel mit Kunststoff.
Jacobsen, der als Architekt der jüngeren Generation mit anderen wie Kjærholm die dänischen Möbel vom Teak-Image befreit hat, hat bei »Schwan« und »Ei« als erster Kunststoff angewendet, für die Sitzschale. Jacobsen hatte genug Mut und Souveränität, neue Werkstoffe auf das hin abzuklopfen, was in ihnen steckte, und er hatte in Fritz Hansen den Hersteller, der ihm freie Hand ließ, auch mit anderen als den traditionellen Materialien zu arbeiten. Den »Schwan« hat Jacobsen auch für einen Lesesaal im St. Catherine's College der Oxford-Universität verwendet – neben den Möbeln, die er eigens für diesen Bau gezeichnet hat (siehe »Armlehnstühle«, Nr. 24). Beim II. Internationalen Möbelsalon in Wien 1963 hat der »Schwan« eine Silbermedaille gewonnen.

Der Designer

Über Arne Jacobsen siehe »Stühle«, Nr. 16 und 17, »Armlehnstühle«, Nr. 24 und »Hängelampen«, Nr. 10. ●

27

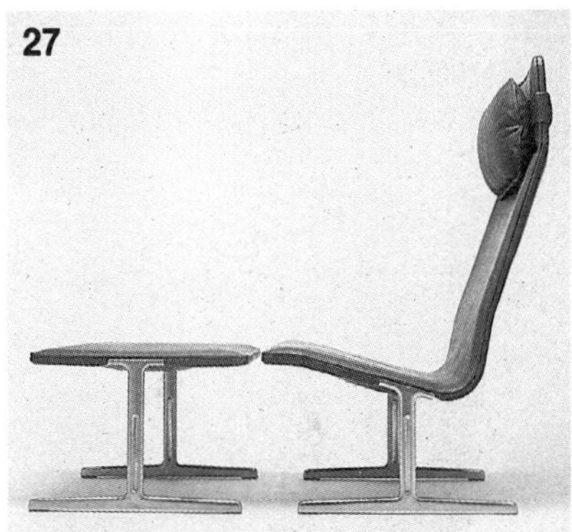

27

Jahr: 1960

Designer: Dieter Rams

Modell: Sessel 602

Material: Gestell Aluminiumguß. Schalen Polyester, glasfaserverstärkt, lichtgrau oder mattschwarz. Bezug Möbelstoff oder Leder

Maße: B 60. T 70. H 105. SH 35

Preis: auf Anfrage

Hersteller: Wiese Vitsoe, Frankfurt

Eine Grundforderung stellt Dieter Rams an alle Möbel, die er entwirft: Sie müssen veränderbar sein und sich jedem Raum anpassen.Das galt schon für das Regalsystem, mit dem er das Möbelmachen begonnen hat (zu sehen im späteren Kapitel Anbausysteme), und das hat er auf die Sitzmöbel übertragen. Die Sessel mit den T-Füßen, die als Einzelstücke bestehen und sich zu Reihen und Ensembles gruppieren lassen, sollten »etwas Einfaches« sein, das auch in kleine Wohnungen paßt, ohne alles andere zu erdrücken. Aber nicht nur in Wohnungen: Rams sieht keinen Unterschied zwischen Wohn- und Arbeitswelt, also sieht er auch seine Möbel passend für beide. Rams hat selber diese Sessel in seinem Haus. Ebenso gut machen sie sich in der Ruhezone, die die Dresdner Bank in Frankfurt ihren Angestellten eingeräumt hat. »Hart, aber gesund«, nennt Rams den Sessel. Er ist heute noch überzeugt, daß er gutes Sitzen garantiert – auch wenn er nicht für »lazy-going«, für gemütliches Kuscheln also, gemacht ist. Wie alle Rams-Möbel trägt er bewußt zurückhaltende Farben – der Anpassungsfähigkeit zuliebe. 1975 wurde der Sessel ins Design Center Stuttgart des Landesgewerbeamtes Baden-Württemberg aufgenommen, 1977 vom Werkbund Nordrhein-Westfalen in der Kategorie Industrial Design ausgewählt und in die Werkbund-Dokumentation aufgenommen.

28

28

Jahr: 1962

Designer: Dieter Rams

Modell: Sesselprogramm 620

Material: Schalen Polyester, glasfaserverstärkt, lichtgrau oder mattschwarz. Polsterklotz mit Massivholzecken, Federkern und Gummihaarpolster. Bezug Möbelstoff oder Leder

Maße: B 66. T 77/80. H 70/90. SH 39

Preis: auf Anfrage

Hersteller: Wiese Vitsoe, Frankfurt

Damals hieß Rams' Hersteller noch Vitsoe + Zapf, und Otto Zapf, selber ein Designer von Rang (siehe »Eßtische«, Nr. 18), führte das zum Betrieb gehörende Einrichtungshaus mit Detailverkauf. Er hörte also, was die Käufer wollten. Und »er hat mich dauernd gequält, einen neuen Sessel zu entwerfen«. Etwas Schwereres als der T-füßige Nr. 602 (siehe 27) sollte es sein, etwas Repräsentatives. Dieter Rams erfüllte den Wunsch, aber er ist auch diesmal bei der Systembauweise geblieben und bei seinem Grundsatz, mobile, wandelbare, anpassungsfähige Möbel zu machen. Der Sessel sollte so viel Sitzkomfort bieten wie ein »normaler«, aber leichter sein. Deshalb gab Rams ihm weniger Polster und statt dessen Schalen aus Kunststoff. Und diese Schalen sind abnehmbar – wie die Kotflügel vom 2 CV (so der Vergleich in einer Reportage in SCHÖNER WOHNEN zu jener Zeit). Damit hat der Entwerfer nicht nur erreicht, daß mit dem Sessel (und dem dazu passenden Sofa) leicht umzugehen ist; er ist auch auf die Bedürfnisse und Möglichkeiten seiner kleinen Herstellerfirma eingegangen. Die Teile können separat gepackt und versendet werden, und manche Teile können auch im Exportland selber hergestellt und dann mit den anderen, importierten montiert werden. Für solch kleine Firma zu arbeiten, hat für Rams den Vorzug, daß er unmittelbar mit dem Hersteller reden kann, und daß es »keine Bürokratismen« gibt, die manche Abläufe erschweren. Der Sessel hat den Rosenthal-Studio-Preis 1969, die Goldmedaille beim Internationalen Wiener Möbelsalon 1970 gewonnen und wurde in die Werkbund-Dokumentation aufgenommen.

Der Designer

Fragt man Dieter Rams nach Biografie und beruflicher Entwicklung, dann sagt er: »Vieles ist eigentlich Glück gewesen.« Glück, daß der Großvater väterlicherseits Schreinermeister war und einen Haß auf Maschinen hatte: Bei ihm, dessen Daumen vom Polieren ganz durchgebogen war, lernte Rams schon als Junge, was Handwerk ist, wie Holz mit der Hand poliert wird. Glück auch, daß er 1947 beim Beginn des Studiums an der Werkkunstschule Wiesbaden lauter ältere Mitstudenten hatte, Kriegsheimkehrer, die Erfahrungen und Können mitbrachten, von denen man viel lernen konnte. Glück dann auch bei der ersten Anstellung: bei Otto Apel, dessen Architekturbüro damals zu den größten in Deutschland gehörte. Dort waren die amerikanischen Architekten Skidmore, Owings und Merrill zu Gast, die die US-Konsulate in Bremen, Frankfurt und München bauten, und Rams gehörte zu den Mitarbeitern Apels, die den Amerikanern zur Verfügung standen. Und endlich noch einmal Glück, daß Rams Erwin Braun traf, der ihn 1955 als Architekt und Innenarchitekt der Braun AG engagierte. Dazwischen gab es anderes, was weniger mit Glück als mit Begabung und Fleiß zu tun hat: 1948 unterbrach Rams das Studium für drei Jahre, machte in Kelkheim ein Praktikum und zum Abschluß den

Dieter Rams
* Wiesbaden, 20. Mai 1932

Gesellenbrief im Tischlerhandwerk. Und wurde Kreissieger im Handwerksleistungswettbewerb. Er setzte danach das Studium fort und erwarb 1953 sein Diplom mit Auszeichnung. Bei Braun bekam er 1956 die erste Aufgabe als Produktdesigner, wurde 1960 Direktor für Produktdesign und ist seit 1980 Mitglied der Geschäftsleitung. Daß der Name Braun heute Synonym für modernes Design, für Qualität ist, ist im wesentlichen der Arbeit von Dieter Rams zu danken. Er arbeitet mit einem kleinen, gut aufeinander eingestimmten Team von Produkt- und Werkstattdesignern und Modellbaumeistern, von denen jeder großes persönliches Engagement mitbringt. Der Chefdesigner Rams kennt den Stand der Entwicklung von jedem Projekt und arbeitet aktiv mit. Rams' Vorstellung von Design beschreibt Rudolf Schönwandt (im begleitenden Buch zur Rams-Ausstellung im IDZ Berlin 1981) so: »Die Geräte, die Möbel, die er macht, sollen brauchbar sein – aber sie sollen sich nicht breit machen und unsere Gedanken und Empfindungen besetzt halten. Sie sollen Platz lassen für lebendige, existentielle Erfahrungen, die uns anregen und weiterbringen ... Kein revolutionär neues Design-Konzept also, sondern ein revisionistisches. Nicht utopisch, sondern durchaus realistisch. Nicht mit dem totalitären Anspruch, jedem ein Environment aufzunötigen, das ›gut‹ gestaltet ist, sondern dem einzelnen im Gegenteil die Gestaltung seiner Lebensumwelt selber anvertrauend, indem man die Dinge, ohne die er nicht auskommt, so macht, daß sie unauffällig zurücktreten. Daß sie möglichst langsam altern und man deswegen mit ihnen vertraut werden kann. Oder auch so, daß sie sich verändern lassen, wenn man sich selbst verändert.« Möbel macht Rams seit 1957, immer für dieselbe Firma, die zunächst Otto Zapf, später Vitsoe + Zapf hieß, heute Wiese Vitsoe heißt. Rams ist Mitglied des Vorstands vom Rat für Formgebung und vom Gestaltkreis im Bundesverband der Deutschen Industrie und seit 1981 Professor für Industriedesign an der Hochschule für Bildende Künste Hamburg. ●

29

29

Jahr 1964

Designer: Joe Colombo

Modell: Elda

Material: Schale ABS-Kunststoff. Bezug Leder, Stoff, sechs Farben

Maße: B 92. T 92. H 92. SH 38,5

Preis: auf Anfrage

Hersteller: Comfort, Meda-Mailand

In Erinnerung an traditionelle indische Sessel aus Geflecht hat Colombo »Elda« gezeichnet. Er wollte eine moderne Version dieses sehr bequemen Sitzmöbels. Er machte es wie Sessel des 19. Jahrhunderts drehbar, damit der darin Sitzende, behaglich zurückgelehnt, Kontakt mit den Nebenansitzenden halten und sich im Gespräch leicht nach rechts und links wenden kann. Beim ersten Exemplar war die Sitzschale aus Fiberglas, heute wird sie aus ABS-Kunststoff gemacht. Polster und Kissen werden draufgepinnt. In Colombos erster Version war »Elda« ganz und gar weiß. Exemplare von dieser Version hat Mama Colombo in ihrer Wohnung. Erst später wurde der Sessel auch in anderen Farben gemacht; es gibt auch Schale und Polster in verschiedenen Farben. Für Colombo, der rastlos und ungeduldig war, mußte jede Idee sofort verwirklicht werden. Von seinen Entwürfen existieren nur Skizzen mit vielen hineingeschriebenen Anweisungen und Bemerkungen. Anfang der sechziger Jahre, als »Elda« entstand, dominierten noch Stilmöbel, und es gab wenige Firmen, die für modernes Design aufgeschlossen waren. Diese wenigen rissen sich dann um die neuen Modelle, die auf den Ausstellungen auftauchten. Und jedes Modell wurde x-mal kopiert.

Der Designer

Über Joe Colombo siehe »Stühle«, Nr. 30, »Eßtische«, Nr. 22, »Hängelampen«, Nr. 16, »Wand- und Deckenlampen«, Nr. 11, »Einzelmöbel«, Nr. 13. ●

30

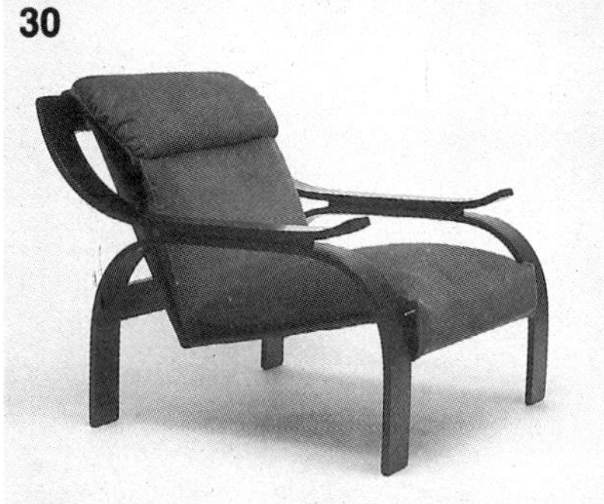

30

Jahr: 1964

Designer: Marco Zanuso

Modell: Woodline

Material: Gestell gebogenes Sperrholz, schwarz lackiert oder Nußbaum natur. Sitzstruktur elastische Metallbänder. Polsterbezüge Leder oder Stoff

Maße: B 74. T 90. H 73. SH 35

Preis: auf Anfrage

Hersteller: Arflex, Mailand

Fragt man Marco Zanuso nach seinem Lieblingsmöbel, nennt er sofort den Sessel »Woodline«. Den hat er für sein eigenes Haus entworfen. Dort steht er auch noch und wird gern benutzt. Er ist ein typisches Kind der sechziger Jahre, hat aber unverändert die Jahre überdauert. »Woodline« ist ganz einfach – auf eine raffinierte und neue Art: In das Gestell aus gebogenem Holz sind elastische Metallbänder (bezogen mit Leder oder Stoff) eingehängt, eine dünne, aber stabile tragende Schicht, mit der die Sitze und Rückenkissen fest verbunden sind. Einfach und zugleich raffiniert – so lassen sich viele Modelle von Zanuso charakterisieren. Kollegen bewundern ihn neidlos als einen der bedeutendsten Architekten der »Zweiten Generation«. Was viele denken mögen, hat Carlo Bartoli ausgedrückt: »Man kann sich die größte Mühe geben – Zanuso ist einem trotzdem um eine Nasenlänge voraus.« Marco Zanusos Bedeutung liegt auf den Gebieten der Architektur und des Städtebaus, auf denen er Richtungweisendes leistet. Als Designer macht er vor allem technische Geräte. So 1966 mit Richard Sapper ein zusammenklappbares Telefon und 1969 »Black Box«. Darauf ist er heute noch stolz: ein schwarzgrau getönter Acrylglaskasten, der unauffällig im Zimmer steht und nur, wenn er eingeschaltet wird und eine seiner Seiten aufleuchtet, seine Identität preisgibt – ein Fernsehgerät.

Der Designer

Über Marco Zanuso siehe »Eßtische«, Nr. 29. ●

31

31

Jahr: 1964

Designer: Preben Fabricius, Jörgen Kastholm

Modell: Schalensessel 6725 Tulpe

Material: Fußgestell Metall, verchromt. Schale Polyester, glasfaserverstärkt. Bezug Leder, 20 Farben

Maße: B 71. T 70. H 95. SH 38,43

Preis: auf Anfrage

Hersteller: Alfred Kill, Fellbach

Im Volksmund wird er »Tulpe« genannt, seiner Form wegen. Jörgen Kastholm findet an dem Entwurf den hochflexiblen Rücken besonders bemerkenswert und die außergewöhnliche Art des Polsters, das an dem Gestell aufgehängt ist »wie ein Mantel«. Bemerkenswert auch der Fuß: geschlitztes und aufgefaltetes Rohr. Außer dem dreistrahligen Fuß gibt es auch einen fünfstrahligen mit Rollen; dann ist der Sessel auch höhenverstellbar. Wahlweise kann man beide Versionen mit fester oder drehbarer Säule haben, den Dreifuß auch noch mit Wippe. Kastholm hat den Dreifuß lieber als den Fünffuß. Er hat ihn auch zu Hause und ist, wie er sagt, noch nie damit umgefallen. Kastholm ist selber Handwerker und hat, als er noch in Dänemark lebte, eng mit den Firmen BO-EX und Schlechter zusammengearbeitet. Mit Fabrikation wollte er eigentlich nichts zu tun haben, weil man dabei unweigerlich Kompromisse eingehen müsse. Von Kill wurde er schließlich überredet mit dem Versprechen, daß er freie Hand beim Entwerfen haben solle. »Und das konnte man nicht ablehnen« – obwohl es Nacht- und Wochenendarbeit bedeutete, da er mit Architekturaufgaben eingedeckt war. »Tulpe« wurde zum erstenmal auf der Kölner Messe 1966 gezeigt und war damals, wie Kastholm sich erinnert, eine Sensation. 1969 bekam der Sessel den Bundespreis Gute Form. In der Begründung sagt die Jury: »Der Stuhl verdankt seine elegante Erscheinung dem weitausgreifenden dreibeinigen Untergestell und der sorgfältigen Ausführung des Lederbezugs der Sitzschale.«

Die Designer

Wie viele dänische Designer hat Preben Fabricius seinen Berufsweg mit einer Tischlerlehre begonnen. Bei Nils Vodder, der u. a. die Möbel von Finn Juhl, einem

Preben Fabricius.
* Odense,
25. Dezember 1931

der Großen aus der älteren Generation, macht. Danach studierte er an der Innenarchitektenschule Kopenhagen, arbeitete in maßgebenden Möbelfabriken und im Büro des Architekten Ole Hagen mit. Von 1965 bis 1969 unterhielt er zusammen mit Jörgen Kastholm ein eigenes Entwurfsbüro in Kopenhagen. Seit 1969 hat er ein eigenes Büro und unterrichtet gleichzeitig an der Innenarchitektenschule Möbelentwurf.
Kastholm ist als Kunstschmied ausgebildet. Als Siebzehnjähriger ging er für einen zweijährigen Studienaufenthalt in die USA, studierte später an der Schule für Technik Frederiksberg in Kopenhagen und hat die Schule für Grafik in Kopenhagen absolviert. In raschem Wechsel übernahm er dann die verschiedenartigsten Aufgaben. Zum Beispiel in der Firma Fritz Hansen, als Leiter eines Architekturbüros im Libanon und

Jörgen Kastholm
* Roskilde,
22. April 1931

als Mitarbeiter maßgebender dänischer Möbel- und Textilfirmen. Zwei Jahre war er Mitredakteur der renommierten Zeitschrift »mobilia«. Über Arne Jacobsen (26) hat er ein Buch verfaßt. Seine Arbeit als Designer wird bestätigt durch eine lange Reihe von Ausstellungen (so in Brüssel, Amsterdam, Stockholm, New York) und Auszeichnungen: Bundespreis Gute Form (mehrmals), »Gute Industrieform« (mehrmals), Prämiierungen vom Design Center Stuttgart, Presidential Award der Royal Society of Art für Design und Management. Seit ein paar Jahren hat er ein Büro für Architektur und Design in Düsseldorf und lehrt Möbeldesign an der Gesamthochschule Wuppertal. ●

32

Jahr: 1965
Designer: Gerd Lange
Modell: Bofinger Farmer-Sessel
Material: Gestell Esche massiv. Sitz, Rückenlehne Leinen
Maße: B 65. T 65. H 72. SH 36
Preis: auf Anfrage
Hersteller: Stoll, Pfalzgrafenweiler

Nur zwei Stücke Metall sind dabei: die Klammern, die das bewegliche Rückenteil mit dem Gestell verbinden – sonst ist alles Holz und Leinen. Gerd Lange hatte den Ehrgeiz, aus dem traditionellen Kolonialstuhl einen zeitgemäßen Sessel zu machen, für den nur zwei verschiedene Formteile nötig sind (Beine und Leisten), der sich ganz und gar zerlegen und leicht zusammensetzen läßt, den man ganz klein verpacken kann. Um die Perfektion perfekt zu machen, hat Lange Tisch, Liege und Schrank, die zu dem Sessel passen, so konzipiert, daß alle Pakete, wenn auch verschieden lang, so doch gleich breit und hoch sind. Der Sessel ist ein konsequentes Steckmöbel, kein Teil hat Lochungen. Und alle Teile sind gleich, es gibt nicht Vorder- oder Hinterbeine, rechte oder linke Seiten. Das Programm kam gerade richtig in eine Zeit, in der vieles im Auf- und Umbruch war, in der man auch mobiler wohnen wollte. Daß Lange mit seinem Entwurf zu Bofinger ging, findet er nur natürlich: »Es gab damals nur drei aufgeschlossene Hersteller«, und Bofinger war einer von ihnen (die anderen: Domus, Vitsoe + Zapf). Ein ganzes Rudel von Farmerstühlen steht im großen Wohnraum von Langes Haus, einem alten Pfarrhaus in der Pfalz.

Der Designer

Über Gerd Lange siehe »Stühle«, Nummer 29. ●

32

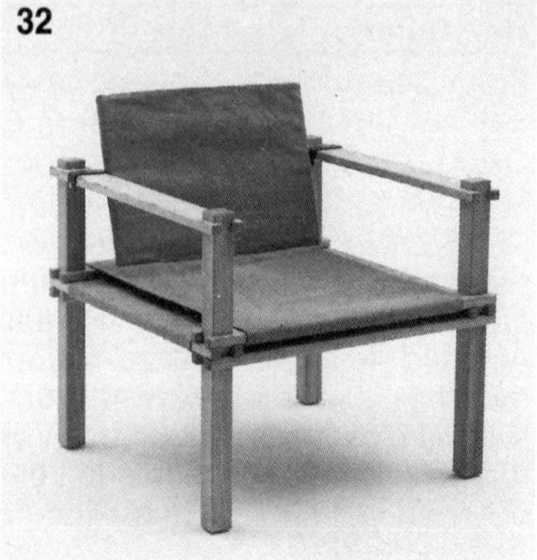

33

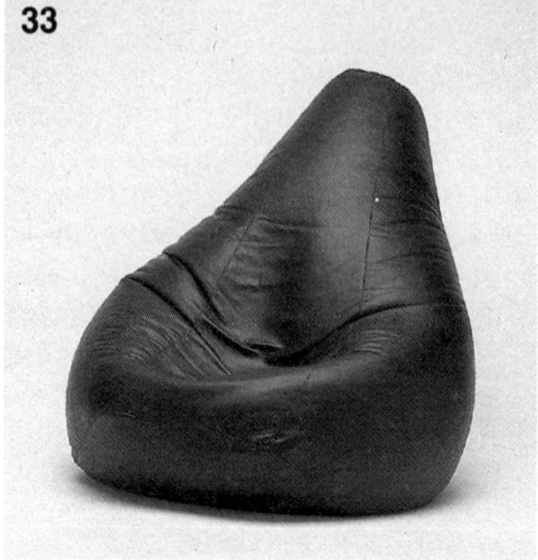

33

Jahr: 1968

Designer: Piero Gatti, Cesare Paolini, Franco Teodoro

Modell: Sacco 28

Material: Bezug Segeltuch, Leder oder Kunstleder

Maße: B 80. T 80. H 68

Preis: auf Anfrage

Hersteller: Zanotta, Mailand

»Non-poltrona« (Nicht-Sessel) nennen ihn seine Erfinder. Aber wenn sie selber auch nicht an die Definition »Sessel« glauben – wem's gefällt, den Sacco Sessel zu nennen, der soll doch, sagen sie. Denn das sei ja gerade sein Vorzug: beweglich und anpassungsfähig zu sein. Weil er keine feste Struktur mit ordentlichem Skelett hat, formt er sich so, wie der Draufsitzende es will. Er ist, sagen die drei Sacco-Männer, ein Gegenstand zum Entspannen, zum Dösen. Man sitzt, zusammengekauert wie ein Baby im Mutterleib, erdnah. Und weil der Sacco nur ein Drittel von einem Kubikmeter einnimmt, kann man ihn ins Auto laden und überall hinbringen – auf eine Wiese, unter einen Baum, »um zu schlafen, zu lesen, Liebe zu machen«. Der Sacco entstand in einer Zeit, als viele Designer vom Konventionellen wegstrebten. Ein Jahr vorher war zum Beispiel ein aufblasbarer Kunststoffsessel aufgetaucht. Gatti-Paolini-Teodoro, die an einen »sacco con grani«, einen Sack voller Körner, dachten, machten ihr Modell zuerst aus transparentem Material, mit geschweißten Nähten. Aber der war nicht dicht, und die Kügelchen entschwebten überallhin. Zusammen mit Signor Zanotta, einem Hersteller mit Spürnase und Sinn fürs Neue, experimentierten sie weiter, bis das Endprodukt gelungen war. Zur Messe nach Paris fuhr Zanotta mit einer Hülle und x Säckchen voller Kügelchen. Er wollte ihn erst an Ort und Stelle füllen und erregte beim Zoll gebührendes Aufsehen. Nicht nur beim Zoll. Auf der Messe ärgerte sich Zanotta über einen halb schockierten, halb faszinierten Kunden derart, daß er ihm den Sacco schenkte. Und zufrieden war er erst, als Ettore Sottsass (siehe »Eßtische«, Nr. 17) vorbeikam und ihn voller Entzücken umarmte. Der Sacco verkauft sich bis heute gut, er hat unangefochten die vielen Kopien überlebt.

Die Designer

Das »Trio Sacco« wurde, wie sein Sprecher Gatti sagt, von aller Welt gebeten, noch so was Sensationelles zu machen. »Aber solche Ideen vermehren sich nicht wie Kaninchen.« Die drei sehen sich nicht als demiurgische (weltenschöpfende) Archititekten, die dem Menschen raten, wie er leben könne. Sie versuchen, Dinge zu entwerfen, die entweder gar nicht oder von jedermann entworfen werden könnten, ursprüngliche, klare Dinge, die der Phantasie Spielraum lassen. Dinge, die sich ins Ambiente einfügen und es zugleich so stark wie möglich stören und sich jedem Stil verweigern. Sie haben vieles gemacht, was nicht so erfolgreich war wie der Sack, vieles auch, was gar nicht produziert wurde. Sie sehen sehr wohl, daß sie ein wenig im Schatten der Großen (wie Castiglioni) stehen und daß sie in Turin abseits vom Design-Zentrum Mailand leben. Andererseits bietet ihnen Turin gute Möglichkeiten, in der Architektur und im Städtebau, in der Produktentwicklung, in Grafik und Fotografie zu arbeiten. Sie nehmen an Messen, Ausstellungen und Wettbewerben im In- und Ausland teil. Der Sacco wurde mehrfach ausgezeichnet und steht in den Sammlungen des Victoria and Albert Museums in London und des Museums of Modern Art in New York. ●

Pierro Gatti. * Turin, 13. September 1940

Cesare Paolini. * Genua, 24. August 1937

Franco Teodoro. * Turin, 12. Juli 1939

34

34

Jahr: 1969

Designer: Rud Thygesen und Johnny Sørensen

Modell: Königsmöbel

Material: Gestell Eiche oder Khaya-Mahagoni. Sitz, Rücken französisches Rohrgeflecht. Sitzkissen brandhemmender Kaltschaum, Bezug Naturleder, vegetabilisch gegerbt

Maße: B 61. T 70. H 70. SH 34. Hocker B 61. T 42. H 34

Preis: auf Anfrage

Hersteller: Botium P. Staerk, Bonderup/Dänemark

Ein stolzer Name und ein stolzer Erfolg für die damals noch jungen Designer: Ihr Sessel hatte beim Architekten-Wettbewerb der Kopenhagner Tischler-Innung den 1. Preis gewonnen und wurde König Frederik IX. zu seinem 70. Geburtstag (am 11. März 1969) zum Geschenk gemacht. Die ersten Exemplare waren noch in Handarbeit von den Tischlermeistern Christensen & Larsen gefertigt worden. Heute werden sie von Botium in Serie hergestellt, immer noch in Handwerksqualität. In einem Kommentar zur Gedächtnisausstellung für Børge Mogensen, 1974 im Kunstgewerbemuseum Kopenhagen, sagten die beiden, die große Leistung dieses großen Designers sei darin zu sehen, daß er auch in der Quantität die Qualität erhalten habe. Daß auch sie nach diesem Grundsatz verfahren, zeigen all ihre Arbeiten. Auf dem Firmenschildchen, das in eine Zarge der Königsmöbel eingelassen ist, stehen außer dem Firmennamen auch die Namen der Designer – daß man das ausdrücklich erwähnen muß, weil es eine rühmliche Ausnahme ist, kann man nur bedauern.

Die Designer

Über Rud Thygesen und Johnny Sørensen siehe »Armlehnstühle Nr. 30. ●

Und hier kommen Klassiker von morgen

Die Sessel auf dieser Seite sind zwar auch schon eine Zeitlang auf dem Markt, aber noch nicht lange genug, um den strengen Maßstäben der Klassiker-Serie zu genügen: Sie sind alle nach 1971 entstanden. Aber sie haben bei der Auswahl so gut abgeschnitten, daß die SCHÖNER WOHNEN-Jury die Vorhersage wagt: Auch die werden in ein paar Jahren Klassiker sein. Fürs erste sind sie nur an ihrer Jugend gescheitert.

35

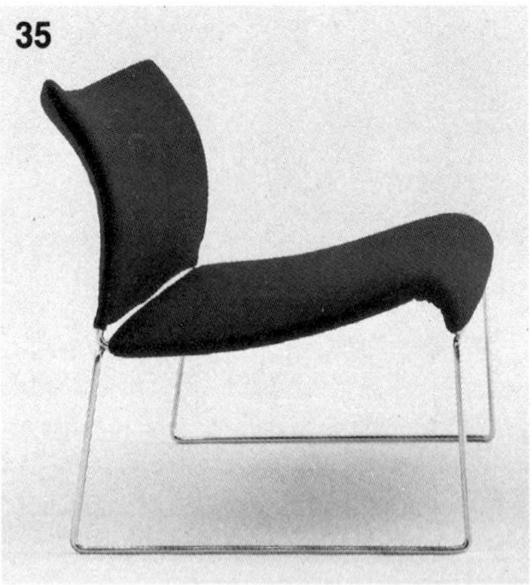

35

Jahr: 1970
Designer: Kazuhide Takahama
Modell: Saghi
Material: Gestell gezogener Rundstahl, verchromt. Polster Schaumgummmi und synthetische Wollfaser. Bezug Wollstoff, Samt, Wildleder oder Leder
Maße: B 77. T 64. H 66. SH 41
Preis: auf Anfrage
Hersteller: Simon International, Bologna/Italien und Köln

Alle Möbel, die er herstellt, seien, so sagt Dino Gavina, Gründer von Simon International, Poesie. Also Kunstwerke. Wenn er das so versteht, daß ein Möbel äußerst schlicht, äußerst sparsam in den angewendeten Mitteln, dabei auch höchst praktisch ist, dann ist der Sessel »Saghi« in der Tat ein Kunstwerk. Obwohl schön breit und bequem, ist er zierlich und federleicht (wiegt ganze siebzehn Pfund!). Man kann ihn stapeln und die Bezüge abziehen und auswechseln. In ähnlicher Art hat Takahama noch mehr Sessel und Stühle entworfen. Gavina hat den Japaner veranlaßt, nach Italien zu übersiedeln, und er sagt über sein Verhältnis zu seinem Designer: »Wir wurden sofort Freunde. Die freundschaftliche Zusammenarbeit hat nie aufgehört. Zwischen Takahama und mir ist ein Verständnis, das keine Worte braucht.« Takahama hat nicht nur mit Möbeln zum Ruhm der Firma beigetragen, er hat auch die Fabrik in Saltara in der Provinz Pesaro entworfen.

Der Designer

Über Kazuhide Takahama siehe »Armlehnstühle«, Nr. 29, und »Einzelmöbel«, Nr. 18. ●

1

1

Jahr: 1973
Designer: Archizoom/ Paolo Deganello
Modell: Aeo (Zerlegbarer Sessel)
Material: Basis Kunststoff. Struktur Stahl, lackiert. Bezüge Stoff oder Leder
Maße: B 79. T 70. H 107. SH 46
Preis: auf Anfrage
Hersteller: Cassina, Mailand

2

2

Jahr: 1973
Designer: De Pas, D'Urbino, Lomazzi
Modell: Flap (Sessel, ausklappbar zu Chaiselongue oder Bett)
Material: Gestell Metall. Füße Kunststoff ABS. Polsterung Polyurethan-Schaumstoff und Dacron. Bezüge Steppstoff
Maße: B 104 (ausgeklappt 146, 190). T 90. H 66
Preis: auf Anfrage
Hersteller: BBB, Meda/Italien

3

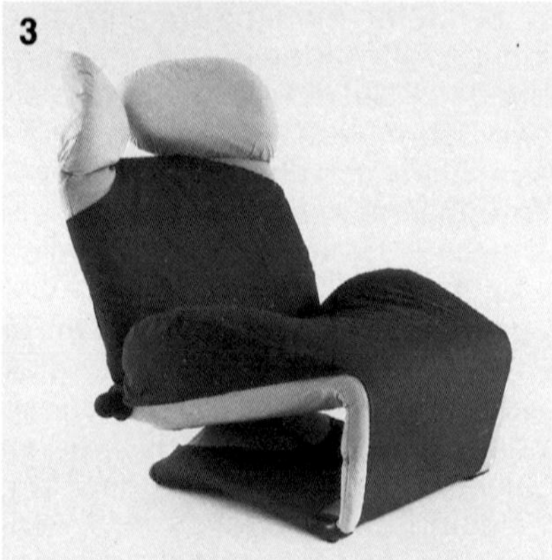

3

Jahr: 1980
Designer: Toshiyuki Kita
Modell: Wink (Sessel, zum Longchair ausklappbar, »Ohren« verstellbar)
Material: Gestell Stahl. Auf Halbkugelrollen. Polsterung Polyurethanschaum und Dacron. Bezüge Stoff oder Leder, mit Reißverschluß, abnehmbar
Maße: B 78. T 90–200. H 80-95. SH 38
Preis: auf Anfrage
Hersteller: Cassina, Mailand

Möbelfotos: Hansjörg Dettling (1, 6, 8, 13, 20, 21, 23–26, 31, 32). Winfried Nörenberg (3–5, 7, 9, 27 ,28, 30, 33, 35). Gary Rogers (10, 12, 15, 22, 34). Hajo Willig (11, 16–19). Alle anderen: Werkfoto. S. 92: Werkfoto (2), Gary Rogers (3), Winfried Nörenberg (1). Porträtfotos: Cassina (4). Bauhaus-Archiv (5). Abisag Tüllmann (27, 28). Zanotta (33). Alle anderen: privat.

Moderne Klassiker
MÖBEL, DIE GESCHICHTE MACHEN
7. Teil: Lampen (2)

Der erste Lampenhersteller, von dem man weiß, war ein gewisser Fortis aus Pompeji: Bei Ausgrabungen wurden Öllampen mit seinem Namen und Firmenzeichen gefunden. Von Designern ist da noch nichts zu hören. Obwohl die Vielfalt des Überlieferten beweist, daß nicht erst zur Zeit des Fortis (1. Jahrhundert nach Christus), sondern schon in vorchristlicher Zeit der Mensch so simple Gebrauchsgegenstände wie die Öllampe höchst phantasievoll und abwechslungsreich gestaltete. Neben irdenen Lampen gab es bronzene, seltener solche aus Silber. Von der Göttin Pallas Athene berichtet Homer im XIX. Buch der Odyssee, sie habe eine Öllampe aus Gold in der Hand gehalten, die helles Licht um sie verbreitete. Die Öllampe war der erste Beleuchtungskörper, der – wenigstens eine Zeitlang – sein Licht stetig verströmte. Was davor geleuchtet hatte, mußte ständig beobachtet werden, damit es nicht erlosch oder, im Gegenteil, zum Brand wurde. Nicht nur harzreiches Holz zündeten die Altvordern an: Indianer auf der kanadischen Insel Vancouver nahmen getrocknete Lachse, auf Shetland erlegte man Sturmvögel, machte sie mit tönernen Füßen standhaft und stopfte ihnen Dochte in die Schnäbel. Und in Westindien und Japan hielt man Glühwürmchen in Käfigen. Wie man von frühen Beleuchtungskörpern nicht weiß, wer auf die ingeniöse Idee gekommen war, so geht's auch in der Neuzeit mit Designer-Namen. Wir wissen von Daum, Gallé und anderen Franzosen des Jugendstils, wir wissen von dem Amerikaner Tiffany und seinen Kunstwerken aus bleigefaßtem farbigem Glas, wir wissen Bauhaus-Namen wie Dell und Wagenfeld und ein paar ihrer Zeitgenossen. Aber dann ist Pause. Erst seit den sechziger Jahren geben italienische Hersteller (vorher schon skandinavische) den Designern die Ehre. In Deutschland aber ist Lampen-Design noch bis heute so gut wie anonym geblieben.

Stehlampen

1

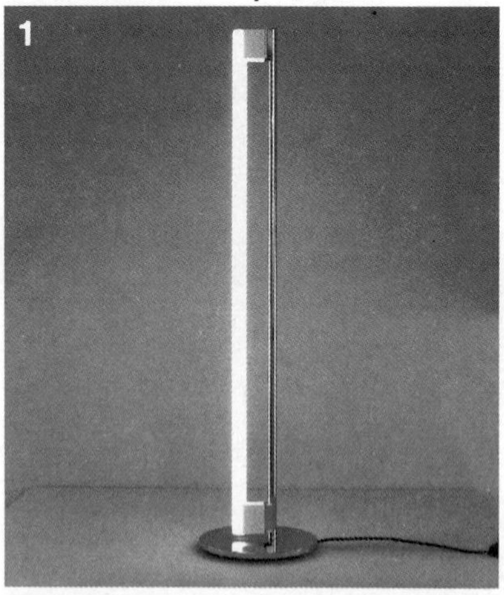

1

Jahr: 1927

Designer: Eileen Gray

Modell: Tube-Light

Material: Platte und Standrohr Metall, verchromt. Rohre fluoreszierendes Glas

Maße: Ø 25. H 90

Preis: auf Anfrage

Hersteller: Images, Venedig

In dem Haus in Roquebrune an der französischen Mittelmeerküste, das Eileen Gray für sich selber und sozusagen als Musterhaus gebaut hat, gibt es eine ähnliche Lampe: eine Glasröhre, senkrecht an der Wand des weitläufigen Wohnraums befestigt. Mit diesen Entwürfen hat Eileen Gray die Leuchtstoffröhre, die 1936 auf den Markt kam, vorweggenommen. Daß sie ein einmal für gut befundenes Motiv in späteren Entwürfen wiederholt, ist typisch für sie: So hat sie mehrmals Kommoden mit schwenkbaren Schubladen gemacht und Schubladen mit Aufschriften als Hinweis auf den Inhalt. Eileen Grays Arbeiten zu datieren, war für ihre Erben und für J. Stewart Johnson, der ein kleines Buch über sie geschrieben hat, nicht einfach, weil sie kein Archiv geführt hat. Ihre Nichte, die englische Malerin Prunella Clough, hat aber zwei Notiz- und Einklebebücher und andere Papiere von ihrer Tante, die womöglich mehr Auskunft über deren Werk und Arbeitsweise geben als ein strenggeführtes Archiv. Die Bücher enthielten Tagebuchnotizen, Listen der Kunden von Eileen Grays Galerie in Paris, handgeschriebene Lackrezepte, Zeitungsausschnitte mit Kritiken ihrer frühen Arbeiten, Rechnungen und schließlich Briefe von den niederländischen »de Stijl«-Architekten, die großen Einfluß auf Eileen Grays Entwicklung hatten.

Die Designerin

Über Eileen Gray siehe nächstes Kapitel: »Sofas« ●

2

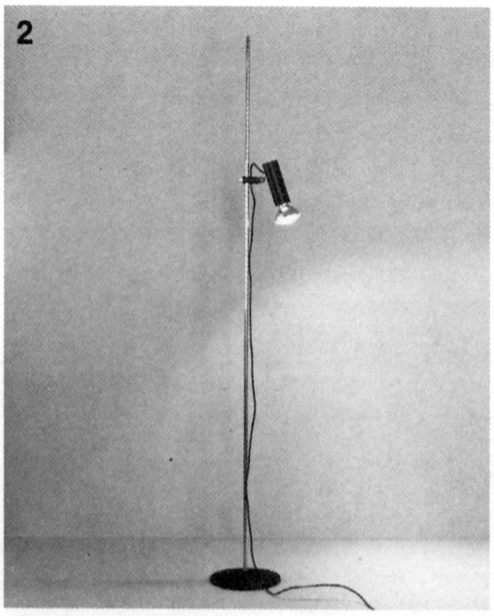

2

Jahr: 1955

Designer: Gino Sarfatti

Modell: 1055

Material: Metall. Sockel, Fassung lackiert. Schaft verchromt

Maße: H 190

Preis: auf Anfrage

Hersteller: Arteluce, Brescia/Italien und Euskirchen

Sie ist, sagt Sarfatti, in einer Schachtel geboren. Das heißt: Sarfatti wollte, daß die ganze Lampe in eine nicht zu große Schachtel zu verpacken sein müßte. Deshalb hat er, als er die ursprünglich entworfene Tischlampe zur Stehlampe wachsen ließ, deren Stab aus drei Teilen gemacht, die leicht zusammenzusetzen waren. Das ist typisch für den Designer: Er liebt es, Dinge aus wenigen, einfachen Teilen zu komponieren. Seine Lampen sollten simpel sein und sich für normale Räume eignen, für 4x4-Meter-Zimmer. Das schließt freilich nicht aus, daß er auch mal etwas für ein Theater entwirft. Die Beleuchtung für das Theater in Turin sah er als »una nuvola di luce«, eine Wolke von Licht: Es sind viele kleine Lichtquellen, die zwischen Metallstäben hängen. Die Lampe 1055 bekam 1955 den Compasso d'Oro.

Der Designer

Über Gino Sarfatti siehe »Hängelampen«, Nr. 6, »Wand- und Deckenlampen«, Nr. 3 und 4 ●

3

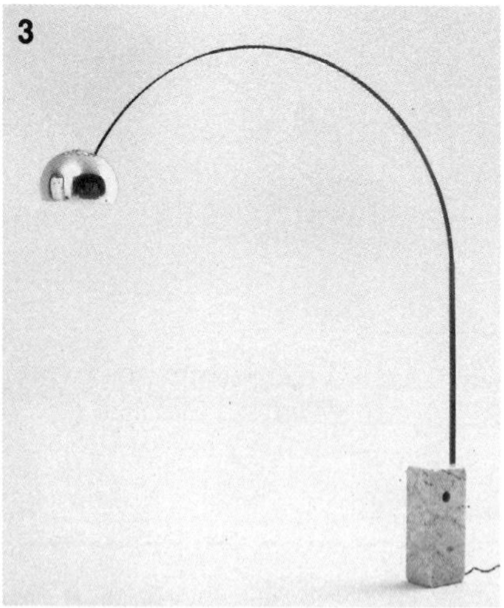

3

Jahr: 1962

Designer: Achille und Pier Giacomo Castiglioni

Modell: Arco

Material: Sockel Marmor. Schaft Stahl. Reflektor Aluminium, poliert

Maße: H 250. Ausladung max. 200

Preis: auf Anfrage

Hersteller: Flos, Brescia/Italien und Euskirchen

Sie erscheint ihrem Designer heute »inumana« – unmenschlich, weil sie so hohe Ansprüche stellt, so viel Raum verlangt. Ein bißchen Erinnerung an die alten Straßenlaternen mag mitgespielt haben, als Castiglioni die Lampe mit dem eleganten Bogen entwarf. Er wollte eine Lampe, die unabhängig ist vom Anschluß an Wand oder Decke, die man mit vielem kombinieren und die man umstellen kann (»denn ohne Umräumen kann man nicht leben«). Der Marmorsockel mußte sein als Gegengewicht zu dem weiten Bogen, und Marmor hat für den Italiener Castiglioni nichts von Luxus und Kostbarkeit, er ist ein Material wie andere auch. Der Sockel hat ein Loch – der Mobilität zuliebe: Steckt man einen Stock durch, können zwei Mann den Koloß von 60 Kilogramm gut tragen. Die Reflektorkugel sitzt beweglich auf einer flachen, durchlöcherten Scheibe. Die Lampe entstand in der allerersten Zeit der Firma Flos. Damals hatte Dino Gavina, Inhaber der Möbelfirma Simon (siehe »Einzelmöbel«, Nr. 19) mit Unwillen bemerkt, daß es zu seinen modernen Möbeln nicht die passenden Lampen gebe. Deshalb regte er die Gründung der Lampenfirma Flos an, und die Brüder Castiglioni gehörten zu den ersten Designern, die Aufträge bekamen.

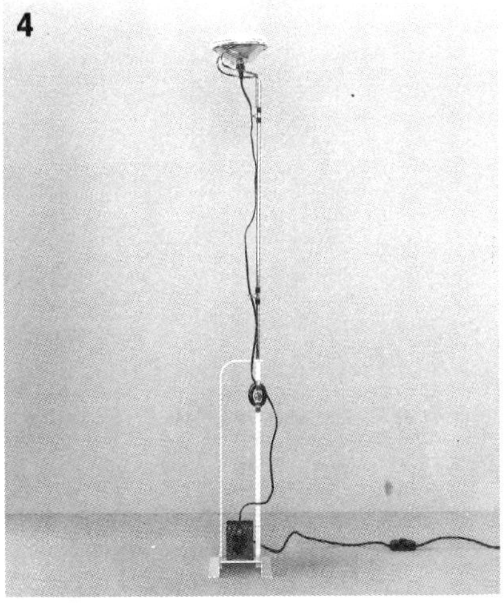

4

Jahr: 1962

Designer: A. und P. G. Castiglioni

Modell: Toio

Material: Fuß Stahl, lackiert. Schaft Messing, vernickelt

Maße: H 170 – 200. Fuß 21x20

Preis: auf Anfrage

Hersteller: wie 3

Das ist eine Lampe genau nach Castiglioni-Art. Weil sie aus Teilen besteht, die nicht eigens angefertigt werden müssen, sondern die jedermann aus seiner Umwelt kennt. Der Reflektor ist ein Autoscheinwerfer – das Licht, das er an die Decke strahlt, wird nach unten reflektiert. Und der Beschlag, durch den das Kabel an dem höhenverstellbaren Ständer geführt wird, stammt von der Angelrute. Den Transformator, der nötig ist, weil die Halogenlampe Niedervoltspannung hat, stellte er einfach auf den metallenen Fuß. Die Lampe hatte deswegen in Deutschland Schwierigkeiten, das VdE-Zeichen zu bekommen. Inzwischen ist das Problem aber den strengen Sicherheitsregeln entsprechend gelöst worden.

5

Jahr: 1964

Designer: A. und P. G. Castiglioni

Modell: Papavero

Material: Sockel Marmor. Schaft Stahl. Kuppel Opalglas

Maße: H 170/190. ∅ 37

Preis: auf Anfrage

Hersteller: wie 3

Zu dieser Lampe, die den hübschen Namen Papavero (Mohn) trägt, weil sie der langstieligen Blume gleicht, hat ihr Schöpfer heute keine rechte Beziehung mehr. Sie ist nicht so spektakulär wie andere seiner Modelle, darum aber besonders anpassungsfähig. Castiglioni, der eine sehr große Zahl von Modellen entworfen hat und auch heute ständig mit neuen Entwürfen beschäftigt ist, arbeitet nur mit einem Assistenten und einer Sekretärin. Alle drei tragen eigens für sie entworfene Kittel. Während auf Castiglionis großem Schreibtisch geniales Chaos herrscht, ist sein umfangreiches Archiv glänzend organisiert. Im Büro ist ein großer Spiegel so raffiniert angebracht, daß er jeden Eintretenden sofort sehen kann.

6

Jahr: 1970

Designer: Pio Manzù, Achille Castiglioni

Modell: Parentesi

Material: Kabel rostfreier Stahl. Klemmrohr und Fuß Metall, verchromt oder lackiert

Maße: H max. 400. Klemmrohr L 58

Preis: auf Anfrage

Hersteller: wie 3

Die Frau von Pio Manzù fand im Nachlaß ihres Mannes den Entwurf für eine höchst merkwürdige Lampe: ein Reflektor an einem Metallseil, das zwischen Boden und Decke verspannt war. Manzù, Jahrgang 1940, Assistent an der Hochschule für Gestaltung in Ulm, Mitarbeiter von Fiat, war Automobil- und Industriedesigner. Als Neunundzwanzigjähriger ist er bei einem Autounfall ums Leben gekommen. Seine Frau brachte den Lampenentwurf zu Castiglioni, der sich sofort dafür erwärmte und den Entwurf weiterentwickelte. Die entscheidende Änderung: Damit die Lampe nur noch an der Decke festgeschraubt werden muß (was nicht schwierig ist), und nicht mehr am Boden (was schwierig und in Mietwohnungen nicht gut mögliich ist), hat Castiglioni ihr ein schweres Stahlseil und eine dicke schwere Bodenscheibe gegeben, die für feste Spannung sorgt. Damit sie aber auch höhenverstellbar und drehbar sei, hat er den Reflektor an einem Klemmrohr befestigt, durch das das Kabel geführt wird.

Der Designer

Über Achille Castiglioni siehe »Armlehnstühle«, Nr. 28, »Hängelampen«, Nr. 11 bis 14, »Wand- und Deckenlampen«, Nr. 9, »Einzelmöbel«, Nr. 16. ●

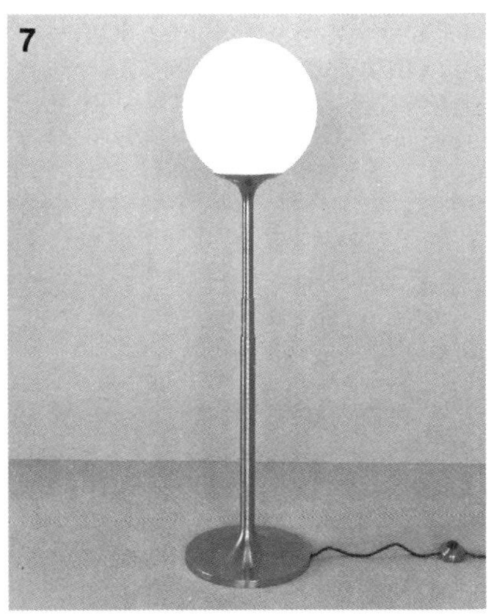

7

Jahr: 1965

Designer: Enzo Mari, Anna Fassoli

Modell: Polluce

Material: Ständer Messing, matt vernickelt. Kugel Opalglas

Maße: ∅ 30. H 115–180

Preis: auf Anfrage

Hersteller: Artemide/Rosenthal, Mailand/München

Eigentlich macht Enzo Mari nicht bei Wettbewerben mit. Einmal hat er es doch getan – bei einem Wettbewerb, den das Studio Artemide und die Zeitschrift »Domus« für die XIII. Triennale in Mailand ausgeschrieben hatten – und gewann prompt den 1. Preis: für die Lampe Polluce, die er zusammen mit Anna Fassolis entworfen hat. Mari nennt sie eine sehr einfache Lampe. Was sie teuer (und für Mari darum unökonomisch) macht, ist die teleskopartig ausziehbare Stange. Man kann die Lampe bis auf Mannshöhe vergrößern, aber Mari meint, das tue sicher niemand. Mari sieht seine Arbeiten als seine Kinder – deshalb fällt es ihm auch schwer, zu sagen, welche davon ihm die liebste ist. Öfter als Lampen entwirft Mari Möbel, so ein Regalsystem, ein Bett, das mit separat gelieferter Rückenlehne zum Sofa wird, einen zierlichen Metallstuhl (siehe »junge« Stühle, Nr. 2). Auch hübsches Spielzeug hat er gemacht: ein Puzzle aus stilisierten Tieren und einen Paravent aus Karton, aus dem Kinder ein Spielhaus bauen können.

Der Designer

Vieles könnte Enzo Mari, der in Mailand lebt und arbeitet, als Beruf angeben: Er ist Designer, Künstler (Grafik), Dichter (er hat Kinderbücher und einen historischen Roman geschrieben) und Forscher (betreibt Studien über die Wahrnehmung im dreidimensionalen Raum und über visuelle Kommunikation) und Kunsttheoretiker. Er hat eine Reihe von Bü-

Enzo Mari,
* Novara,
27. April 1932

chern über Ästhetik, Methoden der Wahrnehmung und des Entwurfs und über die Funktion des Künstlers in der modernen Gesellschaft verfaßt, unter anderem im Katalog zu der spektakulären Ausstellung »Italy – The New Domestic Landscape« (Italien, die neue häusliche Landschaft) 1972 im Museum of Modern Art in New York. Mari war drei Jahre lang Präsident der ADI (Gesellschaft der Industriedesigner) und hat zeitweilig an der Humanistischen Schule in Mailand und am Filmforschungszentrum in Rom Methoden des Entwurfs gelehrt. Design- und Forschungsarbeiten von Mari sind in Sammlungen und Museen in aller Welt ausgestellt, so im Modernen Museum Stockholm, im Stedelijk Museum Amsterdam, im Power Institute of Fine Arts Sydney, im Düsseldorfer Kunstmuseum, im Museum für Kunst und Gewerbe Hamburg. ●

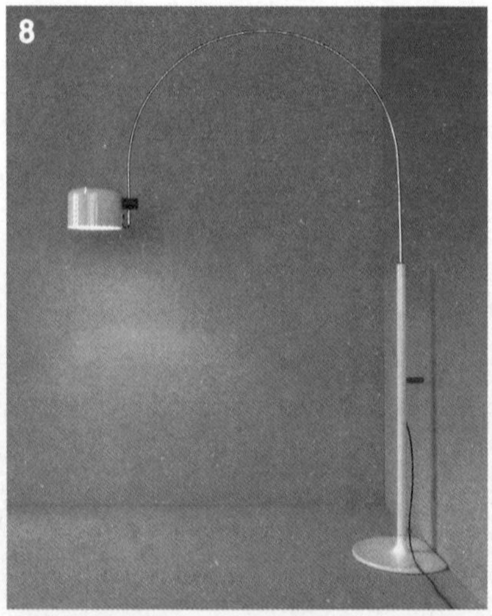

8

Jahr: 1967

Designer: Joe Colombo

Modell: Coupe 3320

Material: Metall, verchromt (Bogen) und lackiert. 5 Farben

Maße: H 220. Ausladung 110

Preis: auf Anfrage

Hersteller: O-Luce, Mailand

Sie ist eine der drei ersten Lampen, die Colombo entworfen hat. Ihre Metallreflektoren stammen alle aus einer Periode. Benannt wurde sie nach dem Reflektor (Coupe = Schale, Pokal), einem einfachen Topf. Colombo bevorzugte solche ganz simplen Formen, wie er auch gern Elemente aus anderen Gebieten der Technik, etwa aus dem Automobilbau, für seine Entwürfe übernommen hat. Für Colombos praktischen Sinn spricht, daß er dem Rund der Bodenscheibe ein Stück abgeschnitten hat: So kann man die Lampe ganz nah an die Wand rükken. Die erste Farbe war Orange, das besonders gut zu Nußbaumholz, dem beliebtesten italienischen Möbelholz paßt (es wird »il noce nazionale« genannt). Später kamen Rot und Grün dazu, noch später Weiß, Schwarz, Grau, Gelb und Braun. 1968 bekam die Lampe den International Design Award. Sie steht im Museum of Modern Art in New York.

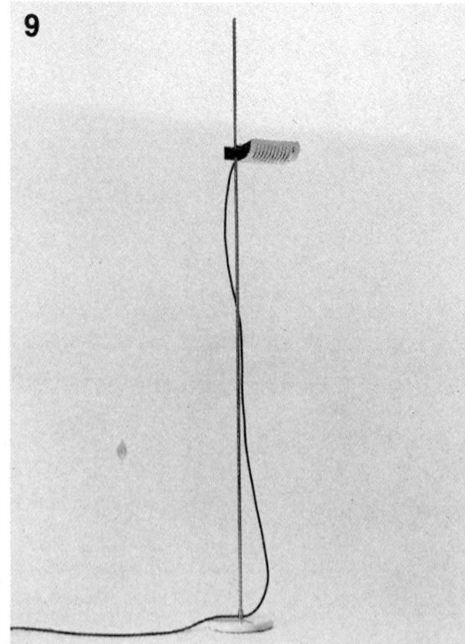

9

Jahr: 1971

Designer: Joe Colombo

Modell: 3326

Material: Metall, weiß lackiert (Sockel, Leuchtkörper) und verchromt.

Maße: H 215

Preis: auf Anfrage

Hersteller: O-Luce, Mailand

Das ist die erste Halogen-Lampe, die Colombo entworfen und die sein Hersteller Giuseppe Ostuni produziert hat. Mit Ostuni hat Colombo, wenn's um Lampen ging, von Anfang an zusammengearbeitet. Colombos Halogenlampe gibt es auch als Hänge- und Wandlampe. Die Reflektorhülle ist geschlitzt, damit die Wärme der Halogenbirne einen Ausweg hat.

Der Designer

Über Joe Colombo: »Stühle«, Nr. 30, »Eßtische«, Nr. 22, »Hängelampen«, Nr. 16, Deckenlampen«, Nr. 11, »Einzelmöbel«, Nr. 13, »Sessel«, Nr. 29 ●

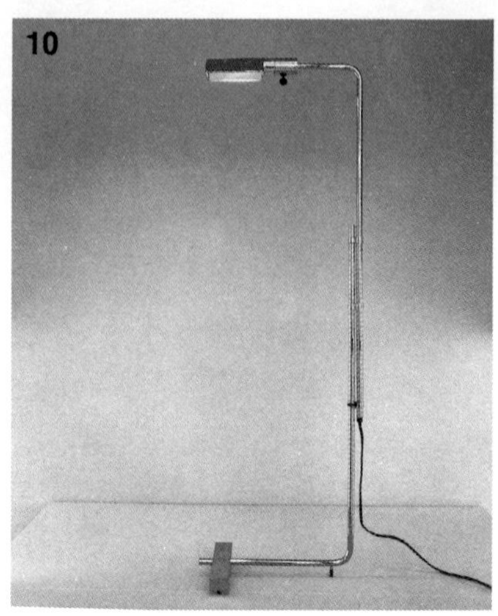

10

Jahr: 1966/67

Designer: Cedric Hartman

Modell: Backslider

Material: Stab rostfreier Stahl. Fuß, Reflektor Messing, poliert, lackiert und verchromt

Maße: H 84-124. Drehbar um 360 l

Preis: auf Anfrage

Hersteller: Cedric Hartman Inc./ Pandora AG, Zürich

Der Designer beschreibt sehr ausführlich, was er mit der »Backslider« beabsichtigte und was in feinster Handwerksarbeit (Werbeslogan: in Juweliersmanier) hergestellt wird. Es sollte eine extrem bewegliche Leselampe sein, die Licht von höchster Qualität gibt. Die Form mit dem flachen Fuß und dem beweglichen dachförmigen Reflektor entstand aus folgenden Überlegungen: Hartman wollte alle Blend- und Reflexionsprobleme lösen, auch die Blendung, die konventionelle Lampenschirme auf dem Fernsehschirm verursachen, und den »schwarzen Spiegeleffekt«, der nachts auf Glasflächen entsteht. Die Lampe sollte immer so gerichtet werden können, daß sie keinen Blendschatten auf die Lesefläche wirft. Schlank und stark sollte sie sein, der Fuß diskret, sehr klein und dabei standfest auf Teppich wie auf festem Boden. Und sie sollte vom Sitzplatz aus leicht zu bedienen sein, sich zum Benutzer hinschwenken lassen. Sie ist, sagt Hartman, eine ganz persönliche Lampe mit einem Höchstmaß an Komfort, überall zu brauchen.

Der Designer

Cedric Hartman, Sohn eines College-Professors und einer Künstlerin, lebt als Single. Seit er erwachsen ist, arbeitet er, wie er

Cedric Hartman, * Lincoln/ Nebraska (USA), 19. August 1929

sagt, die meiste Zeit als Architekt und Entwerfer von Möbeln und Beleuchtungskörpern und -anlagen. Seine Firma für »Lighting and Furniture« (Beleuchtung und Möbel) trägt nur seinen Namen. ●

Tischlampen

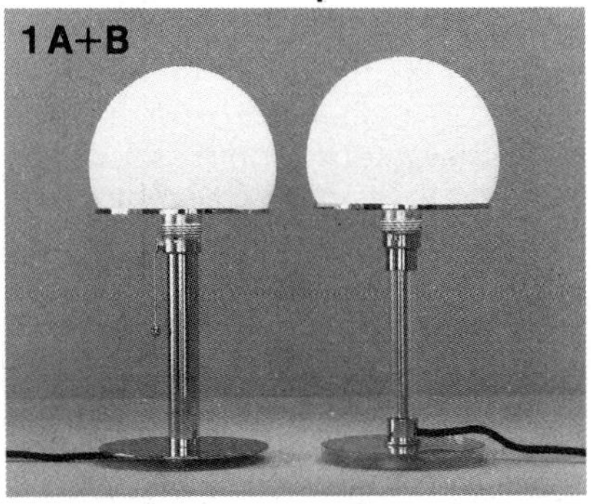

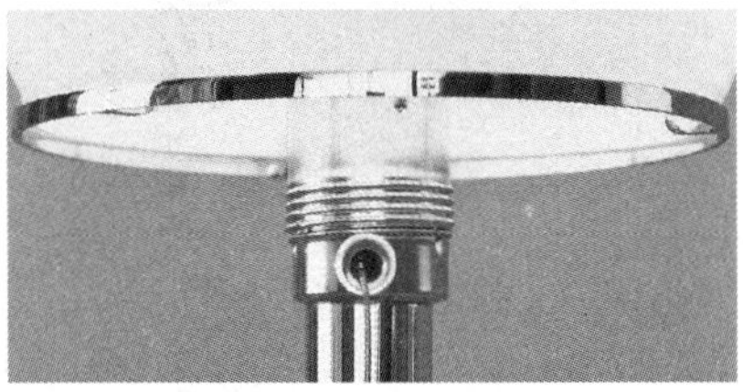

1 A+B

Jahr: 1924

Designer: Wilhelm Wagenfeld

Modelle: Wagenfeld-Tischlampe (A). Glaslampe (B)

Material: (A) Fuß, Säule, Einfassung Metall, vernickelt. Kuppel Glas, opalüberfangen – (B) Fuß, Säule Klarglas. Glühlampenfassung, Einfassung Metall, vernikkelt. Kuppel Glas, opalüberfangen

Maße: (A + B) H 36. ∅ 18

Preise: auf Anfrage

Hersteller: Tecnolumen, Bremen

Daß Wilhelm Wagenfeld auf den Tag genau sagen kann, wann er angefangen hat, sich mit der Metall-Lampe zu beschäftigen, hängt mit seiner Gesellenprüfung als Silberschmied zusammen. Die hat er am 23. April 1924 in Weimar bestanden, und tags drauf stellte ihm László Moholy-Nagy – aus Ungarn stammender Maler, Graphiker und Bühnenbildner, von 1923 bis 1928 Meister der Metall-Werkstatt am Bauhaus – die Aufgabe, eine Tischlampe aus Metall zu entwerfen. Sie könne sehr einfach sein. Über die Aufgabe und den Rat, bestimmte Formelemente aus Metall zu verwenden, war Wagenfeld, wie er sich erinnert, »wenig beglückt«. Er erzählt: »Ich bin an jenem Apriltag gleich nach dem Mittagessen in mein stilles Dachzimmer gegangen, um dort Entwurfsskizzen für meine Tischlampe zu machen. Sogar Moholys ›Man-nehme‹-Rezept wollte ich befolgen. Einfach, weil es mich inzwischen reizte, mit ihm fertig zu werden, zu erfahren, was damit zu machen war. Am Zeichenbrett erfuhr ich dann, welche Plage das ›Rezept‹ für mich war. Vergeblich grübelte ich da, auf dem Papier skizzierend, bis in die Nacht herum. Völlig erschöpft und enttäuscht von der Vergeblichkeit meiner Mühe legte ich mich hin. Ich lag gewiß sehr bald in einem festen Schlaf. Denn als im Traum die Lampe vor mir stand, hell wie ein Tagbild, ganz so wie jetzt auf meinem Tisch, erwachte ich sofort. Aber, zu taumelig noch, die Kerze auf dem Nachtkasten anzuzünden, versuchte ich in der Dunkelheit mir das im Traum Gesehene wieder vorzustellen. Doch meine Anstrengungen blieben vergeblich. Auch am nächsten Morgen. Ich skizzierte stundenlang erfolglos, um das Geträumte wiederzufinden. Mein Denken versagte, das Findenwollen hörte auf. Völlig unbeteiligt folgten die Augen dem schier eigenmächtigen, von mir losgelösten Tun der Hand, bis dann das Gewirr und Gekritzel überging in geordnetes Skizzieren der Tischlampe. Frei vom Wollen und Denken wie der nächtliche Traum fand die skizzierende Hand, was dem verwirrten Kopf versagt geblieben war.« Zu der Konstruktion sagt Wagenfeld u. a.: »Die Standplatte steht nicht auf, sondern über der Tischfläche. Die drei metallenen Halbkugeln unter der Platte, für das Auge nicht sichtbar, nehmen der Lampe die schwere Gewichtigkeit, die da wäre, wenn die Platte selbst Standfläche wäre.« Nach Wagenfelds Werkzeichnung hat der Werkmeister der Metallwerkstatt »ein seinem Handwerk würdiges Kunstwerk« gemacht. Später, als Wagenfeld selber genug über rentablere und konstruktiv zweckmäßigere Montagen durch einfachere und ebenso sichere Schraubverbindungen wußte, hat er eine neue Werkzeichnung gemacht. Nach dieser und nach der originalen Bauhauslampe wird die Lampe heute hergestellt. Nächste Aufgabe Moholy-Nagys an Wagenfeld war nach der Metall-Lampe die Glas-Version. Sie sollte rationeller Fertigung wegen die gleichen Metallteile und den gleichen Schirm haben. Für diese Lampe beansprucht auch der Schweizer C. J. Jucker, der ebenfalls damals am Bauhaus war, Urheberrechte. Das Bauhaus nennt deshalb beide als Urheber, da es keine Archivunterlagen besitzt, die eindeutig die Urheberschaft belegen.

Der Designer

Die Zahl der Gebrauchsgegenstände, die Wagenfeld in mehr als fünfzig Jahren entworfen hat, ist schier unendlich. Und es sind Dinge darunter, die für alle Welt zu den täglich gebrauchten gehören. Wie das Salz- und Pfefferstreuer-Pärchen Max und Moritz und die Knickflasche für Füllhaltertinte. Sie gehören zu Wagenfelds Favoriten. Seine Ausbildung begann im Zeichenbüro einer Silberwarenfabrik in Bremen. Zugleich ging er auf die Kunstgewerbeschule, danach an die Staatliche Zeichenakademie in Hanau und ans Bauhaus in Weimar. Dort hat er in der Metallwerkstatt unter Leitung von Moholy-Nagy gearbeitet, Gesellenprüfung gemacht und ist für kurze Zeit auch Lehrer und Leiter der Werkstatt geworden. Seit 1930 war er freiberuflich als Entwerfer tätig, arbeitete mit einer Schmuckfabrik und mit dem Jenaer Glaswerk Schott & Gen zusammen, für das er viele noch heute produzierte Modelle zeichnete.

Wilhelm Wagenfeld, * Bremen, 15. April 1900

1935 übernahm Wagenfeld die künstlerische Leitung der Vereinigten Lausitzer Glaswerke in Weißwasser, modernisierte die Produktion, entwickelte eine neue Linie für die Werbung und brachte, worauf er heute noch stolz ist, in vier Jahren das Unternehmen aus den roten Zahlen. Nach Kriegsdienst und russischer Kriegsgefangenschaft kamen 1946 die Berufung an die Werkakademie Dresden, 1947 eine Berufung an die Leibniz-Akademie in Berlin. Später lehrte er Industrielle Formgebung an der Berliner Hochschule für Bildende Künste. 1950 übernahm er das Referat für Industrielle Formgebung im Württembergischen Landesgewerbeamt Stuttgart. In Stuttgart ist er geblieben, hat mit der Württembergischen Metallwarenfabrik in Geislingen zusammengearbeitet und 1954 eine eigene Versuchs- und Entwicklungswerkstatt für Industriemodelle eröffnet. Wagenfeld hat mit Glas gearbeitet (Trinkgläser, Vasen, Geschirr, Lampen), mit Porzellan (Geschirr), mit Metall (Tischgerät aller Art, Leuchter, Türdrücker). Seine Arbeit wurde mit vielen Preisen gewürdigt. Was er über Design denkt, hat er auch in vielen Aufsätzen und in Büchern dargelegt. Heute arbeitet er an einer Dissertation als Nachtrag zur Verleihung der Ehrendoktorwürde von der Universität Stuttgart. Thema: Seine Arbeit. ●

2

Jahr: 1930

Designer: Christian Dell

Modell: Kaiser idell 15-1176-51

Material: Metall, lackiert: weiß, schwarz, gelb, rot, braun

Maße: Reflektor Ø 21,5. H 43

Preis: auf Anfrage

Hersteller: Kaiser, Arnsberg

Daß seine schlichte Schreibtischlampe einmal zu Televisionsehren kommen würde, hat der Bauhaus-Meister Christian Dell sicher nicht gedacht. Er hatte sie, getreu den Bauhaus-Maximen entworfen: anständig in Form und Material, funktionstüchtig, leicht herzustellen und leicht zu handhaben (Standrohr und Reflektor sind mit Kugelgelenken verstellbar). Weil Dells Lampe beim »Kommissar« Erik Ode in der langen, langen Fernseh-Serie auf dem Schreibtisch stand, läuft sie beim Großhandel Magazin in Stuttgart unter dem Namen »Kommissar«. Wilhelm Wagenfeld (siehe Nr. 1) kannte Dell, an den er sich gut erinnert, schon vor der gemeinsamen Bauhaus-Zeit: Beide lernten an der Staatlichen Zeichenakademie in Hanau.

Der Designer

Über Christian Dell siehe »Wand- und Deckenlampen«, Nr. 1 ●

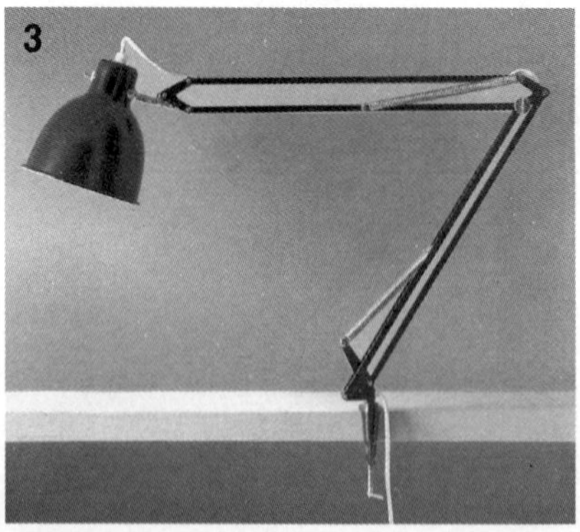

3

Jahr: 1937

Designer: Jac. Jacobsen

Modell: Luxo L 1

Material: Gelenkarme Stahlrohr, thermolackiert. Reflektor Aluminiumblech, Kunststoff oder Stahl. Sieben Farben

Maße: Reflektor Ø 20. Ausladung max. 122

Preis: auf Anfrage

Hersteller: Jac. Jacobsen/Luxo, Oslo und Hildesheim

Die Spur der regulierbaren Lampe führt an den Anfang der dreißiger Jahre und nach Neu-England. Bei der Lampe, die dort ein Mann namens O. C. White erfunden hatte,

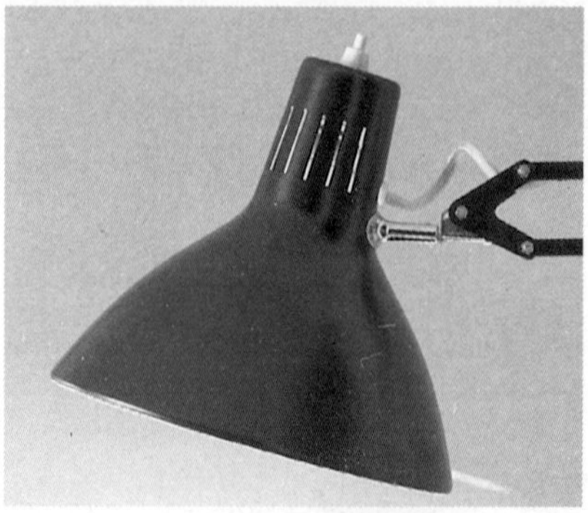

mußte man, um den Winkel zwischen den Gelenkarmen zu verändern, die Verbindungsschraube lockern und nach dem Verstellen wieder festziehen. 1934 ließ ein englischer Hersteller von Metallfedern, Herbert Terry & Sons of Redditch, eine Lampe patentieren, deren Arme durch die Spannung von Spiralfedern kontrolliert wurden, die der Schwerkraft entgegenwirkten. Unter dem Namen »Anglepoise« (Winkelgleichgewicht) wird diese Lampe immer noch hergestellt. Dieser Anglepoise begegnete kurz vor dem Zweiten Weltkrieg Jac. Jacobsen aus Oslo während einer Reise durch England. Er kaufte die Patentrechte für Skandinavien und produzierte die Lampe unter dem namen Luxo in kleiner Auflage. Jacobsen hatte das Design ein wenig geändert, hauptsächlich den Schirm (eine von vielen Varianten zeigt das zweite Foto) und die Verbindung zwischen Schirm und Arm. Das Patent verhinderte Konkurrenz, und allmählich baute Jacobsen ein Monopol für skandinavische Arbeitslampen auf. Nach dem Krieg erwarb er auch die Patentrechte für die USA. Dort hatte die Luxo-Lampe zunächst den größten Erfolg in Radio- und TV-Geschäften, weil sie ideal war beim Reparieren von Radio- und Fernsehgeräten. Allmählich eroberte sie sich auch Geschäfte für Künstlerbedarf, für Krankenhausbedarf und schließlich Möbelgeschäfte. Jacobsen schätzt, daß inzwischen 20 Millionen verkauft wurden. Ihre Technik ist oft kopiert worden, nicht aber das ursprüngliche Design. Die Lampe gewann einen Norwegischen Designpreis, den Bundespreis »Gute Form« und »Die gute Industrieform« und wurde in das Buch des Illinois Institute of Technology, »One hundred Great Product Designs«, aufgenommen.

Der Designer

Daß die Firma Jac. Jacobsen zu einem der größten Arbeitslampenhersteller mit Zweigwerken überall in der Welt geworden ist, ist, so Jacobsen, »fast ein Zufall«. Die Spezialität der Firma Jacobsen waren nämlich anfangs nur Textilmaschinen. Und Jac. Jacobsen sieht es als einen der Glücksfälle in seinem Leben, daß er dem »wie ein Kran aussehenden Monster« von einer Lampe, der Urmutter der Luxo-Lampe, begegnete zu einer Zeit, als noch wenige ein offenes Auge für die Schönheit der Funktionalität hatten. Ein anderes Glück dankt Jacobsen der Natur: Niemals war er krank in seinen achtzig Jahren, keine einzige Nacht hat er schlaflos vergrübelt. Und ein Glück ist es natürlich auch, daß Beruf und Hobby für ihn eins sind. Jacobsen ist Textilmaschineningenieur. Er hat außer in Norwegen auch in England und der Schweiz studiert. Seine Firma gründete er 1934, seit 1937 wird die Luxo-Lampe

Jac. Jacobsen,
* Oslo,
5. Juni 1901

hergestellt. Die Firma bekam 1980 den Norwegischen Export-Preis für ihre Bemühungen um neue Wettbewerbsbedingungen und neue Märkte. Jacobsen hat sich aus dem Management zurückgezogen, aber er verfolgt noch vieles, was mit der Firma zusammenhängt, und beteiligt sich an der Entwicklung neuer Produkte. ●

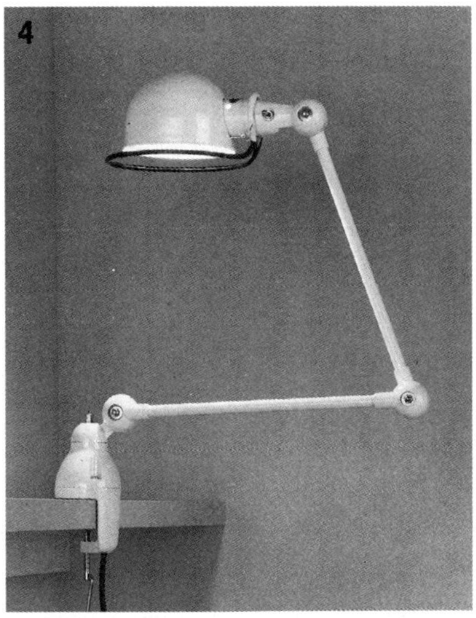

4

Jahr: 1951
Designer: Jean Louis Domecq
Modell: ST 2/400 SR
Material: Aluminium und Stahl, einbrennlackiert, vier Farben
Maße: L je Arm 40. Reflektor ∅ 17
Preis: auf Anfrage
Hersteller: Jieldé s. a., Lyon/Frankreich, Magazin, Stuttgart

Ärger war's, was den Ingenieur Jean Louis Democq bewog, diese Lampe zu entwickeln. Er hatte es satt, ewig die Gelenkarm-Lampen in seiner Mechanik-Werkstatt und seinem Studienbüro zu reparieren, und er setzte sich dran, eine Lampe zu entwerfen, die robust und für jede Verwendung brauchbar sein sollte. Grundidee war, die Kabel (die ständig Störungen verursachen und eine totale Drehung der Lampe verhindern) in den Gelenkarmen verschwinden zu lassen. Außerdem wollte Domecq, daß seine Lampe veränderbar sein sollte. Er entwarf also vier austauschbare Grundelemente, die in großer Serie produziert werden können und aus denen jedermann, auch linkshändige Laien, die unterschiedlichsten Modelle leicht zusammensetzen können. Die vier Teile: die Basis (neun verschiedene Stand- und Klemmversionen), Gelenke, Arme (verschieden lang, Köpfe für Parallel- oder Querverbindung) und der Reflektorblock mit Ring zum Anfassen. In den Gelenken wird der Strom über Schleifkontakte geführt. Auf einem Reklamezettel demonstriert ein witzig gezeichnetes Männchen die Vorzüge der Jieldé (französisch für J, L, D, die Initialen von Domecq): Jeder kann sie selber zusammenbauen, kann sie verlängern mit mehreren Armen, kann sie verkürzen (bis aufs Extrem: Reflektor ohne Arm mit Gelenk an die Basis geschraubt), man kann sie in alle Richtungen lenken. Angeschraubt an eine ratternde Maschine, beweist sie, daß sie jeder Vibration spottet. Sie kann sich unendlich um sich selber drehen, und ein Fischglas deutet an: Sie ist vollkommen wasserfest. In den siebziger Jahren hat Domecq zu dem Halbkugel-Reflektor einen zweiten entworfen: oben abgeflacht, mit Prägekanten. Auch die Gelenke sind abgeflacht, Arme und Verbindungsstutzen kantig. Neben dieser modischeren, für die sich Spezialkunden interessieren, behauptet sich die alte Runde auf allen Domänen. Auch die neue (zehn Farben, die alte: vier) erfüllt Domecqs Forderung, daß seine Lampe ganz einfach mit einem Lappen zu reinigen sein müsse.

Der Designer

Gäbe es eine solche Berufsbezeichnung, man müßte Jean Louis Domecq Erfinder nennen. Er hat aber auch einen ganz soliden bür-

Jean Louis Domecq,
* Pau (Pyrenäen),
12. Mai 1920

gerlichen Beruf: Er ist Ingenieur, hat an dem Pariser Institut »Art et Métier« (Kunst und Beruf) studiert und nach dem Krieg Aufgaben für die zivile Luftfahrt übernommen. Seit 1950 ist er selbständig. Bis 1965 war er an sieben verschiedenen Unternehmen beteiligt. Davon gehören ihm jetzt drei: Neben Jieldé, wo die Lampe hergestellt wird, eine Aluminiumgießerei und eine mechanische Fabrik, in der alle möglichen Bestand- und Ersatzteile und auch Prototypen für die verschiedenartigsten Entwicklungen gemacht werden. Von der Vielseitigkeit profitiert die Lampe: Alle Einzelteile werden in Domecqs eigenen Betrieben, mit von ihm entwickelten Maschinen und Werkzeugen produziert. Domecq hat in all den Jahren 47 Patente auf allen möglichen Gebieten erarbeitet, so im Flugzeug- und Maschinenbau, in der Lampenherstellung. Auch eine Maschine fürs Schleifen von Baccarat-Kristall hat er patentieren lassen. ●

5

5

Jahr: 1960

Designer: Arne Jacobsen

Modell: AJ Tischlampe

Material: Metall

Maße: Ø 17,5. H 54

Preis: auf Anfrage

Hersteller: Louis Poulsen, Kopenhagen und Haan

Arne Jacobsen wird die Begabung nachgesagt, für seine Modelle die typischen Ausdrucksformen ihrer Entstehungszeit gefunden zu haben. Die Lampe fürs SAS-Hotel in Kopenhagen ist ein gutes Beispiel: Sie ist mit der asymmetrischen Tüte und dem Ausschnitt in der Standplatte ein echtes Kind der fünfziger und frühen sechziger Jahre. Sie steht auch in der Wolfson Bibliothek des St. Catherine's College in Oxford, das Jacobsen gebaut hat.

Der Designer

Über Arne Jacobsen siehe »Stühle«, Nr. 16, 17, »Armlehnstühle«, Nr. 24, »Hängelampen«, Nr. 10, »Wand- und Deckenlampen«, Nr. 2, »Sessel«, Nr. 6 ●

6

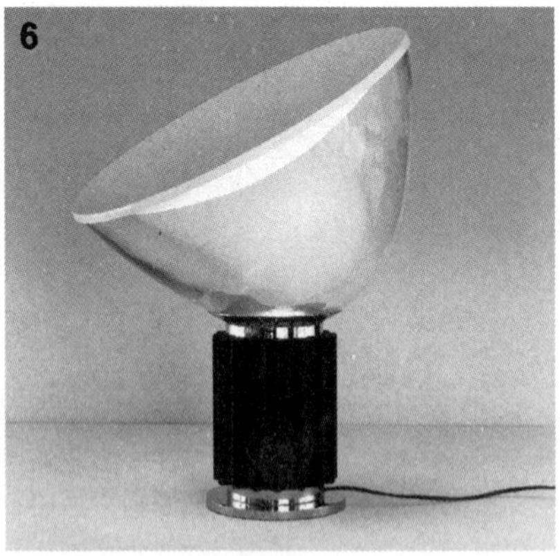

6

Jahr: 1962

Designer: Achille Castiglioni

Modell: Taccia

Material: Sockel Metall, schwarz oder Aluminium, eloxiert. Sockelmanschette, Reflektor Metall, lackiert. Lichtstreuer klares Glas

Maße: Ø 49,5. H 54

Preis: auf Anfrage

Hersteller: Flos, Brescia und Euskirchen

»Heute würde man ›Postmodernismus‹ dazu sagen«, meint Castiglioni leise ironisch. Damals, vor zwanzig Jahren, gab es nicht viele dekorative Tischlampen. Und deshalb wollte er eine machen, die zugleich dekorativ und einfach, aber vielseitig brauchbar ist. Was Castiglioni mit Vorliebe tut, hat er auch hier getan – Formen verwendet, die man von anderswoher kennt: Die Form der beweglichen Glasschale ist von toskanischen Trinkgläsern entlehnt, die der Sockelmanschette vom Gasbrenner.

Der Designer

Über Achille Castiglioni siehe »Stühle«, Nr. 25, »Armlehnstühle«, Nr. 28, »Hängelampen«, Nr. 11 bis 14, »Wand- und Deckenlampen«, Nr. 9, und »Einzelmöbel«, Nr. 16 ●

7

Jahr: 1965

Designer: Elio Martinelli

Modell: 599 Serpente tavolo

Material: Schaft und Fuß Metall, lackiert oder verchromt. Schirm Methacrylat, opalweiß

Maße: Ø 45. H 45

Preise: auf Anfrage

Hersteller: Martinelli Luce, Lucca/Italien

Für Martinelli war das eine geometrische Aufgabe: ein Kreis, und daraus hat er, zeichnend, die Form entwickelt. Den Namen verdankt die Lampe dem gebogenen Schaft: Serpente heißt Schlange, und wenn man den Schaft über

7

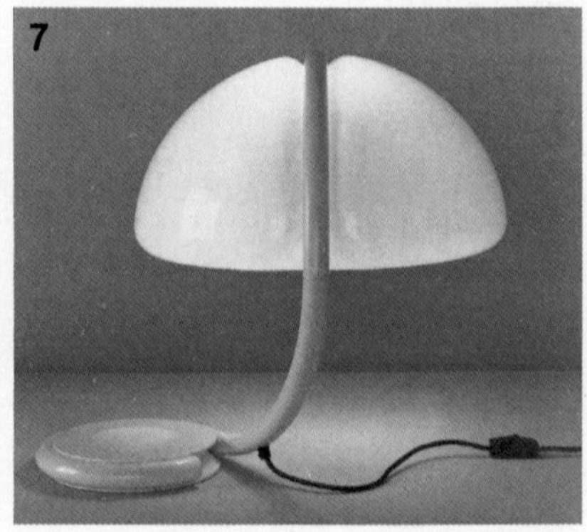

dem kleinen Einschnitt unterhalb des Schirms dreht, die Kreisform also auflöst, hat sie die perfekte Schlangenhaltung (siehe 2. Foto). Die Stehlampe (122 cm hoch), die Martinelli aus der Serpente weiterentwickelt hat, gefällt ihm längst nicht so gut wie die kleine: Auch da ging er vom Kreis aus, aber da der Schirm zugunsten des Schaftbogens aus einem kleineren Kreisausschnitt gezeichnet wurde, ergaben sich weniger harmonische Proportionen. Ein typisches Detail beim Schirm: der eingezogene Rand. Martinelli hat in seinem schönen Landhaus bei Lucca keine Martinelli-Lampe. Über seinem Arbeitstisch hängt der allergrößte Akari-Ballon (siehe »Hängelampen«, Nr. 5) mit 125 cm Durchmesser. An der riesigen runden Tischplatte aus dickem Holz, die auf einem alten Gestell ruht, kann er, wenn er müde ist, einfach weiterrücken und das Angefangene liegenlassen. Martinelli macht viele Skizzen, auch von andern Dingen, bis ihm die richtige Idee kommt. Später wird ein Prototyp gebaut und ausprobiert.

Der Designer

Über Elio Martinelli siehe »Wand- und Deckenlampen«, Nr. 8 ●

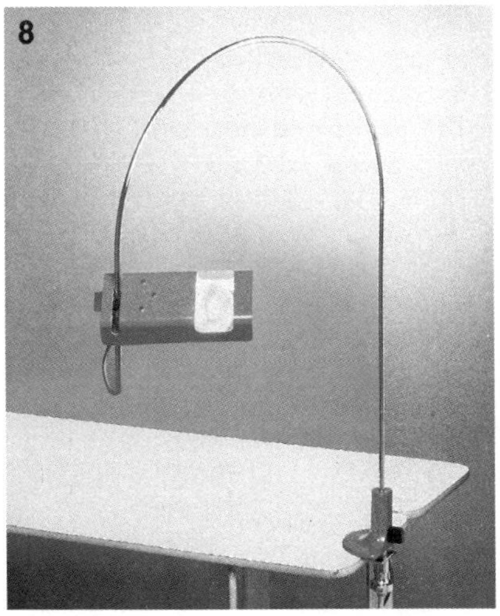
8

8

Jahr: 1966

Designer: Joe Colombo

Modell: Spider 293

Material: Metall. Bogen verchromt. Klemme und Relektor lackiert, 9 Farben

Maße: H 100. Ausladung 60

Preis: auf Anfrage

Hersteller: O-Luce, Mailand

Diese Tischlampe ist die erste »Spinne«, die Colombo entworfen hat. Die langbeinige, 140 Zentimeter hohe Stehlampe, hat er später daraus entwickelt. Der Prototyp der Bogenlampe beleuchtet heute den Schreibtisch von Ignazia Favata, Colombos Mitarbeiterin, die seine Entwürfe und Modelle betreut. Ganz und gar verchromt wie der Prototyp (und wie Colombo die Lampe eigentlich gedacht hatte) ist sie nicht produziert worden. Der Markt wollte Farbe. Nur der Bogen ist immer verchromt. Colombo war überzeugt, daß das bis zu seiner Zeit gültige traditionelle Design sich überlebt habe. In der Zukunft werde Wohnen mit Mitteln von Wissenschaft und Technik geplant. Für Architekten und Designer bedeute das u. a., vorfabrizierte Elemente zu verwenden.

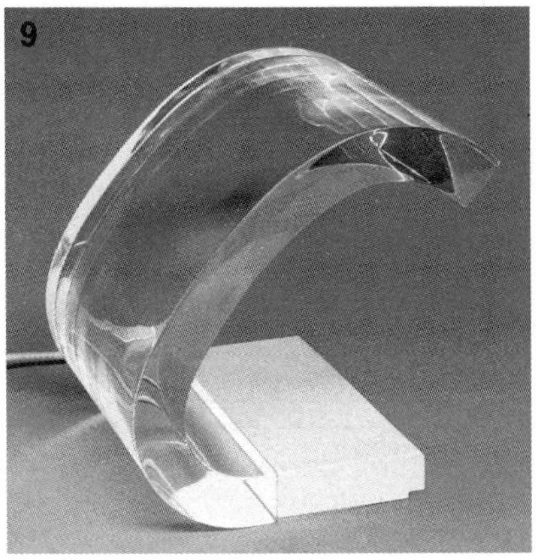
9

9

Jahr: 1966

Designer: Joe Colombo

Modell: Colombo 281

Material: Fuß Metall, lackiert, weiß oder schwarz. Leuchtkörper Acrylglas, 3 cm stark

Maße: H 26. B 24

Preis: auf Anfrage

Hersteller: O-Luce, Mailand

C wie Colombo – das hat er gern gemacht: sein Initial in seine Arbeiten einzubringen. Die C-Lampe hat Joe Colombo zusammen mit seinem Bruder Gianni entworfen, der kinetische Kunst macht und sich auch mit der Führung und richtigen Nutzung von Licht befaßt. Joe fragte ihn: »Warum machen wir nicht zusammen etwas?« So entstand die C-Lampe, bei der das Licht (aus dem Fuß kommend, der auch das Vorschaltgerät für die Leuchtröhre enthält) durch das transparente Kunststoff-C geführt wird. Ihr Hersteller ist Giuseppe Ostuni, mit Sarfatti der wichtigste Italiener auf dem Gebiet der modernen Beleuchtung, der mit Colombo eng zusammenarbeitete. Fachkundige nennen ihn einen Supertechniker. Ostuni hat in seiner Firma O-Luce (O für Ostuni), einer Werkstatt mit sechs Mitarbeitern, außer den Lampen von Colombo auch Entwürfe von Agnoli und Zanuso produziert, auch einige eigene. Er hat die Firma und einige Modelle später verkauft, sich aber das Recht vorbehalten, unter dem Namen Ostuni O-Luce weiterzuarbeiten, nach wie vor in seiner Werkstatt in Mailand, mit sechs Mann wie eh und je.

Der Designer

Über Joe Colombo siehe »Stühle«, Nr. 30, »Eßtische«, Nr. 23, »Hängelampen«, Nr. 16, »Wand- und Deckenlampen«, Nr. 11, »Einzelmöbel«, Nr. 13, »Sessel«, Nr. 29 ●

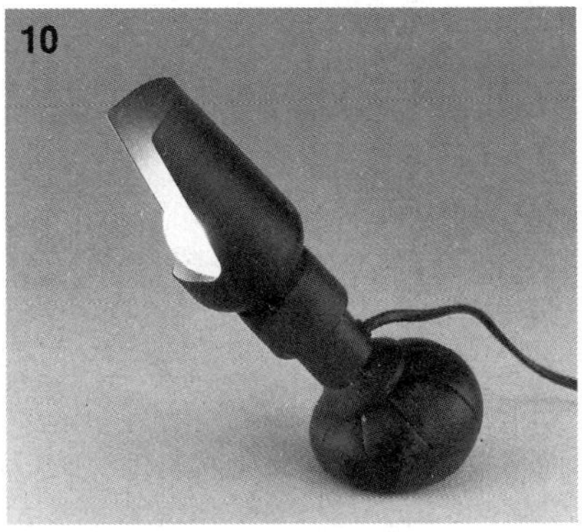
10

10

Jahr: 1966

Designer: Gino Sarfatti

Modell: 600 P

Material: Fuß Skai. Sockel, Schirm Metall, lackiert

Maße: ∅ 9. H 18

Preis: auf Anfrage

Hersteller: Arteluce/Flos, Brescia/Italien und Euskirchen

Das ist die Lampe, die überall, wo sie Platz nimmt, fest und sicher steht, auch auf der Sofalehne. Und genau das hatte Sarfatti gewollt – etwas Ähnliches hatte er bei seiner Großmutter gesehen: Sie rauchte und benutzte einen Aschenbecher, an dem zwei gefüllte Säckchen befestigt waren. So konnte sie sicher sein, daß das Ding nicht von der Lehne rutschte. Sarfattis Lampensäckchen war früher aus Leder. Daß heute Skai genommen wird, ist ihm nicht recht (»man denkt halt nur noch an den Kommerz«). Außer der Version mit kurzer Manschette und Schirm gibt es zwei Versionen mit langer Manschette ohne Schirm.

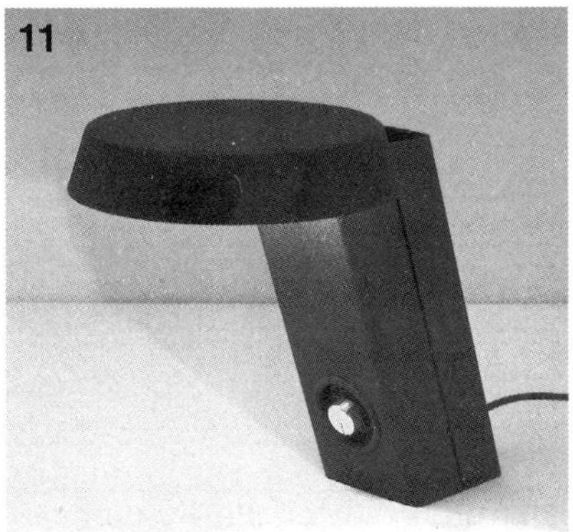
11

11

Jahr: 1971

Designer: Gino Sarfatti

Modell: 607

Material: Aluminium, lackiert

Maße: ∅ 25. H 31. Ausladung 39

Preis: auf Anfrage

Hersteller: wie 10

Nie würde er beim Zeichnen von formalen, ästhetischen Erwägungen ausgehen. Sarfatti richtet sich nach dem, was die Funktion vorschreibt: So groß ist der Transformator, den ich für eine Halogen-Glühlampe brauche, also muß ich ihm ein entsprechend großes Gehäuse zeichnen. Und da Halogen-Glühlampen viel Wärme entwikkeln, muß das Gehäuse gelüftet werden. Deshalb ist beim Modell 600 der Sockel oben offen und außerdem mit einem Luftloch (auf der Rückseite) versehen. Den Lichtkegel bestimmen der Schirm, der wie eine Pfanne geformt ist, und der schrägstehende Sockel. Sarfatti, für den Licht immer von neuem faszinierend ist, geht bei seiner Arbeit von Naturbeobachtungen aus. Die Sonne, sagt er, ist am interessantesten, wenn sie auf- und untergeht. Um dieses Phänomen auf das Spiel mit Lampen zu übertragen, gibt er ihnen (auch der 607) Dimmer. Der Dimmer kommt seiner Vorliebe entgegen: Er mag lieber sanftes, schwindendes Licht als volles.

Der Designer

Über Gino Sarfatti siehe »Hängelampen«, Nr. 6, »Wand- und Deckenlampen«, Nr. 3 und 4 ●

12

Jahr: 1966

Designer: Angelo Mangiarotti

Modell: Lesbo

Material: Glas, klar und opal (Schaft, Decke)

Maße: ∅ 52. H 37

Preis: auf Anfrage

Hersteller: Artemide/Rosenthal, Mailand/München

Eine strikte Zylinderform wird man bei Mangiarotti selten finden. Er bevorzugt vegetabilische Formen, Formen, die aussehen, als ob sie sich angenehm anfühlen. Ob Vase, Lampenfuß oder Uhrenkörper, ob Tischbein, Stütze für ein zylindrisches Haus oder gar ein ganzes Wasserreservoir, er gibt dem Stamm sanfte Rundungen, tailliert ihn, läßt ihn konisch zulaufen. Holzmodelle, wie sie zum Beispiel von Mangiarottis Uhren »Secticon« (die wie aparte Pilze aussehen) und auch von der Lampe »Lesbo« gemacht wurden, lassen das Handschmeichlerische, das Haptische dieser Formen besonders schön deutlich werden.

Der Designer

Über Angelo Mangiarotti siehe »Eßtische«, Nr. 26 ●

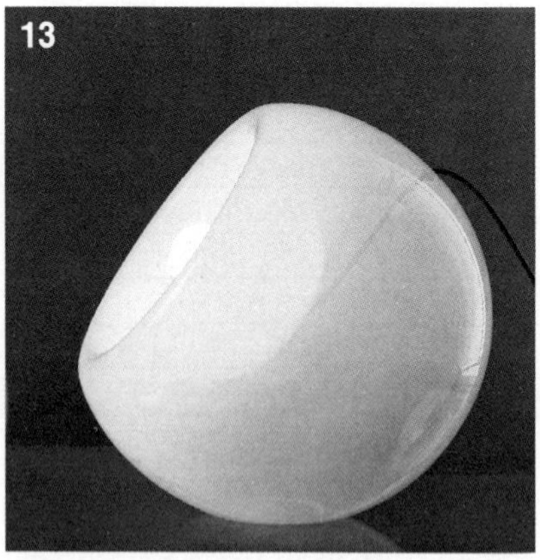

13

Jahr: 1968/69

Designer: Eleonora Peduzzi-Riva

Modell: Vacuna

Material: Glas

Maße: B 42. H 40

Preis: auf Anfrage

Hersteller: Artemide/Rosenthal, Mailand/München

Ohne Licht wirkt sie im wahren Sinn des Wortes unscheinbar, nur wenn sie angeschaltet ist, ist sie richtig da. Ein Körper mit Licht oder beinahe aus Licht, das war's, was Eleonora Peduzzi-Riva wollte, und deshalb hat sie den Anfasser, den ihr erstes Modell noch hatte, verworfen. Sie hat die Lampe für eine Weihnachtsausstellung in Mailand, »Künstler und Designer machen Objekte«, gezeichnet. Da es sie von jeher fasziniert hat, mit Licht zu arbeiten, und weil sie viel mit Licht experimentiert, war ihr Objekt eine Lampe. Dank ihrer Bekanntschaft mit dem Glashersteller Vistosi kennt Peduzzi-Riva sich mit den Möglichkeiten des Glasformens aus. Sie weiß, daß der Ballon, der beim Blasen entsteht, umgestülpt werden kann, und so kam es zu der Doppelschale der »Vacuna«. Sieht die Designerin ihre Lampe in einem Geschäft mit einer anderen als der vorgeschriebenen kopfverspiegelten Glühlampe, geht sie hinein und moniert das.

Die Designerin

Sie ist Schweizerin, geboren in Basel. An der dortigen Kunstgewerbeschule und am Mailänder Polytechnikum hat sie studiert. Das Arbeitsfeld von Eleonora Peduzzi-Riva ist weit: Es reicht von Städteplanung über Inneneinrichtung und Firmenberatung zu Möbel- und Industriedesign. So hat sie Restaurants und Touristenzentren auf Sardinien und an der italienischen Riviera geplant und ausgeführt, hat Büros und Showrooms entworfen, Messe- und Ausstellungsstände geplant und arrangiert. Von den Häusern und Wohnungen, die sie für Privatleute eingerichtet hat, berichten Zeitschriften im In- und Ausland wie »Abitare«, »Domus«, »Maison Française«, »New York Times Magazine«. Seit 1960 entwirft Peduzzi-Riva für namhafte Firmen in

Eleonora Peduzzi-Riva, * Basel, 4. Januar 1939

Italien und der Schweiz Möbel, Lampen, Badezimmerzubehör. Viele kennen ihren Aschenbecher »Spyros«: ein quadratischer Kunststoffblock, im Inneren schneckenförmig ausgehöhlt, mit einer Kugel als Kippentöter. Eleonora Peduzzi-Riva war und ist mit ihren Arbeiten auf vielen wichtigen Ausstellungen vertreten, hat in Wettbewerbsjuries mitgearbeitet und ist selber mit Preisen ausgezeichnet worden. ●

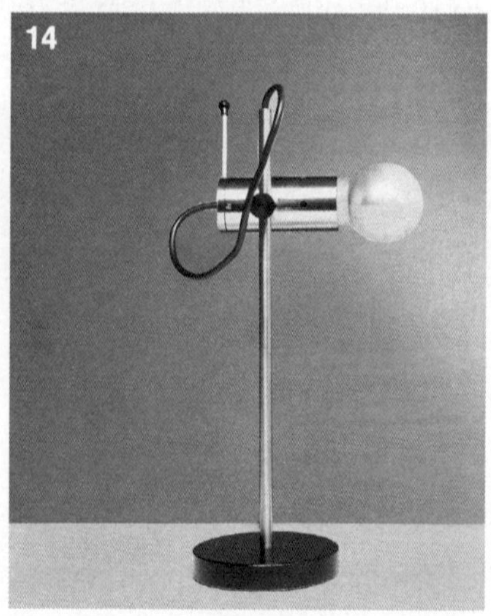

14

Jahr: 1967

Designer: Tito Agnoli

Modell: Agnoli 251

Material: Sockel Kunststoff. Schaft, Fassung Metall, vernickelt

Maße: Sockel ∅ 11. H 37

Preis: auf Anfrage

Hersteller: O-Luce, Mailand

Damit der Designer nicht in Vergessenheit gerät, trägt die Lampe einfach seinen Namen. Agnoli, der eine ganz schlichte Lampe entwerfen wollte, hat aus der Tischlampe, die am Anfang stand, eine ganze Serie entwickelt: eine Stehlampe, eine Klemmlampe und drei Versionen für die Wand – mit kurzem Querarm, mit langem Querarm, zwei Glühlampen am langen, senkrecht befestigten Arm. Das Glühlampenelement ist dreh- und orientierbar. Die Glühlampe ist eine Spezialität: mit Bajonettverschluß. Dem blanken Metall und dem Marmor- oder Travertinsockel (Stehlampe) verdankt es die Lampe, daß sie elegant wirkt, obwohl sie nur aus technischen Elementen zusammengesetzt ist, ohne Schmuck.

Der Designer

Über Tito Agnoli siehe »Eßtische«, Nr. 24 ●

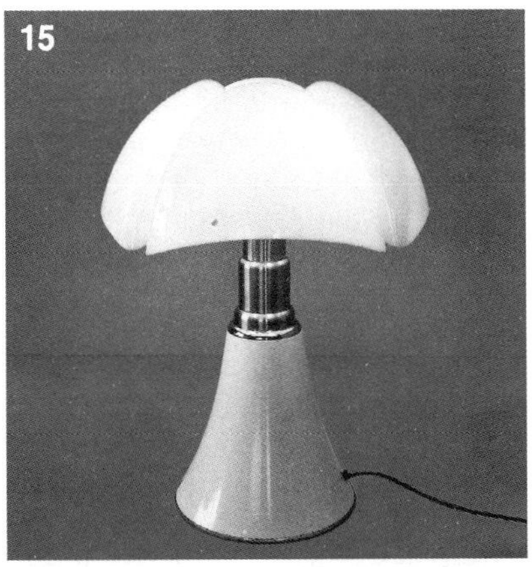

15

15

Jahr: 1967

Designer: Gae Aulenti

Modell: Pipistrello

Material: Fuß und Kugelgriff Metall, lackiert. Teleskopstab Stahl. Schirm Metacrylat

Maße: Ø 55. H 66-86

Preis: auf Anfrage

Hersteller: Martinelli Luce, Lucca/Italien

Fragt man Elio Martinelli, welche Modelle seiner Firma von ihm, welche von anderen Designern entworfen worden sind, gleitet sein Finger fast ohne Aufenthalt durch die langen Listen – alles eigene Werke. Eine der seltenen Ausnahmen ist die Lampe mit dem lustigen Namen, der auf deutsch Fledermaus heißt. Gae Aulenti, die damals für das (nicht mehr bestehende) Mailänder Kaufhaus Centro Fly Entwürfe zeichnete, wollte dort auch Lampen zeigen. Sie hatte eine Lampe von Martinelli gesehen, die nicht mehr hergestellt wird: der Schirm halbkugelig mit einem quadratischen Ausschnitt am Zenit. Gae Aulenti trieb das Formenspiel weiter. Sie teilte das glatte Halbrund in vier Viertel, die sie etwas abflachte und an den Seiten und oben einbog – auf diese Weise erreicht auch sie oben eine Aussparung. Martinelli hat seinen Spaß daran – »Es gibt nicht die einzige wahre Idee bei einem Entwurf«, sagt er. Nur in Mohrenkopf-Braun wollte Gae Aulenti die Lampe sehen. Da Martinelli sie aber für eine Ausstellung in Genua auch in Weiß wünschte, gibt es beide Farben. Die Lampe, die lange Zeit sehr erfolgreich war, steht im Museum of Modern Art in New York.

Die Designerin

Über Gae Aulenti siehe »Armlehnstühle«, Nr. 25 und 26, »Eßtische«, Nr. 30 ●

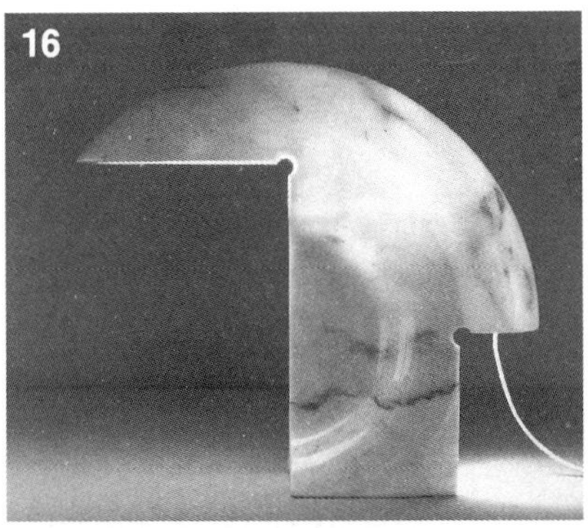

16

16

Jahr: 1968

Designer: Tobia Scarpa

Modell: Biagio

Material: Marmor (Carrara statuario)

Maße: B 38,5. H 34,5

Preis: auf Anfrage

Hersteller: Flos, Brescia/Italien und Euskirchen

Für die »terza nazionale di Carrara«, eine Ausstellung, die von Egidio di Rosa (siehe »Eßtische«, Nr. 23) initiiert worden war, sollte auch Tobia Scarpa einen Beitrag leisten. Thema der Ausstellung war, Anregungen für den verschiedenartigen Gebrauch von Marmor zu geben und zu zeigen, wie dieses Material mit Maschinen bearbeitet werden kann. Scarpa entschied sich, eine Lampe beizusteuern, um die Transparenz des edlen Gesteins zu demonstrieren. Von der Antike wußte er, der ein ausgeprägtes Geschichtsbewußtsein hat und historisches Wissen gern verarbeitet, daß man Marmor als Material für Fensterscheiben nahm, da es noch kein Flachglas gab. Ein Bild aus dem Ausstellungskatalog von 1968 zeigt, wie die Lampe aus einer Kugel geschnitten wurde. Der Prototyp wurde in der Werkstatt von Signor Cidonia in Pietrasanta gemacht, der auch für Bildhauer wie Henry Moore und César gearbeitet hat.

Der Designer

Über Tobia Scarpa siehe »Eßtische«, Nr. 14, »Einzelmöbel« ●

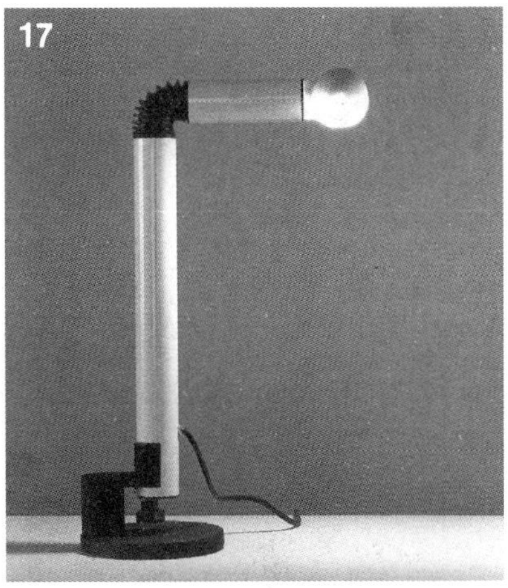

17

17

Jahr: 1969

Designer: Danilo und Corrado Aroldi

Modell: Periscopio

Material: Rohr Metall, lackiert. Gelenk Nylon mit Fiberglas, verkleidet mit Gummi. Sockel Gußeisen

Maße: H 50. Ausladung 25

Preis: auf Anfrage

Hersteller: Stilnovo, Mailand

Der Name läßt keinen Zweifel, woher die Anregung kommt: vom Sehrohr des U-Boots. »Einfach ein Rohr und eine Glühlampe«, sagen die Designer-Brüder über ihr Werk: eine schlichte lineare Lampe, die sich überall einpaßt und im wahren Sinn des Wortes gelenkig ist. Das mit Gummi überzogene Gelenk ist ein vorgefertigtes Industrieteil, wie es zum Beispiel bei der Autoherstellung benutzt wird. Die Brüder verwenden bei ihren Entwürfen gern solche Elemente. Die erste »Periscopio« war eine Lampe zum Anschrauben. Dann kam der Sockel, in den das Rohr hineingeschoben wird: Er war zunächst konisch geformt, heute ist er zylindrisch, auch für die 180 cm hohe Stehlampe.

Die Designer

Lampen machen die Brüder Aroldi nur in Ausnahmefällen. Ihr Hauptarbeitsgebiet: Sie entwerfen schöne, schlichte Küchen. Beide, Danilo wie Corrado, haben in Mailand studiert und haben dort auch

Danilo Aroldi,
* Mailand,
26. Oktober
1925

Corrado Aroldi,
* Mailand,
13. März 1936

ihr Entwurfsbüro. Sie arbeiten als Inneneinrichter, Grafiker und Industriedesigner. Beim Industriedesign stört sie allerdings die ewige Frage nach Neuheiten. Beim Lampendesign sind sie von den Möglichkeiten des Halogenlichts fasziniert – mit dem Vorbehalt, daß es verschwenderisch, weil zu teuer sei. Mit ihren Arbeiten werden die Brüder Aroldi oft zu Messen und Ausstellungen eingeladen, so zur Eurodomus 1968, 1970 und 1972, zur Ausstellung »Italienisches Design« in Lausanne 1975, zur Ausstellung über Büroeinrichtung in Kyoto (Japan) 1978 und zur Auswahl für den Compasso d'Oro in Mailand 1979. Die »Periscopio« war auch auf der Ausstellung »Italienisches Design '50 bis '80« in Köln 1981 zu sehen. ●

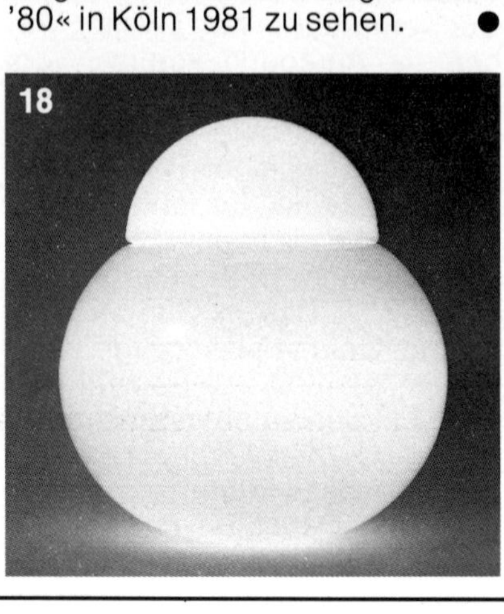

18

18

Jahr: 1969

Designer: Sergio Asti

Modell: Daruma

Material: Opalglas, mundgeblasen

Maße: ∅ 15,8, 19, 23,2, 27,6, 33,6, 40

Preise: auf Anfrage

Hersteller: Candle, Mailand

In Astis wunderschönen Arbeitsraum stehen Exemplare von all den Dingen, die er entworfen hat. Er macht weniger Möbel als kleine Gebrauchgegenstände und Objekte wie Aschenbecher, Gläser, Besteck und Keramik. Auch die Lampe gehört dazu, die es in sechs verschiedenen Größen, von Kokosnuß- bis Kürbisformat gibt. Der Prototyp wurde zwar mundgeblasen bei der berühmten venezianischen Glasbläserei Venini, aber sie ist so einfach, wie Asti sie gewünscht hatte. Sozusagen eine Vase mit Deckel: Das Käppchen hat einen langen Hals, der in die Öffnung der großen Kugel eingepaßt ist. Die dicke Kugel besteht aus zwei Glasschichten. Die Lampe wurde von Anfang an genau nach Astis Vorstellung gemacht und ist auch nie geändert worden.

Der Designer

Wie viele Architekten entwirft Asti nicht nur Häuser – er macht alles Mögliche: richtet Wohnungen ein (elegant, strikt modern), plant Messen und Ausstellungen, entwirft Elektrogeräte, Lampen, auch Möbel, zeichnet Objekte aus Glas und Keramik. In den fünfziger Jahren gehörte er zu den ersten, die sich mit Fragen des Industriedesigns beschäftigten, gehörte auch zu den Gründungsmitgliedern der ADI (Gesellschaft der Industriedesigner). Das war 1955, ein Jahr, nachdem zum erstenmal der Compasso d'Oro ausgeschrieben und verliehen worden war. Im selben Jahr war die ADI in die Vorbereitungen zur XI. Triennale einbezogen, und Asti hat zusammen mit Gianfranco Frattini und A. T. Anselmi die zur Triennale gehörende Internationale Ausstellung des Industriedesigns ausgerichtet. Asti hatte am Polytechnikum seiner Heimatstadt Mailand Architektur studiert und war fünf Jahre lang Assistent an diesem Institut. Studienreisen führten ihn nach Nordeuropa, Nordafrika und nach Indien. Asti hat sich immer auch mit der Theorie des Designs befaßt: Er hat Kurse in Italien, Portugal und Japan gehalten und im Auftrag der Regierung Konferenzen über die Probleme des Industriedesigns geführt: in Berlin, Köln, Paris, Chicago, Peking. Oft war und ist Asti Mitglied von Jurys, oft ist er aber auch unter den Ausgezeichneten: Mehrmals waren Arbeiten von ihm in der Auswahl für den Compasso

Sergio Asti,
* Mailand,
25. Mai 1926

d'Oro, 1962 hat er einen gewonnen. Auch Gold- und Silbermedaillen der Triennalen sind ihm zuerkannt worden. Besonders erfolgreich neben der Lampe »Daruma« (die zur Ausstellung »Italy – the New Domestic Landscape« ins Museum of Modern Art in New York geholt wurde) ist Astis Stuhl »Navy«, aus einer Zeit (1969), in der er viel mit Marineeinrichtungen zu tun hatte. Auf Schiffen ist alles klappbar, und so sah Asti sich angeregt, einen Stuhl auszutüfteln, der in beiden Richtungen zusammenklappt. Ebenso wie Vorder- und Hinterbeine werden auch rechte und linke Seite zusammengeschoben. Das funktioniert, weil die Seiten vorn durch ein Schiebekreuz, hinten durch eine Zarge mit Gelenk verbunden sind und weil Sitz und Lehne aus Leder sind. Oder aus Segeltuch, was Asti noch lieber mag. »Navy« entspricht Astis Design-Ideal; einfach und dekorativ. ●

19

19

Jahr: 1970

Designer: Richard Sapper

Modell: Tizio

Material: Metall und Kunststoff

Maße: H max. 113. Ausladung max. 108

Preis: auf Anfrage

Hersteller: Artemide/Rosenthal, Mailand/München

Der Auftrag von Artemide, eine Arbeitslampe zu entwerfen, kam Richard Sapper gerade recht: »Dann mache ich so eine, wie ich sie brauchen könnte.« Die Arbeitslampen, die es bis dahin gab, schienen ihm für ihn selber nicht geeignet. Er arbeitet nämlich gern mit Licht nur auf der Fläche, die ihn im Moment interessiert. Alles sonst sollte dunkel oder halbdunkel sein – so kann er sich besser konzentrieren. Bei den üblichen Arbeitslampen müßte er dafür den Reflektor dicht vor den Kopf ziehen, und das stört ihn. Es mußte also ein kleiner Reflektor sein, eben der Tizio-Reflektor. Und noch etwas: Auf Sappers Tisch herrscht meistens Unordnung, für die Lampe ist kein Platz. Das heißt: Er braucht eine mit langem Arm und großem Aktionsradius, die sich mit größter Leichtigkeit verschieben läßt. »So ist die Form«, sagt er, »sozusagen zwangsläufig enstanden.« Damit es ein kleiner Reflektor sein konnte, mußte er Halogenlicht verwenden. Da Halogenbirnen heiß werden, macht Sapper den Reflektor aus zwei Schichten: innen Aluminium, außen glasfaserverstärktes Nylon – »ein ganz exotisches Material«, das den Vorteil hat, nicht viel zu wiegen. Das ist wichtig, weil die Teile an dem langen Arm wegen des empfindlichen Gleichgewichts nach vorn immer leichter werden müssen. Sapper hat der Lampe drei Gelenke gegeben, jedes im Gleichgewicht mit der Gegenseite. Da das leichte Kunststoffmaterial in solcher Länge zerbrechlich ist, mußte die Lampe auseinandernehmbar sein. Das bedeutet Forderungen an die Gelenke: Sie müssen Strom leiten, ein Minimum an Reibung verursachen und nicht zu sehr nachgeben. Sapper hat sie also mit Federn versehen. Und zur Befestigung, die nicht teuer sein sollte, nahm er einen Druckknopf. Sapper sagt, daß er Probleme durch Nachdenken löst. Im Falle »Tizio« brachte das Nachdenken eine Lampe, die sich mit einem Finger dahin ziehen läßt, wo man sie braucht, und die, in welcher Stellung auch immer, nicht umfällt. Man kann sie auch an die Decke hängen, und wer sie als Stehlampe wünscht, nimmt sie vom Sokkel und setzt sie auf eine 70 cm hohe Säule aus matt schwarzem Aluminium. Die »Tizio« ist die am meisten begehrte Lampe von Artemide. Sie steht in der ständigen Sammlung des Museum of Modern Art in New York.

Der Designer

Im »Atlas des Italienischen Design 1940/1980« sagt Richard Sapper, um Auskunft über seine Arbeit gebeten: »Ich finde, daß der Designer sich durch seine Arbeit ausdrücken muß, nicht durch verbale Erklärungen. Ich habe daher über meine Arbeit nichts zu sagen.« Das heißt, daß er nicht Worte machen will über Design an sich, daß er nicht ideologisch verbrämte Erklärungen über Sinn und tiefere Bedeutung seiner Arbeit abgibt.

Richard Sapper, * München, 30. Mai 1932

Hingegen äußert Sapper sich ausführlich und sehr präzise über Funktion und Konstruktion seiner Modelle, wie das Gespräch über die Lampe »Tizio« oder seine Beschreibung seiner Bürostühle für Knoll beweist. Sapper macht, wie er sagt, zu einem Entwurf nur wenige Skizzen, er arbeitet lieber mit Modellen oder Prototypen und ändert viel während des Entwurfsprozesses. »Ich mache gern Dinge, die ich noch nie gemacht habe.« Das kann etwas auf Bestellung sein oder auch, was ihm so in den Kopf kommt. Er entwirft Büromöbel, Lampensysteme, Uhren, hauptsächlich aber Maschinen und technische Geräte – seit 1980 ist er Berater für das Produktdesign von IBM. Richard Sapper stammt aus München, hat in seiner Heimatstadt studiert, ein großes Programm: Philosophie, Anatomie, Graphik und Ingenieurwesen. Nach dem Abschluß in Volkswirtschaft arbeitete er zwei Jahre in der Entwurfsabteilung von Mercedes-Benz, ging dann nach Italien und arbeitete mit Gio Ponti, dem großen alten Mann der Architektur und des Design (siehe »Stühle«, Nr. 21), später für die Ladenkette Rinascente. Zusammen mit Marco Zanuso entwarf er Radio- und Fernsehgeräte, ein zusammenklappbares Telefon, eine transportable Wohneinheit für die New Yorker Ausstellung »Italy, the New Domestic Landscape« und den ersten Kunststoffstuhl, ein Kinderstühlchen. 1970 bis 1976 war er Berater für den Entwurf von Versuchswagen bei Fiat und Berater für Reifenstrukturen bei Pirelli. Mit Gae Aulenti gründete er eine Gruppe zum Studium für Nahverkehrssysteme. Sein Hauptinteresse gilt heute Mikroprozessoren und Transportsystemen. Fünfmal den Compasso d'Oro und eine Reihe anderer internationaler Designpreise (auch den Bundespreis »Die gute Form«) kann Sapper für seine Arbeiten verbuchen. Außer in Mailand lebt und arbeitet er auch in Stuttgart , und (»Ich sause immer hin und her«) eine Woche des Monats ist er in New York. In seinem Mailänder Domizil haben die Tische rot-weiß gestreifte Straßenbau-Warnkegel als Füße – im Büro passend zur sachlich-kargen Ausstattung, in der Wohnung eine Etage tiefer als Kontrast zu schönen alten Möbeln. Im Büro steht, von Sapper immer noch geschätzt, eine seiner ersten Arbeiten: die kleine zylinderförmige Uhr Static, die ihm 1960 den Goldenen Kompaß einbrachte. ●

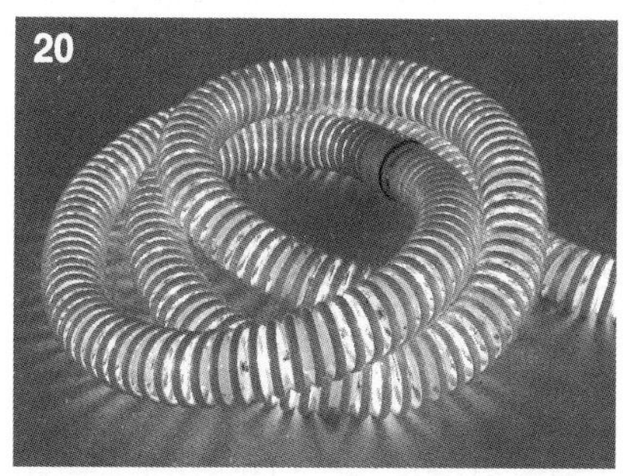

20

Jahr: 1970

Designer: Livio Castiglioni, Gianfranco Frattini

Modell: Boalum

Material: Kunstharz, Metall

Maße: ∅ 6. L 200

Preis: auf Anfrage

Hersteller: Artemide/Rosenthal, Mailand/München

Livio, der älteste der Brüder Castiglioni, und Gianfranco Frattini hatten den Auftrag, ein Hotelschwimmbad auf Capri zu illuminieren. Als sie an Ort und Stelle standen und überlegten, kam ein Hausdiener mit einem großen Staubsauger vorbei, dessen Schlauch die beiden Designer faszinierte: So könnte auch eine Lampe aussehen! Von der Idee bis zur fertigen Licht-Boa war freilich eine schwierige und langwierige Entwicklung zu durchlaufen. Das passende Material fanden die Designer in einer Mailänder Fabrik für Plastikschläuche: transparenten Kunststoffschlauch mit einer Metallspirale im Inneren. Beleuchtet wird die Schlange mit kleinen 5-Watt-Birnen, die nach Art der Weihnachtslichterkette mit Schnappanschlüssen aneinandergereiht sind. Damit man mehrere Zwei-Meter-Boas zusammenfügen kann, hat jede Lichterkette und jede Hülle Spezialverbindungen. Man kann verbrauchte Glühbirnchen einzeln auswechseln. Damit man das vorschriftsmäßig macht, gibt es eine instruktive Beschreibung mit Fotos, die jeder Lampe beigegeben wird. Die »Boalum« ist eher eine Lichtskulptur als eine Lampe. Man kann viel mit ihr machen: kann sie auf dem Boden arrangieren, über Möbel drapieren, um Säulen winden, kann sie lang strecken, adrett ringeln oder kreuz und quer umeinanderschlingen. Sie läßt sich sogar knoten.

Der Designer

Wie seine Brüder hat auch Livio Castiglioni am Polytechnikum seiner Heimatstadt Mailand Architektur und Ingenieurwesen studiert. 1936 hat er Examen gemacht. Er war Mitlied der ADI (Gesellschaft der Industriedesigner) von deren Anfang (1956) und 1959/60 ihr Präsident. Livio Castiglioni ist in

Livio Castiglioni, * Mailand, 1922. † Mailand, 30. April 1979

dem Brüder-Trio die größte technische Begabung, er hat weniger als die anderen beiden Möbel und Lampen entworfen, sondern mit Licht- und Klangtechnik experimentiert. So hat er für mehrere Triennalen und auch für andere Ausstellungen audiovisuelle Environments entworfen und dafür (1940, VII. Triennale) eine Goldmedaille bekommen. 1940 bis 1964 war er Sachverständiger der Radiofirmen Phonola (für die er auch ein Gerät entworfen hat) und Brionvega. Seit 1964 arbeitete er mit der italienischen Rundfunkgesellschaft RAI zusammen und mit einer Reihe von bedeutenden Firmen wie Fiat, Olivetti, Osram. Im Museum of Modern Art ist Livio Castiglioni vertreten mit Bestekken, mit dem Phonola-Radio und mit der Lampe »Boalum«.
Über Gianfranco Frattini siehe »Einzelmöbel«, Nr. 7 ●

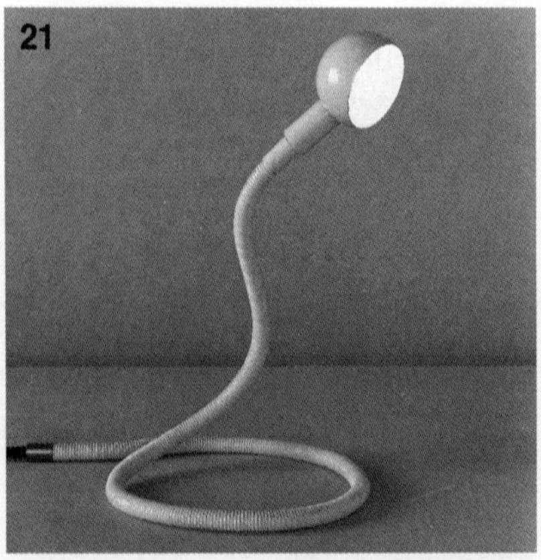

21

Jahr: 1970

Designer: Isao Hosoe

Modell: Hebi

Material: Schlauch Metall, mit PVC überzogen. Reflektor Aluminium, lackiert. 12 Farben

Maße: H max. 140

Preis: auf Anfrage

Hersteller: Valenti, Mailand

Ende der sechziger Jahre hatte Isao Hosoe eine Vorliebe für das Wort »morbido« (weich). Es war die Kunststoffzeit, und er suchte nach neuen Formen. Im Elektroladen sah er Schläuche für Elektroinstallation. Von diesen Schläuchen, durch die Kabel geführt werden, wollte er zum Experimentieren einen Meter kaufen, mußte aber hundert Meter nehmen. Was nicht so schlimm war, weil der Meter nur 20 Lire kostete. Seine Versuche mit dem flexiblen Material führten schnell zum Ergebnis: Eine Lampe ohne Basis, die in großer Auflage billig hergestellt werden kann. Sie kostete 1970 achtundneunzig Mark und ist in all den Jahren nicht teurer geworden. Die Abwandlungen, die später dazu kamen (mit Fuß, mit Klemme, größere Ausgaben aller Versionen) gefallen Hosoe, wie er sagt, »weniger als dem Markt«.

Der Designer

Warum Isao Hosoe, einer von vielen Japanern in Mailand, Japan verlassen hat, kann er einleuchtend erklären: In Japan gibt es 30 Designer-Schulen und folglich viel zu viele Designer. Und: In Mailand findet er die Luft und das Gespräch über Design ähnlich wie in seiner Heimat. Studiert hat er an der Nihon-Universität in Tokio: Mechanik und Luftfahrttechnik. Nach der Teilnahme an der XIV. Triennale 1968 blieb er in Mailand und war bis 1974 Mitarbeiter des Architekten Alberto Rosselli, den er seinen großen Lehrmeister nennt. Rosselli, Mitgründer der ADI (Gesellschaft der Industriedesigner) und Dozent am Mailänder Polytechnikum, hat als Innenarchitekt und Entwerfer viel mit neuen Materialien und neuen Techniken experimentiert. Zusammen mit Rosselli hat Hosoe 1970 den Compasso d'Oro gewonnen: für den Autobus »Meteor«. Der Entwurf von eleganten, farblich originellen Bussen und anderen Fahrzeugen mit viel Raffinement ist eine von Hosoes Spezialitäten. Er entwirft außerdem

Isao Hosoe, * Tokio, 8. März 1942

Büromöbelsysteme, Ladeneinrichtungen, Fernsehgeräte. Auch ein mobiles Haus mit Faltwänden, ein Containersystem für Computerzubehör und eine Stehhilfe für Industriearbeiter hat er gezeichnet. Was er auch macht, es muß vor allem funktionieren, dann erst denkt er an »die Hülle«. 1981 hat Hosoe mit Antonio Barrese und Pietro Salmoiraghi, mit denen er schon seit zehn Jahren zusammenarbeitete, die Gruppe D-R-C (für: Design Research Center) gegründet, deren Aktionsradius sich vom Entwurf von Firmenzeichen und Stühlen bis zur Planung von Unternehmen und von Wohngebieten erstreckt. Zu den vielen Firmen, die Hosoe berät, gehört auch die deutsche Firma Melitta. Eine lange Reihe internationaler Auszeichnungen bestätigt Hosoes Erfolg. Die »Hebi« hat 1973 auf der Biennale in Lubljana (Jugoslawien) die Goldmedaille für Industriedesign gewonnen. ●

Und hier kommen Klassiker von morgen

Die Lampen hier und auf der nächsten Seite sind zwar auch schon eine Zeitlang auf dem Markt, aber noch nicht lange genug, um den strengen Maßstäben der Klassiker-Serie zu genügen: Sie sind alle nach 1971 entstanden. Trotzdem sollen sie nicht ohne Chance bleiben. Sie haben bei der Auswahl so gut abgeschnitten, daß die SCHÖNER WOHNEN-Jury die Vorhersage wagt: Auch die werden in ein paar Jahren richtige Klassiker sein. Fürs erste sind sie nur an ihrer Jugend gescheitert.

1

1
Jahr: 1974
Designer: Isao Hosoe
Modell: Tama
Material: Polyaethylen. Deckel Kunststoff ABS
Maße: ∅ 36. H 42
Preis: auf Anfrage
Hersteller: Valenti, Mailand

2
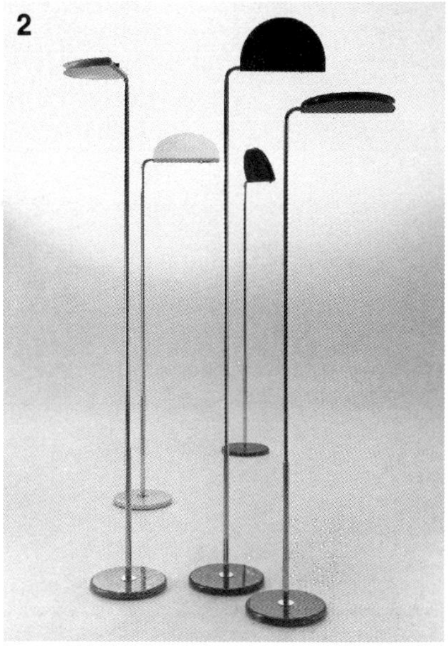

2
Jahr: 1974
Designer: Bruno Gecchelin
Modell: Mezzaluna/T
Material: Basis Marmor. Schaft verchromtes Metallrohr, teleskopisch verstellbar, drehbar. Reflektor gepreßtes Blech, einbrennlackiert, mit Schutzglas
Maße: 57x31. H 180/213
Preis: auf Anfrage
Hersteller: Skipper, Mailand/München

3
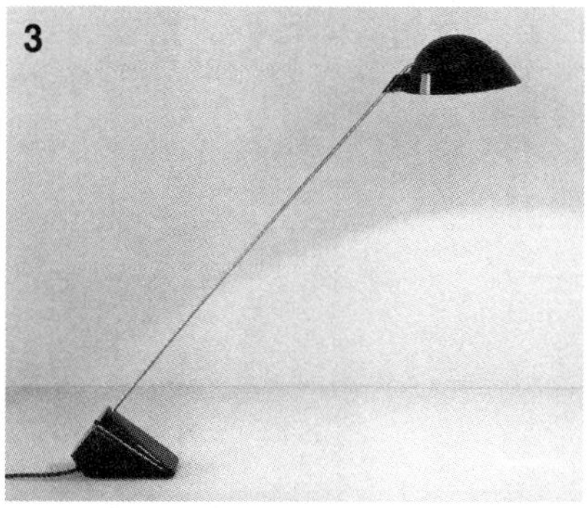

3
Jahr: 1974
Designer: Achille Castiglioni
Modell: Ipotenusa
Material: Sockel Aluminiumdruckguß, lackiert. Stab (fungiert als koaxiale elektrische Leitung) Metall. Reflektor Metall, lackiert. Schutzschirm Metacrylat
Maße: Ausladung 60. H 55
Preis: auf Anfrage
Hersteller: Flos, Brescia/Italien und Euskirchen

4

4
Jahr: 1977
Designer: Vico Magistretti
Modell: Atollo 233
Material: Metall, lackiert
Maße: ∅ 50. H 70
Preis: auf Anfrage
Hersteller: O-Luce, Mailand

5
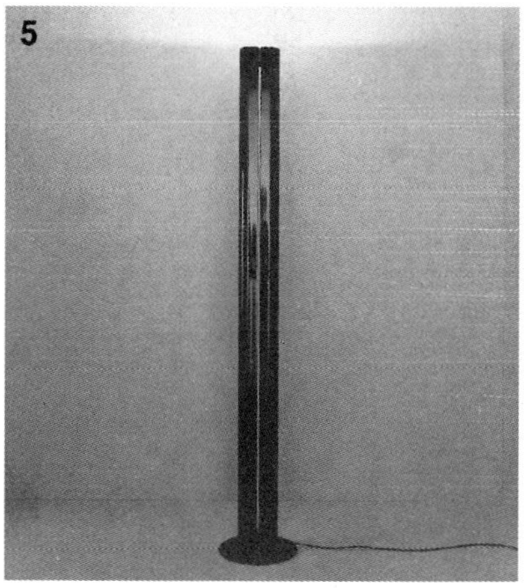

5
Jahr: 1979
Designer: Gianfranco Frattini
Modell: Megaron
Material: Sockel Stahl, mit schwarzem Gummiüberzug. Körper Preßaluminium, glanzlackiert
Maße: B 30. H 181
Preis: auf Anfrage
Hersteller: Artemide/Rosenthal, Mailand/München

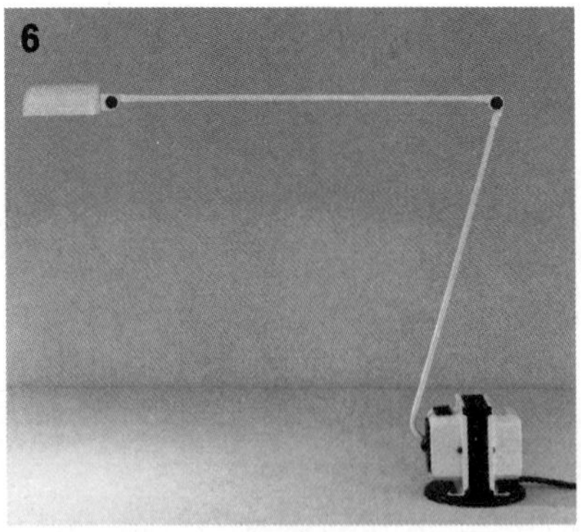

6
Jahr: 1977
Designer: T. Cimini, M. De André
Modell: Daphine
Material: Metall, thermolackiert
Maße: Sockel 10x10x10. Ausladung max. 87
Preis: auf Anfrage
Hersteller: Lumina, Sedriano/Mailand

7
Jahr: 1974
Designer: Bruno Gecchelin
Modell: Domea 629
Material: Metall, lackiert
Maße: Sockel ∅ 35. H 235
Preis: auf Anfrage
Hersteller: Alfoster, Mailand

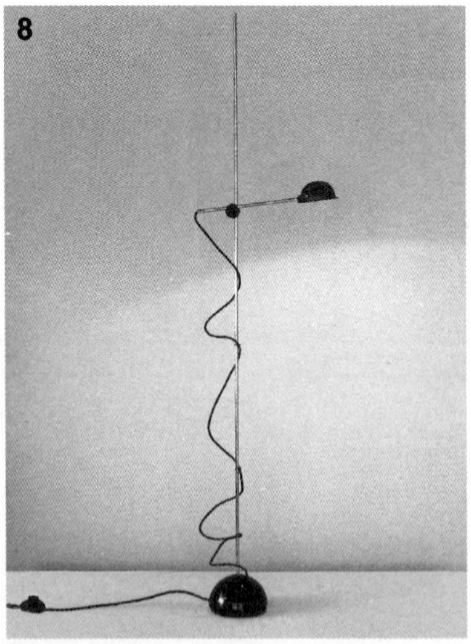

8
Jahr: 1976
Designer: Studio Dape
Modell: Iside
Material: Sockel Metall, schwarz verchromt. Schaft Metall, verchromt. Reflektor Metall, lackiert
Maße: Sockel ∅ 14,5. H 146 Ausladung 35. Reflektor ∅ 10
Preis: auf Anfrage
Hersteller: Dipa, Mailand

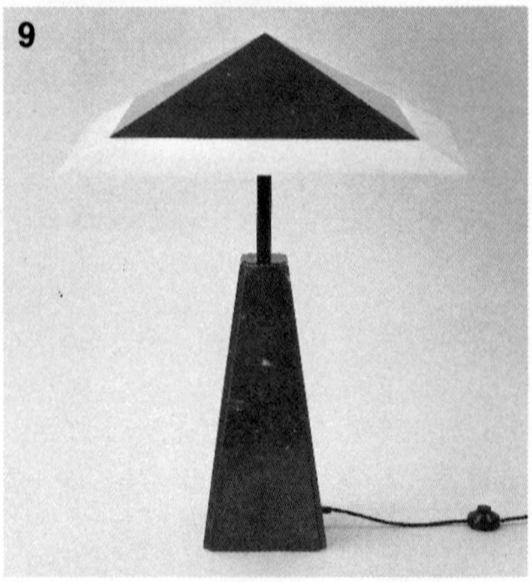

9
Jahr: 1976
Designer: Cini Boeri
Modell: Abat-Jour
Material: Sockel Marquina-Marmor. Diffusor Acrylglas, opal. Schirm Metall, glänzend lackiert
Maße: Sockel 22x22. Schirm 63x63. H 87
Preis: auf Anfrage
Hersteller: Tronconi, Mailand

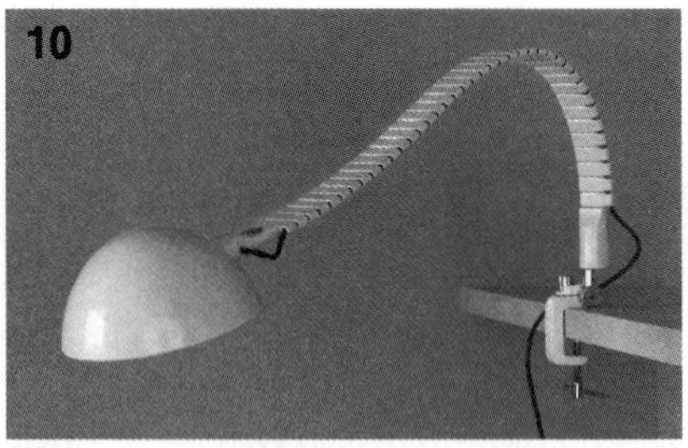

10
Jahr: 1976
Designer: Elio Martinelli
Modell: Flex Calotta 671
Material: Flexibler Arm Kunststoff Melamin. Reflektor Metall, lackiert, schwarz, weiß, rot, gelb
Maße: ∅ Reflektor 22 Ausladung max. 120
Preis: auf Anfrage
Hersteller: Martinelli Luce, Lucca/Italien

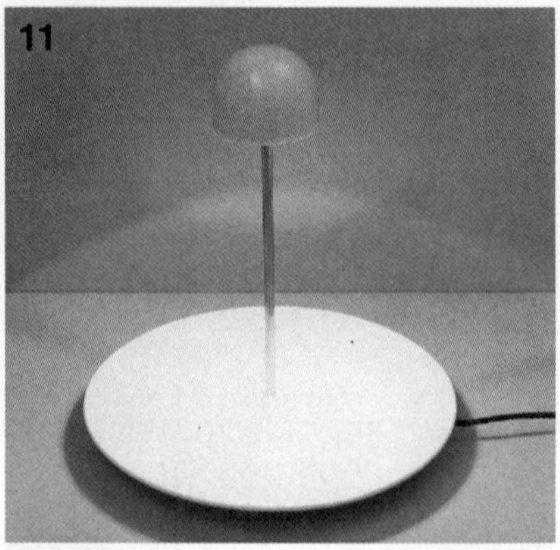

11
Jahr: 1979
Designer: Vico Magistretti
Modell: Nemea
Material: Sockel Metall, lackiert, Schaft Metall, verchromt, Kopf Porzellan, weiß
Maße: Sockel ∅ 37,5. H 37,5
Preis: auf Anfrage
Hersteller: Artemide/Rosenthal, Mailand/München

Lampenfotos: Gary Roger (Stehlampen 3). Werkfotos: (Stehlampen 9. Tischlampen 8, 9, 13, 14, 18).
Alle übrigen: Winfried Nörenberg. Porträtfotos: Mike Esluer (Stehlampen 10). Doris Quarella (Tischlampen 13). Studio Casali (Tischlampen 20).
Alle übrigen: privat. Seite 107+108: Werkfotos (2, 7). Alle übrigen: Winfried Nörenberg.

Moderne Klassiker
MÖBEL, DIE GESCHICHTE MACHEN
8. Teil: Sofas, Polsterelemente

Hält man sich an die Namen, dann muß man annehmen, daß die wahren Kenner und Liebhaber behaglichen Sitzens zu zweien und dreien im Vorderen Orient ansässig sind. Denn drei aus der Sippe der großen Polstermöbel tragen Namen aus dem türkisch-arabischen Sprachbereich: Sofa, Diwan, Ottomane. Wer diese Sitzgelegenheiten erfunden hat, ist nicht überliefert. Wir wissen aber, daß in unseren Breiten der Mensch zunächst nicht nur solo, sondern auch aufgereiht auf bloßem Holz saß. Ob Truhenbank in Deutschland oder cassapanca in Italien – es waren schon um 1500 Kombinationsmöbel: Man verstaute seine Habseligkeiten im Korpus und setzte sich auf den Deckel. Weicher setzt man sich seit dem 17. Jahrhundert. Die Polster waren erst mal flach und fest, das Möbel noch sehr bankähnlich. Als die Polster schwollen, wurden auch die Formen weicher: schwer und üppig im späten Barock, leicht und anmutig geschwungen im Rokoko, mit Säulenbeinen und gleich hohen Seiten- und Rückenlehnen im Klassizismus. Geradezu Inbegriff seiner Zeit war das Sofa im Biedermeier: Hauptmöbel im Wohnraum, beherrschte es eine ganze Wand, mit ausladend gebogenen Armlehnen, mit Füllhörnern oder Greifen und Schwänen auf den Seitenteilen der Vorderfront. Ausschweifende Reminiszenzen an frühere Epochen kennen wir aus der Gründerzeit: das Vis-à-vis, einen S-förmig geschwungenen Doppelsitz, oder das Konversationsmöbel, bei dem drei Sessel wie Windmühlenflügel aneinandergesetzt sind. Die extravagantesten Sofas brachte Art deco, erste Zeit der großen Modeschöpfer, Zeit des Jazz, der geistreichen Plakate und Inserate, der Bubikopf-Lady und der Diva: schnittige Schalen aus Samt, Seide und Lack auf Kugel- oder Treppenfüßen. Außenseiter aus Künstlerhand: das Lippensofa von Salvador Dali, verführerisch wie der sexy Mund der legendären Mae West.

1

2

1

Jahr: 1910
Designer: Josef Hoffmann
Modell: Kubus
Material: Struktur Holz. Polsterbezüge Leder
Maße: B 166. T 77. H 72. SH 44
Preis: auf Anfrage
Hersteller: Wittmann, Etsdorf am Kamp/Österreich

Mit seinem Quadratpolster und der strengen, geraden Form ist das Sofa ein echtes Kind des »Quadratl-Hoffmann« und des Wiener Konstruktivismus, für den der schmucklose Kubus das bevorzugte Gestaltungsmittel war. Vor dem Sofa hat Hoffmann den »Kubus«-Sessel gezeichnet, es gibt in dieser Reihe auch ein Dreisitzer-Sofa. Bei Wittmann, der Firma, die heute die Hoffmann-Möbel herstellt, vermutet man, daß der Architekt diese Modelle für eine Ausstellung entworfen hat, und daß sie damals für eben diesen Zweck nur in geringer Zahl hergestellt worden sind. Ausstellungen auszurichten, gehörte zu Hoffmanns Spezialitäten. 1910, im Entstehungsjahr des Kubus, war es eine Ausstellung in Buenos Aires. Heute noch benutzt: Hoffmanns Pavillon für die Biennale in Venedig, 1934 gebaut.
Als Generalkommissar der österreichischen Abteilung der Biennale hat Hoffmann bis zu seinem Tode gewirkt. Solchen offiziellen Ämtern und der Lehrtätigkeit an der Wiener Kunstgewerbeschule hat er sich seit 1932 gewidmet, seit die »Wiener Werkstätte« geschlossen worden war. Für die Werkstätte hatte Josef Hoffmann nicht nur Möbel, sondern auch Schmuck, Silber- und andere Metallgegenstände, Gläser und Keramiken, Elfenbeinschnitzereien, Stickereien und Spitzen, Lederwaren und Lampen gezeichnet.

Der Designer

Über Josef Hoffmann siehe »Armlehnstühle«, Nr. 3 und 4, »Sessel«, Nr. 1 und 2. ●

2

Jahr: 1924
Designer: Eileen Gray
Modell: Lota
Material: Seitenteile Holz, lackiert (orange, beige, grau, weiß), Kissenbezüge Baumwolle oder Leder, Füllung Gänsefedern
Maße: B 240. T 88. H 68
Preis: auf Anfrage
Hersteller: Images, Venedig

In dem Haus in der Rue de Lota in Paris, das dem Sofa den Namen gab, hat Eileen Gray für Madame Mathieu Lévy eine Wohnung eingerichtet, die einen Wendepunkt in ihrer Arbeit markierte. Bis dahin waren ihre Modelle unter Art deco einzuordnen, luxuriös und exzentrisch bis bizarr zu nennen. Von der Wohnung Lévy an waren ihre Entwürfe streng, funktionell, sozusagen architektonisch, den Linien von de Stijl in Holland und Bauhaus in Deutschland verwandt. Zwar standen auch bei Madame Lévy noch zwei Extravaganzen à la Art deco, ein Armlehnstuhl mit kühnen Kurven und eine wannenförmige Chaiselongue, aber auch ein langes, streng lineares Bücherregal mit drei Etagen und eben dieses Sofa. Typisch Gray daran sind die Seitenblöcke: hochglanzlackiert (Lackarbeit, nobel und kunstreich wie in Ostasien, ist die Spezialität der Gray) und mit Scharnieren und Magneten befestigt, so daß man sie zu bequemem Rangieren und Transportieren abnehmen kann. Alle späteren Möbel von Eileen Gray sind alles andere als das, was man »typisch weiblich« zu nennen gewöhnt ist. Sie sind zugleich von knapper, schnittiger Eleganz und höchst funktionell: Kommoden und Container mit schwenkbaren Schubladen, Schränke mit Schiebetüren, ein verstellbares Bett-Tischchen, ein Ausziehtisch mit Stahlrohrgestell. Außer Stahlrohr gehören Glas, Aluminium, Zelluloid und Lochblech zu den Materialien, die sie gern und mit Raffinement verwendet.

Die Designerin

Eileen Gray war eine außergewöhnliche Frau. In einer Zeit, da Frauenleben vom Kinder-Küche-Kirche-Gesetz bestimmt war, ist sie von zu Hause weg und in die Berufswelt gegangen und hat sich nach Erfolgen als Innenarchitektin und Möbeldesignerin – ohne Studium, nur mit selbst erarbeitetem Wissen – in das von Männern total beherrschte Terrain der Architektur gewagt. Eileen Gray ist schottisch-irischer Herkunft. Als ihr Vater 1900 starb, war sie bereits seit zwei Jahren in London und lernte an der Slade School Zeichnen. Bei einem Schaufensterbummel entdeckte sie den Laden von D. Charles, einem Lackmaler. Sie ging hinein, ließ sich die schwierige Arbeit erklären und sagte schließlich, sie nähme an, daß man ihr nicht erlauben würde, mitzuarbeiten. Aber doch, hieß es, sie könne vom nächsten Montag an kommen. Das tat sie und lernte alles, was sie für den ersten Teil ihrer beruflichen Laufbahn können mußte. 1902 ging sie nach Paris, wo sie sich weiter im Zeichnen und in der Kunst orientalischer Lackarbeit übte. 1907 mietete sie eine Wohnung in der Rue Bonaparte 21, die sie bis zum Lebensende behielt. In Paris traf sie den Japaner Sugawara, der sie in die letzten Feinheiten ostasiatischer Lackkunst einweihte. Aber erst sechs Jahre später wagte sie es, in einer Ausstellung der Innenarchitekten eigene Arbeiten zu zeigen. Und die fielen dem Couturier Jacques Doucet auf, einem großen Kunstkenner und Sammler. Er war gerade im Begriff, sich von der Kunst des 18. Jahrhunderts auf die Moderne umzustellen, und unter den Designern, die das dazu passende Haus einrichteten, war auch Eileen Gray. Sie machte für Doucet zwei Tische und einen Wandschirm, das einzige ihrer Werke, das datiert und signiert ist. Im Krieg ging sie nach einem Zwischenspiel als Ambulanzfahrerin nach London, kehrte nach dem Waffenstillstand zurück nach Paris und eröffnete ihre Werkstatt neu. Ihre erste große Arbeit war die Wohnung, die sie in der Rue de Lota für Madame Lévy (unter dem Namen Suzanne Talbot eine berühmte Modistin) entwarf. 1922 eröffnete sie in der feinen Rue du Faubourg St. Honoré die Galerie »Jean Désert«, in der sie ihre Möbel, Paravents und Lampen ausstellte und verkaufte.

Mit einem »bedroom-boudoir for Monte Carlo« erzielte sie auf der Ausstellung der Innenarchitekten 1923 bei der Pariser Presse die ärgsten Verrisse, bei den Niederländern von »de Stijl« (siehe »Sessel«, Nr. 4) höchste Anerkennung. Ein großer Bildbericht in einer niederländischen Zeitschrift, eine neue Ausstellung und die Zustimmung auch von Gropius, Mallet-Stevens und Le Corbusier ermutigten die Gray, den Schritt zur Architektur zu wagen. Nach vier Jahren intensiven Lernens baute sie, beraten von dem Architekturtheoretiker Jean Badovici, in Roquebrune an der Mittelmeerküste ein Haus für sich: großzügig und praktisch, mit vielen wohldurchdachten, geistreichen Details. Auch die von ihr entworfene Pariser Wohnung für Badovici und ihr

Eileen Gray
* Brownswood/ Irland,
9. August 1879
† Paris,
28. November 1976

zweites Haus in Castellar an der Riviera zeugen vom Verstand und Erfindungsreichtum der Gray. Was sie danach entworfen hat – Haus für einen Ingenieur, Haus für zwei Bildhauer, ein Kultur- und Sozialzentrum, ein Ferienzentrum, ein Röhrenhaus als Ferien- oder Notdomizil – ist nicht realisiert worden. Obwohl seit den fünfziger Jahren ihre Seh- und Hörkraft immer mehr abnahmen, hat sie bis zu ihrem Tod gearbeitet, immer neue Projekte erdacht, sich an neuen Materialien versucht. Als Achtzigjährige baute sie eine Scheune bei St-Tropez als Sommerhaus für sich um. Kurz vor ihrem Tod erlebte Eileen Gray noch eine Ausstellung ihrer wichtigsten Arbeiten im Pariser Musée des Arts Décoratifs. ●

3

3

Jahr: 1945

Designer: Børge Mogensen

Modell: 1789

Material: Gestell Buche. Polsterbezug Pferdedeckenstoff

Maße: B 160. T 73. H 81. SH 40

Preis: auf Anfrage

Hersteller: Fritz Hansen, Kopenhagen

Vom Eßtisch Nr. 6 im dritten Kapitel dieser Serie wurde erzählt, daß Mogensen ihn als Gefährten eines Sofas gezeichnet habe, weil sein Tischlermeister Fritz Hansen das Sofa allein nicht gelten lassen wollte. Hier ist nun das Sofa: echt dänisch, echt Mogensen. Die Seitenlehnen des soliden Holzgestells lassen sich auf die einfachste und witzigste Art verstellen (damit man das Sofa als Gastlager benutzen kann): mit sechsmal geknoteten Lederriemen. Ebenso ländlich deftig gibt sich der Bezug der Polster: Er ist aus dem Stoff, aus dem man Pferdedecken macht, dick und fest, mit kurzhaariger Oberfläche. Sofa und Tisch stehen in der weiträumigen luftigen Wohnhalle in Mogensens Sommerhaus am Limfjord in Nordjütland. Von dem Bauernanwesen auf dem großen Grundstück mit Obstgarten hat Mogensen nur ein Haus stehen lassen, das als Gästehaus dient. Darumherum hat er mit dem Architekten Arne Karlsen das L-förmige flache Sommerhaus gebaut, aus gescheuerten, hellen Backsteinen, blaue Ziegel auf dem schrägen Dach. Drinnen: zu Fliesenböden und blanken Backsteinwänden holzverschalte Decken.

4

4

Jahr: 1962

Designer: Børge Mogensen

Modell: 2213

Material: Gestell Eiche, Teak oder Nußbaum. Bezug Leder, 19 Farben

Maße: B 222. T 82. H 80. SH 43

Preis: auf Anfrage

Hersteller: Fredericia Stolefabrik, Fredericia/Dänemark

Dieses Sofa wollte Mogensen für sein eigenes Haus. Ihrer drei sollten im offenen Quadrat stehen, zusammen mit den dazu passenden Tischen. Die Sofalehnen sollten gleich hoch sein wie die Tische, damit in dem Ensemble kein Loch entsteht, und die Breite mußte 222 Zentimeter betragen. Genauso wurde das Sofa gemacht (Sessel und Zweisitzer kamen später dazu). Die ersten Modelle waren höchst aufwendig: mit europäischen Kuhhäuten, die Kissen mit Entendaunen gefüllt. Das bedeutete: Leder von sechs jungen Tieren, Daunen von 800 Enten für ein Sofa. Heute werden fast ausschließlich importierte Häute genommen, die besser sind, und die Füllung besteht zur Hälfte aus Polydaunen. Auch Mogensens Hersteller, Herr Graversen, dem die Fredericia Stolefabrik gehört, lebt mit dem Sofa in einem Haus, das Mogensen für ihn entworfen hat, schon seit zwanzig Jahren.

Der Designer

Über Børge Mogensen siehe im Kapitel »Armlehnstühle«, Nr. 21 und 22. ●

5

5

Jahr: 1953

Designer: Osvaldo Borsani

Modell: D 70

Material: Gestell Metall, matt verchromt oder schwarz lackiert. Polster Polyurethan, Bezüge Leder oder Stoff

Maße: B 195. T 85–115. H 90. SH 40

Preis: auf Anfrage

Hersteller: Tecno, Mailand

Ein Haus am Lago Maggiore sollte Osvaldo Borsani damals einrichten, und da gab's ein Problem, das öfter vorkommt: Im Wohnraum steht ein Kamin, und ihm gegenüber ist die Fensterfront mit der prächtigen Aussicht. Will man mal das eine, mal das andere genießen, müßte man sein Sofa jeweils umdrehen. Es sei denn, man hätte eins mit schwenkbarer Lehne. Borsani fand eine noch bessere Lösung: Er entwickelte einen Mechanismus, mit dessen Hilfe man die Lehne zum Sitz und den Sitz zur Lehne machen kann – Knopfdruck genügt. Die Knöpfe in der Seitenplatte rasten dann nach Wunsch aus und ein. Auf diese Weise kann man das Sofa bis hin zur Liege flach auseinanderklappen und für den Transport (siehe zweites Foto) schmal zusammenfalten. Auch seine Beine sind klappbar, und der Bezug läßt sich per Druck auf sechs Knöpfe abnehmen. Der Designer Borsani ist sein eigener Hersteller – Tecno ist seine Firma. Sein Sofa bekam auf der X. Mailänder Triennale einen

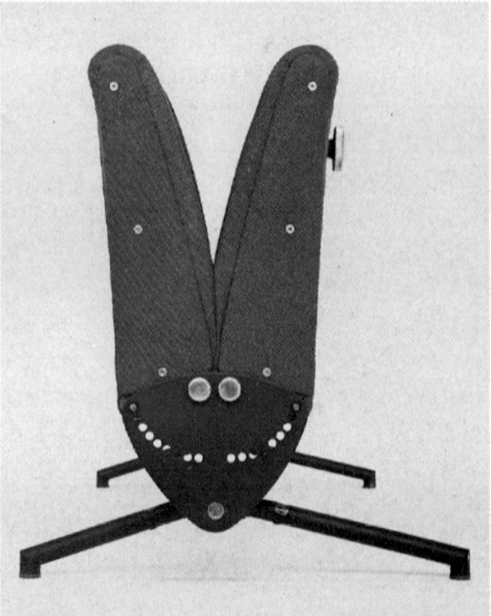

Ersten Preis und wurde sofort ein internationaler Erfolg. Weil es – so patent und so zurückhaltend in der Form – genau in die Zeit paßte. 15 000 Exemplare wurden im Lauf der Zeit verkauft. 1954 gesellte Borsani dem Sofa einen nicht minder patenten Sessel zu.

Der Designer

»Unsere Arbeit ist Industrie-Design plus Phantasie«, sagt Osvaldo Borsani, um die Philosophie der Firma Tecno auszudrücken, die er Anfang der fünfziger Jahre gegründet hat. Anfangs hat Borsani, der am Mailänder Politechnikum studiert und seinen Doktor gemacht hat, die ganze Kollektion selber entworfen. Später hat er andere Designer herangezogen und sich mehr der Koordination und der Ausführung der Entwürfe gewidmet. Als Architekt wirkte Borsani beratend und ausführend bei Bau und Einrichtung der eigenen Fabrik und der Zentrale in Mailand und auch anderer Geschäfte mit. Zu den Grundsätzen der Firma Tecno, auf deren Präsentation auf der Eurodomus und auf den Triennalen Borsani immer selber ein Auge hatte, gehört es, ästhetische und funktionelle Voraussetzungen genau zu untersuchen, mit höchster Akkuratesse zu arbeiten, Form und Funktion in Einklang zu bringen, die feinsten Materialien zu verwenden und bei der Einrichtung dem Menschen und seinem Lebensraum Respekt zu erweisen. Für die Einhaltung dieser Grundsätze stehen Borsani und sein Bruder Dr. Fulgenzio Borsani. Um zeitgenössische italienische Möbel im Ausland bekannter zu machen, hat Borsani zusammen mit sieben anderen italienischen Möbelherstellern 1966 die Zeitschrift »Ottagono« ins Leben gerufen. ●

Osvaldo Borsani
*Mailand,
17. August 1911
†Mailand,
18. April 1985

6

6
Jahr: 1954
Designer: Florence Knoll
Modell: 1206
Material: Gestell Vierkantstahlrohr, hochglanzverchromt. Bezug Stoff oder Leder, alle Farben
Maße: B 158. T 81. H 76. SH 47
Preis: auf Anfrage
Hersteller: Knoll International, Murr

Aus dem Geschäftsleben hat Florence Knoll sich ganz zurückgezogen, aber sie entwirft und zeichnet noch immer – für Freunde und Bekannte. Als sie das Sofa entwarf, war das noch anders. Sie hatte es für Büros vorgesehen. Es sollte der Atmosphäre in diesen Arbeitsräumen entsprechen, sich aber von den traditionellen Büromöbeln deutlich abheben. Was damals neu war (außer dem klaren, kühlen Look): Die Polster sind nicht mit Knöpfen, sondern mit Stichen abgehoften. Der Entwurfsprozeß ist bei Florence Knoll von Fall zu Fall verschieden. Manchmal hat sie von Anfang an eine feste Vorstellung, die sie nur zu Papier zu bringen braucht. Anderes entsteht aus einer zunächst ganz vagen Idee durch Immer-wieder-neu-Zeichnen.

Die Designerin

Über Florence Knoll siehe »Einzelmöbel«, Nr. 10 ●

7

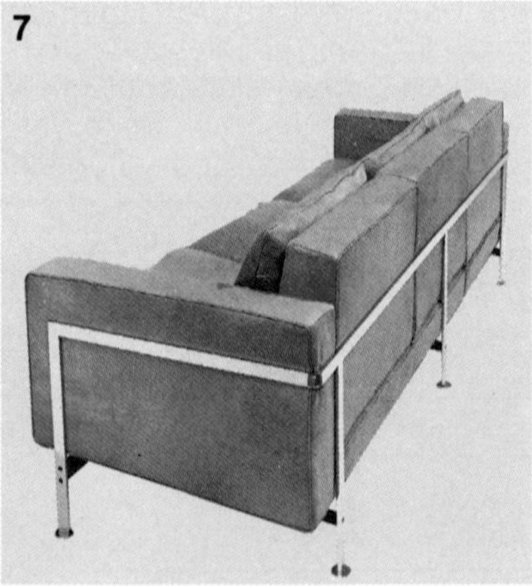

7
Jahr: 1955
Designer: Robert Haussmann
Modell: RH 302-3
Material: Gestell Flachstahl, verchromt. Lose Kissen, Bezug Leder oder Stoff. Sitz- und Rükkenkissen mit Daunenspitzen
Maße: B 218. T 80. H 64. SH 41
Preis: auf Anfrage
Hersteller: Swiss Design, Zürich

Robert Haussmann hat seinen ersten Entwurf schon 1950 als Student an der Züricher Kunstgewerbeschule gezeichnet. Es war eine Studienaufgabe: ein Besucherstuhl für das Rietbergmuseum in Zürich. Haussmanns Stuhl, wegen seiner Bestimmung in leicht ägyptisierender Form, wurde damals für das Museum nicht genommen, sondern erst später für die Kollektion des avantgardistischen Einrichtungshauses von Teo Jakob in Bern produziert, etwa zehn Jahre lang. Es folgten ein armlehnenloser Sessel auf schwarzlackiertem Holzgestell und ein Ledersessel mit Flachstahlgestell (als »Hommage à Mies van der Rohe« mit Motiven nach Art des Barcelona-Sessels, siehe »Sessel«, Nr. 8). Diesen ebenfalls armlehnenlosen Sessel, von dem es nur den Prototyp gab, ergänzte Haussmann 1954 mit einem großen Klubsessel, den er eigentlich nur als Experiment dachte: lose Lederkissen in einem Rahmen aus Flachstahl. Just dieses Modell aber, zu dem ein Jahr später noch das Sofa kam (siehe Foto, zwei-, drei- oder vierplätzig, wie man in der Schweiz sagt), wurde zum Bestseller des Einrichtungshauses Haussmann & Haussmann, das die Brüder Robert und Peter in Zürich führten. Für dieses Geschäft, das vordem ihr Vater geführt hatte, entwarf Haussmann eine eigene Kollektion, die er mit Entwürfen von Freunden ergänzte.

Der Designer

Robert Haussmann ist geboren und aufgewachsen in Zürich. In Zürich hat er auch die Schule besucht und von 1948 an die Kunstgewerbeschule. Dort gehörte zu seinen Lehrern Johannes Itten, der von 1919 bis 1923 am Bauhaus gelehrt hatte. Nach dem Militärdienst war Haussmann in Amsterdam an der Kunstnijverheidschool (heute Rietveld Academie) Schüler von Rietveld und dem Bauhäusler Johan Niegemann. 1951 machte er in Zürich sein Diplom als Innenarchitekt, hörte gleichzeitig Vorlesungen bei dem Architekturtheoretiker Siegfried Giedion. Und begegnete dem Dada-Künstler Hans Arp, der großen Einfluß auf ihn gewann. Nach kurzer Tätigkeit als Assistent am Züricher Kunstgewerbemuseum wurde Haussmann bei einem Eternitwerk angestellt, wo er Ausstellungsbauten konzipierte und außer technischen Handbüchern auch die Internationale Asbestzement-Revue konzipierte und redigierte. Seit 1953 leitete er zusammen mit

Robert Haussmann
* Zürich,
23. Oktober 1931

seinem Bruder Peter das vom Vater übernommene Einrichtungsgeschäft. 1967 heiratete er die Architektin und Planerin Trix Högl, mit der er seitdem ein gemeinsames Büro unterhält. Von da an hat Haussmann sich zusammen mit seiner Frau ausschließlich mit Bauen, Entwerfen und Industriedesign beschäftigt. Seit 1972 erfüllt Haussmann einen Lehrauftrag an der Klasse für Innenarchitektur und Produktgestaltung an der Züricher Kunstgewerbeschule. Von 1978 bis 1980 war er Gastdozent für Architekturentwurf an der ETH Zürich (Eidgenössische Technische Hochschule). Seit 1972 beschäftigen Haussmanns sich mit manieristischer Gestaltung. Früchte dieser Arbeit sind ausgefallene witzige Möbel mit hohem Anspruch. Zum Beispiel »Möbel als Architekturzitat«: ein Schreibtisch, der aussieht wie ein Brückenbogen, ein Tisch wie ein Tempel, eine Kredenz wie eine Säule, eine Kommode, wie aus Sandsteinblöcken gemauert. Mit diesem Programm passen Haussmanns genau zu dem Mailänder Studio Alchymia, dessen Mitglieder sie seit 1978 sind. Ihr eigenes Studio nennen sie »Allgemeine Entwurfsanstalt«. ●

8

8

Jahr: 1958

Designer: Edelhard Harlis

Modell: California

Material: Gestell Buche. Lose Sitz-, Rücken- und Armlehnkissen. Bezüge Leder

Maße: B 257. T 94. H 77. SH 44

Preis: auf Anfrage

Hersteller: Kaufeld, Bielefeld

Auf der Weltausstellung in Brüssel hatte es sein Debüt und wurde prompt prämiiert. Ein Trost für den Designer, der sich an die Zeit der Entstehung des »California« nicht gern erinnert. Ihm ging es damals gesundheitlich nicht gut. Er hatte Operationen zu überstehen, mußte viel liegen. Im Bett hat Harlis sein Sofa auf Millimeterpapier gezeichnet, und nach der »Zehntel-Zeichnung« hat Kaufeld einen Prototyp gebaut, bis auf eine kleine Änderung genau nach dem Entwurf. Harlis glaubt zu wissen, wie er auf die Idee zu dem Sofa kam. In seiner Jungenzeit wurde er in ziemlich regelmäßigen Abständen von seiner Mutter nicht übers Knie, sondern über die Sofalehne gelegt, und es setzte was mit dem Rohrstock. Das Sofa, das in der Wohnküche neben einem sehr gemütlichen Kachelofen stand, war, wie Harlis heute findet, ein Alptraum, eine häßliche Mischung aus Sofa und Chaiselongue. Vielleicht, meint er, wollte er mit dem Entwurf von »California« den Alptraum aus der Erinnerung verdrängen. Da er – im Bett zeichnend – nicht viel Spielraum hatte, mußte er sich auf simple, klare Formen beschränken – das Ergebnis ist ein zeitloses Möbel.

Der Designer

»Mitunter gar nicht lustig«, sondern eher hart nennt Edelhard Harlis die ständige Beschäftigung mit Formen. Der erste Anstoß, diese Beschäftigung mit Formen zum Beruf zu machen, kam, wie

Edelhard Harlis
* Osnabrück,
12. Juli 1928

Harlis meint, schon während seiner Schulzeit Anfang der vierziger Jahre. Er hatte damals viel mit Segelflugzeugen zu tun, ist nicht nur geflogen, sondern hat auch die Flieger repariert, sich also schon, wenn auch auf anderem Gebiet, mit Form und Konstruktion auseinandergesetzt. Nach einer Schreinerlehre, die Harlis gleich nach dem Krieg begann, ging er auf die Werkkunstschule Hildesheim. Von 1953 an arbeitet Harlis als freier Innenarchitekt und Designer für Firmen wie Kaufeld, Thonet, WK. Er hat Inneneinrichtungen in Düsseldorf, Hamburg und auf Sylt entworfen, war 1972 bis 1979 in Spanien und lebt seit seiner Rückkehr von dort wieder als Designer in Düsseldorf. ●

9

9

Jahr: 1958
Designer: Poul Kjærholm
Modell: 31–3
Material: Gestell Flachstahl, matt verchromt. Sitze, Lehnen Bezug Ochsenleder. Füllung Polyester-Granulat
Maße: B (pro Element) 76. T 76. H 76. SH 38
Preis: auf Anfrage
Hersteller: E. Kold Christensen, Hellerup/Dänemark

Sofas, die aussehen, als habe man einfach zwei oder drei Sessel nebeneinandergestellt, finden sich bei vielen dänischen Designern. Es ist eine Form, die sie, wie vieles andere, aus früheren Stilepochen übernommen haben. Poul Kjærholm hat seine Element-Reihe, die es auch als Zwei-, Vier- und Fünfsitzer gibt, konsequent aus einem breiten Sessel entwickelt. Die Maße zeigen seinen ausgeprägten Sinn für Ausgewogenheit. Die sehr breiten bequemen Sitze hat er, wie man's von ihm kennt, auf ein so zierlich wie möglich bemessenes Stahlgestell gesetzt. Diese Gestell-Form hat er vierzehn Jahre später noch einmal verwendet: bei einem Sessel aus gebogenem laminiertem Sykomoreholz, der heute nicht mehr produziert wird. Um direkte Verbindung zwischen Sitzelement und Füßen zu vermeiden, hat er Vibrationsscheiben dazwischengeschoben. So scheint die Sitzschale über dem Gestell zu schweben – eine elegante Lösung. Kjærholms Möbel stehen nicht nur in Privathäusern, sondern oft in öffentlichen Räumen, in Rathäusern und Banken etwa.

Der Designer

Über Poul Kjærholm siehe »Stühle«, Nr. 23, »Armlehnstühle«, Nr. 18, »Sessel«, Nr. 22 und 23. ●

10

10

Jahr: 1961
Designer: Tobia Scarpa
Modell: Bastiano 53–146
Material: Gestell Palisander, Nußbaum, Eiche oder farbig gebeizt und mattiert. Lose Sitz-, Seiten- und Rückenkissen, Bezug Stoff oder Leder
Maße: B 152. T 78. H 70. SH 39
Preis: auf Anfrage
Hersteller: Knoll Int. Murr

Die Bastiano-Gruppe gehört zu Scarpas frühesten Möbelentwürfen. Scarpas haben öfter Gäste, für die sie auch mal ein Nachtlager brauchen. Deshalb sollte das Sofa leicht und zerlegbar sein und auch als Bett taugen. Als Charakteristikum des Sofas, das den Namen eines seiner Kinder und eines Freundes trägt, nennt Scarpa die rundum sichtbare Holzstruktur. Dino Gavina, der das Sofa herstellte, nennt es wichtig für die Entwicklung der Möbel, weil es der erste klassische Diwan war, der in Serie und ganz und gar mit Maschinen hergestellt wurde.

Der Designer

Über Tobia Scarpa siehe »Eßtische«, Nr. 14, »Einzelmöbel«, Nr. 15, »Tischlampen«, Nr. 16 ●

11

11

Jahr: 1962
Designer: Friedrich-Wilhelm Möller
Modell: Conseta
Material: Holzkonstruktion gepolstert. Lose Sitz-, Rücken- und Armlehnkissen. Bezüge Leder, Alcantara, Stoff. Stahlkufen
Maße: B 148. T 80. H 74. SH 39
Preis: auf Anfrage
Hersteller: COR-Sitzkomfort, Rheda-Wiedenbrück

Als es auf der Kölner Möbelmesse 1962 vorgestellt wurde, konnte sich keiner dafür begeistern. Zerlegbare Polstermöbel waren einfach nicht gefragt. Auf Zerlegbarkeit aber, die es auch möglich macht, daß das Möbel sich verändern läßt und mitwächst, hatte Möller gesetzt. Als Verbindungselement hatte er ein Fuß- oder Kufenteil entworfen, dessen Beschläge eigens für diese Elemente entwickelt wurden. Es sind Verbindungslaschen und -keile, mit deren Hilfe die Elemente aneinandergereiht und auf die Kufen oder wahlweise auf Vierkantstahlfüße gesetzt werden. Als Elemente zum Reihen gibt es Hocker, Sessel mit oder ohne Armlehnen, Eck-Teile mit Armlehnen. Dazu Polsterblenden und lose Kissen zum Einlegen. So lassen sich Couches und Übereck-Kombinationen formieren. Trotz Premierenmißerfolg hat Möller mit seinem Konzept Recht behalten. Heute kann das Programm mit kleinen Veränderungen sich »Evergreen« nennen. Seit 1962 wurden ungefähr 240 000 Einzelteile produziert.

Der Designer

»Ich zähle mich«, sagt Friedrich-Wilhelm Möller, »zu den altmodischen Leuten, die auch heute noch meinen, Langzeitmöbel oder -häuser machen zu müssen. Modisches liegt mir nicht.« Diese Einstellung ist mit seiner Herkunft und Biographie zu erklären. Möllers Vorfahren waren Zimmermeister, die im westfälisch-lippischen Raum Fachwerkhäuser, Betten, Schränke, Truhen, Tische und Stühle und auch Särge gebaut haben. So hat auch der Nachfahr eine Schreinerlehre gemacht und dann sechs Jahre als Geselle in Schreinereien, Möbelfabriken und auf dem Bau gearbeitet. Auf der Tischlerfachschule Detmold hat er sich zum Werkmeister ausbilden lassen, war danach Möbelverkäufer und hat sich während dieser Zeit als Autodidakt zum Innenarchitekten und Architekten weitergebildet. Seit 1957 ist Möller freier Mitarbeiter in Vertrieb und Produktentwicklung bei den Firmen COR und Interlübke. Seit 1958 gibt es Serienmodelle und Programme von ihm. Weil auch verschiedene Bauaufträge kamen, eröffnete Möller 1962 ein eigenes Büro für Hochbau und gründete ein Jahr später das Architekturbüro p + b (Planen und Bauen) in Lemgo, zusammen mit zwei ehemaligen Mitarbeitern des Büros Egon Eiermann in Karlsruhe. Das

Friedrich-Wilhelm Möller
* Lemgo,
14. April 1931

Büro war auf vielen Wettbewerben erfolgreich und hat ein variables Fachwerkhaus entwickelt, das in ein Fertighaus-Programm aufgenommen wurde. Zu den Vorlieben des Teams gehören Holz- und Stahlbau und das Sanieren historischer Häuser. Möller selber wohnt und führt sein Büro im Wasserbachhof (1704 von einem Grafen erbaut), einem Fachwerkbau mit wechselvoller Geschichte, den er total renoviert hat. Nach Möglichkeit entwirft er jedes Jahr ein Haus und ein Möbel. Am liebsten additive Elemente mit hoher Variabilität wie das Modell »Conseta«. »Der Mensch ist das Maß aller Möbel«, sagt Möller, »am Detail sollte man den allgemeinen Stand unserer technischen Entwicklung ablesen können. Das Detail ist für mich aber auch der deutlichste Ausdruck des Machenden. Man kann daraus sein Verhältnis zur Qualität, zur Ästhetik und zum Material ablesen.« ●

12

12
Jahr: 1963
Designer: Kaj Gottlob
Modell: Sofa mit losem Kissen
Material: Gestell Mahagoni oder Palisander.
Bezug Roßhaar oder Stoff
Maße: B 200. T 70. H 73. SH 40
Preise: auf Anfrage
Hersteller: A. J. Iversen, Kopenhagen

Dieses Sofa ist so klassisch, daß manches Einrichtungshaus es in der Abteilung »Antiquitäten« präsentiert. Und es macht dort in seiner biedermeierlichen Schlichtheit und mit dem traditionellen Roßhaarbezug gute Figur. Sein Schöpfer Kaj Gottlob war Architekt, Möbel waren nur Nebenprodukte seiner Tätigkeit. Das Sofa hat Tischlermeister A. J. Iversen gemacht, der für besonders feine und ausgefeilte Handwerksarbeit bekannt ist. Für ihn hat Gottlob auch einen Sekretär entworfen: ein glatter Kasten auf vierbeinigem Gestell. Ungewöhnlich seine dekorative Vorderfront aus Intarsien: ein Spiel mit Formen, die sich aus hellen und dunklen Holztönen und aus abwechselnd lebhaften und sparsamen Maserungen ergeben. Der Einschnitt der geschwungenen ausklappbaren Schreibplatte ist in das Formenspiel einbezogen. Außer Sofa und Sekretär kennt man von Gottlob einen Stuhl mit schlankem Bugholzrücken.

Der Designer

Kaj Gottlob lebte in Kopenhagen von 1887 bis 1976. Frederic Sieck, dänischer Publizist, der über Gottlob einen Artikel für eine Fachzeitschrift geschrieben hat, sagt, nach einem Foto des Professors gefragt, milde tadelnd, daß Kaj Gottlob tot sei. Es gibt leider kein Foto von ihm. Gottlob hat an der Bauschule der Technischen Gesellschaft in Kopenhagen Architektur studiert und 1914 an der Kopenhagener Kunstakademie Examen gemacht. Ein Jahr später gewann er die Große Goldmedaille der Akademie. Nach ein paar Jahren als Assistent an der Akademie wurde er Professor und später Königlicher Bauinspekteur. Zwischendurch hat er bei dem Architekten Hack Kampmann gearbeitet und während dieser Zeit den Bau des Gerichts von Frederiksberg vollendet. Danach hat er sich selbständig gemacht. Wie viele seiner Kollegen stand er anfangs unter dem Einfluß des Neoklassizismus. In einem seiner bedeutendsten Bauten, dem dänischen Studentenhaus für die Pariser Universität, 1929 gebaut, zeigt sich Gottlobs Wendung zum Funktionalismus. Als Königlicher Bauinspekteur war Gottlob vor allem für Schul- und Universitätsbauten zuständig. Seine noch markanteren Beiträge zum Stadtbild von Kopenhagen sind die beiden Brücken Knippelsbro und Langebro: Beide zeigen Gottlobs hochentwickeltes Vermögen, technische Bauwerke in bewahrenswerte alte Quartiere harmonisch einzufügen. ●

13

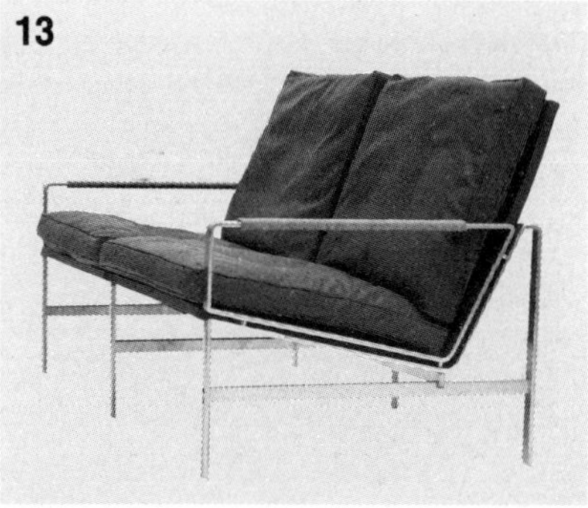

13
Jahr: 1964
Designer: Preben Fabricius, Jörgen Kastholm
Modell: 6722 A
Material: Gestell Stahl, verchromt. Metallwanne, lederbezogen. Sitz-, Rückenkissen Latex mit Daunenauflage. Bezüge Leder
Maße: B 145. T 81. H 80. SH 40
Preis: auf Anfrage
Hersteller: Kill, Fellbach

Die Beziehung zum Bauhaus, die der Prospekt zu diesem Programm erwähnt, besteht in der Tat: Kastholm war schon als Junge während eines Stipendienaufenthalts in den USA von den Möbeln Mies van der Rohes fasziniert. Er ist nach Kjærholm der einzige Däne, der konsequent Stahl statt Holz verwendet. Das Bauhaus-Prinzip, daß man bei einem Möbel sehen soll, welche Elemente tragen, welche getragen werden, gilt auch für ihn. Der 12x 32-mm-Federstahl, der für das Programm 6722 eigens entwickelt wurde, ist so bemessen, daß er sich für Sitzmöbel und Tische gleichermaßen eignet. Auf den Sitzschalen mit dünner gepolsteter Rückwand liegen lose Kissen. Ihre Daunenfüllung ist in neun Kammern unterteilt. Diese Unterteilung zeichnet sich, je länger die Möbel benutzt werden, desto stärker ab – ein Effekt, den Kastholm besonders liebt. Die Armlehnen sind mit Lederkordeln umwunden. Er nennt sich scherzhaft einen »Lederfetischisten«. Ihm gefällt an Leder, daß es mit zunehmendem Alter immer schöner wird. Er würde es am liebsten mit allen Narben und Unebenheiten verarbeiten. Was er am Stahl schätzt: Er spiegelt die Farbe seiner Umgebung wider und nimmt sie gewissermaßen an.

Die Designer

Über Fabricius und Kastholm siehe »Sessel«, Nr. 31. ●

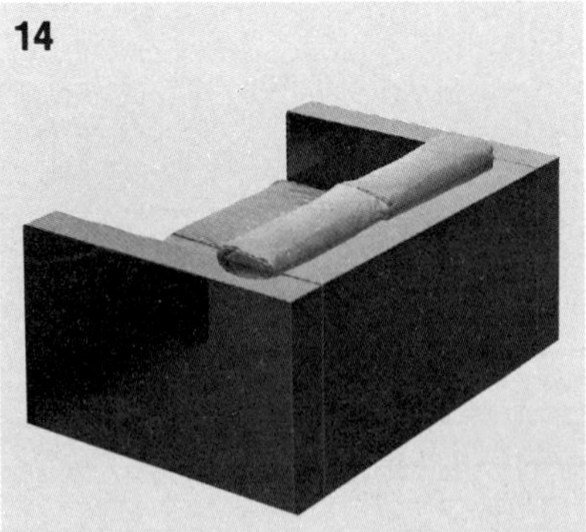

14

Jahr: 1964

Designer: Lella + Massimo Vignelli

Modell: Saratoga D 85/2

Material: Struktur Holz mit Polyesterfarbe hochglanzlackiert. Polster mit Lederbezug

Maße: B 150. T 90. H 61. SH 40

Preis: auf Anfrage

Hersteller: Poltronova, Agliana (Pistoia)/Italien

Als Vignellis von Poltronova den Auftrag zu einem Sofa bekamen, konnten sie den Entwurf sozusagen aus dem Ärmel schütteln: Sie hatten gerade über ein Sofa für sich selber nachgedacht. Es sollte nichts Modisches sein, sollte architektonisch, »stark wie Mauern« wirken. Wie aus dem Baukasten: Das war damals ungewohnt. Die Gestell-Oberfläche sollte blank sein. Und da Marmor, an den sie ursprünglich gedacht hatten, zu schwer war, entschieden sie sich für Lack. Die erste Lackmöbelgruppe überhaupt: Zum Sofa (auch drei- und viersitzig, auch ein Sessel) wurde ein ganzes Ensemble – Kommoden, Regal- und Schrankelemente entworfen.

Die Designer

Es gibt so gut wie nichts, was Lella und Massimo Vignelli nicht entwerfen: Möbel, Gläser, Geschirr (ihr regenbogenfarbiges Stapelgeschirr aus Kunststoff steht im Museum of Modern Art), Schmuck, Poster, Kalender, das grafische Bild von Zeitschriften und Büchern, Firmenzeichen und

Lella Vignelli
* Udine/Italien

das gesamte grafische Erkennungsbild von Firmen (wie Knoll International). Massimo Vignelli hat in Mailand und Venedig studiert, Lella in Venedig und am berühmten MIT (Massachusetts Institute of Technology) in Cambridge/USA. Von 1957 bis 1960

Massimo Vignelli
* Mailand, 1931

arbeiteten beide in den USA, 1960 eröffneten sie ihr Architektur- und Design-Studio in Mailand. 1965 gingen sie für immer nach New York, weil sie amerikanischen Lebensstil mögen und glauben, daß dort ein weites Feld für Design ist. Als Präsidenten und Vizepräsidenten stehen sie ihren beiden Firmen Vignelli Designs und Vignelli Associates vor, die Büros in Paris und Mailand haben. Beide sind mit bedeutenden Preisen ausgezeichnet worden. Massimo Vignelli war auch als Dozent tätig, so in Mailand und Venedig, an der Columbia University New York und am Illinois Institute of Technology Chicago, am Philadelphia College of Art. ●

15

Jahr: 1965/67

Designer: Willie Landels

Modell: Throw Away

Material: Struktur Polyurethan ohne Gestell. Unterlage Polystyrol. Bezug Stoff oder Leder

Maße: B 150. T 75. H 65. SH 35

Preis: auf Anfrage

Hersteller: Zanotta, Mailand

Zwischen 1964 und 1967 entwarf Willie Landels eine Reihe von Kunststoffmöbeln. Eines Tages brachte ein italienischer Freund zum Abendessen einen Kunden aus Italien mit: Aurelio Zanotta. Der sah den Prototyp eines Sessels (aus dem dann Sofas hervorgingen), verlangte Zeichnungen zu sehen und übernahm das Modell in seine Produktion. Landels hatte Kunststoffbezüge vorgesehen, in Schwarz, Weiß, Pink, Rot, Gelb und Hellblau, und in diesen Farben ist das Sofa berühmt geworden. Stoff und Leder wurden erst später verwendet. Die Maße ergaben sich aus der Dicke des Schaumstoffes (damals 4 inches = 10,16 cm). Throw Away (Wirf weg) wurde das Kind genannt, weil Schaumstoff damals sehr billig, die Produktion sehr einfach war: Man konnte das Ding wegwerfen, wenn man seiner müde war. Ein neues war billiger als ein gebrauchtes frisch zu beziehen. Von 1982 an wird das Modell mit einem neuen unbrennbaren Schaumstoff produziert.

Der Designer

Sohn eines Schotten und einer Italienerin, wuchs Willie Landels am Comer See auf. Als Kind eines »feindlichen Ausländers« durfte er nicht zur Schule gehen. Aber er hatte schon früh Begegnungen mit Kunst und Architektur: Am Comer See finden sich reiche Spuren der Comacini aus vorchristlicher Zeit, und in der Nähe von Landels' wohnten die Architekten Terragni, Lingeri und Gio Ponti, bei denen der junge Landels sich gern aufhielt. Nach dem Krieg ging er kurze Zeit auf die Kunstschule in Brera, fand aber keine Freude am Studium. Er bewarb sich einfach als Bühnenmaler bei der Mailänder Scala und wurde zu seinem Erstaunen als Lehrling angenommen. Nach weiterer Lehrzeit bei einem Maler ging er auf den Rat eines Freundes nach London zur Werbeagentur JW Thompson, obwohl er von Werbung, wie er sagt, keine Ahnung hatte. Bei Thompson blieb er 15 Jahre. In dieser Zeit heiratete er die Art Directorin und Malerin Angela Ogden. 1965 ging er als Art

Willie Landels
* Venedig, 6. Juni 1928

Director zum Magazin Queen und wurde 1970, nachdem er die Fusion von Queen und Harpers Bazaar bewerkstelligt hatte, Herausgeber. Landels entwirft immer noch Möbel (macht selber Prototypen und benutzt sie zu Hause), reist gern (nach Italien und Indien), und in der Freizeit arbeitet er im Garten und kocht. ●

16

16
Jahr: 1966
Designer: Mario Bellini
Modell: Amanta
Material: Gestell Stahl, in kalt geschäumtes Polyurethan eingebaut. Schale Fiberglas. Polster Dacron. Bezüge Leder oder Stoff
Maße: B 81. T 81. H 70,5. SH 47
Preis: auf Anfrage
Hersteller: B & B, Novedrate/Italien

Sie waren damals was Neues, und jeder, der sich's leisten konnte, hatte sie: die Elemente auf Kugelrollen, die man aneinanderreihen oder gruppieren kann, wie man will. Sie waren nach den traditionellen Polstermöbeln die neue junge Form, sensationell auch in der Fertigung. Bellinis Idee war, eine einfache Sache für große Serien zu entwerfen: eine Schale, die in einer Maschine hergestellt wird, und drei Kissen. Alles war damals schon automatisiert, funktionierte auf Knopfdruck. Die Schalen der ersten Amanta-Exemplare waren weiß, die Bezüge »marrone« (braun) – die in jener Kunststoff- und Kordsamtzeit beliebte Mischung. Wichtig für die Elastizität der Sitzschale ist der Schlitz in ihrem Rücken, der das Ganze auch zierlicher erscheinen läßt. Amantas wurden und werden überall in der Welt verkauft. Globetrotter wissen, daß sie in allen Erster-Klasse-Warteräumen der Lufthansa stehen.

Der Designer

Obwohl Mario Bellini Architekt ist (er hat am Mailänder Polytechnikum studiert und 1959 promoviert), verzichtet er darauf, Architektur zu machen, und widmet sich ganz und gar dem Design von Möbeln, Maschinen und Geräten. Für ihn gilt der Satz von Gropius, daß der Begriff »Design« alles umfaßt, was uns umgibt und der Hand des Menschen zu verdanken ist, von einfachen alltäglichen Geräten bis zum komplexen Plan einer ganzen Stadt. Und diese Erkenntnis, vor über fünfzig Jahren ausgesprochen, ist nach Bellinis Meinung bis heute nicht Allgemeingut geworden, wie die immer noch praktizierte Trennung und Abgrenzung der akademischen Disziplinen (Häuserbau, Möbel- und Interiordesign, Ingenieur- und Transportwesen) beweise. Diesem Zustand will Bellini entgegenwirken. Er tut das theoretisch in Vorträgen und Seminaren, auf Ausstellungen und Dokumentationsreisen in aller Welt. Und er tut es praktisch in seiner Designarbeit. Bellini war von 1962 bis 1965 Professor am Institut für Industriedesign in Venedig, hat die »Environmedia« mitgegründet, eine Organisation, die Umweltforschung betreibt. Und er hat die Gruppe »Habitat Workshop« gegründet, die eine einheitliche Projektierung der gesamten Umgebung zum Ziel hat. Bellinis Schriften sind in vielen wichtigen Zeitschriften veröffentlicht worden. Als Designer ist er seit 1963 Berater der Firma Olivetti, für die er eine Reihe wich-

Mario Bellini
* Mailand,
1. Februar 1935

tiger Schreib- und Rechenmaschinen entwickelt hat. Für andere Firmen entwirft er Möbel, Lampen, Fernsehgeräte und HiFi-Anlagen, Getränkezapfhähne, Mixer und Espressomaschinen, auch andere Haushaltsgeräte, Kücheneinrichtungen und Geschirr. Auch einen federleichten Kopfhörer, der nicht drückt und trotzdem fest sitzt, hat Bellini entworfen und den Prototyp eines Autos, das er als beweglichen bewohnbaren Raum sieht. Beim Möbeldesign strebt Bellini weg von herkömmlichen Formen, nimmt den Polstermöbeln die steife Tragestruktur, macht die Polster selbst zu Sessel oder Sofa. Bei allem, auch bei seinem Bürosystem, geht es ihm darum, die Dinge menschlich zu machen, übersichtlich, einfach im Gebrauch. Und – auch wenn's um etwas so Technisches geht wie eine Rechenmaschine – so ansehnlich, daß sie als Objekt bestehen. ●

17

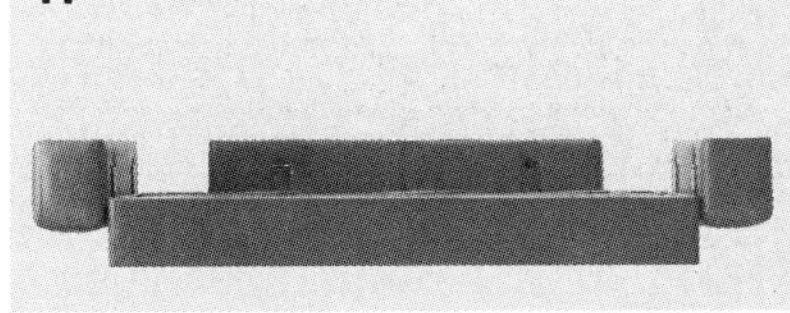

17
Jahr: 1968
Designer: Tito Agnoli
Modell: Bettcouch
Material: Tragende Struktur Holz, Federrahmen. Polsterung Schaumgummi. Bezug Stoff oder Leder.
Maße: B 200. T 85. H 58. SH 42
Preis: auf Anfrage
Hersteller: Cinova, Lissone/Italien

Eine Schachtel mit einer Matratze als Inhalt – so was zu entwerfen, hatte sich Agnoli vorgenommen. Also zeichnete er ein Sofa, dessen Basis hohl ist und die Matratze aufnehmen kann. Um es in ein Bett zu verwandeln, nimmt man die losen Sitzkissen raus und klappt die Seitenlehnen um: Sie kehren dann eine Holzfläche heraus, die als Ablage für den Wecker und die Bettlektüre dient. Agnoli hat die Beschläge, die das Abklappen ermöglichen, selber entwikkelt. Ihn interessieren solche technischen Details. Deshalb geht er auch regelmäßig zur Interzum (der Internationalen Zubehör-Messe) nach Köln, wo unter anderem alles gezeigt wird, was an Beschlägen, Werkzeug und Bearbeitungsmaschinen für Polstermöbel gebraucht wird. Agnolis Bettcouch wird nur noch für den deutschen Markt hergestellt. Was den Designer erstaunt: Bis heute gibt es keine Kopien von diesem interessanten Möbel.

18

18

Jahr: 1969
Designer: Tito Agnoli
Modell: 9000
Material: Polyurethanschaum-Polsterung auf steifem Gestell. Bezüge Stoff. Tisch Kunststoff
Maße: Element B 65. T 80. H 60. SH 35. Element mit Armlehne B 80. T 80. Element Inneneck B 80. T 80 Element Außeneck Radius 80. Tisch 80 x 80. H 35
Preis: auf Anfrage
Hersteller: Arflex, Mailand

Es war ein Auftrag: Arflex bestellte bei Agnoli Polsterelemente, die wenig Platz in Anspruch nehmen, fest gepolstert sind und sich so vielseitig wie möglich kombinieren lassen, damit sie für alle möglichen Räume, besonders für Büros, Hotelhallen, Boutiquen taugen. Diese Forderung erfüllte Agnoli, indem er außer den einfachen Elementen solche mit Armlehnen und die Spezialformen für Außen- und Inneneck zeichnete. So lassen sich ganze Schlangen formen. Die Polster ruhen auf einer Basis aus Preßspannplatte und haben in Sitz und Rücken ein mit Schaumstoff ummanteltes Stahlrohrgestell. Die Sitzschalen mit Ablageflächen auf der Lehne sind körpergerecht geformt, die Sitzhöhe läßt sich mit verschieden hohen Kunststoff-Füßen verändern. Zur Premiere auf der Mailänder Messe '69 präsentierte sich das Modell 9000 in glänzend weißem Kunstleder, um zu demonstrieren, daß es ein echtes Kind der Kunststoffzeit sei. Damals waren Polsterlandschaften »in«. 9000 gehört zu den wenigen, die die Mode überlebten.

Der Designer

Über Tito Agnoli siehe »Eßtische«, Nr. 24, und im Kapitel »Tischlampen« Nr. 14. ●

19

19

Jahr: 1969
Designer: Rolf Heide
Modell: Sofabank
Material: Gestell Furnierplatten Federrahmen. Lose Kissen
Maße: B 170. T 85. H 66
Preis: auf Anfrage
Hersteller: ICF, Vimodrone/Italien.

Mit wenigen Mitteln ein komfortables Sofa für lässige, unkomplizierte Leute zu bauen, das war, auf eine kurze Formel gebracht, Rolf Heides Absicht. Wichtig war ihm, daß es keinen großen technischen Aufwand erfordert, daß gebräuchliche Materialien und auch vorhandene Schrauben verwendet würden und nicht extra Beschläge gegossen werden müßten. So besteht das Sofa im Grund aus zwei Teilen, die mit Winkelverbindungen zum Kasten aneinandergeschraubt werden. Auf dem Federrahmen, der in den Kasten gelegt wird, ruhen die losen Kissen. Ablagen werden mit Metallwinkeln angeschraubt. Die Konstruktion macht's möglich, daß man, was damals en vogue war, verschiedene Kombinationen bilden kann (auch mit dem dazu passenden Tisch), daß sich das Ganze klein zerlegen und einfach verpacken läßt. Heide gefällt an dem Sofa der Kontrast zwischen dem harten Gestell und den weichen, lässigen Kissen. Um das Sofa zu charakterisieren, übernahm er die Floskel »mit kontrollierter Fröhlichkeit« von einem Briefpartner, der so seine Korrespondenz unterschreibt.

Der Designer

Vieles von seinen Entwürfen resultiert, sagt Heide, aus der Arbeit mit Redaktionen wie SCHÖNER WOHNEN und Brigitte, für die er seit Jahren eigenwillige Interieurs entwirft, konsequent modern und von kühler Eleganz. Diese Redaktionsarbeit gibt dem Designer den Spielraum, in dem er »eingefrorene Illusionen« auftauen und mal locker sein, über die Stränge schlagen, auch Widersprüche auslösen kann. Bei den beiden anderen Dritteln seiner Tätigkeit sind ihm engere Grenzen gesetzt: Design und Inneneinrichtung. Dazu gehört auch Firmenberatung (»Geschmackspapst sein« – umschreibt Heide das ironisch). Auf diesen Gebieten muß er sich Gegebenheiten unterordnen, muß

Rolf Heide
* Kiel,
23. Januar 1932

beim Entwerfen etwa die Möglichkeiten von Produktion und Vertrieb erwägen und das Niveau der Möbelhäuser, die er damit ansprechen will, berücksichtigen. Heide hat, bevor er auf der Muthesius-Werkschule in Kiel zum Innenarchitekten ausgebildet wurde, eine Tischlerlehre absolviert, danach ein Hochbau-Praktikum gemacht und in einem Einrichtungshaus gearbeitet. Er sieht Innenarchitektur auch als Handwerk und will sie folglich auch nach handwerklicher Qualität, nicht nach der äußeren Form beurteilt wissen. Ein Entwurfsprozeß dauert bei ihm eine ganze Zeit. Es kann sein, daß eine Woche lang oder länger gar nichts geschieht. Und wenn ihn dann Panik wegen des Termins ergreift, setzt er sich hin und hat in zwei Stunden den Entwurf fertig. So wie den Horror vorm weißen Blatt hat er auch das Lampenfieber »vorm Auftritt« (das ist bei ihm die erste Begegnung mit einem Möbel nach seiner Zeichnung oder mit einem Aufbau im Fotoatelier) nie verloren. ●

20

20

Jahr: 1969
Designer: Claudio Salocchi
Modell: Paione (vorher Talete)
Material: Struktur Holz. Polster Polyurethanschaum. Bezüge Leder oder Stoff
Maße: (abgebildete Kombination) B 270. T 90. H 70. SH 35
Preis: auf Anfrage
Hersteller: Sormani, Arosio (Como)/Italien

Es sollte kein divanetto, kein Sofa sein, nicht so eine traditionelle Sitzgelegenheit. Vielmehr Elemente, aus denen man Reihen, Inseln, ganze Landschaften zusammensetzen kann, aus denen sich aber auch ein ganz normales Sofa bilden läßt, falls das mal gefragt ist. So etwas hatte Claudio Salocchi beim Einrichten immer vermißt, und deshalb entwarf er es selber. Die Vielfalt der Kombinationen, die sein Modell erlaubt, ist kaum zu überbieten. Das Geheimnis der Vielseitigkeit: Salocchi hat außer Quadern verschiedener Ausmaße auch L-förmige Grundelemente und Lehnen in zwei Höhen: hohe zum Anschieben an die L-förmigen Basen und halbhohe, die auf die Grundelemente aufgesetzt werden. Damit so eine Landschaft zierlicher wirkt, hat er auf die Blöcke flache Kissen aufgelegt. Dabei hat er auf elegante Art auch ein Hausfrauenproblem gelöst: Die Sitzflächen werden am schnellsten schmutzig, und Kissen sind leichter zu reinigen als ein ganzes Sofa. Alle Bezüge sind übrigens abziehbar. Zur Komplettierung der Polsterelemente gibt es einen Kunststofftisch auf Rollen.

Der Designer

Claudio Salocchi, der am Polytechnikum seiner Heimatstadt Mailand studiert und promoviert hat, arbeitet in seinem Mailänder Büro sowohl als Architekt wie auch als Innenarchitekt und Industriedesigner. Er hält auch Vorlesungen (am Polytechnikum und am staatlichen Institut für Möbel und Einrichtung in Lissone), stellt Untersuchungen über Vorfabrikationen an, ist Mitglied einer Gruppe, die sich mit allgemeinen Fragen der Kreativität und des Entwurfs befaßt. Zu Salocchis wichtigsten Modellen gehören das Küchensystem »metrOsistema«, für

Claudio Salocchi
* Mailand,
22. März 1934

das er 1979 den Compasso d'Oro gewann, ein Küchensystem mit Hängeblöcken aus Stahl und rollenden Elementen, ein Stuhl mit Aluminiumstruktur, Container mit Alu-Profilen, ein System für Büromöbel und -zubehör, ein zerlegbarer Holztisch und eine Stehhilfe namens »Appoggio« (Stütze, Halt). Design machen bedeutet für Salocchi, die Beziehungen zwischen den Individuen und ihrem Lebensraum zu erkennen und dabei auftauchende Probleme zu lösen. Er arbeitet mit vertrauten und gleichgesinnten Kollegen zusammen. Von keiner seiner Arbeiten kann Salocchi sagen, daß sie ihm die wichtigste sei. Jede ist wichtig in dem Moment, in dem er sich mit ihr beschäftigt. »Und die nächste wird jedenfalls noch besser sein.« Sagt er mit Nachdruck. ●

21

Jahr: 1970

Designer: Alessandro Becchi

Modell: Anfibio

Material: Struktur Profilstahl. Polsterung verschieden dichter Polyurethanschaum. Ganz mit Dacron auswattiert. Bezug Leder, Stoff oder Polyurethan

Maße: B 240. T 98. H 65. SH 42

Preis: auf Anfrage

Hersteller: Giovanetti, Bottegone (Pistoia)/Italien

»Un vero divano ed un vero letto« ist »Anfibio« – sagt Alessandro Becchi: Also ein richtiges Sofa und ein richtiges Bett und nicht – wie so viele Kombinationsmöbel – ein Kompromiß zwischen beiden. Es war eines der ersten Möbel, die Becchi entworfen hat, kurz nach seinem Studium, in einer Zeit, als er Verbindung mit avantgardistischen Gruppen wie Archizoom und Superstudio (siehe »Eßtische«, Nr. 27 und 28) hatte und von Robert Rauschenberg fasziniert war, dem amerikanischen Maler und Objektkünstler, den man zu den Urvätern der Pop-Art zählt. Becchi wollte damals alles ganz anders machen als das, was vorhanden war. Wie »Anfibio« aussehen sollte, wußte er schnell, es technisch zu verwirklichen, brauchte gut ein halbes Jahr. Man sieht, sagt Becchi, dem Möbel an, daß es Handwerksarbeit ist, wie ein solide genähter Schuh oder wie ein Korsett. Es hat eine richtige Matratze mit einer Auflage aus Schaffell. Der Wulstrand ist für Becchi besonders wichtig: Er will nicht auf dem Bett liegen, sondern darin. Was ihm auch wichtig war: »Anfibio« ist leicht, von einer Person zu handhaben. Es gefällt Leuten aller Art und Herkunft, steht in der ständigen Ausstellung im Museum of Modern Art und war dabei, als 1981 in Mailand die 50 wichtigsten Modelle der Nachkriegszeit gezeigt wurden.

Der Designer

Er muß immer einen Baum vorm Fenster haben. In der Großstadt Mailand hielte er es nicht aus, auch Prato in der Toscana, wo er lebt, ist ihm fast noch zu städtisch. Becchi ist Florentiner, hat am Staatlichen Kunstinstitut seiner Vaterstadt Architektur studiert, 1966 Examen gemacht und danach Arbeitserfahrungen in Architektur, Innenarchitektur, Design und im Restaurieren gesammelt. Seit 1969 datiert die Zusammenarbeit mit Benito Giovanetti, für den er »Anfibio« entworfen und

Alessandro Becchi
* Florenz,
13. Mai 1946

ein Entwurfsstudio gegründet hat. Neben weiteren Verwandlungssofas und Sitzgruppen hat Becchi einen Stuhl aus Binsengeflecht mit nach oben sich verjüngenden stämmigen Beinen gezeichnet: »Toscanolla« = dicker Toscaner geheißen, ein Modell, das dem stattlichen Designer gut zu Gesicht steht. Die besten Arbeiten von Becchi sind in Museen Moderner Kunst in aller Welt zu sehen, so in New York und anderen amerikanischen Städten, Tokio, Paris und São Paulo. ●

Und hier kommen Klassiker von morgen

Die Sofas und Polsterelemente auf dieser Seite sind zwar auch schon eine Zeitlang auf dem Markt, aber noch nicht lange genug, um den strengen Maßstäben der Klassiker-Serie zu genügen: Sie sind alle nach 1971 entstanden. Aber sie haben bei der Auswahl so gut abgeschnitten, daß die SCHÖNER WOHNEN-Jury die Vorhersage wagt: Auch die werden in ein paar Jahren Klassiker sein. Fürs erste sind sie nur an ihrer Jugend gescheitert.

1

1

Jahr: 1980

Designer: Paolo Piva

Modell: Alanda

Material: Korpus Stahlprofile, umhüllt mit Polyruethanschaum. Polster Dacron oder Polyurethan schaum. Bezug Stoff oder Leder. Lehne bis in Schlaflage verstellbar

Maße: B 170, 210 und 263. T 104. H 73–90.

Preis: auf Anfrage

Hersteller: B & B Novedrate/ Italien

2

2

Jahr: 1977

Designer: Siegfried L. Bensinger

Modell: Diwan

Material: Struktur Hartholz mit Stahlfederung. Polster Federkern mit Polyurethanschaum und Fiberfill. Füße, Beschläge Chrom oder Messing. Bezug Kampala-Leder. Zum Bett ausklappbar

Maße: B 207. T 95. H 70. SH 37

Preis: auf Anfrage

Hersteller: Strässle, Kirchberg/ Schweiz

3

3

Jahr: 1975

Designer: Erik Rasmussen

Modell: Pferdedeckensofa

Material: Struktur Schaumstoff Bezug Paustian-Pferdedecken, reine Wolle, 10 Farben

Maße: B 86 (Eckelement), 60 (gerades Element. T 86. H 70. SH 35

Preis: auf Anfrage

Hersteller: Paustian, Kopenhagen

4

4

Jahr: 1973

Designer: Vico Magistretti

Modell: Maralunga

Material: Gestell Stahl. Polster Polyurethanschaum und Dacron. Bezug Stoff oder Leder. Kopfstütze hochklappbar

Maße: B 166. T 95. H 72–104. SH 43

Preis: auf Anfrage

Hersteller: Cassina, Mailand

5

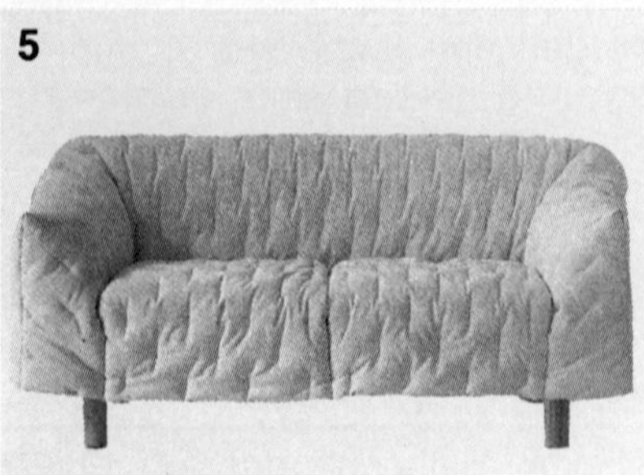

5

Jahr: 1979

Designer: Enzo Mari

Modell: Pecorella

Material: Gestell Holz. Polster Polyurethanschaum und Watte mit festem Bezug. Darüber steppdeckenartiger Bezug mit Reißverschlüssen.

Maße: B 150. T 86. H 72. SH 42

Preis: auf Anfrage

Hersteller: Driade, Mailand

Möbelfotos: Hansjörg Dettling (2, 4, 6, 10). Winfried Nörenberg (8, 15, 16). Gary Rogers (1,3). Werkfotos (5, 7, 11–14, 17–21).
Seite 120: Hansjörg Dettling (4). Gary Rogers (3). Werkfotos (1, 2, 5). Porträtfotos: Ugo Mulas (16). Doris Quarella (7). Rudi Schmutz (19). Alle übrigen: privat.

Moderne Klassiker
MÖBEL, DIE GESCHICHTE MACHEN
9. Teil: Sofatische, Servierwagen

Denkt der Mensch »Tisch«, hat er den hochbeinigen vor Augen, den großen, an dem er speist, schreibt, arbeitet. Und als dessen Abkömmling, als Kind moderner Zeiten, sieht er den niedrigen, der sich mit kurzen Beinen den legeren Sitzgewohnheiten der Gegenwart anpaßt. Mitnichten – umgekehrt wird ein Stammbaum daraus. Die Alten konnten keine hohen Tische brauchen, da nur die Mächtigen Stühle hatten, die andern aber zum Essen auf Bärenfellen lagerten, kauerten oder knieten (wie heute noch Japaner beim traditionellen Mahl). Komfortabler dinierten Griechen und Römer: Sie streckten sich auf der Kline aus, einem flachen Ruhebett. Auch von den Etruskern ist derlei überliefert. Tisch und Kline fertigten die Alten aus kostbarem Holz, aus Metall, Stein, Schildpatt und Elfenbein an. Im Mittelalter, als Häuser vom Zimmermann gebaut wurden und Betten, Truhen, Bänke fest eingebaut waren, bestanden Tische aus Platten, die auf Böcke gelegt wurden. Nach dem Essen hob man im wahren Sinn des Wortes die Tafel auf: nahm Platte und Böcke auseinander und stellte sie beiseite. Als im späten Mittelalter der feste Tisch allgemein gebräuchlich wurde, schmückte man auch ihn – wie vorher schon Kommoden, Schränke und Bänke – nach allen Regeln der Tischlerkunst, dem jeweiligen Stil entsprechend. Und wie man (besonders in England) schon früh alle möglichen Kniffe ersann, den Tisch bei Bedarf zu vergrößern (mit Klapp- und Torbeinen), baute man auch schon bald neben dem schweren Prunkstück die kleinen, die man heute Beistelltische nennt: Spiel-, Näh- und Teetischchen, Etagèren und Guéridons (Lampen- oder Vasentische). Es ist halt – Ben Akiba hat recht – alles schon mal dagewesen. Nur Kunststoff ist unbestritten eine Errungenschaft unserer Tage. Seit er stehen gelernt hat, macht er den klassischen Tischematerialien Holz, Stein, Metall und Glas erfolgreich Konkurrenz.

1

1

Jahr: 1909

Designer: Josef Hoffmann

Modell: Fledermaus-Tisch

Material: Buche, gebeizt, lackiert. Platte mit Stoff belegt. Bodenplatte in Metall gefaßt

Maße: ∅ 66. H 65

Preis: auf Anfrage

Hersteller: Wittmann, Etsdorf am Kamp/Österreich

Kugelversteifungen zieren den grazilen Kaffeehaustisch wie auch die dazugehörigen Stühle (siehe »Armlehnstühle«, Nr. 4), ein typisches Hoffmann-Detail. Anders als die übrige Ausstattung des literarischen Cafés »Fledermaus«, die aus der Wiener Werkstätte kam, wurden die Möbel damals von J. & J. Kohn hergestellt. Kohn gehörte zu den Konkurrenzfirmen von Thonet, die 1869, nach Ablauf der Thonetschen Patente, wie Pilze aus der Erde geschossen waren. Die Firma Kohn hob sich von den anderen durch Qualität ab. Sie begnügte sich nicht mit bloßer Nachahmung: Etwa von 1900 an zog ihr künstlerischer Leiter Siegel Künstler wie eben Hoffmann und Koloman Moser, Otto Wagner und andere aus dem Kreis der Wiener Secession als Entwerfer heran. Geldgeber für das Café »Fledermaus« war der Bankier Fritz Wärndorfer, der Mäzen, dem der Wiener Jugendstil viel verdankt. Wärndorfer hatte den Schotten Mackintosh, das große Vorbild der Wiener (siehe »Sessel«, Nr. 3, »Eßtische«, Nr. 2, »Stühle«, Nr. 3 und 4) mit der Einrichtung eines Musikzimmers in seiner Wohnung in Währing beauftragt und Hoffmann mit der Gestaltung des Speisezimmers. Wärndorfer war auch mit seinem Geld dabei, als 1903 die Wiener Werkstätte gegründet wurde. Die Werkstätte, in der anfangs nur drei Handwerker arbeiteten, entwickelte sich innerhalb von zwei Jahren zu einem ansehnlichen Betrieb mit hundert Arbeitern und wurde in aller Welt bekannt. Sie arbeitete auf allen Gebieten des Kunsthandwerks. Nachfolger von Wärndorfer, der 1913 finanziell am Ende war, wurde der Olmützer Bankier Otto Primavesi. Nach dessen Tod und dem Zusammenbruch seines Bankhauses 1926 konnte die Werkstätte zwar noch einmal vorm Ruin gerettet werden. 1928 feierte sie noch ihr 25jähriges Jubiläum, aber danach ging es schnell bergab, und am 8. Dezember wurde ihre Liquidation bekanntgegeben.

Der Designer

Über Josef Hoffmann siehe »Armlehnstühle«, Nr. 3 und 4, »Sessel«, Nr. 1 und 2, »Sofas«, Nr. 1 ●

2

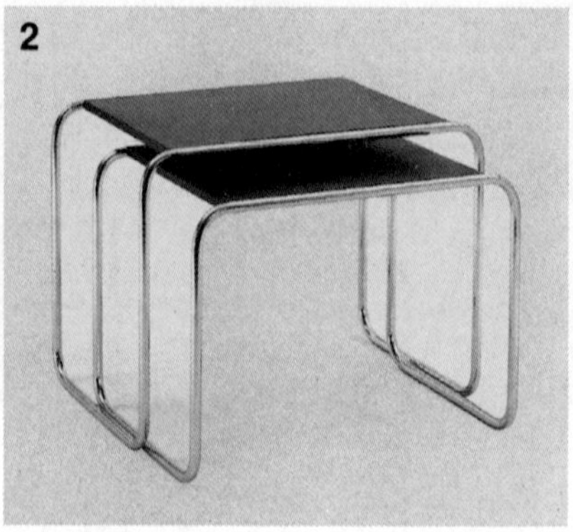

2

Jahr: 1925/26

Designer: Marcel Breuer

Modell: Laccio

Material: Gestell Stahlrohr. Platte Kunststoff, laminiert (Knoll) oder Holz (Thonet)

Maße: B 48. T 55. H 45 (Knoll). B 65, 60. T 45. H 50, 45 (Thonet)

Preise: auf Anfrage

Hersteller: Knoll International, Murr – Gebr. Thonet, Frankenberg

Marcel Breuer hat, auch als der »Wassily-Sessel (siehe »Sessel«, Nr. 5) 1925 in seiner endgültigen Form stand, nicht aufgehört, mit Stahlrohr zu experimentieren. Ihn beschäftigten Formen aus endlosem Rohr. Auf dem Weg zum hinterbeinlosen »Cesca«-Stuhl (1928, Sitz und Lehne aus Peddigrohr im Holzrahmen) entstanden die Laccio-Tische oder Hocker mit U-förmigem Gestell. Ein Jahr später fand Breuer noch eine andere Tisch-Lösung mit endlosem Rohr: Das Rohr umläuft die Platte wie ein Umleimer und bildet an den vier Ecken haarnadelförmige Beine. Die Laccio-Tische wurden als Vierergruppe zunächst von der Berliner Firma Standard-Möbel Lengyel, bei der Breuer Mitinhaber gewesen sein soll, und die nur Breuer-Modelle arbeitete, hergestellt. 1929 hat Thonet die Firma übernommen und produzierte die vier in anderen Maßen, auch lang und schmal. Zu Knoll International kamen die Laccio-Tische über Dino Gavina, als dieser 1969 seine Firma an Knoll verkaufte. Gavina hatte mit feinem Gespür für alles, was wichtig war, die interessantesten Designer herangezogen. Er hatte auch Verbindung mit dem Dada-Protagonisten Duchamp und mit dem amerikanischen Fotografen und Maler Man Ray. Und mit Breuer, dessen Stahlrohrmöbel er 1962 in seine Produktion aufnahm. Was mit Vernissagen in Mailand und Paris in Gegenwart des Künstlers und vieler illustrer Gäste gebührend gefeiert wurde.

Der Designer

Über Marcel Breuer siehe »Sessel«, Nr. 5 ●

3

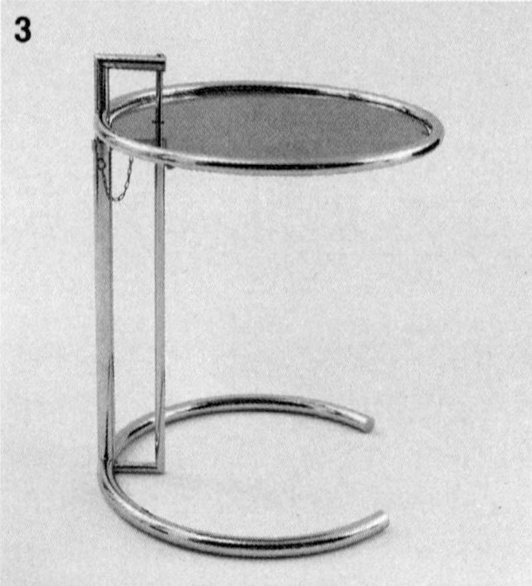

3

Jahr: 1927

Designer: Eileen Gray

Modell: E 1027

Material: Gestell Stahlrohr, verchromt. Platte Kristallglas, rauchfarben

Maße: ∅ 51. H 61–99

Preis: auf Anfrage

Hersteller: Images, Venedig

In Eileen Grays Haus in Roquebrune an der Riviera steht das Tischchen in einem der Gästeschlafzimmer neben dem Bett: Eileen Gray hat es Bett-Frühstükkern zugedacht. Deshalb hat sie die ingeniöse Lösung ersonnen, den Stahlrohrring am Boden und

die in Stahlrohr gefaßte runde Glasplatte nur an einer Stelle durch Standrohre zu verbinden. So kriecht der Bodenring auch unter Betten mit den flachsten Füßen, und da man die Höhe der Standrohre bis auf fast einen Meter verstellen kann, umgreift das Tischchen auch hohe Betten mit dickem Plumeau. Für ein anderes, kleineres Gästeschlafzimmer hat die Gray eine andere, ebenso geistreiche Tisch-Lösung gefunden: Die Platte, freitragend an zwei schwingenden Stahlrohren befestigt, die ihrerseits in eine Wandhalterung montiert sind, wird nach Wunsch übers Bett oder zur Seite bewegt. Zum bequemem Lesen ist eine aufklappbare kleine Platte, an die man ein Buch lehnen kann, aufgesetzt. Noch ein Beispiel für die so eleganten wie höchst praktischen Einfälle der Gray ist – formal ein Verwandter des Glastischchens – der Wandspiegel »Satellite«, in dem man sich gleichzeitig von allen Seiten sehen kann: ein in Stahlrohr gefaßter runder Wandspiegel mit eingelassener Beleuchtung und einem Vergrößerungsspiegelchen als Trabant. Das Haus in Roquebrune wurde unter der Bezeichnung »E 1027, Haus am Meer« in einer Sondernummer der Zeitschrift »l'Architecture Vivante« ausführlich besprochen. Herausgeber der Zeitschrift war der Architekt Jean Badovici, der Eileen Gray zur Architektur ermutigt und beim Entwurf des Hauses beraten hat. Zu Badovicis Freundeskreis gehörte Le Corbusier, der das Haus öfter besuchte und auf die Wohnzimmerwand ein großes Bild malte.
Auf den Felsen nahe beim Haus der Gray hatte sich LC ein Badehäuschen gebaut. Im Meer vor den Felsen ist er 1965 ertrunken.

Die Designerin

Über Eileen Gray siehe »Stehlampen«, Nr 1, »Sofas«, Nr. 2 ●

4

4

Jahr: 1927

Designer: Ludwig Mies v. d. Rohe

Modell: Couchtisch 259

Material: Gestell Stahlrohr, hochglanzverchromt. Platte kunststoffbeschichtet schwarz oder Rauchglas

Maße: ∅ 72,5. H 50

Preis: auf Anfrage

Hersteller: Knoll International, Murr

Premiere hatte der Tisch in dem Haus, das Mies zu der von ihm initiierten Mustersiedlung in Stuttgart-Weißenhof 1927 beisteuerte. In mehreren Exemplaren hat er ihn dann wieder verwendet in einem seiner berühmtesten Bauten, dem Haus Tugendhat in Brünn. Dort steht er, immer im Ensemble mit dem eleganten Brno-Stuhl (siehe »Armlehnstühle«, Nr. 8). In der Diele der oberen Etage war es ein »Brno« mit geflochtenem Sitz und Rücken, in einem Grüppchen hinter dem Eßbereich im Erdgeschoß die nobelste Ausführung: dünne Polster mit weißem Kalbspergament überzogen. 1927 war das Jahr, in dem Mies' zwanzigjährige Partnerschaft mit Lilly Reich begann, die aus einer wohlhabenden Berliner Fabrikantenfamilie stammte, in der Wiener Werkstätte gelernt hatte und als Werkbund-Mitglied zwischen 1924 und 1927 die jährlichen Ausstellungen dieser Vereinigung ausgerichtet hatte. Sie hat nie ihr eigenes Büro aufgegeben, obwohl sie jahrelang sehr eng mit Mies zusammenarbeitete und sich auch noch um seine geschäftlichen und persönlichen Angelegenheiten kümmerte, als er 1938 nach Amerika emigriert war. Die Verbindung endete 1947 mit ihrem Tode. Lilly Reich brachte in die Partnerschaft ihre profunden Textilkenntnisse und ihr ausgeprägtes Farbgefühl ein. »Man muß Mut zur Farbe haben«, sagte sie – in einer Zeit, als die ganze Design-Welt nur klinisches Weiß kannte. Mies war empfänglich für ihren Einfluß, wie zum Beispiel das Haus Tugendhat bewies. Was die Schwarzweiß-Fotos aus der Zeit nicht mitteilen können, hat Frau Tugendhat beschrieben: Im großen Wohraum standen Barcelona-Sessel mit smaragdgrünem Leder, Tugendhat-Stühle mit silbergrauem Stoffbezug und ein Loungechair mit rubinrotem Samt. Die Vorhänge, mit der die lange Glaswand verhüllt werden konnte, waren aus silbergrauer Shantungseide, der Fußboden weißes Linoleum. Glanzlichter setzten das blinkende Metall der Stuhl- und Tischrahmen, der Säulenverkleidungen und Heizungsrohre.

5

5

Jahr: 1929

Designer: Ludwig Mies v. d. Rohe

Modell: 252 Barcelona-Tisch

Material: Gestell Spezialfederstahl, hochglanzverchromt. Platte Kristallspiegelglas

Maße: 100x100, H 46

Preis: auf Anfrage

Hersteller: wie 4

Der Schluß, den die Bezeichnung »Barcelona«-Tisch nahelegt: daß nämlich der Tisch wie der gleichnamige Sessel (siehe »Sessel«, Nr. 8) für den deutschen Pavillon der Weltausstellung in jener spanischen Stadt entworfen wurde, ist ein Fehlschluß. Der Tisch hat zwar wie der Sessel ein Gestell aus Flachstahl, und ein X spielt dabei eine Rolle. Aber das X ist strikt gerade, liegt flach unter der Platte und ruht auf vier Beinen. Der Tisch aber, den Mies für den Barcelona-Pavillon gezeichnet hat, paßte genau zum Sessel: Eine Platte liegt auf zwei aufrechtstehenden geschwungenen X – die Nobelausgabe vom Gartenklapptisch. Den hier abgebildeten aber, den mit dem flachliegenden X, hat Mies fürs Haus Tugendhat entworfen. Er stand dort in der riesigen Diele, flankiert von zwei Reihen der hinterbeinlosen Tugendhat-Sessel, die zwar bequemer sind als der Barcelona-Sessel, aber längst nicht so populär wurden. Das Thema Glastisch hat Mies um 1930 besonders interessiert: Auf einem Skizzenblatt hat er ein gutes halbes Dutzend Gestelle für runde und eckige Tische festgehalten.

Der Designer

Über Mies van der Rohe siehe »Stühle«, Nr. 7 und 8, »Armlehnstühle«, »Sessel«, je Nr. 8 ●

6

6

Jahr: 1932

Designer: Mogens Koch

Modell: Klapptisch

Material: Esche. Buche/Birne

Maße: L 71,5. B 52,5. H 47

Preis: auf Anfrage

Hersteller: Rud. Rasmussens Snedkerier, Kopenhagen

Zwar sind Mogens Kochs Kinder längst erwachsen, aber ein Exemplar des Klapptisches, den er für sie entworfen hat, als sie noch klein waren, hängt auch jetzt in dem schmalen Hausflur. Heute wird er vor dem schönen Biedermeiersofa in Kochs Arbeitszimmer aufgeklappt, wenn Kaffee getrunken wird, oder überall, wo man rasch eine Ablage braucht. Bei den Kindern war der Klapptisch Gefährte der niedlichen Safaristühlchen, die Koch zu seinem großen Safaristuhl gezeichnet hatte. Natürlich alles zum Klappen, weil in dem kleinen Haus kein Platz vergeudet werden durfte. Wie viele seiner Modelle hat Koch ihn entworfen, weil er so was brauchte und auf dem Markt nicht fand. Das Tischgestell ist so bemessen, daß es zusammengefaltet sich genau in den Rahmen schmiegt. Und die Lasche am Querholm ist mit dem Holm so weit an die Kante gerückt, daß man den Tisch an ihr aufhängen kann. Die Kerbe in der Zarge sorgt dafür, daß alles bündig sitzt.

Der Designer

Über Mogens Koch siehe »Armlehstühle«, Nr. 8, »Einzelmöbel«, Nr. 2 ●

7

7

Jahr: 1936

Designer: Alvar Aalto

Modell: 98 Servierwagen

Material: Birke. Platten mit Linoleum oder Laminat belegt

Maße: B 50. L 90. H 56

Preis: auf Anfrage

Hersteller: Artek, Helsinki

Umgekehrt und in etwas anderen Proportionen kommt der Rahmen des patenten rollenden Beistelltisches an einem der berühmtesten Sessel von Aalto vor, an dem Sessel für das von ihm gebaute Sanatorium in Paimio: Zwei dieser Rahmen aus gebogenem laminiertem Holz – die langen Seiten als Kufen, die kurzen als Armlehnen – tragen Sitz und Rückenlehne, die aus einem Stück dünnen Schichtholzes gebogen sind. Der Rollwagen mit den praktischen Linoleumplatten – einer skandinavischen Spezialität – steht im von Aalto gebauten Alvar-Aalto-Museum in Jyväskylä, das für wechselnde Ausstellungen gedacht ist. Des Rollwagens größerer Bruder hat eine etwas kürzere Platte und an Stelle der unteren Ablagefläche einen offenen Korb unterhalb der Griffleiste eingehängt.

8

8

Jahr: 1954

Designer: Alvar Aalto

Modell: MX 800 B

Material: Gestell Birke. Platte Esche

Maße: 90x90. H 56

Preis: auf Anfrage

Hersteller: Artek, Helsinki

Stellt man vier dieser Tische zum Quadrat zusammen, bilden ihre fächerförmig sich aufbiegenden Beine in der Mitte eine dekorative Rosette: Höhepunkt und anmutige Krönung der Arbeit mit gebogenem Schichtholz. Den Tisch mit Fächerbeinen gibt es in mehreren Größen und Formaten, auch in Eßtischhöhe. Aalto sagte, daß er das Möbelentwerfen nicht professionell betrieben, sondern immer nur die Modelle entworfen habe, die er für bestimmte Bauten brauchte. Er hat nicht sehr viele Möbel entworfen, sondern die wenigen immer wieder für Einrichtungen verwendet. Da Häuser wie Möbel unverwechselbar Aalto sind, passen sie allemal zusammen. Fächerbeinige Tische stehen zum Beispiel im Musikzimmer im Haus des Komponisten Kokkonen unter der mit Segeltuch abgehängten Decke, vorm Kamin im Wohnraum des Zwei-Personen-Hauses, das Aalto für den Schriftsteller Göran Schildt gebaut hat, im Foyer des Theaters und Rundfunkhauses »Lappia« in Rovaniemi und in der Schalterhalle des Polizeipräsidiums in Jyväskylä.

Der Designer

Über Alvar Aalto siehe »Stühle«, Nr. 11 und 12, »Eßtische«, Nr. 4, »Sessel«, Nr. 9 und 10 ●

9

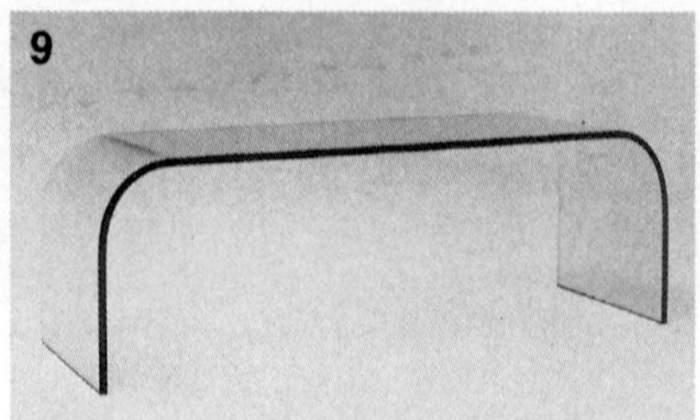

9

Jahr: 1937

Designer: Pietro Chiesa

Modell: 2633

Material: Dickes Kristallglas, gebogen und geschliffen

Maße: L 140. B 70. H 40

Preis: auf Anfrage

Hersteller: Fontana Arte, Mailand

Er hat viele späte Nachkommen: aus Acrylglas. Dieser Urahn ist aus Kristallglas und hat den typischen Grünschimmer. Sein Schöpfer Pietro Chiesa hat in Italien die Bearbeitung der Kristallplatten eingeführt, die er schnitt, schliff, bog, durchbohrte und mit verschiedenen Techniken verzierte. Mit Bohrer und Schleifstein arbeitend, hat er aus dem Block Skulpturen und Objekte geschaffen, gelegentlich zusammen mit dem Bildhauer Giacomo Manzù.

Der Designer

Nach dem Studium in Grenoble und Turin hat Pietro Chiesa 1921 in Mailand eine Werkstatt eröffnet, in der er Glaswerke nach eigenen und anderer Künstler Entwürfen ausführte. 1931 erwarb er mit dem

Pietro Chiesa
* Mailand, 1892
† Paris, 1948

monumentalen Glaswerk »Apologie der Arbeit« die Lehramtsbefähigung. Zwei Jahre später gründete er mit der Gesellschaft Luigi Fontana die Firma Fontana Arte, die Kunstwerke, Objekte, Lampen und Möbel aus Glas herstellt. Werke Chiesas haben in aller Welt Preise gewonnen. ●

10

10

Jahr: 1944

Designer: Charles + Ray Eames

Modell: CTM 403001 01

Material: Gestell Metall, verchromt. Platte Esche, schwarz

Maße: ∅ 85. H 34

Preis: auf Anfrage

Hersteller: Herman Miller Collection/Vitra, Weil am Rhein

Eine riesige Obstschale auf Beinen – der Tisch mit dem dünnen Metallgestell, der aus der Ferne eher nüchtern wirkt, offenbart sich in der Nähe als kunstvoll ausgearbeitet und elegant. Im Amerika der vierziger Jahre liebte man extrem leichte Möbel, pflegte einen jungen Stil und zeigte mit Handgetischlertem und Geöltem, was man von Skandinavien gelernt hatte. Für Eames, dessen Team nicht nach Zeichnungen, sondern mit originalgroßen Modellen arbeitete, war die Arbeit mit geformtem Schichtholz nicht nur eine technische Herausforderung (wegen der Verbindung von Holz und Metall), sondern ebensosehr eine ästhetische. Eames hat berichtet, daß während der Arbeit an den Stühlen, zu denen der Tisch gehört (siehe »Sessel«, Nr. 13), Hunderte von Studien verworfen wurden, weil Sitz- und Lehnenelemente sich ungebührlich ins Zentrum der Aufmerksamkeit drängten, nicht selbstverständlich genug wirkten. Man hörte erst auf zu experimentieren, als der Stuhl aus manchen Blickwinkeln wie ein Lebewesen erschien, der Sitz mit ausdrucksvoller Mulde und Wölbung, die Lehne ein Zwischending zwischen Rechteck und Oval. Eames' Schichtholzmöbel wurden damals als typisch »American« empfunden. Weil sie technische Details nicht verbergen, sondern ganz einfach zeigen. Und weil sie die Überzeugung verkörpern, daß es gut an sich sei, aus einem Minimum an Material das Größte zu machen. Ein Nebenprodukt der Schichtholzversuche von Ray und Charles Eames war ein ungewöhlicher Paravent: Die schmalen Holzelemente in flachen U-Kurven auf ganze Länge verbunden mit Canvasstreifen. Diese »Scharniere« waren so bemessen, daß man den Paravent ganz klein, U in U, zusammenfalten und aufgefaltet wie eine Schlange sich winden lassen konnte, in immer neuen Kurven. Leider ist das schöne Ding nie über Prototypen hinausgekommen – es gab keinen Markt dafür.

Der Designer

Über Charles Eames siehe »Stühle«, Nr. 14, »Armlehnstühle«, Nr. 16 und 17, »Eßtische«, Nr. 12, »Sessel«, Nr. 13–15 ●

11

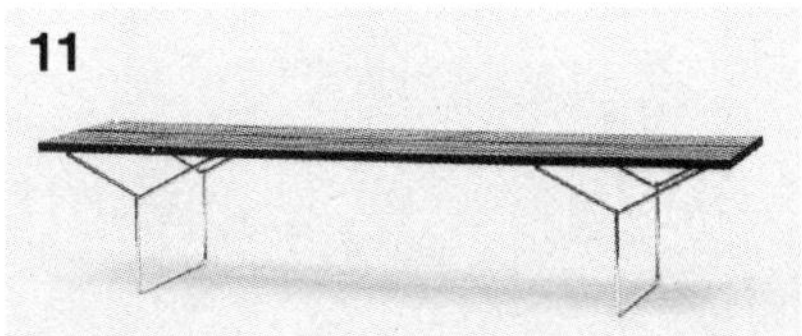

11

Jahr: 1952

Designer: Harry Bertoia

Modell: Bank 400

Material: Gestell Rundstahl, lackiert, rilsanbeschichtet oder verchromt. Latten Massivholz, schwarz oder weiß lackiert

Maße: L 183. B 48. H 39

Preis: auf Anfrage

Hersteller: Knoll International, Murr

Heute ist sie ein teures Objekt für Kenner und Liebhaber. Damals in den fünfziger Jahren war sie das Prestigestück, das jeder haben mußte, der mitreden wollte. Sie steht, obwohl eindeutig ein Sitzmöbel, in diesem Kapitel, weil kaum einer sie als Sitzgelegenheit gebraucht hat. Vielmehr stapelte man darauf die neuesten Bücher und Zeitschriften, stellte Obstkorb, Blumentopf und Aschenbecher dazu. Sie paßte exzellent nicht nur zu Bertoias eigenen Drahtgitterstühlen (siehe »Stühle«, Nr. 18, »Sessel«, Nr. 20), sondern zu all den dünnbeinigen Sitzmöbeln jener Jahre. Dem Bildhauer Bertoia begegnete Florence Knoll in der Cranbrook Academy of Arts, Bloomfield Hills/Michigan, wo Bertoia zuerst lernte, später lehrte. In dieser Akademie mit kleinen Schülerzahlen gibt es keine festen Lehrpläne. Schüler wie Lehrer haben jederzeit Zutritt zu allen Studios und Werkstätten, jeder lernt von jedem. Künstler aus vielen Ländern lernen und lehren dort. Bertoia lehrte Malerei und Metallarbeit, als Hans und Florence Knoll ihn baten, etwas für ihre Firma zu arbeiten. Falls das, was er entwickelte, Möbel wären, stünden die Techniker von Knoll International bereit, ihm bei der Verwirklichung seiner Ideen zu helfen. In seiner kleinen Werkstatt in Bally/Pennsylvania schuf Bertoia eine Reihe von Skulpturen in neuen Formen, aus denen sich nach und nach die Formen der Drahtgitterstühle entwickelten. Bertoia sagte, sein Ziel beim Design sei es, Räume freundlicher und abwechslungsreicher zu machen, indem er die Arbeit der Technik und der schöpferischen Künste miteinander mischte.

Der Designer

Über Harry Bertoia siehe »Stühle«, Nr. 18, »Sessel«, Nr. 20 ●

12

12

Jahr: 1953

Designer: George Nelson

Modell: 5451–53

Material: Gestell Metall, einbrennlackiert. Platte Hartbelag

Maße: ∅ 43. H 57 (5451)–∅ 72. H 42 (5452)–∅ 72. H 75 (5453)

Preise: auf Anfrage

Hersteller: Miller Collection/Vitra, Weil am Rhein

Furore gemacht hat George Nelson mit dem Marshmallow-Sofa, dessen Sitz und Rückenlehne aus achtzehn gepolsterten Zylindern bestehen, und mit dem Coconut-Chair, dessen dünn gepolsterte Sitzschale, innen dunkel, außen hell, wie ein umgekehrter Kokosnußschnitz auf dünnen Stahlrohrbeinen aussieht. Wichtiger als dergleichen modische Späße, die nicht recht zu Nelsons Auffassung von Design passen wollen, sind seine Regalsysteme, Schreibtische und Büroprogramme, klar gegliederte, funktionsgerechte Möbel, die an des Designers Herkunft von der Architektur erinnern. Zu diesen zugleich gebrauchstüchtigen und ästhetisch wohlgelungenen Entwürfen gehören auch die kleinen Tische mit den verstellbaren Gleitern. Schlicht und schön, wie sie sind, passen sie in Berufsmilieu so gut wie in Privaträume fast jeden Stils.

Der Designer

Wie viele Designer kommt George Nelson von der Architektur. Er studierte an der Yale Universität und an der Yale Kunstschule in New Haven (Conn.) und ging, da er 1932 nach den Examen den Rom-Preis für Architektur gewann, zur Fortsetzung der Studien an die American Academy in Rom. Während dieser Zeit konnte er viel reisen und lernte überall in Europa die Architekten kennen, die den internationalen Stil bestimmten. Nach seiner Rückkehr in die USA war er acht Jahre lang Redakteur der Zeitschrift »Architectural Forum« und danach einer von deren geschäftsführenden Herausgebern. Nelson blieb Berater des »Forum« auch, nachdem

George Nelson
* Hartford
(Conn.)
1908

er 1944 zum Chef der »Fortune-Forum«, Versuchsabteilung bei Time Inc. ernannt worden war. Herman Miller wurde auf Nelson durch einen Artikel im »Forum« aufmerksam. Nelson berichtete darin von einer Regalwand, die er zusammen mit dem Architekten Henry Wright entworfen hatte. Und als Millers Chef-Designer Gilbert Rohde (dessen Entwürfen die Miller-Collection ihren starken Einfluß auf die Entwicklung des amerikanischen Möbeldesigns verdankt), plötzlich starb, wurde Nelson an seine Stelle berufen. In seinen zwanzig Jahren bei Miller hat Nelson wichtige Entwürfe herausgebracht und mit einer Forschungsgruppe die ergonomischen Grundlagen für eine Serie von »Action-Office«-Entwürfen erarbeitet. Und er hat, was mindestens ebensoviel zählt, die Zusammenarbeit mit anderen Designern gepflegt: allen voran Charles Eames, neben ihm Eero Saarinen (siehe »Stühle«, Nr. 20, »Eßtische«, Nr. 10) und der japanische Bildhauer Isamu Noguchi (siehe »Hängelampen«, Nr. 5). Und Nelson hat in fünf Sätzen die Millersche Unternehmensphiliosophie formuliert: 1. Was du machst, ist wichtig. 2. Design ist ein fest integrierter Bestandteil des Unternehmens. 3. Das Produkt muß ehrlich sein. 4. Du selbst entscheidest, was du machen willst. 5. Für gutes Design gibt es einen Markt. ●

13

13

Jahr: 1957

Designer: Poul Kjærholm

Modell: 71 Dreisatztisch

Material: Gestell Stahl, matt verchromt. Platten Acrylglas, schwarz oder weiß

Maße: 28x28,5. H 29

Preis: auf Anfrage

Hersteller: E. Kold Christensen, Kopenhagen

Zusammen wirken die drei Tischchen wie ein Objekt, dessen Silhouette die nach innen abgestuften Linien der penibel ineinandergepaßten Würfelkanten bestimmen. Nimmt man sie auseinander und hebt die Platten ab, wirken sie sehr leicht, fast körperlos und sind doch unübersehbar, weil sie überaus nobel gearbeitet sind.

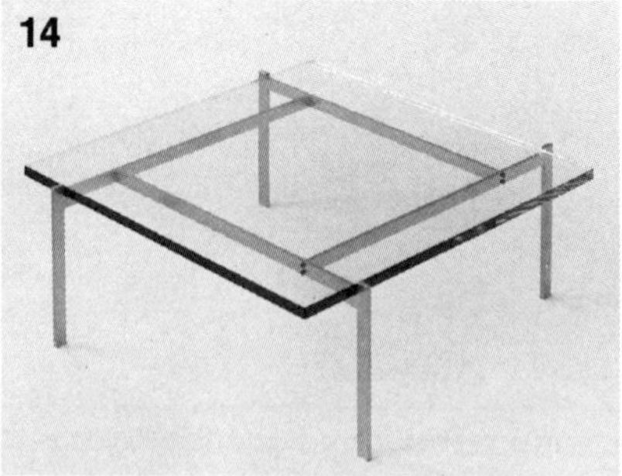

14

14

Jahr: 1956

Designer: Poul Kjærholm

Modell: 61 Sofatisch

Material: Gestell Stahl, matt verchromt. Platte Glas

Maße: 80x80. H 32

Preis: auf Anfrage

Hersteller: wie 13

Abermals ein Beispiel für die Akribie und Eleganz, mit der Kjærholm seine Entwürfe durchformte; daß er die Linien des tragenden Quadrates verlängerte, ist nicht etwa eine formale Spielerei – so erreicht er, daß die auf Plattenhöhe bemessenen Beine die Platte einklammern. Und sie sind so plaziert, daß sie die am Tisch Sitzenden nicht stören. Außer Glas wird auch Schiefer, Marmor und Porsgrunn-Porzellan für die Platte verwendet. Der Tisch steht im Lousiana-Museum in Humlebaek.

Der Designer

Über Poul Kjærholm siehe »Stühle«, Nr. 23, »Armlehnstühle«, Nr. 18, »Sessel«, Nr. 22 und 23 ●

15

15

Jahr: 1958

Designer: Arne Jacobsen

Modell: A 222

Material: Kreuzfuß Aluminium. Säule Stahl, verchromt. Platte Kunststoff, Buche, Teak

Maße: ∅ 75. H 47

Preis: auf Anfrage

Hersteller: Fritz Hansen, Kopenhagen

Ende der fünfziger Jahre begann die Ära der Mittelfußtische, von Eero Saarinen in den USA 1956 eingeläutet (siehe »Eßtische«, Nr. 10). Daß Jacobsen sich da nicht ausschloß, lag nahe: »Schwan« und »Ei«, die Sessel, die er für das von ihm gebaute SAS-Hotel in Kopenhagen gezeichnet hatte (siehe »Sessel«, Nr. 26), haben einen vierstrahligen Mittelfuß, und genau den verwendete Jacobsen auch für den dazu passenden Tisch. Er steht als Mittelpunkt von Sesselgruppen in der Hotelhalle und auch in dem angrenzenden Wintergarten, der jetzt umgebaut worden ist. Den Tisch, der viele Nachkommen hatte, gibt es mit verschieden großen Platten, auch mit quadratischen und in Eßtisch-Höhe. Einen fünfstrahligen Fuß der gleichen Art gab Jacobsen seinem »Oxford«-Stuhl, den er für seinen Entwurf des St. Catherine's College gezeichnet hat: auf dem Mittelfuß ein schmales, langes Stück Schichtholz, körpergerecht gebogen mit extrem hoher Lehne, asketisch und nobel wirkend – im großen Speisesaal.

Der Designer

Über Arne Jacobsen siehe »Stühle«, Nr. 16, 17, »Armlehnstühle«, Nr. 24, »Hängelampen«, Nr. 10, »Wand- und Deckenlampen«, Nr. 2, »Sessel«, Nr. 26, »Tischlampen«, Nr. 6 ●

16

16

Jahr: 1963

Designer: Børge Mogensen

Modell: Satztisch 5377 A + B

Material: Eiche, Nußbaum, Teak, Mahagoni

Maße: A 80x80, H 65. B 71x71. H 54

Preise: auf Anfrage

Hersteller: Fredericia Stolefabrik, Fredericia/Dänemark

Man muß sich das Ledersofa dazu vorstellen (siehe »Sofas«, Nr. 4) um die Vollkommenheit dieses Entwurfs zu sehen: Der Tisch und die Seitenlehnen des Sofas sind gleich hoch, Tischbeine und Sofabeine gleich stark, und der Tisch ist außerdem die nach Maß geschnittene Remise für den kleineren, der, vorn leicht angehoben, auf zwei Holzrollen leicht und geräuschlos hervorkommt. Ein einleuchtenderes Beispiel für Mogensens praktischen Dänenverstand kann man sich kaum denken. Sofa und Tisch stehen natürlich in Mogensens eigenem Haus und in einem Einfamilienhaus am Kleinen Belt, das er wie jenes zusammen mit dem Archtitekten Arne Karlsen entworfen hat.

Der Designer

Über Børge Mogensen siehe »Armlehnstühle«, Nr. 21, 22, »Eßtische«, Nr. 6–9, »Sessel«, Nr. 24, 25, »Sofas«, Nr. 3 und 4 ●

17

17

Jahr: 1965

Designer: Gerd Lange

Modell: Bofinger Farmertisch

Material: Esche natur oder gebeizt: dunkel, grün, rot

Maße: 65x65. H 36

Preis: auf Anfrage

Hersteller: Stoll, Pfalzgrafenweiler

Aus einem länglichen Karton kommen zum Vorschein: 4 Füße, 4 Stege, 2 Stege mit Nut und Bohrungen, 2 Nutleisten (roh), 7 Holzeinlagen und 4 Metallsplinte. Um daraus einen Tisch zu bauen, der zu dem Farmersessel (siehe »Sessel«, Nr. 32) paßt, braucht man kein Werkzeug. Alles wird ineinandergesteckt. Man beginnt mit zwei Füßen, die man mit einem Steg verbindet. Senkrecht dazu werden die vier paarweise übereinanderliegenden Stege eingesteckt, in die man die Holzeinlagen schiebt, die die Platte bilden. Nun müssen nur noch Fuß 3 und 4 nebst Steg eingesteckt werden und zum Schluß die Splinte.

Der Designer

Über Gerd Lange siehe »Sessel«, Nr. 32 ●

18

18

Jahr: 1966

Designer: Mario Bellini

Modell: I quattro gatti

Material: Fiberglas, lackiert

Maße: 51x51. H 92 (4x23)

Preis: auf Anfrage

Hersteller: B&B, Novedrate/Italien

In der Blüte der Kunststoffzeit gehörte es einfach dazu, daß ein Designer auch einen Kunststoff-Tisch machte. Diese vier »Katzen« lassen sich als Etagere und als Einzelstücke gebrauchen, und wenn man sie umgekehrt aufbaut, nämlich den kleinsten zuunterst, ergibt sich ein kompaktes Tischchen mit säuberlich gestuften Beinen. Katzen heißen die vier, weil die Vertiefungen, in denen die Beine der Obenstehenden einrasten, an Katzenaugen erinnern.

Der Designer

Über Mario Bellini siehe »Sofas und Polsterelemente«, Nr. 16 ●

19

19

Jahr: 1966

Designer: Gianfranco Frattini

Modell: 780

Material: Gestell Buche, natur oder lackiert oder anilingebeizt. Platte Kunststoff, doppelseitig, eine Seite schwarz, eine weiß

Maße: ∅ 42. H 24,5, 29, 34, 38,5

Preis: auf Anfrage

Hersteller: Cassina, Mailand

Was im Deutschen sachlich »Satz« heißt, nennen die Engländer »nest«, die Franzosen »jeu«: Mit Nest oder Spiel ist dieses Grüppchen von Dreibeinern schön charakterisiert – wenn man sie, immer um eine Beinbreite versetzt, ineinanderstellt, bilden sie ein kompaktes Tönnchen. Sie sind, wie beabsichtigt, einfache Tische, leicht herzuholen und wieder wegzustellen. Der Satz wird auch mit 61 Zentimeter Durchmesser und entsprechend höher angeboten. Frattini bemerkt, daß die Form der Zusammenarbeit von Designer und Hersteller sich geändert habe. Heute gibt der Hersteller einen Auftrag, nach dem der Designer einen Entwurf macht. Früher bot der Designer eine Idee, die ihn beschäftigte, dem Hersteller an, man besprach die Sache ausführlich, und dann wurde der Entwurf gezeichnet.

Der Designer

Über Gianfranco Frattini siehe »Einzelmöbel«, Nr. 7, »Tischlampe«, Nr. 20 ●

20

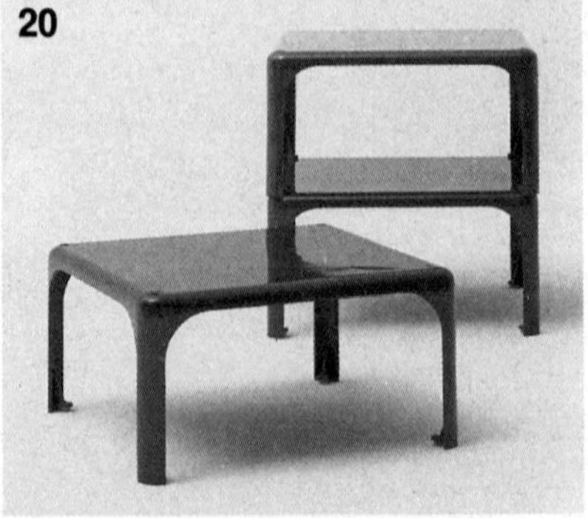

20

Jahr: 1966

Designer: Vico Magistretti

Modell: Demetrio 45 und 70

Material: Kunststoff Reglar

Maße: 45x45, H 23. 70x70. H 30

Preise: auf Anfrage

Hersteller: Artemide/Rosenthal, Mailand/München

Für Magistretti ist der kleine Satztisch wichtig: Es ist sein erstes Kunststoff-Modell, eines der ersten Kunststoffmöbel überhaupt. Die Versuche damit haben schon viel früher begonnen. Etwa 1963 hatte Ernesto Gismondi von Artemide in Deutschland die Kunststoffschalen der Fotolaboranten gesehen und Magistretti gefragt, ob man daraus nicht etwas machen könne. Das Rezept, das der Designer fand, heißt: Nimm so eine Schale, stell' sie auf den Kopf und schneide die Seiten so weit aus, daß nur noch Beine stehenbleiben – da hast du einen Tisch! Der kleine hat an der Innenseite der Beine Pfropfen und an jeder Ecke der Platte eine Mulde: So stehen sie sicher aufeinander, auch wenn man ihrer fünf oder sechs zum Regal stapelt.

21

21

Jahr: 1969

Designer: Vico Magistretti

Modell: Caori

Material: Gestell Holz, seidenmatt lackiert. Platte Stahl Chromnickel

Maße: L 128. B 96. H 40

Preis: auf Anfrage

Hersteller: Knoll International, Murr

Die Idee kommt, wie Magistretti sagt, vom englischen Navy-Tisch, einem Tisch also, wie er auf Schiffen gebraucht wird. Damit nichts herunterrutschen kann, läßt er rundum die Kanten der Klappen und Schubladen über die Tischkanten ragen. Und damit man nicht für Schallplatten, für Gläser und Flaschen und anderes Barzubehör noch Stauraum braucht, ist der Tisch zugleich ein Container – mit einem eingelassenen Fach in der Mitte, mit Schubladen an den Schmalseiten und mit Borden hinter Klappen an den Längsseiten. Er ist ein Riese und besonders bei Männern beliebt.

Der Designer

Über Vico Magistretti siehe »Stühle«, Nr. 31, »Armlehnstühle«, Nr. 23, »Eßtische«, Nr. 19, 20, »Wand- und Deckenlampen«, 6, 7 ●

22

22

Jahr: 1967

Designer: Rolf Heide

Modell: Rolltisch 7401/8701

Material: Buche, Kiefer

Maße: 50,3x50,3, H 53,8. 42,5x42,5, H 72

Preise: auf Anfrage

Hersteller: Müller, Bockhorn/Old.

Vier gleichgroße Rahmen, zwei Platten, vier Rollen und ein paar Schrauben: Sie kommen als kompaktes Paket und werden mit einem Imbusschlüssel einfach zusammengebaut. Die Rollen schraubt man unter den Boden. Falls Zwischenböden eingelegt werden sollen: Jeder Rahmen hat eine Reihe Bohrlöcher, in die man Bordträger aus Kunststoff einstecken kann. Beim großen Schlanken kann man die obere Platte aufklappen. Er hat Tischhöhe, damit er seine Aufgabe erfüllen kann: den Eßtisch zu vergrößern. Heide hat so einen zu Hause. Sonst lebt er, fasziniert von anderer Leute Produkten, nicht mit eigenen Möbeln. Aber in einem Haus, das er selber gebaut hat.

Der Designer

Über Rolf Heide siehe »Sofas«, Nr. 19 ●

23

23

Jahr: 1967

Designer: Anna Castelli-Ferrieri

Modell: Stapelelemente 4970

Material: Kunststoff ABS

Maße: je 38x38. H 24

Preise: auf Anfrage

Hersteller: Kartell, Mailand

Anders als fast alle anderen Designer, die eine Idee durch Immer-wieder-neu-Zeichnen zum Modell entwickeln, greift Anna Castelli erst zum Zeichenstift, wenn sie eine Idee vollkommen durchgedacht hat. Die Stapelelemente sind ihre erste Arbeit für Kartell, die Firma ihres Mannes. Sie hat sie entworfen, nachdem sie im Ferienhaus mit Kindern und Freunden einen Mangel bemerkt hatte: Jeder hatte seine besonderen Habseligkeiten und hätte dafür ein eigenes Behältnis gebraucht. Die Stapelelemente sind so konstruiert, daß sie fest ineinandersitzen. Der Deckel auf dem obersten ist auch als Tablett zu gebrauchen. Anfangs wurden handelsübliche Rollen verwendet, heute eigens hergestellte. Die Elemente verkörpern Anna Castellis Philosophie vom modernen Design: Dinge, die notwendig sind, in einfacher Form, in großer Zahl zu produzieren, zu niedrigem Preis. Später kamen höhere Elemente dazu, in die man auch leichtgängige Türen einsetzen kann – aber die sind für Anna Castelli ein Kompromiß dem Kommerz zuliebe. Sie mag sie lieber ganz einfach offen. Mehr noch als die eckigen Elemente schätzt Anna Castelli die runden, die sie als nächste zeichnete: Die sind, findet sie, anpassungsfähiger im Raum.

Die Designerin

Anna Castelli reden zu hören – im privaten Gespräch oder in öffentlicher Diskussion –, ist allemal ein Vergnügen: Sie spricht engagiert und diszipliniert, der ordnende Verstand ist immer mitzuhören. Verstand und Sprachgewandtheit nützt sie für vielerlei öffentliche Aufgaben. Nicht nur in Institutionen, die ihr Beruf nahelegt (wie der Bewegung für Architekturstudien (MSA), dem Nationalen Institut für Städteplanung und der Gesellschaft für Industriedesign ADI), sondern auch bei den Soroptimistinnen, einer Internationalen Frauenvereinigung, und im italienischen UN-Komitee. Vor den

Anna Castelli-Ferrieri, * Mailand, 6. August 1920

United Nations hat sie 1973 in New York eine Rede gehalten zum Thema »Internationale und interdisziplinäre Aktionen für die Förderung der Menschenrechte«. Anna Castelli-Ferrieri, die in Mailand an der Universität studiert und promoviert hat, war in den frühen fünfziger Jahren journalistisch tätig, als Redaktionsassistentin der Architekturzeitschrift »Casabella-Costruzioni« und als Korrespondentin der englischen Zeitschrift »Architectural Design«. Der Aktionsradius der Architektin Castelli reicht von Städteplanung bis Industriedesign. Neben Wohnhäusern entwirft sie Gebäude für Industrie und Wirtschaft, Kirchen und Krankenhäuser. Beim Industriedesign ist Anna Castelli auf die Arbeit mit Kunststoff spezialisiert. Sie hat viele wichtige internationale Auszeichnungen bekommen (für die Stapelelemente auch den Bundespreis Gute Form 1973), und einige Modelle stehen im Museum of Modern Art. »Eine schöne Form zu machen, ist nicht schwer«, sagt sie. Aber wichtiger ist für sie, daß ein Gegenstand einfach geformt, gut zu handhaben, leicht und in großer Zahl zu produzieren und nicht teuer ist. Wenn all diese Punkte erfüllt sind, ist auch die Form gut, sagt sie. ●

24

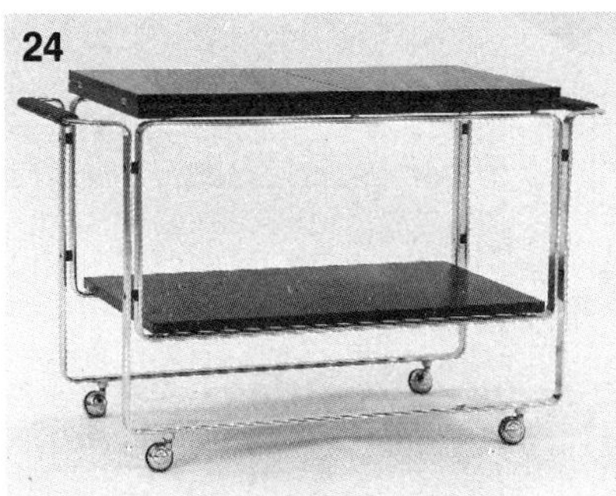

24

Jahr: 1968
Designer: Horst H. W. Brüning
Modell: T 128
Material: Gestell Profilstahl, verchromt. Platten furniert: Wenge, Palisander, Resopal weiß
Maße: L 105/156. B 45. H 62
Preis: auf Anfrage
Hersteller: Kill, Fellbach

Er gehört zu einer ganzen Familie von Möbeln, deren tragende Elemente alle aus dem gleichen Flachstahl mit gerundeten Kanten bestehen. Brünings Aufgabe war, einen Teewagen zu entwerfen, auf dem man auch ein kaltes Buffet aufbauen kann. Deshalb ist die obere Platte auf gut anderthalb Meter ausklappbar. Die mit Leder umwickelten Griffleisten, von denen die ausgeklappten halben Platten abgestützt werden, sind Teile des äußeren Rahmens, an dem auch die rundum beweglichen Rollen befestigt sind. Auf dem inneren Rahmen liegt lose die zweite Platte, die auch als Tablett benutzt werden kann. Zu der Möbelserie, die sich Stück für Stück eins aus dem anderen entwickelt hat, gehört auch Brünings Lieblingsmöbel, ein halbrunder dreibeiniger Stuhl, das Gestell aus Flachstahl, der halbrunde Sitz mit Leder bezogen. Den hat er auch in seiner Wohnung.

Der Designer

Horst Brüning, der heute in Stuttgart lebt, ist Hamburger. Auf der Hamburger Hochschule für Bildende Kunst (HFBK) hat er den größten Teil seines Studiums, acht Semester, absolviert. Nach drei weiteren Semestern in München hat er das Diplom als Indu-

Horst H. W. Brüning * Hamburg, 16. November 1934

striedesigner und Innenarchitekt erworben. Seit 1967 unterhält Brüning sein eigenes Designbüro in Stuttgart. Zusammen mit vier freien Mitarbeitern entwirft er Polster-, Kasten- und Büromöbel, Betten und Tische, Geräte für Unterhaltungselektronik, Bestecke und Haushaltsgeräte und auch Werkzeugmaschinen. Arbeiten von Brüning waren zum Beispiel auf der Weltausstellung in Montreal zu sehen. Seit 1971 lehrt Brüning an der Fachhochschule in Darmstadt Industrie-Design. Privat ist er engagierter Kunstsammler: Er hat eine ansehnliche Pop-art-Sammlung von Oldenburg bis Beuys und Arbeiten seiner Hamburger HFBK-Mitschüler Horst Janssen, von dem er besonders die Werke der früheren Jahre schätzt, und Paul Wunderlich. ●

25

Jahr: 1970
Designer: Achille Castiglioni
Modell: Servomuto
Material: Fuß und Schaft Stahl, lackiert. Platte vielschichtige Spanplatte mit Print. 14 Farben
Maße: H (gesamt) 73. H (Platte) 45. ∅ 50
Preis: auf Anfrage
Hersteller: Zanotta, Mailand

25

Servomuto heißt auf Deutsch »stummer Diener«, und dieser einbeinige Diener mit Anfasser ist ein Ding so recht nach Castiglionis Geschmack. Er schätzt kleine, leichte, bewegliche Möbel, die man unter den Arm nehmen (oder an den Leib schnallen) und da plazieren kann, wo man sie gerade braucht – er ist nun mal der Überzeugung, daß der Mensch es ohne häufiges Umräumen in seiner Behausung nicht aushält. Was das An-den-Leib-Schnallen betrifft: Das hat Castiglioni wörtlich genommen. Mit einem Einbein-Sitz, den der Besitzer mit einem Ledergurt an sich befestigt. Wo immer er ausruhen will, geht er leicht in die Knie, schiebt die Sitzplatte unter seine Sitzfläche und hockt dreibeinig. Den »Servomuto« zeichnete Castiglioni, als er ein kleines, enges Restaurant einrichten sollte. Da war einfach kein Platz für Einbauten wie die übliche Bartheke. Es mußte für den Aperitif etwas zum Mittragen sein, das man bei Bedarf herbeiholt und mit anderen seinesgleichen und mit Stühlen je nach Anzahl der Gäste an Ort und Stelle gruppiert. Zum Tisch gibt es einen Riesen-Aschenbecher: Statt der Platte hat er eine kegelförmige Schale, in die man Sand für die Kippen füllt.

Der Designer

Über Achille Castiglioni siehe »Stühle«, Nr. 25, »Armlehnstühle«, Nr. 28, »Hängelampen« Nr. 11–14, »Wand- und Deckenlampen«, Nr. 9, »Einzelmöbel«, Nr. 16, »Stehlampen«, Nr. 3–6, »Tischlampen«, Nr. 6 ●

26

26

Jahr: 1970

Designer: Giovanni Offredi

Modell: Tebe

Material: Stahl, hochglänzend. Oder Beine Stahl, Platte Holz

Maße: 80x65. 100x100. H 32

Preise: auf Anfrage

Hersteller: Saporiti, Besnate-Varese/Italien

»Secchissimo«, also im höchsten Grade trocken, nennt Giovanni Offredi diesen Tisch, der ohne die kleinste Verzierung auskommt. Offredi mag den Tisch, er meint aber, daß die Mode sich seit 1970, dem Entstehungsjahr, gewandelt hat und der Tisch jetzt nicht gefragt ist. Es gibt ihn auch mit einem Zugeständnis an Schmuckbedürfnisse: mit einer quadratischen Vertiefung in der Mitte oder in einer Ecke – man kann Pflanzen, Flaschen oder Objekte hineinstellen. Das Spiel mit Kontrasten, die sich beim »Tebe« in den Materialstärken ausdrücken, ist ein Motiv, das Offredi immer wieder beschäftigt. Er betreibt dieses Spiel mit höchstem Raffinement, gelegentlich wirkt das Ergebnis leicht manieristisch. Besonders Offredis Tische leben vom Kontrast: eine Kristallplatte, getragen von einem Stahlkreuz, das in einen oben eingekerbten Prellstein aus Zement eingelassen ist; oder eine Kristallplatte auf stark kannelierten Säulenfragmenten; oder blanke Stahlplatten auf grobem Zementblock. Einer seiner witzigsten Tische hat Aluminiumbeine, die sich mit riesigen Brillenscharnieren einklappen lassen wie Brillenbügel.

Der Designer

In dem aufwendigen Bildband, den die Möbelfabrikanten Sergio und Giorgio Saporiti über ihre Arbeit mit dem Designer Giovanni Offredi zusammengestellt haben, steht folgende Charakterisierung: »Wer etwas zu sagen hat, spricht oder schreibt gut. Das gilt um so mehr für die hochentwickelte Sprache des Designs. In den Arbeiten von Giovanni ist dieses innere Licht – jenseits der täglichen Mühen erfindet er immer neue Formen«. Die freundschaftliche Zusammenarbeit mit den Brüdern Saporiti steht ziemlich weit oben in der Liste dessen, was für den Designer wesentlich ist. Er hat das noble Verkaufzentrum der Firma in einem antiken Bologneser Haus entworfen und zeichnet für die Stände von Saporiti auf den Messen von Mailand und Köln verantwortlich: Wenn dafür zum Beispiel ein Zelt aus riesigen Stoffbahnen aufgebaut und drapiert wird, dirigiert Offredi selber die Arbeiten. Außer Möbeln entwirft Offredi (für andere Firmen) auch Kücheneinrichtungen und technische Geräte wie Telefone und Fernsehapparate (einer davon steht in der ständigen Ausstellung des Museums of Modern Art in New York). Offredi wohnt und arbeitet (immer allein, ohne Team) in einem modernen Mailänder Appartementhaus mit dominierender Architektur auch in den Innenräumen: grobe Kies-

Giovanni Offredi
* Mailand,
18. Dezember
1927

wände, Betonsäulen. Dort stehen die Prototypen fast aller seiner Möbel. Offredi läßt von allen Entwürfen Modelle machen, er beschäftigt spezielle »modellisti«, die genau auf seine Ansprüche eingehen. Außer interessanten Tischen macht er luxuriöse Polstermöbel (viele mit blankem Stahlgestell), Betten, Schreibtische und witzige Einzeldinge wie den Kleiderständer namens »Johan«. ●

27

27

Jahr: 1970

Designer: Studio Simon

Modell: Ming 122

Material: Dicke Schichtholzplatten, hochglänzend polyesterlackiert, schwarz, rot, grün

Maße: 118x118. H 35

Preis: auf Anfrage

Hersteller: Simon International, Bologna/Italien und Köln

Der Tisch, von Anfang an bei Einrichtern eleganter Räume beliebt, wird auch mit einem kleineren Quadrat und rechteckig in zwei Größen angeboten, auch in Eß-tisch-Höhe. Wie es den hohen

Ansprüchen von Dino Gavina, dem Gründer von Simon International, entspricht, ist der »Ming« sehr schön und kostbar gearbeitet: alle Ecken und Kanten weich gerundet, auch die der originellen Beine mit Dreiecksquerschnitt. Er setzt damit eine große Tradition fort: Ein Glanzpunkt im Sortiment von Simon ist eine Serie von Tischen, die der berühmte Architekt Carlo Scarpa gezeichnet hat. Dino Gavina führt als Zeugin für seine Überzeugung, seine Firma sei einzigartig, die Chefredakteurin der Zeitschrift »Casa Vogue« an: Isa Vercelloni sieht Simon International in »splendid isolation« (glänzendem Alleinsein).

Der Designer

Über Studio Simon siehe »Einzelmöbel«, Nr. 19 ●

28

28

Jahr: 1970
Designer: Marco Zanuso
Modell: Marcuso
Material: Beine rostfreier Stahl. Platte Glas, 15 mm stark
Maße: 100x100. H 40
Preis: auf Anfrage
Hersteller: Zanotta, Mailand

Damit der Tisch ohne Rahmen auskommt, hat Zanuso einen Spezialkleber entwickelt, mit dem Metall und Glas verbunden werden können. Die Zusammensetzung dieses Klebers ist bei Zanotta ein streng gehütetes Geheimis: Jedermann darf in der Fabrik in alle Räume reinschauen, nur in den einen, in dem der Kleber gemixt wird, nicht. Mit dem Klebstoff werden an der Glasplatte Stahlscheiben befestigt, an die die Beine angeschraubt werden. Die dicken Beine im Gegensatz zur transparenten Platte machen für Zanuso den Reiz des Tisches aus. Er wollte diesen höchst einfachen Tisch nur in einer Größe, Zanotta dagegen wollte eine möglichst große Auswahl: Es gibt (auch in Eßtisch-Höhe) die Quadrat-Version in drei Größen, außerdem mehrere Rechteck-Größen.

Der Designer

Über Marco Zanuso siehe »Eßtische«, Nr. 29, »Sessel«, Nr. 30 ●

29

Jahr: 1971
Designer: Angelo Mangiarotti
Modell: Eros P 90
Material: Marmor, weiß, grau und schwarz
Maße: L 54. B 45. H 72
Preis: auf Anfrage
Hersteller: Skipper, Mailand

Unter dem Namen »Eros« läuft ein ganzes Rudel solcher schönen Marmortische: Kegelstumpf-Beine und Platten in Formen aus der Geometrie und aus der Phantasie.

29

Es gibt Quadrate, breite und schmale Vierecke, Dreiecke, längliche und rundliche, auch halbierte Ovale, Runde und drei- oder vierblättrige Blüten. Allen gemeinsam – ob sie nun einen Mittelfuß oder drei und vier Füße an den Kanten haben – ist die so einfache wie geniale Verbindung von Säule und Platte. Wie der Stopfen für eine edle Karaffe millimeterfein passend für den Hals zugeschliffen wird, sind der Kegelstumpf und die Öffnung in der Platte so exakt nach Maß bearbeitet, daß die Platte ohne irgendwelche Befestigung allein durch ihr Gewicht zuverlässig bündig sitzt. Was spielerisch graziös aussieht, ist das Ergebnis genauer Berechnung und sorgfältigster Arbeit. Eine Idee, eine einmal gefundene Lösung wie diese vielfältig zu variieren, ist typisch für Mangiarottis Einstellung zu Design: Er will eine Form, nicht viele verschiedenartige Dinge nebeneinander.

Der Designer

Über Angelo Mangiarotti siehe »Eßtische«, Nr. 26, »Tischlampen«, Nr. 12 ●

Und hier kommen Klassiker von morgen

Die Sofatische auf dieser Seite sind zwar auch schon eine Zeitlang auf dem Markt, aber noch nicht lange genug, um den strengen Maßstäben der Klassiker zu genügen: Sie sind alle nach 1971 entstanden. Aber sie haben bei der Auswahl so gut abgeschnitten, daß die SCHÖNER WOHNEN-Jury die Vorhersage wagt: Auch die werden in ein paar Jahren Klassiker sein. Fürs erste sind sie nur an ihrer Jugend gescheitert.

1
Jahr: 1979
Designer: Achille Castiglioni
Modell: Cumano
Material: Gestell Rundstahl. Platte Blech, feuerlackiert, schwarz, rot, blau, grün. Verschiebbares Nylongelenk
Maße: Ø 55. H 70 (geklappt 114)
Preis: auf Anfrage
Hersteller: Zanotta, Mailand

2
Jahr: 1975
Designer: Gae Aulenti
Modell: 56/500 (Jumbo)
Material: Marmor, schwarz, weiß
Maße: 113x113. H 38
Preis: auf Anfrage
Hersteller: Knoll International, Murr

3
Jahr: 1977
Designer: Studio Simon
Modell: Marcel
Material: Gestell Rundrohr, verchromt. Platte Kunststoff, polyesterlackiert
Maße: L 118. B 74. H 34
Preis: auf Anfrage
Hersteller: Simon International, Bologna/Italien und Köln

4
Jahr: 1978
Designer: Marco Zanuso
Modell: Eta-Beta 248
Material: Beine Stahl, gebräunt. Platte Kristallglas
Maße: 100x100. 120x120. 70x 130. 80x160. 90x180. 100x200. 110x230. H 72
Preise: auf Anfrage
Hersteller: Zanotta, Mailand

5
Jahr: 1974
Designer: Enzo Mari
Modell: Cuginetto A 1
Material: Gestell Vierkant-Eisen. Platte Kristallglas
Maße: Ø 75. H 50
Preis: auf Anfrage
Hersteller: Driade, Mailand

6
Jahr: 1979
Designer: Alexander Blomberg, Jan Wichers
Modell: Domino
Material: Korpus Holz. Beschichtung Acrylglas, durchgefärbt. Weiß, beige, rotbraun, Kanten schwarz. Schwarz, Kanten grau
Maße: 92x92. H 46
Preis: auf Anfrage
Hersteller: Rosenthal Einrichtung, Selb

Möbelfotos: Hansjörg Dettling (4, 5, 11, 16, 17, 25, 27). Winfried Nörenberg (9, 20, 21, 22, 23, 26). Gary Rogers (3, 6, 8, 15, 18). Alle anderen: Werkfotos. Seite 132: Hansjörg Dettling (6). Alle anderen: Werkfotos. Porträtfotos: privat.

Moderne Klassiker
MÖBEL, DIE GESCHICHTE MACHEN
10. Teil: Betten und Liegen

413 Luxusbetten, darunter 155 übergroße, soll Ludwig XIV. gehabt haben. Molière brachte es immerhin auf fünf, und auch Shakespeare muß mindestens drei besessen haben: In seinem Testament vermachte er seiner Frau sein zweitbestes Bett nebst Bettzeug. Daß im Schlafzimmer des amerikanischen Präsidenten Benjamin Franklin vier Betten stehen mußten, hing mit seiner Vorliebe für Kühle zusammen: Hatte er eines warmgelegen, stieg er ins nächste um. Von der Preußenkönigin Luise sind derart staunenswerte Zahlen nicht bekannt. Dafür schlief sie in einem Bett, das der große Architekt Schinkel für sie entworfen hatte. Die Bettgeschichte führt von den luxuriösen Lagern der Griechen, Römer und Ägypter aufs Stroh des Mittelalters und dann in Himmelbetten, Bettschränke und Schlafbutzen. Prunkvoll schlief man in Barock und Rokoko, schlichter und ohne Himmel erst seit dem 19. Jahrhundert. Des Bettes Tagschwester, die Liege, ist die Antwort vergangener Jahrhunderte auf das Bedürfnis, die Arbeit mit einer Siesta zu unterbrechen und dem Blutstau in den Beinen vorzubeugen. Anderswo hat sie hübschere Namen: day-bed, lit duchesse (Herzoginbett), lit de repos (Ruhebett). Auch die Récamière gehört dazu, das schmale Ruhelager mit hohem Kopf- und Fußende, benannt nach der Pariser Bankiersfrau Julie Récamier, deren Salon nach 1814 Zentrum der Opposition gegen Napoleon war. Heute begegnet man – allen voran die Amerikaner, in ihrem Gefolge gelehrige Europäer – der Beinschwere auf weniger graziöse, dafür aber viel billigere Art: Man legt die Beine auf den Tisch. Dabei haben, wie dieses Kapitel zeigt, illustre Designer sich des Themas Liege menschenfreundlich angenommen. Die Chaiselongue, die Charles Eames für seinen Freund, den Regisseur Billy Wilder, entworfen hat, ist ausdrücklich »Berufsleuten, die im Büro ein Nickerchen machen wollen«, zugedacht.

Betten

1

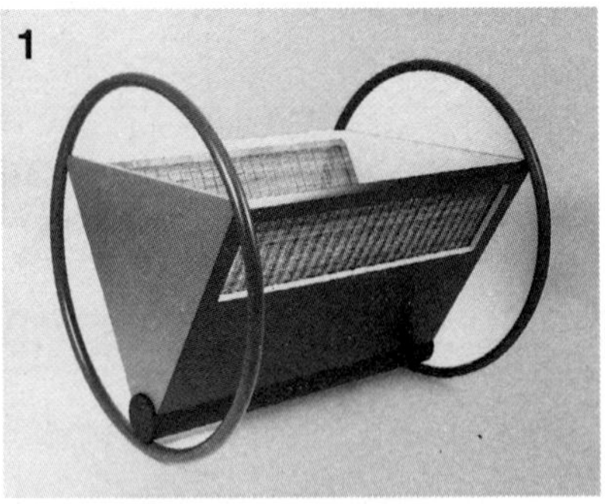

1

Jahr: 1923

Designer: Peter Keler

Modell: Bauhaus-Wiege

Material: Gehäuse Holz. (Rechtecke rot, Dreiecke gelb). Ringe Metall, blau lackiert. Innenwände Peddigrohrgeflecht

Maße: L 98. ∅ Ringe 91

Preis: auf Anfrage

Hersteller: Tecta, Lauenförde

Die Aufgabe kam von Walter Gropius, dem Gründer und ersten Leiter des Bauhauses, damals noch in Weimar: In einem Möbelwettbewerb sollten die Studierenden Betten für Mann, Frau und Kind für das Musterhaus »Am Horn« entwerfen. Ausgestellt wurden die Möbel in der ersten Bauhaus-Ausstellung in Weimar 1923. Peter Keler hat seine Wiege exakt nach Wassily Kandinskys Untersuchungen über synästhetische (mitempfindende) Beziehungen zwischen Form und Farbe konstruiert. Kandinsky, der damals ebenso wie Paul Klee am Bauhaus Kurse zur Formenlehre hielt, hat seine Vorstellungen in der Schrift »Punkt und Linie zu Fläche – Beitrag zur Analyse der malerischen Elemente« niedergeschrieben. Er wollte eine Grammatik des künstlerischen Gestaltens aufstellen. Alle Formen führte er auf die Grundelemente Dreieck, Viereck, Kreis, alle Farben auf die Grundfarben Gelb, Rot, Blau zurück. In Experimenten hat er bewiesen, daß Grundformen und Grundfarben einander zuzuordnen seien: Gelb zum Dreieck, Rot zum Viereck, Blau zum Kreis – diese Formensprache spielte damals für das Bauhaus eine große Rolle. Auf einer Zeichnung, die Peter Keler bis heute aufgehoben hat, sind außer der Wiege auch Betten für Mann und Frau skizziert: das für den Mann mit rechteckigem, das für die Frau mit halbkreisförmigem Haupt- und Fußteil. Ein anderer Entwurf Kelers, der heute wieder hergestellt wird (ebenfalls von Tecta) ist »Der rote Kubus«, ein streng kubischer Polstersessel mit dickem Sitzpolster und abgeschrägter Rückenlehne, bezogen mit rotem Kavallerietuch.

Der Designer

Die Vorfahren von Peter Keler, der in Holstein aufgewachsen ist, waren Bauern, Handwerker, Seefahrer und Unternehmer mit musischen Interessen. Nach Schulzeit und Fachabitur in Kiel war Keler zwei Jahre Soldat in Frankreich, hat nach dem Krieg in Berlin als Maler und Tischler volontiert und ging dann auf die Kunstschule seiner Heimatstadt Kiel. 1921 kam er über den Worpsweder Künstlerkreis ans Staatliche Bauhaus in Weimar, durchlief die Vorlehre bei Johannes Itten und studierte dann bei Kandinsky Wandmalerei. Als das Bauhaus 1925 nach Dessau übersiedelte, schied Keler aus und eröffnete in Weimar ein Atelier für angewandte Malerei, Werbegrafik und Innenarchitektur, stellte handwerkliche Modelle von Typensitzmöbeln her, arbeitete

Peter Keler
*Kiel,
2. Dezember
1898
†Weimar,
11. November
1982

als Werbegrafiker für die Dresdner Textil- und Maschinenindustrie. In den dreißiger Jahren war Keler viel auf Reisen in verschiedenen europäischen Ländern. Von 1937 bis 1942 lebte er in Berlin als Architekt und Gestalter von Ausstellungen. Während des Krieges war Keler, der als Antifaschist Ausstellungsverbot hatte, Filmarchitekt bei der »Tobis«: Zu den Filmen, an denen er mitarbeitete, gehört die berühmte »Romanze in Moll«. Den Bombenangriffen auf Berlin fielen mit seinem Atelier auch viele Arbeiten aus der Bauhauszeit zum Opfer. Nach Kriegsende wurde Keler an die neugegründete Hochschule für Architektur und Bildende Künste Weimar berufen. Er unterrichtete künstlerische Vorbildung des Architektur-Studiums im Sinne des ehemaligen Bauhauses, Farbe im und am Bau und Freihandzeichnen. 1947 wurde er Professor an der Hochschule mit den Lehrgebieten Ausstellungs- und Museumsgestaltung, Licht und Architektur, Licht und Farbe. Neben der Hochschularbeit hat er im Auftrag der thüringischen Landesregierung Ausstellungen organisiert und geleitet und Kultur- und Klubhäuser an Universitäten und Theatern in Weimar, Jena und Greifswald umgebaut oder neugestaltet. Seit 1963 ist Keler emeritiert, arbeitet aber, nun über achtzig Jahre alt, immer noch als Maler in Weimar und in Born/Darss und beteiligt sich an Ausstellungen. ●

2

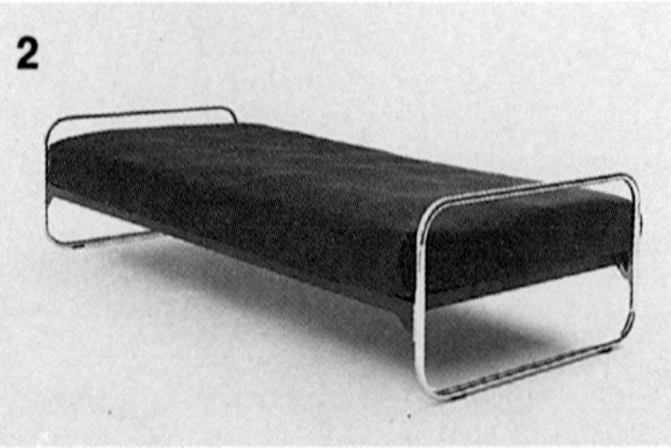

2

Jahr: 1927

Designer: Alfred Roth

Modell: 454

Material: Stahlrohr, verchromt. Matratzenrahmen Winkeleisen

Maße: L 195,5. B 91. H 50 Matratzenhöhe ab Boden 25 cm

Preis: auf Anfrage

Hersteller: Embru, Rüti/Schweiz

Dieses Bett wird immer wieder Le Corbusier zugeschrieben. Aber der große LC hat in diesem Zusammenhang eine ziemlich unrühmliche Rolle gespielt. Er war 1927 mit der Entwicklung von Stahlrohrmöbeln beschäftigt, und sein Mitarbeiter Alfred Roth war in Stuttgart mit dem Auftrag, Le Corbusiers Beitrag zur Weißenhof-Mustersiedlung des Deutschen Werkbundes zu betreuen. Er bekam am 21. Juli einen Brief vom Meister aus Paris mit der Ankündigung, daß die Muster der ersten Sessel in acht Tagen abgeschickt würden: »Wir haben hier die Modelle in Stahlrohr ausführen lassen, und sobald sie fertig sind, bekommen Sie die Muster.« In Wahrheit waren aber diese Möbel noch gar nicht so weit entwickelt, daß man sie nach Stuttgart schikken und dort hätte ausstellen können. Alfred Roth mußte das Haus mit anderen Möbeln einrichten (»Er hat mich richtig aufsitzen lassen«). Als Bett nahm er das Stahlrohr-Modell, das er selber entworfen hatte. Das Bett wird mit dem dazu ursprünglich dazugehörenden Stahldrahtrahmen (unter der Matratze) angeboten, aber auch mit einem Lattenrost.

Der Designer

Alfred Roth, der an der Eidgenössischen Technischen Hochschule (ETH) Zürich studiert hat, war – nachdem er unter Professor Karl Moser sein Examen gemacht hatte – zwei Jahre Assistent bei Le Corbusier in Paris, unterhielt dann zwei Jahre lang ein eigenes Büro in Göteborg/Schweden und ließ sich 1931 in Zürich nieder. Roth hat (zusammen u. a. mit Marcel Breuer) die berühmten Apartmenthäuser »Doldertal« in Zürich gebaut, außerdem Industrie-, Militär- und Handelshäuser. Besonders lang ist die Liste der Schulen, Kindergärten und Jugendzentren, die er gebaut oder geplant hat. Über »Das neue Schulhaus« hat Roth auch ein Buch geschrieben und eine Ausstellung konzipiert und arrangiert. In den fünfziger und sechziger Jahren hat er öfter Ausstellungskonzepte entworfen, in den siebziger Jahren erfüllte er als Architekt und Berater eine Reihe großer Aufgaben in mehreren Ländern des Vorderen Orients, sowohl im Schulbau als auch im Bau von Wohnsiedlungen. Von 1943 bis 1955 war Roth, der auch Gastprofessuren innehatte (so an der Harvard-Universität in Cambridge/USA) und Ehrenmitglied in vielen bedeutenden Gremien ist, Chefredakteur der Schweizer Architektur- und Kunstzeitschrift »Werk«. Neben Artikeln über Architektur und Städtebau in in- und ausländischen Zeitschriften hat er mehrere Bücher veröffentlicht. auch eines über Le Corbusier. ●

Alfred Roth
* Wangen
a. A./Bern
21. Mai 1903

3

Jahr: 1952
Designer: Hans J. Wegner
Modell: RY 402
Material: Teak oder Eiche
Maße: L 190, 200.
B 85, 100, 140. H 73,5
Preis: auf Anfrage
Hersteller: A/S Ry Møbler, Ry/Dänemark

Dem Eingeweihten fallen bei dem Namen Wegner Stühle, Armlehnstühle und Sessel ein. Aber neben den Sitzmöbeln, die seinen Ruhm begründeten, hat dieser große dänische Möbeldesigner auch anderes gezeichnet: Tische, Kastenmöbel, ein menschenfreundiches und ästhetisch makelloses Programm für Alten- und Pflegeheime, einfache und praktische Einrichtung für Studentenzimmer. Das schlichte Bett Ry 402 nimmt in Kopf- und Fußteil ein Motiv auf, das an mehreren Stühlen Wegners vorkommt: Latten zwischen schlanken Rundholzpfosten. Es wird ergänzt von einem ebenso geradlinigen Nachttisch mit Schublade und Ablagefläche. Ebenfalls ins Schlafzimmer gehört, ein Jahr nach dem Bett entworfen, eines von Wegners berühmtesten Modellen: der stumme Diener. Die Lehne dieses dreibeinigen Stuhls ist oben als Bügel geformt, der die Jacke trägt. Der Sitz, nach vorn hochzuklappen, hat am Ende ein dünnes Rundholz, auf dem die Hose hängt.

Der Designer

Über Hans J. Wegner s. »Stühle«, Nr. 22, »Armlehnstühle«, Nr. 11–15, »Sessel«, Nr. 16–18 ●

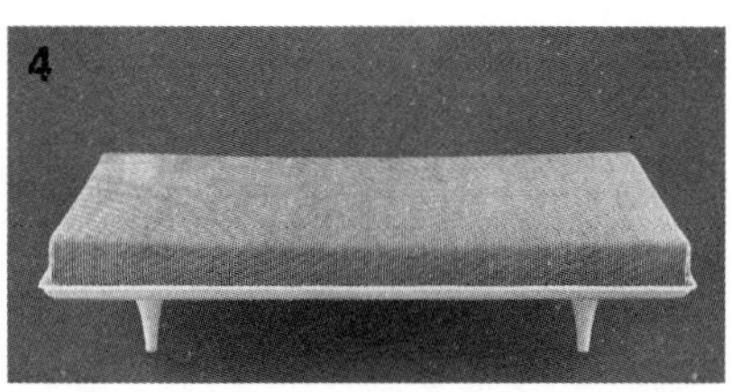

4

Jahr: 1960
Designer: Andreas Christen
Modell: Stapelbett
Material: Polyester, blau, weiß, rot
Maße: L 190, 200, 210.
B 90, 100, 140, 160. H 28
Preis: auf Anfrage
Hersteller: H. P. Spengler, Rümlang/Zürich

Wenn man so jung ist, wie Andreas Christen damals war, will man »einfach neue Sachen machen«. Möglichst elementare Gegenstände sollten es sein, und da ihn dieses neue Material interessierte: aus Kunststoff. Weil es aber den Kunststoff-Stuhl schon gab und er auf keinen Fall etwas machen wollte, was schon da war, versuchte er, Kunststoff in großen Flächen zu verarbeiten, als Schrank, als Bett. Das Verfahren, das er anwendete, ist heute gang und gäbe, zum Beispiel bei Surf-

boards: Polyester wird doppelschichtig verformt – mit einer Wabenzwischenlage. So wird das Material stabil, obwohl die Außenhaut dünn ist (nur anderthalb Millimeter stark). Und so gelang es, die für jene Jahre typischen kleinen Füße hohl zu formen. Wenn man die Liegen stapeln will (es gibt Fotos mit tadellosen Zwanzigerstapeln), kann man es sozusagen nahtlos, weil die Füße der oberen Liegen immer in denen der unteren verschwinden. Die Liege, die in Deutschland vom Markt verschwunden ist und jetzt noch in der Schweiz angeboten wird, entspricht Christens Vorstellung von Design. Ihm geht es um Wahrheit – er will unprätentiöse Dinge machen, auf ökonomische Produktion und Gebrauchswert abgestimmt. Ästhetik hat zwar auch ihren Stellenwert für ihn, darf aber nicht Selbstzweck sein.

Der Designer

Andreas Christen hat zwei Ateliers, eines für den Maler, eines für den Designer Christen. Denn ihm ist es wichtig, die beiden Disziplinen, in denen er arbeitet – in beiden mit Intensität und Hingabe –, strikt zu trennen. Kunst hat für ihn nichts mit Design, Design nichts mit Kunst zu tun. Christen wurde auf der Kunstgewerbeschule Zürich zum Designer ausgebildet und arbeitet seit 1960 als selbständiger Maler und Entwerfer. 1967 begann seine Zusammenarbeit mit Knoll International, für die er Bürosysteme entwarf. 1971/72 wirkte Christen als Dozent an der Hochschule für Bildende Künste in Hamburg, 1981 wurde er zum Juror im Rat für Formgebung in

Darmstadt berufen. Für seine Malerei (er ist Konstruktivist) bekam Christen 1968 den Conrad-Ferdinand-Meyer-Preis, einen bedeutenden Literatur- und Kunstpreis (zu den Preisträgern gehören

Andreas Christen
* Basel
16. Mai 1936

auch die Schriftsteller Max Frisch und Adolf Muschg). Werke von Andreas Christen waren in Ausstellungen in Zagreb und Paris, auf der 9. Biennale von São Paulo 1967 und auf der 1. Biennale in Nürnberg 1969 zu sehen. ●

5

5

Jahr: 1962

Designer: Rigmor Andersen Annelise Bjørner

Modell: Bett

Material: Eiche, Mahagoni

Maße: L 200. B 100. H 100/70

Preis: auf Anfrage

Hersteller: Jørgen Christensens Snedkerier, Rødovre/Dänemark

Fragt man die beiden Designerinnen, ob sie zu Hause so ein schönes Bett haben, lachen sie. »Für uns zu teuer«, meinen sie. Das Bett wird auf Bestellung gearbeitet, damals mit massiven Kanten und furnierten Füllungen, heute auch mit furnierten Kanten. Die Maße in Zentimetern müssen die beiden erst nachschauen, sie messen nach alter dänischer Weise mit den menschlichen Maßen Daumen und Elle (Unterarm). Das Bett haben sie für die Ausstellung 1962 der Kopenhagener Tischlerinnung entworfen, fürs »Zimmer der Dame«, das sie zusammen einrichteten. Zum Bett passend gibt es ein Nachttischchen und einen Spiegel. Im Zimmer stand auch ein Stuhl von Kaare Klint, Rigmor Andersens großem Lehr-

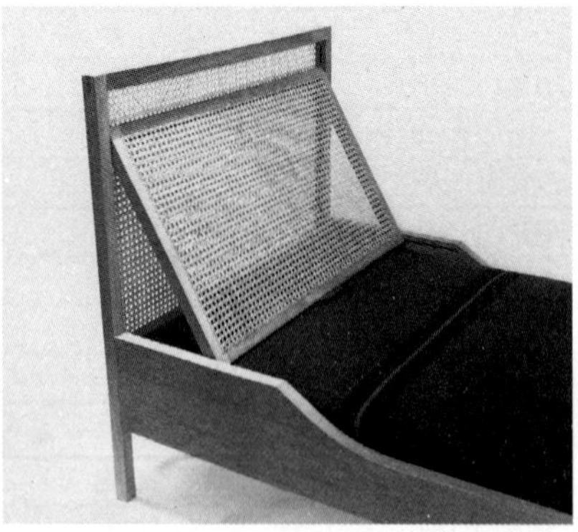

meister. Damals waren nur Klint-Schüler an der Ausstellung beteiligt – das »Zimmer des Herrn« richtete Børge Mogensen ein.

Die Designerinnen

»Wir meinen immer dasselbe«, sagten Rigmor Andersen und Annelise Bjørner, befragt, was wessen Anteil bei gemeinsamen Entwürfen ist. Mit Bett und Damenzimmer, das damals auf der Ausstellung prämiiert wurde, begann ihre Zusammenarbeit: Die Anregung dazu hatte Børge Mogensen gegeben. Dem Damenzimmer folgten in den nächsten Jahren ein Gartenzimmer, ein Studierzimmer, ein Kamin- und Lesezimmer. Eine besonders ehrenvolle Aufgabe wurde den beiden 1967 zuteil: einen Besteckschrank zu zeichnen, den die Dänische Nationalbank dem Thronfolgerpaar zur Hochzeit schenkte. Auch das Silberbesteck, das dahineingehört, haben Andersen/Bjørner entworfen: Es heißt nach der heutigen Königin »Margrethe-Besteck«

Rigmor Andersen
* Aarhus
11. Dezember 1903

Annelise Bjørner
* Præstø
3. April 1932

und wurde vom Kunstindustriemuseum angekauft. Seit 1971 zeichnen die beiden für den Silberschmied Georg Jensen ihre berühmt gewordenen Jahreslöffel (inzwischen zum fünfteiligen Besteck ausgewachsen): aus Silber, vergoldet und mit Wildblumen in Emaille geschmückt. Rigmor Andersen hat an der Architektenschule der Kopenhagener Kunstakademie studiert und Examen gemacht und war von 1929 zehn Jahre lang Mitarbeiterin von Kaare Klint (siehe »Stühle«, Nr. 13, »Armlehnstühle«, Nr. 13, »Hängelampen«, Nr. 4). Sie kennt sich in Klints Werk aus wie in ihrem eigenen und hat auch ein Buch über ihn geschrieben. Außer mit Annelise Bjørner hat sie auch allein und mit anderen Partnern erfolgreiche Modelle gezeichnet. Seit 1973 ist sie »Ritter vom Dannebrog« (der dänischen Flagge).
Annelise Bjørner, die ebenfalls an der Kopenhagener Architektenschule studiert hat, ist auf das Fach »Industrielle Formgebung« spezialisiert. Sie hat ein Zimmermannspraktikum gemacht und war von 1957 bis 1962 nacheinander Mitarbeiterin der Architekten Arne Karlsen, Vilhelm Wohlert und Mogens Koch. Außer Möbeln und Silberwaren entwirft sie auch Türbeschläge aus Messing und Kunststoff. ●

6

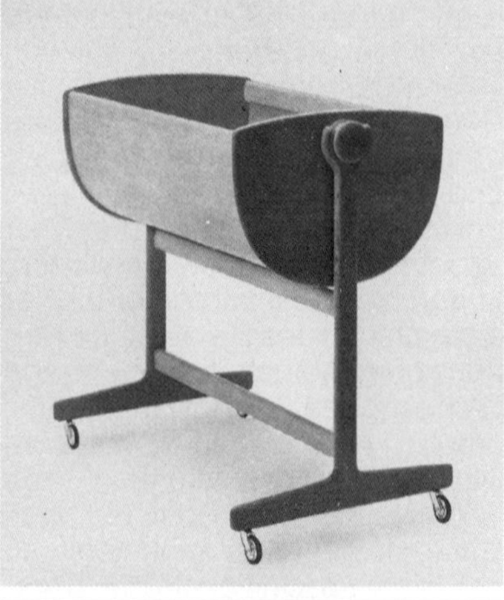

6

Jahr: 1963

Designer: Nanna Ditzel

Modell: Wiege

Material: Buche

Maße: L 80. B 48. H 82

Preis: auf Anfrage

Hersteller: Nordisk Andels Eksport, Kopenhagen

Nanna Ditzel hat viele schöne und praktische Kindermöbel gezeichnet. Auf die Wiege kam sie, als sie in ihrer Zeitung einen Bericht über eine Familie las, in der sich eine alte Wiege von Generation zu Generation forterbte. Sie fand den Gedanken so hübsch, daß sie selber eine Wiege entwarf, schlicht und stabil, auf Rollen. In der Familie Ditzel wurde sie auch gebraucht. Die dicken, runden Knäufe, an denen das Bettchen im Gestell hängt, hat Nanna Ditzel auch an einem anderen Modell verwendet: an einem Spielgerüst aus Holz, das wie ein Wäldchen aus Kletterbäumen wirkt. Die Äste, nämlich die an Rundholzstämmen angebrachten Querholme, enden in solchen Knäufen. Ein anderes praktisches Kindermöbel, das leider nicht mehr produziert wird: ein Gitterbett, das später, von einem Längsgitter befreit, zum Sofa wird.

Die Designerin

Sie heißt beruflich immer noch Nanna Ditzel, obwohl ihr erster Mann, Jørgen Ditzel, 1961 gestorben ist und sie 1968 zum zweiten Mal geheiratet hat: den Kaufmann Kurt Heide, der in London ein Handelsunternehmen führt, mit einem Schauraum in einem alten Stallgebäude im Stadtteil Hampstead. Nanna Ditzel hat auch ihr Studio in London, pflegt aber noch gute Beziehungen zum Design in ihrem Heimatland Dä-

Nanna Ditzel
* Kopenhagen,
6. Oktober 1923

nemark. Sie ist in Kopenhagen aufs Gymnasium gegangen, danach auf die Kunsthandwerkerschule. Gleich nach dem Examen hat sie mit Jørgen Ditzel ein Design-Büro eröffnet. Sie entwirft, damals mit ihrem Mann zusammen, heute allein, Möbel, Textilien, Schmuck, Geschirr und Gläser (1981 war ein Thema für sie: Tische und alles für den Tisch). In den fünfziger Jahren hat sie Studienreisen nach Griechenland, Mexiko und den USA gemacht, 1972 und 1973 in den Fernen Osten. Ausstellungen ihrer Arbeiten wurden außer in Dänemark in Schweden und Deutschland, England, Österreich und den USA gezeigt. 1954 hat sie ein Buch über »Dänische Stühle« veröffentlicht. In ihrer freien Zeit lebt sie am liebsten draußen, arbeitet im Garten, macht lange Küstenspaziergänge (sie hat auch einen sehr noblen Spazierstock entworfen). Außerdem liest sie viel und diskutiert über Malerei und Design. ●

7

7

Jahr: 1966
Designer: Tito Agnoli
Modell: L 2
Material: Rahmen Esche, Füllung Peddigrohr, natur oder farbig gebeizt
Maße: L 210. B 170. H 80/60
Preis: auf Anfrage
Hersteller: Pierantonio Bonacina, Lurago d'Erba/Italien

Eine exakte Kopie dieses Bettes wird seit Jahren von einer deutschen Firma als »Werksentwurf« vorgestellt. Tito Agnoli aber hat es (und das gleichartige Einzelbett) für Pierantonio Bonacina entworfen, mit dem er viel zusammenarbeitet, und dessen Firma auf die Verarbeitung von Rohr aller Art spezialisiert ist. Damals produzierte sie noch je zur Hälfte Körbe und Möbel, und Agnoli kam zu dem Entwurf für das Bett über einen tablettartigen Korb, den er für Bonacina entworfen hatte. Die Kombination von Holz und Peddigrohr, die ihm für ein Bett geeignet schien, war neu im Möbelbau, die Form mit dem hohen Kopfteil dagegen ist die traditionelle italienische Bettenform. Tito Agnoli hat dazu Kommoden aus Peddigrohr entwickelt und ein patentes Schlafsofa. Dessen zweite Matratze liegt im Sockel und kann neben die Sitzflächen gestellt werden.

Der Designer

Über Tito Agnoli siehe »Eßtische«, Nr. 24, »Tischlampen«, Nr. 14, »Sofas«, Nr. 17 und 18. ●

8

8

Jahr: 1967
Designer: Rolf Heide
Modell: Stapelliege 223/224
Material: Schichtholz, Buche oder Esche naturfarben, schwarz, braun gebeizt.
Maße: L 200. B 90. H 23,5
Preis: auf Anfrage
Hersteller: Müller Möbelwerkstätten, Bockhorn/Old.

Die ganz einfache Eckverbindung hat Rolf Heide zwei Jahre später bei seiner Sofabank (siehe »Sofas«, Nr. 19) noch einmal angewendet. Die Liege war das erste in einer Reihe praktischer und ästhetisch ansprechender Möbel für Leute, die mobil und unkonventionell wohnen wollen. Heide hatte sich die Aufgabe gestellt, zwei Betten so zu konstruieren, daß sie tagsüber nur den Platz von einem beanspruchen. Das Modell wurde in der Zeitschrift »Brigitte« veröffentlicht. Eigentlich war geplant, ein Schnittmuster für Selbermacher dazu zu liefern. Da sich das aber als zu schwierig erwies, kam man auf die Lösung, das Bett zerlegt zu versenden. Mit den vier Holzteilen, dem Rollrost und der Matratze ist es einfach zu verpacken. Genau so patent: der dazugehörige Bettzeugkasten mit lose eingelegtem Deckel aus naturfarben, schwarz oder braun gebeiztem Schichtholz.

Der Designer

Über Rolf Heide siehe »Sofas«, Nr. 19, »Sofatische«, Nr. 22 ●

9

9

Jahr: 1969
Designer: Annig C. Sarian
Modell: Alisso
Material: Esche natur, schwarz oder weiß. Nußbaum. Oder hochglanzlackiert, schwarz oder weiß
Maße: L 210. B 176. H 79
Preis: auf Anfrage
Hersteller: Tisettanta, Mailand

Lange Zeit war »Alisso« eines der wenigen Betten mit hohem Kopf- und Fußteil. Die erste, etwas kleinere Version (205x160) gefällt der Designerin am besten. Das Kopfteil, das jetzt auch mit Holzeinsatz gearbeitet wird, gab es früher nur mit Polster, leder- oder stoffbezogen. Annig Sarian hat für Tisettanta noch mehr Betten entworfen. Ihr neuestes, schwarz lackiert, ist von einer offenen Koje umrahmt, die eine Längs- und eine Schmalseite umfaßt – eine originelle Lösung für Ein-Raum-Wohnungen: Das Bett muß nicht zu sehen sein.

Die Designerin

Wie fast alle Mailänder Architekten hat auch Annig C. Sarian am Polytechnikum ihrer Stadt studiert und Examen gemacht. Danach hat sie zunächst in Architekturbüros mitgearbeitet, bei den renommierten Architekten Ignazio Gardello und Roberto Menghi. Seit sie sich mit

Annig C. Sarian
* Mailand
10. Januar 1932

einem eigenen Büro selbständig gemacht hat, arbeitet sie nicht mehr im Team, sondern lieber allein. Sie entwirft Wohnhäuser, Schulen und andere öffentliche Gebäude, Möbelserien und arbeitet auch als Innenarchitektin. Ein Gebiet, das sie fasziniert, ist das Restaurieren alter Häuser, zum Beispiel in der Mailänder Innenstadt. Für Tisettanta, die Firma, die ihre Möbel produziert, entwirft sie Messestände und arbeitet an der Gestaltung des Katalogs mit. ●

10

10

Jahr: 1971

Designer: Bruno Munari

Modell: Abitacolo

Material: Stahl, lackiert. Grau oder rot

Maße: L 230. B 80. H 200

Preis: auf Anfrage

Hersteller: Robots, Mailand

Das konnte nur jemand wie Bruno Munari machen, der ein Herz hat für den Spieltrieb kleiner wie großer Menschen (ihn selbst einbegrifffen): Ein Bett, ja. Aber auch Schreibtisch, Arbeitsfläche, Spielplatz, Schlupfwinkel, Haus im Haus (Abitacolo bedeutet Führerkabine, Pilotenkanzel, das Innere des Automobils und des Raumschiffes). Munari hat ein Abitacolo im Atelier, das in dem Haus liegt, in dem er auch wohnt. Das Bett dient dem Enkel als Schlafstatt, wenn er aus der Schweiz zu Besuch nach Mailand kommt. Im übrigen ist es ein Arbeitstisch, rundum behängt mit nützlichen Werk- und Spielutensilien. Es ist grau lackiert. Das Rot, das seit 1979 als Alternative angeboten wird, gefällt Munari nicht so gut, weil es den Eindruck des Transparenten, fast Körperlosen, den das Grau suggeriert, aufhebt. (Daß Abitacolo trotz diesem Effekt der Schwerelosigkeit äußerst stabil ist, wurde erprobt: Es trug zwanzig Personen, ohne zusammenzubrechen). Abitacolo kommt als handliches Paket zum Besitzer und ist – darauf legt sein Erfinder größten Wert – im Handumdrehen montiert: In die vier rechtwinkligen Trägerelemente, die auch als Leitern dienen, werden die beiden 80x190-Borde eingehängt (in beliebiger Höhe) und mit ganzen acht Flügelschrauben befestigt. Als Zubehör, das ebenfalls eingehängt wird, gibt es eine Tischplatte mit Klappmechanismus, vier Bücherborde, zwei Drahtkörbe und ein Namensschild (wichtig!) nebst Haken für alles, was man lose aufhängen will. Abitacolo hat keine Konkurrenz, solch eine Art Bett ist bisher nie wieder gemacht worden. Es hat 1979 einen Compasso d'Oro gewonnen und steht im Museum of Modern Art in New York. Munari hat aus dem gleichen stabilen Stahldraht noch eine Serie rollbarer Regale entworfen.

Der Designer

Über Bruno Munari siehe »Hängelampen«, Nr. 15 ●

11

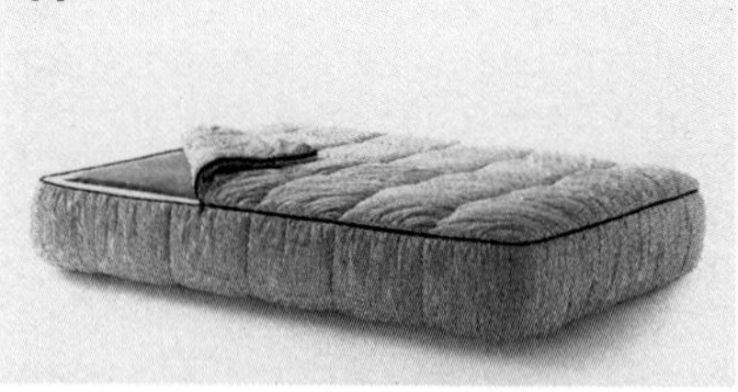

11

Jahr: 1972

Designer: Cini Boeri

Modell: Strips

Material: Struktur Holz mit Polyurethan-Polsterteilen. Bezug Steppdecke mit Polyesterfasern gefüllt, mit Reißverschluß. Mit Druckknöpfen am Gestell befestigt

Maße: L 221, B 106, 136, 166, 186. H 21

Preise: auf Anfrage

Hersteller: Arflex, Mailand

In einer Broschüre über ihre Arbeiten veröffentlicht Cini Boeri eine Zeichnung vom Strips-Sofa: Es sieht aus, als wär's ein Stück vom Verpackungskünstler Christo. Was Wunder – sie war damals von Christos eingeschnürten Werken fasziniert und wollte bei ihrer Möbelserie (die sie unter Mitarbeit von Laura Griziotti entwarf) einen ähnlichen Effekt erreichen. Daher die Idee mit den Steppdecken, die dazu den Vorzug haben, daß man sie leicht abziehen und reinigen lassen kann. Es gibt sie in verschiedenen Farben und Mustern, und Cini Boeri hatte sich anfangs vorgestellt, daß jemand sich zwei oder drei Bezüge für jedes Strips-Möbel kauft und öfter mal wechselt. Aber sie hat eingesehen, daß das selten vorkommt. Strips ist ein Bett, das in jedem Wohnraum stehen kann. Man öffnet und schließt es wie einen Schlafsack und kann tagsüber das Laken drauflassen. Das Bett ist Bestandteil der »Famiglia degli Strips« (der Familie der Strips), die immer wieder um ein neues Mitglied erweitert und inzwischen sehr zahlreich geworden ist: Sessel, Hocker, Anbauelemente, Sofas und ein Loungechair, das Lieblingsstück der Designerin. Im Loungechair sitzt man wie im Schlitten und kann sich einen wattierten Fußsack bis zur Taille ziehen. Der Sessel entstand zur Zeit der ersten Ölkrise. Cini Boeri sieht die Strips-Serie als etwas ganz Normales, auf das sie nicht sonderlich stolz ist, verglichen mit

Polstermöbeln, die inzwischen nicht mehr produziert werden. 1979 wurde der Serie der Compasso d'Oro zuerkannt.

Die Designerin

Nach Studium und Examen am Mailänder Polytechnikum hat Cini Boeri elf Jahre lang im Studio des großen Kollegen Marco Zanuso (siehe »Eßtische«, Nr. 29) gearbeitet. 1963 hat sie in Mailand ihr eigenes Studio eröffnet. Sie arbeitet auf allen Gebieten der Architektur und des Industriedesigns. Dabei kommt es ihr besonders auf Projekte und Produkte an, die das Leben erleichtern und verbes-

Cini Boeri
* Mailand
19. Juni 1924

sern. Diesem Ziel dient auch das Buch, das sie zusammen mit dem Redakteur Franco Angeli veröffentlicht hat: »Die menschlichen Dimensionen des Wohnens«. Darin zeigt sie mit Grundrissen, Zeichnungen und Fotos, wie beim Entwerfen die Bedürfnisse des Menschen zu berücksichtigen sind. In ihren eigenen Entwürfen folgt sie diesen Forderungen. Sie hat schöne, geräumige Ferienhäuser entworfen, einen Lesesessel, dem Lampe, Lesepult, Zeitschriftentaschen und Telefon angebaut sind, praktische leichte Servier- und Wäschewagen, handliche Thermoskannen für Kaffee und Tee, ein zerlegbares Regal. Außerdem Polstermöbel, Tische, Lampen und ein Motorboot. Cini Boeri hat an vielen Ausstellungen teilgenommen: als Organisatorin, Jurorin oder Ausstellerin eigener Arbeiten, und viele ihrer Modelle wurden mit Auszeichnungen gewürdigt. Auch als Dozentin war und ist sie tätig: an den Universitäten von Barcelona und Berkeley/Kalifornien und am Polytechnikum in Mailand. ●

12

Jahr: 1972
Designer: Roberto Pamio, Renato Toso
Modell: Tai
Material: Esche natur oder schwarz gebeizt
Maße: L 246. B 212. H 33
Preis: auf Anfrage
Hersteller: Stilwood, Cavezzo/Modena/Italien

So paradox das für einen Möbeldesigner klingt – Roberto Pamio, der für das Duo Pamio/Toso spricht, gehört zu den Menschen, die sich am liebsten mit einer Matratze, einer Glühlampe an der Decke und einer Wandnische als »Stauraum« begnügen würden (seiner Frau gefällt das, sagt er, weniger). Das Bett »Tai«, das rundum Ablagefläche bietet, kann als Kompromiß zwischen Pamios Auffassung vom Wohnen und der üblichen Vorstellung von Schlafzimmereinrichtungen gelten. Pamio und Toso verarbeiten gern helle Hölzer, weil sie leichter wirken und sich nicht aufdrängen, auch wenn es sich um recht stämmige Modelle handelt. Und das trifft für alle Möbel zu, die das Designer-Paar Pamio/Toso (zu dem auch Tosos Frau, die Architektin Massari, gehört) für die Firma Stilwood entworfen hat.

Die Designer

Roberto Pamio hat in Venedig Architektur studiert. Seine ersten Arbeiten entstanden in Zusammenarbeit mit dem italienischen Elektrokonzern Zanussi. Schon

Roberto Pamio
* Mestre/ Venedig
28. April 1937

während des Studiums (1962) entwarf Pamio die ersten Einrichtungsgegenstände. 1965 bekam er Kontakt zum Leuchten- und Glashersteller Leucos, für den er im letzten Jahr die erste Glaslampe mit einem Halogenstrahler entwickelte. Seit 1967 gehört er zum Designerteam von Stilwood. Seitdem arbeitet er mit Toso zusammen. Arbeiten der beiden wurden auf Messen in Triest und Vicenza mit Preisen ausgezeichnet.

Renato Toso
* Murano
9. November 1940

Auch Renato Toso hat an der Universität Venedig studiert und Examen gemacht. Schon als Student hat er Arbeiten aus Glas gemacht – kaum erstaunlich bei einem Menschen, der auf der Glasmacher-Insel Murano geboren ist. Diese Arbeiten fanden hohe Anerkennung auf nationalen und internationalen Ausstellungen in Rom und Brüssel, bei den Biennalen in Venedig 1966 und 1968. Renato Toso und Roberto Pamio haben ihr Studio in Scorze bei Venedig. Die beiden Designer werden immer zusammen genannt. Sie entwerfen Möbel und Lampen. ●

13

Jahr: 1972
Designer: Mario Bellini
Modell: Bambolettone
Material: Struktur Polyurethan, Polster Dacron, Bezüge Leder oder Stoff. Matratze aus Schaumstoff
Maße: L 230. B 179. H 75
Preise: auf Anfrage
Hersteller: B & B, Novedrate/Italien

Mit »Bamboletto«, dem Bett, und dem Doppelbett »Bambolettone« hat es angefangen. Das Bett sollte salonfähig sein: Es sollte nicht nach Bett aussehen und ein hohes Kopfteil haben, damit man, wenn man sich darauf setzt, sich anlehnen kann. Aus ihm hat Mario Bellini die ganze Polstermöbelfamilie der Bambole (Puppen) entwickelt: Mehr auf Seite 143!

Der Designer

Über Mario Bellini siehe »Sofas, Polsterelemente«, Nr. 16, »Sofatische«, Nr. 18. ●

Liegen

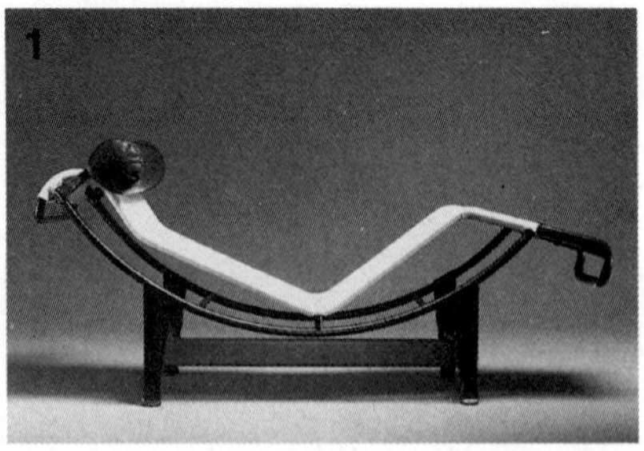

1

Jahr: 1928

Designer: Le Corbusier, Pierre Jeanneret, Charlotte Perriand

Modell: LC 4

Material: Untergestell Stahl, matt lackiert: schwarz oder zweifarbig grau/blau, schwarz/grün. Rahmen Stahl, verchromt oder schwarz matt lackiert. Auflage Kuh- oder Pferdefell, Leder, reißfester Stoff, Kanvas. Nackenrolle Leder mit Dacronfüllung

Maße: L 160. B 56,4

Preise: auf Anfrage

Hersteller: Cassina, Mailand

Die Chaiselongue ist unter Le Corbusiers Stahlmöbeln das, mit dem er sich am längsten beschäftigt hat, bevor es seine endgültige Gestalt gefunden hatte. Als Vorbild für die »machine à repos« (Ruhemaschine), die ihm vorschwebte, diente ihm der Morris-Chair aus der Firma des englischen Architekten William Morris (1834 bis 1896). Für den hatte sein Mitarbeiter Philip Webb nach einem traditionellen Modell einen hölzernen Liegestuhl mit Polsterauflage entworfen: Dessen Armlehnen waren so breit, daß man ein Glas draufstellen konnte, und an der rechten war ein verstellbares Tablett für Bücher befestigt. Eine Liege, die diesem Modell ähnelt (allerdings viel einfacher und ohne Armlehnen), kommt in Zeichnungen Le Corbusiers schon Anfang der zwanziger Jahre vor. Zu diesem frühen Vorbild kamen im Lauf der Jahre zwei andere: eine Chaiselongue der Genfer Firma Wanner (ein Untergestell aus Schmiedeeisen mit zwei dikken Querrohren, auf denen das geschwungene Gestell für das Polster ruht) und der »Surrepos« des Dr. Pascaud, eines Pariser Arztes: ein anatomisch geformter Polstersitz mit Kopfrolle, abnehmbaren Armstützen und beweglichem Tablett wie beim Morris-Chair, montiert auf ein Stahlgestell und per Handrad in die gewünschte Neigung zu bringen. Über die körperfreundliche Form der Liegefläche, die auch an Thonets berühmtes Schaukelsofa erinnert, war LC sich offenbar bald klar. Kopfzerbrechen machte ihm, wie Skizzenblätter zeigen, das Untergestell, auf dem der Sitz beweglich ruhen sollte. Die endgültige Form wurde wahrscheinlich in der Werkstatt gefunden. Im Gegensatz zum »Surrepos« bewegt man die LC-Liege ohne Mechanismus, wie der Meister selber betonte. Allerdings müssen seine Fans aufstehen, um die Liege zu verstellen. Die »Surrepos«-Besitzer aber konnten das im Liegen erledigen – mit dem Handrad.

Der Designer

Über Le Corbusier siehe »Armlehnstühle«, Nr. 7, »Eßtische«, Nr. 3, »Sessel«, Nr. 6 und 7. ●

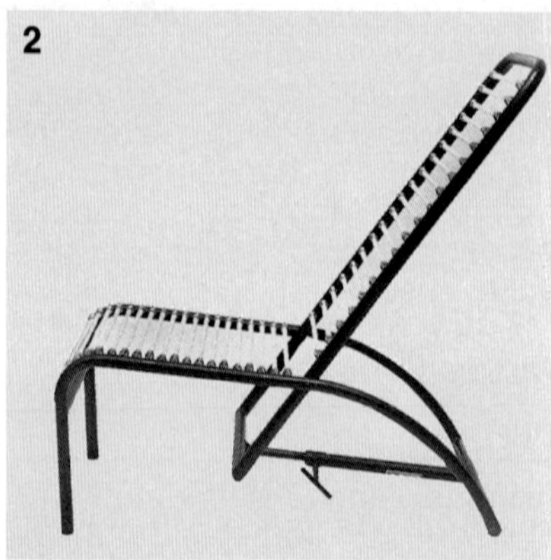

2

Jahr: 1930

Designer: Renè Herbst

Modell: Chaiselongue

Material: Rahmen Stahlrohr, schwarz lackiert oder vernickelt. Sitz, Lehne dicke Gummizüge

Maße: L max. 100. B 55. H max. 100. SH 35

Preise: auf Anfrage

Hersteller: Ecart International, Paris

Wie beim kleinen Bruder (siehe »Stühle«, Nr. 9): Wer auf Renè Herbsts Stahlstühlen Platz nimmt, sitzt auf Gummizügen. Die Frage, woraus Sitz und Lehne bestehen sollten und wie man sie montieren könnte, war für alle, die in den zwanziger und frühen dreißiger Jahren Stahlmöbel entwarfen, das Kardinalproblem. Es gab verschiedene Möglichkeiten, die alle praktiziert wurden: Man spannte Leder oder Segeltuch ums Gestell, flocht Sitz und Lehne ein oder schraubte Holzrahmen mit Geflecht auf, legte gebogene starre Flächen aus Holz oder Metall auf Querholme. Herbsts Gummischnüre sind zwar angenehm elastisch, haben aber den Nachteil, bald durchzuhängen.

Der Designer

Über Renè Herbst siehe Kapitel »Stühle«, Nr. 9. ●

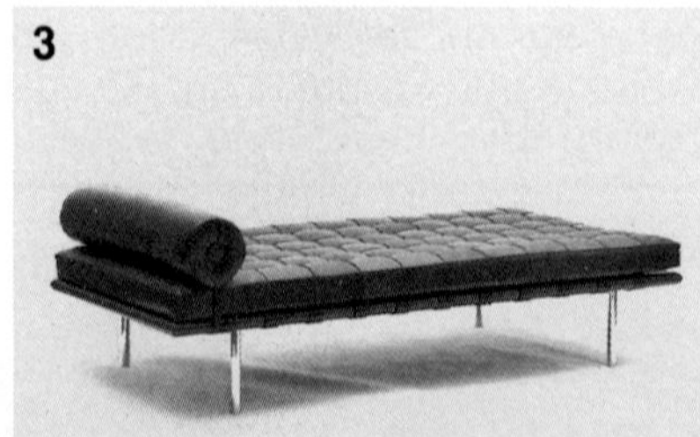

3

Jahr: 1930

Designer: Ludwig Mies van der Rohe

Modell: 258

Material: Rahmen Holz, palisanderfarbig. Füße Stahlrohr, hochglanzverchromt. Matratze Schaumgummi mit Rindlederbezug

Maße: L 198. B 99. H 39

Preis: auf Anfrage

Hersteller: Knoll International, Murr

Die noble Liege gehört zu dem Mobiliar, das Mies und seine Mitarbeiterin Liliy Reich 1930 für das New Yorker Appartement des Architekten und Architekturtheoretikers Philip Johnson entworfen haben: lauter leichte, funktionelle Möbel mit tragenden Metallkonstruktionen und getragenen Elementen aus Holz, alle zerlegbar. Dazu gehörten leiterartige Regale mit Metallpfosten und Holzborden und ein lederbezogenes Pult auf Stahlrohrbeinen, das Lilly Reich für ihre eigene Wohnung gezeichnet hatte. Die Möbel wurden damals von der Firma Fahnkow/ Günther in Berlin gearbeitet. Die Liege wurde als einziges Stück des Ensembles in die Produktion von Knoll übernommen, jetzt mit versetzbarer Rolle, da ihr Gurt nicht mehr wie damals auch das Gestell, sondern nur noch die Matratze umgreift. Ein frühes Exemplar hat auf der Berliner Bauausstellung 1931 unliebsames Aufsehen erregt: Die Gummigurte, auf denen die Matratze lag, waren so stramm gespannt, daß der Holzrahmen riß, als ein Besucher sich draufsetzte. Der Besucher wurde erheblich verletzt.

4

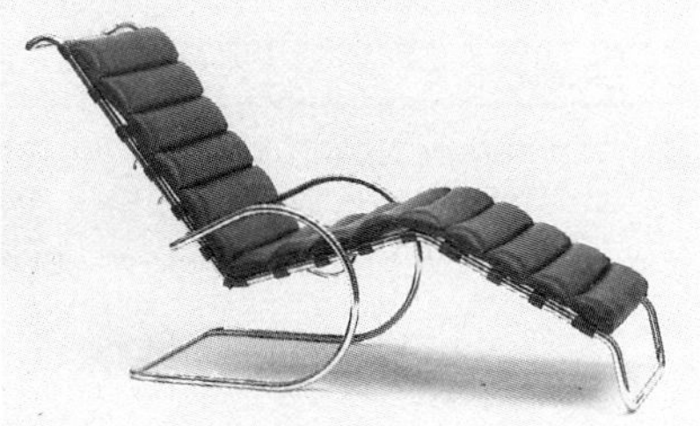

4
Jahr: 1931/32
Designer: Ludwig Mies van der Rohe
Modell: 242 Liegesessel
Material: Gestell Stahlrohr, hochglanzverchromt. Polsterung Schaumstoff mit Dacron. Bezug Leder
Maße: L 178,5. B 60. H 80,5
Preis: auf Anfrage
Hersteller: Knoll International, Murr

Wie die meisten Entwerfer jener Jahre hat auch Mies sich während der Stahlrohr-Periode mit dem Thema »Chaiselongue« beschäftigt. Eine ganze Reihe von Skizzenblättern beweist das. Die Liegefläche ist fast immer gleich: einem zurückgelehnt sitzenden Menschen mit leicht angezogenen Beinen angemessen. Das Untergestell dagegen hat Mies auf alle möglichen Arten variiert. Manchmal läßt er es ganz weg. Die Chaiselongue, zuerst hergestellt von den Bamberg Metallwerkstätten in Berlin, dann von Thonet, seit 1977 von Knoll, ist der letzte von Mies' Möbel-Entwürfen, der in Produktion ging.

Der Designer

Über Mies van der Rohe siehe »Stühle«, Nr. 7 und 8, »Armlehnstühle«, Nr. 8, »Sessel«, Nr. 8, »Sofatische«, Nr. 4 und 5. ●

5

5
Jahr: 1933
Designer: Kaare Klint
Modell: Deckstuhl
Material: Teak oder Eiche, natur
Maße: L max. 135. B 58. H 90. SH 35
Preis: auf Anfrage
Hersteller: Rud. Rasmussens Snedkerier, Kopenhagen

Das hat Kaare Klint, Lehrmeister einer ganzen Generation dänischer Möbeldesigner, mit Vorliebe getan: traditionelle Möbel, deren Nutzen und Schönheit seit eh und je unbestritten sind, mit raffinierten Details zu verfeinern und neu vorzustellen. Der Deckstuhl ist eines der schönsten Beispiele dafür. Erdacht wurde das Urmodell für Seereisende. Klints Version ist mit der längs und quer gewölbten Rückenlehne, den elegant geschnittenen Linien und edlen Beschlägen so nobel, daß sie sich auch im Wohnraum sehen lassen kann. (Dabei hatte Klint den Stuhl, wie seine Mitarbeiterin Rigmor Andersen weiß, eher als Objektmöbel gesehen und gar nicht gedacht, daß auch Privatleute ihn gebrauchen würden.) Die Fußstütze verschwindet diskret im Sitz. Und der ganze Stuhl ist so ausgeklügelt konstruiert, daß er sich sozusagen auf eine Linie zusammenklappen läßt.

Der Designer

Über Kaare Klint siehe die Kapitel »Stühle«, Nr. 13, »Armlehnstühle«, Nr. 6, »Hängelampen«, Nr. 4, »Sessel«, Nr. 11. ●

6

6
Jahr: 1937
Designer: Alvar Aalto
Modell: 39
Material: Gestell Birke (Schichtholz). Geflecht Gurte oder Leder
Maße: L 160. B 63. H 83
Preis: auf Anfrage
Hersteller: Artek, Helsinki

Wie mit seinem Freischwinger (siehe »Sessel«, Nr. 10) stellte Alvar Aalto auch mit seiner Liege neben die verschiedenen Stahlrohr-Modelle des Internationalen Stils (siehe die Nummern 1 bis 4 dieses Kapitels) seine Version aus geformtem Schichtholz: neben der kühlen Eleganz Naturnähe mit Gemütsanspruch. Die Liegefläche ist in diesem Teil der Serie das Thema mit Variationen. Beim Gestell nutzt Aalto die Möglichkeit des Holzes, komfortable Breite, das heißt: mehr Bequemlichkeit zu bieten. Aaltos Möbel gehörten in den frühen fünfziger Jahren zur skandinavischen Welle, die gen Süden rollte: nach den Entbehrungen der Kriegs- und Nachkriegszeit Zeichen des wiedergewonnenen Wohlstandes und einer neuen Behaglichkeit.

Der Designer

Über Alvar Aalto siehe »Stühle«, Nr. 11 und 12, »Eßtische«, Nr. 4, »Sessel«, Nr. 9 und 10, »Sofatische«, Nr. 7 und 8. ●

7

7
Jahr: 1957
Designer: Poul Kjærholm
Modell: 80
Material: Gestell Stahl, matt verchromt. Matratze Bezug Ochsenleder, sechs Farben
Maße: L 190. B 80. H 30
Preis: auf Anfrage
Hersteller: E. Kold Christensen, Hellerup/Dänemark

Stahl war das Material, das Poul Kjærholm bevorzugte, und wie kaum ein anderer hat er Phantasie und Vielfalt im Umgang mit dem spröden Werkstoff bewiesen. Die luxuriöse Liege hat er – wie die Glasplatte des Tisches, mit dem sie oft kombiniert wird (siehe »Sofatische«, Nr. 14) – auf die kaum merklich abgerundeten Schmalkanten sehr breiten Bandstahls gestellt. Die mit Leder bezogene Matratze ruht auf einer Platte. Wie alle dänischen Designer hatte auch Kjærholm seinen speziellen Hersteller, und es gibt wohl kein zweites Gespann, dessen Zusammenarbeit so ausschließlich und so intensiv war wie die Kjærholms mit E. Kold Christensen. Christensen war ursprünglich eine Großhandelsfirma – zum Hersteller eigener Modelle ist sie durch Kjærholm geworden. Sie wird der Qualität seiner Entwürfe durch ebenso hohe Qualität des Materials und der Verarbeitung gerecht. Der hohen Preise wegen werden Kjærholms Möbel vorwiegend für Repräsentationsräume verwendet – obwohl sie für Wohnräume entworfen worden sind.

8

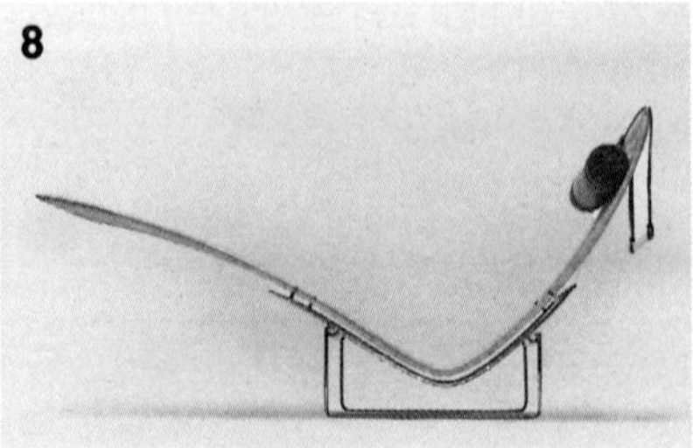

8

Jahr: 1965

Designer: Poul Kjærholm

Modell: 24

Material: Gestell Edelstahl. Geflecht Peddigrohr. Nackenrolle mit Ochsenlederbezug: 6 Farben

Maße: L 155. B 63. H 87. SH 14

Preis: auf Anfrage

Hersteller: E. Kold Christensen, Hellerup/Dänemark

In einem Nachruf auf den früh verstorbenen Kjærholm sagt Per Mollerup, Herausgeber und Redakteur der Zeitschrift »mobilia«: »Poul Kjærholm war der kompromißlose Perfektionist, der die höchsten Anforderungen an sich selber stellte und manchmal andere Menschen erschreckte, weil er von ihnen erwartete, daß sie ebenso perfekt wären wie er.« Und wenn seine Möbel als exklusiv galten – für ihn waren sie es nicht, weil für ihn erlesenes Material und erstklasssige Handarbeit eine Sache der Ehrlichkeit und des Respekts vor der Aufgabe waren. Kjærholm hat, so sagt Mollerup, »so charakteristische Zeichen hinterlassen, daß jedermann Position dazu beziehen muß. Er wurde nie übersehen«. Die Liege ist so ein Zeichen. Kjærholms Variation der Liegefläche ist das Extrem: ganz dünn im Profil, grafisch wirkend, ohne geruhsamen Knick fürs Knie, der tiefste Punkt sehr nah am Boden. Da die Firma Christensen ganz auf Leder eingestellt ist, gibt sie die Flechtarbeit in einen Spezialbetrieb: Das Peddigrohr wird dort direkt auf das Stahlrohrgestell geflochten.

Der Designer

Über Poul Kjærholm siehe »Stühle«, Nr. 23, »Armlehnstühle«, Nr. 18, »Sessel«, Nr. 22 und 23, »Sofatische«, Nr. 13 und 14. ●

9

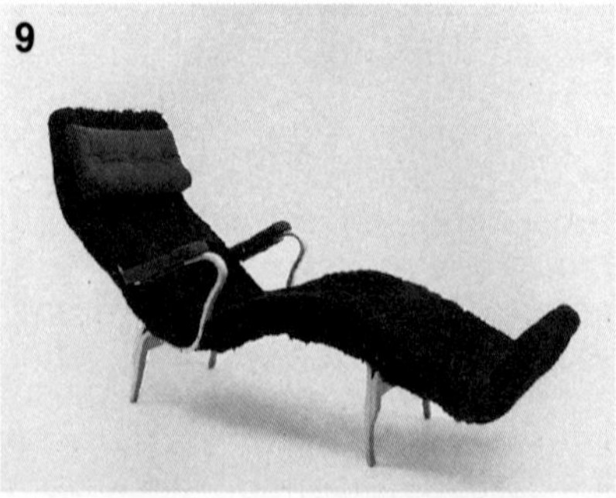

9

Jahr: 1944

Designer: Bruno Mathsson

Modell: Pernilla 3

Material: Gestell Buche, schichtverleimt. Liegefläche Sattelgurt handgeflochten (auch mit Polsterauflage) oder Lammfell, weiß, schwarz oder grau

Preise: auf Anfrage

Hersteller: Dux, Trelleborg/Schweden

Der Umriß der Pernilla-Liege und quer drübergeschrieben der Name Bruno Mathsson: Das ist das Markenzeichen für Mathsson-Design und für Mathssons eigene, vom Vater übernommene Firma in Värnamo. Mathsson betrachtet es als wesentlich für seine Arbeit, daß er von Anfang an diese Firma zur Verfügung hatte, in der er handwerklich arbeiten, experimentieren und bei jedem Modell Schritt für Schritt die Entstehung verfolgen kann. Als die Pernilla-Modelle (es gibt auch einen Sessel) 1966 auf einer Ausstellung in Röhsska/Schweden zum erstenmal gezeigt wurden, war der Designer gespannt auf die Reaktion des Publikums: weil Sitzfläche und Lehne aus Gewebe bestanden, Kanvas auf der Rückseite, ein anderer Stoff auf der Innenseite. Obwohl Pernilla sofort ein Erfolg war, ließ Mathsson ein Material entwickeln, das zugleich tragendes und Oberflächengewebe war. Als Inbegriff nordländischer Behaglichkeit gilt die Pernilla mit Lammfell. Den Namen haben die Modelle von der Journalistin Pernilla Turnberger, die 1944 einen Artikel über Mathsson in der Zeitung Dagens Nyheter geschrieben hatte, Mathssons Sessel Ingrid ist nach der früheren dänischen Königin benannt, Modell Karin nach Frau Mathsson.

Der Designer

Über Bruno Mathsson siehe »Eßtische«, Nr. 5. ●

10

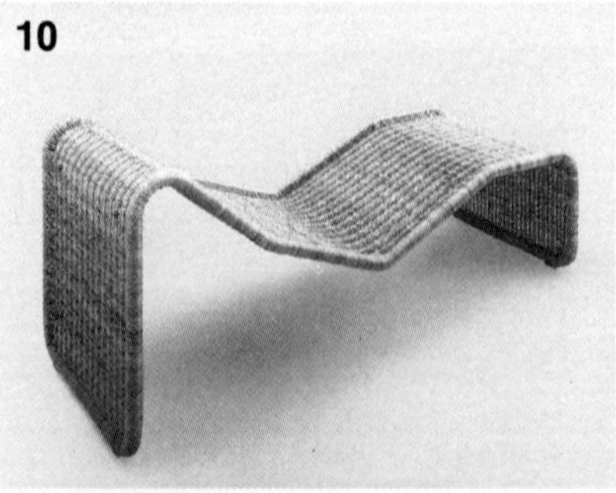

10

Jahr: 1962

Designer: Tito Agnoli

Modell: Ottomana P 3/S

Material: Struktur Rundstahl Geflecht Peddigrohr

Maße: L 165. B 68. H 60

Preis: auf Anfrage

Hersteller: Bonacina, Lurago d'Erba/Italien

Er hatte nur einen Korb kaufen wollen. Aber Pierantonio Bonacina wußte, daß dieser Kunde Architekt und Designer war, und fragte ihn, ob er nicht mal ein Möbel für ihn entwerfen wolle. Und Agnoli zeichnete einen Sessel. Das war 1958, und seitdem besteht die vertraute Partnerschaft Agnoli-Bonacina. Über hundert Modelle hat Agnoli inzwischen entworfen, von denen allerdings längst nicht mehr alle produziert werden. Anfangs hat Agnoli alle seine Möbelentwürfe in 1:1-Werkszeichnungen abgeliefert. Heute genügen Skizzen – bei Bonacina weiß man, was der Designer meint. Die Ottomana bietet eine neue Variante zum Thema Liege: Die Liegefläche ist so gebogen, daß sie auf den Schmalseiten steht. Ans Kopfende kann ein flaches Polster geknöpft werden. In gleicher Art gibt es einen Sessel und ein nach vorn schmal werdendes Sitzelement: Mehrere davon bilden einen Kreis.

Der Designer

Über Tito Agnoli siehe »Eßtische«, Nr. 24, »Tischlampen«, Nr. 14, »Sofas«, Nr. 17 und 18. ●

11

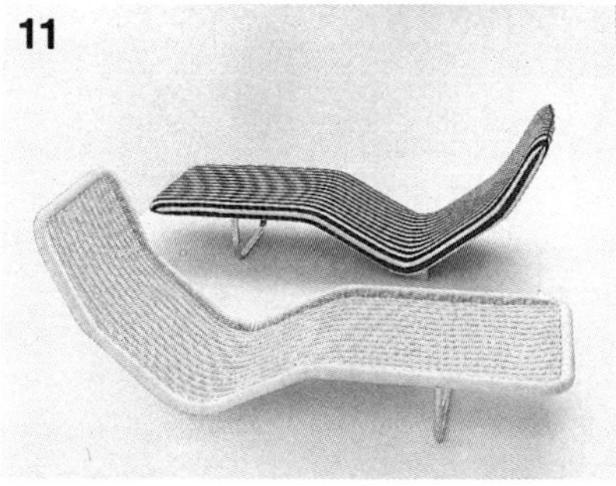

11

Jahr: 1968

Designer: Antti Nurmesniemi

Modell: F 10 (A) – 001 (B)

Material: A Gestell Stahlrohr. Geflecht Peddigrohr – B Gestell Stahlrohr. Struktur Fiberglas, Schaumgummi Bezug Kanvas

Maße: A L 160. B 60. H 66. SH 32. B L 160. B 60 H 60. SH 30

Preise: auf Anfrage

Hersteller: A Tecta, Lauenförde. B Vuokko, Helsinki

Am liebsten sind dem finnischen Designer Nurmesniemi Entwürfe, die sozusagen aus dem Stegreif entstehen. Bei denen dauert der ganze Entwurfsprozeß manchmal nicht länger als einen Tag. Die Liege und sein Kaffeetopf für Arabia, die auf diese Art entstanden, sind folgerichtig auch die ihm liebsten Produkte. Die Liege hatte Nurmesniemi 1965 zunächst für sich selber gebaut – ohne Auftrag von einer Firma. Auf einem der ersten Fotos liegt sie auf Holmen, die aus der Wand ragen. Erst drei Jahre später wurde sie so zur Liege umgebaut, wie wir sie heute kennen. Auf die Frage, ob er sie lieber schwarz- oder rotgestreift sieht, sagt Nurmesniemi: Gelb – womit er meint, daß jeder die Farbe nehmen soll, die zur Umgebung paßt. Für die Firma seiner Frau Vuokko, die starkfarbige Baumwollstoffe und unter dem Namen »Studio Nurmesniemi« seine Möbel herstellt, hat der Designer noch eine liegestuhlähnliche Variante zur Liege entworfen und einen 30 Zentimeter hohen Tisch: mit Stahlrohrbeinen und einer Kunststoffplatte (in den Farben der Stoffstreifen) in breitem Rahmen aus hellem Holz. Auf Messeständen und im Katalog wird die Liege meist als Sonnenmöbel präsentiert, mit fröhlichen Mädchen in Kleidern aus passenden Streifenstoffen. Nurmesniemis deutscher Hersteller Tecta beschränkt sich jedoch auf die etwas höhere Version mit dem Peddigrohrgeflecht.

Der Designer

Ein Vorbild hat der Designer Nurmesniemi nicht – er will nicht in jemandes Fußstapfen treten. Aber er sucht bewußt Kontakt zu Kollegen, reist viel und beobachtet alles, was um ihn herum geschieht, mit Interesse. Die vielfältigen Eindrücke und seine Bildung sind die Quellen, aus denen seine Produktivität gespeist wird. Nurmesniemi arbeitet sehr viel und macht sich Gedanken über alles Mögliche – so kommt er oft zu neuen Lösungen. Aber die plötzliche Eingebung, die er am liebsten hat, gehört zu den raren Glücksfällen. Bei seinen Modellen unterscheidet er zwei Gruppen: Die einen entwirft er auf Auftrag, für den ihm eine Aufgabe gestellt wird; die anderen

Antti Nurmesniemi
* Hämeenlinna
30. August 1927

entwirft er, weil er glaubt, daß es notwendig sei, sie zu machen. Antti Nurmesniemi hat am Institut für Kunstgewerbe in Helsinki Design studiert, arbeitete danach ein paar Jahre in Architektur- und Designstudios in Helsinki und Mailand und eröffnete 1956 sein eigenes Designbüro in Helsinki. Bereits 1957 kreierte er einen Kaffeekessel, der bis heute über eine Million Mal verkauft worden ist. Jetzt entwirft er Inneneinrichtungen, Möbel und Gebrauchsgegenstände, Kommunikationsmittel (zum Beispiel für die Metro von Helsinki) und arbeitet auch als Architekt und Grafiker. Preise bei in- und ausländischen Wettbewerben und eine lange Reihe von Einzel- und Sammelausstellungen zeugen von seinen Erfolgen: Unter vielen anderen wurden ihm zwei Große Preise der Triennale von Mailand und der Finnische Designpreis zuerkannt. Nurmesniemi gibt sein Wissen und Können auch als Dozent weiter (in Helsinki, London, Tokio). Studienreisen führten ihn in fast alle europäischen Länder, nach Indien, in den Fernen Osten, nach Australien, Indonesien, Kenia, nach Mexiko und Kanada. Als Kongreßteilnehmer ist er überaus beliebt. Ebenso wie seine Frau Vuokko, die bekannte Textildesignerin. ●

12

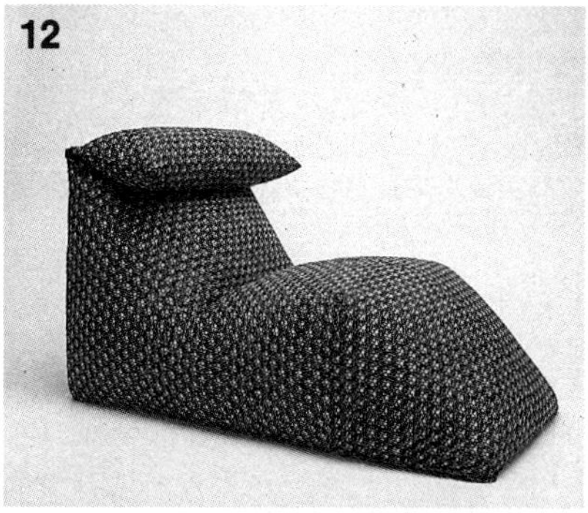

12

Jahr: 1972

Designer: Mario Bellini

Modell: Bambolongue

Material: Struktur Polyurethan. Polster Dacron. Bezüge Leder oder Stoff

Maße: L 136. B 85. H 75. SH 46

Preis: auf Anfrage

Hersteller: B & B, Novedrate/Italien

»Bambolongue« ist Mario Bellinis Version der Liege mit Knieknick. Wie der Sessel Bambolona und die Betten Bamboletto und -lettone hat die Liege ein Kopfpolster. Alle anderen Sitzmöbel kommen ohne diese Kopfstütze aus: Bambola, der breite Sessel, Bambangolo, das Eckelement, Bambolina, das Anbauelement ohne Seitenlehnen, und die Sofas Bi- und Tribambola. Alle Bambole (den Hokker Bambouff eingeschlossen) sind übrigens nicht so weich, wie sie aussehen, sondern – was bei italienischen Möbeln selten vorkommt, fest gepolstert: Man sinkt nicht ein. Da sie rundum ansehnlich sind, kann man sie frei in den Raum stellen. Die Bezüge der Bambole der jüngsten Generation lassen sich, sofern sie aus Stoff sind, ganz abziehen.

Der Designer

Über Mario Bellini siehe »Sofas, Polsterelemente«, Nr. 16, »Sofatische«, Nr. 18, »Betten«, Nr. 13. ●

Und hier kommen Klassiker von morgen

Die Betten auf dieser Seite sind zwar auch schon eine Zeitlang auf dem Markt, aber noch nicht lange genug, um den strengen Maßstäben der Klassiker-Serie zu genügen: Sie sind alle nach 1972 entstanden. Aber sie haben bei der Auswahl so gut abgeschnitten, daß die SCHÖNER WOHNEN-Jury die Vorhersage wagt: Auch die werden in ein paar Jahren Klassiker sein. Fürs erste sind sie nur an ihrer Jugend gescheitert.

1

Jahr: 1974

Designer: Mario Ceroli.

Modell: La Bocca della Verità

Material: Russische Kiefer, unbehandelt

Maße: L 230. B 200. H 183. Matratze L 195. B 165

Preis: auf Anfrage

Hersteller: Poltronova, Agliana-Pistoia/Italien

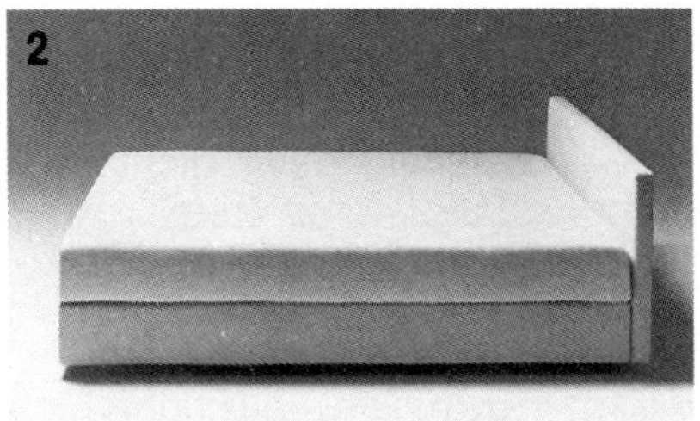

2

Jahr: 1979

Designer: Enzo Mari

Modell: Pollena

Material: Struktur Holz, gepolstert mit Polyrethanschaum und Watte. Zwei Bezüge: 1. fest montiert. 2. aus Bezugsstoff, mit Reißverschlüssen und Klettband, abziehbar

Maße: L 202, 206. B 80, 160. H 70

Preise: auf Anfrage

Hersteller: Driade, Mailand

3

Jahr: 1980

Designer: De Pas, D'Urbino, Lomazzi

Modell: Grand'Italia 150/11

Material: Gestell aus Metall, Federung auf Lederbändern, Kissen mit Daunen, Bezug aus Stoff oder Leder, abziehbar

Maße: L 190. B 90. H 60

Preise: auf Anfrage

Hersteller: Zanotta, Nova Milanese/Italien

4

Jahr: 1975

Designer: Carlo Scarpa

Modell: Toledo

Material: Gestell Holz, Latexmatratze auf Sperrholzplatte, Kopfteil Aluminiumguß mit Leder

Maße: L 207. B 121, 171. H 110

Preise: auf Anfrage

Hersteller: Simon International, Bologna/Italien und Köln

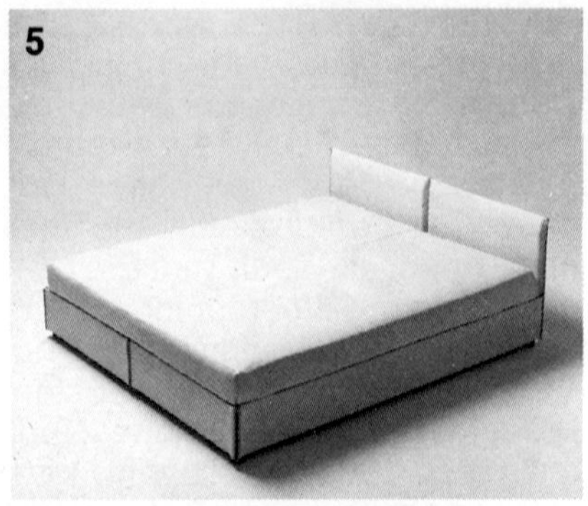

5

Jahr: 1976

Designer: Mario Bellini

Modell: Coupé

Material: Rahmen Stahl. Polsterung Polyurethanschaum. Bezug Stoff mit Lederprofilen oder Leder.

Maße: L 203, 207. B 88, 176. H 70

Preise: auf Anfrage

Hersteller: Cassina, Mailand

Möbelfotos: Hansjörg Dettling (Liegen 3, 4, 9). Winfried Nörenberg (Betten 2, 3, 10, 11. Liegen 11, 12). Gary Rogers (Betten 5, Liegen 1, 5). Hajo Willig (Betten 9). Alle anderen: Werkfotos. Seite 144: Werkfotos. Porträtfotos: artist's face (4). Alle anderen: privat

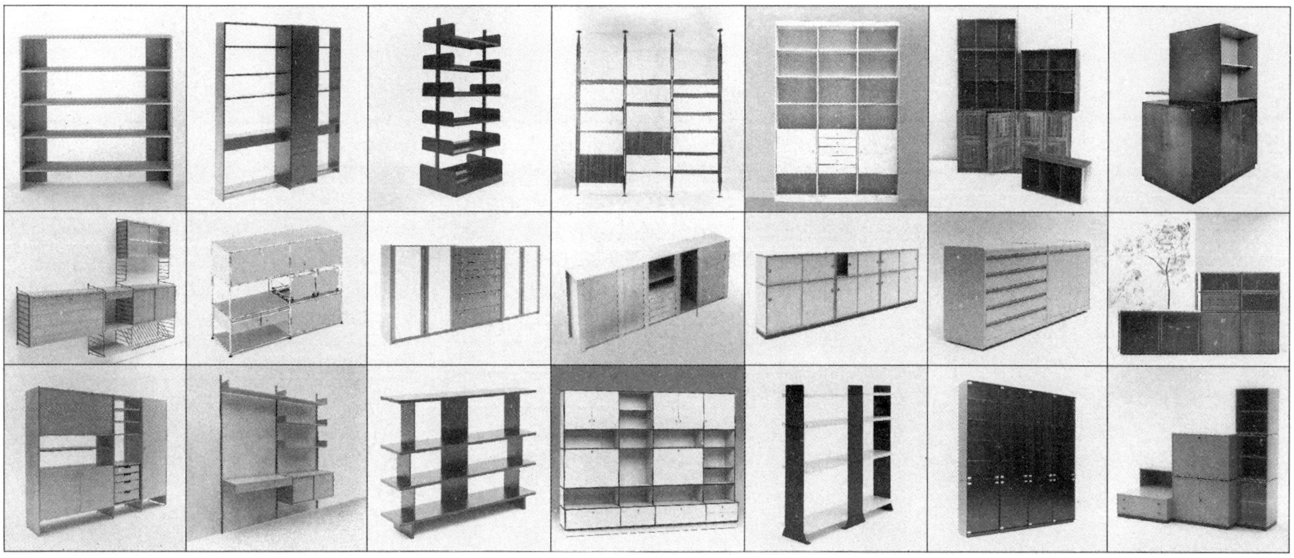

Moderne Klassiker
MÖBEL, DIE GESCHICHTE MACHEN
11. Teil: Regale, Anbausysteme

Früher hatte der Mensch einen Kleiderschrank, einen Bücherschrank, einen Wäscheschrank, einen Küchenschrank – kurz: für alle Arten von Besitztümern das besondere Behältnis. In unserem Jahrhundert begann er nach Einheitlichkeit zu streben, wollte statt mehrerer Einzelstücke lieber ein großes Möbel, das er nach Bedarf kombinieren kann. Etwa zu gleicher Zeit, vor den zwanziger Jahren schon, beschäftigten sich zwei große Architekten mit dieser Aufgabe. Le Corbusier, der Schweizer in Paris, arbeitete an einem neuen ästhetischen Prinzip: Er wollte die Wohnmaschine, in der es nicht Möbel gab, sondern »Equipment« = Ausrüstung, Ausstattung. Zuerst aus Holz, später aus Metall und Glas entwickelte er mobile Elemente, die man reihen und beliebig arrangieren konnte: »Casiers standard«. Kaare Klint, der Däne, dagegen hatte den Menschen im Blick. Die Maße der Behältnisse, die er entwickelte, waren orientiert an den Maßen des menschlichen Körpers und am Haushaltsbedarf der Durchschnittsfamilie. Von Schülern Klints gibt es minuziöse Zeichnungen von Schrankelementen mit ausgezählten Mengen von Tellern und Kaffeegedecken, Schüsseln und Gläsern. Sein berühmtester Schüler, Børge Mogensen, hat zusammen mit Grethe Meyer eines der ersten großen Anbausysteme entworfen, »Boligens Byggeskabe«, das immer weiter ergänzt wurde (heute leider nicht mehr in Produktion). In den siebziger Jahren ist die gute Idee der Anbausysteme entartet: Man hatte sie deckenhoch und wandbreit, und wenn es an Habe für all die Fächer fehlte, sprangen moderne Nippes ein, teure Unnützel aus Wohnboutiquen. Heute sind wieder Einzelmöbel gefragt. Oder hochspezialisierte Anbausysteme mit Abteilungen für Näh- und Schreibplatz, Bar und die ganze Unterhaltungselektronik. Die Maße beziehen sich immer auf die abgebildeten Kombinationen.

1

Jahr: 1925
Designer: Le Corbusier, Pierre Jeanneret
Modell: Casiers Standard
Material: Esche, gebeizt: schwarz, nußbaum, ocker, grau, grün, bordeauxrot. Kernholzkanten
Maße: B 75. T 37,5. H 154
Preis: auf Anfrage
Hersteller: Cassina, Mailand

Zwar ist die Geschichte von Le Corbusiers Standardkästen ziemlich verworren. Fest steht aber, daß LC sich schon Anfang der zwanziger Jahre mit dem Thema befaßt hat. Für seinen Freund Marcel Levaillant hat er 1923 eine Serie von Kirschbaumkuben mit Füßen und Beschlägen aus Bronze gezeichnet, darunter einen für Musiknoten. Während Le Corbusier diese und eine Anzahl weiterer Entwürfe als architektonische Elemente sah, sollten die »casiers mobiles«, an deren Entwicklung er gleichzeitig arbeitete, beliebig kombinierbar und ergänzbar sein. Angeregt hatten ihn Seekoffer, die Kästen der Warenhäuser und Blechkorpusse der Büroeinrichter Ronéo und Ormo. Folgerichtig standen am Ende der Entwicklung 1929/31 Vitrinen aus Metall und Glas. Die Elemente aber, die heute von Cassina nachgebaut werden, sind hervorgegangen aus einfachen Tannenholz-Elementen, die LC für das von seinem Team gebaute Haus Raoul La Roche entwickelt hatte. Die verfeinerten Modelle wurden zuerst im Pavillon d'Esprit Nouveau 1925 in Paris gezeigt. Die Anbau-Elemente, immer 75 cm hoch, sind 37,5 oder 75 cm tief und 37,5, 75 oder 112,5 cm breit. Man bekommt sie offen oder mit Türen, Schiebetüren, Rolläden, Klappen, auch teils offen, teils verschließbar. An Stelle des Sockels gibt es auch Füße und Untergestelle aus Metall, passend lackiert.

Der Designer

Über Le Corbusier siehe »Armlehnstühle«, Nr. 7, »Eßtische«, Nr. 3, »Sessel«, Nr. 6 und 7, »Liegen«, Nr. 1 ●

2

Jahr: 1930/32
Designer: Wilhelm Kienzle
Modell: Büchergestell
Material: Stützen Stahlblech, schwarz gespritzt. Borde Ahorn natur
Maße: B 92,5. T 22. H 92,5
Preis: auf Anfrage
Hersteller: Wohnbedarf AG, Basel

Es ist so einfach wie patent und außerdem ganz typisch für seinen Entwerfer, der nach seiner Schreinerlehre auch in einer Metallwerkstätte und bei einem Kunstschlosser gearbeitet hat: Die Borde aus seidig poliertem Ahornholz sind an den Schmalkanten und in der Rückenmitte so geschlitzt, daß man die umgebogenen Enden der Stahlblechstützen hineinstecken kann. So leicht das Regal zusammenzusetzen ist – es steht, ohne zu wanken. Wie Kienzles Tochter Eva Weber-Kienzle berichtet, hat der Schweizer Fotograf Hans Finsler ihren Vater einmal als den ersten Designer bezeichnet – zu einer Zeit, als man diesen Begriff noch gar nicht gebrauchte. Außer dem Regal, das bei Kennern bis heute gefragt ist, hat Kienzle einen Telefontisch, ein Kombinationsgestell, Kindergartentische, Wechselrahmen, eine Schuhkippe, Haushaltsgerät und allerlei Spielzeug entworfen: Puppenstube und Krämerladen, Baukasten und Legespiel und ein Xylophon namens »Klangtaube«.

Der Designer

Wilhelm Kienzle hat theoretisch und praktisch auf allen Gebieten der Innenarchitektur gearbeitet: als Raumgestalter, Möbelbauer und Industriedesigner. Der Qualitätsanspruch bei all seinen Entwürfen wurde bestimmt von seiner Liebe zum Material und dem Respekt vor dem Handwerk. Zweckdienliche, in Form und Funktion konsequente Lösungen zu finden, war immer sein Ziel. Kienzle ist in Basel geboren und groß geworden. Nach Abgang von der Realschule war er bei einem Schreiner in der Lehre, hat gleichzeitig die Gewerbeschule besucht und später auch noch das Metallhandwerk gelernt. Seit 1908 war er als Entwerfer tätig, zunächst bei einer Möbelfabrik, dann im eigenen Atelier in München: Er zeichnete Möbel für Handwerker und Fabriken, Innenausstattungen für

Wilhelm Kienzle
* Basel,
23. März 1886
† Zürich,
3. August 1958

Architekten und Plakate, von denen mehrere bei Wettbewerben ausgezeichnet wurden. Zwischen 1910 und 1916 ist Kienzle viel gereist. Er war längere Zeit in Paris und Rom, um zu zeichnen, und hat im Sommer 1914 bei Peter Behrens bei der AEG in Berlin mitgearbeitet. Von 1916 bis zu seiner Pensionierung 1951 hat Kienzle an den Fachklassen für Innenausbau der Kunstgewerbeschule Zürich unterrichtet. Im Auftrag der Schule hat er 1925 in Paris und 1928 in Stockholm internationale Ausstellungen gestaltet. Nach der Pensionierung wandte er sich mathematischen Problemen zu, studierte antike Theorien darüber, konstruierte Zirkel und Winkel für den Goldenen Schnitt, eine Sanduhr und eine Äquatorial-Sonnenuhr, die in Luzern aufgestellt wurde. Seine letzte Arbeit war das Abendmahlsgerät, das er für die Baseler Thomaskirche entwarf. ●

3

3

Jahr: 1933

Designer: Mogens Koch

Modell: MK Anbauwand

Material: Mahagoni, Eiche, Oregon Pine, Teak, Kiefer, Ulme

Maße: B 152. T 36/27. H 188,5

Preis: auf Anfrage

Hersteller: Rud. Rasmussens Snedkerier, Kopenhagen

Mogens Koch hat viele Bücher und, wie schon in früheren Kapiteln zu lesen ist, wenig Platz im Haus. Deshalb hat er sich ein Bücherregal genau nach Maß gezeichnet, so ausgeklügelt, daß man die Fächer nach Belieben quer oder hochkant stellen kann. Je nachdem, ob Taschenbücher, hohe Folianten oder breite Bildbände darin Platz finden sollen. Nach demselben Modul (mit dem kleinsten gemeinsamen Nenner 9) kamen nach und nach weitere Teile dazu: Vitrinen, Fächer für Schallplatten und Plattenspieler, Fächer für Schreib- und Zeichenpapiere, Schubladenelemente, ein Kleiderschrank. Wenn man will, kann man die ganze Wand damit ausfüllen. Dazu hat Koch ein passendes Wechselrahmensystem entworfen (er ist ein begabter Zeichner und tauscht gern mal Motive aus), einen Stuhl und eine praktische Klappleiter, mit der man die oberen Fächer erreicht. Im Hause Koch steht die Regalwand nebst Zubehör in Mahagoni – so hat sie ihr Entwerfer am liebsten. Daß sie auch noch aus anderen Hölzern gemacht wird, gefällt ihm gar nicht so gut.

Der Designer

Über Mogens Koch siehe »Armlehnstühle«, Nr. 8, »Einzelmöbel«, Nr. 2, »Sofatische«, Nr. 6 ●

4

4

Jahr: 1934

Designer: Gerrit T. Rietveld

Modell: Crate 3

Material: Buche, unbehandelt

Maße: B 127. T 22. H 124

Preis: auf Anfrage

Hersteller: Cassina, Mailand

Mitnahmemöbel sind keineswegs eine Errungenschaft unserer Tage: Diese simpel konstruierten Dinger, die – damit die Transportkosten niedrig bleiben – in Einzelteilen vom Hersteller zum Besitzer reisen und von diesem eigenhändig zusammengeschraubt werden. Schon Michael Thonet hatte das praktiziert, und Gerrit Rietveld von der niederländischen Gruppe »de Stijl« hat gleich ein ganzes Programm entworfen. »Crate« heißt »Lattenkiste« – der Name sitzt wie angegossen. Crate Nummer 1 bis 7: Das sind ein Sessel, ein niedriger Tisch mit diagonalstehenden Lattenbeinen und Kreuzzargen, das Bücherregal, ein großer Tisch mit gekreuzten Beinen nach Gartentisch-Art, ein Armlehnstuhl, höher und steiler als der Sessel, ein Beistelltischchen und ein Schreibtisch mit offenen Borden an beiden Schmalseiten.

Der Designer

Über Gerrit T. Rietveld siehe »Sessel«, Nr. 4 ●

5

5

Jahr: 1949

Designer: Nisse Strinning

Modell: String

Material: Leitern Metall, wirbelgesintert. Fachböden, Schränke Holz, furniert: Teak, Nußbaum, Esche, Rüster oder weiß lackiert

Maße: B 200. T 50. H 50/75/150

Preis: auf Anfrage

Hersteller: intraform-deutsche String, München

Die Uranfänge von String reichen bis in Strinnings Studienzeit zurück. 1942 arbeitete er als Hochbau-Student an einem Haus für Junggesellen, und dafür entwickelte er zusammen mit dem Schwedischen Haushaltsforschungsinstitut ein an der Wand hängendes Geschirrtrockenregal aus Stahldraht. Dem folgte eine ganze Serie von Haushaltsgeräten. Strinnings Idee war, neue und unkonventionelle funktionsgerechte Gegenstände zu entwikkeln, die die Hausarbeit erleichtern. Und er machte mit seinen Überlegungen nicht bei der Küche halt. Fürs Wohnzimmer experimentierte er mit Bücherregalen. Längere Zeit kam er mit diesen Versuchen nicht zu befriedigenden Resultaten. Bis ganz plötzlich im Frühjahr 1949 die Idee da war, Leitern aus Rundstahl als Aufhänger zu nehmen. Und als ein paar Monate später der große schwedische Verlag Bonnier einen Wettbewerb für einfache Bücheraufbewahrung veranstaltete, gewann Strinning den ersten Preis. Zum Hängeregal kamen bis 1952 Ergänzungen wie Schränkchen, Schubladen, Zeitungsfächer und auch passende Tische. Alle wurden auf einer Ausstellung in Göteborg gezeigt und auch in die Produktion der Firma String Design, einer Tochter von Bonnier's, aufgenommen. Bei der String-Serie, die er für seine am besten gelungenen Entwürfe hält, hat Strinning noch mit seiner Frau Karin zusammengearbeitet, die heute, nach der Scheidung, als freie Künstlerin lebt. 1954 gewann String eine Goldmedaille auf der Mailänder Triennale. Zusammen mit dem Geschirrtrockenregal Elfa hängt das Hängeregal im Stockholmer Nationalmuseum.

Der Designer

Manchmal kommt es ihm vor, sagt Strinning, als ob sein Berufsleben ein Zug sei, der auf einem Nebengleis fährt. Denn das Möbelentwerfen, das zu seiner Lebensaufgabe wurde, war ja anfangs nur eine Nebenbeschäftigung, und auch heute noch sieht Strinning das Häuserbauen als Hauptberuf. Was er für den Designerberuf braucht, hat er in vielen Jahren fleißiger Arbeit gelernt, im Zusammenwirken mit Herstellern in verschiedenen Ländern. Für seinen besten Entwurf der späteren Jahre hält er das Anbausystem Capitolo primo, das man ohne

Nisse Strinning
* Kramfors/
Schweden,
8. Dezember
1917

Schrauben und Werkzeug zusammenhaken kann. Sein Stil ist jetzt weicher geworden, sagt Strinning: »Ich bin nicht mehr so Bauhaus-gebunden. Der Mensch ist ja nicht kantig, sondern schön gerundet. Den geschwungenen Stuhl, den ich 1981 für Thonet entwickelte, hätte ich früher nicht gemacht.« Strinning hat 1938 in Sundsvall Abitur gemacht, dann an der Königlichen Technischen Hochschule Stockholm Hochbauarchitektur studiert und 1951 sein Architektenbüro in Stockholm eröffnet. Seit 1959 lebt er in der Schweiz und entwirft für Firmen in Schweden, Deutschland, Italien. ●

6

6

Jahr: 1955

Designer: Centro Studi Lips Vago

Modell: Congresso

Material: Metall, lackiert: weiß, schwarz, gelb, orange, blau, zinnoberrot

Maße: B 100. T 70/60. H 220

Preis: auf Anfrage

Hersteller: Lips Vago, Mailand

Sein wahrer Vater ist unbekannt. Weil es aber ein überaus wohlgelungenes Produkt ist, wurde es dennoch in die Serie aufgenommen und steht nun hier als Ausnahme: ohne Designer-Porträt. Es ist sozusagen als Nebenprodukt im Team der Lips-Vago-Leute entstanden, die Sicherheitsschränke für Banken und Sparkassen bauen und öffentliche Bibliotheken einrichten. Dafür bauen sie Metallregale, und eines davon hat sich nun schon seit mehr als fünfundzwanzig Jahren auch im privaten Bereich bewährt, ein frühes und echtes Beispiel von »High-Tech«. Außer der frei stehenden Version mit Doppelfächern, die als Raumtrenner zu verwenden ist und auf dem tieferen Bord sicher steht, gibt es auch eine, die an die Wand zu schrauben ist, mit einfachen Borden, das unterste 38, sonst 25 cm tief. ●

7

7

Jahr: 1956

Designer: Johan A. Bus-Dähler

Modell: behr 3200 (BMZ)

Material: Eiche (natur, tabac, umbra, moos, schwarz), Teak, Mahagoni natur, Französisch-Nußbaum, Macoré spezialbehandelt (teak-, ostindisch-palisander-, nußbaumfarbig), PVC-Folie (weiß, sand)

Maße: B 306,1. T 34–45. H 223,6

Preis: auf Anfrage

Hersteller: Behr, Wendlingen

Bis 1955 war das so: Wollte man eine Anbauwand zusammensetzen, mußte man lauter komplett verleimte Schränkchen und Kommoden aneinanderreihen und aufeinanderstapeln. Das war unwirtschaftlich, weil man an jeder Berührungsstelle nach oben oder seitwärts doppelte Böden und

Wände brauchte. Und es war schwierig, verschieden tiefe Elemente wie Schränke und Regale miteinander zu kombinieren. Diese Nachteile auszumerzen, hatte Johan Bus sich vorgenommen. Er ging, damals Angestellter der holländischen Büromöbelfirma UMS-Pastoe, in seiner Freizeit einem ehrgeizigen Hobby nach: eine zerlegbare Schrankwand zu entwickeln. Ihm war von Anfang an klar, daß er dabei auf doppelte Wände und Böden verzichten, also ein komplett zerlegbares Möbel bauen und alle weiteren Teile ohne Anschlußseiten U-förmig nach oben oder seitwärts ansetzen mußte. Um Elemente unabhängig von Höhen und Tiefen miteinander zu kombinieren, brauchte er ein Verbindungsstück, das Anschlußpunkte nach allen erdenklichen Richtungen enthielt. Die Sternleiste, die er ersann, wurde das Kernstück der Konstruktion (siehe Detailfoto). Sie macht es möglich, daß man 45 und 25 Zentimeter tiefe Elemente sauber aneinanderfügen kann – und ohne doppelte Wände oder Böden. Zur einfachen Verbindung der Eckleisten mit Seiten und Böden entwickelte Bus als zweites wichtiges Konstruktionselement den zylinderförmigen Exzenter (der so patent ist, daß alle Beschlaghersteller ihn in ihr Programm aufgenommen haben). Bus hat sein Anbausystem, das heute noch in sieben Ländern produziert wird, zunächst der niederländischen Firma Pastoe angeboten. Weltbekannt wurde es dann als BMZ (Behr-Möbel-Zerlegbar)-Programm von Behr.

Der Designer

Auf seinem Briefkopf steht »Konstrukteur«. Johan Bus hat auf der Berufsschule Hilversum Holzverarbeitung gelernt, dann am Amsterdamer Institut für Architektur vier Jahre lang Innenarchitektur studiert, nebenbei auch Bautechnik und -statik. Seine ersten beruflichen Erfahrungen machte er im Flugzeugbau, vor dem Krieg in Amsterdam, während des Krieges in Deutschland (gezwungenermaßen, wie er sagt), nach dem Kriege in der Schweiz. Von 1960 an hat Bus vier Jahre lang im Büro von Professor Herbert Hirche in Stuttgart mitgearbeitet, der damals die INwand, ein System für versetzbare Schrank- und Trennwände, entwickelte. Bus war für Beschläge und Fertigungstechnik verantwortlich. Außerdem leitete er das technische Büro der Firma

Johan A. Bus-Dähler
* Bussum/ Niederlande, 22. April 1922

Holzäpfel, die die INwand produzierte, und das von ihm aufgebaute Metallwerk, das die Gestelle für Büromöbel fertigte. In dieser Zeit hat Bus Erfahrungen mit Patentanmeldungen und mit Schall- und Brandversuchen gesammelt. Von 1964 an ist Bus in der Schweiz ansässig und tätig. Er hat als Angestellter verschiedener Firmen ein neues Schrankwandsystem und ein System für zerlegbare Normküchen entwickelt, später die Bus Wand AG gegründet und in all den Jahren immer wieder befreundete Firmen wie UMS-Pastoe in den Niederlanden und Castelli in Italien bei schwierigen Konstruktionsproblemen beraten. Zu seinen Spezialitäten gehören Analysierung von Fertigungstechnik und Maßkontrolle bei Serienfertigung (beides nach System Bus), Fertigungsplanung, Patentwesen, Schalldämmung und Feuerschutz, Werbung und Organisation von Baumontage nach System Bus. ●

8

8

Jahr: 1954/56

Designer: Hans Gugelot

Modell: M 125

Material: Feinspanplatten mit Kunststoff-Folie, lichtgrau. Kante Afromosia, braun oder schwarz

Maße: B 325. T 37,5. H 100

Preis: auf Anfrage

Hersteller: Habit, Leverkusen

Die Idee stammt aus dem Jahr 1954: ein System aus Einzelteilen wie Seiten, Böden, Rückwänden, Türen, Borden zu entwickeln, aus denen Korpusse entstehen und die man ebenso zum kleinsten Kubus wie zur größten Wandeinheit zusammenfügen kann. Solch ein System braucht seine Zeit, um zu reifen. Gugelots erste Versuchsreihe wurde in der Schweiz hergestellt und verkauft, wie so vieles damals von der avantgardistischen Wohnbedarf AG in Zürich: aus Sperrholz mit Furnier und Massivholzkanten, montiert mit Dübel und Messingstangen mit Schraubverbindungen. Diese erste Version erforderte handwerkliche Fertigung, die Montage war zeitraubend und aufwendig. Als zwei Jahre später die deutsche Firma Wilhelm Bofinger – in jenen Jahren ebenfalls immer vornean, wenn es um Neuerungen im Möbeldesign ging – das Möbelsystem industriell herzustellen begann, mußten Konstruktion und Ausführung wesentlich verändert werden: Die Fronten wurden lakkiert statt furniert, die Böden mit Furnierumleimer versehen, als Verbindungen dienten schmale Eisenstangen mit Gewindeköpfen. Auch diese Form wurde, da sie noch Nachteile hatte, weiter verbessert. Bei der endgültigen Fassung sind die Eisenstäbe auf kurze Bolzen mit einem Exzenter reduziert, die einfache und schnelle Montage ermöglichen. Diese Konstruktion mit dem halbmondförmigen Exzenterplättchen ist in mehreren Ländern patentiert worden. An eingelassenen Lochschienen mit Fachbodenträgern können Borde befestigt werden. In dieser Form – mit PVC-Belag und Kanten aus Afromosia-Furnier – konnte das System von modernsten Maschinen (zum Teil schon mit elektronischer Steuerung) automatisiert produziert werden. Der Name M 125 bedeutet für Kenner eine Beschreibung des Systems: M steht für Maßstab, 125 für die Maßeinheit 12,5, die dem Einzelteil zugrunde liegt und deren Vielfaches die Abmessungen der Möbelteile ergibt. Das System hat viele praktische Vorzüge: Es kann beliebig verändert werden, ist altersbeständig und farbecht, so daß Zukäufe keine Probleme bringen, verträgt sich mit vielen anderen Möbeln, läßt sich raum- und kostensparend transportieren und an Ort und Stelle problemlos montieren. Für Gugelot verkörpert es außerdem eine Überzeugung, die sich später im Lehrstoff der Hochschule für Gestaltung in Ulm wiederfand: Ein Produkt wird durch Parameter (das sind festgelegte Merkmale) bestimmt, zum Beispiel Materialauswahl, Fertigungsmethode, Preisgestaltung, leichte Handhabung und Transportfähigkeit. Sind die Parameter vollkommen aufeinander abgestimmt, ist, so Gugelots These, das Produkt schön.

Der Designer

Der Name Hans Gugelot (französisch auszusprechen) ist mit dem Begriff Design aufs engste verbunden. Nicht nur, daß er mit dem System M 125 eine »epochemachende Tat« (so Rudolf Baresel-Bofinger von der Firma Bofinger) vollbracht hat – er war auch in seinen Jahren als Dozent an der Ulmer Hochschule für Gestaltung ein richtungsweisender Lehrer, und er hat als erster das Design-Bild einer Firma, der Braun AG, kreiert. Dazu gibt es eine hübsche Anekdote. Die Brüder Erwin und Artur Braun, zu Besuch in Ulm (wo der Schreiner ihrer Holzmodelle wohnte), sahen beim Spaziergang am Kuhberg einen Rohbau, der ihnen höchst merkwürdig vorkam.

Hans Gugelot
* Makassar/ Indonesien, 1. April 1920
† Ulm, 10. September 1965

Sie sprachen einen Mann an, der im Gelände herumstiefelte. Dieser stellte sich vor, er sei Gugelot und erklärte den Brüdern, hier entstehe die neue Hochschule für Gestaltung. So kam man ins Gespräch, aus dem dann eine enge, bedeutungsvolle Zusammenarbeit wurde. Hans Gugelot ist als Sohn einer niederländischen Arztfamilie in Makassar, Indonesien, geboren. Er hat in der

Schweiz Architektur studiert, zuerst in Lausanne, dann an der ETH (Eidgenössische Technische Hochschule) Zürich. Nach dem Examen als Diplom-Architekt 1946 arbeitete er bis 1954 in Zürich, gelegentlich zusammen mit Max Bill, mit dem er dann auch wieder in Ulm zusammentraf: dorthin wurde er 1954 als Dozent berufen. 1955 begann seine Tätigkeit für Braun. Als Architekt hat Gugelot sich besonders mit der Verwendung vorfabrizierter Häuser befaßt (zum Beispiel bei der Siedlung Witikon/Zürich). Als seine Erfolge an der Ulmer Hochschule (die leider nicht mehr besteht) kann er den Ausbau des Instituts für Produktgestaltung und den Aufbau eines Entwicklungssystems verbuchen, dem sowohl Ingenieure wie auch Konstrukteure und Modellbauer angehörten. Daß die Ulmer Hochschule, in der nicht nur während der Aufbauzeit viele verschiedene Richtungen und unterschiedliche Meinungen miteinander konkurrierten, dennoch zum Vorbild für alle wurde, die danach kamen, ist mit ein Verdienst von Hans Gugelot. ●

9

Jahr: 1957

Designer: Dieter Rams

Modell: 571/72 (Montagesystem)

Material: Buche. Fronten grau

Maße: B 236. T 44. H 175

Preis: auf Anfrage

Hersteller: Wiese Vitsoe, Frankfurt/M.

Mit wenigen Teilen viel zu machen und ein System zu entwerfen, das für alle Teile des Wohnbereichs taugt, war das Ziel, das Rams sich gesetzt hatte. Es waren, wie er sich erinnert, die Jahre der Wohnraumnot und der Klappbetten, und die Zeit war reif für den Gedanken, sich von der alten traditionellen Einteilung Wohnzimmer-Schlafzimmer-Küche zu trennen und den gesamten Raum für alle Zwecke zu nützen. Rams hatte damals die erste kleine Wohnung unterm Dach, und er entwarf sein System als Rezept gegen die Raumknappheit. Er findet es heute noch gut, weil es von der Vielfalt wegführt, ständig veränderbar

und anpassungsfähig ist. Das System, das 1977 vom Werkbund Nordrhein-Westfalen in der Kategorie Industrial Design in die Dokumentation aufgenommen wurde, besteht aus Platten und speziell entwickelten Lochleisten in vielen verschiedenen Abmessungen. Als Zusatzelemente gibt es Flügel- und Schiebetüren, Einlegeböden und Schubkästen, Hängeregistraturen, Stapelkörbe und Schreibklappen.

10

Jahr: 1960

Designer: Dieter Rams

Modell: 606 (Regalsystem)

Material: Konstruktive Seiten Aluminium, eloxiert. Kästen Spanplatten, Tablare Tischlerplatten, Ausführung Buche natur, lichtgrau oder mattschwarz

Maße: B 228. T 39,5. H 159

Preis: auf Anfrage

Hersteller: Wiese Vitsoe, Frankfurt/M.

Immer noch, sagt Dieter Rams zufrieden, kann jemand, der das will, dieses System mit seinen eigenen Brettern aufbauen. Seine Idee war, eine Art Maßkonfektion für Leute zu machen, die bestimmte Nischen und Plätze im Raum ausfüllen wollen. Eine gewisse Anregung bezog er von seinem ersten Montagesystem (Nr. 9): Was dort die Lochschienen waren, wurden hier die Alu-Leisten. Aber mit dem Gedanken, sagt Rams, fängt die Arbeit erst an. Es folgt ein langer Weg, und zum Schluß ist es ein fast unvorstellbar großes Programm. Zu den an die Wand zu montierenden Elementen kamen später frei stehende, und schließlich wurde das Programm zum Ausstellungssystem entwickelt (zum erstenmal verwendet bei der Rams-Ausstellung im IDZ Berlin 1981). Auch Details wurden geändert: Wo man mit einem Serienteil, dem Schloß, begann, ist heute ein spezialgefertigter Knopf.

Der Designer

Über Dieter Rams siehe »Sessel«, Nr. 27 und 28 ●

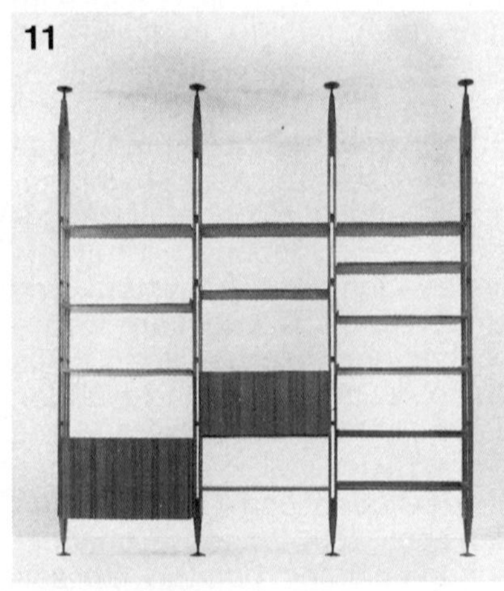

11

Jahr: 1957

Designer: Franco Albini

Modell: Bücherregal (Libreria)

Material: Nußbaum, Palisander

Maße: B 260. T 25/35

Preis: auf Anfrage

Hersteller: Poggi, Pavia/Italien

»Es gehört zu den Fünfziger-Jahren-Möbeln, die man haben muß«, sagt Gino Sarfatti, der große alte Mann unter den Lampendesignern (siehe Hängelampen, Nr. 7, Wand- und Deckenlampen, Nr. 3 und 4). Es ist leicht, elegant, auseinandernehmbar und beliebig zu vergrößern, mit den sich verjüngenden Stützen ein typisches Kind seiner Zeit. Sechzehn Jahre früher, 1938, hatte Franco Albini schon einmal ein Regal entworfen, bei dem er das interessanteste Detail, die aus mehreren Stäben gebündelte Stütze, auch schon verwendet hatte. Das frühe Modell bestand aus Holz und Messing, die Borde sind an Metallseilen aufgehängte Glasplatten. Bei dem jüngeren Modell werden die Träger aus zunächst je drei, später je vier dünnen Leisten geformt, mit Dreieck- und Quadratplättchen als verstärkenden Verbindungen. Franca Helg, Albinis Mitarbeiterin seit 1950, hat im weitläufigen, nüchternen Büro Albini (das heute von Albini junior geleitet wird) zur Veranschaulichung so eine Dreiecksstütze parat. Albini hat das Motiv noch weiter entwickelt. 1958 hat er im Pariser Laden von Olivetti einen ganzen Wald solcher Dreiecksträger errichtet, sie mit Glühlampen gekrönt und zwischen je dreien große Dreieckplatten in Tischhöhe montiert, auf denen die Olivetti-Maschinen ausgestellt wurden. Das Strebewerk gotischer Kathedralen hat Albini zu den grazilen Stützen inspiriert.

Der Designer

Über Franco Albini siehe Kapitel »Einzelmöbel«, Nr. 6 ●

12

12

Jahr: 1962

Designer: Ulrich P. Wieser

Modell: UPW-Regal

Material: Spantischlerplatten, beidseitig furniert. Kanten Holz

Maße: B 191. T 22,5/36. H 207

Preis: auf Anfrage

Hersteller: Schröer KG, Krefeld

Am liebsten entwirft Ulrich Wieser Dinge, die für einen ganz bestimmten Fall gebraucht werden. So war's bei dem Regal. Wiesers Bruder, Germanist und Journalist, hat viele Bücher und brauchte Gestelle dafür. Ulrich Wieser bemühte sich um eine möglichst schlichte Lösung, denn er ist sicher, daß jemand, der viele Bücher besitzt, nicht mit dem Regal »Staat machen« will. Zu der Zeit, als Wieser an dem Entwurf arbeitete, hatte er Verbindung mit der Firma Bofinger (siehe auch Nr. 8), bei der die ersten Maschinen für große Auflagen standen. Bofinger bestellte bei Wieser »etwas mit vielen Brettchen und Löchern«. Das Regal, das Wieser dann zeichnete, war Bofinger allerdings zu simpel, deshalb hat die Wohnbedarf AG in Zürich die Prototypen hergestellt. Wieser wollte billiges Material verwenden, und da er Spanplatte als alter Tischler nicht schätzt, wählte er Tischlerplatte. Roh oder vorgestrichen, damit jeder sie in der eigenen Farbe streichen kann. Besonders wichtig war es Wieser, daß sein Regal »schöne und menschliche« Maße habe. Er wählte den Modul 9 und setzte die Löcher für Borde abwechselnd in Dreier- und Vierergruppen mit Zwischenräumen. Als das Modell nach zehn Jahren überarbeitet wurde, bekam es neue Griffe und als Zusatzelemente Schreibplatten, Klapptische, Hängeregistraturen, Schuh- und Schallplattenbügel. Es wird jetzt aus Spantischlerplatte gearbeitet und so lackiert, daß die Holzstruktur noch sichtbar bleibt. Das ist nun mal seine Marotte, sagt Wieser, die er wie jeder Tischler habe.

Der Designer

Ulrich Wieser ist – darauf legt er Wert, daraus erklären sich sein Arbeitsstil und sein Qualitätsanspruch – ein richtiger Schreiner. Er hat nach dem Schulbesuch in seinem Heimatort Dielsdorf bei Zürich von 1943 bis 1948 in den Städtischen Lehrwerkstätten in Zürich seine Schreinerlehre gemacht. Und danach war er nach altem Stil drei Jahre auf Wanderschaft, hat als Schreinergeselle in der Schweiz und in Norwegen und als Zimmermann in Dänemark gearbeitet. Außerdem hat er sich als Matrose und Chauffeur durchgeschlagen. Es folgten drei Jahre an der Zürcher Kunstgewerbeschule: Dort hat er an der Fachklasse für Innenausbau teilgenommen. 1955 begann er seine Tätigkeit beim Wohnbedarf in Zürich. Zunächst war er Innenarchitekt und entwarf mehrere Modelle für die Firma. Von 1964 bis 1972 war er

Ulrich P. Wieser
* Dielsdorf/Schweiz,
1. Dezember 1927

bei der Wohnbedarf AG verantwortlich für Produktion und Verkauf der Knoll International Linie in der Schweiz. 1965 wurde Wieser Leiter der Engros-Abteilung und Mitglied der Geschäftsleitung. Seit 1973 ist er Geschäftsführer vom Wohnbedarf Basel, für den er ebenfalls eine Reihe von Modellen entworfen hat. Seit 1955 ist Wieser glücklich verheiratet, hat vier inzwischen erwachsene Kinder und lebt in einem »nicht perfekt umgebauten« Bauernhaus in Eglisau am Rhein. ●

13

13

Jahr: 1963

Designer: team form AG

Modell: S 40

Material: Spanplatte lackiert: weißgrau. Fronten: dunkelbraun, lichtbraun, Kirschbaum, Eiche, Ostindisch Palisander, Mahagoni, Esche, natur, schwarz, tabakbraun

Maße: B 170. T 40. H 225, 243

Preis: auf Anfrage

Hersteller: Interlübke, Rheda-Wiedenbrück

Mit der 61 Zentimeter tiefen Schrankwand fing es 1962 an, ein Jahr später kam die 40 Zentimeter tiefe dazu. Daran arbeiteten im Büro des Schweizer Architekten Walter Müller in Erlenbach bei Zürich die Architekten Karl Odermatt und Franz Hero (die später zusammen die Firma team form gründeten). Ihr Ziel war: viel Stauraum bei wenig Aufwand und Schränke ohne Aufsatz. »Bauschrank« nannten sie die ersten Modelle, die in der Fertigungswerkstatt des Büros Müller aus Spanplatten hergestellt wurden, fix und fertig zum Anstreichen. Sie hatten damit ein Schranksystem, das nicht fest eingebaut werden mußte, einen Schrank mit farbigen Fronten oder mit weißen. Das war damals neu und brachte gegenüber den Holzfronten den Vorzug mit, daß bei Ergänzungskäufen nicht ein bestimmtes Furnierbild zu berücksichtigen ist. Die ersten Modelle waren noch 225 Zentimeter hoch, weil man keine längeren Pressen hatte – heute gibt es auch 243 cm Höhe. Um eine möglichst gute Raumausnutzung zu erreichen, haben die Entwerfer als Konstruktionsgerüst gleichmäßig gelochte weiße Kunststoffleisten vorgesehen. Einlageböden, unter die Stangen geschraubt sind, können leicht versetzt werden, ebenso Schubladen, Schuhroste und all die anderen Elemente wie Barfach, Klapptisch, Sekretär, Fernsehkommode. Jederzeit kann – ohne doppelte Seiten – weitergebaut werden: Die Türen von heute passen auf Korpusse von 1963. Und jede Tür kann rechts oder links eingehängt werden, weil sie kein Oben und Unten hat – das heißt: Freiheit beim Kombinieren. Die Schrankwand, die von Anfang an Erfolg hatte, hat 1978 den 2. Preis beim »Busse longlife Design Award« gewonnen, mit dem der Designerkreis Rido Busse langlebige Produkte von hoher Qualität in Form, Funktion und Ergonometrie auszeichnet. Sie müssen mindestens acht Jahre in gleicher Qualität auf dem Markt sein, aber nicht länger als zwanzig Jahre.

Die Designer

Als sie die Schrankwand entwikkelten, waren sie noch nicht die Firma team form. Die wurde erst ein Jahr später (von Karl Odermatt und Franz Hero) gegründet. Man arbeitete in der Junggesellenwohnung, fertigte die Prototypen in benachbarten Handwerksbetrieben an und engagierte Freundinnen für die Sekretariatsarbeiten. In den folgenden Jahren vergrößerte sich das Team, das ständig Aufträge für Interlübke, aber auch

Karl Odermatt
* Stans/ Schweiz, 7. Juni 1940

für andere Firmen erfüllte, und wechselte mehrmals das Domizil. Seit 1975 sitzt man im eigenen Haus. Eine alte Spinnerei wurde umgebaut und auf die Bedürfnisse des Teams zugeschnitten. Mit Werkstätten, Atelier, Ausstellungsraum und zwei geräumigen Wohnungen bietet das Haus den rechten Lebensraum für das Team, das auch als Mannschaft seine gültige Form gefunden hat. Alle Mitarbeiter sind handwerklich geschult und speziell für einen Arbeitsbereich verantwortlich. Wichtig ist ihnen allen, sich Möglichkeiten für schöpferische Tätigkeit

Franz Hero
* Weißkirchen/ Saar, 17. April 1933

und für Spontanität zu erhalten. team form versteht sich als Mittler zwischen Verbrauchern und Herstellern und setzt auf kontinuierliche Zusammenarbeit mit den Kunden. Dieses vertrauensvolle Miteinander brauchen die teamform-Leute, da nach ihrer Erfahrung auch bei direkten Aufträgen selten ganz konkrete Aufgaben gestellt werden. team form arbeitet so: Zuerst wird dem Auftraggeber ein schriftliches Konzept der Idee mit schematischen Darstellungen gezeigt. Im Lauf der Entwicklung behandelt die Designer-Mannschaft Zwischenlösungen. Gleichzeitig mit den zeichnerischen Entwurfsvorgängen entwickeln die Fachleute in den eigenen Werkstätten Prototypen. Der Hersteller bekommt erst das fertige Produkt zu Gesicht – in einer, wie sie sagen, »gebrauchsnahen« Atmosphäre, so daß er das Produkt erleben kann. ●

14

14

Jahr: 1962
Designer: Fritz Haller
Modell: USM Haller Bürosystem
Material: Stahl. Strukturen verchromt. Flächen weiß, lichtgrau, graphitschwarz, grün, blau, gelb, braun, orange, rubinrot
Maße: B 150. T 50. H 109
Preis: auf Anfrage
Hersteller: USM Haller, Bühl

Angefangen hat es mit Trag- und Fassadensystemen für Gebäude, Mini, Maxi und Midi, die der Architekt Fritz Haller alle nach dem Baukastenprinzip konzipierte: Er wünschte möglichst rationell gestaltete Einzelteile, mit denen man die unterschiedlichsten Strukturen bauen kann. Dieses Prinzip übertrug Haller mit seinem Team auch auf das Möbelsystem, das er für die Ausstattung seines eigenen Büros und für von ihm gebaute Bürohäuser brauchte. Gründliche Studien über einen gut organisierten Bürobetrieb und ideale Arbeitsplätze gingen voraus. Während der Entwicklung zeigte sich, daß immer neue Abwandlun-

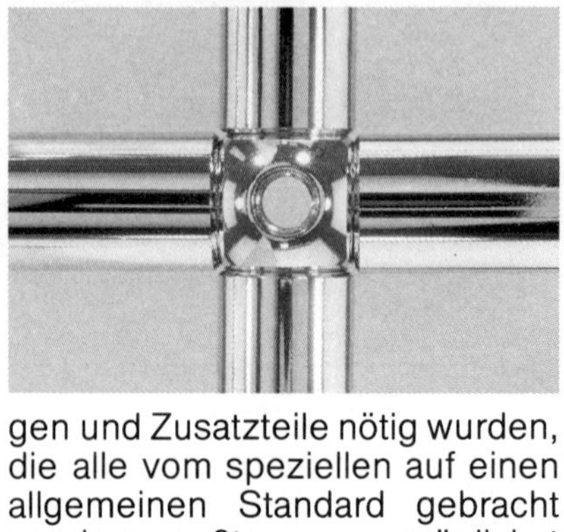

gen und Zusatzteile nötig wurden, die alle vom speziellen auf einen allgemeinen Standard gebracht werden mußten, um möglichst vielfältig verwendbar zu sein. Das System, das immer weiter verfeinert wurde, ist längst nicht mehr aufs Büro beschränkt. Man braucht es in Schulen, Läden, Arztpraxen und Empfangshallen,

Ausstellungen, auch in Wohnungen: als Aktengestell, Bücherregal, Geräte- und Servierboy, Karteiträger, Empfangskorpus, Bildschirmtisch und und und . . .

Der Designer

Fritz Haller hat nach Lehre und praktischer Arbeit bei Schweizer und niederländischen Architekten sein eigenes Büro in Solothurn eröffnet. Er baut Schulen, Fabriken, Verwaltungs- und Wohngebäude.

Fritz Haller
* Solothurn,
23. Oktober
1924

Als Gastprofessor an der Universität of Southern California, Honorarprofessor an der Universität Stuttgart und Ordentlicher Professor an der Universität Karlsruhe gibt er sein Wissen weiter. Unter seinen Veröffentlichungen sind Untersuchungen über die »Totale Stadt« und über »Allgemeine Lösungen in der Bautechnik«. Zu den Preisen, die er bekam, gehören der amerikanische Preis für bestes Design in Stahl und der Kunstpreis des Kantons Solothurn. ●

15

15
Jahr: 1962
Designer: Marco Zanuso
Modell: Cambridge
Material: Nußbaum natur oder schwarz lackiert
Maße: B 228. T 40. H 237
Preis: auf Anfrage
Hersteller: Arflex, Mailand

In seinem eigenen Haus hat Zanuso die Bücherschränke ohne Türen. Als Freunde sich Bücherschränke mit Türen wünschten, hat er das System weiterentwikkelt: Jetzt werden die unteren Drittel mit Holztüren geschlossen, die Oberteile mit ungefaßten Sekuritglasscheiben, gehalten von auch außen sichtbaren Magnetverschlüssen. Alle Einzelschränke werden auf Abstandsleisten miteinander fest verschraubt. Ein besonders schönes Detail: Die Vorderkanten der Querverbindungen und Einlegeböden kragen aus.

Der Designer

Über Marco Zanuso siehe »Eßtische«, Nr. 29, »Sessel«, Nr. 30, »Sofatische«, Nr. 28 ●

16

16
Jahr: 1963
Designer: Carlo Bartoli
Modell: B 146
Material: Plastic-Laminat, weiß oder schwarz. Esche natur
Maße: B 146. T 32. H 110
Preis: auf Anfrage
Hersteller: Arflex, Mailand

Für sensationell hält Bartoli das Regal, seinen ersten Möbelentwurf, nicht. Sollte es auch nicht sein: Bartoli brauchte für die eigene, nicht große Wohnung ein Regal, das nicht viel Platz wegnimmt und, als Raumtrenner aufgestellt, transparent wirkt. Und notfalls wollte er es im Auto mitnehmen können. Also hat er ein zerlegbares Regal gezeichnet, die Seitenwangen werden in die Bohrungen des Unterteils und der Böden eingehängt. Das Regal ist ein Ding genau nach Bartolis Vorstellungen: Möbel, Einrichtungen und Häuser für normale Leute zu machen, und das ordentlich. Er hält es heute noch für gut, allerdings findet er es zu teuer für ein so schlichtes Modell.

Der Designer

Bis Anfang der sechziger Jahre hat Bartoli, der am Polytechnikum Mailand studiert und Examen gemacht hat, sich nur mit Architektur beschäftigt. 1964, als die große Zeit italienischen Designs begann, hat auch Bartoli sich diesem Gebiet zugewandt. Er entwirft nicht nur Möbel und Einrichtungen, sondern auch – als ein

Carlo Bartoli
* Mailand,
28. Juni 1931

Mensch, der gern mit den Händen arbeitet und mit Formen spielt – schöne, griffige Beschläge und Garderobenhaken, Badezimmerzubehör, Konsolen. Jede Entwurfsarbeit hat für Bartoli zwei Aspekte, den technischen und den ästhetischen. Beide so in Einklang zu bringen, daß Dinge entstehen, die für viele Menschen richtig und nützlich sind, ist sein oberstes Ziel. Bartoli, der im kleinen Team arbeitet, drittelt seine Zeit: Je acht Stunden rechnet er für Arbeit, für das Leben zu Hause und für Schlaf. ●

17

17
Jahr: 1963
Designer: Dieter Reinhold
Modell: WK 470
Material: Holz, innen und außen lackiert perlweiß, hartweiß, schwarz, olivgrün, dunkelgrau
Maße: B 227. T 25/44/69. H 60/120/180
Preis: auf Anfrage
Hersteller: WK Gesellschaft für Wohngestaltung, Leinfelden/Echterdingen

Seine Entwürfe nennt Dieter Reinhold seine Kinder, und WK 470 ist das erstgeborene. Es ist, sagt er, eine Sache, an der man immer weiterarbeitet: Die Zahl der Elemente hat sich mittlerweile verdoppelt. Im Stil ist es geblieben, was es von Anfang an sein sollte: ein typisches Lackprogramm mit noblen Farben. Bewußt grazil in der Materialstärke und daraus folgend auch in den Abmessungen. Das wesentliche Konstruktionselement, der schlanke Zwischenrahmen, der die Korpusteile verbindet, hat zugleich ästhetische Funktion. Man kann ihn Ton in Ton oder konstrastierend zu den Fronten wählen. Wie Reinhold sich erinnert, wurden aus WK 470 die ersten Wohntürme gebaut, die große Neuerung der sechziger Jahre. Der Inneneinrichter Reinhold findet es wichtig, daß sein System schier ungezählte Möglichkeiten der Anwendung und auch ein hohes Maß an stilistischer Individualität zuläßt.

Der Designer

Dieter Reinhold, geboren in Berlin, aufgewachsen in Hamburg, sieht sein Hauptbeschäftigungsfeld in der Innenarchitektur. Sie und die Designarbeit befruchten sich gegenseitig. Nach handwerklichem Praktikum hat er an der Werkkunstschule Krefeld studiert. Seine Lehrerin war, darauf ist er stolz, die Professorin Birkelbach, mit der er seitdem befreundet ist. Mit ihr weiß er sich einig in der kritischen Beurteilung modernen Designs. Er hat über dieses Thema viel nachgedacht und findet zum Beispiel, daß manche Möbel nicht für, sondern gegen den Menschen entworfen werden. Die

Dieter Reinhold
* Berlin,
17. April 1935

Nostalgiewelle sieht er als Beweis dafür, »daß wir es nicht fertiggebracht haben, die Moderne intim und großzügig begreifbar zu machen«. Nach sechzehn Jahren bei Intermöbel, einer Filiale des Einrichtungshauses Pesch in Köln, die Reinhold aufgebaut und als künstlerischer Leiter betreut hat, arbeitet er heute selbständig im eigenen Studio, macht freiberuflich Ausstellungsberatung und hat immer was Neues für die Kölner Möbelmesse bereit. Sein drittes Haus, von ihm selber entwickelt, hat er ganz mit Elementen seiner Küche Domina eingerichtet, die (ausgezeichnet mit dem Bundespreis »Gute Form«) längst über die Küche hinausgewachsen ist. ●

18

18

Jahr: 1965

Designer: Vittorio Introini

Modell: Chelsea

Material: Nußbaum, Palisander, Esche natur oder farbig pigmentiert

Maße: B 304. T 38. H 76/152

Preis: auf Anfrage

Hersteller: Saporiti, Mailand

Introini, der mehr Architekt und Stadtplaner ist als Designer, sagt, er habe das System, das er Libre-

ria (Bücherschrank) nennt, zufällig entworfen. Zu einer Zeit, als es dergleichen in Italien nicht gab. Es sollte einfach, höchst vielfältig kombinierbar und als Raumtrenner verwendbar sein. Als Grundmaß für die Elemente (mit Glas- oder Holztüren, Schubladen oder offen) nahm er Quadrat und halbes Quadrat. Die Abdeckplatten für zwei, drei oder vier Elemente dienen auch zur Befestigung der Elemente. Im Knauf hat Introini das Spiel mit Ganz und Halb fortgesetzt: Auf einer Halbkugel sitzt eine Kugel.

Der Designer

Möbel entwirft er nur nebenbei. Prof. Dr. Introini, der in Mailand studiert und Examen gemacht hat, lehrt an der Universität Genua Städteplanung, nimmt an in- und

Vittorio Introini
* Samarate/
Italien,
13. Juli 1935

ausländischen Architekturwettbewerben teil (viele erste Preise), baut Schulen aller Art und erarbeitet Stadtentwicklungspläne. In wissenschaftlichen Schriften hat er sich mit deutscher Architektur der dreißiger Jahre und mit dem amerikanischen Architekten Sullivan befaßt. In allen wichtigen europäischen Bau- und Wohnzeitschriften ist über Introini geschrieben worden. ●

19

19

Jahr: 1968/69

Designerin: Josephine Pfaehler

Modell: Pf 7000 (PT 2000)

Material: Ostindisch Palisander, Kirschbaum, Lack. Dekorfüllungen Kunststoff weiß, Stoff oder Spiegel

Maße: B 278. T 40. H 121

Preis: auf Anfrage

Hersteller: Oldenburger Werkstätten, Dinklage

Auf einer Reihe von Blättern wird in zierlichen Zeichnungen und gestochener Schrift Kombination um Kombination vorgestellt – Planspiele einer Designerin, die zeigen will, was alles das von ihr erdachte System kann: Da gibt es Schrankwände und Sideboards in x Variationen mit jeder denkbaren Innenausstattung, Nachttische, Kommoden, Make-up-Kommode und Sekretär, auch dazu passende Betten. Verbindendes Konstruktions- und Stilelement sind die senkrechten Steckprofile, die man auch als Umleimer oder seitliche Begrenzungen sehen kann. Sie sind in der überarbeiteten neuesten Version schlanker als früher. Für die Designerin ist es wesentlich, daß die Füllungen ganz individuell gestaltet werden können, mit Holz, Stoff, Spiegeln, Schultafeln oder auch Acrylglas. Sie entwirft nur Serien, nie Einzelmöbel.

Die Designerin

Eigentlich wollte sie Modezeichnerin werden. Aber die Zeit nach dem Krieg war dafür nicht günstig. Also hat Josephine Pfaehler eine Polstererlehre gemacht und bei einer Münchner Möbelfirma gearbeitet und sich am Möbeldesign versucht – mit Erfolg. Zwar gehört ihre Liebe den Polstermöbeln

Josephine Pfaehler
* Augsburg, 3. März 1926

(und eines Tages wird sie da auch noch ein Programm entwickeln), aber sie macht Schranksysteme. Was sie daran reizt, sind die spielerischen Möglichkeiten, mit den Füllungen das Gesicht der Möbel zu verändern und die Dekoration den individuellen Wünschen der Benutzer anzupassen. 1960 bekam sie von der Firma Detus den ersten Design-Auftrag. Ihr erster Schrank (aus Zitronenholz) war, wie sie stolz bemerkt, auch der erste mit unsichtbaren Beschlägen. Josephine Pfaehler unterhält ein eigenes Einrichtungsstudio in Ulm. Ihre Erfahrungen aus der Innenarchitektur geben ihr Anregungen für die Designarbeit. Ihr Prinzip: nicht Einzelmöbel, sondern Serien anzubieten, weil sie mehr individuelle Möglichkeiten enthalten und sich auf Jahre hinaus weiterentwickeln und ergänzen lassen. ●

20

Jahr: 1968
Designer: R. Pamio, R. Toso, N. Massari-Toso
Modell: Carioca
Material: Esche. Fronten auch Plasticlaminat, schwarz. Türen auch Drahtglas
Maße: B 450. T 60. H 135
Preis: auf Anfrage
Hersteller: Stilwood, Cavezzo di Modena/Italien

20

Lieber als einen Katalog mit Standardkombinationen sehen die Designer, zu denen sich bei diesem Programm auch Frau Toso unter ihrem Namen Massari gesellte, eine Sammlung von Zeichnungen, die zeigen, was man alles aus den Carioca-Elementen bauen kann. Alles ist möglich, in allen Wohnbereichen, neuerdings auch in der Küche, an der Wand lang, um die Ecke, frei im Raum. Als Korpus fungiert die Außen- oder Trennwand mit vorgeschraubten Seitenwangen an beiden Seiten. Auch Türen sind an beiden Seiten anmontierbar. Die einfache Konstruktion wird bewußt sichtbar gemacht. Ein ungewöhnliches Element, dem legeren Stil angemessen: Drahtglastüren.

Der Designer

Über Roberto Pamio, Renato Toso siehe »Betten«, Nr. 12 ●

21

21

Jahr: 1970
Designer: Rodolfo Bonetto
Modell: Linearsystem
Material: Nußbaum natur oder weiß, schwarz, beige, matt oder glänzend lackiert
Maße: B 188. T 45. H 78
Preis: auf Anfrage
Hersteller: Bellato, Scorze-Venedig/Italien

Hotelschränke zu entwerfen, war der Auftrag. Bonetto hat aber gleich ein ganzes System von Schränken und Kommoden verschiedener Breiten und Höhen entwickelt. Ein Hotel wurde nie damit eingerichtet (zu teuer!), wohl aber alle Bereiche von Wohnungen. Bonetto hat Linear-Elemente in der eigenen Wohnung, und er sagt, das System gefällt ihm immer noch, weil es in Wohn-, Eß- und Arbeitsbereichen an-

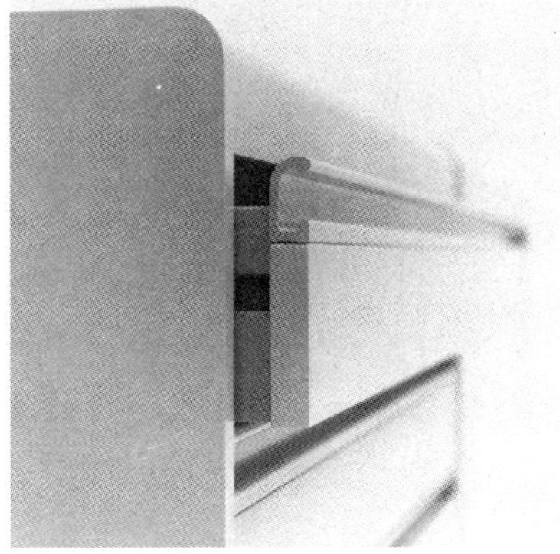

wendbar oder auch als Raumtrenner einzusetzen ist. Bonetto hat es in Schwarz, so gefällt ihm das System am besten.

Der Designer

In Bonettos Büro steht eine Handvoll Compassi d'Oro (das ist der am höchsten angesehene italienische Designer-Preis), glänzende Zeugen seiner Erfolge. Bonetto versteht sich als Industriedesigner. Die Liste dessen, was er entwirft, reicht von Autokarosserien und -armaturen bis zu Musikinstrumenten, von Luftfahrtinstrumenten und Heizungsapparaten bis zu Aufzügen, Elektrogeräten und Sanitärbedarf. Für die Entwürfe im Automobilbereich, die etwa 80 Prozent seiner Tätigkeit ausfüllen, hat er neben dem Mailänder Sechs-Personen-Büro ein drei-

Rodolfo Bonetto
* Mailand, 18. September 1928

mal so großes in Turin. Nebenbei stellt sich Bonetto bereitwillig für öffentliche Ämter zur Verfügung, so in der ADI, der Gesellschaft der Industriedesigner, und in Wettbewerbsjurys (auch beim Wettbewerb »Die gute Form«). Arbeiten von Bonetto waren und sind auf vielen internationalen Ausstellungen zu sehen. Von 1961 bis 1965 war er Dozent an der Hochschule für Gestaltung in Ulm, die damals ihre große Zeit hatte. ●

Und hier kommen Klassiker von morgen

Diese Anbausysteme sind zwar auch schon eine Zeitlang auf dem Markt, aber noch nicht lange genug, um den strengen Maßstäben der Klassiker-Serie zu genügen: Sie sind alle nach 1972 entstanden. Trotzdem sollen sie nicht ohne Chance bleiben. Sie haben bei der Auswahl so gut abgeschnitten, daß die SCHÖNER-WOHNEN-Jury die Vorhersage wagt: Auch die werden in ein paar Jahren richtige Klassiker sein. Fürs erste sind sie nur an ihrer Jugend gescheitert.

1

1

Jahr: 1974

Designer: Jürgen Lange

Modell: behr 5005

Material: Eichefurnier (rundum). Natur, schwarz, Umbra, Moos, Tabak

Maße: B 220. T 40. H 114,5–229

Preis: auf Anfrage

Hersteller: Behr, Wendlingen

2

2

Jahr: 1972

Designer: Peter Biedermann

Modell: Addition

Material: Spanplatte Eschefurnier, schwarz gebeizt. Kanten Mahagoni

Maße: B 186. T 124. H 25–145

Preis: auf Anfrage

Hersteller: mobilia, Nürnberg

3

3

Jahr: 1974

Designer: team form AG

Modell: Medium plus

Material: Esche, schwarz oder natur. Mahagoni. Lack, weißgrau, beige, chinarot

Maße: B 96. T 48/96. H 100/168/200

Preis: auf Anfrage

Hersteller: Interlübke, Rheda/Wiedenbrück

4

4

Jahr: 1974

Designer: Richard Sapper

Modell: Genia

Material: Metall, schwarz, weiß

Maße: B 164. T 28,5. H 189

Preis: auf Anfrage

Hersteller: B & B, Novedrate/Italien

5

5

Jahr 1977

Designer: Otto Zapf

Modell: Wingset

Material: Trägerschienen Aluminium, eloxiert. Borde, Hängeschränke Kunststoff, beschichtet. Silber, braun, schwarz

Maße: B 240. T 39/26. H 180

Preis: auf Anfrage

Hersteller: Vieler, Iserlohn/Letmathe

Möbelfotos: Werkfotos (1, 4, 7, 11, 13, 14, 17, 18, 20). Winfried Nörenberg (2, 3, 5, 6, 8, 9, 10, 12, 15, 16, 19, 21). Porträtfotos: privat. Seite 156: Werkfotos.

Moderne Klassiker
MÖBEL, DIE GESCHICHTE MACHEN
12. Teil: Hocker, Schaukelstühle

Gut zu sitzen ist dem Menschen ein Bedürfnis: Allein fünf Kapitel dieser Serie künden von Bemühungen um bequeme Sitzgelegenheiten. Dieses letzte Möbelkapitel handelt von zwei besonderen Spielarten: der einfachsten und ältesten und einer ziemlich jungen, die von Unrast und Bewegungslust der Sitzenden zeugt. Die Erfindung des Schaukelstuhls würde manch einer gern dem erfinderischen amerikanischen Präsidenten Benjamin Franklin (1706 bis 1790) zuschreiben. Als Beweis dient der »Fan-Chair« (Fächerstuhl) aus dem Landsitz Mount Vernon seines Nachfolgers George Washington (1732 bis 1788). Dieser Stuhl (in dem der Präsident, während er sich wiegte, zugleich Fliegen verjagte und sich Kühlung zufächelte) soll eine Kopie eines Modells von Franklin gewesen sein. Mag man diesem auch den Ruhm gönnen, auf den Fächer gekommen zu sein – Schaukelstühle gab's schon zur Zeit der Pilgrimfathers aus England, die 1620 in Massachusetts gelandet waren. Marksteine in der Geschichte des Schaukelstuhls setzte die berühmte Sekte der Shaker in Neuengland, die – sonst eher spartanisch gesonnen – ihren Alten und Kranken Schaukelstühle gönnte. In Europa war es Michael Thonet, der mit seinem legendären Modell Nr. 1 und anderen auf Bugholz sich Wiegenden den Siegeszug des Schaukelstuhls einläutete. Von den ältesten Hockern dagegen weiß man keine Erbauer, allenfalls Besitzer wie den ruhmreichen Ägypterkönig Tutenchamun. Außer von Ägyptern sind auch von den Babyloniern und Assyrern, Griechen, Etruskern und Römern kunstreiche Modelle bekannt. Kunstreich und vielfältig sind die Formen auch heute: Gerade an diesem simplen Sitzding – das von Melkern und Schuhmachern, von Anglern und Jägern gebraucht wird, also eher zum Arbeiten auffordert als zum Ausruhen einlädt – tüfteln Designer mit besonders viel Liebe, Ehrgeiz und Erfindergabe.

Hocker

1

1

Jahr: 1927

Designer: Kaare Klint

Modell: Klappstuhl

Material: Gestell Esche. Sitz Leinen, natur, braun, blau, grün, Rindsleder, natur, rot, grün, schwarz

Maße: B 58. T 49. H 43

Preise: auf Anfrage

Hersteller: Rud. Rasmussens Snedkerier, Kopenhagen

Der simple Klappstuhl ist aus der Nähe besehen ein ganz raffiniertes Stück. Es war – wie Rigmor Andersen, des Meisters Mitarbeiterin während vieler Jahre, berichtet – Klints Spezialität, Probleme auf möglichst elegante Art zu lösen. So hat er mit Propellerschnitt die Beine aus einem Stück Rundholz so geschnitten, daß sie zusammengeklappt sich wieder zum Rundholz fügen. Ideal wäre, wenn

die Hälften exakt das Stück Holz bildeten, das sie vorher waren. Das kann aber nicht gelingen, da beim Sägen etwas an Substanz verlorengeht – die beiden Hälften sind also ein wenig gegeneinander verschoben. Klint verwendete, auch daran erinnert sich Rigmor Andersen, große Sorgfalt auf die Auswahl der Materialien. Leder liebte er besonders.

Der Designer

Über Kaare Klint siehe »Stühle«, Nr. 13, »Armlehnstühle«, Nr. 6, »Hängelampen«, Nr. 4, »Sessel«, Nr. 11, »Liegen«, Nr. 5 ●

2

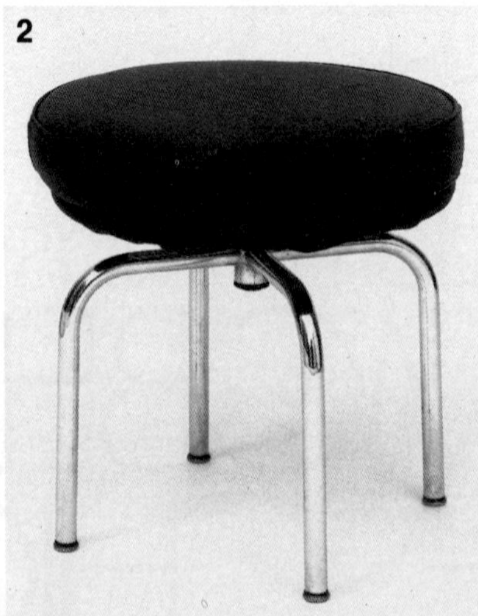

2

Jahr: 1928

Designer: Le Corbusier, Pierre Jeanneret, Charlotte Perriand

Modell: LC 8 Drehhocker

Material: Gestell Stahl, verchromt, oder lackiert: sieben Farben. Sitzpolster Polyurethan. Bezug Stoff oder Leder

Maße: Ø 47. H 50

Preis: auf Anfrage

Hersteller: Cassina, Mailand

Charlotte Perriand hat auf einer Liste aller Metallmöbel des Teams LC/Jeanneret/Perriand fünfzehn Modelle mit Varianten in winzigen, leicht krakeligen Zeichnungen dargestellt und handschriftlich – mit allerlei Korrekturen und Durchstreichungen – beschrieben. Neben allen Modellen, ausgenommen ein Sessel und ein Ausziehtisch, die nur mit CH. P. bezeichnet sind, stehen die Initialen aller drei Teammitglieder. Die von manchen verfochtene Theorie, der Drehhocker und sein großer Bruder, der Armlehnstuhl (siehe im 2. Kapitel unter Nr. 7) seien von der Perriand allein entworfen worden, wird damit von Le Corbusiers Mitarbeiterin selber widerlegt. Die Perriand hat das Büro Le Corbusier 1937 verlassen, danach an Wintersportzentren gearbeitet, von 1938 bis 1945 in Japan, und später wieder in Paris gelebt.

3

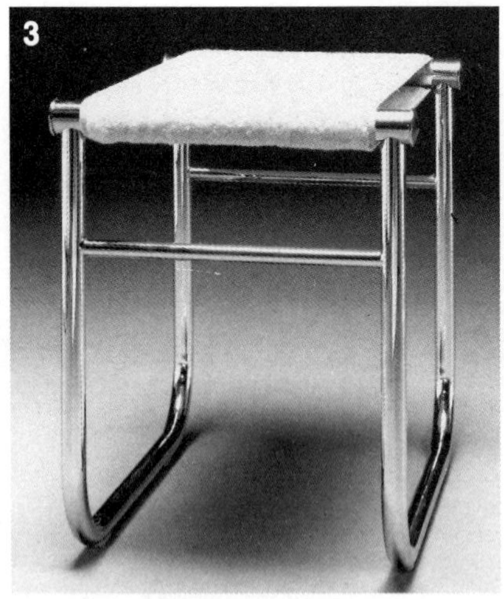

3

Jahr: 1929

Designer: Le Corbusier-Team

Modell: LC 9

Material: Gestell Stahl, verchromt. Sitz Frottierstoff

Maße: B 50. T 36. H 45

Preis: auf Anfrage

Hersteller: Cassina, Mailand

Der Hocker wurde zum erstenmal gezeigt im Bad des Appartements, das LC für den Pariser Herbstsalon 1929 eingerichtet hat. Bad und Küche waren mit zwei Reihen von LC-Metallschränken vom Wohn- und Eßbereich abgetrennt.

Der Designer

Über Le Corbusier siehe »Armlehnstühle«, Nr. 7, »Eßtische«, Nr. 3, »Sessel«, Nr. 6 und 7, »Liegen«, Nr. 1, »Anbausysteme«, Nr. 1 ●

4

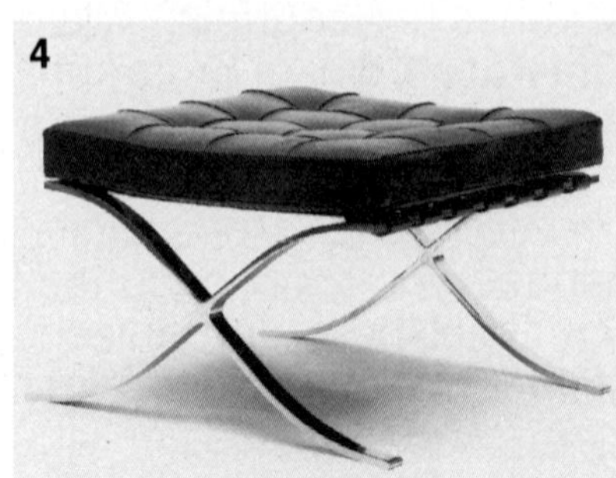

4

Jahr: 1929

Designer: Ludwig Mies v. d. Rohe

Modell: 251 Barcelona-Hocker

Material: Gestell Spezialfederstahl, hochglanzverchromt. Polster Schaumgummi, Bezug Rindsleder

Maße: B 61. T 59. H 34

Preis: auf Anfrage

Hersteller: Knoll International, Murr

Im Deutschen Pavillon der Weltausstellung 1929 in Barcelona standen solche Hocker in gebührendem Abstand von den beiden Sesseln (siehe »Sessel«, Nr. 8), auf denen das spanische Königspaar zur Eröffnungszeremonie Platz nahm: die Hocker fürs Gefolge. Das elegant geschwungene Sesselgestell ist beim Hocker auf ein richtiges X reduziert. Die X-Konstruktion kommt noch einmal vor auf einer Zeichnung von Mies, die das Museum of Modern Art besitzt: ein hochlehniger Sessel – die Füße wie beim Hocker, die beiden oberen Arme des X verlängert. Der vordere wölbt sich für die Sitzmulde, der hintere, noch längere, krümmt sich zur Lehne. Der in dieses Gestell eingehängte Sitz- und Lehnenteil wird aus breiten Stahlbändern geformt.

Der Designer

Über Mies van der Rohe siehe »Stühle«, Nr. 7 und 8, »Armlehnstühle«, Nr. 8, »Sessel«, Nr. 8, »Sofatische«, Nr. 4 und 5, »Liegen«, Nr. 3 und 4 ●

5

5

Jahr: 1930/33

Designer: Alvar Aalto

Modell: 60

Material: Birke. Sitz auch mit Linoleum, Laminat oder Kunststoff

Maße: ∅ 35. H 44

Preis: auf Anfrage

Hersteller: Artek, Helsinki

Ganze Hockerrudel, säuberlich aufgereiht, standen im großen, hellen Diskussions- und Vortragssaal der von Aalto gebauten Bibliothek von Viipuri in Finnland. Das Dreibein ist das ideale Massenmöbel und ebenso ideal für Räume mit wenig Platz. Denn so viele man auch hat – braucht man sie nicht, kann man sie endlos stapeln. Sie bilden dann (siehe zweites Foto) eine interessante Skulptur. Das verdanken sie ihrer Kon-

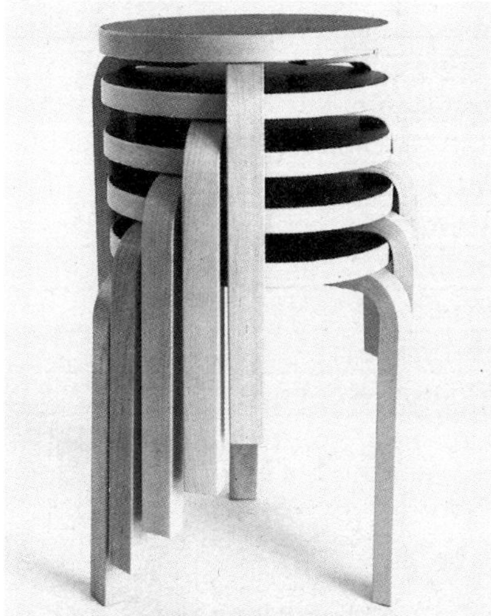

struktion: Da die gebogenen Beine überstehen, kann man die Hocker, immer um eine Beinbreite gedreht, exakt senkrecht aufeinanderbauen. Wenn die von den Beinen gebildete Spirale eine volle Drehung geformt hat, wiederholt sie sich.

6

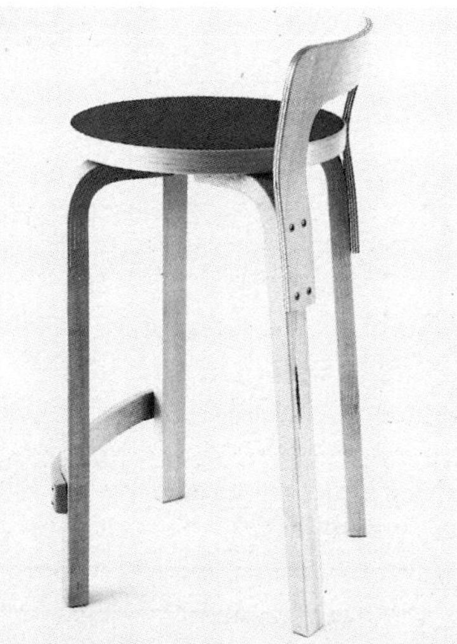

6

Jahr: 1933/35

Designer: Alvar Aalto

Modell: K 65

Material: Birke. Sitz auch mit Linoleum, Laminat oder Kunststoff

Maße: ∅ 35. H 70. SH 60

Preis: auf Anfrage

Hersteller: Artek, Helsinki

Er ist ein Verwandter von Nummer 5: Aalto hat für Viipuri eine ganze Sippschaft von Sitzmöbeln entworfen, auch Stühle (siehe »Stühle«, Nr. 11 und 12) mit mehreren Lehnenvariationen. In den späten fünfziger und frühen sechziger Jahren gehörten Aaltos Möbel zu denen, die als skandinavisches Design in aller Welt bekannt wurden. Die Ausstellung »Design in Scandinavia«, die 1954 durch die USA zog, leitete eine ganze Reihe von Ausstellungen ein, so »Formes Scandinaves« 1958 in Paris, »Neue Form aus Dänemark« 1956/57 in Deutschland und »Finlandia«, die 1961 von Zürich nach Amsterdam und London wanderte.

7

7

Jahr: 1954

Designer: Alvar Aalto

Modell: X 600

Material: Gestell Birke

Sitz Esche furniert

Maße: ∅ 38. H 44

Preis: auf Anfrage

Hersteller: Artek, Helsinki

Exemplare dieses Schönen mit dem Fächerbein aus gebogenem Schichtholz standen in Aaltos Studio in Helsinki. Das war ein hoher Raum mit Lichteinfall in zwei Höhen, in dem zwar eine Reihe von Zeichentischen Arbeitsatmosphäre signalisierte, der als Ganzes aber nichts von Bürosachlichkeit an sich hatte: Grafiken und rankendes Grün an der Wand, viele freundliche Lampen, ein dicker Teppich, ein großer Aalto-Tisch, umrundet von Armlehnstühlen.

Der Designer

Über Alvar Aalto siehe »Stühle«, Nr. 11 und 12, »Eßtische«, Nr. 4, »Sessel«, Nr. 9 und 10, »Sofatische, Servierwagen«, 7 und 8 ●

8

8
Jahr: 1953
Designer: Arne Jacobsen
Modell: 3170
Material: Gestell Stahl, verchromt. Sitz Furnier, formgepreßt, schichtverleimt
Maße: ∅ 34. H 44
Preis: auf Anfrage
Hersteller: Fritz Hansen, Kopenhagen

In den frühen fünfziger Jahren lag die Kombination von Stahlrohr und geformtem Schichtholz sozusagen in der Luft. Als Jacobsen anfing, mit dünnem Stahlrohr zu

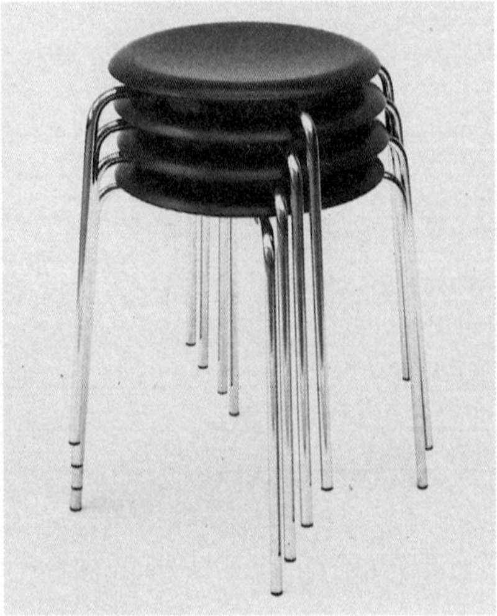

experimentieren, schien dessen Verarbeitung zunächst teuer und schwierig. Aber es zeigte sich, daß es noch teurer gewesen wäre, einen ähnlichen Stuhl ganz aus Holz zu machen.

Der Designer

Über Arne Jacobsen siehe »Stühle«, Nr. 16, 17, »Armlehnstühle«, Nr. 24, »Hängelampen«, Nr. 10, »Wand- und Deckenlampen«, Nr. 2, »Sessel«, Nr. 26, »Tischlampen«, Nr. 6, »Sofatische«, Nr. 15 ●

9

9
Jahr: 1955
Designer: Nanna und Jørgen Ditzel
Modell: Kinderstuhl
Material: Buche
Maße: 40x40. H 70
Preis: auf Anfrage
Hersteller: Nordisk Andels-Eksport, Kopenhagen

Den Kinderstuhl hat Nanna Ditzel zusammen mit ihrem ersten Mann Jørgen entworfen. Sie hatten Zwillingstöchter, die bequem und sicher am Tisch sitzen sollten. Und sie fanden keinen hohen Kinderstuhl in guter Qualität auf dem Markt. Nanna Ditzel macht gern Entwürfe für solche Marktlücken. Bevor sie ans Zeichnen geht, analysiert sie schriftlich, was sie will und was nicht. Alle Einzelheiten bis hin zu technischen Details werden aufgeschrieben. Und was sie zeichnet, muß vor allem praktisch sein. Der Kinderstuhl hat einen Bugholzring, gedrechselte Beine und Leisten sowie eine verstellbare Fußstütze.

10

10
Jahr: 1962
Designer: Nanna Ditzel
Modell: Trisser
Material: Buchenschichtholz
Maße: ∅ 32, 40. H 30
Preis: auf Anfrage
Hersteller: Nordisk Andels-Eksport, Kopenhagen

Kinder sitzen nicht still – das weiß Nanna Ditzel von ihren dreien. Sie wollen Stühle, mit denen sie auch spielen können. Mit den lustigen Hockerchen namens Trisser (das heißt Spule, Garnrolle, wie auch sonst?) kann man das. Und da es sie in mehreren Höhen und auch als Tischchen gibt, können auch mal Erwachsene drauf Platz nehmen. Bei Ditzels standen Trisser nicht nur im Kinderzimmer, sondern überall im Haus. Die Designerin findet, daß Kindermöbel nicht schlechter sein dürften als solche für Erwachsene. Ihre Hockerchen werden oft auf Spielplätzen aufgestellt, kinderfreundlicherweise auch in vielen Banken. Und in der Kinderbibliothek in dem Städtchen Lindby.

Die Designerin

Über Nanna Ditzel siehe im Kapitel »Betten«, Nr. 6 ●

11

11
Jahr: 1956
Designer: Ray Eames
Modell: 40135601/B
Material: Nußbaum massiv, gedrechselt
Maße: ∅ 33. H 38
Preis: auf Anfrage
Hersteller: Miller Collection/Vitra, Weil am Rhein

Gemeinhin kennt und nennt man das Designer-Team Charles und Ray Eames – die beiden haben, nachdem sie sich auf der Universität kennengelernt hatten, fast vierzig Jahre zusammengearbeitet. Als Möbeldesigner, Filmemacher, Photographen. Den Hocker und seine beiden Vettern, die etwas andere Profile haben, hat Ray Eames allein entworfen. Die Aufgabe, die sie sich gestellt hatte, war: unaufdringliche mobile Sitze zu schaffen, auf denen während des Arbeitstages Besucher auf ihren Verabredungstermin warten und auch miteinander konferieren könnten. Und auf denen abends die Mitarbeiter sitzen könnten, wenn sie Pause machen und einen Happen essen wollten. Von dieser Art Sitzgelegenheiten haben die Eames' eine ganze Reihe gemacht, die sie »Lobby Chairs« nannten, darunter auch Sessel. Die Berühmtesten sind die Time/Life Lobby Chairs. Für ihre gedrechselten Hocker hat Ray Eames zunächst Tonmodelle geformt, wobei sie die Besonderheiten des Drechselns berücksichtigen mußte. Dann wurden Profile gezeichnet und schließlich im »shop« (so nannten sie lässig untertreibend ihr Atelier in einem kleinen Fabrikgebäude) maßstabgetreue Musterstücke hergestellt.

Die Designerin

Bevor Ray Kaiser an die Cranbrook Academy in Michigan ging, wo sie Charles Eames kennenlernte, hat sie an einer Reihe anderer Colleges und Universitäten studiert, so am Millbrook College Sacramento, an der New Yorker Bennett School, bei dem Maler Hans Hofmann in New York und Gloucester/Mass. Außerdem hat sie bei Hanya Holm, einer Schülerin von Mary Wigman, und bei Martha Graham, der Avantgardistin des Modern Dance, Tanz studiert. Leiter der Cranbrook Academy of Arts war damals der Finne Eliel Saarinen. Er hatte 1936 Charles Eames ein Stipendium und später einen Lehrauftrag gegeben. An der Akademie lernten Charles Eames und Ray Kaiser nicht nur einander, sondern auch Eliel Saarinens Sohn Eero kennen, mit dem sie in den folgenden Jahren eng zusammenarbeiteten

Ray Eames
* California/USA

(siehe »Stühle«, Nr. 14 und 20). 1940 zogen Charles und Ray Eames nach Los Angeles, wo Charles als Kulissen-Designer in den Studios der Metro-Goldwyn-Mayer arbeitete. Nachts experimentierten die beiden zusammen an Verformungstechniken für Schichtholz – das waren die Vorarbeiten für ihre ersten großen Möbelerfolge. 1946, als sie die ersten brauchbaren Modelle anzubieten hatten, begann ihre über dreißig Jahre währende intensive Beziehung zu Herman Miller, der diese und viele weitere Entwürfe in seine Collection aufnahm. Die beiden Eames bezogen in Venice/Kalifornien ein kleines Fabrikgebäude, das sie »shop« nannten und in dem Ray Eames auch nach dem Tode ihres Mannes noch arbeitet. Dort entstanden all ihre Möbelmodelle, Filme und Ausstellungen. Fotos aus dem shop zeigen schöpferisches Chaos in allen Hallen, die Wände sind mit Fotos, Postern und Notizen bepflastert. Während Charles' Zeichentisch überhäuft ist mit Blöcken, Zeitschriften, Bleistiften, Kameras, Arbeitsproben und Mustern, ist der von Ray schön ordentlich mit Drahtkörben voller Papiere an beiden Seiten, Paperweights und einem bunten Topf voller Stifte. Und daneben, auf einem altmodischen Tischchen mit Drechselfuß, grünt ein Farn. Die Eames hatten keine Vorliebe für eines ihrer Arbeitsgebiete. Sie machten, wie Ray Eames sich erinnert, alles mit der gleichen Intensität, und alles war – »moment by moment« – befriedigend von Anfang an bis zur Vollendung. Auf die Frage, was ihr Anteil im Eames-Team war, sagt Ray Eames: Bei allen Projekten soviel wie möglich zu tun. Heute ist sie damit beschäftigt, noch anstehende Verpflichtungen zu erfüllen, Ordnung zu schaffen, korrekte chronologische Listen der Eames-Arbeiten aufzustellen. Und mit verschiedenen Mitarbeitern an Ausstellungen, Büchern und Filmen zu arbeiten. ●

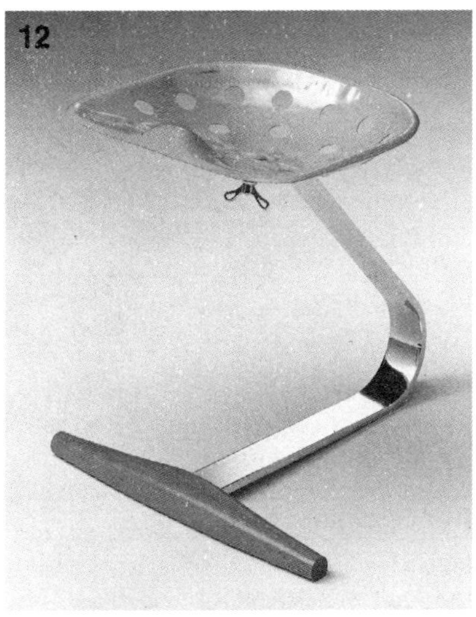

12
Jahr: 1957
Designer: Achille und Pier Giacomo Castiglioni
Modell: Mezzadro
Material: Fußteil Buche natur. Stützstange Stahl, verchromt. Sitz Metall, verchromt oder lackiert, 6 Farben
Maße: B 49. T 51. H 51
Preis: auf Anfrage
Hersteller: Zanotta, Mailand

Mezzadro heißt Halbpächter. Ein Halbpächter ist einer, der als Pachtzins einen Bruchteil des Früchteertrags zahlt. Etwas Landwirtschaftliches also – natürlich: Der Sitz des Hockers stammt vom Trecker. Auch die anderen Bestandteile werden sonst für andere Zwecke verwendet. Die Flügelschraube, mit der Sitz und Stützstange zusammengehalten werden, kennt man von altmodischen Fahrrädern. Beim ersten Modell, das in Castiglionis Studio steht, war der Sitz noch schmaler. Da er so zu unbequem war, wurde er später verbreitert. Der Sitz, aus hartem Material, aber elastisch, ist sozusagen ein Dreibein: Er liegt auf drei Punkten auf, steht sicher und wackelt nicht. Die Brüder Castiglioni haben ihn für eine Ausstellung entworfen, die 1957 in der Villa Olme am Comer See stattfand: »Colore e forme nella Casa d'oggi« (Farben und Formen im Haus von heute). Dafür sollte jeder Architekt einen Raum einrichten. Der der Brüder Castiglioni war »molto vivace« (sehr lebhaft), nur mit leicht beweglichen Gegenständen eingerichtet wie Gartenliegestühlen, einem Fahrradsitz auf Rundrohr, einem Fernsehgerät, das an die Decke zu ziehen war. Auch ein Thonet-Stuhl war dabei. Das Ganze sehr charakteristisch für die Brüder Castiglioni. Der Mezzadro wurde in die Sammlung des Museums of Modern Art aufgenommen.

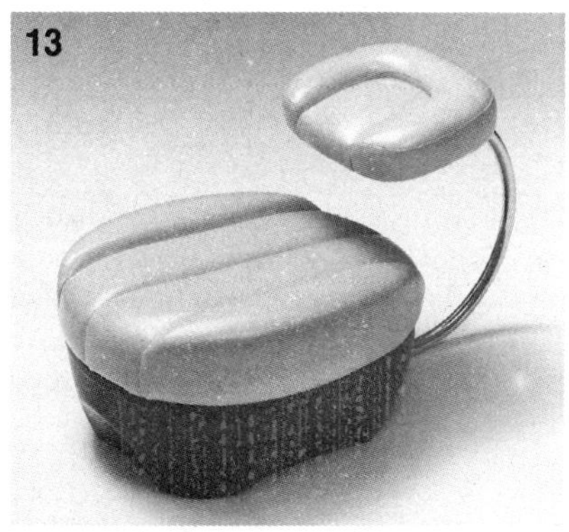

13
Jahr: 1969
Designer: Achille Castiglioni
Modell: Primate
Material: Unterteil Polystyrol, schwarz. Stützstange Inox-Stahl. Sitzpolster Polyurethan, Bezug Kunststoff oder Leder
Maße: B 50. T 80. H 47
Preis: auf Anfrage
Hersteller: Zanotta, Mailand

Kinder, die über den Schularbeiten sitzen oder malen, gehen – das hatte Achille Castiglioni beobachtet – irgendwann auf die Knie. Und wenn sie's haben, schieben sie nach einer Weile ein Kissen unter den Po, damit sie bequemer hocken. Da wären sie doch viel besser mit einem Hocksitz bedient, dachte der Designer, und so entstand der »Primate«.

Der Designer

Über Achille Castiglioni siehe die Kapitel »Stühle«, Nr. 25, »Armlehnstühle«, Nr. 28, »Hängelampen«, Nr. 11 bis 14, »Wand- und Deckenlampen«, Nr. 9, »Einzelmöbel«, Nr. 16, »Stehlampen«, Nr. 3 bis 6, »Tischlampen«, Nr. 6, »Sofatische«, Nr. 6 ●

14

14
Jahr: 1959
Designer: Poul Kjærholm
Modell: 33
Material: Gestell Stahl, mattverchromt. Kissen Bezug Ochsenleder
Maße: ∅ 52,5. H 34,5
Preis: auf Anfrage
Hersteller: E. Kold Christensen, Kopenhagen

Das Dreibein ist ein Verwandter des dreibeinigen Schreibtischstuhls (siehe »Armlehnstühle«, Nr. 18), ein ausgesprochen komfortables Exemplar der Spezies

Hocker mit großer, sanft gewölbter Sitzfläche. Das Detailfoto zeigt, wie schön das Gestell gearbeitet ist. In der Mitte ist in eine der Stahlleisten das Firmenzeichen von Kold Christensen, Kjærholms Hersteller, eingraviert.

15

15
Jahr: 1961
Designer: Poul Kjærholm
Modell: 91
Material: Gestell Stahl, mattverchromt. Sitz Segeltuch oder Ochsenleder
Maße: B 60. T 45. H 37
Preis: auf Anfrage
Hersteller: wie 14

Die Sache mit dem Propellerschnitt der Kreuzbeine, der ein fast nahtloses Zusammenfalten des Hockers ermöglicht, wird bei der Nummer 1 dieses Kapitels, bei Kaare Klints Faltstuhl, erklärt. Kjærholm hat die Methode auf sein Material, den Stahl, übertragen und damit wie immer ein sehr edles Ergebnis erzielt, den Hokker in Luxusausführung. Ein schönes Detail: die Schraube an der Kreuzung, die an dem sonst schmucklosen Hocker wie eine Verzierung wirkt. Der Hocker steht im Kopenhagener Kunstgewerbemuseum, im Röhss'schen Kunstgewerbemuseum in Göteborg, im Stedelijk Museum Amsterdam, im Museum der Schönen Künste Prag und im New Yorker Museum of Modern Art.

Der Designer

Über Poul Kjærholm siehe »Stühle«, Nr. 23, »Armlehnstühle«, Nr. 18, »Sessel«, Nr. 22 und 23, »Sofatische«, Nr. 13 und 14, »Liegen«, Nr. 7 und 8 ●

16

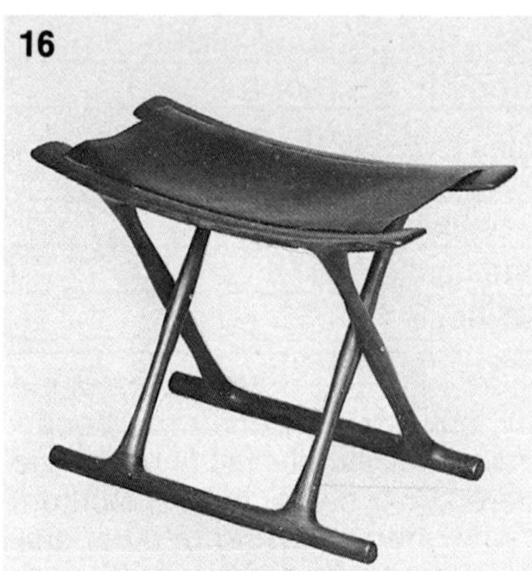

16
Jahr: 1960
Designer: Ole Wanscher
Modell: Falthocker
Material: Gestell Mahagoni. Sitz Ziegenleder
Maße: B 55. T 30. H 42. SH 40
Preis: auf Anfrage
Hersteller: A. J. Iversen, Kopenhagen

Vorbild für diesen Hocker ist ein ägyptischer, aus Theben, etwa 1450 bis 1400 vor Christus. Ole Wanscher hat ihn im Berliner Ägyptischen Museum gesehen und Verwandtschaft zu einem Hocker aus der dänischen Bronzezeit festgestellt. Den Ägypter beschreibt er in seinem großen Buch »Sella curulis«, in dem er Faltstühle aus allen Zeiten und allen Kulturkreisen behandelt. Wanscher nimmt an, daß der Hocker, der Reste der Lederbespannung trägt, aus Zedernholz ist. »Der einfache Stuhl«, schreibt er, »ist extrem raffiniert sowohl im Design wie in der Verarbeitung. Die Verbindungen der Beine mit den Fußleisten sind glatt gerundet, zu einer Form, die eine starke Zapfenkonstruktion erlaubt. Die Beine sind nicht gedrechselt, sondern mit der Hand bearbeitet. Der ovale Querschnitt ihrer Säulenform ist so in sich gedreht, daß sich mit Sitz- und Fußleisten eine Linie ergibt. Das ist ein sehr modernes Detail. Die leicht konkaven Sitzleisten sind an der Unterseite gerundet und zu den Rändern hin abgeflacht.« Diese Schilderung (abgesehen von der Holzart) trifft auch für Wanschers Falthocker zu.

Der Designer

Über Ole Wanscher siehe »Stühle«, Nr. 24, »Armlehnstühle«, Nr. 19 und 20, »Eßtische«, Nr. 13, und »Sessel«, Nr. 19 ●

17

17
Jahr: 1961
Designer: Grete Jalk
Modell: Drehhocker
Material: Gestell Palisander. Kissen Bezug Leder
Maße: ∅ 30. H 65
Preis: auf Anfrage
Hersteller: Søren Horn, Kopenhagen

Sich gemütlich darauf niederlassen soll man nicht. Grete Jalk hält nichts von stundenlangem Stillsitzen. Deshalb hat sie für ihren Mann (siehe »Einzelmöbel«, Nr. 9) ein Stehpult entworfen. Da sie aber weiß, daß auch Stehen müde macht, hat sie dazu den Hocker gezeichnet, damit man dann und wann ausruhen kann. Sie dachte daran, daß es auch an den Mauern von Kirchen und Klöstern Stehhilfen für die Priester gibt – dort allerdings stützt man die Arme auf. Daß das Gewinde, mit dem man die Höhe des Hockers verstellt, aus Holz gearbeitet ist, betont Grete Jalk mit Stolz.

Die Designerin

Über Grete Jalk siehe im Kapitel »Einzelmöbel«, Nr. 9 ●

18
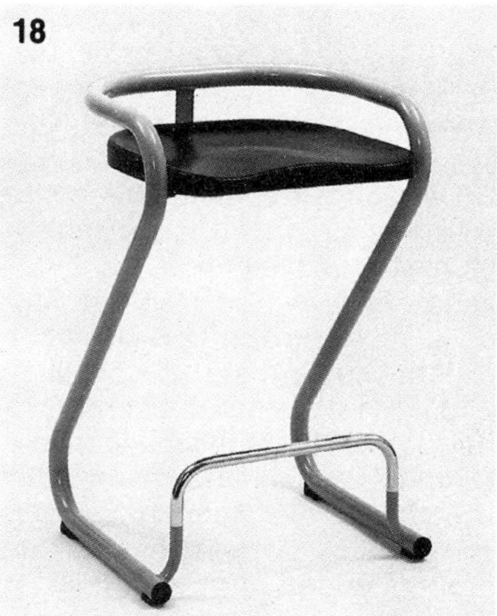

18
Jahr: 1968
Designer: Börge Lindau und Bo Lindekrantz
Modell: S 70-3
Material: Gestell Stahlrohr, verchromt oder lackiert: schwarz, weiß, rot, blau, grün, gelb, braun. Sitz Kunststoff
Maße: B 48. T 44. H 71. SH 63
Preis: auf Anfrage
Hersteller: Lammhults Mekaniska, Lammhult/Schweden

Wenn Lindau und Lindekrantz im Team arbeiten, führen sie eine Art Dialog miteinander, mündlich und auf dem Zeichenpapier. Was wer macht, können sie nicht im einzelnen sagen, es ist von Fall zu Fall verschieden. Als sie die Serie S 70 zeichneten, arbeitete Lindekrantz zunächst am Armlehnstuhl, und Lindau zeichnete dann den Barhocker. Die beiden entwerfen nicht auf Auftrag, sondern verwirklichen eigene Ideen. Dabei orientieren sie sich an dem, was der Markt wünscht. Obwohl sie schon oft Stahlrohr verwendet haben, ist das nicht ihr bevorzugtes Material. Vielmehr interessieren sie sich als Industriedesigner für jeden Werkstoff, der sich für industrielle Produktion eignet. Im Anfang war auch viel Bugholz dabei. Mit Bugholz beschäftigt sich Lindekrantz auch neuerdings wieder – sie wollen versuchen, neue Ausdrucksmöglichkeiten für das alte Material zu finden. Der Barhocker, anfangs auch ohne Fußstütze angeboten, ist stapelbar. An Stelle der Versteifung zwischen Sitz und Rückenlehne gibt es auch ein Detail, das Handtaschenträger und -trägerinnen erfreut: Aus der Unterseite des Sitzes krümmt sich ein schlanker Haken nach oben, an dem man das Täschchen aufhängen kann.

Die Designer

Schon während des Studiums an der Schule der Kunsthandwerksvereinigung (Slöjdföreningen School) in Göteborg lernten Börge Lindau und Bo Lindekrantz einander kennen. Beider Familienhintergrund legte die Wahl eines Berufes im weiten Feld des Designs nahe. Börge Lindaus Vater betrieb in Åhus eine kleine Möbelwerkstatt mit Laden, und Vater Lindekrantz war bekannt als Industriedesigner und Lehrer für dieses Gebiet. Nach Abschluß des

Börge Lindau
* Åhus,
9. März 1932

Studiums (1961) arbeiteten beide ein paar Jahre bei dem Innenarchitekten Svend Staff, bevor sie sich 1964 selbständig machten. 1969 gewannen sie den renommierten Lunning-Preis, 1969 wur-

Bo Lindekrantz
* 23. Sept. 1932

de auch ihre Verbindung mit Lammhults begründet. Der S-70-Serie folgte eine ganze Reihe weiterer Möbelentwürfe. Als Lindau/Lindekrantz 1979 eingeladen wurden, ihre Arbeiten im Röhss'schen Kunstgewerbemuseum in Göteborg auszustellen und zur Eröffnung ein Treffen mit den Schülern der Kunstindustrieschule zu arrangieren, rätselten sie lange über die Form der Ausstellung und redeten mehr über das Fest mit den Schülern als über ihre Arbeiten. Zwei Tage vor Ausstellungsbeginn beschlossen sie, einen Tisch, mindestens zwanzig Meter lang, zu decken und alle ihre Stuhlmodelle in chronologischer Reihenfolge drumherum aufzureihen. Das hätte perfekt für Fest und Ausstellung gepaßt. Sie machten es auch so, aber es wurde schließlich nur eine Ausstellung, weil die Schüler auf Schulreise waren. ●

19

19
Jahr: 1970
Designer: Andrew Ivar Morrison und Bruce R. Hannah
Modell: 2031
Material: Fußbügel und Zargen Aluminiumgußteile und -profile, rilsanbeschichtet, weiß oder schwarz. Polsterung Polyäther-Formteil auf hochfestem Traggewebe
Maße: B 73. T 65. H 43
Preis: auf Anfrage
Hersteller: Knoll International, Murr

»Eine kleine Sensation« wurde die Möbelserie, zu der der Hocker gehört, im November 1971 in der Fernseh-Abendschau des Süddeutschen Rundfunks genannt. Die Serie, Ergebnis einer dreijährigen Entwicklungsarbeit, war im April des Jahres im Knoll-Showroom in der Fifth Avenue in New York der Öffentlichkeit vorgestellt worden, im Sommer dann in Europa. Zu dem Programm gehören außer den Sesseln mit hohen und niedrigen Rücken nebst passendem Hocker auch Armlehnstühle, Tische und Flughafenbestuhlung, zwei-, drei- und viersitzige Bänke, Liegen und Objektstühle. Den beiden Designern ging es darum, ein möglichst vielseitiges Baukastensystem zu entwerfen, dessen verschiedene Elemente im Wohnbereich ebensogut zu verwenden sind wie im Objektbereich.

Der Designer

Morrison und Hannah haben bis 1963 am Pratt-Institut in Brooklyn/New York studiert. An diesem Institut waren sie später auch als Lehrer tätig. Aus der Zusammenarbeit mit Knoll International, die 1968 begann, ging nach dem Polstermöbelprogramm auch ein Büromöbelprogramm mit Schreibtischen, Kommoden und Regalen hervor. Charakteristisch für die beiden Designer: Sie legen größten Wert darauf, daß alle ihre Modelle funktionsgerecht sind. Bevor sie ans Entwerfen gehen, prüfen sie in ihrem New Yorker Atelier die Werkstoffe, die verwendet werden sollen, und fertigen dann sel-

Andrew Ivar Morrison, * Washington, 1939

Bruce R. Hannah, * Staten Island/ New York, 1941

ber Prototypen an. Solch penible Vorarbeit zahlt sich aus: Alle Modelle der beiden gingen in Serienproduktion und waren vom Start an erfolgreich. Das Polstermöbelprogramm wurde 1970 mit dem Preis der Firma Alcoa Aluminium ausgezeichnet, der für besondere Leistungen junger Designer ausgeschrieben ist. 1972 wurde das Programm vom Design Center Stuttgart ausgezeichnet. ●

20

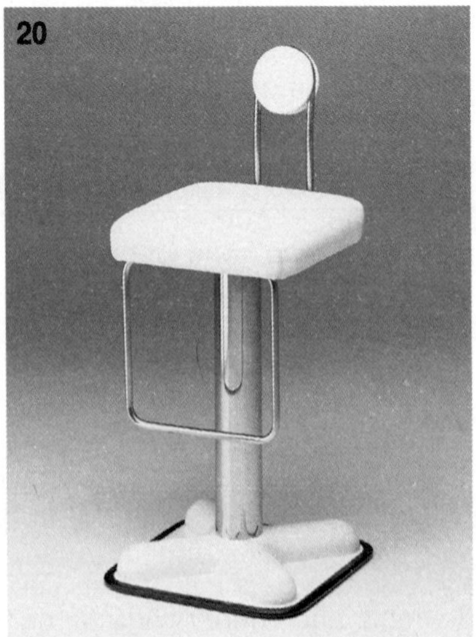

20

Jahr: 1971

Designer: Joe Colombo

Modell: Birillo

Material: Fuß Fiberglas. Bein Inox-Stahl, ∅ 100 mm. Fußstütze, Lehne Stahlrohr. Sitz und Lehne Polster, Bezug Leder oder Vistram

Maße: B 47. T 47. H 107. SH 77

Preis: auf Anfrage

Hersteller: Zanotta, Mailand

Der Hocker gehört zu einer Gruppe von Büromöbeln. Den Hocker hatte Colombo für die Bar im Büro vorgesehen. Die Gruppe ist als Ganzes nie in Produktion gegangen, es gab nur Prototypen. Der Entwurf drückt wie viele Modelle Colombos dessen Vorliebe für moderne Materialien aus und entspricht seiner Vorstellung von Einrichtung. Wie Le Corbusier war auch er der Meinung, daß »Einrichtung«, »Dekoration«, »Möbel« veraltete Begriffe seien, weil die Beziehung zwischen den alten Gegenständen der Einrichtung und der Wirklichkeit, in der wir leben, nicht mehr stimme. Lieber als Bezeichnungen wie »Hausrat« und »Einrichtung« wollte er das Wort »Ausrüstung« benutzen.

Der Designer

Über Joe Colombo siehe »Stühle«, Nr. 30, »Eßtische«, Nr. 23, »Hängelampen«, Nr. 16, »Wand- und Deckenlampen«, Nr. 11, »Einzelmöbel«, Nr. 13, »Sessel«, Nr. 29, »Stehlampen«, Nr. 8 und 9, »Tischlampen«, Nr. 8 und 9 ●

Schaukelstühle

1

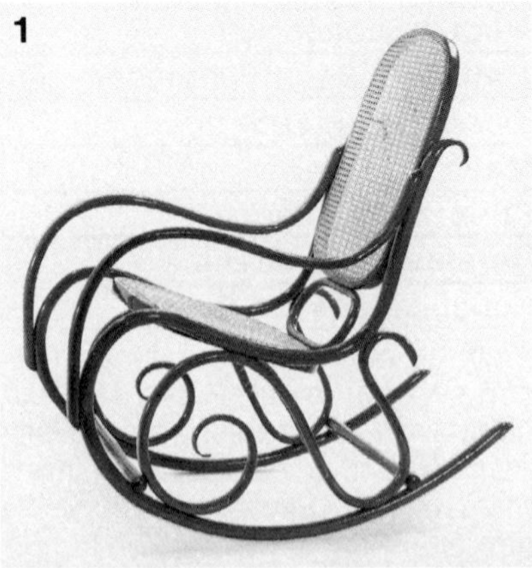

1

Jahr: 1860

Designer: Michael Thonet

Modell: 825

Material: Buchenholz, dampfgebogen. Sitz, Rücken Rohrgeflecht

Maße: B 53. T 101. H 101. SH 45

Preis: auf Anfrage

Hersteller: Gebrüder Thonet, Frankenberg

Thonets Nummer 1, eines seiner erfolgreichsten Modelle, war der erste Schaukelstuhl, der sich auf Bugholz wiegte. Nicht der erste Schaukelstuhl überhaupt. Dem Wunsch unruhiger Geister, sitzend hin und her zu schwingen, waren vor ihm schon namenlose Möbelbauer in England und den USA nachgekommen. In Amerika waren vor allem die Schaukelstühle der Shaker (siehe Nr. 2) bekannt. Nur: All die früheren Modelle schaukelten auf kantigen Kufen, wie man sie von Schlitten und Schaukelpferden kennt. Thonet nützte die Möglichkeiten des Bugholzes: Seine Schaukelstühle wiegten sich auf Rundholz, und da er Kufen und Armlehnen in einem großen Bogen formen konnte, in den er stützende und schmückende Schnörkel einfügte, waren sie viel eleganter als die frühen Amerikaner. Nicht Lehnstühle, auf Kufen montiert, sondern durchkomponierte Schaukelstühle. Thonet und seine Nachfolger wie auch die Konkurrenten Kohn oder Fischel haben das Thema Schaukelstuhl in allen Varianten durchgespielt, sehr kurvenreich und auch schlichter. Die meisten haben wie der 825 Griffe an der Rückenlehne – ganz Bequeme schaukeln nicht selber, sondern lassen schaukeln. Sitz und Lehne sind meist aus Rohrgeflecht, gelegentlich auch aus Schichtholz mit Brand- oder Lochmuster oder gitterartig ausgeschnitten. Die Firma J. und J. Kohn hat, einem Zug der Zeit folgend, gegen die Jahrhundertwende Modelle namhafter Architekten der Wiener Sezession verwirklicht wie Gustav Siegel, Otto Wagner. Da gibt es dann ganz raffinierte Entwürfe wie den von Siegel, bei dem die beiden Seiten aus je einem fünf Meter langen Stück Bugholz bestehen. Es bildet in einer kühnen Linie die gerade Rükkenlehne, dann in engem Bogen die Stützkonstruktion und in großem flachem Bogen die Kufe, die elegant gekurvt als Armlehne endet. Kohn hat auch Thonets Modell Nr. 7500, das luxuriöse Schaukelsofa, variiert, das Ende der siebziger Jahre unseres Jahrhunderts in limitierter Auflage wieder auf den Markt kam.

Der Designer

Über Michael Thonet siehe »Stühle«, Nr. 1 und 2, »Armlehnstühle«, Nr. 1 und 2, »Eßtische«, Nr. 1 ●

2

2

Jahr: 1860

Designer: Anonymer Shaker

Modell: 104

Material: Gestell Ahorn. Sitz Bandgeflecht

Maße: B 63. T 86. H 112. SH 43

Preis: auf Anfrage

Hersteller: Shaker furniture, Maastricht/Niederlande (Habit)

Wie schon in früheren Kapiteln kommt auch hier wieder ein Modell, dessen Vater anonym geblieben ist. Es ist ein Modell der Shaker in Amerika. Eine Gruppe dieser Religionsgemeinschaft (Anfang des 18. Jahrhunderts in England aus der Sekte der Quäker hervorgegangen), hatte sich unter Führung von »Mutter Anna« Lee vor der Verfolgung nach Amerika gerettet und sich im Staat New York niedergelassen. Später bildeten sich Shaker-Gemeinden auch in Connecticut, Massachusetts und Kentucky. Die Shaker haben besondere Glaubensvorstellungen (Gott zum Beispiel ist für sie männlich und weiblich). Shaker (= Schüttler) heißen sie nach der Form ihres Gottesdienstes, bei dem sie tanzen und in die Hände klatschen. Sie leben in Gruppen zu dreißig in je einem

Haus, kennen keinen persönlichen Besitz und tragen strenge, schmucklose Kleidung. Was sie zur Ernährung brauchen, bauen sie selber an, was sie sonst zum Leben nötig haben, machen sie selber. Auch die Möbel. Es sind, wie das zur Einstellung der Shaker paßt, zweckmäßige, geradlinige Möbel, schlicht und schön. Berühmt waren und sind sie wegen ihrer vorbildlichen handwerklichen Qualität. In Dänemark hat man solche Qualitäten früher als anderswo erkannt: Designer wie Børge Mogensen haben Shaker-Möbel zum Vorbild für eigene Entwürfe genommen (siehe »Eßtische«, Nr. 7 und 8). So etwas Vergnügliches wie Schaukelstühle traut man den Shakern eigentlich nicht zu. Sie machten diese Möbel, die sie aus dem amerikanischen Jacobean Style übernommen hatten, für ihre Alten und Kranken. Schaukelstühle gehörten zum obligatorischen Inventar ihrer Schlafsäle. Ursprünglich hatten die Shaker Möbel nur für den eigenen Bedarf gebaut, später produzierten sie auch für den Verkauf. Nachdem eine Fabrik mit dampfbetriebenen Maschinen gebaut, die Produkte standardisiert und numeriert, der Verkauf organisiert worden waren, kam 1874 der erste Verkaufskatalog heraus. Die Shaker-Möbel, die jetzt in Europa auf dem Markt sind, werden in den Niederlanden gemacht. ●

3

3

Jahr: 1905

Designer: Josef Hoffmann

Modell: Schaukelstuhl

Material: Gestell Buche, schwarz lackiert. Sitz, Lehne Rohrgeflecht

Maße: B 54. T 107. H 120

Preis: auf Anfrage

Hersteller: Wittmann, Etsdorf am Kamp/Österreich

Dieses höchst extravagante Stück, das in der Literatur gelegentlich mit dem Zusatz »zugeschrieben« hinter Hoffmanns Namen vorgestellt wird, trägt eine Reihe von Details, die der berühmte Wiener Architekt oft verwendet hat: senkrechte Streben in den Ovalen, die Kufen und Armlehnen bilden, den in den Lehnenbogen eingelassenen kleineren Bogen mit Flechteinsatz und die fast legendären Kugeln (siehe z. B. »Armlehnstühle« Nr. 4). Kleine Kugeln als Stopper an den Kufen, dicke Kugeln an den Enden der mit Leder bezogenen Rundstäbe zum Verstellen von Rückenlehne und Fußteil. Die Methode ist ein-

fach und witzig, von den raffinierten Mechanismen unserer Tage noch weit entfernt: Die Stangen werden in die Zackenleisten auf den Kufen höher oder tiefer eingelegt, Lehne und Fußteil geben entsprechend nach. Das Fußteil, genauso entgegenkommend geformt wie der Sitz, wurde übrigens zu Hoffmanns Zeit nicht bei allen Stücken eingebaut: Es gibt alte italienische Fotos mit diesem interessanten Detail, andere zeigen den Schaukelstuhl ohne. Hoffmanns Werk ist nichts für wilde Schaukler. Trotz der Stopperkugeln gerät er mit einem Insassen leicht aus der Contenance.

Der Designer

Über Josef Hoffmann siehe »Armlehnstühle«, Nr. 3 und 4, »Sessel«, Nr. 1 und 2, »Sofas«, Nr. 1, und »Sofatische«, Nr. 1 ●

4
Jahr: 1944
Designer: Hans J. Wegner
Modell: J 16
Material: Gestell Buche, natur oder weiß lackiert. Wenge oder Teak, gebeizt
Maße: B 53. T 77. H 108. SH 40
Preis: auf Anfrage
Hersteller: Nordisk Andels-Eksport, Kopenhagen

Er ist eines der ältesten Modelle des großen dänischen Stühlemachers, und Wegner sagt: »Wenn etwas über dreißig Jahre überlebt hat, kann es auch noch länger leben. Was nicht gut genug ist, stirbt von selbst.« Wegner erkennt seine Modelle an einem Bein, einem Detail. Ihm könnte es nicht so ergehen wie den beiden Designer-Kollegen, von denen er milde lächelnd erzählt. Sie schauten in der Tischlerei zu, wie einer ihrer Stühle gebaut wurde, und meinten nach einigem Drucksen, die Beine müßten zwei Zentimeter dünner sein. Als sie nach ein paar Tagen wiederkamen, waren sie begeistert: Ja, so sei der Stuhl gut. Und so wurde er gemacht. Die Tischler grinsten nur insgeheim: Sie hatten gar nichts geändert. Vor dem J 16 hatte Wegner schon einen Schaukelstuhl entworfen, nicht ganz so geradlinig. Er hält viel vom Schaukeln: »Wenn man Kuchen ißt und dabei schaukelt, bekommt man kein Bauchweh«, meint er. Er kennt natürlich auch die ernsthafteren Gründe, die fürs Schaukeln sprechen: Das Hin und Her tut dem Kreislauf gut und, wie man vom Präsidenten Kennedy weiß, auch strapazierten Wirbelsäulen. Der J 16 wurde 1944 auf der Ausstellung der Kopenhagener Tischlerinnung vorgestellt. Auf einem Regal in Wegners Studio stehen Miniatur-Modelle, die nie gebaut wurden. Er nennt sie »Versuche, in eine andere Richtung vorzustoßen. Das darf ich nicht. Wegner muß Wegner bleiben«.

Der Designer

Über Hans J. Wegner siehe »Stühle«, Nr. 22, »Armlehnstühle«, Nr. 11 bis 15, »Sessel« Nr. 16 bis 18, »Betten«, Nr. 3 ●

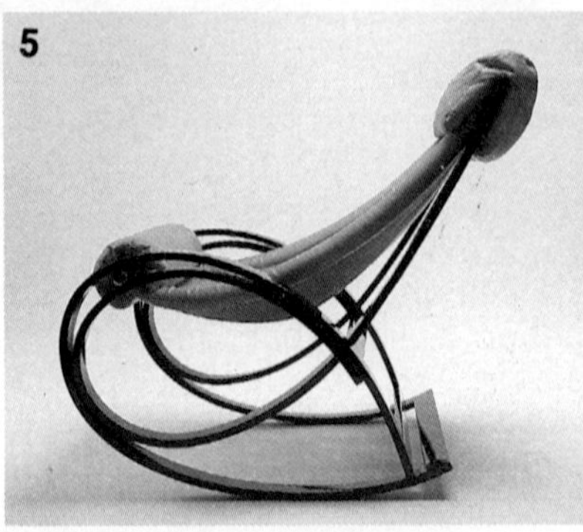

5
Jahr: 1962
Designer: Gae Aulenti
Modell: Sgarsul
Material: Buche, dampfgebogen, lackiert. Sitz Kunststoff, dünn gepolstert mit Schaumgummi
Maße: B 75. T 100. H 90
Preis: auf Anfrage
Hersteller: Poltronova, Agliana-Pistoia/Italien

In einem Buch, in dem die Firma Poltronova ihre Designer vorstellt, wird Gae Aulenti als Persönlichkeit eigenen Zuschnitts beschrieben, die ihren besonderen Platz in der italienischen Architektur der Gegenwart hat. Wer sie kennt, rühmt ihren scharfen Verstand, ihre Fähigkeit, auch schwierige Probleme positiv zu lösen, und ihre Vielseitigkeit: Sie baut Häuser, plant Gärten und Inneneinrichtungen, entwirft Möbel und Lampen und gestaltet Bühnenräume. Beim Möbeldesign nutzt sie gelegentlich ihre Begabung, traditionelle Entwürfe neu zu durchdenken, mit ihren Vorstellungen zu durchdringen und zu einem neuen Gegenstand zu entwickeln, der deutlich ihre Handschrift trägt. Ein Beispiel dafür ist das Modell »April« vom Kapitel »Armlehnstühle« (Nr. 26). Ein Beispiel ist auch der Schaukelstuhl, Gae Aulentis Vorschlag, Bugholz auf ganz moderne Art zu verwenden. Sie hat zwei gekurvte Rahmen auf vollkommene Art miteinander verbunden und in dieses Gestell eine dünn gepolsterte, vom traditionellen Gartenliegestuhl abgeleitete Sitzfläche hineingehängt. Auf einer ihrer ersten Zeichnungen ist der »Sgarsul« noch breiter, behäbiger, die Sitzfläche mehr ausgearbeitet. Sie hat sie im Lauf der Entwicklung vereinfacht, um die Näharbeit zu reduzieren. Die ersten Farbkombinationen waren: Holz grau, Bezug khaki, Holz orange, Bezug kirschrot, Holz blau, Bezug grün.

Die Designerin

Über Gae Aulenti: »Armlehnstühle«, Nr. 25, 26, »Eßtische«, Nr. 30, »Tischlampen«, Nr. 15 ●

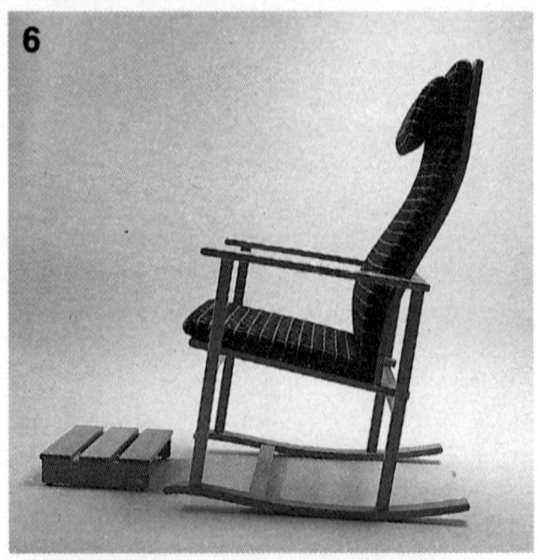

6
Jahr: 1968
Designer: Børge Mogensen
Modell: 2267-68
Material: Eiche oder Mahagoni. Polsterauflage, Bezug Stoff
Maße: B 62. T 67. H 117. SH 44
Preis: auf Anfrage
Hersteller: Fredericia Stolefabrik, Fredericia/Dänemark

Er ist nah verwandt mit einem Sessel (siehe »Sessel«, Nr. 24), der leicht wirkt und höchst bequem ist. Dieser ähnelt einem Modell, das Mogens Koch 1936 entworfen hat. Wie beim Sessel ist beim Schaukelstuhl in ein rechteckiges Gestell aus schmalen Leisten der leicht geneigte Sitz mit der rückenfreundlich gekrümmten

Lehne eingesetzt. Beim Sessel sind Vorder- und Hinterbeine mit Leisten, sozusagen geraden Kufen, verbunden. Der Schaukelstuhl steht auf sparsam gewölbten Kufen, die vorne ein wenig nach unten geneigt sind, damit man keinesfalls überkippen kann. Den Schaukelstuhl hat Mogensen wie eine Reihe anderer ähnlich patenter Möbel für Alten- und Pflegeheime entworfen. Daß er praktisch dachte und sich in die künftigen Benutzer seiner Möbel hineindenken konnte, zeigen auch andere Details: das Kopfkissen, das niedrige großflächige Fußbänkchen.

Der Designer

Über Børge Mogensen siehe »Armlehnstühle«, Nr. 21 und 22, »Eßtische«, Nr. 6–9, »Sessel«, Nr. 24 und 25, »Sofas«, Nr. 3 und 4, »Sofatische«, Nr. 16 ●

7

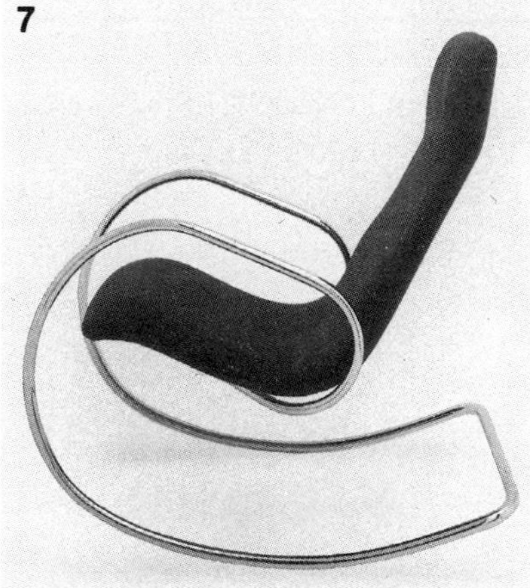

7

Jahr: 1971

Designer: Ulrich Böhme

Modell: S 826

Material: Gestell Stahlrohr, verchromt. Sitz Wanne aus verformtem Sperrholz, gepolstert. Bezug Stoff oder Leder

Maße: B 60. T 103. H 110. SH 46

Preis: auf Anfrage

Hersteller: Gebrüder Thonet, Frankenberg

In Böhmes Wohnung steht ein alter Thonet-Schaukelstuhl aus Bugholz, Jahrgang 1903, auf den er sehr stolz ist. Eines Tages begann er darüber nachzudenken, wie ein moderner Nachkomme des Bughölzernen, einer aus Stahl, aussehen müßte. Bei dem Versuch, Holz in Stahl zu übersetzen, kam ein Modell heraus, das knapper und graziler wirkt als der alte Wiener. Böhme bot seinen Entwurf bei Thonet in Frankenberg an – mit Erfolg. Seitdem entwirft er in seiner Freizeit gelegentlich etwas für Thonet. Übrigens: Im Hause Böhme wird auch jetzt noch in Bugholz geschaukelt – Böhme hat dem alten Prachtstück die Treue gehalten und es nicht durch sein eigenes Werk ersetzt.

Der Designer

Ulrich Böhme stammt aus Rostock. Seine Schulzeit hat er zunächst in Dresden, dann in Göttingen verbracht. Nach einem Jahr Praktikum als Schreiner und Maurer hat er an der Universität Stuttgart Architektur studiert und Diplom gemacht. Danach hat er in verschiedenen Architekturbüros in Hannover, Zürich und Stuttgart gearbeitet. In Stuttgart ist er schließlich geblieben: Seit 1973 ist er beim Universitätsbauamt angestellt. Mit Möbeldesign befaßt er sich seit 1971. ●

Ulrich Böhme,
* Rostock,
1. Juli 1936

Und hier kommen Klassiker von morgen

Die Hocker und Schaukelstühle auf dieser und der nächsten Seite sind zwar auch schon eine Zeitlang auf dem Markt, aber noch nicht lange genug, um den strengen Maßstäben der Klassikerserie zu genügen: Sie sind alle nach 1971 enststanden. Aber sie haben bei der Auswahl so gut abgeschnitten, daß die SCHÖNER-WOHNEN-Jury die Vorhersage wagt: Auch die werden in ein paar Jahren Klassiker sein. Fürs erste sind sie nur an ihrer Jugend gescheitert.

1

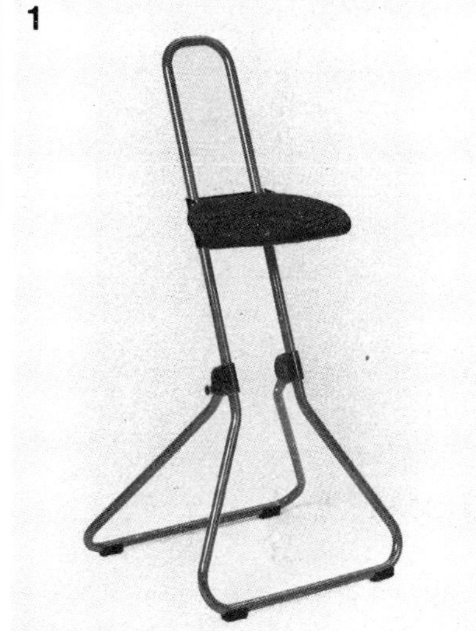

1

Jahr: 1976

Designer: Brand/Häfner

Modell: Stehhilfe

Material: Gestell Stahlrohr, pulverbeschichtet, rot, weiß, gelb, braun. Sitz Kunststoff

Maße: B 52. T 47. H 104. SH 65/89. Zusammengeklappt H 150

Preis: auf Anfrage

Hersteller: H. W. Dreyer, Bad Essen

2
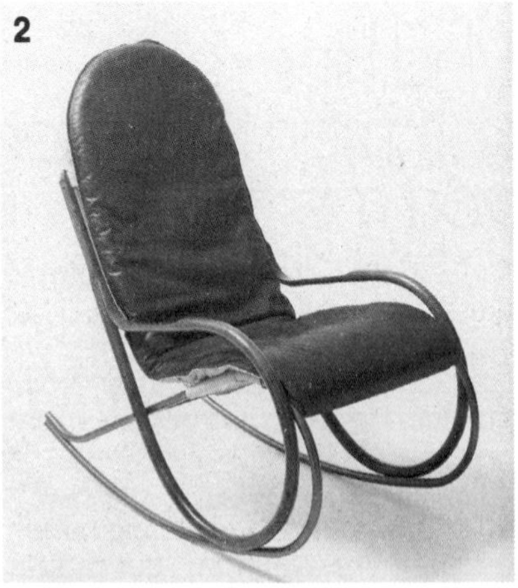

2
Jahr: 1973
Designer: Paul Tuttle
Modell: Nonna 2001
Material: Gestell Bugholz Buche natur, nußbaum-, palisanderfarbig, schwarz, und Metall, brüniert oder verchromt. Gepolsterte Sitzauflage, Bezug Stoff oder Leder
Maße: B 58. T 95. H 98. SH 45
Preis: auf Anfrage
Hersteller: Strässle, Kirchberg/Schweiz

3
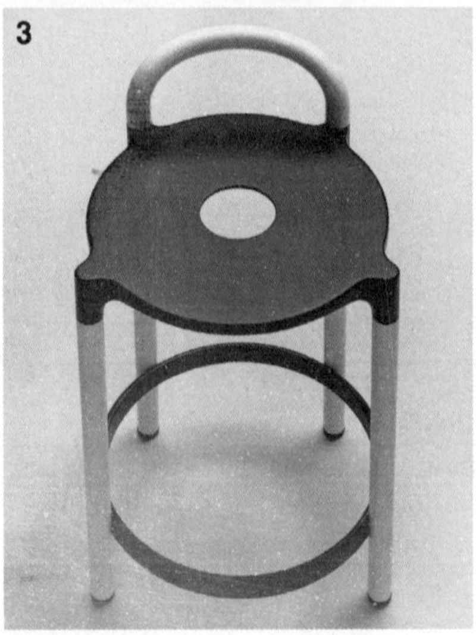

3
Jahr: 1979
Designer: Anna Castelli Ferrieri
Modell: Sgabello 4830/1/2/4/6
Material: Kunststoff, lackiert: Sitz schwarz, Beine viele Farben
Maße: ∅ 39,5. H 58/68/71/78/88
Preis: auf Anfrage
Hersteller: Kartell, Mailand

4

4
Jahr: 1974
Designer: Rud Thygesen, Johnny Sørensen
Modell: M. O. 4550
Material: Buche laminiert mit Eiche-Furnier. Sitz schwarz gebeizt
Maße: ∅ 36. H 36 (auch 45)
Preis: auf Anfrage
Hersteller: Magnus Olesen, Roslev/Dänemark

5
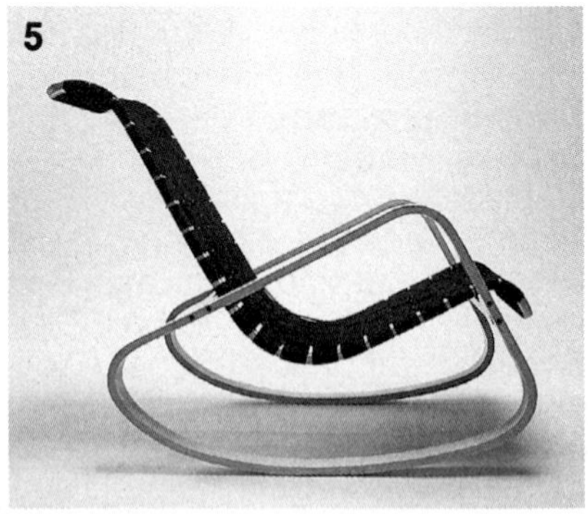

5
Jahr: 1974
Designer: Studio Tecnico Crassevig
Material: Gestell Buche, Esche, natur, walnußfarben, schwarz. Sitz Geflecht, natur, oder Baumwollgurte, schwarz
Maße: B 69. T 110. H 80
Preis: auf Anfrage
Hersteller: Crassevig, Udine/Italien

6

6
Jahr: 1975
Designer: De Pas, D'Urbino, Lomazzi
Modell: Giotto
Material: Buche natur. Gewinde Stahl
Maße: ∅ 45. H 45/55
Preis: auf Anfrage
Hersteller: Zanotta, Mailand

Fotos: Gary Rogers (Hocker 1, 5, 6, 7, 16, 17. Schaukelstühle 4, 5, 6, 7. Klassiker von morgen 4, 5). Hansjörg Dettling (Hocker 2, 4, 8, 11). Louis Schnakenburg (Hocker 10). Hajo Willig (Schaukelstühle 2). Winfried Nörenberg (Schaukelstühle 3). Alle übrigen: Werkfotos. Porträtfotos: privat. S. 1–168: Dokumentation: Ursula Dietz. Text: Maleen Thyriot

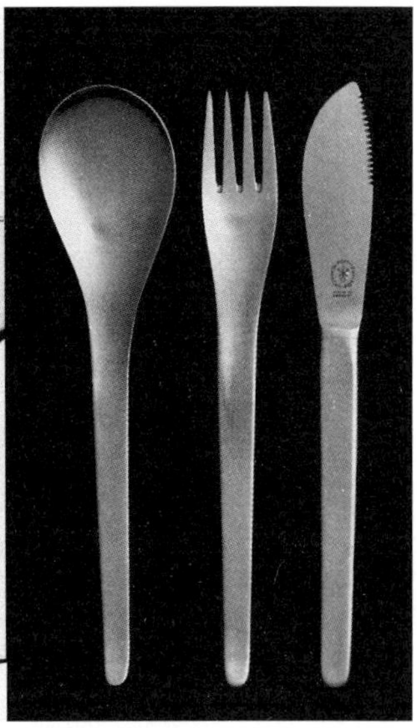

Moderne Klassiker 13. Teil
GESCHIRR, BESTECK, GLAS

In den ersten zwölf Kapiteln ging es um Möbel, um Möbel, die Geschichte machen. Dieser Teil handelt von den Klassikern bei Geschirr, Besteck und Glas. Die Bestandsaufnahme reicht bis zur Jahrhundertwende zurück. Sie verzeichnet nur Produkte, die noch oder wieder hergestellt werden. Trotzdem lassen sich Entwicklungstendenzen ablesen.

Als Anfang des 20. Jahrhunderts in den Fabriken immer schneller, immer mehr, immer billiger produziert wurde, nahm die Flut von Massenartikeln vorher nicht gekannte Ausmaße an. Allein die Wertheim GmbH Berlin, die neben Glas, Porzellan, Haushaltswaren auch Kunstgewerbe, Möbel und Tapeten anbot, beschäftigte um 1912 über 8000 Personen und stellte Waren in 28 Schaufenstern mit einer Straßenfront von 266 Metern aus. Kritiker warnten vor einer Alltagskultur, die in Stilimitationen und Kitsch zu versinken drohte. Kunst und Handwerk sollten aus der Verwirrung herausführen. Erst später wurde auch die Maschine als formgebendes Werkzeug akzeptiert. Künstler, Architekten und Kunsthandwerker lieferten Entwürfe, die sich rationell reproduzieren ließen. So gelang es, die Qualität von Serien- und Massenerzeugnissen bis Anfang der dreißiger Jahre ständig zu verbessern.

Die Entwerfer reinigten die Formen von Stil-Ornamenten, legten, bewußt oder unbewußt, zeitlose Formen frei, die der Maler und Formsammler Walter Dexel im Gegensatz zu den zeitgebundenen Stilformen »Dauerformen« nannte. Sie wurden neu gestaltet.

In den fünfziger Jahren stand die Formgebung im Zeichen des Funktionalismus: »Architekten sannen über die Funktion des Löffels, des Stuhles wie über metaphysische Ideen nach, und wer am besten durchschaute, was ein Eßlöffel ist . . ., war das Genie der Epoche«, spottete die anspruchsvolle Zeitschrift magnum 1959.

Nur Tischgerät, das zweckmäßig war und pflegeleicht, galt als schön. Neue Werkstoffe setzten sich durch: Edelstahl, feuerfeste Keramik und feuerfestes Glas.

Der Industrie-Designer (ein neuer Beruf!) versuchte, aus weniger Einzelteilen ein Mehrfaches an Funktion herauszuholen: So entstanden individuell kombinierbare Geschirre neben Standard-Servicen, Mehrzweckgläser neben traditionellen Garnituren aus vielen verschiedenen Gläsergrößen.

Mit diesen Ideen waren die Designer der Mehrheit der Käufer, die sich an Vertrautem und Hergebrachtem orientiert, um einen Schritt voraus.

Geschirr

1

1

1

Jahr: 1888

Designer: Werksentwurf

Form: 1898, Neukonisch

Material: Porzellan

Preis: Kaffeegeschirr 15tlg., 242 Mark
Tafelgeschirr 22tlg., 343 Mark

Hersteller: Schönwald/Oberfranken

Ähnliche Geschirre wie dieses wurden um die Jahrhundertwende auch in anderen Porzellanfabriken hergestellt. Es ist kein eigenständiges Schönwald-Design. In der gerade erst gegründeten Fabrik (1879) versuchte man das Produktionsprogramm mit Formen zu erweitern, die sich schon über Jahrhunderte im Gebrauch bewährt hatten. Man wählte für dieses Geschirr die konische, sich verjüngende Kannenform und gab ihr einen dekorativen, verschnörkelten Henkel, der sich durch den »Fingerhalter« sicher greifen läßt. Die kurz angesetzte Schnaupe gießt gut. Die runde Terrine hat zwei Löwenköpfe als Griffe. Diese plastischen, aus der Architektur entlehnten Ornamente verwandte man damals auch als Türklopfer, Ofenbein, Schrankfuß. Geschirr dieser Art, von dem wenigstens die Kaffeekanne in fast jedem bürgerlichen Haushalt beim alltäglichen Frühstück benutzt wurde, war jahrzehntelang auch in vielen Gaststätten und Hotels anzutreffen. Die Nostalgiewelle hat es – geschmückt mit alten und neuen Dekoren – in den 70er Jahren wieder ins Blickfeld gerückt. ●

2

2

2

Jahr: 1931

Designer: Dr. Hermann Gretsch

Form: 1382

Dekor: Blaublüten (Werksentwurf)

Material: Porzellan, Aufglasur-Dekor

Preis: Kaffeegeschirr 15tlg., 270 Mark
Tafelgeschirr 22tlg., 460 Mark

Hersteller: Arzberg/Oberfranken

Über die Entstehung dieses Geschirrs gibt es eine hübsche Geschichte: 1930 besucht der Direktor der Porzellanfabrik Arzberg eine Ausstellung von Alltagshausrat im Landesgewerbeamt Stuttgart. Der Architekt Hermann Gretsch hat sie ausgerichtet. Während bei Stühlen, Tischen, Betten, Leuchten den schlechten Beispielen gute gegenübergestellt sind, findet der interessierte Besucher aus der Porzellanbranche den Platz neben der schlechten Terrine leer. Statt dessen verkündet ein Schildchen: »Eine gute Terrine gibt es nicht!«
Der Arzberg-Direktor trifft sich mit Gretsch und überredet ihn, eine Terrine, ja ein ganzes Geschirr für seine Fabrik zu gestalten. So entsteht 1931 die Form »1382«.
Gretsch setzt die Form in Beziehung zum Menschen, der sie benutzt: Eine Suppenschüssel muß man leerlöffeln können. Ein einfacher Griff oder Knopf am Deckel einer Kanne soll gut zu greifen sein. Gretsch sieht den Menschen im jahrelangen täglichen Umgang mit den Gegenständen, nicht als Verbraucher, der schnell nach Neuem verlangt: »Gebrauchsgeräte sind in der Regel Gegenstände, die lange halten sollen und an die deshalb in formaler Hinsicht Ansprüche gestellt werden.« Und: »Genauso wie in der Musik gibt es auf dem Gebiet der Gebrauchsgeräte Lösungen, welche die Allgemeingültigkeit eines Volksliedes erreichen.«
Form »1382« mußte von Anfang an nicht als Service, sondern konnte in Einzelteilen gekauft werden. Noch heute läßt sich Geschirr mit den von Gretsch akzeptierten Dekoren »Blaublüten« und »Rotrand« und selbstverständlich in Weißporzellan vervollständigen. Neue Dekore sind in letzter Zeit hinzugekommen.
Form »1382« wurde 1936 auf der Triennale Mailand und 1937 auf der Pariser Weltausstellung mit Goldmedaillen ausgezeichnet.

Der Designer

Gretsch legte 1923 nach seinem Architekturstudium in Stuttgart eine Gesellenprüfung als Keramiker ab und promovierte 1928 mit einer Dissertation über »Technische Merkmale süddeutscher Fayencen-Fabriken« zum Dr.-Ing. Das Wort Design und die Berufsbezeichnung Designer waren damals noch unbekannt. Die Werkbundausstellungen »Die Form ohne Ornament« und »Die Wohnung« – Weissenhofsiedlung, 1924 und 1927 in Stuttgart, gaben Anregungen, sich mit Fragen der Wohn- und Tischkultur zu beschäftigen. 1930 übernimmt Gretsch eine leitende Stellung im Landesgewerbeamt Stuttgart. 1931 wird er künstlerischer Bera-

Dr. Hermann Gretsch
* Augsburg, 17. November 1895
† Stuttgart, 29. Mai 1950

ter und Mitarbeiter der Porzellanfabrik Arzberg. Ab 1937 berät er auch die Porzellanfabrik Schönwald. Auch für andere bekannte Firmen ist er tätig gewesen, so für Villeroy & Boch, Bauscher, Gralglas, Pott (siehe Bestecke Nummer 3), und er entwarf Möbel für den WK-Verband. Er arbeitete als freier Architekt und als Schriftsteller. In seiner Freizeit widmete er sich der Musik und Malerei. ●

3

3

3

3

Jahr: 1930–34

Designer: Trude Petri

Form: Urbino

Material: Porzellan

Preis: Kaffeegeschirr 15tlg., 484 Mark
Tafelgeschirr 22tlg., 722 Mark

Hersteller: Staatliche Porzellanmanufaktur Berlin

Auf der Suche nach der reinen, schlichten Grundform in Porzellan gelang Trude Petri ein großer Wurf: das Urbino-Geschirr. Sie begann damit 1930. »Als ich 1932 zur Manufaktur kam«, erinnert sich ihr langjähriger Kollege und Freund Siegmund Schütz, »war das Tafelservice bereits fertig.« Wichtigste Teile: eine Reihe ausgewogener Schalen, deren Form an chinesische Reisschalen erinnert, und randlose Teller. Damit hatte Trude Petri den Coupe-Teller kreiert, der für die nächsten Jahrzehnte den Teller mit breitem Rand, der sogenannten Fahne, verdrängte. Ab 1932 arbeitete die junge Entwerferin am Tee- und Kaffeeservice. Sie erregte Aufsehen mit einer Teekanne, die sie aller Schnörkel und Ornamente entkleidet hatte. Sie habe nur eine aus China stammende Form, die schon in den Anfangszeiten der Manufaktur übernommen wurde, modernisiert und äußerste Sorgfalt auf die Funktion und die Verhältnisse von Körper, Ausguß, Henkel und Knöpchen gelegt, erklärte sie. Im November 1943 wurden die Gebäude der Manufaktur durch Bomben und Brände zerstört. Die Formen des Urbino-Geschirrs gingen verloren. Sie wurden von Trude Petri nach dem Kriege rekonstruiert. Erst damals schuf sie die tropfenförmige Kaffeekanne. »Urbino« erhielt 1937 auf der Weltausstellung in Paris und auf der Triennale Mailand die höchsten Auszeichnungen.

Die Designerin

Trude Petri stammt aus einer Hamburger Kaufmannsfamilie. Schon in ihrer Heimatstadt begann sie eine Ausbildung im Töpferhandwerk und erweiterte 1927 ihre Kenntnisse in der Porzellanklasse der Hochschule für bilden-

Trude Petri
* Hamburg,
25. August 1906

de Künste Berlin. Ab 1928 arbeitete sie als Entwerferin an der Staatlichen Porzellanmanufaktur Berlin. 1949 heiratete sie und folgte ihrem Mann in die USA, wo sie eine eigene Werkstatt einrichtete. Sie hat auch nach ihrer Übersiedlung nach Amerika Entwürfe für die Berliner Manufaktur gemacht. Es waren vorwiegend Einzelstükke: Vasen, Schalen, Dosen, ein Cocktailflaschen-Set. ●

4

4

4

Jahr: 1959

Designer: Heinz H. Engler

Form: Funktion E

Dekor: Black Magic

Material: Porzellan, feuerfest
Inglasur-Dekor, handgemalt

Preise: Kaffeekanne 66 Mark,
Ober- und Untertasse 21 Mark,
Teller ∅ 20/25 cm, 15 und 25 Mark,
tiefer Teller 25 Mark,
Kochtopf mit Deckel 80 Mark, drei Platten von 41 bis 56 Mark

Hersteller: Porzellanfabrik Weiden, Gebr. Bauscher

Vertrieb: Arko, Korntal 1

Heinz H. Engler sagt über »Funktion E«: ». . . für mich ein ideeller Fehlschlag, weil es trotz internationaler Anerkennung jahrelang nur eine Elite, nicht aber die von mir anvisierten Bevölkerungsschichten erreichte.« Das liegt ganz einfach daran, daß sich die Koch- und Eßgewohnheiten ebenso wie das Bild des gedeckten Tisches im Normalhaushalt nur langsam ändern. Das feuerfeste Kombinationsgeschirr kam bereits 1959 auf den Markt. Es hieß damals »Rustika herdfest«, wurde 1960 auf der Triennale Mailand und 1962 mit dem Staatspreis Baden-Württemberg ausgezeichnet. Mit dem neuen Dekor »Magic« veränderten sich sein Aussehen und sein Name, alle praktischen Eigenschaften sind geblieben. »Funktion E« besteht aus einem verhältnismäßig kleinen Sortiment von zweckmäßigen Grundformen, die mehrfach verwendbar sind und daher ein umfangreiches Service herkömmlicher Art ersetzen können. Dieses »Systemgeschirr« (Engler) funktioniert im Ein-Personen-Haushalt ebenso wie in der Großfamilie. Alle Teile sind stapelbar, spülmaschinengerecht, handlich, für Herd und Tisch geeignet. Das bedeutet: Ordnung, Vereinfachung, Einsparung von Raum, Zeit, Geld.

Der Designer

»Service« oder »Garnituren« sind für Engler nostalgische Überbleibsel aus vergangenen Jahrhunderten. Er lehnt es ab, alle Teile eines Geschirrs, von der Kanne bis zum Salzstreuer, einer Grundform unterzuordnen. Jedes Gefäß soll die seiner Aufgabe gemäße, optimale Form haben. Er faßt Geschirrteile in Gruppen zusammen, z. B. Gruppe Tassen und Becher, jeweils eine Gruppe für Schüsseln, Teller, Kanne. Je nach Verwendungszweck gibt Engler ihnen verschiedene Grundformen, die sich untereinander wieder kombinieren lassen. Das ergibt – auch ästhetisch – eine differenzierte, aber harmonische Einheit. Engler nennt solche Serien Kombina-

Heinz H. Engler
* Biberach a. d. Riß,
5. Juni 1928

tions- oder Systemgeschirre. Er hat seine wegweisenden Ideen besonders konsequent beim Hotelporzellan verwirklicht. – Die meisten seiner Gläser sind Vielzweckgläser, viele sind stapelbar. Engler absolvierte zunächst eine Ausbildung als Töpfer und Keramiker. Anschließend arbeitete er ein Jahr in der Design-Abteilung der finnischen Keramikfabrik Arabia. 1958 richtete er ein eigenes Studio in Biberach ein und hat seitdem eine große Anzahl von Modellen für Industrieprodukte entwickelt. Zusammenarbeit mit der Wiesenthalhütte und dem Keramischen Werk Heisterholz (vorm. Dr. Ungewiss), seit 1960 Chefdesigner der Porzellanfabrik Weiden, Gebr. Bauscher, seit 1972 Chefdesigner von Stölzle-Oberglas, Wien. Er lehrt an den Hochschulen Wien und Hamburg Industriedesign. Seine Arbeiten sind durch Preise und Medaillen international anerkannt worden. ●

5

5

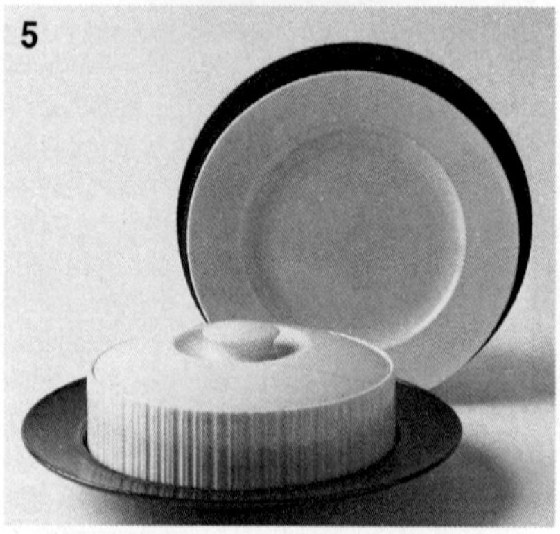

5

Jahr: 1962

Designer: Tapio Wirkkala

Form: Variation

Material: Porzellan weiß mit porcelaine noire

Preis: Kaffeegeschirr 15tlg., 350 Mark
Tafelgeschirr 22tlg., 605 Mark

Hersteller: Rosenthal-Studio-Linie, Rosentahl AG, Selb

Der Name des Geschirrs weist auf Variationsmöglichkeiten hin, die von Material, Wechsel zwischen Relief und glatter Oberfläche und Dekoren bestimmt werden. Auffallend ist der Kontrast zwischen weißem und schwarzem Porzellan. Porcelaine noire gilt wegen seiner schwierigen Herstellung – es ist in Masse und Glasur mit Metalloxyden gefärbt und wird in Spezialöfen gebrannt – als sehr kostbar. (Rosenthal-Rat: Mit der Hand abwaschen und mit feuchtem Kunstleder trocknen.) Die Gefäßwandungen sind durch ein senkrecht verlaufendes Relief belebt. Man kann das Geschirr auch mit zusätzlichen Dekoren auf den glatten Flächen bekommen. Die Geschirrform ist mehrfach ausgezeichnet und 1966 ins Museum of Modern Art, New York, aufgenommen worden.

Der Designer

Tapio Wirkkala war ursprünglich Grafiker. Er entwarf Plakate, Briefmarken und Finnlands Geldscheine. Durch einen Design-Wettbewerb, bei dem er alle Preise gewann, kam er zur Glashütte iittala. International bekannt wurde Wirkkala, als er sich 1951 zum erstenmal an der Mailänder Triennale

Tapio Wirkkala
* Helsinki/ Finnland,
2. Juni 1915

beteiligte und gleich drei Goldmedaillen für seine Entwürfe errang. Das wiederholte sich 1954 auf der folgenden Triennale. Inzwischen hat er aufgehört, die Auszeichnungen zu zählen. 1971 wurde er zum Ehrendoktor des Royal College of Arts, London, ernannt. Für Rosenthal hat Wirkkala weitere Geschirrformen, außerdem Bestecke und Gläser entworfen. Bei der Entwicklungsarbeit schnitzt er, wie er es in seiner einsamen Hütte im fernsten Lappland gewohnt ist, jede neue Form mit dem Finndolch in Holz oder Graphit. ●

6

6

6

Jahr: 1962

Designer: Grethe Meyer

Form: Blaukant

Dekor: Feiner Kantenstrich in Blau

Material: Hellgraue Fayence, Unterglasurdekor

Preis: Kaffeegeschirr 15tlg., 332 Mark
Tafelgeschirr 22tlg., 780 Mark

Hersteller: Königliche Porzellanmanufaktur Kopenhagen, Dänemark

Grethe Meyer fordert: »Geschirr muß handlich sein, sich bequem und natürlich verwenden lassen, leicht zu spülen und wenig empfindlich sein. Einige Teile müssen sich zum Zubereiten und Aufbewahren der Speisen eignen. Sind die Teile des Geschirrs einfach geformt und für unterschiedlichen Gebrauch geeignet, hat die Hausfrau zusätzliche Möglichkeiten, den Tisch persönlich zu decken und zu dekorieren.« – Grethe Meyer hat sich bewußt an traditionelle Grundformen gehalten und sie ihren Forderungen angepaßt. Kannen, die Milchtöpfen ähneln, gibt es mit und ohne Teesieb. Sie sind schlicht zylindrisch, werden mit einem flachen, lose einliegenden Deckel abgeschlossen. Sie lassen sich stapeln und bequem im Kühlschrank unterbringen. Wegen der großen Öffnung sind sie leicht zu reinigen. Tassen kann man mit der Untertasse abdecken. Es gibt Deckeltöpfe zum Servieren und Aufbewahren, Gießkrüge und Deckelschüsseln mit Tragkragen statt empfindlicher Henkel. Alle stapelbar und platzsparend. »Blaukant« wurde 1965 mit zwei Preisen ausgezeichnet und ist im Victoria & Albert Museum, London, ausgestellt.

Die Designerin

Grethe Meyer studierte Architektur in Kopenhagen und war von 1955 bis 1960 Mitarbeiterin des

Grethe Meyer
* Svendborg,
8. April 1918

staatlichen Bauforschungsinstituts. Seit 1960 ist sie selbständig und hat außer weiteren Geschirren für die Kopenhagener Manufaktur auch Trinkgläser für Kastrup & Holmegaards Glaswerke und Möbel entworfen. Sie ist Mitglied des Dänischen Design-Rats. ●

7

7

7

Jahr: 1969/1970

Designer: Hertha Bengtson

Form: Scandic

Dekor: Flower

Material: Porzellan, Cordierit (flammfest), Inglasur-Dekor

Preis: Kaffeegeschirr 15tlg., 230 Mark
Tafelgeschirr 22 tlg., 382 Mark

Hersteller: Thomas, Selb

Die Form wurde von einer Frau entworfen, die gern kocht und Gäste hat. »Nicht das Geschirr, das man im Schrank aufbewahrt, ist wichtig, sondern das Alltagsgeschirr«, sagt Hertha Bengtson. Sie hat »Scandic« für Menschen gemacht, die »nicht an große Schau denken, sondern mit dem Geschirr leben, also kochen, den Tisch decken und davon essen wollen«. So entstand ein Kombinationsgeschirr, das nicht nur die klassischen Tee-, Kaffee- und Tafelservice bietet, sondern auch flammfeste Gefäße und Formen, in denen man kochen, backen, braten und servieren kann. Vom Herd auf den Tisch. Die Form wurde 1970 in Faenza mit einer Goldmedaille ausgezeichnet und 1971 in Hannover als »Gute Industrieform« ausgestellt.
Für dieses Geschirr gibt es eine Vielzahl von Dekoren. Hier ist es mit dem erfolgreichsten, »Flower«, abgebildet. Er stammt ebenfalls von Hertha Bengtson. Sie hat ihn den Geschirrteilen sorgfältig angepaßt.

Die Designerin

Hertha Bengtson ist über das Zeichnen und den Dekor zum Porzellan gekommen, aber später lernte sie auch mit Ton zu arbeiten. »Man muß von Zeit zu Zeit mit diesem Material umgehen, damit man weiß, was man mit den Händen alles machen kann«, sagt sie. Von 1941 bis 1964 war sie als Designerin für die schwedische Porzellanfabrik Rörstrand tätig. Sie entwarf damals schon Geschirr, das unkonventionell und vielseitig zu benutzen war und feuer- oder ofenfeste Teile hatte. Eins ihrer bekanntesten, »Koka« (1954), wird heute noch produziert.
Nach einigen Jahren bei Höganäs begann 1969 die Zusammen-

Hertha Bengtson
* Ysane, Südschweden
4. April 1917

arbeit mit Rosenthal in Selb. Über ihren praxisnahen Design-Stil heißt es unter Kollegen: »Hertha Bengtson entwickelt Geschirrformen, die ihr in der Küche fehlen.« Über die Dekore, die sie ihren Geschirren mitgibt, sagt sie: »Ich spreche in Farben, ich esse Farbe.« Sie will damit ausdrücken, wie lebenswichtig ihr Farben und Dekore sind. Arbeiten von Hertha Bengtson sind mit Diplomen und Medaillen ausgezeichnet und von Museen in Europa und Amerika erworben worden. ●

8

Jahr: 1969/1975

Designer: Wolf Karnagel

Form: Tavola

Material: Porzellan

Preis: Kaffeegeschirr 15tlg., 278 Mark
Tafelgeschirr 22tlg., 445 Mark

Hersteller: Hutschenreuther AG, Selb

8

8

Als der Entwurf 1969 Gestalt annahm, war der Designer Mitarbeiter der Staatlichen Porzellanmanufaktur Berlin. Dort ist es schon seit über 150 Jahren üblich, unbemaltes Porzellan von höchster Qualität anzubieten. Mit »Tavola« wünschte Karnagel, diese Tradition fortzusetzen. Produziert hat den Entwurf dann aber Hutschenreuther und zwar seit 1975. Obwohl »Tavola« durch jene »runde, gewölbte, sinnliche Form« (Karnagel) besticht, die von der Kanne bis zum Butterpfännchen durchgehalten wird, hat der Designer nicht das Ziel aus den Augen verloren, ein System von funktionellen Gebrauchsgegenständen zu schaffen. Spezialteile, wie z.B. Artischockenteller, Muschelschälchen, Fisch- oder Spargelplatte, sollen auch zu anderen Geschirren verwendet werden. Es gibt viele Dekore, darunter einen von Karnagel selbst: »Blaue Linien«.

Der Designer

Karnagel hat Industrie-Design studiert, war 1967 bis 1969 künstlerischer Mitarbeiter der Staatlichen Porzellanmanufaktur Berlin. Seit 1970 selbständig und mit Entwürfen für Geschirr, Glas, Besteck bei Rosenthal und Hutschenreuther hervorgetreten. Seit 1980 lehrt er an der Hochschule der Künste Berlin. ●

Wolf Karnagel
* Leipzig,
5. August 1940

9

9
Jahr: 1970
Designer: Luigi Colani
Form: Drop
Material: Porzellan
Preis: Teegeschirr 15tlg., 425 Mark
Hersteller: Rosenthal Studio-Linie, Rosenthal AG, Selb

Colani sagt: »Rosenthal forderte mich auf, eine Teekanne zu entwickeln, moderner als die Gropius-Kanne, die kurz zuvor in Produktion gegangen war. Ich habe daraufhin eine eigenständige, hydrodynamische Form entworfen. Sie ist klar und konsequent und bildet durch den integrierten Henkel eine abgerundete Einheit. Die Hand umfaßt den Griff beim Hantieren mit der Kanne nah am Schwerpunkt des Gefäßes. Das erleichtert das Einschenken. Für die Tasse wählte ich die traditionelle Schalenform, wie man sie schon in China hatte. Sie ist aus dünnem Porzellan, damit das Getränk durch dicke Ränder und Wände der Tasse nicht zu schnell abkühlt. Die Obertasse steht mit vier kleinen Füßchen in einer Rille der Untertasse. Dadurch sind die Füßchen verdeckt, geben aber der Tasse, sogar in Schräglage, einen festen Stand.«

Der Designer

Luigi Colani liebt es, seine Umwelt mit extravaganten Einfällen zu schocken. Er ist Deutschlands progressivster (und begehrtester) Designer. Er schuf die Kugelküche, abgerundete, lustbetonte Badewannen, schnabelförmige Autos, den Wohnturm für die Welt von morgen, windschlüpfige Ruderboote, Damenschuhe, Biergläser, Stühle aus Kunst- und Sitzbänke aus Schaumstoff. »Aus einem kleinen Klumpen in meiner Westentasche kann ich ganze

Luigi Colani
* Berlin,
2. August 1928

Welten spinnen! Und ich habe Ideen für 500 Jahre im Kopf.« – Die Arbeit am Teeservice »Drop« für die Rosenthal-Studio-Linie war »meine Weltpremiere in Porzellan«, sagt der Vielbeschäftigte. ●

10

10
Jahr: 1972
Designer: Signe Persson-Melin
Form: Boda Nova
Dekor: Volldekor weiß, braun,
Material: Steinzeug
Preis: Schüssel weiß, Ø 23 cm, 95 Mark
Becher auf Fuß, braun, 63 Mark
Ober- u. Untertasse weiß, 64 Mark
Teller Ø 19 u. 25 cm, je 28 Mark
Hersteller: Boda Nova, S-36065 Boda Glasbruk, Schweden

Das ofenfeste Steinzeug-Geschirr gehört zu einer Serie von Tischgerät, das von bekannten schwedischen Desigern für unterschiedliche Materialien entworfen und unter dem Namen Boda Nova angeboten wird. Signe Persson-Melin hat die Produkte aus feuerfestem Glas und ofenfestem Steinzeug entworfen. In jüngster Zeit sind von ihr noch Tischgeräte aus Stahl hinzugekommen. Sie lassen sich untereinander kombinieren. Aus weißem oder schwarzbraunem Steinzeug gibt es nur wenige Teile, die aber ausreichen, um den Tisch zu decken, da sie vielseitig verwendbar sind. Drei Teller: klein, flach, tief. Servierplatten in Tellerform oder oval. Schalen in drei verschiedenen

Größen. Ein Becher, eine Tasse für Tee oder Kaffee. Ein Rechaud. Die weiche Form überspielt die Schwere des Materials.

Die Designerin

Signe Persson-Melin studierte an den Kunstfachschulen Stockholm und Kopenhagen. Danach hat sie in ihrer Werkstatt in Malmö Serienprodukte entworfen, ist aber auch durch künstlerische Keramikarbeiten bekannt geworden.

Signe Persson-Melin
* Malmö, 30. November 1925

1967 begann die Zusammenarbeit mit Boda. Es entstanden die Entwürfe für die Tischgerät-Serie. Seit einigen Jahren arbeitet Signe Persson-Melin auch für Rörstrand. (Geschirr aus Feldspat-Porzellan mit Dekor »Primeur«. Es hat ebenfalls das Zeug zum Klassiker.) Sie sagt: »Ich mache Design so, wie ich es empfinde, nicht der Mode folgend. Ich mache Dinge, die man täglich gebrauchen kann. Sie sind einfach, und das verstehen die Menschen.« ●

11

11

Jahr: 1976

Designer: Timo Sarpaneva

Form: Suomi

Material: Porzellan

Preis: Kaffeegeschirr 15 tlg., 350 Mark

Tafelgeschirr 22tlg., 640 Mark

Hersteller: Rosenthal Studio-Linie, Rosenthal AG, Selb

Das Geschirr »Suomi« gehört in die Reihe der »reduzierten« Service, es hat wenige, vielseitig einsetzbare Einzelteile. In Weißporzellan kommt die abgerundete, organische Form besonders gut zur Geltung. Sie wurde 1976 in Faenza mit einer Goldmedaille ausgezeichnet. Das Geschirr wird mit verschiedenen Dekoren angeboten. Kannen und Schalen wurden in limitierter Auflage von bekannten Künstlern (u. a. Dali, Grieshaber, Fuchs, Otmar Alt) als Kunstobjekte gestaltet.

11

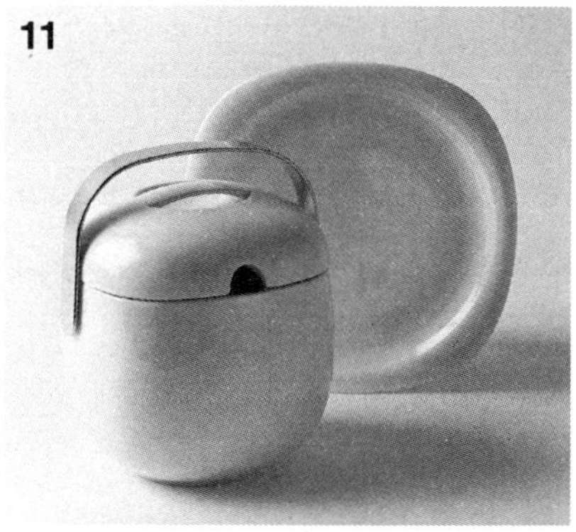

Der Designer

Sarpaneva sagt: »Meine Arbeiten sind keine Ein-Mann-Show.« Er will betonen, daß er als Designer

Timo Sarpaneva
* Helsinki/ Finnland, 31. Oktober 1926

mit den Fachleuten in den Fabriken eng zusammenarbeitet. So hat er neue Techniken der Glasherstellung und des Textildrucks entwickelt. Er hat Industrie-Design und Grafik in Helsinki studiert. Seit Eröffnung eines eigenen Ateliers 1950 beschäftigt er sich mit den verschiedensten Materialien. Er hat Entwürfe für Glas, Porzellan, Stahl (neuartig geformte Töpfe), Textilien gemacht. Seine Arbeiten gewannen in der ganzen Welt Preise und Auszeichnungen. Er ist Ehrendoktor des Royal College of Art, London. ●

12

12

12

Jahr: 1980/1981

Designer: Kaj Franck

Form: Teema

Dekor: Volldekor nachtblau und naturweiß

Material: Feinsteinzeug

Preis: Kaffeegeschirr 15tlg., 286 Mark

Tafelgeschirr 22tlg., 430 Mark

Hersteller: Arabia, Helsinki/ Finnland

Die Serie von Tellern, Bechern, Tassen, Schalen, Töpfen und Kanne ist eine Neuauflage von »Kilta«. Unter diesem Namen stellte Kaj Franck 1952 einen Geschirr-Typ vor, der sich den Anforderungen und Gewohnheiten im modernen Haushalt leicht anpassen läßt. Einzelteile können nach eigener Wahl zusammengestellt werden. 1975 wurde die Produktion von »Kilta« eingestellt. Es gehörte zu den beliebtesten Geschirren der Nachkriegszeit. Jedenfalls in designbewußten Kreisen. Für »Teema« wählte Franck ein haltbareres Material: Feinsteinzeug. Er machte die Teller größer und änderte die Kannenform.

Der Designer

Franck gehört zu den bekanntesten skandinavischen Designern. Er hat nach dem Studium Textilien, Möbel, Glas und von 1945 bis

Kaj Franck
* Viipuri/ Finnland, 9. November 1911

1961 in der Arabia-Designabteilung Geschirr entworfen. Bis 1967 war er Direktor der Hochschule für Industrie-Design in Helsinki. Er erhielt viele Auszeichnungen im In- und Ausland. ●

Besteck

1

Jahr: 1930/1932
Designer: Werksentwurf
Form: Bernina
Material: Silber 800
Preis: 4tlg., 351 Mark
90 g versilbert 120 Mark
Hersteller: Reiner, Krumbach

Das Datum des Herstellungsbeginns sagt nichts aus über das Alter dieser Besteckform. Sie hat sich schon um 1800 herausgebildet und Veränderungen und Entartungserscheinungen bis heute überdauert. Unter dem Einfluß des Werkbundes und nach dem Vorbild von Entwürfen des vielseitigen Künstlers Henry van de Velde, versuchten Anfang des 20. Jahrhunderts Silberschmiede, die Grundformen von Löffel, Messer, Gabel von allem schwülstigen Dekor zu befreien. Zu ihnen gehörte auch der Fabrikant Josef Reiner. Er zog den damals bekannten Künstler Adolf von Mayrhofer zur Mitarbeit heran, der fünf Muster konzipierte. Sie wurden aber nur wenig gekauft. Erst ein aus dem Nachlaß stammender, von Werksgraveuren überarbeiteter Entwurf, setzte sich durch: »Bernina«. Das nach diesem Modell entwickelte Kinderbesteck erhielt 1970 in Hannover die Auszeichnung »Gute Industrieform«. ●

2

Jahr: 1932/1936
Designer: Werksentwurf
Form: Westerland
Material: Silber 800,
Preis: 4 tlg.,351 Mark
90 g versilbert, 120 Mark
Hersteller: Reiner, Krumbach

Der Hersteller wirbt für dieses Modell mit der Bezeichnung »Bauhaus-Besteck«. Er beruft sich damit auf Bestrebungen von Künstlern, die ab 1919 im »Bauhaus« lehrten und praktizierten, um die Einheit von Kunst und Handwerk zu fördern und so die Kultur der Zukunft zu schaffen. Erst sehr viel später erkannte Bauhaus-Gründer Walter Gropius, »daß Kunst und Produktion erst wieder in Einklang gebracht werden könnten,

wenn man die Maschine auch . . . in den Dienst des gestaltenden Entwerfers stelle.« – 1930 gab es noch mehr als 30 Hersteller von Silberbestecken in Deutschland. Sie wetteiferten alle miteinander darum, durch neue, stilbildende Formen auch jenseits der Grenzen der regionalen Märkte, die sie belieferten, bekannt zu werden. So versuchten in den 30er Jahren mehrere Hersteller gleichzeitig, die Ideen des Bauhauses aufzunehmen und umzusetzen. Dem Modell »Westerland« entsprechen Muster der ehemals renommierten Silberwaren-Hersteller Bahner, Düsseldorf und Bruckmann, Heilbronn. Auch die WMF bietet unter der Bezeichnung »2500« einen ähnlichen Entwurf von Kurt Mayer an. (Über den Designer siehe Bestecke Nummer 4.) Form und Dekor des Besteckmodells »Westerland« wirken wie handgeschmiedet. ●

3

Jahr: 1938
Designer: Dr. Hermann Gretsch
Form: Pott 81
Material: Silber 800
Preis: 4tlg., Tafelbesteck,
510 Mark
Hersteller: C. Hugo Pott,
Solingen

Entwerfer und Hersteller dieses Bestecks sind zwei Männer, deren Lebenswerk der Entwicklung und Durchsetzung des modernen Designs gewidmet war. Carl Pott (siehe Bestecke Nummer 7) sagt über den Entwerfer Hermann Gretsch: »Er war der Schrittmacher für modernes, zeitloses Design auf allen Gebieten. Er ist zu früh gestorben, sonst hätte er noch stärker als Reformator, ja als Revolutionär, wirken können.« Carl Pott erläutert die Besteck-Form »Pott 81«: »Bei dem kraftvollen Messer fällt die scharfe Ecke am unteren Ende der Klinge auf. Damit kann man zum Beispiel die Pelle einer Wurst anreißen. Für Esser, die noch eine lange breite Klinge gewohnt sind, hat diese, den Gebrauchsnutzen erweiternde Besonderheit nichts Gefährliches. Die Aussparung an der Klinge schützt vor Verletzungen. Der Übergang vom Griff zur Klinge ist fühlbar, so daß ein Abgleiten verhindert wird.« – Das Besteck erhielt viele Auszeichnungen. Die wichtigsten: Ehrendiplom der Triennale Mailand 1951, Goldmedaille der Weltausstellung Brüssel 1958.

Der Designer

Über Lebenslauf und Werk des Entwerfers Hermann Gretsch siehe Geschirr, Nummer 2. ●

4

Jahr: 1953
Designer: Kurt Mayer
Form: Berlin
Material: Cromargan (Edelstahl), patenthartversilbert
Preis: 4tlg., Cromargan,
42 Mark,
4tlg., versilbert, 110 Mark
Hersteller: Württembergische Metallwarenfabrik, Geislingen

4

Die Entstehung dieser Besteckform fällt in die fünfziger Jahre, in denen ein neues Material tischfein wurde: Stahl. Schon 1922 hatte sich die WMF einen von Krupp entwickelten Edelstahl zur Herstellung von Haus- und Küchengeräten mit der Marke Cromargan schützen lassen. Als nach 1945 der Wiederaufbau begann, suchte man bei Tischgerät nach zeitgemäßen Ausdrucksformen. »Neue Sachlichkeit« war eines der meistgebrauchten Schlagworte. Kein überflüssiger Dekor sollte von der Reinheit der Form, der Schönheit des Materials ablenken oder die Funktionstüchtigkeit stören. Viele namhafte Designer versuchten, diese Grundsätze noch durch Verwendung eines unempfindlichen, sachlichen Werkstoffs zu unterstreichen. So gewann das Edelstahlbesteck an Bedeutung. Das Modell »Berlin« gehört nicht zu den wagemutigen Entwürfen jener Zeit. Es ist ein unauffälliges, solides Besteck, das sich auf jedem Tisch einfügt.

Der Designer

Kurt Mayer hat von 1920 bis 1960 als Atelierleiter das Erscheinungsbild der WMF-Produkte geprägt. Bis 1967 war er noch als künstlerischer Berater der Firma tätig. Er

Kurt Mayer
* Geislingen,
10. September 1894
† Geislingen,
20. April 1981

hatte Architektur studiert und war der Sohn des Bildhauers Albert Mayer, dem vor ihm das WMF-Atelier unterstand. Anläßlich seines 40jährigen Arbeitsjubiläums stellte man fest, daß mit zwei Ausnahmen alle gut verkäuflichen WMF-Bestecke aus dem Atelier Mayer stammten. Heute, 22 Jahre später, werden immer noch mehr als ein Dutzend seiner Besteck-Schöpfungen angeboten.
Der Erfolg Kurt Mayers beruhte auf überdurchschnittlichem Formgefühl, Einfallsreichtum und einem sicheren Gespür für den Markt. Auf die Frage, welches er für sein bestes Besteck halte, antwortete er: »Das, an dem die WMF am meisten verdient hat.« ●

5

5

Jahr: 1953/1954
Designer: Paul Voss
Form: Pott 2720
Material: 18/8 Chromnickelstahl
Preis: 4tlg., 92 Mark
Hersteller: C. Hugo Pott, Solingen

Das neue Material Stahl forderte zum Experimentieren bei der Formgebung heraus. Designer, die ihre Entwürfe an der Funktion der einzelnen Besteckteile ausrichteten, kamen zu einer Typisierung, deren Merkmale auch am Modell »Pott 2720« abzulesen sind. Die Laffe des Löffels wird runder und paßt sich dem Mund besser an. Bei der Gabel verkürzen sich die Zinken, das Schiff jedoch (der Teil zwischen Zinken und Stiel) wird länger, auch gewölbter. Damit kann Gemüse besser aufgenommen werden. Das Messer erhält eine verkürzte Klinge, da sie normalerweise nur am oberen Ende benutzt wird. Das Heft (Griff) wird dafür länger. So kann man leichter schneiden, und das Messer liegt wegen der besseren Proportionen sicherer in der Hand. Für Carl Pott (siehe Bestekke Nummer 7) ist dieses gebrauchstüchtige Besteck von Paul Voss »ein Evergreen«. Es wird ausschließlich in Chromnickelstahl hergestellt. Auf großen internationalen Ausstellungen erhielt es vier Goldmedaillen.

Der Designer

Paul Voss lehrte seit 1927 an der Solinger Fachhochschule für Metallgestaltung und Metalltechnik, als Leiter der kunsthandwerklichen Abteilung. Vorher hatte er mehrere Jahre in den USA auf

Paul Voss
* Solingen,
26. April 1894
† Solingen,
30. Mai 1976

dem Gebiet der Formgebung gearbeitet, u. a. in New York und Philadelphia für führende Gold- und Silberwaren-Firmen. Er beeinflußte die moderne Besteckgestaltung, weit über den Solinger Raum hinaus. Seine Leistungen wurden mit begehrten Preisen ausgezeichnet. Bis ins hohe Alter fertigte er Goldschmiedearbeiten. Seine Hobbys: Sammeln antiker Münzen, Beschäftigung mit Mineralien und Edelsteinen. ●

6

6

Jahr: 1957
Designer: Arne Jacobsen
Form: Arne-Jacobsen-Besteck
Material: Rostfreier Stahl
Preis: 4tlg., 70 Mark
Hersteller: A. Michelsen, Kopenhagen/Dänemark

In der Fachzeitschrift »Architektur«, Heft 1/1958, heißt es zu diesem Besteck: ». . . Die von Arne Jacobsen zweifelsohne mit großer Mühe herausgebrachte Form ist so einfach, daß man glaubt, so müsse das erste in Bambus ausgeführte Besteck eines Einsiedlers auf einer einsamen Insel aussehen. . . . Eßgeräte sind Werkzeuge. Im Gebrauch erweist sich das Besteck als voll zufriedenstellend.« – Das Besteck ist extrem einfach. Das Messer gleicht einem Spachtel. Es ist aus einem Stück geschmiedet, so daß man die Klinge nicht auswechseln kann, wenn sie abgenutzt ist. Die Gabel hat nur drei Zinken, der Kaffeelöffel ist sehr klein und kann wegen seiner flachen Laffe nur noch zum Umrühren benutzt werden. Dennoch: ein Beispiel für wagemutiges Experimentieren auf der Suche nach neuen guten Formen in den 50er Jahren.

Der Designer

Über Arne Jacobsen, siehe Kapitel Stühle, Nummer 17. ●

7

7

Jahr: 1957

Designer: Carl Pott

Form: Pott 2722

Material: 18/8 Chromnickelstahl

Preis: 4tlg., 100 Mark

Hersteller: C. Hugo Pott, Solingen

Dieses Besteck stammt aus dem gleichen Jahr wie das von Jacobsen (Nummer 6). Auch hier wird Vereinfachung von Löffel und Gabel angestrebt. Die erste Ideenskizze entstand, als Pott, der unter einem Kastanienbaum Schatten gesucht hatte, ein herabfallendes Blatt betrachtete (siehe Skizze). Neu ist die Ausstattung des Messers. »Der Wellenschliff am Klingenrücken ist nur zum Anritzen

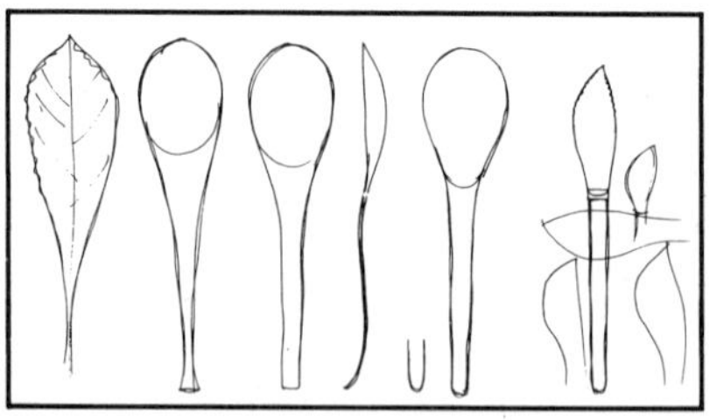

des Fleisches gedacht«, erklärt Carl Pott. »So wird die Glasur des Porzellans geschont, die durch übliche Wellenschliff-Klingen leicht in Mitleidenschaft gerät. Da die Schneide scharf ist wie Gift, kann allerdings beim Abtrocknen wegen der beidseitig bearbeiteten Klinge das Geschirrtuch zerschnitten werden.« Dieses Eingeständnis klingt mehr wie ein Lob auf die Qualität des Messers. Über 50 verschiedene Besteckteile werden in der Serie »2722« angeboten, ein Instrumentarium für virtuose Speisetechnik. – Das Besteck erhielt 1957 eine Silbermedaille auf der Triennale Mailand, 1958 eine Goldmedaille auf der Weltausstellung Brüssel.

Der Designer

Carl Pott ist als Designer und Produzent von Tafelgerät weltweit anerkannt. Seine Entwürfe wurden mit Preisen und Medaillen überhäuft. Sie sind in berühmten Museen, u. a. im Museum of Modern Art, New York , ausgestellt. Rund um den Erdball sind Königshäuser, Regierungen, Botschaften, Luftfahrt- und Schiffahrtsgesellschaften mit Pott-Bestecken aus-

Carl Pott
* Solingen,
9. Mai 1906

gestattet. Auf den Weltausstellungen von Brüssel, Montreal und Osaka erregten Pott-Produkte Aufsehen. Sie sind im Brockhaus und Knaurs Lexikon unter »Industrieform« abgebildet. – Worin liegt das Geheimnis dieses Erfolges? Während seiner sehr gründlichen Ausbildung, Studium und zwei Meisterprüfungen, arbeitete Pott eng zusammen mit zwei Professoren, die ihn mit den Gedanken und Zielen des Werkbundes bekannt machten. Pott akzeptierte diese Ziele, sein Grundsatz: Entbehrliches fortlassen und das Nützliche um so vollkommener und schöner gestalten. »Es liegt nur am Menschen«, sagt er, »ob er und seine Produkte sich durchsetzen. Man muß konsequent sein. Ich bin Stier, also ein Dickkopf. Natürlich habe ich den Vorteil«, räumt er ein, »daß ich selbst bestimmen kann, was produziert und verkauft werden soll. Ich habe mich immer gesträubt, Moden mitzumachen.« – Auch ihm sind am Anfang Enttäuschungen nicht erspart geblieben. Als er nach dem Krieg seine schmucklosen Bestecke anbietet, weigern sich die Fachhändler, auch nur ein vierteiliges Musterbesteck zu erwerben. Man hält es für aussichtslos, Interessenten dafür zu finden. Trotzdem bleibt Pott seinem Design-Konzept treu: »Stimmt die Funktion, kann das Besteck verfeinert werden. Nur bestes Material und sorgfältige Verarbeitung garantieren lange Lebensdauer. Jedes Besteckteil wird aus einem Stück gemacht. Bis auf die Messer. Die erhalten eine Klinge aus molybdänhaltigem Chromstahl, der besonders korrosionsbeständig ist.« – Pott, der seine Besteckschöpfungen liebevoll »Löffelchen« nennt und Ideen, wo er geht und steht, in sein Notizbuch zeichnet, hat dem modernen Besteck-Design einen beachtlichen Marktanteil erkämpft. ●

8

8

Jahr: 1958/1959

Designer: Peter Raacke

Form: mono-a

Material: 18/8 Chromnickelstahl

Preis: 4tlg., Messer 03 (mit kurzer Klinge) 45 Mark; 4tlg., Messer 43 (mit langer Klinge) 45 Mark; mono-e, mit Ebenholzgriffen, 4tlg., 85 Mark

Hersteller: Hessische Metallwerke, Ziegenhain

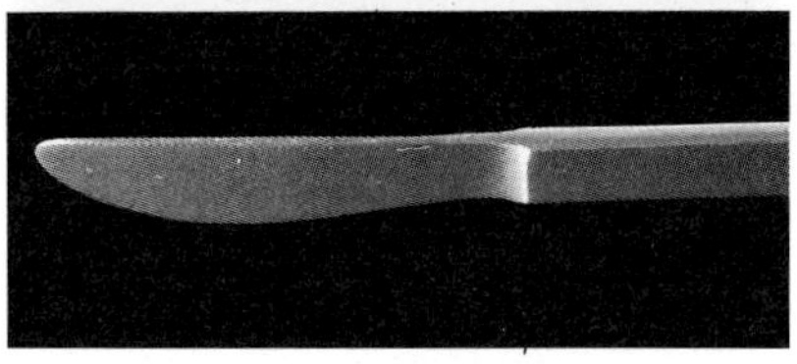

Das Besteck ist Ergebnis eines Versuchs, gute Form bei möglichst geringem Kostenaufwand zu erreichen. Das konnte nur gelingen, wenn bei der Maschinenproduktion wenig Abfall entsteht, denn Gebrauchswert und Güte des Materials durften nicht beeinträchtigt werden. Der Designer Peter Raacke, der von den Hessischen Metallwerken mit den Entwicklungsarbeiten beauftragt wurde, hat die Aufgabe zusammen mit seinen Schülern an der Staatlichen Werkkunstschule Kassel gelöst. »mono- a« (Messer aus einem Stück geschmiedet, siehe Detail-Foto) hat eine sehr gerade, schlanke Form, die nüchtern, ja asketisch, wirkt. Um dem abzuhelfen, wird es auch mit Ebenholz- (Foto) oder Teakholz-Schalen (mono-e, mono-t) an den Griffen hergestellt. Das Besteck wurde u. a. 1973 mit dem Bundespreis Gute Form ausgezeichnet.

Der Designer

Raacke ist ein vielseitiger Designer, der auf den verschiedensten Gebieten gearbeitet hat: Möbel aus Papier, Rattan und Voll-

Peter Raacke,
* Hanau,
27. September 1928

schaum, Tapeten, Stoffe, Haus- und Küchengeräte, Werkzeuge, Sportgeräte, Spielsachen und anderes. Nach einer Ausbildung als Gold- und Silberschmied widmete er sich dem Industrial Design. Heute lehrt er dieses Fach an der Staatlichen Hochschule für bildende Künste Hamburg. Er gilt als Verfechter materialgerechter Formen und höchster Funktionalität, als Entwerfer reiner Ulmer Prägung (Ulm – Heimstätte der ehemaligen Hochschule für Gestaltung). Raacke lebt am liebsten mit Einfachmöbeln und -geräten, weil ihm die Überflußwelt unnötig verschwenderisch und erschreckend inhaltsleer erscheint. ●

9

Jahr: 1963

Designer: Henning Koppel

Form: New York

Material: Chromnickelstahl

Preis: 4tlg., 100 Mark

Hersteller: Georg Jensen, Kopenhagen/Dänemark

Das Modell »New York« hat eine schlanke Form, wirkt aber proportionierter und weniger kantig als »mono-a« (Nummer 8). Als es vorgestellt wurde, lobten Kritiker die einzelnen Teile als gut funktionierende, unaufdringliche Werkzeuge, die sich dem Zweck unterordnen. Zu den typischen Veränderungen seit den fünfziger Jahren gehört, daß Bestecke kleiner werden. Man ersetzt die unhandliche Tafelgröße und häufig zugleich das Dessertbesteck durch eine mittlere Menugröße. Das Besteck von Henning Koppel wird in der berühmten Silberschmiede Georg Jensen hergestellt und ist im Jahre 1966 mit dem dänischen »Industrial-Design-Preis ausgezeichnet worden.

Der Designer

Koppel wurde an der Königlichen Kunstakademie Kopenhagen und in Paris als Bildhauer ausgebildet. 1945 kam er zur Silberschmiede Georg Jensen, die für ihre künstlerische und handwerkliche Qualität berühmt ist. 1961 ging er zur Porzellanmanufaktur Bing & Grœndahl und 1971 zur Glashütte

Henning Koppel
* Kopenhagen,
8. Mai 1918
† Kopenhagen,
27. Juni 1981

Orrefors. Am bekanntesten sind Koppels Entwürfe für Georg Jensen. Seine Arbeiten haben in der ganzen Welt Preise und Medaillen erhalten. Koppel wurde 1963 mit dem International Design Award ausgezeichnet. Seine Werke wurden von Museen in Europa, Australien und Japan angekauft. ●

10

Jahr: 1976

Designer: Carl Pott

Form: Pott 33

Material: Sterlingsilber 925

Preis: 4tlg., 601 Mark

Hersteller: C. Hugo Pott, Solingen

Dieses Modell fällt auf durch klassische Strenge. Sie wird durch die lange, gerade Klinge noch betont. Die Klingenform ist wohl auch schuld daran, daß das Besteck eher konservativ wirkt. Das kostbare Material Sterlingsilber macht es besonders wertvoll. Sogar einen winzigen Dekor am Stilende hat Pott zugestanden. Aber er sorgt noch für eine andere Überraschung: eine überbreite, fünfzinkige Gabel. Man soll mit ihr besser Gemüse essen können.

Der Designer

Über Carl Pott siehe Bestecke Nummer 7. ●

Glas

1

1

Jahr: 1856

Designer: Ludwig Lobmeyr

Form: No. 4

Material: Mundgeblasenes Kristallglas

Preis: Elf Gläsergrößen von 17 bis 36 Mark

Hersteller: Lobmeyr, Wien/Österreich

Das »Service No. 4« nimmt im Angebot der traditionsreichen österreichischen Firma Lobmeyr einen besonderen Platz ein: Es ist die älteste, seit 1856 ununterbrochen hergestellte Glasserie dieses Familienbetriebes. Sie wurde von Ludwig Lobmeyr, einem Sohn des Firmengründers, entworfen. Zwar war man aus der Zeit des Empire und Biedermeier an einfache, zweckmäßige Formen und schlichte Dekore gewöhnt, aber die Gläser waren im allgemeinen aus dickwandigem Glas hergestellt. Ludwig Lobmeyr hat eine sorgfältig ausgewogene Form geschaffen, die die Schönheit des funkelnden, zarten Werkstoffs voll zur Geltung bringt. Undekorierte, farblose, völlig glatte Gläser mit schlankem Stiel wie diese waren zu jener Zeit selten. Lobmeyr hat damit einer Entwicklung vorgegriffen, die erst um die Jahrhundertwende von bekannten Künstlern eingeleitet wurde.

Der Designer

Ludwig Lobmeyr gehört zu den großen Unternehmerpersönlichkeiten der Gründerzeit. Er führte nach dem Tode seines Bruders das vom Vater 1823 in Wien gegründete Glasgeschäft allein weiter. Von ihm stammen zahlreiche Vorlagen für neue Modelle, die er in böhmischen Glashütten herstellen ließ. Durch Entwürfe für Trink- und Dessertservice, Vasen und Ziergefäße in Kristall mit Schliff, reicher Gravierung, Emaillierung oder Vergoldung wird er der große Glasgestalter seiner Zeit. Führende Architekten, u. a. Friedrich von Schmidt, Theophil von Hansen, und namhafte Künstler arbeiten mit ihm zusammen. Mit eigenen Publikationen und durch Beteiligung an internationalen Ausstellungen macht er während der zweiten Hälfte des 19. Jahrhunderts die Leistungen der österreichischen Glasindustrie weltweit bekannt. Ihm werden zahlreiche Ehrungen und Preise zuteil. Er ist Mitbegründer des Österreichischen Museums für Kunst und Industrie. ●

Ludwig Lobmeyr
* Wien
2. August 1829
† Wien
25. März 1917

2

2

Jahr: 1907

Designer: Werksentwurf

Form: Saint-Rémy

Material: Mundgeblasenes Bleikristall

Preis: Fünf Gläsergrößen von 57 bis 63 Mark.

Hersteller: Baccarat, Baccarat/Frankreich

Die französische Cristallerie Baccarat ist bekannt für ihr »Kristall der Päpste, Kaiser und Könige«, will sagen: Kristall mit kunstvollem Schliff, gravierten Monogrammen und Figuren oder Golddekor. Sie hat aber auch immer wieder einfache, glatte Gläser hergestellt, zweckmäßige Gläser für den Weinliebhaber, nicht zum Prunken. Ein »ausgeprägter Sinn für das Klassische und Formen von zeitloser Schönheit« (Zitat aus einem Firmenporträt) hielt die Cristallerie davon ab, sich auf Experimente mit den artifiziellen Techniken des Jugendstils einzulassen. Statt dessen entstand um diese Zeit die elegante Kelchglas-Serie »Saint Rémy«. Die Grundform knüpft an Vorbilder aus der Zeit um 1800 an, sie ist nur gestreckter und der Schaft des Glases infolgedessen schlanker. Der hohe Bleigehalt (über 30 Prozent) verleiht dem Kristall spiegelnden Glanz von großer Intensität. ●

3

3

Jahr: 1920

Designer: Josef Hoffmann

Form: The Patrician, Nr. 238

Material: Mundgeblasenes Kristallglas

Preis: Dreizehn Gläsergrößen von 29 bis 39 Mark

Hersteller: Lobmeyr, Wien/Österreich

Nach dem ersten Weltkrieg arbeitet der Nachfolger Ludwig Lobmeyrs, sein Neffe Stefan Rath, eng mit den Künstlern der Wiener Werkstätten zusammen. Nach dem Vorbild der venezianischen Gläser des 16. Jahrhunderts geht man zu ganz dünnem Glas über. Die Form allein soll fertiges Kunstwerk sein. Das von Josef Hoffmann für Lobmeyr entworfene Service »The Patrician« findet in der ganzen Welt Beachtung. Obwohl die Gläser zart und zerbrechlich wirken, sind sie sehr widerstandsfähig. Das beruht auf der inneren Elastizität des Glases und der folgerichtigen formalen Konstruktion. Das Service, zu dem auch eine sehr elegante Karaffe gehört, erhielt 1925 den Grand Prix der Pariser Weltausstellung und wurde auf allen großen Ausstellungen in Europa und Übersee gezeigt und bewundert.

Der Designer

Über Lebenslauf und Werk von Josef Hoffmann siehe Kapitel 2, Armlehnstühle, Nummer 3. ●

4

4

Jahr: 1930

Designer: Werksentwurf

Form: Pippi

Material: Mundgeblasenes Kali-Glas

Preis: Vierzehn Gläsergrößen von 14 bis 28 Mark

Hersteller: Boda Glasbruk, Boda Schweden

Seit Anfang des 20. Jahrhunderts bemüht man sich in Schweden, preiswertes, praktisches, ästhetich einwandfreies Gebrauchsglas herzustellen. Man nahm damit Ideen der englischen Kunsthandwerkbewegung und des Deutschen Werkbundes auf. Die führenden schwedischen Hütten, Orrefors und Kosta, ließen durch künstlerische Mitarbeiter neue Trinkglasformen entwerfen, die dann in Teamarbeit am Ofen geblasen und geformt wurden. Erst wenn das Musterstück einwandfrei gelungen war, wurden Serien hergestellt. In so einem Team ist wahrscheinlich die Becherserie »Pippi« entstanden. Die zylindrische, strenge Form ist durch den schweren Fuß standfest und liegt angenehm kühl in der Hand. ●

5

5

Jahr: 1932

Designer: Josef Stadler

Form: Sinfonie

Material: Mundgeblasenes Kristallglas

Preis: Zehn Gläsergrößen von 12 bis 16 Mark

Hersteller: Gral-Glashütte, Dürnau

Die Kelchglas-Garnitur A 500 »Sinfonie« gehörte mit zu den ersten Entwürfen, die von den 1930 gegründeten Gral-Glas-Werkstätten (für Glasveredelung) dem Fachhandel angeboten wurden. Die Inhaber, Karl Seyfang und dessen Sohn Rolf, hatten sich einem neuen sachlichen Stil verschrieben. Sie ließen Gläser nach eigenen Entwürfen produzieren, zogen aber auch namhafte Designer zur künstlerischen Mitarbeit heran. Josef Stadlers schlichte, ausgewogene Glasform »Sinfonie« wurde 1954 auf der Triennale Mailand mit einer Goldmedaille, 1969 mit dem Bundespreis »Gute Form« ausgezeichnet.

Der Designer

Stadler stammte aus einer bayrischen Glasmacherfamilie. Schon während seines Studiums an der Glasfachschule Zwiesel zeigte sich seine gestalterische Begabung. Prof. Jean Beck bot ihm an, in seinem Münchner Atelier zu ar-

Josef Stadler
* Schliersee,
11. November
1895
† Bad Boll,
26. Februar 1977

beiten. Dort entstanden bahnbrechende Entwürfe für Kunstgläser und Kelchgarnituren, die auch ausgezeichnet wurden. Von 1932 an leitete Stadler die bayrische Glasfabrik, die vornehmlich Lieferant der damaligen Gral-Glas-Werkstätten war. Als nach dem Kriege Karl Seyfang eine eigene Gral-Glashütte errichtete, beteiligte sich Josef Stadler an diesem Unternehmen. Seine stilsicheren, klaren Entwürfe ließen sich gut verkaufen. Sie sind als Beispiele für gutes, modernes Design in bedeutenden Museen und Sammlungen ausgestellt. ●

6

Jahr: 1936

Designer: Sven Palmquist

Form: Fuga

Material: Kristallglas, geschleudert

Preis: Schalensatz in fünf Größen von 22 bis 50 Mark

Hersteller: Orrefors, Orrefors/Schweden

6

Bei der Herstellung dieses Schalensatzes wurde zum ersten Mal eine neue Technik angewandt: das Schleudern. Der Entwerfer Sven Palmquist hat nicht nur die Form geschaffen, sondern auch das Herstellungsverfahren entwickelt. Es wurde später patentiert. Beim Schleudern wird rotglühende Glasmasse in eine eiserne Schalenform gegeben, die man durch elektrischen Antrieb rotieren läßt. Je stärker die Glasmasse geschleudert wird, desto schneller schiebt sie sich an der Wandung hoch. Ein Stempel drückt die fertige Schale aus der Form. »Fuga« erhielt viele Goldmedaillen.

Der Designer

Palmquist hat schon als Schuljunge während der Ferien in einer Glashütte gearbeitet. Er war so

Sven Palmquist
* Lenhovda,
4. September,
1906

fasziniert von diesem Kunsthandwerk, daß er eine Ausbildung in Orrefors begann. Danach studierte er in Schweden, Deutschland, der Tschechoslowakei und in Frankreich. Er blieb Orrefors seit 1928 verbunden, hat sich mit Kunst- und Gebrauchsglas beschäftigt und Glaskunstwerke für repräsentative Bauwerke in Schweden und im Ausland entworfen. Es gelang ihm, neue Techniken für die Glasherstellung zu entwickeln. Experimente mit dem Schleudern von Glas unternahm er schon in den dreißiger Jahren. Während der fünfziger und sechziger Jahre wurde er für geschleudertes Gebrauchsglas mehrfach ausgezeichnet.
Er entwickelte einen sehr persönlichen Gravurstil und bediente sich später auch anderer Dekortechniken. Seine Arbeiten wurden mit einem Grand Prix und Goldmedaillen ausgezeichnet und von bedeutenden Museen erworben. ●

7

7

7

Jahr: 1938/1956

Designer: Wilhelm Wagenfeld/ Heinrich Löffelhardt

Form: Jenaer Glas-Form

Material: Feuerfestes Glas (Jenaer Glas)

Preis: Sieben Größen von 13 bis 47 Mark

Hersteller: Schott-Zwiesel-Glaswerke, Zwiesel.

An dieser Form, einem einfachen Haushaltsgegenstand, läßt sich Design-Geschichte ablesen. Das Jenaer Glaswerk Schott & Gen. gehörte zu den ersten Industriebetrieben, die die Bemühungen der Künstler im Staatlichen Bauhaus zu Weimar und Dessau, schöne Serienprodukte herzustellen, während der zwanziger Jahre unterstützten. Schön ist, so hieß es, was der Funktion dient, was materialgerecht gestaltet ist. Die erste Kaffeemaschine aus Jenaer Glas wurde von dem späteren Bildhauer Gerhard Marcks geschaffen, der die Bauhaus-Töpferei leitete. Als Berater für die modern gestaltete Werbung verpflichtete die Firma den Bauhaus-Meister Moholy-Nagy. 1930 führte Dr. Erich Schott den Künstler Wilhelm Wagenfeld an das Material Glas heran. Wagenfeld hatte sich am Bauhaus der Bearbeitung von Metall gewidmet. Nun beauftragte man ihn, das erste Formen-Programm für feuerfeste Jenaer Haushaltsgläser zu entwickeln. Bei den ersten Entwürfen hatten die Schüsseln noch einen Deckel mit Griff in der Mitte. Die Griffe der Schüssel waren waagerecht aus dem Rand herausgezogen. 1938 schuf Wagenfeld eine neue Form, weil bei der alten immer wieder Schäden auftraten. Er erinnert sich: »Ich sah wochenlang zu, wenn die glühende Glasmasse in die Form gepreßt wurde, und beobachtete, wie sie ausglühte. Ich stellte Messungen an und fand heraus, daß Schäden immer da auftraten, wo das Glas dick war. Ich versuchte, das Glas ganz regelmäßig zu machen, gleichwandig bis nach oben, um Spannungen im Glas zu verhindern. Dann machten wir einen Test. Ich stellte die alte Schüssel auf eine erhitzte Platte, und sie knallte auseinander. Die neue hielt. Sie wurde sogar noch mit eisgekühltem Öl betropft, blieb aber trotzdem heil.« – Bei dieser Gelegenheit änderte Wagenfeld auch den Deckel. Er erhielt zwei Griffe an den Seiten, die über den Schüsselgriffen lagen und gut zu greifen waren (Foto oben). Den Deckel konnte man so auch als Schale benutzen.
1956 wurde die Form dann durch Heinrich Löffelhardt noch einmal modifiziert. Die Griffe wurden leicht hoch, beziehungsweise nach unten gebogen, um ein Abrutschen der Hand unmöglich zu machen, der Deckel erhielt eine glatte Oberfläche (Foto unten).

Der Designer

Heinrich Löffelhardt begann seine Ausbildung in der Entwurfsabteilung der Silberwarenfabrik Bruckmann und arbeitete dann im Atelier des Bildhauers Georg Kolbe in Berlin. Ab 1937 war er in Weisswasser als Entwerfer tätig, für die Vereinigten Lausitzer Glaswerke, deren künstlerischer Leiter Wilhelm Wagenfeld war. Nach dem Krieg setzten beide ihre Zusammenarbeit am Landesgewerbe-

Heinrich Löffelhardt
* Heilbronn, 24. Dezember 1901
† Stuttgart 22. Mai 1979

amt Stuttgart fort. 1950 wurde Löffelhardt dort Leiter des Referats für Formgebung. 1952 übernahm er als Nachfolger des verstorbenen Hermann Gretsch die künstlerische Leitung der Porzellanfabriken Arzberg und Schönwald. 1954 wurde er auch künstlerischer Leiter der Jenaer Glaswerke und deren Tochtergesellschaft Vereinigte Farbenglaswerke Zwiesel. Löffelhardt betrachtete Gefäße als Plastiken. Seine Entwürfe für Haushaltsporzellan, die mit höchsten internationalen Preisen und Medaillen ausgezeichnet wurden, werden bis auf ein Service (für den Export) nicht mehr produziert. In Zwiesel entwarf er für die vollautomatische Fertigung Kelchglasformen, von denen eine bis heute in unvorstellbaren Mengen (300 Millionen Stück!) auf den Markt kam. Auch mundgeblasene Gläser nach Löffelhardt-Entwürfen werden noch hergestellt. ●

8

8

Jahr: 1956/1968

Designer: Hans Theo Baumann

Form: Auslese

Material: Mundgeblasenes Kristallglas

Preis: Zwölf Gläsergrößen von 17 bis 22 Mark

Hersteller: Süssmuth, Immenhausen

Die schlichten Kelchgläser wirken sympathisch durch ihre ausgewogenen Proportionen, das richtige Größenverhältnis von Kelch zu Schaft und Fußplatte. Beim Kelch wiederum sind Höhe und Breite gut aufeinander abgestimmt. Er folgt der Tropfenform, einer Grundform, die beim Glasblasen mit der Pfeife entsteht. Hans Theo Baumann hat diese vom Design Center Stuttgart 1979 ausgezeichnete Serie für die Glashütte Süssmuth entworfen. Diese Hütte wurde nach dem Kriege durch Glasmacher aus Schlesien und Böhmen in Hessen gegründet. Die Leitung übernahm der Glasgestalter Richard Süssmuth, der sich schon in jungen Jahren für die Ideen des Bauhauses interessiert hatte. Er wollte die Kunst, Gebrauchs- und Zierglas handwerklich herzustellen, erhalten und weiterentwickeln. Diesem Leitgedanken ist man in der Glashütte, die Süssmuth 1970 auf seine Belegschaft übertrug, bis heute treu geblieben.

Der Designer

1980 wurde in einer Ausstellung das vielseitige Gesamtwerk H. Th. Baumanns gewürdigt. Aus diesem Anlaß feierte ihn Prof. Hans Mayr, Präsident der Gesellschaft bildender Künstler Österreichs,

Hans Theo Baumann
* Basel/Schweiz, 27. Oktober 1924

als einen Designer, »der ganz bewußt Wege sucht, im Rahmen, ja mit Mitteln der industriellen Fertigungsmethoden – über das bloß gute Styling der Millionenauflage hinaus – die individuelle Gestaltung zu wahren«. Blättert man im Ausstellungskatalog, so muß man Baumanns Fleiß und seinen Erfindungsreichtum bewundern: Er hat Entwürfe für die Werkstoffe Porzellan, Glas, Metall, Kunststoff, Holz und Textil gemacht. Sie wurden von namhaften Firmen realisiert, z. B. Rosenthal, Arzberg, Schönwald, Gral, Süssmuth, Daum, Fehlbaum, Wilde & Spieth, Erba, um nur einige zu nennen. Viele seiner Arbeiten sind international anerkannt und mit Preisen ausgezeichnet worden.
Baumann, der aus einer alten Glasmacherfamilie stammt, studierte an den Kunstschulen in Düsseldorf, Dresden und Basel Bildhauerei, Malerei, Innenarchitektur und Design. Seine Entwicklung wurde bestimmt durch die Zusammenarbeit mit Prof. Eiermann 1953 in Berlin. Baumann schuf Glasfenster für die Kaiser-Wilhelm-Gedächniskirche. ●

9

Jahr: 1957

Designer: Claus J. Riedel

Form: Exquisit, Serie K 103

Material: Mundgeblasenes Bleikristall, handgefertigt

Preis: Zehn Gläsergrößen von 25 bis 33 Mark

Hersteller: Claus Josef Riedel, Tiroler Glashütte, Kufstein/Österreich

Als »Schönstes Glas der Welt« wurde der Burgunderpokal (links) vom Corning Museum New York 1959 ausgewählt. 1960 erhielt die

9

gesamte Serie den Österreichischen Staatspreis. Das hauchdünne Glas aus mundgeblasenem Bleikristall mit hohem, handgezogenem Strohstiel wirkt zart und elegant. Es ist aber – ähnlich wie das Hoffmann-Glas (Nr. 3) – sehr elastisch und daher widerstandsfähig. Der Schöpfer von »Exquisit«, Claus Josef Riedel, sagt von sich: »Ich bin kein Künstler, sondern Glasmacher.« Er will damit betonen, daß Design bei all seiner Vollendung der Funktion zu dienen habe. Seine Gläserformen zum Beispiel sollen das Bouquet der verschiedenen Weine und Spirituosen zu optimaler Entfaltung bringen. Das »Schönste Glas der Welt« steht in New York nicht nur in der ständigen Ausstellung des Corning Museums, sondern ist auch ein Bestseller bei Tiffany.

Der Designer

Claus Josef Riedel wurde für seine Verdienste als Produzent und Designer vom österreichischen Ministerium für Unterricht mit dem Titel Professor h. c. geehrt. Um Qualität und Schönheit von Riedel-Glas zu erklären, lenkt er die Aufmerksamkeit von den eigenen Leistungen gern auf die alte Tradi-

Claus Josef Riedel
* Polaun, 19. Februar 1925

tion seiner Familie: Mehr als 225 Jahre haben zehn Generationen an der Vollendung ihrer Glaskreationen gearbeitet. Schon 1756 wurde die erste Riedel-Glashütte in Böhmen gegründet. 1890 beschäftigte der »Böhmische Glaskönig« Josef Riedel der Ältere (in der sechsten Generation) 1300 Arbeiter und Angestellte. Nach dem zweiten Weltkrieg wurde der Famlienbesitz enteignet. Der junge Claus Josef Riedel aus der neunten Generation der Glasmacher-Dynastie studierte Chemie in Innsbruck, arbeitete dann in einer Glashütte in Neapel. 1956 übernahm er die Tiroler Glashütte in Kufstein. Sein Konzept war, eine Glasmanufaktur zu schaffen, in der alte Tiroler Glasmachertradition und alte böhmische Glaskunst sich verbinden sollten. Riedels Wagnis mit dem modernen Design, dem glatten ungeschliffenen und funktionellen Glas hatte Erfolg. Bereits ein Jahr nachdem in Kufstein das Feuer angeblasen wurde, erhielt das Glas »Bruxelles« den Grand Prix der Weltausstellung in Brüssel. Von da an riß die Serie der großen internationalen Auszeichnungen nicht mehr ab. Der Glasprofessor hat auch neue Glastechniken und neue Herstellungsverfahren entwickelt. Seine 1969 eröffnete zweite Glashütte gilt als eine der modernsten Europas. Riedel hat auch mit Rosenthal auf dem Sektor Glas zusammengearbeitet. ●

10

10

Jahr: 1958/1975

Designer: Heinz H. Engler

Form: Snowball

Material: Mundgeblasenes Kristallglas, handgefertigt

Preis: Sieben Gläsergrößen von 22 bis 31 Mark

Hersteller: Stölzle, Wien/Österreich

Die Beschreibung, die Stölzle der Glasserie mitgibt, könnte von Engler selbst stammen: »Gläser für Leute, die edle Weine gerne aus eleganten, hochstieligen Kelchläsern trinken, denen jedoch Strohglasstiele zu dünn, Wadenstiele zu unhandlich und altbakken, andere fragile Extravaganzen zu hochgestochen sind.« Die Kelche sind nicht stereotype Vergrößerungen oder Verkleinerungen oder einfach Abschnitte einer Grundform. Vielmehr entsprechen sie in Form, Öffnung und Größe dem spezifischen Charakter der Getränke, für die sie vorgesehen sind. Der Entwurf für diese Glasserie stammt schon aus dem Jahre 1958, als die Fachwelt dem zarten Kelchglas mit Strohstiel applaudierte (s. Nummer 9). Erst seit 1975 wird die Snowball-Serie produziert und zwar beim größten österreichischen Glashersteller Stölzle, dessen Chefdesigner Engler ist. Das Glas wurde 1981 vom Design Center Stuttgart und vom Haus Industrieform Essen als gutes Design ausgewählt.

Der Designer

Über Lebenslauf und Werk Englers siehe Geschirr, Nr. 4. ●

11

Jahr: 1960/1964

Designer: Hans Theo Baumann

Form: Handy

Material: Industriell gefertigtes Glas

Preis: Fünf Bechergrößen von 5,00 bis 7,00 Mark

Hersteller: Thomas-Glaswerk, Amberg

»Es ist wichtig, die Kreativität so einzubeziehen in den Ablauf der Produktentwicklung und der Fertigung, daß sie noch erkennbar ist, ohne modisch zu wirken.« Diese Forderung von H. Th. Baumann ist in der Becher-Serie »Handy« (bis 1980 unter der Bezeichnung »ABC« im Handel) realisiert worden. Kreativität hat hier zu mehr Gebrauchstüchtigkeit geführt: Eine Greifrille sorgt dafür, daß die zylindrischen Gläser sicher von der Hand umschlossen werden können. Die Becherform hat auch bei der Reinigung in der Spülmaschine Vorteile. »Handy« (»ABC«) ist 1969 und 1970 als gute Industrieform mehrfach ausgestellt und ausgezeichnet worden.

Der Designer

Über Lebenslauf und Werk Baumanns siehe Gläser Nr. 8. ●

12

Jahr: 1971

Designer: Kaj Franck

Form: Luna

Material: Gepreßtes Glas

Preis: Vier Schalengrößen von 11 bis 66 Mark, drei Tellergrößen von 12 bis 38 Mark

Hersteller: Arabia, Nuutajärvi/ Finnland

Schalen und Schüsseln aus Glas gibt es viele. Aber diese erhalten durch das schwere Glas, den wulstigen Rand eine kraftvolle Individualität und lassen sich durch einen Teller komplettieren. Kaj Franck hat die Form für die industrielle Fertigung entwickelt. Seine jungen Mitarbeiter, die verzweifelt klagen: »Alles ist schon gemacht worden«, pflegt er zu ermutigen: »Alles kann noch besser gemacht werden.« Sein Schalensatz ist ein Beweis dafür.

Der Designer

Über den Designer Kaj Franck, siehe Geschirr Nr. 12. ●

13

Jahr: 1978

Designer: Olle Alberius

Form: Victoria

Material: Mundgeblasenes Kristallglas

Preis: Acht Gläsergrößen von 25 bis 37 Mark

Hersteller: Orrefors Orrefors/Schweden

»Victoria« gehört wegen des Entwurfs- und Fertigungsjahrs 1978 zu den Klassikern von morgen. Die Form geht aber über eine lange Ahnenreihe zurück bis zu den italienischen Kelchgläsern des 16. Jahrhunderts. Olle Alberius hat auf Dekor ganz verzichtet. Der langgezogene Schaft, der den trichterförmigen Kelch trägt, verleiht dem Glas Eleganz.

Der Designer

Nach Studium in Stockholm und praktischer Ausbildung in skandinavischen und englischen Werkstätten war Alberius von 1963 bis 1971 Entwerfer für die Porzellanfabrik Rörstrand. Seit 1971 gehört er zum festen Design-Team von Orrefors. Seine Arbeiten wurden von Museen in Europa und den USA angekauft. ●

Olle Alberius
* Jönköping,
8. April 1926

Alle Preise und Zirkapreise nach dem Stand von Februar 1982. Produktfotos: Gary Rogers; Seite 169: Werkfotos von Arzberg und Stölzle. Porträtfotos: Privat und Werkfotos. Dokumentation: Juliane Blencke. Text: Ingrid Pellens

Genau 453 Einzelgegenstände nebst ihren Designern hat die Serie **»Moderne Klassiker«** vorgestellt. Diese 453 in einen größeren Zusammenhang einzuordnen, dient die **Stilgeschichte des Wohnens,** die sich hier anschließt. Ihr Autor Klaus-Jürgen Sembach, Architekt und Museumsmann, zeigt an charakteristischen Häusern und Einrichtungen, wie bedeutende Architekten **Lebensgefühl und geistige Strömungen** in den Jahrzehnten nach 1900 in sicht- und erlebbare Gestalt umsetzten. Die Geschichte beginnt beim Jugendstil von Henry van de Velde und führt bis zu Beispielen aus jüngster Zeit

Moderne Klassiker (14)

STILGESCHICHTE DES MODERNEN WOHNENS

Strenggenommen ist eine Stilgeschichte des modernen Wohnens ein Widerspruch in sich. Dem Versuch, charakteristische Wandlungen in unseren Lebens- und Ausdrucksgewohnheiten heute noch mit Stilkategorien beikommen zu wollen, kann die Auffassung entgegengesetzt werden, daß die Entwicklung der neuzeitlichen Architektur – damit auch des Wohnens – doch gerade darauf zielt, jedweden Stil zu überwinden zugunsten einer Gestaltung, die nur den Bedürfnissen folgt und das Korsett einer kunstvollen Formüberhöhung hinter sich läßt. Einer von Stilen und ähnlichen Zwängen befreiten Lebensform gehöre die Zukunft, und ein erheblicher Teil unserer jüngeren Vergangenheit habe doch schon unter dieser Parole gestanden – so das Gegenargument.

Es ist richtig und falsch zugleich. Die allgemeine Tendenz verläuft zwar in dieser Richtung, aber sie tut das keineswegs eindeutig und ungebrochen. Einmal ist zu fragen, ob es überhaupt möglich ist, daß unsere häusliche Umgebung unberührt bleiben kann von zeittypischen Kunstformen und -farben, und ob deren Einfluß nicht doch so groß ist, daß er ganz bestimmte Haltungen und Vorlieben erzeugt. Als Pop-art der offizielle Stil gewesen ist, kamen eben auch Pop-Elemente in unsere alltägliche Lebenswelt. Sicherlich taten sie das mit einiger Verzögerung und in verbilligter Ausführung, aber doch unübersehbar. Und wenn heute Anzeichen eines neuen Historismus das Bild bestimmen, dann nimmt die Begeisterung für »Klassiker« – gemeint sind Möbel, die vor fünfzig und mehr, spätestens aber vor zehn Jahren entworfen worden sind – eine ganz andere Form an als noch vor kurzem, als man diese Sachen zwar auch schon kaufen konnte, sie aber noch nicht so prima ins Zeitgefühl paßten wie jetzt.

Man kann dem nun entgegenstellen, daß es sich hier zum Teil nur um Moden und nicht um die Ausprägungen eines wirklichen, die Epoche charakterisierenden Stils handelt. Der wahre Stil unserer Zeit sei unabhängig von dergleichen Erscheinungen. Das mag zutreffen. Trotzdem: Auch die Summe dieser Phänomene hat ein Resultat und trägt etwas zum

Ganzen bei. Es ist sicherlich nicht möglich, hier säuberlich die Spreu vom Weizen zu trennen. Alles in allem meine ich, daß die Grenzen fließender geworden sind und daß der Begriff »Stil« in der jüngeren Vergangenheit eine andere Bedeutung bekommen hat als in der klassischen Anwendung bei älteren Epochen. Er gilt heute offenbar weniger, erfährt jedoch dafür eine differenziertere Auslegung.

Stile waren kaufbar, man konnte sie an Hand eines Musterbuches bestellen

Der Schwund hat in erster Linie zwei Gründe. Der eine liegt in der Demokratisierung der meisten unserer traditionellen Begriffe – gemeint ist damit die zunehmende Streuung und der erweiterte Zugang für immer mehr Menschen. Ein Stil ist heute nicht mehr etwas, das einzelne vorleben und das für die meisten anderen ein kaum zu erreichendes Vorbild bleibt, sondern er wird mehr oder minder von allen vorgetragen. Der scheinbar geminderte Wert des Begriffes umschreibt somit einen erheblichen Gewinn.

Der andere Grund dafür, daß die Vokabel »Stil« in Bezug auf die Gegenwart einen anderen Wert hat, hängt zusammen mit dem unterbrochenen Verlauf der Stilgeschichte im 19. Jahrhundert. Der Umstand, daß eine Epoche – vereinfacht gesagt – keine eigene Kunstform besaß und statt dessen alle vorangegangenen rekapitulierte, bewies, daß etwas, von dem man angenommen hatte, daß es unverwechselbar mit einer älteren Zeit verbunden war, auch für die eigene nutzbar gemacht werden konnte. Stile waren somit kaufbar. Man konnte sie an Hand eines Musterbuches bestellen. Es war nicht mehr so, daß ein bestimmtes Lebensgefühl sie erzeugte, sondern sie dienten nur noch dazu, ein ganz anderes zu bestätigen, nämlich das einer uneingeschränkten Verfügbarkeit. Das hatte Ähnlichkeit mit einem Fall von Vergewaltigung, die Unschuld war der Erscheinung genommen. Seitdem besteht ein Mißtrauen gegenüber der bisher gewohnten Verbindlichkeit von Stilen.

In welch umfassender Weise waren Stile wirklich die Ausdrucksform ihrer Zeit, und inwieweit zeigen sie lediglich das Wunschbild, das eine Epoche von sich hatte? Anders gesagt heißt die Frage: Wie kongruent zum Zeitgeist sind Stilformen tatsächlich? Und verdecken sie nicht mehr, als daß sie etwas zeigen? Eine künstlerisch realisierte Idealvorstellung stand in der Vergangenheit für den Charakter einer Zeit und schuf damit eine Physiognomie, aus der wir heute unser Wissen beziehen. Zweifellos ist in dem Streben nach einem bestimmten Ideal der Charakter einer Epoche sehr deutlich zu erkennen, das höchste Ziel gibt den Grad des gewagten Einsatzes an. Aber was sich unter der stilvollen Haltung an verdrängten Lebensäußerungen verbirgt, kann nur geahnt werden. Es bleibt der Zweifel, ob Stilformen, betrachtet man nur ihre äußere Wirkung, dazu geeignet sind, alle Züge einer zeittypischen Kultur wiederzugeben und ob sie nicht ein Bild zeigen, das eine Epoche von sich entwarf, aber nur partiell – in Form von Kunst – realisieren konnte. Stilformen wären somit eher Beschwörungen einer ganz spezifisch gearteten besseren Welt und weniger deren tatsächliche Darstellung.

Stilbildungen sind vermutlich immer Umschreibungen, Kürzel für komplexere Verhältnisse

Wunschbilder jedoch können – noch dazu wenn sie stilistisch deutlich umrissen sind – nur aus einer erfüllten und dichten Gestimmtheit heraus entstehen. Somit führen sie unmittelbar wieder auf den Kern zurück, aber die Entschlüsselung muß dabei differenzierter vorgehen als nur so, daß sie dem äußeren Anschein glaubt. Stilbildungen sind vermutlich immer Umschreibungen, Kürzel für etwas, das mehr und auch anderes meint, als vordergründig gesagt wird. Die kunstvolle Geste will eine längere Aufmerksamkeit auf sich ziehen als nur die des momentanen Gefallens, sie möchte entdeckt, gelesen und mit Aufmerksamkeit erkannt werden.

Sieht man Stilformen in dieser Weise an, dann verändert sich das Bild etwas. Das Rokoko enthüllt vermutlich mehr die Sehnsucht nach Freizügigkeit, als daß es sie damals schon besessen hätte. Und die bescheidenen Formen des Biedermeiers stellen neben Redlichkeit wohl auch die Sorgen einer Zeit dar, die von erheblicher Armut bedroht war. Neben Glanz und Idealität kommen dann auch Sehnsüchte und Ängste zum Vorschein. Eine Psychologie der Geschichte an Hand ihrer Stilformen zu betreiben ist vermutlich lohnender, als immer wieder eine Stilgeschichte unter ästhetischen Gesichtspunkten zu entwickeln.

Die Erweiterung des traditionellen Kulturbegriffs auf die Technik wurde verweigert

Verfolgt man nach wie vor den zweitgenannten Weg, dann fällt das 19. Jahrhundert weitgehend aus, weil es als »stillos« gilt. Trotzdem hat auch diese Epoche ihren durchaus eigenen Ausdruck gehabt. Nur offenbarte er Dimensionen, die erschrecken und verstören mußten. Was dieses Säkulum erfunden, konstruiert und bildhaft geschildert hat, sprengte so sehr die bisher üblichen Vorstellungen, daß die Flucht in eine trostvolle Scheinwelt nicht verwundern darf. Die längst fällige Erweiterung des traditionellen Kulturbegriffes auf Technik, Naturwissenschaft und Verwandtes wurde verweigert und statt dessen das alte Weltbild hartnäckig verteidigt. Der Historismus wurde gleichsam wie eine Beschwörungsgeste gegenüber allem Neuen gehandhabt. Eine Häufung von Vergangenheit sollte die Gegenwart ungefährlich und problemlos machen.

Daß dieser Stil der Stilpluralität nun nicht mehr ein primär künstlischer war, sondern ein eher kommerzieller, paßte ja vorzüglich in die Zeit und war durchaus sinnvoll und probat. Der vordergründige, auftrumpfende Ton des Historismus, seine Attitüde der totalen Machbarkeit, ergänzte sich vorzüglich mit der Kühnheit technischer Konstruktionen und kolonialisierender Expeditionen, aber er verdeckte andererseits auch nur schlecht die Bedrängung, die man vor dieser Gegenwart spürte. Schließlich wurden die historischen Kunstformen ja so unökonomisch gehandhabt, so massenhaft verschleudert, daß dahinter nicht etwa Überlegenheit, sondern vielmehr Angst und Hilflosigkeit deutlich wurden. Man mauerte sich gleichsam ein. Anders als noch zu Beginn des Jahrhunderts, als man die Zweifel an der Zeit hinter Einfachheit hatte vorscheinen lassen, versteckte man sie jetzt unter Bombast und Pomp.

Dergleichen Camouflage mußte nach einiger Zeit Widerspruch erwecken. Daß die später so gescholtene »unechte« Haltung des 19. Jahrhunderts eigentlich gar keine solche war, sondern eine bestürzend ehrliche, wissen wir heute – psychologisch geschult – besser als die Generation, die unmittelbar folgte. Damals stellte sich das noch ganz anders dar. Man verurteilte den bisher ausgeübten Selbstbetrug und forderte größere Aufrichtigkeit. Das war ehrlich und achtenswert, störte aber erheblich die Mechanik der Verdrängung, die sich ausgebildet hatte. Schließlich verdiente es auch Anerkennung, wie perfekt das 19. Jahrhundert sich selbst zu helfen gewußt hatte. Doch konnte das immer so weitergehen? Der Glaube daran, daß die Welt durch eine neue Gestaltung wieder in eine bessere und durchsichtigere Ordnung zu bringen sei, erfüllte die Aufbruchbewegung um die Jahrhundertwende und verlieh ihr ungewöhnlich viel Elan. Das Ergebnis war der Jugendstil.

Die Revolutionäre der Jahrhundertwende empfanden sich als Gestalter mit künstlerischem Anspruch

Es muß eingeschoben werden, daß man damals keineswegs blind auf die heilende Kraft von bisher unbekannten Formen vertraute. Daß einer Welt, die in ihrem sozialen Gefüge große Veränderungen erfahren hatte, nicht einfach mit ästhetischen Entwürfen beizukommen sei, wußten die meisten Künstler ziemlich genau. Sie äußerten sich deshalb auch in dem Sinn, ihre Mission als eine alle Bereiche und Kreise umfassende Reform zu sehen. Eine »Kunst für die Massen« schaffen zu wollen, mußte aber letzten Endes bedeuten, die traditionelle Position des Künstlers aufzuheben und eine neue Definition für sie zu finden. Die Revolutionäre der Jahrhundertwende empfanden sich als Gestalter mit künstlerischem Anspruch oder als Künstler, die sich nicht scheuten, auch nützliche Dinge zu entwerfen. Egal, wie man die Sache nun ansah, die Rechnung konnte nicht aufgehen, da sie einen Widerspruch in sich enthielt. Die Lösung konnte nur darin bestehen, auf die künstlerische Prämisse zu verzichten und einen neuen Stil primär aus technischen, industriellen und naturwissenschaftlichen Bedingungen heraus zu entwickeln. Jedoch dazu vermochte man sich damals noch nicht durchzuringen.

Das 19. Jahrhundert hatte vorgeführt, daß eine Pluralität der Stile den wahren Bedürfnissen einer zunehmend heterogenen und höchst unterschiedlich gearteten Gesellschaft gut entsprach. Jeder fand, was er brauchte. Unter dem sehr weitmaschigen Oberbegriff »Historismus« wurde ein reicher Selbstbedienungsladen angeboten. Die einzigen, die zu kurz kamen, waren die Künstler, da sie nur noch zu reproduzieren hatten, aber nicht mehr dazu aufgefordert waren, Neues zu schaffen. Der jungfräuliche Stil, den sie um 1900 kreierten, diente deshalb trotz aller anderen Beteuerungen erst einmal ihnen selbst. Sie erzeugten ihn weitgehend mit zu ihrer eigenen Erlösung. Diese eingeschränkte Wertigkeit vermag deshalb auch zu erklären, warum der Jugendstil nur so kurz währte. Er nützte nur sehr wenigen. Die erhoffte übergreifende Wirkung konnte er mit seiner spezifisch individuellen Erscheinung nicht erringen. Jedoch was er zum erstenmal exemplarisch und zukunftweisend vorführte, war die Eignung eines neuen Stiles als Mittel der Selbstinterpretation. Der Jugendstil diente vorzüglich dazu, die Künstler, die ihm anhingen, in ihrer gesellschaftlichen Position erkennbar zu machen. Er umschrieb mehr oder minder deutlich ihre zwar beachtete, aber trotzdem isolierte Situation.

Die weitere Entwicklung sollte nun zeigen, daß mit dem zunehmenden Verlust eines allgemeinen Zeitstiles sich eine Vielzahl von »Unterstilen« ausbildete. Diese waren dann immer Kürzel für bestimmte soziale Positionen. In diesem Sinne kann die Frage aufgelöst werden, die am Anfang stand: Es gibt wahrscheinlich keine offizielle Stilgeschichte mehr, aber eine inoffizielle doch. Die Individualisierung des Begriffes hat bewirkt, daß es heute zahlreiche formale Absprachen gibt, die für bestimmte soziale Bereiche gelten und hier als vorwiegend internes Erkennungsmittel dienen. Man kann nun finden, daß es zu hoch gegriffen ist, die Einrichtungsmanier eines formbewußten Intellektuellen oder die betonte Gestaltlosigkeit von Verweigerern in gleicher Weise als Stil zu bezeichnen – im Sinn einer erweiterten Auslegung, meine ich, trifft die Benennung jedoch nach wie vor zu.

Aber zurück zum Jugendstil. Da er in erster Linie ein Künstlerstil war und sehr bedingt ein Zeitstil, hatte er kein einheitliches Gesicht. Genaugenommen kann man so viele Versionen des Jugendstils zählen, wie es Künstler gab, die sich zu ihm bekannten. Zwar konnte man gemeinsame Absichten erkennen, aber trotzdem stand die Betonung der eigenen Handschrift im Vordergrund. Das mußte wohl so sein, um die Stellung des Künstlers gegenüber der Gesellschaft deutlich zu machen, war aber kaum dazu angetan, ihm innerhalb der Gesellschaft einen wichtigen Platz zu verschaffen. Das spektakuläre Echo, das der Jugendstil kurze Zeit fand, konnte nicht darüber hinwegtäuschen, daß es dem Publikum mehr um Unterhaltung ging als um die Gewöhnung an eine ernstgemeinte Reform. Der Jugendstil hatte einen weitgehend illustrativ-oberflächlichen Charakter, was sich deutlich spiegelt in seiner Vorliebe für Ornamente. Diese Eigenschaft war allerdings vorzüglich ausgeprägt, sie hat ihren Reiz bis heute nicht verloren. Witz und auch einiger Übermut können dem Jugendstil nicht abgesprochen werden. Er wußte durch Brillanz und Temperament für sich einzunehmen, und Bewunderung war ihm sicher.

Die Künstler des Jugendstils waren wirklich verständlich nur für wenige

Was war jedoch bei so viel Vordergründigkeit von dem ursprünglichen Postulat geblieben, mit einem neuen Stil das ganze menschliche Leben ändern zu können? Schließlich war das ja die erklärte Absicht gewesen. Da die Künstler des Jugendstils sich sehr individuell ausdrückten, waren sie wirklich verständlich nur für ganz wenige. Den Mut, sie nicht nur zu bestaunen, sondern sie tatsächlich zu fördern und sich ihnen als Auftraggeber zu überantworten, hatten seinerzeit nicht viele Menschen. Es lag im Wesen der Sache, daß diese Minderheit nicht nur sensibel, sondern auch vermögend sein mußte.

Über die Moralität des Jugendstils

Am Anfang der Beispiele steht die Einrichtung eines Mannes, der unabhängig, künstlerisch sehr aufgeschlossen und durch Herkunft und Erziehung auch weltläufig war, zudem als Junggeselle in bezug auf seine Umgebung keinerlei Rücksicht zu nehmen brauchte: Harry Graf Kessler. Diese Persönlichkeit ist bis heute im Gedächtnis geblieben als Diplomat, Kunstsammler, Verfasser von Tagebüchern und Jugenderinnerungen, vor allem aber als Besitzer der Cranach-Presse, auf der er zwischen 1920 und 1933 eine Reihe von vorzüglichen bibliophilen Drucken herstellen ließ. Auf der einen Seite gehörte Graf Kessler zu jenen wirklich europäischen Gestalten, die eine ständige Grenzüberschreitung zwischen den verschiedenen Nationen vollzogen, auf der anderen Seite jedoch erschien er in dieser Haltung abgelöst, leicht heimatlos, der übrigen Gesellschaft entfremdet. Obwohl auf dem Parkett durchaus sicher, sah er als eigentlichen Ort seines Handelns die private Sphäre an – die Räume, in denen er lebte und seine ganz eigene Gesellschaft empfing. Graf Kessler war ein Mensch, der wesentlich durch und für seine Freunde wirkte. Sein Sammeln war stets ein Bekenntnis in dieser Richtung, und auch die Art, wie er sich einrichtete, war ein Akt des persönlichen Einstehens für einen bestimmten Künstler. In seinem Falle hieß er Henry van de Velde.

Beide Männer hatten sich kurz vor 1900 kennengelernt, zu einem Moment, als van de Velde gerade dabei war, von seinem Herkunftsland Belgien nach Deutschland überzusiedeln. Das aufstrebende, neugierige Berlin bot ihm damals bessere Möglichkeiten, seine Ideen zu verwirklichen, als die ehrwürdige Stadt Brüssel. Auf Entfaltung und Einflußnahme war van de Velde damals in besonderer Weise bedacht, denn er war erfüllt von einem fast missionarischen Glauben an die Veränderbarkeit der Welt in seinem Sinne. Ursprünglich Maler, hatte er sich unter dem Einfluß des englischen Reformers William Morris der Gestaltung von Möbeln und Kunstgewerbe zugewandt. In gleichem Maße autodidaktisch erfolgte kurze Zeit später auch sein Zugang zur Architektur.

Klug, beredt und verführerisch, aber auch skrupulös und verletzbar, verkörperte van de Velde einen modernen Künstlertyp, dessen gefährdete Position stets der Hilfe und Unterstützung von Leuten bedurfte, die ihn nicht nur materiell, sondern auch ganz persönlich trugen. Graf Kessler und er ergänzten sich sowohl in ihren Interessen wie in ihrer Haltung gegenüber der Welt.

1902 war Harry Graf Kessler als künstlerischer Berater an den kleinen Hof von Weimar berufen worden. Schnell entstanden dort Vorstellungen, der Stadt eine ähnliche Bedeutung zurückzugeben, wie sie sie zu Goethes Zeiten gehabt hatte. Eine erste Handlung Kesslers war, Henry van de Velde nachzuziehen.

Schon in Berlin hatte ihm der Freund eine Wohnung eingerichtet, in Weimar tat er das nun ein zweites Mal. Diese Räume sollen am Anfang unserer Beispiele stehen. Sie besitzen auf den ersten Blick kaum etwas von dem, was man sich heute landläufig unter Jugendstil glaubt ausmachen zu müssen: Weder Schnörkel noch irisierender Glanz, statt dessen eine eher bürgerliche Gediegenheit. Man spürt sofort, daß man in einer Wohnung ist, in der gelebt wird und bei der die Möbel und ihr Besitzer eine intensive Symbiose eingegangen sind. Nicht im geringsten hat man den Eindruck, daß die Gegenstände für eine äußerliche Wirkung berechnet worden sind, im Gegenteil: Sie sind so sehr privat, daß sie sagen möchten, »wir gehören zu unserem Besitzer, und ihr habt uns durch ihn zu akzeptieren«. Daß ein Bewohner so sehr in seinen Dingen entdeckt werden kann wie hier, ist sicherlich selten anzutreffen. Es war dies das Ergebnis einer freundschaftlichen Verständigung zwischen dem Auftraggeber und seinem sehr aufmerksamen Architekten. Da beide sich gegenseitig erkennen konnten, war eine Gelassenheit möglich, die alles Beiwerk erübrigte. Weder hatte es der Künstler nötig, sich selbst mit seiner Handschrift besonders herauszustellen, noch mußte der Besitzer irgendwelche Strategien entwickeln, um sich mit seinen speziellen Bedürfnissen durchzusetzen. Die Aufgabe hatte hier ganz einfach gelautet, drei Zimmer einer Etagenwohnung so einzurichten, daß sich ein Arbeitszimmer, ein Salon und ein Speisezimmer zu sinnvoller Nutzung ergaben. Später wurde dann eine Änderung vorgenommen und die Speisezimmermöbel in ein anderes, viertes Zimmer gestellt. Der dadurch freigewordene Platz wurde für einen zweiten Salon genutzt. Dabei entstand der vielleicht schönste und zwangloseste Raum von allen. Daß diese Umwandlung ohne großen Aufwand möglich war, spricht für die Flexibilität des ganzen hier angewandten Prinzips.

Henry van de Velde
* Antwerpen, 3. April 1863
† Zürich, 25. Oktober 1957

Im Grunde war es ganz modern: Einige als notwendig erkannte Möbel fanden dort Aufstellung, wo man sie brauchte. Um den ziemlich neutralen Räumen aber eine deutliche architektonische Gestalt zu geben, wurden Gliederungen in Form von Paneelen und festen Bildumrahmungen eingeführt. Wichtige Teile erhielten dadurch einen betonten und unverrückbaren Platz, kleine Gegenstände eine Einbindung. Einheitlich durch alle Räume wurde ein und derselbe Mattenboden verlegt. Lastende Kronleuchter sind zugunsten vieler kleiner Lampen vermieden worden.

Mit besonderer Sorgfalt waren die damals sehr modernen Bilder zu behandeln, die Kessler gesammelt hatte. Sie stammten zumeist von französischen Künstlern und besaßen eine intensive Farbigkeit. Am subtilsten ist van de Velde mit dem Wandbild von Maurice Denis umgegangen, das in dem ehemaligen Speisezimmer über der Anrichte in das helle Holzpaneel eingelassen worden ist. Jeder Rahmen, der mehr Gewicht und Masse besessen hätte, wäre für das sehr heitere Bild wahrscheinlich zu schwer gewesen. Man weiß auch aus anderen Einrichtungen, wie sehr van de Velde – nicht umsonst ein einstiger Maler – gerade auf solche Hauptstücke Rücksicht nahm. Oft entwickelte er die gesamte Farbigkeit eines Raumes in Abstimmung mit einem Bild, der

Henry van de Velde: Wohnung Harry Graf Keßler in Weimar, 1902. Der Salon mit der Sitzgruppe vor dem Kamin. Im Hintergrund links der Durchgang in das Arbeitszimmer (siehe übernächste Seite)

Fensterwand im Salon, das Bild ist von Maurice Denis

Der Vorraum in der Wohnung des Grafen Keßler. Der Durchgang im Hintergrund führt in das Speisezimmer (siehe übernächste Seite)

Teppich und die Bezüge wiederholten dann dessen Töne.

Ein zweites, anders geartetes Werk von Maurice Denis ist dagegen wie ein Altarbild gefaßt worden – tatsächlich handelt es sich auch um ein religiöses Motiv. Die Verschränkung des Gemäldes mit der übrigen Einrichtung des Arbeitszimmers gehört zu den besten Einzelheiten der gesamten Einrichtung. Allein und für sich aufgehängt, wäre das große Bild für den doch ziemlich kleinen Raum zu gewaltig gewesen. Durch die feste Einbindung wirkt es nun »gebändigt«, ohne dabei in seiner Kraft beschnitten zu sein. Auch die kleinen Bilder in seiner Umgebung können sich behaupten und kommen nicht zu kurz. Sehr geschickt ist außerdem die Einpassung der Aquarelle in die Schiebetüren der seitlich angeordneten Schränke. Eine Fläche ist somit genutzt worden, die sonst gerne verschenkt wird. Außerdem sitzen die Blätter hier in der für sie richtigen Höhe.

Ungemein einladend wirkt das Sofa, das sowohl Platz für eine Unterhaltung zu zweit wie auch Rast für einen einzelnen bietet. Man kann sich gut vorstellen, wie Graf Kessler, wenn er sich an seinem Schreibtisch, der vor dem Sofa stand, umgewandt hat, mit zwei Schritten hierhergegangen ist, um einen Augenblick nachzudenken oder in einem Buch etwas nachzulesen. Die Bewegung der Rückenlehne ist so, daß man die Aufforderung spürt, die Arme weit auszubreiten, um für einen Moment zu entspannen. Durch die Rundung des Polsters haben sich übrigens zwei Zwickel ergeben, deren einer gerade von einem kleinen Kopf eingenommen wird. Kessler konnte sein Profil betrachten, wenn er auf dem Sofa sitzend sich zur Seite wandte.

Ein scheinbar so geringes Detail wie die untere Kurvatur des Rahmens an den Schranktüren ist eines der wenigen Anzeichen von Jugendstil. Besser wäre zu sagen: Nachwirkungen. Denn ansonsten sind alle Einzelheiten des Arbeitszimmers von einer stilfreien Vernünftigkeit.

Auffälliger sind dagegen die Formen der Sitzmöbel und Tische in den Salons. Gerade an letzteren kommt eine Eigenart von van de Velde zum Ausdruck, die noch aus seinen Anfängen herrührt. Gemeint ist die ornamental ausgeprägte Überleitung der Beine in die Zarge. Diese Stelle ist ein Konstruktionspunkt, den der Entwerfer stets sehr liebevoll und eingehend behandelt hat. Fast kann man sagen, hier liegt der Angelpunkt seiner ganzen Auffassung. Ihm ging es formal darum, plötzliche Übergänge zu vermeiden und die konstruktive Verschränkung der Teile besonders deutlich zu machen. Inmitten der sonstigen Einfachheit wirken diese Einzelheiten nun ein wenig rhetorisch und übereifrig.

Kritiker können einwenden, daß die Sitzmöbel noch ziemlich angelehnt sind an solche des 18. Jahrhunderts, vor allem die Stühle würden an die von Chippendale erinnern. Das mag zutreffen, sollte aber nicht zum billigen Vorwurf dienen. Man kann diese Beobachtung so lesen, daß van de Velde nur da ändern und Neues formen wollte, wo es tatsächlich notwendig war. Ein Zeitgenosse von ihm, Adolf Loos in Wien, war in dieser Hinsicht noch konsequenter und verzichtete ganz auf die eigenen Varianten von Stühlen. In seine sonst sehr strengen Räume stellte er Chippendale-Stühle, die Kopien alter Modelle waren. In seinen Augen gab es einfach keine besseren Sitzmöbel.

Um so selbständiger wirken daneben der halbhohe Sessel und das Sofa vor dem Kamin. Die nach oben verbreiterten Lehnen sind vorzüglich dazu geeignet, die Arme aufzulegen. Die senkrechten Rippen, die die seitlichen Polster stützen, lassen die Möbel durch diese Binnengliederung zugleich leicht und stabil erscheinen.

Die Beschreibung sinnvoller Einzelheiten in der Wohnung Kessler läßt sich noch fortsetzen. Da ist die einfache Umkleidung des Kamins, die vier offene Fächer für Bücher ergibt. Sehr architektonisch empfunden ist in demselben Raum die Einpassung der Gardinen in ein rahmenartiges Holzgefüge. Alle diese Details, die ganz unspektakulär sind und wie selbstverständlich wirken, waren es seinerzeit aber keineswegs. Vergleicht man die Wohnung des Grafen Kessler mit Einrichtungen, die von anderen Jugendstil-Künstlern geschaffen worden sind, dann fällt deren Eitelkeit und vordergründiges Gehabe sehr auf. Fluten von Ornamenten überziehen dort die Tapeten, Stoffe und sonstigen Flächen und lassen nirgendwo Ruhe entstehen. Ein hektischer dekorativer Zauber zwang die Menschen, sich in gleicher Weise künstlich zu benehmen. Aber vielleicht wollten sie das sogar? Das in seiner Zurückgenommenheit ja sehr mutige Bekenntnis, das Graf Kessler mit seiner Wohnung abgelegt hatte, setzte einen Grad von Bestimmtheit voraus, über den neben ihm im kaiserlichen Deutschland nur noch wenige verfügten. Sicherheit in Dingen des Geschmacks war ja in diesem Lande schon immer selten. Daß Kessler einen Teil seiner Erziehung in England erhalten hatte, ist in seiner Wohnung spürbar. England galt damals in den Augen aufgeschlossener Menschen als das fortschrittlichste Land in Hinsicht auf eine praktische und effektive Lebensführung. Auch Henry van de Velde berief sich zum Teil auf dieses Vorbild. Wesentliche Gedanken seines künstlerischen Bekenntnisses bezog er von dort.

Im Grunde genommen hätten damals alle Einrichtungen schon so aussehen können wie diese: Praktisch, intelligent und von einer ganz bestimmten Geistigkeit gezeichnet. Jedoch das Gegenteil war der Fall. Die Erklärung kann nur die sein, daß es eben kaum Menschen gab, die so viel Unverstelltheit vertragen konnten. Jede Bewegung in einer solchen Wohnung mußte selbstverständlich sein, weder kostbare Materialien noch stilisierte Formen sprangen da hilfreich und kaschierend zur Seite. Die zwanglos verteilten, unprätentiösen Möbel setzten eine gleichermaßen ungezwungene und echte Lebensführung voraus. Andererseits mußte diese Umgebung eine Herausforderung für jeden unsicheren und schwachen Menschen sein.

Mit der Einrichtung für den Grafen Kessler war van de Velde so etwas wie ein Idealentwurf jenseits aller Stiltendenzen gelungen. Mitten in der Blütezeit des Jugendstiles entstanden, läßt sie doch dessen Eigenarten fast ganz hinter sich. Der Künstler hat Ähnliches einige Jahre später noch einmal für sich selbst wiederholen können, die meisten Aufträge jedoch, die ihn erreichten, besaßen eine offiziellere Haltung, ihnen fehlte die Intimität, die er bei Kessler mit einbringen konnte. Das Fazit kann lauten: Die Moderne stand damals unmittelbar vor der Tür, war aber zu gut für eine Gesellschaft, die ihr noch nicht gewachsen war.

Henry van de Velde: Wohnung Harry Graf Keßler in Weimar, 1902. Eine Wand im Arbeitszimmer, das Bild ist von Maurice Denis. In die Schranktüren sind graphische Blätter eingelassen

Das Speisezimmer in der Wohnung des Grafen Keßler

Arbeitsplatz und Bücherwand im Arbeitszimmer. Auf dem Schreibtisch steht eine weibliche Aktfigur von Aristide Maillol

Intelligente Spielart des Jugendstils

Wenn sich die bisherige Schilderung eher wie ein Dementi der üblichen Darstellungen des Jugendstiles gelesen hat, dann vermag das jetzt folgende Beispiel zur Genüge vorzuführen, daß die Zeit vor dem Ersten Weltkrieg durchaus dazu fähig war, die Erwartung an »Stil« in reichem Maße zu erfüllen. Das Palais Stoclet in Brüssel kann angesehen werden als die höchste Form alles dessen, was man damals künstlerisch anstrebte. Der strenge kubische Zuschnitt der gesamten Architektur ist modern und zukunftweisend im besten Sinne, die ornamentale Ausschmückung ist reich, aber stets logisch motiviert, die Beteiligung bedeutender Künstler bei der Ausgestaltung weist in Richtung auf ein »Gesamtkunstwerk« hin, und die Größe und Kostbarkeit der ganzen Anlage ist dazu angetan, das Neue uneingeschränkt und exemplarisch vorzutragen – Luxus, gerechtfertigt durch Vollendung. Wir sehen ein Gebäude, das offenbar ohne jede Einschränkung erstellt werden konnte und das sich gleichsam in höchster, unverletzter Reinheit darstellt. Ein einmaliges Ereignis, ein unglaublich reifes Geschenk an die Zeit, wenn man bedenkt, wie kurz der Jugendstil währte. Genaugenommen entstand das Palais Stoclet auch erst, als die Bewegung schon fast erloschen war, aber in Ruhe konnte deshalb hier so etwas wie eine Quintessenz geformt werden, die ohne die Hektik der Anfänge entwickelt wurde und die in den Einzelheiten bereits weit in die Zukunft wies. Etwas seltsam war es allerdings, daß ein Hauptwerk des Wiener Jugendstiles ausgerechnet in der belgischen Metropole entstand.

Zweifellos zeigte der Brüsseler Bankier Stoclet nicht nur guten, sondern sogar allerbesten Geschmack, als er sich an den Wiener Architekten Josef Hoffmann mit der Bitte wandte, ihm sein Haus zu bauen. Er wußte dabei sehr genau, was er tat. Es ist anzunehmen, daß er auch seinen Landsmann van de Velde kannte und zugleich wußte, daß dieser seinen Vorstellungen nicht entsprach. Die enge, fast intime Beziehung, die in der Wohnung des Grafen Kessler zwischen Auftraggeber und Architekten erkennbar wurde, war im Hause Stoclet sicherlich nicht gefragt. Hier ging es ganz wesentlich um die Sache selbst und um deren exemplarische Darstellung. Was in dem einen Fall eine höchstpersönliche Handlung war, mit einer Wirkung nur für den engsten Kreis, nimmt jetzt geradezu die Form einer Demonstration an. Eine so konsequent durchgehaltene Einheitlichkeit in der Gestaltung, wie sie im Hause Stoclet herrscht, konnte nur von einem Bauherrn getragen werden, der bedingungslos von der zugrunde liegenden Idee überzeugt war. Schließlich ist das Leben in einer solchen Umgebung nur möglich mit einem hohen Maß an Disziplin. Jede Nachlässigkeit würde sich hier sofort als störend bemerkbar machen.

Dieser Hinweis ist wichtig, weil er wirklich die Konfession deutlich machen kann, die hinter diesem Hause steht, das eben mehr ist als nur ein kostbares Gebäude, sondern in dieser reinen, fast unerbittlichen Form ein Bekenntnis darstellt. So schwer macht es sich ein Bauherr nicht oft. Jedoch, was heißt »schwer«? – Das Haus wirkt keinesfalls belastend, eher schon heiter und auf eine raffinierte Weise sinnlich. Es zu besitzen, muß auch ein Vergnügen sein, ganz abgesehen von dem Komfort, den es nebenbei auch noch liefert. Es ist hier offensichtlich gelungen, ein Haus, das wie ein Monument wirken kann, trotzdem wohnlich zu gestalten. Zeremoniell und praktische Lebensführung verbinden sich anscheinend in seinen Räumen gut und zwanglos.

Josef Hoffmann
*Pirnitz (Mähren) 15. Dez. 1870
† Wien, 7. Mai 1956

Die Handschrift von Josef Hoffmann war ganz anders als jene van de Veldes. Man kann sagen, daß sie Antipoden waren. Der Belgier glaubte an die Ausdruckskraft und Suggestion des Ornamentes und gestaltete Umrisse, Übergänge und Knotenpunkte gern plastisch-weich und linear-bewegt. Josef Hoffmann dagegen vertrat eine Auffassung, die geometrisch bestimmt war. Er bevorzugte Primärformen, wie sie Quadrat, Kreis, Achteck oder das Oval sind. Das ergab sehr übersichtliche Gliederungen und – ins Räumliche übertragen – kristalline Körper. Präzise Flächenschnitte, genaue Konturen, flache, aber trotzdem deutliche Reliefierungen sind kennzeichnend für ihn. Er vertrat sozusagen die hygienische Form des Jugendstils.

Ein besonders schöner Raum im Palais Stoclet ist deshalb auch das große Badezimmer. Die überlegte und genaue Anordnung aller seiner Dinge wirkt bestechend. Man kann sich gut vorstellen, daß man diesen Raum intensiv und genußvoll, aber auch nicht länger als notwendig benutzt, weil man sonst gleichsam vor ihm »versagen« würde. Seine Disziplin überträgt sich unmittelbar.

In gleicher Weise streng gestaltet ist das Speisezimmer. Es ist ganz auf den harten Klang kostbarer Materialien abgestimmt: Marmor, Edelholz, Mosaik und Silber wurden zur Ausgestaltung hergenommen. Weich ist nur der Teppich. So wirkt denn auch der ganze Raum schon wie ein besonders überlegt konzipiertes Menü, in dem keine falsche Zutat verwendet werden darf. Weil der Anspruch so hoch ist, fällt es schwer, sich diesen Raum in der Benutzung vorzustellen – wenn die Stühle leicht verrückt sind und die Unordnung einer halbfertigen Mahlzeit auf der spiegelnden Tischplatte herrscht. Auch dürften nicht immer alle Gäste passend gekleidet gewesen sein. Etwas vermittelnd können jedoch die großen Wandbilder von Gustav Klimt eingreifen, deren ornamentaler Farbregen die Kühle des Raumes überspielt. Aber auch das geschieht in genauer Abstimmung mit den übrigen Teilen. Fast überflüssig ist es, darauf hinzuweisen, daß in diesem wie in allen anderen Interieurs des Hauses »der liebe Gott im Detail sitzt«. Der kontrollierte Einfallsreichtum des Entwerfers herrscht bis in Abdeckleisten, Türgriffe, Tischkanten und Stuhlbeine hinein.

Das Palais Stoclet war in seiner Vollendung Höhepunkt und Abgesang zugleich. Endgültig fertig geworden kurz vor Ausbruch des Ersten Weltkrieges, ist es das letzte Produkt eines Kunst- und Lebensstils, der in dieser Form des sublimierten Überflusses später nicht mehr möglich war.

Josef Hoffmann: das Palais Stoclet in Brüssel, 1904–1914. Die Gartenseite mit dem Erker des Speisezimmers. Die Fassade ist mit norwegischem Marmor verkleidet, die Kanten sind aus Bronze

Das Speisezimmer im Palais Stoclet. Einen auffallenden Akzent erhält der Raum durch die bunten Mosaikbilder von Gustav Klimt, die im Hintergrund und über den beiden Anrichten zu sehen sind

Josef Hoffmann: das Palais Stoclet in Brüssel, 1904–1914. Eine Sitzgruppe im Schlafzimmer der Besitzer mit Blick auf die Fensterwand. Besonders auffallend ist die weichgeschwungene Zimmerdecke

Ansatz der Treppe im Palais Stoclet in Brüssel. Die Wände sind mit Marmor verkleidet, auf der Konsole steht eine ostasiatische Plastik, die Teil der umfangreichen Sammlung des Besitzers ist

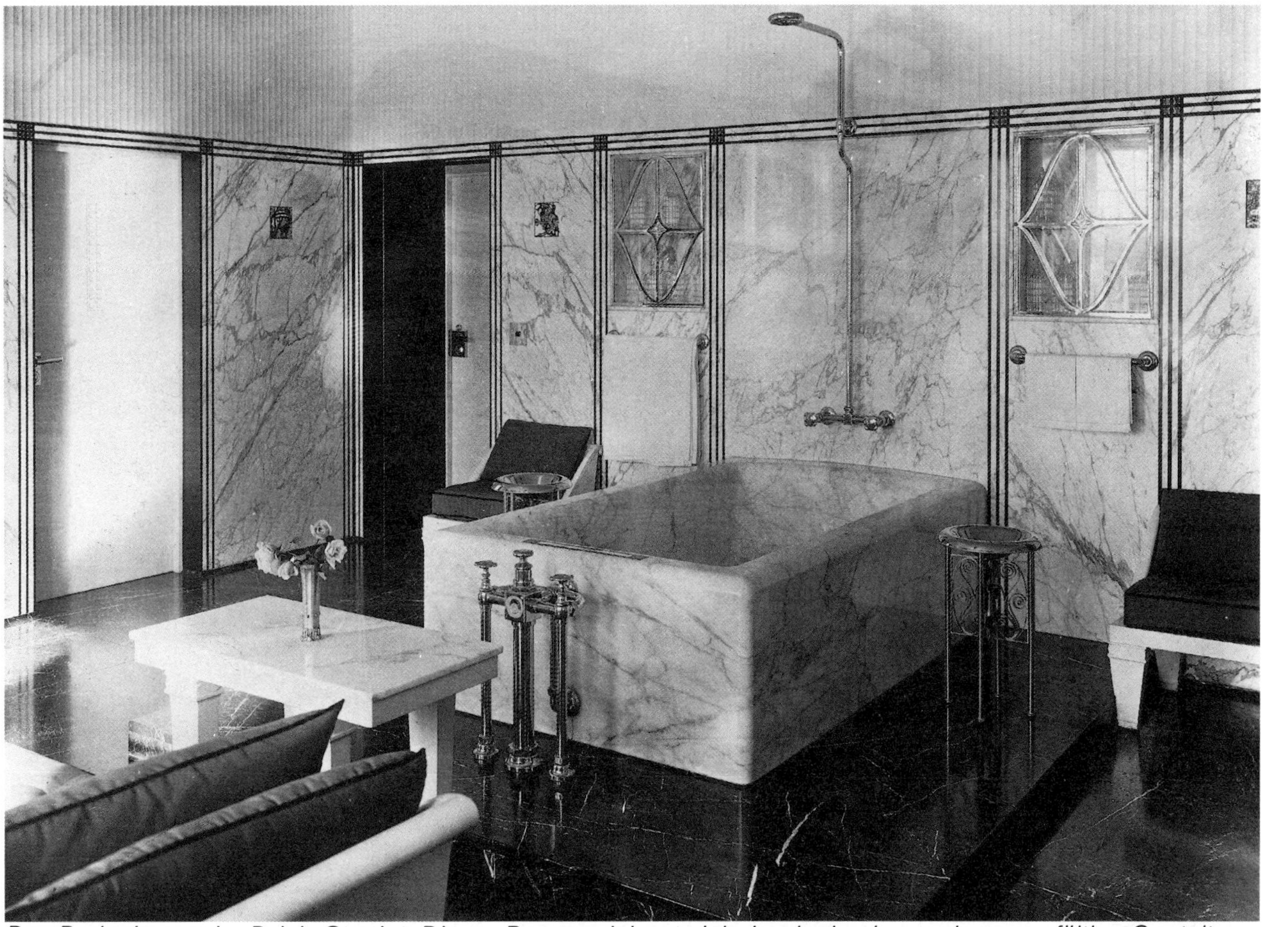
Das Badezimmer im Palais Stoclet. Dieser Raum zeichnet sich durch eine besonders sorgfältige Gestaltung aus. Die Verkleidung der Badewanne und der Wände ist auch hier wiederum aus Marmor

Das Ankleidezimmer der Dame im Palais Stoclet. Sämtliche Schränke sind fest eingebaut, der Frisierplatz hat eine sehr überlegte sowohl natürliche wie auch künstliche Beleuchtung

Die falsche Seite der Revolution

Nach einer latent moralisierenden und einer klug-eleganten Spielart des Jugendstils nun eine dritte, die schlichte und bürgerlich-unkomplizierte. Auch die war damals schon möglich. Vorbilder mag es dafür in England gegeben haben, aber einflußreicher werden Beispiele aus der eigenen Volkskunst gewesen sein. Die Einübung in eine neue Einfachheit war hier das Programm, das so glaubwürdig war oder auch nicht, wie jede Reform, die den freiwilligen Verzicht predigt. Das stille Glück, das die Möbel von Bernhard Pankok und Richard Riemerschmid verkünden, ist etwas zu auffällig und artig und bei aller Bescheidenheit doch schon wieder zu stilvoll, um richtig überzeugen zu können. Es gibt sicherlich keinen Zweifel darüber, daß diese Dinge gut und auch mit Charakterstärke gemacht worden sind, aber trotzdem schleicht sich unter die Adjektive, die man zur Beschreibung verwenden möchte, auch das Wörtchen »spießig« ein. Dabei ist es weniger eine echte Kleinbürgerlichkeit, die uns stört, sondern der Umstand, daß es sich um eine inszenierte handelt. Wer sich um 1900 von einem jungen neuen Künstler das Haus einrichten ließ, tat mehr als das, was wir hier als Ergebnis sehen. Man ist versucht, von Tiefstapelei zu sprechen. Der Schluß aus dieser Beobachtung lautet dann: Die Besitzer spielten Versteck vor sich selbst. Wahrscheinlich empfanden sie ihre Haltung als ehrlich, und vermutlich standen sie wirklich zu ihrer sich so bescheiden gebenden Gesinnung, aber dann fehlte es ihnen doch an der notwendigen kritischen Reflektion, die ihnen hätte sagen müssen, daß in einem industriekulturellen und technischen Zeitalter Reformen nach einer anderen Grundlage verlangten als der hier gewählten. Innerlichkeit in der Form, wie sie im Hause des Kunsthistorikers Konrad Lange vorgetragen wurde, mußte jedoch unweigerlich in eine falsche Richtung führen.

Bernhard Pankok
* Münster/Westf., 6. Mai 1872
† Baierbronn/Obb., 5. April 1943

Daß es Pankok und Riemerschmid mehr um die Restaurierung älterer Lebensormen ging und weniger um eine wirkliche Erneuerung, wird deutlich in den folkloristischen Motiven, die überall in ihren Arbeiten wiederkehren. Eine echte Revolution wäre ohne diese Anleihen ausgekommen. Sie hätte ihre Anstöße dort gesucht, wo zu erwarten gewesen wäre, daß Nutzen nicht nur für die Gegenwart, sondern auch für die Zukunft gefunden werden konnte. Für die deutsche Volkskunst traf das nicht zu, sie vermochte in einem industrialisierten Land kaum noch etwas auszurichten.

Immer deutlicher war ja abzusehen, daß Möbel zunehmend serienmäßig in Fabriken hergestellt werden würden. Riemerschmid versuchte sich darauf einzustellen und beteiligte sich mit vielen Entwürfen am Programm der »Deutschen Werkstätten« in Hellerau bei Dresden. Dort wurde sehr früh versucht, gute und preiswerte »Maschinenmöbel« in größerer Stückzahl herzustellen. Der Vorsatz war in jeder Hinsicht lobenswert, er zeigte auch erstaunliche Erfolge, aber trotzdem befriedigte das Ergebnis so gut wie nie. Der kleinbürgerliche Charakter der Möbel stand in einem auffallenden Gegensatz sowohl zur künstlerischen Absicht wie zur Produktionsmethode. Weder konnten die Gegenstände als inspiriert gelten, noch hatte man das Gefühl, daß sie formal der Herstellungsweise entsprachen. Sie wollten industriell erscheinen, sahen aber immer nur handwerklich aus, und was die Handschrift des Entwerfers betraf, so wirkte die stets auffallend zurückgenommen.

Trotzdem bleibt die vorgetragene Haltung partiell sympathisch. Die handwerkliche Gediegenheit hat zumindest die eine Wirkung, eine gleichsam »fachmännische« Anerkennung zu erringen. Man fühlt sich ehrlich und treuevoll bedient. Aber gerade die »Gemütlichkeit« des Ganzen schafft das falsche Vertrauen, das so gefährlich in die Irre führt. Wir werden später sehen, daß Ähnliches sich öfter wiederholte. Anbiederung durch die Bekundung einer angeblich »positiven«, im Grunde jedoch nur gedankenlosen Gesinnung verfehlte selten ihr Ziel.

Auch die beteiligten Künstler empfanden sich als lauter. Die Qualität ihrer Detaillierung spricht durchaus für sie. Wir können viele sinnvolle und schöne Einzelheiten erkennen. Bei Pankok gefällt zum Beispiel sehr die Wanduhr, die in ihren Konturen den Ausschlag des Pendels wiederholt. Der Gegenstand hat regelrecht Witz und läßt erkennen, daß man die »Zeit« auch als ein heiteres Phänomen ansehen kann. Die Form des »gekrausten« Stuckfrieses steht in einer guten Beziehung zu dem geriffelten Abschluß des Paneels, dessen in sich verschränkte Holzteile wiederum sehr konstruktiv wirken. Der Tisch und die Stühle verlieren nach einiger Zeit ihre Grazilität und erscheinen spillrig und geziert. Trotzdem sind sie in sich gut durchgehalten.

Bei Richard Riemerschmid besticht die originelle Idee, die Zimmerdecke in kreisende Lichtketten aufzulösen. Man denkt tatsächlich an Sternenbahnen. Die Muldenform des Plafonds gibt dem Raum Luft nach oben. Die kleine Säule im Vordergrund zeigt eine schöne plastische Ausarbeitung an der Basis und dem Kapitell. Die etwas derben kastenartigen Schränke weisen lustige kompakte Beschläge auf. Dieses Motiv ist an der geschlossenen Gartentür noch weiter entwickelt worden und wächst sich hier aus zu einem großen Kreis, der konstruktiv sicherlich wenig bringt, aber eine originelle Wirkung hat. Gelenkig, fast wie aus Knochenteilen zusammengesetzt, erscheinen die Tische und Armlehnstühle. Sie gehören in dem Raum zu den besten Einzelheiten. Behaglichkeit ist dem ganzen Zimmer nicht abzusprechen, aber trotzdem macht seine etwas lichtscheue Romantik mißtrauisch gegen den Geist, der hier offenbar gewaltet hat. Zu auffällig ist, daß nur Gesinnung vorgetragen worden ist, aber nicht das, was tatsächlich notwendig war: Idee. Was wir sehen, ist subtil verklausulierte Zaghaftigkeit, der der Mut zum großen Entwurf fehlt.

Richard Riemerschmid
* München, 20. Juni 1868
† München, 15. April 1957

Bernhard Pankok: Haus Lange in Tübingen, 1903. Sitzgruppe im Wohnraum. Auf der Anrichte steht ein Krug von Richard Riemerschmid, von dem die Einrichtung stammt, die weiter unten zu sehen ist

Richard Riemerschmid: Wohnraum in einem Haus bei München, um 1900. Blick zur Terrassentür

Außenansicht des Hauses Lange in Tübingen. Das Vorbild alter Bauernhäuser ist deutlich erkennbar

Architektur als nationaler Ausdruck

Das vierte Modell einer exemplarischen Wohnform stammt aus Amerika. Diese außereuropäische Architektur ist gewählt worden, um einen Lebensstil zeigen zu können, der später großen Einfluß gewann und der im Kern weiter in die Zukunft führte als die bisher geschilderten Beispiele. Von allen Architekten, die um 1900 als Neuerer hervortraten, gelang es Frank Lloyd Wright am entschiedensten, sich von traditionellen Vorstellungen zu lösen. Seine Häuser besaßen eine ganz ungewöhnliche Gliederung. Sie ließen das vertraute Bild, daß ein Haus ein Kubus mit geschlossenen Wänden zu sein hat, dem sich nach Bedarf andere kompakte Formen beigesellten, hinter sich und führten statt dessen eine horizontale Schichtung vor, in der jedes Geschoß sich frei entfalten konnte. Vor- und Rücksprünge, die sich dabei ergaben, erzeugten eine lebhafte plastische Erscheinung. Nach außen boten die Häuser von Frank Lloyd Wright ein vielschichtiges Relief mit hellen und dunklen Zonen, gebildet aus räumlichen Vorstößen und aus hohlraumartigen Versenkungen. »Fassaden« in der herkömmlichen Art wiesen diese Häuser nicht mehr auf. Beruhigt und zusammengefaßt wurde das fast dramatische Spiel durch flachgeneigte, ganz einfache Dächer.

Frank Lloyd Wright
* Richland Center (Wis)/USA, 8. Juni 1869
† Phoenix (Ariz)/USA, 9. April 1959

Diese saßen meist sehr tief und hatten einen dünnen, gesimslosen Anschnitt. Durch die Betonung der Waagerechten entstand oft die Wirkung, als ob sich die Schichten gegenseitig verschieben wollten. Diese innere Bewegtheit trug ganz wesentlich zur Erscheinung der Häuser bei.

In sich stark gegliedert waren sie nicht nur im vertikalen Aufbau, sondern auch in der horizontalen Grundrißentwicklung. Analog zu dem bisher Dargestellten löste auch diese sich von starren, fest umschlossenen Vorbildern und griff statt dessen wie die Flügel einer Windmühle in alle vier Richtungen aus. Den Angelpunkt bildete dabei meist ein großer Kamin, an dem sich die ganze übrige Architektur gleichsam festhielt. Dieser strukturelle Aufbau, der sich von einem festen Kern nach außen erstreckte und mehr oder minder offene Konturen erlaubte, hatte neben Weitläufigkeit auch große Transparenz zur Folge. Frank Lloyd Wrights frühe Häuser besaßen so gut wie nie die üblichen, in Wände eingeschnittenen Fenster, sondern große verglaste Flächen, die von einem Stützglied bis zum nächsten reichten. Alles das waren wichtige Neuerungen, die in sich schon das ganze Vokabular der modernen Architektur enthielten. Am einfachsten kann man die Architekturauffassung des Amerikaners dadurch charakterisieren, daß man sie mit einem komplizierten Steckspiel vergleicht. Waagerechte und senkrechte Elemente griffen kunstvoll ineinander und schufen Raumkontingente, die fließend ineinander übergingen.

Diese Art, Teile ineinander zu verschränken, war vielleicht ein Reflex auf die Bauweise von Blockhäusern. Möglicherweise haben auch indianische Baumethoden auf Frank Lloyd Wright anregend gewirkt. Das alles hatte ein spezifisches Ergebnis: Verfolgt man nämlich die Architektur von Frank Lloyd Wright über ihre konstruktive und strukturelle Eigenart hinaus, dann kann man entdekken, daß sie ganz deutlich eine amerikanische Lebensform wiedergibt. Da ist einmal der Umstand, daß man meint, die Häuser auch wieder abbauen und auseinandernehmen zu können. Das suggeriert Flexibilität und erinnert an die Wanderungsbewegungen auf dem neuentdeckten Kontinent. Der Kamin als zentraler Ort des ganzen Hauses läßt an das Lagerfeuer denken, und die architektonisch konsequente Ausweitung der Räume bis unter die Dächer erzeugt einen Eindruck, der an Zelte erinnert.

Die Zahl der beweglichen Möbel ist auf das mindeste beschränkt worden, sie sind keineswegs die Hauptsache. Dafür dominiert die konstruktive Gliederung der Räume. Sie schafft die nötigen Schwerpunkte. Eine so große und einfache Form, wie sie der Kamin in dem Haus Coonley besitzt, verträgt sich schlecht mit vielen kleinen Möbeln.

In den so ungemein amerikanischen Häusern von Frank Lloyd Wright ist ein großzügiger Atem spürbar, die noch fast unberührte Landschaft wartet gleichsam vor der weit geöffneten Tür. Zugleich ist eine einfallsreiche Praktibilität auszumachen, die das Ergebnis eines freien, unabhängigen Denkens ist. Die Räume bieten Schutz, aber sie sind frei von Ängstlichkeit und Kleinmut. Ihre Ornamentik ist streng tektonisch und nie auf Selbstzweck, billige Verführung oder eitlen Glanz angelegt. Dagegen vermag ihre zuweilen komplizierte innere Struktur von geistreicher Analysierfähigkeit zu zeugen. Stil ist hier wirklich zu einem Lebensausdruck geworden, der einen unmittelbaren Bezug zur jüngeren Geschichte und zur Landschaft hat.

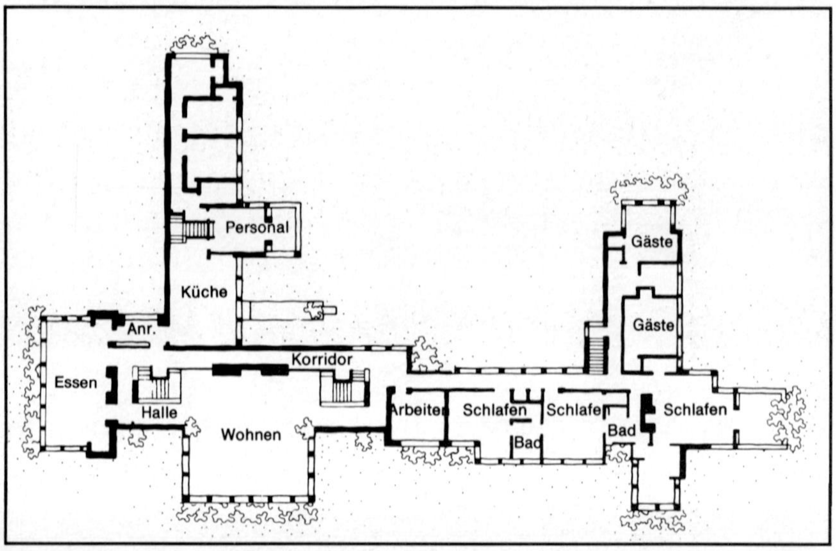

Obergeschoßgrundriß des Hauses Coonley in Riverside/Illinois, 1908

Frank Lloyd Wright: Haus Coonley in Riverside, Illinois, aus dem Jahr 1908. Westlicher Teil der Gartenseite. Die weitgestreckte Anlage gliedert sich in mehrere Flügel, die mit flach geneigten Dächern gedeckt sind

Großer Wohnraum im Haus Coonley. Mittelpunkt des Raumes ist der Kamin, rechts im Hintergrund ist eine der beiden Treppen erkennbar, die ins Erdgeschoß führen. Sehr schön die Deckenuntersicht

Die reiche Funktionalität der Vorkriegszeit

Mit dem fünften Beispiel kehren wir noch einmal zu Henry van de Velde zurück. 1908, sechs Jahre nachdem er die Wohnung des Grafen Kessler eingerichtet hatte, erhielt er einen ähnlichen Auftrag. Wiederum war in einem Haus, das er nicht selber gebaut hatte, eine Wohnung einzurichten. Dieses Mal ging es darum, in einem Gutshaus ein Arbeitszimmer, einen Salon und ein Speisezimmer zu möblieren. Die Aufgabe war anspruchsvoller als die frühere, denn die Räume waren größer und verlangten deshalb, an den Wänden und Decken deutlich gegliedert zu werden. Am gelungensten ist das Speisezimmer, das deshalb ausführlicher betrachtet werden soll.

Was sogleich auffällt, ist die strenge, lineare Fassung, die der ganze Raum erhalten hat. Eine genau kalkulierte Anordnung schlanker Stege gittert ihn gleichsam ein und unterteilt die Wände in unterschiedlich große Felder. Diese fangen schmal in den Ecken an und werden dann zur Mitte hin immer breiter. Das erzeugt eine ganz besondere Spannung, weil diese Gliederung einerseits der Eigendynamik der Wände entspricht, die eben zur Mitte hin immer wichtiger werden, zum anderen aber auch die Ecken, die ja die weniger interessanten Raumteile sind, entschieden aufwertet. Das Zimmer würde – das spüren wir schnell – sehr an Leben einbüßen, wenn alle Felder gleichgroß wären. Die Tendenz, den Ecken eine vermehrte Beachtung zu schenken, wird fortgesetzt durch die geschlossenen Wandstücke, die in sie eingestellt worden sind. Ihre schräge Anordnung leitet den Rhythmus einer Wand zur nächsten über, es entsteht eine Kontinuität in der Bewegung, die den ganzen Raum umschließt. Von der Absicht van de Veldes, Übergänge gern vermittelnd zu gestalten, war schon die Rede, wir können sie hier erneut verfolgen.

Die Wandleisten haben jedoch nicht nur die Aufgabe, den Raum zu gliedern, sie sollen auch Halterungen sein für eine Wandbespannung. Das wird zusätzlich deutlich gemacht durch kleine Metallteile, die laschenartig in die Felder ausgreifen. Ihr Effekt ist außerordentlich. Sie wirken so stabilisierend wie die Nieten an einem Stahlbauwerk.

Natürlich kann gefragt werden, ob sie wirklich notwendig waren, und ob ihre Anbringung nicht bloß dekorativ ist. Ich vermute sogar, daß letzteres zutrifft, möchte aber »dekorativ« ersetzen durch »rhetorisch«. Was wir an dem Detail studieren können, ist, wie man einem Publikum die Funktion bestimmter Teile plausibel machen kann. Wir könnten zwar darauf vertrauen, daß auch schon die Leisten allein die Stoffbespannung halten würden, aber wie viel schöner ist dieses Gefühl, wenn es durch solche sinnvollen kleinen Einfälle bestärkt wird! Sie liefern den Beweis dafür, daß hier nicht nur konstruktiv richtig vorgegangen worden ist, sondern daß der Künstler auch daran gedacht hat, diesen Umstand für den Betrachter erlebbar zu machen.

In gleicher Weise sind die metallenen Stege am Rand des mittleren Deckenfeldes zu verstehen, die offensichtlich die Aufgabe haben, den tiefer liegenden Teil des Plafonds zusätzlich mit der Putzfläche zu verbinden. Sie wirken einleuchtend und dank ihrer formalen Knappheit sehr energisch.

Die Aufteilung großer Beleuchtungskörper in kleine, über den ganzen Raum verteilte Lampen war schon in der Wohnung des Grafen Kessler beobachtet worden. Hier kommt nun noch eine Lampe hinzu, die über dem Eßtisch hängt. Sie nimmt den Gliedercharakter, den der ganze Raum hat, auf und führt ihn in ihrer Weise logisch fort. Den kleinen Deckenlampen entsprechen formal die Wandleuchten in den Ekken, nur daß diese jetzt eine Halterung besitzen, die sie sinnvoll an der Fläche befestigt.

Das Hauptstück des Speisezimmers ist das Buffet. Da der Raum sehr groß ist, verlangt er an einer Stelle dieses deutliche Gewicht. Das Möbel wirkt nun selbst wie eine kleine Architektur: ein Mittelstück wird von zwei verglasten Seitenteilen flankiert. Letztere sind rund und lassen sich dadurch öffnen, daß man sie im ganzen dreht. Das macht ihre Benutzung leicht. Seitlich der Nischen im Mittelteil sind je vier Fächer angeordnet, die schwenkbar sind und mit einer gemeinsamen Leiste verschlossen werden können. Vermutlich waren sie bequemer zu handhaben als die üblichen Schübe zum Herausziehen.

Wie auch schon in der anderen Wohnung von Henry van de Velde wirkt der Tisch mit seiner stark skulpturalen Ausbildung etwas fremd und überholt, eben noch recht jugendstilhaft. Trotzdem ist sehr schön, wie die geschweiften Beine in eine Mulde münden und dann in die Zarge übergeleitet werden. Besser entsprechen die Stühle dem Geist des ganzen Raumes. Sie sind relativ streng, aber in sich voller plastischer Nuancen und fein modellierter Übergänge. Begeistern kann an ihnen wieder ein besonderes Detail: das flache Polster am rückwärtigen Auslauf des Sitzes, das scheinbar überflüssig ist, aber bestimmt von jedem Benutzer dankbar wahrgenommen wird. Es sorgt sanft für seine aufrechte Haltung. Sehr sinnvoll sind auch die metallenen »Schuhe« am unteren Ende der Stuhlbeine.

So viel zu dem Raum im einzelnen. Es liegt nun nahe, den Fortschritt zu betrachten, den der Architekt innerhalb weniger Jahre gemacht hat. Vereinfacht kann man sagen, daß diese Einrichtung »ingenieurmäßiger« ist als die erste. Sie ist ganz bewußt »konstruiert« worden, und der Zusammenschluß aller Teile ist noch überzeugender ausgefallen als bei dem früheren Beispiel, wo sich eine Einheit eher durch die Addition passender Dinge ergab und weniger durch die Darstellung einer Grundidee. Der Raum wirkt unleugbar »technisch«, was bestärkt wird durch Material und Farben – glatte weiße Schleiflackflächen statt sichtbaren Holzes, viel Metall, eine leuchtend rote Bespannung. Man kann sagen, daß dank dieses technischen Charakters das 20. Jahrhundert hier daranging, die speziellen Errungenschaften des 19. Jahrhunderts zu differenzieren und weiterzuführen. Unverhüllt konstruktive Gedanken können nun auch einen Innenraum durchdringen und ihn zu einem sowohl sinnlichen wie rationalen Erlebnis machen. Die Einrichtung ist intelligent und trotzdem intim.

Henry van de Velde erwies sich mit dieser Arbeit als einer der führenden Gestalter seiner Zeit. Ihm war es in seinem Œuvre gelungen, eine Brücke zu schlagen vom 19. Jahrhundert über den Jugendstil bis in die neuere Zeit.

Henry van de Velde: Speisezimmer im Haus Esche in Lauterbach, 1908. Schmale Wandleisten halten eine Stoffbespannung und gliedern den Raum, die Möbel haben Oberflächen aus weißem Schleiflack

Stuhl aus dem oben abgebildeten weißen Speisezimmer

Wohnraum des Hauses Esche: Auch dieser Raum wird deutlich an den Wänden gegliedert. In die Pilaster sind Gipsreliefs eingelassen

Ein Kapitel über die klassische Moderne

Der 1. Weltkrieg beendete mit einer Zeitverschiebung von achtzehn Jahren das 19. Jahrhundert und erzwang den Beginn des 20. Das ist eine etwas eigenwillige Interpretation der Geschichte, die jedoch begründet werden kann mit dem entscheidenden Wandel, den der 1. Weltkrieg in Politik, Wirtschaft und Gesellschaft zur Folge hatte. Er beendete tatsächlich eine Ära, die glanzvoll, abenteuerlich und erfinderisch gewesen war und die trotz innerer Widersprüche eine universelle Attitüde aufgewiesen hatte. Ihr Zeitgeist war so ausgeprägt gewesen, daß er noch einmal fast die ganze Welt umfassen konnte. Das alles löste sich nun um 1918 auf.

In den künstlerischen Bereichen war dieser Prozeß schon längere Zeit vorbereitet gewesen. Die seismographischen Fähigkeiten von Literatur, Musik, bildender Kunst und auch Architektur hatten Veränderungen angezeigt, die offenbar unumgänglich waren und die sich unter der Oberfläche anbahnten. Dergleichen wurde allerdings mehr als Privatissimum gewertet denn als Menetekel. Man verstand die Warnung nicht. So wurde unter anderem der Jugendstil mit seinem anfangs auch sozialkritischen Moment nur als ästhetisches Ereignis konsumiert und damit den allgemeinen Wertvorstellungen gefahrlos eingepaßt. Er diente mehr zur Unterhaltung als zum Nachdenklichmachen.

Die standhaften Versuche einzelner Künstler, die Sache dennoch anders zu steuern, endete zumeist in Kompromissen. Wenn sie darangingen, einmal nicht für ein vermögendes Publikum zu arbeiten, sondern einfache und billige Gegenstände zu machen, dann gerieten ihnen diese in der Regel betulich und niedlich. Die Dinge sahen halbherzig aus und wiesen eine gespielte Einfachheit auf statt einer echten. Man wußte wohl, daß es im Sinn der Sache lag, die neue Entwicklung aus ihrer Mustersituation zu befreien und sie zu einer allgemeinen Erfahrung zu machen, aber von der zwingenden Notwendigkeit dieses Prozesses war man nicht wirklich überzeugt. So traf man sich auf halbem Wege: ein Neo-Biedermeier löste in dem letzten Jahrzehnt vor dem 1. Weltkrieg den schnell verblassenden Jugendstil ab. Auf diese Weise rettete man die Einfachheit als Postulat für die Zukunft, kleidete sie aber nach wie vor in ein entliehenes und streng bürgerliches Kleid. Von der Revolution war nicht viel geblieben, ihre Folge war ein neuer, wenn auch relativ gemäßigter Historismus.

Daran konnte auch eine so vorbildliche Einrichtung wie der »Deutsche Werkbund« wenig ändern. Es handelte sich hier um eine Vereinigung von Entwerfern, Herstellern und Kritikern, die 1907 gegründet worden war mit dem Vorsatz, gemeinsam eine sowohl künstlerische wie auch soziale Reform zu erreichen. Das Programm war vorzüglich, lief aber vorerst am Widerstand des Zeitgeistes auf. Über einige Musterbücher, die schlichte Möbel und einfache Geschirre zeigten, kam der Werkbund eigentlich nicht hinaus. Der Hinweis auf die deutliche Emanzipation technischer Formen, die zur gleichen Zeit zu beobachten war, half seiner Argumentation kaum. In den Wohnungen blieb in der Regel das neue Jahrhundert noch ausgesperrt.

Entscheidend war, daß man versuchte, aus der Not wirklich eine Tugend zu machen

Nach dem 1. Weltkrieg änderte sich das, weil eine zunehmende Verarmung es erzwang. Eine allgemeine Wohnungsnot machte soziale Bauprogramme da zu einer Pflicht, wo sie vorher noch ein mehr oder minder freiwilliges Tun gewesen waren. Ratschläge aller Art wurden erteilt, um das Wohnen auch unter eingeschränkten Bedingungen noch erträglich zu machen. Ausstellungen propagierten neue Bautypen und zeigten billige Mustereinrichtungen. »Die Wohnung für das Existenzminimum« wurde zum geläufigen Schlagwort.

Entscheidend war hierbei, daß man versuchte, tatsächlich aus der Not eine Tugend zu machen. Das heißt, man begegnete der Zwangslage nicht dadurch, daß man die früheren Ansprüche reduzierte und einfach Abstriche vornahm, sondern man entwickelte neue Ideen aus der gegebenen Situation heraus. So wurde ein Weg nach vorn aufgezeigt, und die moderne Bewegung bekam endlich die Chance, sich durchzusetzen. Sie hat das in den zwanziger Jahren dann auch mit Vehemenz getan, aber da ihre Stunde nicht freiwillig geschlagen hatte, sondern aus Not, wurde sie zwar hingenommen, aber nicht wirklich anerkannt. Trotz der Befreiung, die sie mit sich brachte, wurde sie nicht geliebt. Oder geschah das gerade deswegen nicht?

Vielleicht ist es an dieser Stelle gut, ein kurzes Kapitel Architekturbetrachtung einzuschieben,

A. M. Cassandre: Plakat für ein Schiff, Paris, 1931

A. M. Cassandre: Plakat für eine Fähre, Paris, 1931

um deutlich machen zu können, um was es damals ging. Besser als das Innere von Häusern kann deren Äußeres etwas von dem neuen Geist erzählen, der sich während der zwanziger Jahre durchzusetzen begann. Auf der folgenden Doppelseite sind vier Beispiele zusammengestellt worden, die alle in der Zeit um 1930 entstanden sind, also geschaffen wurden, als die moderne Architektur ihre Anfangsphase bereits überwunden hatte und zu einer sehr ausgeglichenen Gestaltung gekommen war. Die Häuser sind nicht mehr streng kubisch wie noch wenige Jahre vorher, sondern geschmeidig, vielgestaltig und anspielungsreich. So erinnert der langgezogene Wohnblock von Hans Scharoun an einen eleganten Ozeanriesen. Überhaupt ist die Anregung von Formen, die der Technik entstammen, deutlich zu spüren. Man hatte gelernt, daß auch die Architektur ein zunehmend industrielles Produkt geworden war und daß es im Sinn der Sache lag, ihr einen entsprechenden Ausdruck zu verleihen.

Moderne Architektur dringt von den Metropolen jetzt auch in die Provinz ein

Die moderne Architektur war – wie gesagt – um 1930 zu einem ersten Höhepunkt gelangt, sie bot sich sicher, selbstbewußt und zukunftsgewandt dar. Eine ganz neue Auffassung vom Bauen hatte sich durchgesetzt und ging daran, das Gesicht der Städte zu verändern. Der Einfluß wuchs zusehends und zog auch Architekten mit, die nicht zu den Wegbereitern gehört hatten. Das Vokabular war bereits so entwickelt, daß es lehr- und übertragbar erschien. Die Situation wurde auch dadurch gekennzeichnet, daß die moderne Auffassung nicht nur in den Metropolen angetroffen werden konnte, sondern gleichfalls in mittleren und kleineren Orten. So geschah es denn, daß sich damals neben Berlin und Frankfurt auch Stuttgart, Nürnberg, Dessau und Celle hervortaten. Aufgeschlossene Kommunalpolitiker setzten sich für das Neue Bauen ein.

Auf den Bildern ist zu sehen, wie freizügig, locker und offen die Anordnung der Gebäude ist. Neben einer neuen Gestaltung im einzelnen ging das Bemühen der

Herbert Bayer: Titelseite einer Zeitschrift, 1928

Architekten auch darum, städtebaulich andere als die bisher üblichen Wege zu gehen. Die herkömmliche Randbebauung wurde durch die Zeilenbauweise abgelöst, bei der die Häuser nicht mehr im Karree, sondern in paralleler Reihung standen. Diese Anordnung erlaubte es, die Wohnungen gleichmäßig nach der Sonne auszurichten und durchgehende Grünzüge zwischen ihnen anzulegen. Statt der Konzentrierung auf geschlossene Höfe ergaben sich nun Ausblicke in verschiedenen Richtungen. Balkone dienten nicht mehr als Fassadenzier, sondern waren wirklich benutzbar. Angesichts der notgedrungenen Enge in den meisten Neubauwohnungen kam gerade ihnen ein besonderer Wert zu.

Unter den vier Beispielen ist die »Weißenhofsiedlung« in Stuttgart das älteste. Die 1927 entstandene Anlage hatte eine Bedeutung weit über Deutschland hinaus, weil sich an ihr fast die ganze Elite der modernen Architektur beteiligte, und weil es damals unter günstigen Bedingungen möglich war, so etwas wie ein städtebauliches Idealprogramm zu verwirklichen. Die Planung sah sowohl das freistehende Einzelhaus wie auch dessen Reihung und den mehrgeschossigen Wohnblock vor. Das alles vertrug sich gut und in gleicher Weise, wie sich auch die unterschiedlichen Handschriften der Architekten vertrugen, bei denen das verbindende Bekenntnis zu einem »Neuen Bauen« mehr wog als der Wunsch nach individueller Selbstdarstellung.

Die Siedlung war im Rahmen einer Ausstellung entstanden, die der schon erwähnte »Deutsche Werkbund« veranstaltet hatte. Sie bildete einen Höhepunkt im Wirken dieser Vereinigung, die hier ihre Ziele vorbildlich zu demonstrieren vermochte. In Stuttgart war es gelungen, das sozialreformerische Programm gleichrangig neben dem architektonischen zur Anschauung zu bringen. So war diese Veranstaltung tatsächlich ein Fanal im Aufbruch zu neuen Lebens- und Wohnformen.

Was danach kam, baute auf diesem Beispiel auf. Das gilt besonders für die Siedlung Siemensstadt in Berlin, die bis heute das Musterbeispiel einer flexiblen und lebendigen Planung – wiederum unter Beteiligung verschiedener Architekten – geblieben ist. Deutlicher noch als in Stuttgart sind hier die Differenzierungen erkennbar, die innerhalb der modernen Architektur möglich waren.

Stellte der »Internationale Stil« eine Herausforderung dar, die für viele Menschen zu hoch war?

Alle diese Architekturen sind geeignet, ein besonderes Vertrauen zu erwecken. Ihre Aufrichtigkeit ist evident und kann nicht angezweifelt werden. Sie bildeten Entwürfe für eine sehr offen gedachte Zukunft ohne Enge, Repression und Angst. Ihre helle Erscheinung war ein Ausdruck von Hoffnung und Erwartung. Die Entwicklung sollte jedoch zeigen, daß ihre Aussage in Deutschland nicht verstanden wurde. Der sichtbar funktionale Charakter dieser Bauten, ihr von lokalen Eigenarten abgelöstes Aussehen, das sie allgemeinverständlich im besten Sinne machte – tatsächlich entstand damals für solche und ähnliche Beispiele die Bezeichnung »Internationaler Stil« – stellte offenbar für die meisten Menschen eine Herausforderung dar, die sie nicht ertragen konnten. Sie flüchteten in die verlogene Sentimentalität jenes »Heimatstiles«, den ihnen der Nationalsozialismus als Alternative anbot. Daß dessen steilgiebelige Treuherzigkeit nur eine besonders perfide Form der Täuschung war, zeigte sich bald – aber da war es dann zu spät. Weitergeführt wurde die Moderne in den dreißiger Jahren dagegen in den skandinavischen Ländern, von wo sie dann nach dem 2. Weltkrieg zu uns zurückkam.

Robert Vorhoelzer und Walther Schmidt: Bebauung am Harras in München, um 1930. Einer dreiteiligen Wohnanlage, die den Platz sinnvoll auffängt, ist ein zweistöckiges Postamt vorgelagert worden

Hans Scharoun: Teil einer ausgedehnten Wohnanlage in der Siedlung Berlin-Siemensstadt, 1929. Viele Einzelheiten erinnern an Elemente aus dem Schiffsbau: vor allem die Balkonöffnungen im Dachgeschoß

Ludwig Mies van der Rohe und andere: Werkbund-Siedlung auf dem Weißenhof in Stuttgart, 1927. Diese Anlage ist eine der wichtigsten Manifestationen der modernen Architektur in Deutschland

Hugo Häring: Wohnanlage in der Siedlung Berlin-Siemensstadt, 1932. Die außerordentlich vielgestaltige Architektur beweist, welche undoktrinäre Haltung die Moderne um 1930 erreicht hatte

Die Wohnung für das Existenzminimum

Wie schwankend die Gewöhnung an das Neue Bauen war, ist schon erwähnt worden. Die Öffentlichkeit verhielt sich zögernd. Der Grund dafür, weshalb die Gegenliebe gering blieb, ist vermutlich im Innern der neuen Häuser zu finden. Wenn es der modernen Architektur auch überzeugend gelungen war, sich nach außen hin darzustellen, so hinkte sie im intimen Bereich des menschlichen Wohnens nach. Was sich dort bot, war nicht in gleicher Weise geeignet, für sich einzunehmen, wie es das helle Gesicht der neuentstandenen Siedlungen tat. Die Einrichtungen, die man als mustergültig pries, wirkten in der Regel zu karg und nüchtern, man fühlte sich in ihnen eher ausgesetzt, denn hilfreich aufgenommen. Sie ähnelten ein wenig Kadettenstuben. »Angetreten zum Wohnen« möchte man deshalb sagen, wenn man heute sieht, wie sich damals Architekten vorgestellt haben, daß Familien leben sollten. Die sparsam möblierten Räume mit den zu steifen Dingen darin verlangten eine Genügsamkeit, von der nicht erwartet werden konnte, daß die Bewohner sich freiwillig zu ihr bekannten. War es, wie gezeigt, der modernen Architektur ansonsten gelungen, aus der allgemeinen Not tatsächlich eine Tugend zu machen und das Neue im schlichten, aber nicht ärmlichen Gewand auftreten zu lassen, so gelang Ähnliches kaum bei der Einrichtung von Wohnungen. Diesen fehlte fast immer die optimistische Haltung, die sonst trotz aller Sparsamkeit anzutreffen war. Kurzum: Sie wirken etwas freudlos, kärglich und sehr erzieherisch. Das Wohnen wird in ihnen gleichsam »verordnet«. Der kategorische Imperativ schlägt sehr durch, Mustergültigkeit schien um jeden Preis gefordert zu sein, Abweichungen waren nicht erlaubt. Das ging so weit, daß auch die Art der Pflanzen festgelegt schien, die – wenn überhaupt – in den Zimmern stehen durften. Gnade fand der Kaktus, dessen einfache Formen so aussahen, als ob der liebe Gott sie von einem »Bauhaus-Entwerfer« hatte entwickeln lassen. Bilder schätzte man offensichtlich auch wenig, sie hängen nur vereinzelt an den Wänden. Brachten sie vielleicht zu viel Illusionen in eine Umgebung, die sich ansonsten betont illusionslos gab?

Wie auf der vorhergehenden Doppelseite sind auch auf der folgenden vier Beispiele zusammengestellt worden, die zeigen sollen, daß es für die Situation des modernen Wohnens um 1930 durchaus so etwas wie eine Konvention – eben einen Stil – gegeben hat. Die Einrichtungen ähneln sich sehr, sie weisen unter sich eine große Verwandtschaft in den Einzelheiten wie in der ganzen Haltung auf. Es handelt sich stets um Wohnungen, die mit geringen Mitteln ausgestattet wurden.

Wohltuend ist nun, daß man sofort spürt, wie befreit von allem Überflüssigen die Räume sind. Die Möbel beschränken sich auf das Notwendigste. Obwohl die Zimmer klein sind, konnte man sich leicht in ihnen bewegen. Man stolpert nicht über das Inventar. Wahrscheinlich waren sie auch bequem, selbst wenn das erste Aussehen trügen mag. Die Polster der Sitzbänke reichten sicherlich aus, um weich sitzen zu können, und der Sessel mit der verstellbaren Rückenlehne wirkt trotz seiner Eckigkeit sehr sympathisch. Von dieser Seite gibt es also sicherlich keinen Einwand.

Mit Musterwohnungen wird gezeigt, wie es möglich ist, sich billig und einfach einzurichten

Sehr angenehm ist auch, daß in allen vier Beispielen die Möbel frei zusammengestellt worden sind und daß keine »kompletten« Zimmereinrichtungen verwendet worden sind. In den Räumen stehen nur Dinge, die unabhängig voneinander entstanden sind, die aber doch gut zusammenpassen. Das verleiht allem eine bemerkenswerte Ungezwungenheit. Vielleicht gehört gerade diese Beobachtung, daß nämlich eine einheitliche Ausstattung vermieden worden ist, und der Zufall und die geglückte Kombination erlaubt

Die berühmte »Frankfurter Küche«, Mitte der zwanziger Jahre entwickelt, sehr platzsparend und zum serienmäßigen Einbau gedacht

waren, zu den besten Feststellungen, die wir vor den Beispielen treffen können. Bei allem veränderten Aussehen reiht das diese Zimmer doch wieder in eine gute Tradition des Wohnens ein, die man schon in früheren Jahrhunderten gepflegt hatte. Erst um 1870/80 war die »komplette Zimmereinrichtung« aufgekommen, die vorschrieb, was man alles in einen Raum zu stellen hatte, und die kein fremdes Stück zuließ.

Gegen diese falsche und törichte Manier wandten sich unsere vier Musterwohnungen ganz entschieden. Sie verfallen nun andererseits nicht in das andere Extrem, kleinbürgerlich-betuliche Ensembles vorzuschlagen, in denen sich lauter »liebe« Sachen zusammengefunden haben. Auch eine vorgetäuschte Handwerklichkeit ist vermieden worden, man sieht deutlich, daß es sich um Serienprodukte handelt, die aus der Fabrik kommen. Überhaupt ist spürbar, daß wir uns in Stadtwohnungen bewegen und nicht in irgendwelchen Idyllen im Grünen.

Die Architekten stellten etwas vor, das mustergültig war, aber nicht von allen verstanden wurde

Die Wohnungen können zeigen, wie schön und gelungen Massenprodukte zu sein vermögen. Eine besondere, damals auch schon achtzig Jahre alte Technik der billigen Herstellung wird in den Stühlen aufgegriffen: Das Bugholzverfahren von Thonet. Massive Stäbe wurden hierbei unter Dampf gebogen, in Formen gespannt und die so gewonnenen Einzelteile zu Möbeln, vor allem zu Stühlen, zusammengesetzt. Drei Ergebnisse dieser variationsreichen Methode sind auf den Bildern zu sehen, wobei der schwarze Stuhl mit dem runden Holzsitz das älteste Modell ist. Es stammt aus dem 19. Jahrhundert und wurde gerade in den zwanziger Jahren wiederentdeckt. Der französische Architekt Le Corbusier verwendete diesen Stuhl mit Vorliebe in seinen avantgardistischen Häusern, ähnlich wie Adolf Loos das mit den Sitzmöbeln des Herrn Chippendale getan hatte.

Die rasche, serielle Herstellungsweise des Stuhles machte ihn besonders billig, er war darin geradezu führend. Eine äußerst gelungene Abwandlung dieses Stuhltypus ist in dem Schweizer Wohnhaus zu sehen. Sie ist eleganter und moderner, aber von gleicher Ökonomie in der Verwendung des Materials. Gerade der Umstand, daß kein Gramm Holz zuviel an diesen Möbeln verwendet worden ist, verleiht ihnen einen besonderen Charakter.

Viele Gedanken machten sich Entwerfer damals über die Gestaltung sinnvoller Kastenmöbel. Es ging hier unter anderem darum, verschiedene Elemente kombinieren zu können. Die Aufgabe war noch ziemlich neu, und entsprechend steif sehen die Ergebnisse aus. In der Stuttgarter Wohnung sind Teile eines Schranksystems verwendet worden, das Walter Gropius, der Gründer des Bauhauses, entwickelt hatte und das für den Vertrieb in Kaufhäusern bestimmt war.

Vermutlich sind heute alle Exemplare jenes kleinen hölzernen Klapptisches verschollen, der vor dem Regal von Walter Gropius steht. Ein anonymer Entwurf, simpel, schön, leicht und anspruchslos, ein ideales Möbelstück, das ich heute gern besitzen würde. Man glaubt das Urbild aller Beistelltische vor sich zu haben, vor uns steht ein Gegenstand, an dem kein Lot Gestaltung mehr ist als notwendig war, um sein System zu entwickeln und ihn richtig zu dimensionieren. Fast ein Un-Gegenstand, wenn man seine Bescheidenheit in Vergleich zu manchen anderen Dingen stellt.

Erfreulich »technisch« sehen die Lampen aus, die in zwei der Wohnungen stehen. Auf diesem Gebiet hatte man in den vergangenen Jahren schon einige Erfahrungen gesammelt. Lampen gehörten damals zu den Gegenständen, um die sich Entwerfer früh und oft gekümmert hatten. Der allgemeine Wunsch nach mehr »Licht« führte hier ganz unmittelbar zu guten Ergebnissen.

So positiv die Bilanz nun im einzelnen ist, so gespalten bleibt der Eindruck doch im ganzen. Die in den Beispielen vorgelegte Haltung ist zweifellos ehrlich und – nehmt alles nur in allem – auch überzeugend, dennoch bleibt ein Unbehagen angesichts des mangelnden Verständnisses, mit dem hier vorgegangen worden ist. Haben die Architekten wirklich gedacht, daß man in diesen Zimmern wohnen kann – leger, entspannt, auch einmal nachlässig und unaufgeräumt – oder wollten sie mit der neuen Einrichtung auch gleich den neuen Menschen schaffen?

Zuerst einmal hätte es darum gehen müssen, ein wenig Zutrauen und Begeisterung für das Neue gewinnen zu müssen. Das Zögern des Publikums, sich einer so aufrichtigen Bescheidenheit zu überantworten, war ja verständlich. Wer gibt schon gerne zu, daß es ihm nicht besonders gut geht. Also hätte wohl doch ein bißchen Überredung und Verführung mit im Spiel sein dürfen. Und gerade die fehlt nun, die Vorschläge wirken zu apodiktisch. Animierend konnten sie kaum sein – da flüchtete man lieber in den alten Tand, auch wenn er noch weniger ansehnlich war als das, was die Neuerer boten.

Die Bilanz war positiv im einzelnen, wirkte aber doch zwiespältig im gesamten Eindruck

Die Angst der Leute, sich so ehrlich zu geben wie diese Möbel, ist damals sicherlich nicht mit bedacht worden. Die Einrichtungen stellten das dar, was sich Architekten als gut und richtig überlegt hatten – aber die Maxime stimmte in erster Linie nur für sie selbst. Dank ihrer größeren Erfahrungen konnten sie etwas vorgeben, das für andere mustergültig zu sein vermochte, jedoch so direkt nicht verstanden und nachvollzogen werden konnte. Ein paar Bilder mehr an den Wänden – es hätten ja zum Beispiel statt billiger Ölbildkopien auch zeitgenössische Fotografien sein können, die ganz hervorragend waren – und alles wäre schon zugänglicher gewesen. Etwas mehr von jenen schlichten Mattenböden auf der Erde, und es wäre ein angenehmerer Ton entstanden als der, den Schritte auf nacktem Holzboden hinterlassen. Obgleich ansonsten steif und ungelenk, hat die altmodische Chaiselongue in dem einen Zimmer wahrscheinlich eher Vertrauen erweckt als die schöne Metalliege von Le Corbusier in der anderen Wohnung – und sei es nur, weil man auf ihr den Kopf höherlegen konnte. Also wäre es vielleicht gut gewesen, noch öfter ältere Möbel in die Räume zu stellen, als es hier geschehen ist. Der Eindruck, ganz von vorne anfangen zu müssen, wäre dann vermieden worden. Etwas mehr Kontinuität hätte helfend gewirkt.

Ausstellung der Württembergischen Arbeitsgemeinschaft des Deutschen Werkbundes in der Städtischen Siedlung Stuttgart-Wangen, 1930. Die Wohnung war als preiswertes Musterbeispiel gedacht

Ausstellung der Württembergischen Arbeitsgemeinschaft des Deutschen Werkbundes in der Städtischen Siedlung Stuttgart-Wangen, 1930. Das einfache Schranksystem stammte von Walter Gropius

Wohnraum in einem Haus der Siedlung Neubühl bei Zürich, 1931. Auch hier sind billige Serienmöbel verwendet worden. Der Raum wirkt jedoch reich durch die Helligkeit der großen Fensterwand

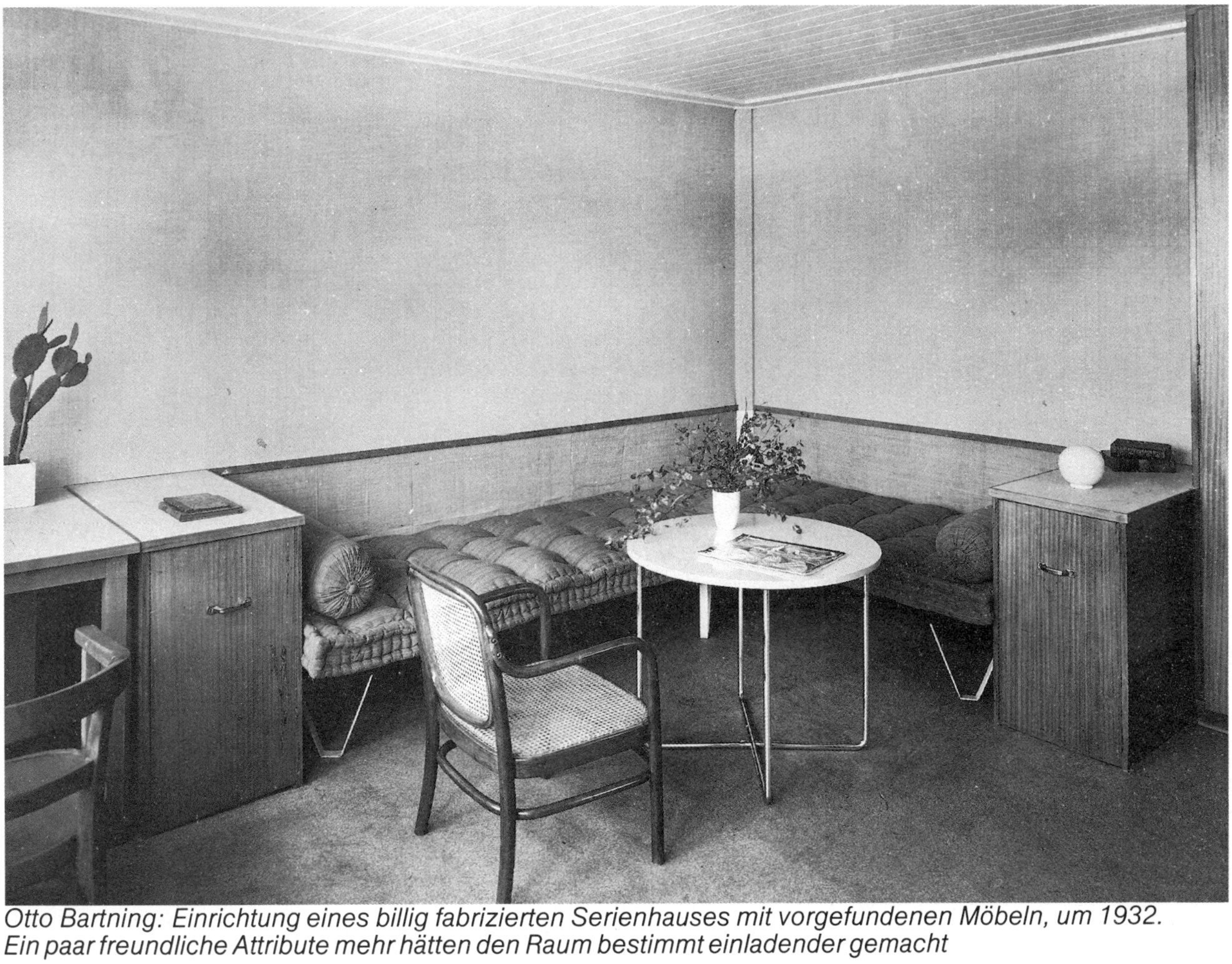

Otto Bartning: Einrichtung eines billig fabrizierten Serienhauses mit vorgefundenen Möbeln, um 1932. Ein paar freundliche Attribute mehr hätten den Raum bestimmt einladender gemacht

Ein Haus sieht aus wie ein Schiff

Ein Haus wie ein Schiff, das Innere wie der Decksalon einer Yacht – wenn die nötigen Mittel vorhanden waren, konnte die Architektur von 1930 nicht nur präzise, ausgeglichen und in lebendiger Form funktional sein, sondern auch elegant, vielgestaltig und fast übermütig. Das Haus Schmincke ist ein besonders schönes Beispiel dafür, wie freizügig und unkompliziert man damals, also zu einer Zeit, als die moderne Architektur noch am Anfang ihrer Entwicklung stand, schon zu entwerfen wußte.

Es ist eigentlich nicht möglich, dieses Haus in der herkömmlichen Weise zu betrachten, etwa so, daß man sich den besten Standpunkt sucht, um es auf einmal zu erfassen. Dieser optimale Ort läßt sich nicht finden, statt dessen gerät man in eine Bewegung, die einen dazu bringt, die Architektur im Ablauf zu erleben. Man kreist um das Haus, folgt seinen vielfältigen Durchblicken und geht den verschobenen oder geknickten Achsen nach. Ein unendlich reiches Spiel tut sich auf, das nie einschichtig bleibt, sondern immer wieder auf eine neue Tiefendimension verweist. Das statische Vis-à-vis von Betrachter und Objekt ist aufgehoben worden, die altgewohnte Haltung des stillgebannten Bewunderers vor einer schönen Fassade ist aufgelöst zugunsten einer permanenten Durchdringung. Der Besucher fühlt sich sofort in dieses Gebäude aufgenommen, und wenn er es betreten hat, ist die Außenwelt trotzdem noch ganz deutlich anwesend. Die Fluktuation reißt nicht ab. Alles bleibt geschmeidig und fließend.

Diese intensive Form des Erlebnisses ist die unmittelbare Folge einer Gestaltung, der es gelungen ist, sich von vielen, inzwischen überholten Gesetzen zu lösen. Der Grundriß deutet es bereits an, aber erst der Anblick des Äußeren macht es ganz deutlich, daß hier nie in einer Richtung gedacht worden ist, sondern daß jeder Festlegung durch eine Unterbrechung begegnet wird. Die zahlreichen Schrägen machen es sozusagen unmöglich, sich eindeutig zu orientieren, stets kommt eine Bewegungsänderung dazwischen. Die einzelnen, zum Teil recht energischen Vorstöße werden dann abgefangen, umgeleitet oder durch Gegenläufiges kräftig konterkariert.

Der Knick in der Grundrißgestalt hat zur Folge, daß man in mehr als den üblichen vier Richtungen aus dem Haus schaut. Das steigert nicht nur das Erlebnis im Innern, sondern läßt auch die Umgebung intensiver hineinwirken.

Hans Scharoun
* Bremen,
20. Sept. 1893
† Berlin,
25. Nov. 1972

So wie man beim Anblick des Hauses nicht gebunden ist, so entfällt auch beim Ausblick die prospektartige Festlegung. Es gibt fast unendlich viele Perspektiven, die nach außen führen.

Diese Dynamik steigert sich, wenn man der Übertragung des Grundrißbildes ins Räumliche folgt. Die außen angelegte, fallreepartige Treppe verbindet Erd- und Obergeschoß rein funktional, aber noch wirkungsvoller ist vermutlich ihre Tendenz des Von-unten-nach-Oben im Kontrast zu den mannigfaltigen Bewegungsschüben der Terrassen und Balkone in horizontaler Richtung. Wie dann schließlich der geradezu rasante Verlauf der Dachkante durch das kecke Ausscheren der Balkonecke gebremst und wieder in die Gesamtform eingebracht wird, ist außerordentlich einfallsreich und kühn. Den Mut zu dergleichen Risiken besaßen bis heute nur ganz wenige Architekten – und nicht alle, die diesem Vorbild folgten, brachten dann die dafür nötige Disziplin auf – eine Beobachtung, die auch für die späteren Arbeiten von Hans Scharoun, dem Erbauer dieses Hauses, gilt.

Was hier so ausführlich am Äußeren des Hauses verfolgt worden ist, setzt sich fort in seinem Innern. Die Bewegung der Treppe ist auch hier wirksam, ihre diagonale Richtung durchkreuzt sozusagen die starre Festlegung der Räume zwischen Fußbodenplatte und Zimmerdecke. Wichtig für diesen Effekt ist die Überschneidung mit dem rektangulären System der Fenstersprossen. Erst sie läßt die schräge Führung der Treppe richtig wirksam werden.

Die Art und Weise der Belichtung ist nun der nächste Aspekt, der große Bewunderung verlangt. Die Öffnung des Wohnraumes geschieht einmal durch große wandhohe Glasflächen, die nahe an die Hauskante gerückt sind, oder durch ähnlich hohe Fenstertüren, die aber unter Vorsprüngen liegen und deshalb weniger Helligkeit geben, und schließlich durch schmalere Fensterbänder, die heruntergezogene Stürze haben und durch Jalousien ganz geschlossen werden können. Das variantenreiche Spiel mit dem Tageslicht wird bei Nacht fortgesetzt durch ein raffiniertes Beleuchtungssystem: Paarweise geordnete Lampen, die mit schöngeschwungenen Bügeln verbunden sind, strahlen gegen die Decke, wobei niedrige Schürzen verhindern, daß ihr Licht sich zu sehr verstreut. In dem wintergartenartigen Teil liegen halbkugelige Schalen in einem großen Lochblech und erzeugen dort eine direktere Helligkeit.

Die Möbel: Das übereck gestellte lange Sofa gibt dem Raum Halt und grenzt ihn mit dem kürzeren Schenkel zur Eingangshalle hin ab. Es sieht außerordentlich bequem aus und wirkt wie eine große einladende Geste. Der Platz davor ist frei, man spürt die Aufforderung, auch einmal die Beine ausstrecken zu dürfen. Der konventionelle Flügel findet seinen Platz, ohne zu dominieren und ohne zu stören. Daß er ohne weiteres in die Einrichtung mit eingehen konnte, spricht für die zwanglose und vernünftige Praktikabilität der ganzen Konzeption.

Das Haus Schmincke verkörpert in sich modernes Leben in einer idealen Form: Innerlich bewegt, intelligent und von Durchsicht und Klarheit bestimmt. Es ist weder eifernd-doktrinär noch sentimental, sondern es wirkt aufgeklärt und heiter. Es setzt Spielraum für Phantasie frei und läßt zugleich Disziplin erkennen. Man kann nun fragen, ob es nicht zu unruhig ist, und ob es genügend Besinnung zuläßt. Für zaghafte und unsichere Gemüter muß man das wahrscheinlich verneinen, die schützenden warmen Ecken liefert es nicht. Aber die sind ja auch sonst im Leben selten. So könnte dieses Haus einen Regelfall abgeben zur Einübung in ein Wohnen ohne Angst und Kleinmut.

Hans Scharoun: Villa Schmincke in Löbau/Schlesien, 1932. Die dynamische Hausform verrät, wie stark um 1930 Leitbilder der Technik die moderne Architektur zu beeinflussen vermochten

Großer Wohnraum im Haus Schmincke. Ein reiches Spiel bewegter Formen erfüllt und belebt den ganzen Raum, der dadurch leicht, entspannt und heiter wirkt. Im Hintergrund der Wintergarten

Die Einigkeit von Form und Bewußtsein

Dieses Beispiel einer Wohnung gleich dem vorangegangenen. Es spiegelt eine ähnliche Form der Bewußtheit. Der Raum hat klare Konturen, weite Öffnungen und überall wohltuend genaue Einzelheiten. Seine Möblierung ist zwanglos, sie kann verrückt werden, ohne daß deshalb gleich Unordnung entsteht, und sie ist erfreulich vielgestaltig. Tatsächlich haben die verschiedensten Architekten diese Dinge entworfen.

Die Wiederholung von etwas nun schon Vertrautem hat den Sinn, darauf aufmerksam zu machen, wie ausgereift die Entwicklung damals schon war – und zwar nicht nur in wenigen führenden Beispielen, die allein und nur für sich stehen, sondern auch in vielen Variationen. Der Modellfall einer modernen Wohnung ist auch hier wieder gegeben, etwas weniger einfallsreich als bei dem Architekten Hans Scharoun, dafür aber mehr einer normalen Situation angenähert. Diese Wohnung wirkt im besten Sinne durchschnittlich, sie kommt ohne besondere Einfälle aus. Zu ihrer Einrichtung war es nur notwendig gewesen, die richtigen Möbel in guten Geschäften ausfindig zu machen.

Beschämend mag bei diesem Beispiel sein, daß wir heute feststellen müssen, diesen damals gesetzten Standard immer noch nicht wieder erreicht zu haben. Zu viele Moden kamen uns in dem halben Jahrhundert, das seitdem verstrichen ist, in die Quere und vereitelten die selbstverständliche und vernünftige Haltung, die hier schon anzutreffen ist.

Das Haus weist den besten Standard der modernen Architektur auf, der Mitte der dreißiger Jahre möglich war, und der hier nicht noch einmal beschrieben werden muß. Die Verwandtschaft etwa mit dem Haus Schmincke ist leicht zu erkennen. Allerdings konnte eine solche Architektur 1936/37 nur noch außerhalb Deutschlands entstehen, hierzulande vereitelte der Nationalsozialismus bereits dergleichen. Einer der drei Architekten des Hauses – Marcel Breuer – war ein Emigrant, der vorher zu den bedeutendsten Lehrern am Bauhaus in Dessau gehört hatte. Ähnlich wie Walter Gropius und Ludwig Mies van der Rohe fand er später viele Aufgaben in den USA. Allen diesen Architekten war es eigentlich erst dort möglich, unbeengt und im großen Maßstab das zu verwirklichen, was ihnen in Europa als Idee vorgeschwebt hatte.

Bei dieser Schweizer Wohnungseinrichtung ist es sinnvoll, weniger von dem Ensemble im ganzen zu sprechen, als von den Möbeln im einzelnen. Wie gesagt: Sie waren Handelsware, keine Einzelanfertigungen. Man konnte sie unschwer erwerben – wobei ihr Preis kein wesentliches Hindernis gewesen sein kann. Allerdings sollte noch eingefügt werden, daß die Einrichtung noch etwas vorführt, das inzwischen gang und gäbe ist, aber damals neu war: die Kombination verschiedener Funktionen in einem Raum. Das Zimmer dient sowohl zum Essen wie zum Wohnen. Der früher stets frei stehende Tisch ist nun aus der Mitte an eine Wand gerückt worden, und seine sonst runde Form ist jetzt logischerweise rechteckig. Der größere Teil des Zimmers konnte dadurch frei bleiben für die lose Anordnung von Sitzmöbeln.

Marcel Breuer
* Pecs/Ungarn, 21. Mai 1902
† New York, 2. Juli 1981

Hätte sich Marcel Breuer inzwischen nicht als einer der bedeutendsten Architekten dieses Jahrhunderts erwiesen, dann wäre er trotzdem bekannt als der Entwerfer jenes Stuhles, der viermal um den Eßtisch herum steht. Auf Grund einer juristischen Auseinandersetzung ist das Urheberrecht an diesem Möbel heute Mart Stam zugesprochen worden. Doch scheint die Zuschreibung des Stuhles an Marcel Breuer davon nicht wirklich berührt zu sein. Die grundlegende Idee an ihm war, die Spannkraft des Stahlrohres dafür zu nutzen, ihn ohne Hinterbeine auskommen zu lassen. Er wird dadurch elastisch, und die neuartigen Kufen lassen ihn leicht über den Boden gleiten. Was sein Aussehen anbetrifft, so wird das blanke Gestell vorzüglich ergänzt durch die schwarzen Holzrahmen von Sitz und Lehne und deren helles Rohrgeflecht. Heute ist dieser außerordentlich schöne Stuhl längst durchgesetzt und weit verbreitet. Mit ihm hat sich ein Möbel in das Bewußtsein eingeführt, das dank seiner präzisen Gestalt im besten Sinne zeitgemäß ist.

Ähnliche Prinzipien, wenn auch in einem ganz anderen Material, verfolgte der finnische Architekt Alvar Aalto beim Entwurf des Sessels, der im Vordergrund steht. Die Elastizität dieses Möbels kommt zustande durch das Verleimen vieler dünner Holzschichten, die – ähnlich wie die Teile von Bugholzmöbeln – anschließend in Formen gepreßt werden. Sowohl die Armlehnen und Kufen sind so entstanden wie auch die dünne, geschwungene Sitzfläche (das Fell ist nur lose aufgelegt). Der im Gegensatz zum neuen Material Stahlrohr traditionelle Werkstoff Holz ist durch diese technische Behandlung einem gewandelten Formempfinden wieder nahegebracht worden. Die Gedankengänge von Aalto sind später auch einmal von Breuer aufgenommen worden, der nach dem gleichen Prinzip eine Liege entwickelte.

Jedoch inspirierender wirkte offensichtlich das Stahlrohr. Aus ihm sind auch noch andere Möbel, die in dem Zimmer stehen: das Sofa und der schmalgliedrige Servierwagen. Das Sofa war dank des stabilen Rahmens verstellbar, die Rückenlehne ließ sich mit der Sitzfläche in eine Höhe bringen, so daß man darauf schlafen konnte. Für den fahrbaren Servierwagen ist das neue Material ohnehin ideal, fester und zugleich leichter konnte dieser Gegenstand gar nicht ausfallen.

Auch in diesem Raum werfen die Lampen ihr Licht an die Decke, sowohl die vernünftig entwickelte Stehlampe tut das wie auch die weiße Schale, die im Hintergrund an der Wand zu sehen ist. Einfarbige Teppiche ergänzen die Einrichtung und verleihen ihr eine besonders ruhige Atmosphäre.

Mit Nachdruck soll noch auf das Koffergrammophon hingewiesen werden, das auf dem Terrassentisch steht. Es macht ungeniert deutlich, wie seit Erfindung dieses Gegenstandes Musik genossen wird: in mechanisch vermittelter Form und kaum noch durch eigene Betätigung. Seitdem hören viel mehr Menschen Musik als früher, und der Musikempfang ist zu einem Bestandteil des modernen Wohnens geworden.

Marcel Breuer, Alfred und Emil Roth: Häuser im Doldertal bei Zürich, 1936. Die zwei identisch gestalteten Anlagen sind außerordentlich knapp, sicher und weisen vorzügliche Proportionen auf

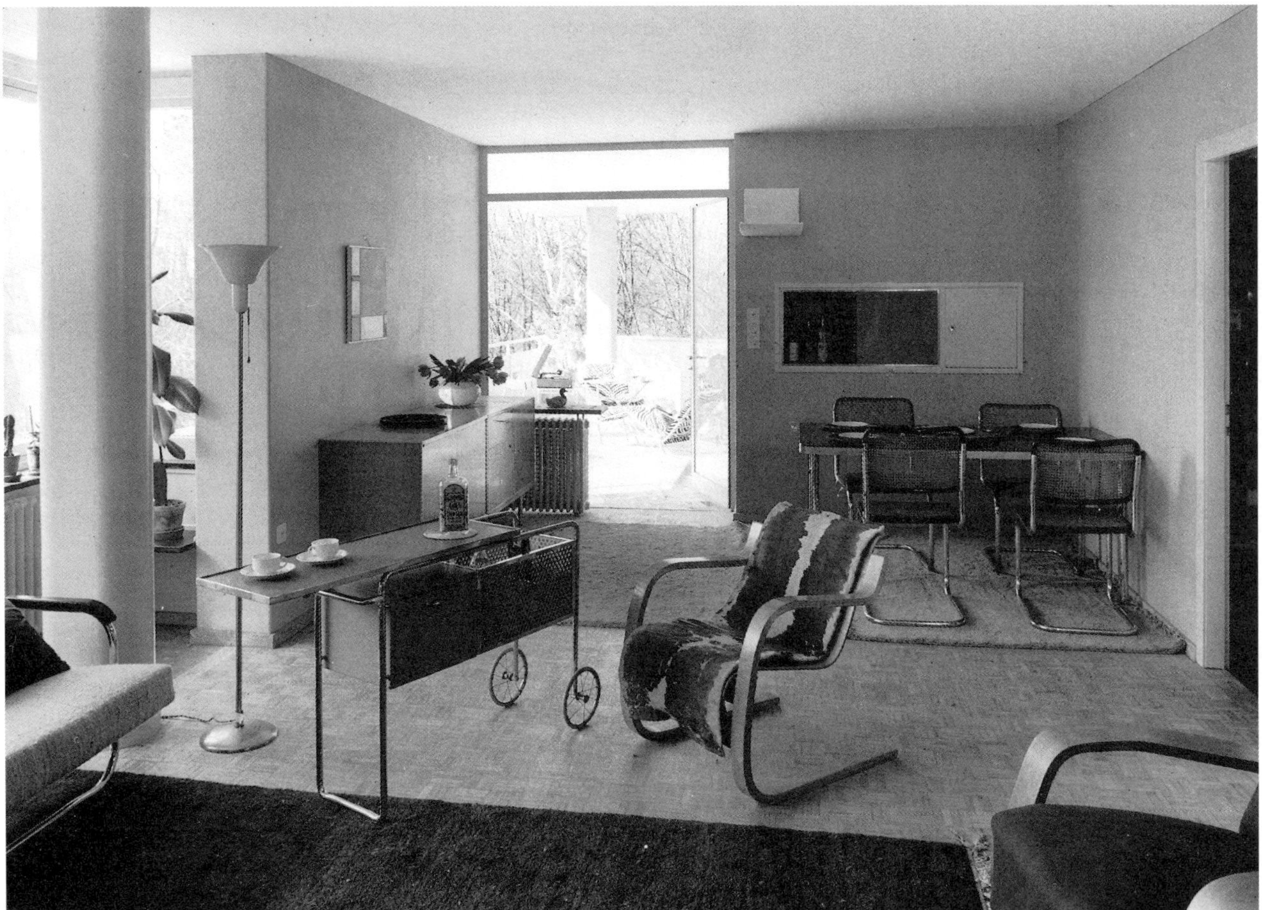

Wohnraum in einem der Häuser im Doldertal. Die Möbel stammen von einigen der bekanntesten Architekten jener Zeit: Marcel Breuer (die Stühle), Alvar Aalto (das Sofa und der Formholzsessel)

Innigkeit und Propaganda

Das letzte Stichwort des vorangegangenen Beispiels – gemeint ist »Musik« – können wir auf diese Seite mit übernehmen. Auch in der nebenstehenden Einrichtung lebt man anscheinend mit Musik. Die Instrumente deuten an, daß sie hier sogar von den Bewohnern selbst ausgeführt und nicht einfach aus dem Radio oder vom Grammophon bezogen wird – ein im Grunde sympathischer Zug.

Das rechts oben sichtbare Zimmer war 1940 auf der Triennale in Mailand gezeigt worden, also auf einer Ausstellung, bei der es um Architektur, Handwerk und industrielle Gestaltung ging. Die Einrichtung sollte dort allem Anschein nach deutsche Kultur beispielhaft präsentieren. Für den Stand jener Zeit tat sie das wohl auch: Sie ist das Produkt einer geschickten Täuschung. Das Zimmer ist einer der vielen Propagandatricks, die der Nationalsozialismus so beängstigend gut beherrschte. Der vorgeführte Biedersinn konnte tatsächlich leicht in die Irre führen und meinen lassen, in Deutschland hätte damals immer noch eine handwerklich bestimmte und von Musik erfüllte Kultur bestanden.

Die Ingredienzien der Inszenierung sind zweifellos raffiniert und auch mit Konsequenz gewählt worden. Der Eindruck ist nahtlos und perfekt. Nichts stört die scheinheilige Wirkung. Das fängt damit an, daß man daran erinnert, daß Deutschland angeblich das »Land der Musik« ist. Musik ist immer gut, nach Meinung vieler Menschen auch dann noch, wenn sie dazu dient, mit Wohlklang über ganz anders geartete Situationen hinwegzutäuschen. Während des Zweiten Weltkrieges ist das oft und fast immer mit Erfolg praktiziert worden. Musik erzeugt Innerlichkeit und enthebt uns der Realität. Sicherlich – aber letztere sollte darüber nicht vergessen werden. Der verklärte Blick beim Anhören von Mozart (für ihn können auch noch viele andere Namen stehen) ist gern blind für die alltägliche Welt. Hier liegt ein speziell deutsches Mißverständnis vor über den aufklärenden Wert von Kunst. Musik fördert diese uns eigene Neigung zum Traumtanz leider ganz besonders.

Zu böse Worte angesichts so braver und artiger Möbel? Ich fürchte, es ist notwendig, einmal deutlich darauf hinzuweisen, daß hier traditionelles Bildungsgut für eine zweifelhafte politische Zielsetzung benutzt worden ist. Die Verknüpfung einer berührenden Kunstübung mit einer propagandistischen Absicht ist ja nicht sofort evident, und sicherlich besteht auch heute noch die Neigung, das eine vor dem anderen entschuldigen zu wollen. Der vorgegebene Schein ist zu sanft und schön, als daß man ohne weiteres an die Hinterlist glauben kann. Doch die Geschichte hat längst aufgedeckt, daß es sich hier nicht mehr um eine Frage des Glaubens oder Nichtglaubens handelt.

Hermann Gretsch
* Augsburg, 17. Nov. 1895
† Stuttgart, 29. Mai 1950

Das taktische Vereinnehmen kultureller Standardwerte setzt sich in dem Zimmer auch noch fort in den Bildern. Zu deutscher Hausmusik passen vorzüglich Gemälde von Caspar David Friedrich – das Bild über dem Sofa scheint von ihm zu stammen. Es stört dann auch nicht, daß es sich hier um einen Druck handelt. Die angestrebte Echtheit findet in diesem Fall ihre Grenzen.

Nicht vorgetäuscht war vermutlich die handwerkliche Machart der einzelnen Möbelstücke. Ein Kunstschreiner wird sie gewissenhaft ausgeführt haben. Jedoch war ihr ganzes manufakturelles Ethos auch damals schon hoffnungslos überholt. Die Einzelanfertigung hatte so gut wie keine Chance mehr, es sei denn, man setzte sie unabhängig von finanziellen Überlegungen in der besonderen Situation einer Ausstellung ein. Erst recht jedoch war sie anachronistisch während eines Krieges, bei dem höchste Effektivität in allen Produktionszweigen gefordert war. Vor dem Hintergrund einer hochentwickelten Rüstungsindustrie mußte eine so fromme Übung wie dieses Zimmer fast zynisch wirken.

Sieht man die Möbel genauer an, dann wird man hinter ihrer scheinbar gediegenen Haltung schnell ihre Dünnblütigkeit entdecken. Im Grunde genommen ist alles viel zu geziert und kraftlos, gleich, ob es sich jetzt um die Lehnen der Stühle handelt oder um den Aufsatz der Vitrine, ganz zu schweigen von dem spießigen Stehlämpchen oder dem spreizfüßigen Tisch. Die ganze Einrichtung hat die Frostigkeit eines Sonntagszimmers, das viel zu selten und dann immer nur verlegen und mit übertriebener Vorsicht benutzt wird. Wirkliches Leben kann man sich in ihm nicht vorstellen, Kinder dürften zu ihm keinen Zutritt gehabt haben.

Jedoch gerade dieser Charakter einer »Guten Stube« könnte dem Zimmer ein besonderes Wohlwollen bescheren. Unübersehbar ist ja, daß sich viele Menschen nach einer Einrichtung sehnen, die einen willkommenen Ersatz bieten kann für die verschiedenen unaufgeräumten Kammern in ihrem Leben. In diesem Musterzimmer herrscht dann jene Ordnung und peinliche Akkuratesse, die ansonsten nur Wunschbild geblieben ist. Die »Gute Stube« ist somit der Ausdruck eines schlechten Gewissens.

So gesehen könnte das hier besprochene Zimmer Aussichten haben, sehr geschätzt zu werden. Seine stilvolle Verbrämung eines unguten Zustandes ist dazu geeignet, eine Art Lebenshilfe abzugeben. Auch ein schlechter Stil könnte unter diesen Voraussetzungen gerechtfertigt erscheinen.

Noch einige Worte über den Entwerfer. Hermann Gretsch hatte 1931 für die Manufaktur Arzberg das recht gute Porzellangeschirr »1382« entworfen. Dieses Service ist vernünftig und praktisch und kommt ohne Beiwerk und Schnörkel aus. Außerdem ist es billig. Gretsch hatte mit diesem Entwurf gleichsam ein Jahrhundertgeschirr geschaffen – kein Wunder, daß es heute noch im Handel ist. Jedoch die überzeugend moderne Linie hielt er nicht lange durch, spätere Arbeiten von ihm glitten ab ins Spießige, die gleichsam »proletarische« Note, die »1382« so sympathisch gemacht hatte, verwandelte sich bei anderen Geschirren ins Kleinbürgerliche. Bauchige Krüge taten dann so, als ob immer noch Mägde sie tragen würden. Die reaktionäre Haltung und die Pseudokultur der nationalsozialistischen Zeit kamen auch hier penetrant zum Ausdruck.

Hermann Gretsch: Musikzimmer, gezeigt auf der Triennale in Mailand, 1940. So traut und idyllisch die Einrichtung auch ausschaut, so heuchlerisch war sie doch in jenen schlimmen Jahren

Ein Kleiderschrank von Hermann Gretsch, der auch 1940 auf der Triennale gezeigt worden ist. Das betont edle Möbel legt eine Haltung vor, die nichts anderes war als geschickte Täuschung

Ein Monument des Aufbruchs nach dem Kriege

1945 war die Situation anders als 1918. Nach dem Ende des Zweiten Weltkrieges mußte die moderne Architektur nicht mehr zu sich selbst finden, es gab sie bereits geraume Zeit. Trotzdem hatte sie auch jetzt noch erhebliche Widerstände zu überwinden.

Der verständliche Wunsch, die Verluste des Krieges auszugleichen, erzeugte in Deutschland die Erwartung, alles wieder so herstellen zu können, wie es vorher gewesen war. Dergleichen restaurative Tendenzen standen allen Versuchen, konsequent neu zu beginnen, im Wege. Das Ergebnis waren Kompromisse, die das Mittelmaß förderten. Weder konnte man sich dazu entschließen, tatsächlich exakt zu rekonstruieren, noch wagte man einen Anfang unter gänzlich veränderten Vorzeichen. Statt dessen knüpfte man dort an, wo die Entwicklung kurz vorher abgerissen war. Der latente Wunsch, doch noch etwas aus dem Debakel der nationalsozialistischen Zeit retten zu können – schon damit man nicht zu sehr bloßgestellt war –, führte dazu, daß sich der Wiederaufbau noch weitgehend an die Architekturauffassung dieser verhängnisvollen Ära anlehnte. Man führte von allen Traditionen gerade jene fort, die es strikt zu vermeiden gegolten hätte.

Diese Entwicklung war uns keineswegs schicksalhaft vorbestimmt. Noch 1950, fünf Jahre nach Kriegsende und ein Jahr nach der Gründung der Bundesrepublik, war die Lage dadurch gekennzeichnet, nach allen Seiten offen zu sein. Wir konnten uns in vielen Richtungen orientieren. Auf Grund der besonderen Situation, eine bemitleidenswert arme und geschlagene Nation zu sein, besaß das westliche Deutschland die einmalige Chance, sich aneignen zu dürfen, was andere Länder inzwischen Vorbildliches entwickelt hatten. Den Besiegten wurde das Vorrecht zugestanden, sich neu ausrichten zu können. Vor allem die USA zögerten damals nicht, ihre modernen Errungenschaften vorzuweisen und darzustellen. Dank guter materieller Voraussetzungen und unterstützt durch den Impuls, den die emigrierten deutschen Architekten in jenes Land gebracht hatten, erlebte das Bauen in Amerika eine reiche Entwicklung. Die besten Kräfte wirkten dort und schufen vorzügliche Dinge.

Alles das konnte in Deutschland wahrgenommen und zum eigenen Vorteil genutzt werden. Die Situation war in einmaliger Weise dazu geeignet, aus einem großen Verlust einen maximalen Gewinn zu schöpfen. Jedoch wurde diese Chance so gut wie überhaupt nicht ergriffen. Schon bald nach 1950 setzte in der Bundesrepublik eine Entwicklung ein, die sehr direkt auf Selbstbestätigung und Restauration zielte. Die Transparenz und Offenheit in allen Bereichen des geistigen Lebens, die sich unmittelbar nach Kriegsende ergeben hatte, wurde nach rund fünf Jahren einer zunehmend hermetischen Einstellung geopfert. Wertvolle Einflüsse mußten es sich gefallen lassen, mit Vorurteilen belegt zu werden, und Anregungen, die von außen kamen, hatten es zunehmend schwerer, sich bemerkbar zu machen. Die große Aufbruchbewegung, die Europa und die USA nach dem Kriege erlebten, wurde von Deutschland kaum mitvollzogen. Entsprechend einfallslos, klein und engherzig sah – von einigen Ausnahmen abgesehen – seine Architektur aus.

Le Corbusier
(Ch. Edouard Jeanneret)
* La Chaux-de-Fonds,
6. Oktober 1887
† Cap Martin,
27. August 1965

Von einer großen Idee getragen wurde dagegen die Architektur, die auf der gegenüberliegenden Seite zu sehen ist. Der bereits in den zwanziger Jahren sehr berühmte Architekt Le Corbursier konnte mit ihr zum erstenmal eine Vorstellung realisieren, die er schon einige Zeit vorher entwickelt hatte. Sein Anliegen war es, Etagenwohnungen innerhalb eines großen Hauses so zu gestalten, daß sie einen größeren Lebens- und Nutzwert hatten als sonst üblich. Er konzipierte sie deshalb zweistöckig. Hinter einem hohen Wohnraum liegt ein niederer und tiefer Schlaftrakt. Eine Treppe verbindet beide Teile beziehungsweise führt zur Eingangsempore hinauf. Der besondere Einfall Le Corbursiers war, diesen Wohnungstyp so um einen gemeinsamen großen Korridor zu entwickeln, daß er sich einmal unter den Gang schiebt und einmal darüberlegt. Die eine Wohnung wird deshalb von oben betreten und entfaltet sich ganz auf dem unteren Niveau, während die andere ihren Zugang in Höhe des Wohnraums hat und ihre Schlafzimmer im ersten Stock besitzt. Auf diese Weise ist es auch möglich, jede Wohnung trotz des mittleren Erschließungsweges quer durch das Haus reichen zu lassen. Sie sind dadurch immer nach zwei Himmelsrichtungen orientiert.

Das ausgeklügelte System hatte nun einen abwechslungsreichen Wohntypus zum Ergebnis. Er brachte die räumliche Vielfalt, die sonst nur ein zweistöckiges Einfamilienhaus bieten kann, in die beschränkte Situation einer Etagenwohnung ein. Das beengende Gefühl, sich stets zwischen zwei niederen Zimmerdecken bewegen zu müssen, ist zumindest teilweise – in dem hohen Wohnraum – aufgehoben. Auch die Treppe steigert den Erlebniswert der Wohnung sehr. Mit diesem Wohnungstyp war ein ganz neues Modell geschaffen worden, das – obgleich es keineswegs verschwenderisch angelegt ist – eine erhebliche Ausweitung des Lebensgefühls mit sich brachte. Es ist bekannt, daß die Bewohner dieses Hauses in Marseille heute sehr zögern, ihre Adresse zu wechseln. Die Rückgewöhnung an eine normale Situation muß tatsächlich schwerfallen.

Die kraftvolle äußere Gestalt der »Unité d'Habitation« macht vorbildlich deutlich, daß es sich um ein kollektives Wohnhaus handelt, um eine fast autarke Anlage, die ähnlich wie eine kleine Stadt auftritt (das Haus enthält auch ein Ladengeschoß). Das Gebäude besitzt eine Dimension, die bis dahin für Wohnhäuser ungewöhnlich war. Daß es nun nicht massig wirkt, ist durch eine sehr ausgeprägt plastische Gliederung erreicht worden. Stützen heben es vom Boden ab, und Balkonnischen erzeugen auf den Fassaden ein tiefes Relief. Das Gebäude war sehr einflußreich in der für Neuerungen aufgeschlossenen Nachkriegszeit. Es hatte Modellcharakter nicht nur für Europa, sondern für die ganze Welt.

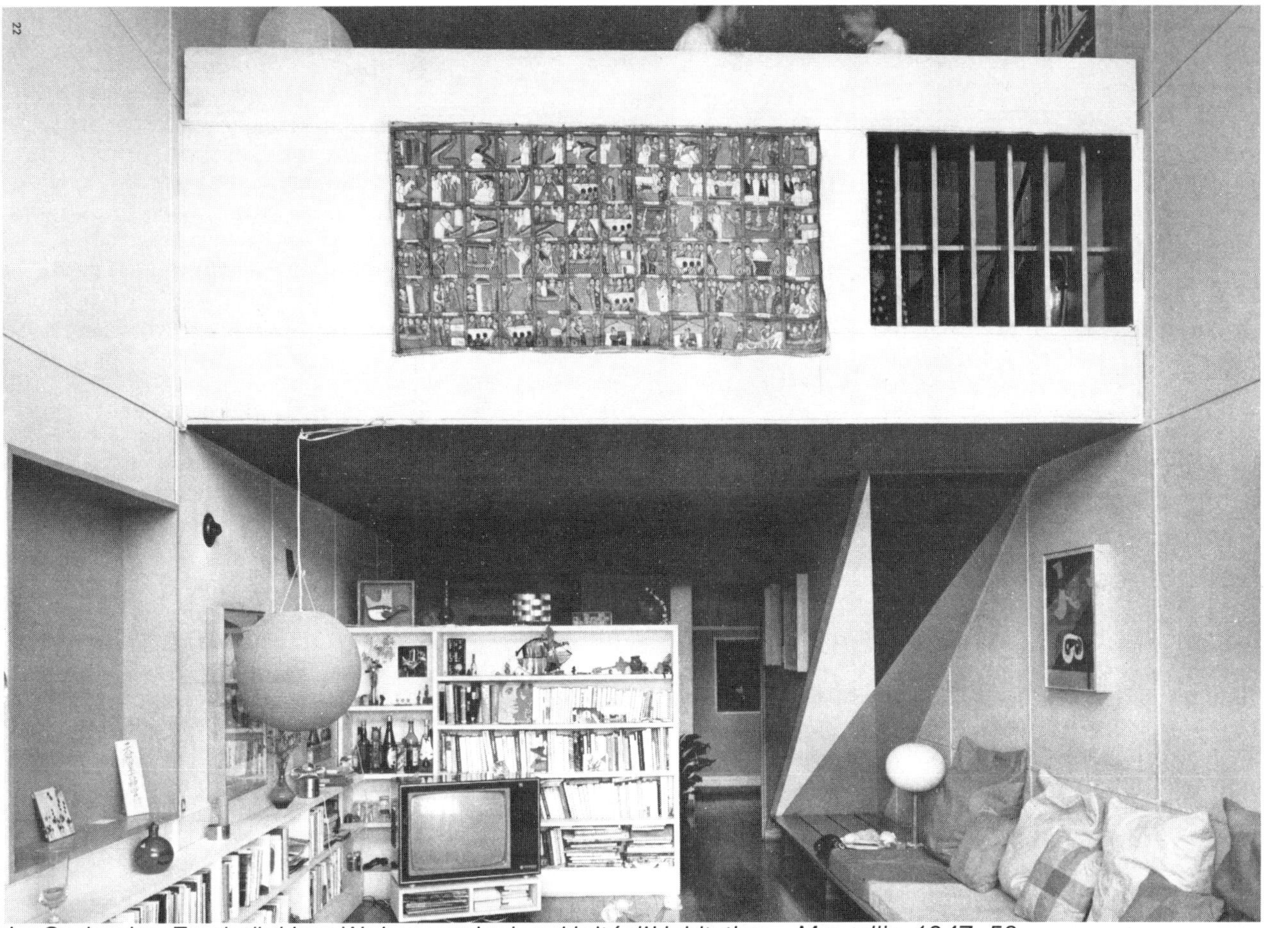

*Le Corbusier: Zweistöckiger Wohnraum in der »Unité d'Habitation«, Marseille, 1947–52.
Im Hintergrund die Küche und die Treppe, die zum Obergeschoß mit den beiden Schlafräumen führt*

*Ostseite der »Unité d'Habitation«. Das Haus verkörpert eine der großen Bau-Ideen der Nachkriegszeit.
Es war das überzeugende Modell einer kollektiven Wohnform mit individuellem Ausdruck*

Ein Haus, das man kaum wahrnimmt

Wenig bekannt ist das Haus, das jetzt besprochen werden soll. Obgleich es von dem berühmten Entwerfer Charles Eames stammt, hat es kaum Eingang gefunden in die Galerie der herausragenden Bauten. Anscheinend ist es zu wenig repräsentativ, um große Beachtung zu finden. Tatsächlich könnte man argumentieren, daß es sich hier um eine Art Nicht-Architektur handelt. Das Haus wirkt so anonym, daß die üblichen Erwartungen darüber, was ein Gebäude alles vorzustellen hat, nicht erfüllt werden. Es gibt hier keine kunstvollen Teile – Kamine, Terrassen oder ausdrucksvolle Dachformen –, sondern nur einen einfachen Kubus aus Fertigbauelementen. Das Haus ist weiter nichts als eine teils geschlossene, teils durchsichtige Membrane zwischen drinnen und draußen. Deren sichtbare Konstruktion gibt schon das ganze Maß an Architektur an, das dieses Haus zu bieten hat. Der gestalterische Ehrgeiz hat sich anscheinend auf eine Gliederung des zweistöckigen Inneren beschränkt.

Simpler geht es nicht – und, wie ich meine, auch kaum überzeugender. Es ist geradezu verblüffend, wie hier mit wenigen Mitteln ein schöner und animierender Eindruck erzielt worden ist. Das Haus wirkt trotz der sparsamen und zum Teil geradezu billigen Materialien alles andere als dürftig, sondern im Gegenteil reich und gut ausgestattet. Eigentlich dürfte es nur wie eine Werkstatt oder wie eine kleine Fabrik aussehen, tatsächlich jedoch hat es den Charakter eines großen, freundlichen Sommerhauses.

Die klare Erscheinung kann nun jedoch eine Einfachheit vorgeben, die so direkt nicht vorhanden ist. Die Transparenz und Übersichtlichkeit des Hauses läßt im ersten Moment die Einzelheiten zurücktreten. Die sorgfältige Proportionierung aller Teile, ihre sehr überlegte Verbindung und Weiteres erschließt sich erst nach und nach, ist aber für die geglückte Erscheinung sehr wichtig. Man spürt, daß viel Erfahrung und praktisches Wissen in das Haus mit eingeflossen sind. Ein wägender Ingenieursgeist war sichtbar am Werk.

Charles Eames
* St Louis (Miss)/USA, 17. Juni 1907
† St. Louis, 21. August 1978

Vermutlich liegt hier der Schlüssel zu der ganzen Architektur. Das Haus bringt ganz unauffällig, aber doch deutlich die Erinnerung an die Eisenkonstruktionen des 19. Jahrhunderts mit ein. Vielleicht war das dem Entwerfer gar nicht bewußt – ihm ging es in erster Linie darum, mit geringen Mitteln ein praktikables Haus zu erstellen – aber innerhalb einer größeren Übersicht schließt sich das Bild, und die fortwirkende Tradition wird für uns erkennbar. Plötzlich spüren wir, daß auch schon Henry van de Velde und Josef Hoffmann ähnliche Gedanken und Vorstellungen bewegt haben müssen, als sie die Dinge gestalteten, die weiter oben besprochen worden sind.

Wieder sehen wir eine Wohnung vor uns, bei der man spontan fragen möchte, warum nicht alle so aussehen wie diese. Die unverstellte Weite, die hier sichtbar und spürbar wird, ist doch bestimmt wohltuend, und den meisten Menschen müßte es leicht möglich sein, gleichfalls mit so wenigen Dingen auszukommen, wie es die Bewohner dieses Hauses offensichtlich können. Die Beschränkung auf das Notwendige wirkt hier – wie schon gesagt – alles andere als dürftig, sondern im Gegenteil überlegen und disponiert. Insofern hatte Charles Eames auch vieles aus der japanischen Architektur übernommen. Eine Wohnung nicht als Aufforderung zur Gewöhnung zu begreifen, sondern als eine Gelegenheit dazu, das alltägliche Leben möglichst effektiv und unbelastet zu gestalten, ist die Lehre, die uns dieses Haus vermitteln kann. Es verhindert, daß man als Bewohner in seinen Siebensachen träge und bequem wird.

Charles Eames war hier nur ausnahmsweise als Architekt tätig gewesen, in erster Linie entwarf er Möbel. Dieser Umstand vermag vermutlich zu erklären, warum das Haus so erfrischend unprofessionell wirkt und warum ihm ein überzogener gestalterischer Ehrgeiz fehlt. So baut nur jemand, der sich keiner besonderen Schule oder keinem bestimmten Stil verpflichtet fühlt. Auf der anderen Seite ist die Tatsache, daß jeglicher Dilettantismus vermieden worden ist, wohl das Ergebnis der Erfahrungen, die Charles Eames als Möbelbauer gemacht hat. Ähnliche Prinzipien wie bei dem Haus hatte er vorher bei einem einfachen Regalsystem entwickelt. Jedoch mit zum besten seines Œuvres gehören die Stühle aus Stahlrohr und Formholz, die er gleichzeitig mit dem Haus entwickelt hat. Sie waren »die« Sitzmöbel in der Nachkriegszeit. Weit verbreitet und viel benutzt repräsentierten sie in exemplarischer Weise einen amerikanischen Möbelstil, der sich damals herausgebildet hatte. Daß es sich dabei stets um Dinge handelte, die sehr industriell und technisch wirkten, war sofort deutlich zu spüren.

Charles Eames: Stuhl aus Stahlrohr und Schichtholz, hergestellt von »Herman Miller Furniture«, USA, 1946

Charles Eames: Eigenes Haus in Santa Monica, Kalifornien, 1949. Das Haus wurde weitgehend aus handelsüblichen Stahlprofilen hergestellt und war dadurch sehr billig. Trotzdem wirkt es reich

Die schöne Offenbarung aus dem Norden

Einflußreicher jedoch als das kollektive Wohnmodell des großen Franzosen Le Corbusier und einflußreicher auch als die unprätentiöse Gehäuse-Architektur des Amerikaners Charles Eames war nach 1950 der Wohnstil, der aus Skandinavien kam. Er sollte für längere Zeit so etwas wie ein Leitbild abgeben – vielleicht das letzte, das noch einmal eine solche Verbreitung finden konnte. Späterhin als »Teakholzwelle« verspottet, besaß – und besitzt – die skandinavische Wohnform doch erheblich mehr als nur modischen Charakter. Die immer noch anhaltende Begeisterung für sie ließe sich nicht erklären, wenn es nur um die Befriedigung eines zeitweiligen Bedürfnisses gegangen wäre. Eher ist es wohl so, daß es hier gelungen ist, die vielfältigen Sehnsüchte und Erwartungen des Publikums sehr treffend und langanhaltend zu erfüllen. Im Gewand einer nicht radikalen, sondern gemäßigt-modernen Haltung war es möglich, so etwas wie eine Symbiose zu erzielen. Zum erstenmal konnten sich beide Seiten begegnen, der sogenannte Publikumsgeschmack und die hochgesteckten Ansprüche der Entwerfer. Was die Reformer der zwanziger Jahre sich vorgestellt hatten, kam jetzt in gewandelter Form zur Reife.

Hatten jene noch auf das Material Stahlrohr gesetzt und Holz nur als Furnier benutzt (oder es unter lackschwarzer Farbe versteckt), so griffen die skandinavischen Entwerfer fast ausschließlich auf diesen traditionellen Werkstoff – auch in massiver Form – zurück. Die populäre Verbindung des nordischen Wohnstiles mit Teakholz ist nicht zufällig, sie trifft den Kern. Das Mittel der Verführung war hier tatsächlich dieses gute Material. Es wirkt sehr stabil, hat einen allseits passenden Farbton und eine zurückhaltende Maserung. Dadurch erscheint es moderner als andere Hölzer, die lebhafter gezeichnet sind und deshalb schnell aufdringlich sein können. Teakholz hatte früher viel Verwendung im Schiffsbau gefunden und war dadurch als ein geradezu technisches Material ausgewiesen. In den Augen der Architekten war es sicherlich akzeptabler als andere Waldprodukte. Außerdem kam es dank seiner Festigkeit der spezifischen Auffassung des skandinavischen Stiles sehr entgegen.

Diesen charakterisiert, daß er nicht nur mit Vorliebe »natürliche« Materialien verwendet – Backstein in der Architektur, Holz, Leder und Bast bei den Möbeln –, sondern daß er auch sehr pla-

Arne Jacobsen
* Kopenhagen, 11. Januar 1902
† Kopenhagen, 24. März 1971

stisch betimmt ist. Seine Zeugnisse sind deutlich modelliert und mit einem kräftigen Zugriff gestaltet worden. In der Architektur wird das erkennbar in einem wechselhaften, licht- und schattengebenden Zuschnitt der Häuser, der nicht zögert, auch harte Kanten auftauchen zu lassen. Besonders die Dachformen werden herausgestellt. Jedoch bleibt diese formale Dramatisierung stets kontrolliert, sie wird nie expressiv überzogen. Auf jeden Fall ist die skandinavische Architektur alles andere als ein »Heimatstil«, der Vertrautes in vereinfachter Form als neu anbietet, sondern eine originäre Schöpfung, die ihr Wissen um Traditionen nicht verleugnet.

Traditionen waren hier gleich zweifach eingeflossen. Einmal taten das die eigenen, spezifisch nordischen Gebräuche, also lang erprobte Lebensgewohnheiten, zum anderen besorgte dieses die junge Tradition des Neuen Bauens. Der besondere Verdienst der skandinavischen Länder war es ja gewesen, die moderne Architektur über den Winter gerettet zu haben, den die dreißiger und vierziger Jahre für sie darstellten. Als man in Deutschland und anderswo daran ging, die junge fortschrittliche Bewegung zu liquidieren, fand sie im Norden eine neue Heimat. Hier konnte sie sich dann langsam, aber stetig und immer subtiler fortsetzen.

Von schlüsselhafter Bedeutung ist dabei eine Ausstellung, die 1930 in Stockholm stattfand. Obgleich es sich nach außen hin um ein primär architektonisches Ereignis handelte, war die Veranstaltung doch in Wirklichkeit viel mehr. Sie führte nicht nur das Neue mustergültig vor, sondern sie vermittelte es so begeisternd, daß sich spontan Gegenliebe einstellte. Die bunt und heiter wirkende Ausstellung war außerordentlich erfolgreich und setzte die Moderne in Schweden gleichsam von einem Tag auf den anderen durch. Was in Deutschland immer nur in Ansätzen geschehen war, nahm hier die Form eines uneingeschränkten Bekenntnisses an. Es sollte sich dann zeigen, daß diese Äußerung nie mehr zurückgenommen wurde. Modernes Bauen gehörte in den folgenden Jahren zum spezifischen Ausdruck einer unverwechselbar skandinavischen Kultur.

Die Stockholmer Ausstellung konnte natürlich aufbauen auf dem, was in dem Jahrzehnt zuvor entwickelt worden war. Sie kam im richtigen Moment, um eine bereits reife Ernte einzubringen. Die zeitliche Verzögerung bei der Wahrnehmung der neuen Tendenzen wirkte sich für den Norden sehr vorteilhaft aus.

Das dänische Haus, das hier stellvertretend für die »Skandinavische Schule« gezeigt wird, besitzt die individuelle und durchaus eigenwillige, aber nie doktrinäre Haltung, die für die nordische Bauweise kennzeichnend ist. Wichtig ist nun auch, daß nicht mehr das freistehende – und damit meistens zu teure – Haus das Modell abgibt, sondern das platzsparend gereihte. Zweifellos ist dieses noch am ehesten dazu geeignet, den Wunsch nach einem eigenen Heim finanziell möglich zu machen. Trotz des geringen Abstandes untereinander besitzen die einzelnen Parteien genügend Schutz durch die gestaffelte Anordnung der Baukörper. Im Innern ist die Zweistöckigkeit zu einer schönen räumlichen Ausweitung genutzt worden. Möbel stehen nur in der notwendigen Menge in dem Haus. Dabei muß besonders auf die Stühle hingewiesen werden, die um den runden Tisch stehen und die auch von dem Architekten des Hauses – Arne Jacobsen – entworfen worden sind. Mit diesem stapelbaren Möbel aus Formholz und Stahlrohr ist ihm eines der besten Beispiele dieses Jahrhunderts geglückt. Im Material eher noch der »klassischen« Moderne von 1930 verbunden, ist es durch die modellierte Form deutlich ein Produkt der ersten Nachkriegszeit.

Arne Jacobsen: Oberer Teil der Wohnhalle in einem Reihenhaus in Søholm, Dänemark, 1950. Der Absatz in der Dachform ist ausgenutzt worden für eine zusätzliche und reizvolle Belichtung

Der untere Teil der Wohnhalle mit rundem Eßtisch

Die Straßenseite der Reihenhäuser. Durch den Versatz ergeben sich Winkel, in denen geschützt die Eingänge liegen

So würde auch der Liebe Gott gern wohnen

Zu den großen Gestalten der Nachkriegsarchitektur gehörte Richard Neutra. Er war so etwas wie ein Architektur-Prophet, der geliebt und von Verehrung getragen durch die Lande reiste und seine schönen Vorstellungen von einem befreiten Wohnen dem Publikum erläuterte. Von allen großen Architekten seiner Generation war er bestimmt der eloquenteste, sowohl was seine Redegabe anbetraf wie auch in bezug auf seine Architektur, die sich gleichfalls leicht vermitteln konnte. Die schönen, vielgestaltigen und offenen Einfamilienhäuser, die Richard Neutra in großer Zahl in Kalifornien baute, waren zu ihrer Zeit sehr geschätzt und weithin bekannt. Sie sind wirklich so etwas wie »Traumhäuser« – aber nicht etwa, weil sie unerreichbar fern erschienen, sondern weil man sich so leicht in sie hineinversetzen konnte. Der Umstand, daß sie immer große Fenstertüren besaßen und stets ebenerdig waren, also ohne Sockel auskamen, machte sie in besonderer Weise zugänglich. Aber es war nicht nur das. Ihre Gestaltungsweise war so transparent, daß auch ein Laie sie nachvollziehen konnte. Das Prinzip, das Neutras Häusern zugrunde liegt, wirkt nicht wie ein solches, sondern suggeriert eher, ziemlich zufällig zu sein: Ein paar leicht zusammengetragene Teile ergaben ein Haus! Etliche Stützen, einige Deckenplatten und Balken, dazu wenige feste Elemente in Form von Einbauschränken, kaum feste Wände – das alles genügte schon.

Natürlich ist auch hier die Sache nicht ganz so einfach. Genaugenommen sind die Häuser von Richard Neutra voller Raffinesse. Sie wirken auf Grund ausgeklügelter Einzelheiten größer, als sie sind. Hintereinander liegende Durchgänge entlang der Fensterseiten ergeben weite Durchblicke, Fenster werden ohne Sprossen ausgebildet und wirken dadurch größer, erst recht dann, wenn sie in gleicher Weise auch noch um die Ecke gezogen werden. Die Räume verlieren sich durch wandhohe und versenkbare Fenster gleichsam nach draußen, die Grenzen zwischen Haus und Natur sind nicht mehr genau auszumachen. Besonders geschickt ist der Trick, zimmerhohe Spiegel im rechten Winkel zu den Fensterwänden anzuordnen. Letztere verdoppeln sich dann und lassen den Raum überraschend offen erscheinen. Der Fortfall einer Zimmerecke hat eine ungewöhnliche Ausweitung zur Folge.

Richard Neutra
* Wien,
8. April 1892
† Wuppertal,
16. April 1970

Der freiwillig und früh in die USA ausgewanderte Österreicher Neutra war im Grunde ein Erbe Frank Lloyd Wrights. Er griff die Ideen, die dieser amerikanische Architekt vor dem 1. Weltkrieg entwickelt hatte, während der dreißiger Jahre auf und vollendete sie in zahlreichen Beispielen nach dem Zweiten Weltkrieg. Auch bei ihm ist mit Vorliebe ein Kamin der Angelpunkt des ganzen Hauses, und in gleicher Weise, wie schon bei Frank Lloyd Wright, gehen vier verschieden lange Flügel von diesem Kern aus. In den Winkeln liegen Eingangshöfe oder geschützte Terrassen. Im Innern gehen die Räume genauso ineinander über, wie das schon in den älteren Vorbildern der Fall gewesen war. Möbel sind hier wie dort nur selten anzutreffen, das meiste ist fest eingebaut. Jedoch hatten sich inzwischen die architektonischen Elemente wesentlich vereinfacht. Neutra kommt mit Primärformen aus, wo Frank Lloyd Wright noch zahlreiche Differenzierungen benutzte. Das trägt mit zu der Popularität bei, von der zu Beginn die Rede war. Die Häuser verzichteten scheinbar auf jeden Kunstcharakter – aber wie gesagt, taten sie das nur scheinbar.

Da sie zumeist inmitten einer üppigen Vegetation stehen, erhalten sie gern eine paradiesische Wirkung. Sie sind gleichsam als erste auf die Welt gekommen, Nachbarn gibt es noch nicht – oder sie sind doch zumindest weit entfernt und hinter hohen Pflanzen versteckt. Natur und Zivilisation leben einträchtig miteinander. Dieser Eindruck zusammen mit der unkomplizierten Erscheinungsweise gibt diesen Häusern das Aussehen großer Unschuld. Sie sind makellos in sich, aber auch makellos und unbefleckt in bezug auf das Publikum. Ihre menschenfreundliche Wirkung ist schon erwähnt worden. Wichtig ist, daß sie das Gefühl vermitteln, der Architekt habe sich sozusagen ganz zurückgezogen und statt einer Selbstdarstellung nur lose gehäufte Bausteine geliefert. Daß auch Richard Neutra seinen speziellen Stil hatte, ist trotzdem mühelos zu erkennen, aber in seinem Fall wirkt er spielerisch und deshalb barrierenlos.

Das angenehme Bild darf uns jedoch nicht täuschen. Die meisten Häuser von Richard Neutra stehen in einer Umgebung, die alles andere als durchschnittlich ist. Das schöne Modell, das sie abgeben, hat nur eine beschränkte Verbindlichkeit für die Wohnsituation im allgemeinen. Kalifornien ist nun einmal ein besonders bevorzugter Teil der Erde.

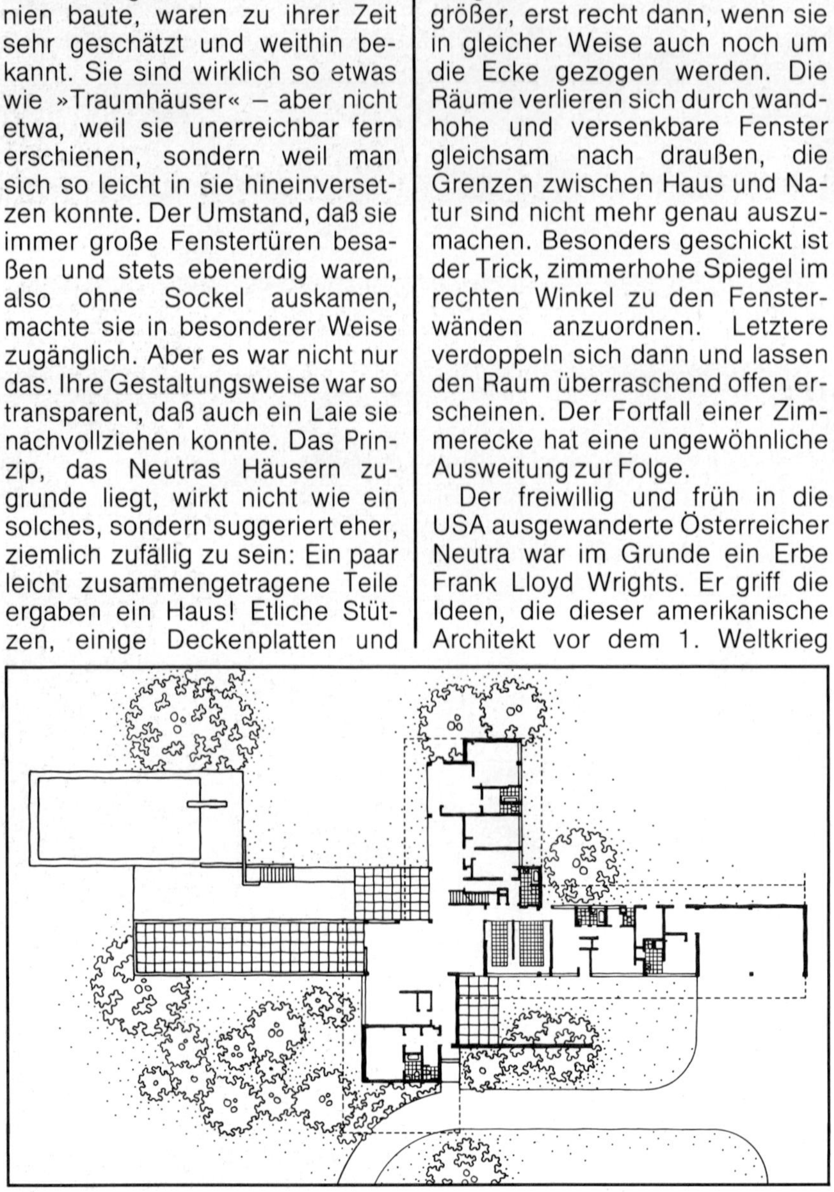

Typischer Grundriß eines Hauses von Richard Neutra. Vier Flügel greifen in die Landschaft aus und ziehen in das Innere mit ein

Richard Neutra: Großer Wohnraum in einem Haus in Kalifornien, um 1950. Durch die großen, wandhohen Fenster gleiten Innen und Außen ineinander über, die Trennung ist fast nicht mehr spürbar

Richard Neutra: Schlafzimmer in einem Haus in Kalifornien, um 1950. Durch die geschickte Einfügung des Spiegels neben der Fensterwand verdoppelt sich diese und weitet den Raum sehr aus

Ein weiteres Kapitel über Skandinavien

Als deutlich wurde, daß die moderne Entwicklung nach dem zweiten Weltkrieg in Deutschland kaum Einlaß gefunden hatte, wurde versucht, das durch ein spekulatives Ereignis zu ändern. Gemeint ist damit die »Interbau« in Berlin. Hier sollte – indem man sich den internationalen Maßstab ins eigene Land holte – nachgetragen werden, was man bisher versäumt hatte. Wie hilfreich und propagandistisch wertvoll Ausstellungen sein konnten, hatten unter anderem die Veranstaltungen auf dem Weißenhof in Stuttgart (1927) und die Stockholmer Ausstellung von 1930 bewiesen. Sicherlich dachte man an diese Ereignisse, als man daran ging, für 1957 eine große Architektur-Ausstellung in Berlin zu initiieren. Außerdem war ein solches Unternehmen sehr gut dazu geeignet, die Tradition im modernen Bauen zu erneuern, die Berlin besaß. War es nun seinerzeit in Stuttgart so gewesen, daß die führenden deutschen Architekten sich einige ausländische Freunde zur Beteiligung einluden – was aufgrund des Ansehens, das die deutsche Architektur damals genoß, ohne Peinlichkeit war –, so mußte in Berlin der eigene Beitrag gering bleiben. Die meisten Bauten wurden an bekannte Architekten aus Frankreich, Italien, Skandinavien, Südamerika und der Schweiz vergeben, die sich ihrer eigentlichen Aufgabe, modellhafte Wohnsituationen zu schaffen, zum Teil vorzüglich, zum Teil aber auch etwas gleichgültig unterzogen. Den meisten Beifall fanden – wen wundert's heute – die skandinavischen Beiträge. Sie gaben zweifellos die besten Antworten auf die gestellten Fragen.

Neben dem schwedischen Mehrfamilienhaus der Architekten Jaenecke und Samuelson war es besonders die ungefähr gleichgroße Anlage des finnischen Architekten Alvar Aalto, die zum Mittelpunkt der Ausstellung wurde. Man kann sagen, daß sie nicht nur viel beachtet, sondern geradezu geliebt wurde. Während die schwedischen Entwerfer ein streng funktionelles, gut proportioniertes, aber letzten Endes zu mechanisch wirkendes Haus beigesteuert hatten, gelang es ihrem finnischen Kollegen, seiner Architektur eine solche Fülle von Differenzierungen mitzugeben, daß der Bau wie ein atmender Organismus erschien. Die Starrheit einer reinen Reißbrettarchitektur war hier vermieden worden zugunsten einer Gestaltung, die mancherlei Knicke, Brechungen, Absätze und Stufen kannte. Plötzlich erfuhr man, daß es auch anders ging. Man lernte, daß eine große Form keineswegs ohne individuelle Züge auskommen mußte.

Alvar Aalto
* Kuortane/Finnland
3. Februar 1898
† Helsinki,
11. Mai 1976

Aalto war davon ausgegangen, daß der Wohnraum der zentrale Ort zu sein habe und daß sich die anderen Zimmer um ihn herum gruppieren müßten. Er vermied damit den gleichgültigen Eindruck, den Wohnungen haben, bei denen die Räume beidseits eines Korridors angeordnet sind. Der Wohnraum ist etwas zurückgesetzt, so daß sich vor ihm noch eine tiefe Terrasse ergibt. Zu dieser öffnen sich dann der Eßplatz der Küche, der Wohnraum und das größte der Schlafzimmer. Die Terrasse ist dadurch nicht – wie üblich – ein Anhängsel, sondern sie bildet die Fortsetzung des Wohnraumes im Freien.

Was die Wohnungen in Alvar Aaltos Haus sehr schön vermitteln können, ist so etwas wie ein Familiengefühl. Der Wohnraum ist keine geschonte »gute Stube«, in der man sich nur nach Verabredung trifft, sondern er ist tatsächlich das Herz des ganzen Organismus. Auf der nebenstehenden Seite ist eine der Wohnungen in Aaltos Haus mit den Möbeln eingerichtet, die dieser Architekt entworfen hat. Wir haben Aalto als Möbelgestalter schon in dem Schweizer Wohnhaus aus den dreißiger Jahren kennengelernt, wo ein Sessel und ein Sofa von ihm standen. Seitdem hat er für die Firma Artek das Prinzip der verleimten Holzschichten zu immer neuen Entwürfen benutzt. Die Tische und Stühle in unserem Beispiel sind in dieser Art gestaltet. Ein dabei typisches Ergebnis sind die gerundeten Übergänge.

Gleichfalls von Aalto stammt die Lampe mit dem vielfach gestuften Körper. Durch die verschiedenartigen Auslässe ergibt sich ein sehr nuancenreiches Licht. Ähnlich wie bei seinen Möbeln fand der Architekt auch für Lampen zahlreiche Variationen.

Aalto war 1930 einer der jüngsten Architekten innerhalb der Avantgarde, aber ähnlich wie seine etwas älteren Weggenossen bekam er die meisten Aufträge erst nach dem Kriege. Unter ihm erlebte die skandinavische Architektur eine außerordentlich reiche Entwicklung, was sich nicht durch eine unmittelbare Schülerschaft ausdrückt, sondern in der Begründung einer sehr facettenreichen Tradition. Trotz unterschiedlicher Handschriften ist bei allen beteiligten Architekten immer ein sehr humaner Grundton zu erkennen. In Skandinavien ist es gelungen, industrielle Herstellungsmethoden mit einem Formgefühl zu verbinden, das noch das Ethos des Handwerks kennt, aber nicht in den Fehler verfällt, es mechanisch tradieren zu wollen.

Das gute Vorbild, das die skandinavischen Architektur- und Möbelformen abgaben, fand schnell Nachahmung. Wie immer in solchen Fällen war die Kopie um Grade schlechter als das Original. Eine Welle von pseudo-skandinavischen Dingen überschwemmte den Markt, lauter Vergröberungen von ursprünglich subtil und gewissenhaft entwickelten Formen. Die Holzteile gerieten nun keulenartig, Gelenke schwollen unmäßig an, und die Beine an Stühlen, Schränken und Tischen standen unsinnig schief. Sessel wuchsen sich zu molluskenartigen Gebilden aus, bei denen man befürchten mußte, daß sie den Benutzer heimtükkisch in sich einschließen würden, um ihn nie wieder freizugeben. Diese merkwürdigen Formexzesse waren möglicherweise ein Ausgleich für die Prüderie, die ansonsten in den fünfziger Jahren herrschte. Was die als »frei« beargwöhnten Skandinavier längst für sich sublimiert hatten, wurde bei uns nach wie vor in Mißkredit gebracht. Möbel mußten da als Ersatz dienen. Was Wunder, daß diese spreizfüßigen Gebilde gelegentlich richtig obszön aussahen. Jedoch die schwellgliedrigen Dinge blieben unbeweglich, auch wenn sie oft das Gegenteil suggerieren wollten.

Der zentrale Raum in einer Wohnung des Hauses von Alvar Aalto. Die Möbel stammen vom selben Architekten. Sie wurden ab 1930 entwickelt und werden seitdem von der Firma »Artek« produziert

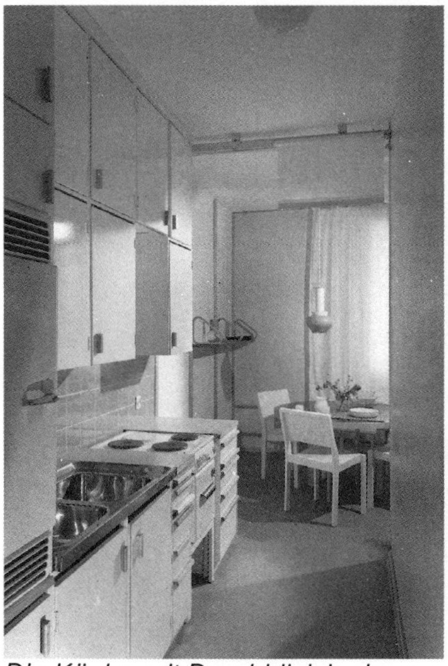

Die Küche mit Durchblick in den anschließenden Eßraum.

Alvar Aalto: Wohnhaus in Berlin, erbaut im Rahmen der Ausstellung »Interbau«, 1957. Es war damals einer der wichtigsten Beiträge

Eine Musterwohnung auf der »Interbau« in Berlin 1957. Eingerichtet war sie mit Möbeln der Firma Knoll International, die damals eine führende Position unter den Möbelherstellern besaß

Offene Küche und Eßplatz im schwedischen Haus der »Interbau«

Skandinavien auf deutsch: Wohnung in dem Haus des Architekten Hans Schwippert. Beachtenswert ist das Musikmöbel der Firma Braun

Musterwohnung im Haus des Schweizer Architekten Walter Senn, gezeigt auf der »Interbau« in Berlin, 1957. Die Zusammenstellung der Möbel wirkt nicht ganz überzeugend, ist aber doch annehmbar

Ein Jahr nach der »Interbau« war dies das schwache Echo!

Eine angebliche Musterwohnung, 1958 in einem der Häuser der »Interbau« gezeigt – typischer Kitsch der fünfziger Jahre

Dieses Haus sieht aus wie viele andere

Bisher ist diese Darstellung der Grundmotive des modernen Wohnens mit Beispielen bestritten worden, denen eine besondere Bedeutung beigemessen werden konnte. Sie gaben stets musterhaft etwas vor und konnten als wirklich exemplarisch gelten. Es ist versucht worden, Extreme zu vermeiden, aber dennoch Situationen zu schildern, die in der einen oder anderen Weise für mehr als nur sich selbst stehen. Das Haus, das nun auf diesen Seiten behandelt wird, ist dagegen ein Zufallsbeispiel, es könnte mühelos ausgewechselt und durch ein ähnliches ersetzt werden. Die Absicht ist, eine Wohnung zu zeigen, die endlich so normal ist, daß sie überhaupt nicht mehr auffällt. Es soll bekundet werden, daß sich inzwischen – wir sind mittlerweile bei 1970 angelangt – die Entwicklung so eingependelt hatte, daß sie Ergebnisse zeitigte, die von wohltuender Neutralität sind. Nichts will hier mehr sein, als es wirklich ist. Wir könnten sagen, wir sind am Ziel.

Eine Zeitlang sah es tatsächlich so aus, als ob sich unsere traditionelle Stilgeschichte selbst zu einem Ende gebracht und gleichsam aufgelöst hatte. Jedoch dauerte dieser paradiesische Zustand in dieser Reinheit nicht allzu lange an. Wie alle solche Situationen scheiterte auch er an seiner Evolutionslosigkeit, die ein Widerspruch zum Leben ist. Der Verzicht auf Entwicklung bedeutet das Ende – sowohl der Geschichte, wie auch der menschlichen Auseinandersetzung kraft der Feststellung von Unterschieden. Ist die ideale Form erreicht worden, dann entfallen die vergleichenden Bestrebungen, weil das Ideal ja alles besetzt. Es würde nicht Geringeres neben sich bestehen lassen. Das gilt dann nicht nur für die Gestalt der Dinge, sondern auch in Analogie dazu für die menschliche Gesellschaft. Wären alle Menschen in gleicher Weise gut, dann wären sie unfähig, sich gegenseitig zu erkennen. Hätten sie alle ideale Wohnungen, dann wüßte man nie, wen man darin antrifft. Wenn auch nicht alles in der Welt identisch wäre, so doch gleichwertig – also letzen Endes wertlos, weil da der Maßstab nach oben oder unten fehlen würde. Auch ist zu bedenken, daß das Leben im Paradies ein besinnungsloser Zustand ist, der weder den Gedanken an die Zukunft kennt, noch den Wunsch, sich der Vergangenheit erinnernd zu nähern. Beides ist grausam. Also werden wir froh sein müssen, wenn wir weiterhin in wechselhaften Zeitläufen leben können und somit auch inmitten von »Stilen«, die der äußere Ausdruck dafür sind, daß es sinnvoll ist, sich in dieser Welt einzurichten.

Zu der idealen Stillosigkeit des nebenstehenden Hauses trägt wesentlich bei, daß die Wohnung eigentlich nicht als wirklich gelungen bezeichnet werden kann. Sie stellt ein Paradies mit Fehlern dar. Die Gegenstände haben sich zusammengefunden, aber richtig zueinander passen tun sie nicht. Die biedermeierliche Ottomane im Vordergrund ist ein wenig zu anspruchsvoll für ihre Umgebung und steht deshalb ziemlich ungelenk und reichlich feierlich im Raum. Deutlich ist zu spüren, daß man nicht gewußt hat, was man mit ihr anfangen sollte, der Umgang mit Historie fällt eben schwer. Die Safari-Sessel sind zwar sehr schöne und sympathische Möbel, aber doch etwas zu einfache Kameraden für das kostbare Stück nebenan, und der niedere Tisch paßt nun weder zu der Ottomane noch zu den Sesseln, er ist schlichtweg ein Fremdkörper mit schlechten Proportionen. Auch die Kombination des alten Mittelfußtisches mit den Thonetstühlen tut weh. Letztere wirken in dieser Zusammenstellung einfach zu billig, was auch dadurch nicht geändert wird, daß sie weiß gestrichen worden sind. Diese Farbe paßt weder zu ihnen selbst noch zu dem polierten Tisch. Auch die rote Hängelampe ist keine glückliche Wahl gewesen.

Über die Mode, Bauernschränke in die Städte zu verschleppen und sie dann dort als Ankerplätze fürs Gemüt zu benutzen, kann man sicherlich streiten. Zugunsten dieser zweifelhaften Sitte läßt sich jedoch sagen, daß die Schränke am neuen Ort wahrscheinlich besser behandelt werden als am ursprünglichen. Die Gegenstände, die man nun hier auf dem Schrank abgestellt hat, deuten an, daß sich der Respekt vor ihm in Grenzen hält und der Fehler vermieden worden ist, ihn zu einem Kultobjekt zu machen. Auch seine Umgebung bekommt ihm gut. Das Regal im Vordergrund ist allem Anschein nach eine vernünftige Einrichtung, nur steht sie leider nicht am richtigen Platz im Raum.

So gesehen stimmt vieles nicht in diesem Haus, und doch – oder gerade deswegen – wirkt es sympathisch. Es ist nicht »eingerichtet«, sondern wird mit Hilfe von Möbeln, die sich nun einmal in einer bestimmten Konstellation versammelt haben, bewohnt. Statt einer perfekt durchgeplanten Inszenierung begegnet uns eine wohltuende Improvisation. Die Besitzer geben ihre eigene Unvollkommenheit in einer Weise zu erkennen, die sehr für sie einnimmt. Man erhält das Gefühl, daß Änderungen möglich sind, daß nichts wirklich endgültig ist – und damit auch nicht unser Urteil.

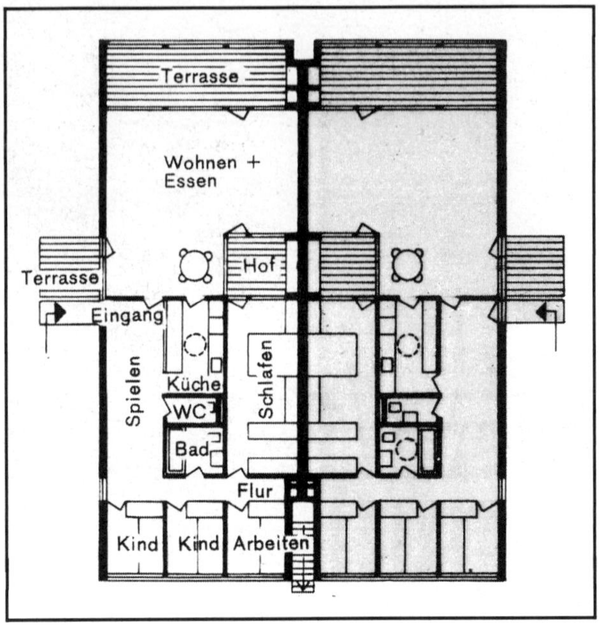

Erdgeschoßgrundriß eines Doppelhauses für zwei Architekten bei Karlsruhe. Die Kellertreppe wird der Billigkeit halber gemeinsam benutzt

Renate und Just Prasse: Großer Wohnraum im eigenen Anteil des von ihnen und dem Architekten Josef Peter Treitz erbauten Doppelhauses bei Karlsruhe, um 1970. Im Hintergrund die Küche

Straßenseite des Hauses Treitz/Prasse. Die sehr unauffällige Gestaltung wirkt außerordentlich sympathisch. In der Fuge zwischen den Häusern liegt die nicht überdeckte Kellertreppe, die von beiden Familien benutzt wird

Narziß und Goldrand in der Architektur

Auf der vorangegangenen Seite ist von dem Zwiespalt gesprochen worden, der zwischen dem Wunsch besteht, ein Ideal zu erreichen, und der Notwendigkeit, diesem immer wieder zu entkommen. Wenn das Wohnen eine sehr selbstverständliche Form angenommen hat, können wir sagen, die beste aller Möglichkeiten erreicht zu haben, müssen uns aber gleichzeitig eingestehen, ein Ergebnis zu besitzen, das durchschnittlich, vielleicht sogar langweilig ist. In dem Moment, da das Problem endgültig gelöst ist, fühlen wir uns um eine Anregung betrogen, das Leben ist ärmer geworden, wir haben eine Beschäftigung weniger. Das Wohnen ist dann eine unauffällige Sache, die wie von alleine läuft, funktionell und ohne inneren Widerspruch, aber auch von zunehmender Gleichgültigkeit erfüllt. Es fehlt der Stachel, der uns reizt, sei es nun, damit wir an unserer Umgebung leiden, oder sei es, damit uns ihr Anspruch ständig herausfordert.

Was sich im Kern hier abzeichnet, ist das Schwanken zwischen Natur und Gestaltung, zwischen Rückzug und mutigen Ausfall. Erscheint eine Wohnung wie »gewachsen«, dann könnten wir sie für die Erfüllung halten und uns mühelos in ihr einrichten, ist sie jedoch absichtsvoll und kompliziert angelegt, dann erntet sie entschieden mehr Anteilnahme. In dem einen Fall erfahren wir nur wenig über die Besitzer – höchstens, daß wir deren Konformität ahnen können –, im anderen Fall verrät uns ihr »Stil« einiges über die Lebens- und Charaktereigenarten der Menschen, die hier wohnen. Wir nehmen dann an einer mehr oder weniger offenen Selbstdarstellung teil. Daß sie auch peinigend sein kann, ist schon gesagt worden.

Dergleichen Dualität hat nur für den oberflächlichen Beobachter etwas gemein mit dem Gegensatz von Demokratisierung und elitärem Entzug. Sie ist auch keine Frage des Geldes. Vielmehr geht es hier um die Unterscheidung zwischen verschiedenen Temperamenten und Bewußtseinsgraden. Introvertierte Naturen werden den ersten Weg wählen, extrovertierte den zweiten wagen – wie überlegt oder nicht das geschieht, ist dann eine Sache der Selbsterkenntnis.

Reflektion über die eigene Position ist symptomatisch geworden für die Architektur der letzten Jahre. Als eine Bewegung gegen das Absacken der Entwicklung in eine nur zweckbestimmte Funktionalität ist die »Postmoderne Architektur« entstanden. Die Bezeichnung sagt deutlich, daß man sich nicht revolutionär empfindet, sondern sich als Spätform sieht. Eine leichte Resignation schwingt mit, Anflüge von Dekadenz werden nicht geleugnet. Die Parole könnte auch etwas optimistischer so lauten: Die Moderne ist tot, es lebe die Moderne! Damit will gesagt werden, daß man zwar genau weiß, worauf man auch heute nach wie vor fußen muß, nämlich auf den Erkenntnissen seit der Überwindung des Historismus, daß man diese aber diffiziler handhaben muß als bisher. Der zielstrebige Übermut, der zeitweise in der Architektur geherrscht hat, die fröhliche Banalität des allzeit Bereiten, die unbedenkliche Ausschlachtung der Ergebnisse durch Zweit- und Drittklassige – alles das soll zu einem Ende kommen und ersetzt werden durch einen größeren Ernst. Nicht im Umsturz, sondern in der Besinnung wird das Heil gesucht.

Zu diesem Prozeß gehört dann auch, daß man sich wieder der Anfänge erinnert, also auf jene Zeiten zurückblickt, als die Avantgarde noch frisch und unbefleckt war und mit dem Elan des neuen Glaubens eine Reinheit des Stiles erzielt hatte, die heute, nach Jahrzehnten des Verschleißes, staunende Bewunderung finden muß. So werden denn mit Vorliebe Bauformen der zwanziger und frühen dreißiger Jahre wiedererweckt, deren keusche Kühnheit ja einmal ein großes Versprechen gewesen ist. Aus der Berührung mit diesen Dingen erhofft man sich gleichsam die Rückgewinnung der eigenen Unschuld.

Zweifellos ist diese Besinnungsarbeit ein achtenswerter Prozeß. Er läßt Reife und Erkenntnisfähigkeit deutlich werden, und mit der bewußten Erneuerung eines modernen Stilbildes wird ein hohes Ziel angestrebt, aber es fragt sich doch, ob das alles nicht zu absichtsvoll betrieben wird. Der narzißtische Chic, der überall sichtbar wird, kann verstimmen und mißtrauisch machen. Eine schöne Luftblase für die wenigen, die es immer schon anders haben mußten, oder eine legitime Antwort für ein latentes und allgemeines Bedürfnis von vielen? Das Urteil darüber kann heute wohl noch nicht gefällt werden.

Um die Erlernbarkeit und damit »Stilfähigkeit« der jüngsten Entwicklung deutlich zu machen, ist als Beispiel hier nicht eines der schon reichlich berühmten amerikanischen Flaggschiffe, die vor Jahren die neue Richtung begründet haben, gewählt worden, sondern ein eher epigonales Produkt aus der zweiten Reihe. Der Kenner weiß sogleich, woher das alles stammt, was an dem Haus des Architekten Ante Josip von Kostelac zusammengetragen worden ist. Die Anklänge an die Architektur der klassischen Moderne sind leicht zu erkennen in den kubischen Formen und in der Behandlung der Fenster. Auch die räumliche Gliederung erinnert an damals. Fast unnötig ist es, auf die Feier der weißen Farbe hinzuweisen, die hier nach fünfzig Jahren wiederholt wird. Und natürlich stammte auch ein Teil der Möbel »aus der Zeit«. Alles hat seinen ausgeklügelten Platz, und ein leises, aber unüberhörbares »noli me tangere« schwebt über dem Ganzen. Die schöne, etwas zerbrechliche und allürenhafte Zelebrierung eines Stiles, die hier betrieben wird, ist unübersehbar. Doch da es sich nur um die Neuauflage von schon Bekanntem handelt, es also um eine Art Historismus geht, muß man fragen, ob wir es mit einem Stil aus innerer Notwendigkeit zu tun haben oder nur mit dem verschleppten und verzögerten Abschied vom letzten aller guten Stile in diesem Jahrhundert. Die Wiederkehr von »1930« ist jedenfalls ein Phänomen, über das nachgedacht werden muß. Geht es darum, eine Kontinuität herzustellen, die darauf zielt, die »klassische Moderne« als absolute, letzte Lösung zu manifestieren, oder kommt man nur deshalb auf sie zurück, weil einem nichts Neues mehr einfällt? Handelt es sich um ein bewußtes Bekenntnis, oder ist alles nur das Ergebnis von Resignation? Die Zukunft wird darüber Auskunft geben, ob es noch eine Entwicklung – und damit die Fortsetzung einer Stilgeschichte – geben wird oder nur Rekapitulation.

Ante Josip von Kostelac: Große Wohnhalle im eigenen Haus in Malchen bei Darmstadt, um 1975. Blick zum Kaminsitzplatz und zum großen Eßtisch, die Möbel stammen zum Teil von Ludwig Mies van der Rohe

Schmalseite des Hauses Kostelac mit der erhöhten und verglasten Mittelzone, die sich wie eine Fuge längs durch das ganze Haus zieht und Licht in reichem Maße durch mehrere Geschosse schickt

Kleine Huldigung an die kluge Leserschaft

Die letzten Worte auf der Schlußseite möchte ich gern umgehen. Als Ausgleich dafür, daß ich hier auf Wunsch der freundlichen Redaktion selbst im Bild erscheine, trete ich den Platz lieber an eine frühe Leserin von SCHÖNER WOHNEN ab, die für Heft 4 des Jahres 1960 einen Leserbrief geschrieben hat, der es in vieler Hinsicht wert ist, noch einmal abgedruckt zu werden. Er ist sowohl klug wie auch temperamentvoll und prägnant. Man spürt in jeder Formulierung den unabhängigen Geist, der ihn verfaßt hat. Es ist wirklich eine Lust, ihn zu studieren, weil er sein Urteil auch mit Kenntnissen untermauert, und was ihn in meinen Augen so wohltuend von den üblichen Einsendungen unterscheidet, ist der Umstand, daß hier nicht pikiert die Meinung der Redaktion gerügt wird, sondern diese in einer Weise bestätigt wird, die alles andere als eine Wiederholung ist. Dafür bringt die Verfasserin viel zu viele eigene Gedanken mit ein.

Die Erwägungen um »Stil« oder »Nicht-Stil« werden schnell, bündig und pointiert erledigt und die Internationalität der modernen Entwicklung erfrischend unsentimental konstatiert. Die deutsche Schwerfälligkeit des »am Wohnen sollen wir gesunden« ist genauso deutlich angesprochen worden wie die Katalogisier- und Benennungswut durchschnittlich begabter Kunsthistoriker. Eigentlich ist der Brief ein kurzgefaßtes Resumee dessen, was ich hier auf vielen Seiten zu erklären versucht habe. Wer Glück hat, fängt gleich am Ende an und beginnt mit den Worten von Frau Dr. Madeleine Müller-Gerwinsky in Essen:

»Seitenblick auf die Ewigkeit«
Zu »Haus Liljestrand«, auf Hawaii. Dieses Haus könnte ebensogut in Oberbayern, in Norwegen, in der Schweiz, in Australien, in Nord- und Südamerika, in China wie in Hawaii stehen. Es hat keinen Heimat- und auch keinen eigentlichen Zeitstil. Und dennnoch hat es – Stil. Es ist modern, es ist ein Haus von heute. Erwägungen wie Flachdach oder Spitzdach, ländlich oder städtisch, Villa oder Bungalow, Heimat- oder Kolonialtyp kommen beim Betrachten der Fotos gar nicht erst auf. Man denkt nicht an »Architektur«, nicht an »Neue Sachlichkeit«, nicht an das »20. Jahrhundert, und was wir ihm schuldig sind«, also nicht an ästhetische Programme und Parolen, auch nicht an Städteplanung und dergleichen, sondern man sagt sich: »Da läßt sich's wohnen! Da macht das Wohnen Spaß!« Ich glaube, wir kämen mit unseren Bau- und Wohnproblemen weiter, wenn wir ebenso praktisch, aber auch ebenso unbekümmert wie die Liljestrands und ihr großartiger Architekt ans Bauen herangingen. Bei uns aber wird, wie in allen Dingen, auch aus dem Bauen und Wohnen immer so etwas wie eine Weltanschauung gemacht. Wir geben uns zuviel Mühe, »zeitnahe«, »materialgerecht«, »weltoffen« – und wie die Schlagworte alle heißen, zu bauen. Jedes Gebäude soll immer gleich so etwas wie ein architektonisches »Denkmal« oder »Bauwerk« sein, das »den Geist der Zeit atmet«. Dabei kann doch nur Krampf herauskommen. Ich glaube, die schönen und »klassischen« Wohnhäuser vergangener Zeiten sind nur deshalb so wohlgeraten, weil sich weder die Baumeister noch die Bauherren um ästhetische Manifeste und dergleichen groß gekümmert haben. Diese gewisse Nonchalance sollten wir uns, dem Beispiel der Liljestrands folgend, wieder angewöhnen. Ob sich daraus der »Baustil des 20. Jahrhunderts« ergibt, kann uns kalt lassen. Die Kunsthistoriker der Zukunft werden ihn schon entdecken. Mir kommt es immer so vor, als schielten unsere Architekten mit einem Auge auf den Grundriß und mit dem anderen nach Ewigkeitswerten. Und gerade dieser Seitenblick auf die Ewigkeit trübt den Blick für die Gegenwart – wenigstens in der Kunst.

Der Autor, Klaus-Jürgen Sembach, geboren 1933 in Magdeburg, hat in Stuttgart Architektur studiert, 1961 Diplom gemacht. Während des Studiums hat er den Nachlaß Henry van de Veldes inventarisiert. Von 1961 an war er Mitarbeiter von »Die Neue Sammlung« in München, hat Ausstellungen über Architektur, Design und Fotografie konzipiert und gestaltet. Seit 1980 leitet er das Centrum Industriekultur Nürnberg, baut dessen Sammlung auf und konzipiert Ausstellungen, so die zum 150jährigen Jubiläum der Deutschen Eisenbahn 1985

Noch ein Nachsatz: Frau Dr. Müller-Gerwinsky hat recht behalten, das Haus Liljestrand ist anonym geblieben und nicht in die Kunstgeschichte eingegangen. Dazu war es wohl zu unauffällig. Es hatte Ähnlichkeit mit den Häusern von Richard Neutra, besaß aber ein leicht geneigtes Dach. Der Umstand, daß es vergessen worden ist, spricht für seine Ausgeglichenheit und zwanglose Qualität. War es mithin ein Stück Ideal, die beste aller Möglichkeiten, die nur den Fehler hatte, »stillos« und damit nicht bild- und erinnerungsträchtig zu sein? Ein Haus ohne Heimat – und eine Architektur ohne den Anflug des »Künstlerischen«, konnte offenbar nicht jene Liebe finden, die für viele Menschen zum Begreifen notwendig ist. An sie muß nach wie vor gedacht werden, wenn sich auf dieser Welt etwas zum Guten wenden soll. Der liebe Kitsch ist dafür das beste Anzeichen.

Fotos: Bildarchiv Foto Marburg: Seite 189, 191, 193, 194, 195, 197, 201 unten. Blessing: S. 198. Chicago Architectural Photographing Comp.: S. 199. Adolf Lazi: S. 208 oben, 209 unten. Emil Leitner: S. 208 unten. Landesbildstelle Berlin: S. 210, 225, 226, 227. Hans Finsler: S. 213 unten. Willi Moegle: S. 215. Lucien Hervé: S. 217 unten. Miller Collection/Vitra: S. 218 unten. Aage Strüwing: S. 221. Ullstein/Hamann: S. 222. Julius Shulman: S. 223. Ulfert Beckert: S. 229. Richard Schenkirz: S. 231. Reinhard L. Hilgering: S. 232. Alle anderen: privat

NAMEN DER DESIGNER, ARCHITEKTEN, KÜNSTLER

HERSTELLER

MUSEEN, IN DENEN MÖBEL ZU SEHEN SIND

In Deutschland:	
Bayreuth	
Berlin	Bauhaus-Archiv
	Berlin-Museum Lindenstraße
	Museum für deutsche Volkskunde
	Heimatmuseum Steglitz
Bremen	Landesmuseum für Kunst- und Kulturgeschichte
Darmstadt	Stadtmuseum und Städtische Kunstsammlungen
	Künstlerkolonie Mathildenhöhe
Dortmund	Museum für Kunst und Kulturgeschichte
Frankfurt	Museum für Kunsthandwerk
Hamburg	Museum für Kunst und Gewerbe
	Jenisch-Haus
Karlsruhe	Badisches Landesmuseum
Köln	Kunstgewerbemuseum Overstolzenhaus
	Stadtmuseum
Krefeld	Museum Haus Lange
	Museumszentrum Burg Linn
Landshut	Stadt- und Kreismuseum
Lübeck	Museum für Kunst- und Kulturgeschichte
Mülheim/Ruhr	Städtisches Museum
München	Die Neue Sammlung
	Stadtmuseum
	Villa Stuck
Solingen	Bergisches Museum Schloß Burg/Wupper
Stuttgart	Stadtmuseum und städtische Kunstsammlungen
Ulm	Städtische Sammlung für Kunst- und Kulturgeschichte

Im Ausland:	
Amsterdam	Het Stedelijk Museum
Basel	Schweizerisches Museum für Volkskunde
Humlebæk/Dänemark	Louisiana-Collection
Kopenhagen	Kunstindustrimuseum
	Den Permanente
London	Victoria and Albert Museum
	Design Centre
	Wallace Collection
New York	Museum of Modern Art
Paris	Musée des Arts décoratifs
Prag	Museum der dekorativen Kunst
Stockholm	Nationalmuseum
Wien	Galerie am Graben
	Österreichisches Museum für angewandte Kunst
Zürich	Kunstgewerbemuseum

BÜCHER ÜBER MÖBEL

Hans Eckstein, Der Stuhl. Funktion-Konstruktion – Form. Von der Antike bis zur Gegenwart. 160 Seiten, 217 Abbildungen. Keysersche Verlagsbuchhandlung, München

Gilbert Frey, Das moderne Sitzmöbel von 1850 bis heute (The modern Chair: 1850 to today). 186 Seiten, 112 Abbildungen. Verlag Arthur Niggli, Teufen/Schweiz

Karl Mang, Geschichte des modernen Möbels. 176 Seiten, 383 Abbildungen. Verlag Gerd Hatje, Stuttgart

Frank Russell, Stuhl und Stil 1850-1950. Die Entwicklung des Sitzmöbels in Beispielen bedeutender Gestalter. 160 Seiten, über 300 teils mehrfarbige Abbildungen. Deutsche Verlagsanstalt, Stuttgart

Philippe Garner, Möbel des 20. Jahrhunderts. Internationales Design vom Jugendstil bis zur Gegenwart. 222 Seiten, über 400 teils mehrfarbige Abbildungen. Keysersche Verlagsbuchhandlung, München

Christian Borngräber, Stil Novo. Design in den fünfziger Jahren. Phantasie und Phantastik. 201 Seiten, 300 Abbildungen. Verlag Dietrich Fricke, Frankfurt

Jan van Geest, Otakar Máĉel, Stühle aus Stahl. Metallmöbel 1925-1940. 176 Seiten, über 200 Abbildungen und Fotodokumentation. Verlag der Buchhandlung Walter König, Köln

Peter Behrens und Nürnberg. Geschmackswandel in Deutschland. Historismus, Jugendstil und die Anfänge der Industrieform. 291 Seiten mit vielen Abbildungen. Prestel Verlag, München

Jay Doblin, One Hundred Great Designs. 128 Seiten, 100 Abbildungen. Van Nostrand Reinhold Company, New York, Cincinnati, Toronto, London, Melbourne

Georges Candilis, Bugholzmöbel. 208 Seiten, alle mit Abbildungen und Katalog-Auszügen. Karl Krämer Verlag, Stuttgart

Stefan Asenbaum/Julius Hummer (Herausgeber), Gebogenes Holz. Konstruktive Entwürfe Wien 1840-1910. 104 Seiten, 95 Abbildungen. Eigenverlag J. Hummel und S. Asenbaum

Dorothee Müller, Klassiker des modernen Möbeldesigns. Otto Wagner. Adolf Loos. Josef Hoffmann. Koloman Moser. 176 Seiten, 139 Abbildungen. Keysersche Verlagsbuchhandlung, München

Il Design Italiano Degli Anni '50. 310 Seiten, über 400 Abbildungen. Editoriale Domus, Mailand

Thomas Zaunschirm, Die fünfziger Jahre. 280 Seiten, 173 Abbildungen. Wilhelm Heyne Verlag, München (Taschenbuch)

Alvar Aalto, Das Gesamtwerk in 3 Bänden. Band 1: 1922-1962. Band 2: 1963-1970. Band 3: Projekte und letzte Bauten. Redaktionelle Bearbeitung: Karl Fleig. Jeder Band (mit deutschen, englischen und französischen Texten) über 200 Seiten mit vielen, zum Teil zwei- und mehrfarbigen Abbildungen. Verlag für Architektur Artemis, Zürich

Daniele Baroni, Ursprung des modernen Möbels – das Werk Rietvelds. 175 Seiten, 212 zum Teil farbige Abbildungen. Deutsche Verlagsanstalt, Stuttgart

Dokumentation der Ausstellung „Zu Gast bei CI" Arbeiten von 132 Industriedesignern und Künstlern waren zum 2. deutschen Designertag in Karlsruhe, Waldstraße 89, bei Burger zu sehen. Dokumentation: 170 Seiten, 160 Abbildungen, 24 Farbfotos. Begrenzte Auflage. Im Eigenverlag erschienen

Werner Blaser, Mies van der Rohe. Lehre und Schule (Principles and School). 288 Seiten, 62 Abbildungen, 12 Farbtafeln, 82 Planzeichnungen. Englisch/deutsch. Verlag Birkhäuser, Basel/Stuttgart

Eine Fundgrube ist der Katalog vom Versandbuchhandel Else Buchner. Mail Order Bookshop. Vertrieb internationaler Design Literatur. Kiesbergstraße 48. 6100 Darmstadt